古代関東の須恵器と瓦

酒井清治 著

同成社

序

　古代の手工業技術のうち、窯業生産に須恵器生産と瓦生産がある。須恵器は古墳時代中期に朝鮮半島からほかの技術とともに伝わってきた。瓦についても同様に朝鮮半島から伝えられた。いずれも窯で焼成することから地域においては技術・生産の上で密接な関連がある。本書では須恵器と瓦の生産と流通に視点を定め、それらを伝えた渡来人、生産開始期の須恵器とその系譜、関東における須恵器生産の開始、歴史時代の須恵器と瓦、瓦と古代寺院、須恵器と瓦の生産と流通などについて論じている。
　まず、窯業生産を論ずる前に、それを伝えた渡来人達がどの地域から移住してきたのか知るために、渡来人について探ってみることとした。
　第1章「土器と渡来人」は、5世紀以降わが国に多くの朝鮮半島系土器が出土するが、そのような土器はどのように伝えられたのであろうか。これのついて①渡来人が移住するときもたらされた、②交易品の一つとして運ばれた、③わが国でつくられたことなどが想定される。現在の研究では①か③の可能性が高い。とすれば、朝鮮半島系土器が半島のどこで製作されたものか、列島でつくられた半島系土器もどこの系譜を引いているものか、半島の各地の土器と比較することにより渡来人の故地が想定できよう。また、その量差は渡来人の移住人数を反映していよう。その際、須恵器にあたる陶質土器よりも、土師器にあたる日常使用した軟質土器の方が渡来人を直接反映していると考えられる。
　第1節では、わが国の土師器にあたる渡来人の日常使用した軟質土器の甕、甑、堝、深鉢形土器のうち、半島での地域色が明瞭な甑を取り上げ、半島と列島内の比較を行い、渡来した地域を検討した。第2節では、関東の朝鮮半島系土器の分布とその半島系土器の系譜によって、関東の渡来人の故地を探り、渡来人の移住の背景を探ることを目的とした。第3節では、具体的に半島系土器を出土した千葉市大森第2遺跡、足立区伊興遺跡、宇都宮市前田遺跡を取り上げ、その背景等を検討した。
　第2章「須恵器と生産の開始」は、第1節において現在まで判明している工人集落と窯に焦点を絞り、初現期須恵器の工人の系譜や生産開始年代、半島との交流について探った。その方法は、列島各地の初現期窯出土須恵器の特色を見出し、それを朝鮮半島の地域色と比較してどの地域の系譜を引いているのか検討した。須恵器の技術がいつ頃どの地域から入ってくるのか、その変遷を探り、渡来した背景等を文献や当時の朝鮮半島の情勢から推測した。第2節は、韓国から出土する須恵器類似品が須恵器であることを技術・形態などの比較から検討し、その地域と列島の関係がどのようであったのか想定した。
　第3章「須恵器生産の展開」は、大阪府陶邑窯跡群から各地に拡散していった須恵器生産のうち、関東地方ではどうであったかを古墳時代、歴史時代に分けて検討した。まず、第1節で関東

各地の須恵器生産遺跡および須恵器研究の現状を見て、古墳時代から歴史時代までの須恵器生産の概観を行った。第2節では、関東の古墳時代須恵器生産の実体を概観し、そのうち最も規模が大きく5世紀から連綿と続く群馬を取り上げ、須恵器の変遷と年代、地域色について検討した。第3節では、群馬に続いて須恵器の窯の多い埼玉の須恵器生産を取り上げ、県下の古墳時代在地産須恵器を消費地に追い、年代についても検討した。また、埼玉で最も規模が大きく製品の供給も広い南比企窯跡群を取り上げ、その背景を探り、工人集落についても検討した。第4節では、房総の古墳時代須恵器生産がいつ始まったのか、房総の消費地の在地産須恵器を関東各地と比較することによって地域色を見出し、その初現を探った。第5節は、北武蔵の特に7・8世紀の須恵器の系譜について検討した。埼玉県立野遺跡の須恵器・小陶棺形製品・瓦塼の検討からその性格を探った。また、北武蔵の須恵器を荒川以北・以南に分けて、その系譜について検討した。第6節は、北武蔵の歴史時代の須恵器年代を再検討し、北武蔵の窯跡群と消費地の製品の土器編年から各窯跡群の特色を見出した。第7節では武蔵国須恵器編年のうち確立した南多摩と南比企の窯跡群について、特に技法・形態を比較検討し、その編年と年代の再検討を行った。

第4章「瓦生産と寺院跡」は、特に武蔵を中心とした生産跡である瓦窯跡、供給先である寺院跡・遺跡等の需給関係から見たその背景について検討した。第1節は、埼玉県緑山遺跡出土の瓦について技法を中心に瓦の特徴について検討し、同一産地と考えられる勝呂廃寺の瓦と比較した。勝呂廃寺の瓦の分類・時期区分から、勝呂廃寺の歴史的背景を推測した。第2節においては、勝呂廃寺が入間郡の郡寺の可能性を探り、入間郡家との関係を文献に見られる出雲伊波比神社を通して検証した。また、入間郡の豪族から入間郡司を推測し、郡寺・郡家との関係を探った。第3節は、入間郡の前内出窯跡出土の瓦・須恵器を検討し、また、そこから出土した瓦と高麗郡の郡寺の可能性のある女影廃寺と比較検討した。さらに、高麗郡の代表的な三か寺である女影・高岡・大寺廃寺の出土瓦の分類と時期を探り、高麗郡の寺院成立の背景について検証した。第4節は、幡羅郡の郡寺の可能性のある西別府廃寺の出土瓦を分類し、特徴的な瓦を検討して出土瓦から瓦窯との需給関係を探り、その中から地方寺院の瓦調達のあり方について考えた。第5節は、南多摩に分布する鋸歯文縁剣菱状単弁8葉軒丸瓦とそれに伴う牛角状中心飾り唐草文軒丸瓦の分類と変遷を検討し、出土遺跡の関連、時期の検討を行った。また、これらの瓦の出現の歴史的背景や京所廃寺の性格を検討し、国府付属寺院の可能性を探った。第6節は、武蔵・上野に分布する複弁8葉軒丸瓦のうち、埼玉県毛呂山町西戸丸山窯跡と児玉町飯倉金草窯跡に代表される軒丸瓦は、それぞれ笵が異なると考えられていたことについて再検討し、前者を彫り直したものが後者であることを笵傷から検証し、笵の傷の進行から変遷を考え、笵が別の瓦窯へ移動したこととその意義、またそこから想定される地方寺院の瓦の調達のあり方を探った。

第5章「須恵器・瓦生産と古代遺跡」では、歴史時代の瓦と須恵器の出土のあり方から、古代寺院あるいは遺跡との関連、土器・瓦の移動、交易について探った。第1節は国分寺創建期の武蔵国分寺、武蔵北部の寺院、上野上植木廃寺、上野国分寺の瓦、須恵器について検討した。各地の瓦と須恵器の共伴関係から年代を探り、国分寺創建期の土器年代の定点を求めてみた。続いて武蔵国分寺創建段階の須恵器と瓦の変遷をまとめた。最後に上野系軒丸・軒平瓦の同笵、同系瓦

を検討し、武蔵国分寺へ伝播する系譜について検証した。第2節は土器と瓦の流通について利根川流域を取り上げ、下総国に見られる武蔵産須恵器、あるいは武蔵国に見られる下総産須恵器や瓦の移動から、それらの移動の特色を探り、武蔵国における瓦と須恵器の生産体制について検討した。特に南比企窯跡群を取り上げ須恵器の管掌者を探り、また、須恵器の交易はどのようであったのかを考えた。第3節は、武蔵国内の東山道ルートについて、文献資料、文字資料、地名、考古学の関連遺跡、遺物の検討から推定し、そのルートを使った交流に触れ、東山道武蔵路の性格について検討した。

　本書は、収録論文初出一覧に記したように著者がこれまで発表してきた論文をまとめたものである。発表後新資料の発見や問題点を指摘された部分もあり、改稿すべき箇所も多いが、当時の研究の進捗状況の中でそれぞれ論じてきた軌跡であり、ここで改稿することは自身の思考経過を不明確にするのではないかと最小限の改稿と補訂にとどめ、いくつかの補記をした。新たな道筋を見つけるための道標とすることをお許しいただきたい。

目　次

序　1

第1章　土器と渡来人 …………………………………………………………………… 11

第1節　甑と渡来人 ……………………………………………………………………… 11
　　はじめに　11
　　1. 朝鮮半島の甑　11
　　2. 列島の甑　14
　　3. 朝鮮半島との比較から見た列島の甑　18
　　4. 甑から見た渡来人　21
　　5. 課題と問題点　22

第2節　関東の渡来人 …………………………………………………………………… 23
　　はじめに　23
　　1. 東国における渡来系関連遺物に関するいくつかの問題点　23
　　2. 関東出土の朝鮮半島系土器の特徴　24
　　3. 土器から見た関東の渡来人　25
　　4. 渡来人の居住形態　27
　　5. 渡来人関東配置の目的　28

第3節　関東の朝鮮半島系土器 ………………………………………………………… 31
　Ⅰ　下総・大森第2遺跡の百済土器　31
　　はじめに　31
　　1. 大森第2遺跡第68号住居跡出土の土器群　31
　　2. 大森第2遺跡出土百済土器の類例とその変遷について　34
　　3. 深鉢型土器の方形痕について　40
　　4. 朝鮮半島系土器出土に関わる問題とその意義　44
　Ⅱ　武蔵・伊興遺跡の伽耶土器　51
　Ⅲ　下野・前田遺跡の統一新羅緑釉陶器　53
　　はじめに　54
　　1. 栃木県宇都宮市前田遺跡SI144号住居跡出土緑釉陶器　54

第2章　須恵器生産の開始 ……………………………………………………………… 59

第1節　須恵器生産の開始とその系譜 ………………………………………………… 59
　　はじめに　59
　　1. 須恵器工人と集落　59
　　2. 各地の初現期須恵器窯跡　66
　　3. 初現期の須恵器の系譜　78

    4. 須恵器生産の開始年代　88
    5. 渡来人と管掌者　93
    6. 朝鮮半島出土の須恵器と須恵器類似品　95
    7. 須恵器生産導入の背景について　96
  第2節　韓国出土の須恵器 ……………………………………………………………………106
    はじめに　106
    1. 韓国出土の須恵器について　107
    2. 韓国出土の陶質土器について―特に坏と甑について―　110
    3. 須恵器と陶質土器の比較について　112
    4. 朝鮮半島出土の須恵器の生産地と初期須恵器との関わりについて　113
    5. 須恵器の出土意義と性格について　116

第3章　須恵器生産の展開

  第1節　関東の須恵器生産の概要 ……………………………………………………………123
    1. 窯跡を中心とした研究史　123
    2. 各県の概要　125
    3. まとめ　137
  第2節　関東の古墳時代須恵器編年 …………………………………………………………142
    1. 各地の須恵器窯　142
    2. 関東在地産須恵器の画期と製品の類例―群馬県の例を中心に―　143
    3. 年代について　147
    4. 関東の須恵器の特色　148
    5. 須恵器生産開始時の様相―まとめにかえて―　149
  第3節　北武蔵の古墳時代須恵器生産 ………………………………………………………150
    はじめに　150
    1. 埼玉県内の窯跡群について　152
    2. 各窯跡の年代的位置付けと系譜について　155
    3. 在地産須恵器の諸例　156
    4. 窯跡群と在地産須恵器の分布について　167
    5. 窯跡群の成立の背景について　169
  第4節　房総の須恵器生産 ……………………………………………………………………176
    はじめに　176
    1. 研究の現状　177
    2. 在地産須恵器の検討　178
    3. まとめ　190
  第5節　北武蔵の歴史時代須恵器の系譜 ……………………………………………………194
    1. 立野遺跡出土遺物の再評価　194
    2. 北武蔵における須恵器の系譜　205
    3. まとめ　218
  第6節　北武蔵の須恵器の変遷 ………………………………………………………………224

1. 問題点の所在と検討の方向　224
　　2. 武蔵における須恵器年代の検討資料について　226
　　3. 須恵器の変遷について　247
　　4. まとめ　269
　第7節　武蔵の歴史時代須恵器編年の問題点 …………………………………………276
　　1. 研究抄史と問題点　276
　　2. 南比企窯跡群の編年について　277
　　3. 南多摩窯跡群の編年について　279

第4章　瓦生産と寺院跡……………………………………………281

　第1節　武蔵・勝呂廃寺と緑山遺跡 ………………………………………………281
　　1. 出土状況　281
　　2. 瓦の特徴　281
　　3. 勝呂廃寺出土瓦との比較　288
　　4. 勝呂廃寺の歴史的背景　299
　　5. まとめ　302
　第2節　勝呂廃寺と入間郡家 ………………………………………………………304
　　はじめに　304
　　1. 勝呂廃寺をめぐる窯業生産　304
　　2. 郡寺について　307
　　3. 入間郡家について　310
　　4. 入間の豪族　315
　　5. まとめ　317
　第3節　高麗郡の寺院跡 ……………………………………………………………320
　　1. 前内出窯跡出土の瓦について　321
　　2. 高麗郡の寺院跡と出土瓦　324
　　3. 高麗郡の寺院成立の背景について　334
　第4節　幡羅郡の寺院跡 ……………………………………………………………338
　　はじめに　338
　　1. 西別府廃寺とその瓦の変遷　338
　　2. 武蔵国における複弁8葉軒丸瓦の展開について　342
　　3. 牛角状中心飾り均正唐草文軒平瓦について　343
　　4. 出土瓦から見た需給関係　345
　　5. 地方寺院の瓦の調達について　347
　第5節　南武蔵の寺院跡 ……………………………………………………………350
　　はじめに　350
　　1. 研究史　350
　　2. 軒丸瓦と軒平瓦の分類と変遷　355
　　3. 各遺跡の出土状況と特徴　363
　　4. 時期の検討　365

5. 剣菱文軒丸瓦と軒平瓦B類出現の歴史的背景について　368
　　6. 京所廃寺の性格について　368
　　7. まとめ　375
　第6節　北武蔵の寺院と交叉鋸歯文縁軒丸瓦 …………………………………………378
　　はじめに　378
　　1. 西戸丸山系交叉鋸歯文縁複弁8葉軒丸瓦　378
　　2. 金草系交叉鋸歯文縁複弁8葉軒丸瓦　379
　　3. 勝呂廃寺系交叉波状文縁軒丸瓦　382
　　4. 系譜について　384
　　5. 范の移動と瓦の分布　385
　　6. 范の移動とその意義　388
　　7. 地方寺院の瓦の導入　391
　　8. まとめ　392

第5章　須恵器・瓦生産と古代遺跡 ………………………………………………397
　第1節　武蔵国分寺創建期の瓦と須恵器 ………………………………………………397
　　はじめに　397
　　1. 瓦の検討から　397
　　2. 須恵器の検討から　410
　　3. 瓦と須恵器の共伴関係とその年代　411
　　4. 武蔵国分寺創建段階の須恵器と瓦の変遷　418
　　5. 上野系軒丸・軒平瓦の同范・同系の系譜について　420
　第2節　土器と瓦の生産と交易 …………………………………………………………423
　　1. 土器の流通について　423
　　2. 各地の須恵器窯　424
　　3. 須恵器と瓦の移動　426
　　4. 須恵器と瓦の移動の特色について　427
　　5. 武蔵国における瓦と須恵器の生産体制について　428
　　6. 須恵器の交易について　432
　第3節　武蔵国内の東山道と古代遺跡 …………………………………………………435
　　はじめに　435
　　1. 研究抄史　435
　　2. 東山道武蔵路について　440
　　3. 東山道武蔵路と考古資料　452
　　4. 東山道武蔵路と集落について　456
　　5. 東山道武蔵路の性格について　457
　　6. まとめ　458

あとがき　463
収録論文初出一覧　465

古代関東の須恵器と瓦

第1章　土器と渡来人

第1節　甑と渡来人

はじめに

　1987年の埋蔵文化財研究集会において、全国の大陸系土器の集成が行われた。また、そのような関心の高まりとともに韓式系土器研究会がつくられ、主に古墳時代を中心とした資料の集成、研究が続けられている。このような集成によって朝鮮半島で製作された土器、あるいは渡来人が列島で製作した土器や、その系譜などが論議されるようになってきた。

　かつて朝鮮半島系の土器について「新羅土器」「百済土器」などと呼称されたのは主に陶質土器が中心であり、朝鮮半島の古墳から出土する膨大な陶質土器を基礎資料にしていた。1955年、藤沢一夫が百済土器を紹介され、そこに軟質土器を含めたことは画期的であった。その後、軟質土器を中心とする研究が進展しなかったのは、朝鮮半島において集落跡の調査がほとんどなされていないことに起因している。近年朝鮮半島における集落跡の調査が増加してきたことにより、軟質土器についての論議もなされるようになってきたが、まだごく一部の調査結果から推測するのみである。これに対して、列島における古墳時代の集落の調査は膨大で、朝鮮半島系土器の抽出は進んでいる。しかし、前述した朝鮮半島の状況が不明確であるため、系譜研究はそれほど進んでいないといえよう。

　列島出土の陶質土器の場合、必ずしも出土地まで渡来人が運んだとは限らないが、日常什器である軟質土器の場合、平底深鉢、長胴甕、堝、甑の基本的器種構成のいくつかが共伴する場合もあり、渡来人が使用し廃棄した可能性は陶質土器と比較して格段に高いといえる。また、列島において渡来人が製作した軟質土器は、さらにその可能性は高いといえよう。軟質土器は、叩き技法の消滅などに見られるように短期間で消滅し、土師器化していった。そのため、朝鮮半島から伝えられた直後の軟質土器、それも地域的様相を表す甑を検討することにより、それを製作、使用した渡来人の故地をおおよそ推測できると考え、日韓の甑の比較から、列島の甑がどこの地域の系譜を引いたものか検討を行い、渡来人についても言及してみたい。

1. 朝鮮半島の甑

(1) 高句麗の甑

　韓国ソウル市夢村土城には高句麗系と百済系土器が多く出土するが、甑も両者の系譜が見られる。高句麗系は把手が帯状で上下貫通孔となる（第1図1、以下かっこ内の数字は図版番号）。口縁は外反し、口径は37〜50cmと大型であるが、口縁と器高の割合は同じか器高が低く扁平である。外面はナデや磨きが見られ、底部は平底で、中心に1つ、周囲に5〜8つ（1＋5〜8）な

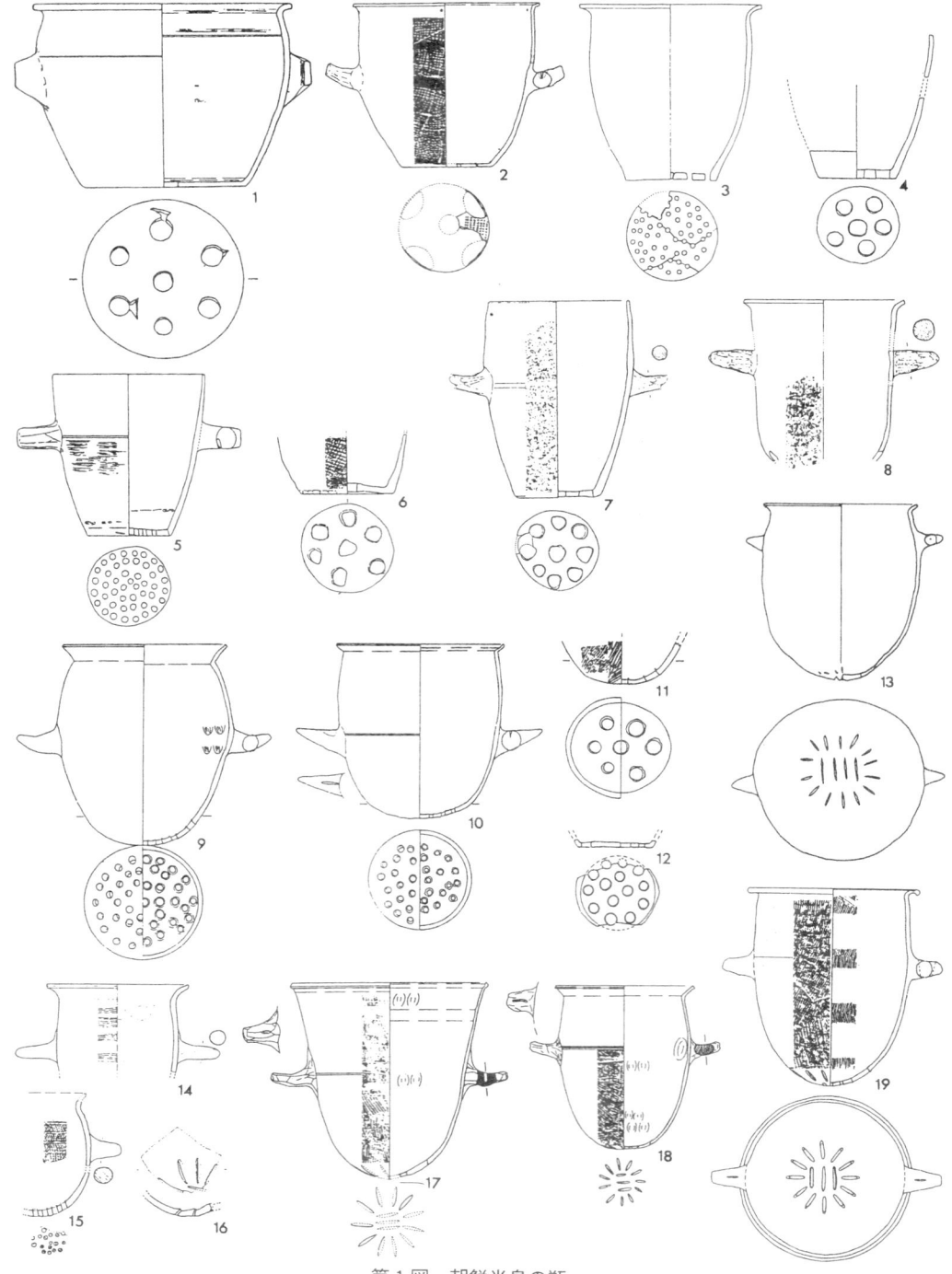

第 1 図 朝鮮半島の甑

1・2:ソウル市夢村土城　3:南原郡斗洛里3号墳外部竪穴　4:寶城郡竹山里ナ地区　5:昇州郡大谷里トロン遺跡20号住居跡　6:同ハンシル遺跡A地区　7・8:居昌郡大也里遺跡12号住居跡　9・10:金海郡府院洞遺跡A地区Ⅲ層　11:同Ⅱ層　12:同Ⅴ層　13:金海郡退來里遺跡カ地区11号甕棺墓　14～16:昌寧郡余草里窯跡　17:慶山市林堂地域古墳群造永1A地区12号墳　18:同15号墳　19:慶州市味鄒王陵第7地区4号墳　20:大邱市達西面50号墳第1石槨

どの円孔が開く例が主体で、わずかに多孔がある。把手の付近には沈線が巡るのは他の甑と同様である。この甑は、孔部形態、口縁形態、口縁と器高の割合、外面の整形など楽浪土城の甑と類似している。また、帯状で上下貫通孔の把手が楽浪土城にあることからも、なんらかの影響を受けていよう。

　（２）百済の甑

　かつての百済漢城地域である夢村土城の百済系の甑（２）は、把手が牛角形で、先端が尖るものと切断されたもの（截頭牛角形）がある。口縁は外反し、外面は格子叩きが主体で縄蓆文叩きもわずかに見られ、叩きを残したままで螺旋文を巡らす例や把手付近には沈線を巡らす例もある。口径は24〜37㎝を測るが、口径よりも器高が高くなる。底部は平底で、孔は１＋４が多いが、多孔も見られる。前者の中央は円孔であるものの、周囲の４孔は円孔がわずかで、体部に沿って開けるため半円形に近くなる例が主体である。

　これに対して全羅南道地域の甑は様相を異にする。この地域が百済の領域となったのは５世紀末から６世紀初めというが[6]、ここでは百済南部としておく。全羅南道東部の住岩ダム関係の昇州郡大谷里、寶城郡竹山里の例（４〜６）を見てみると、確認できる例からは口縁が直行口縁で、把手は牛角形で先端が尖るものと截頭牛角形の両者がある。把手の付近には沈線が巡る例がある。外面には格子叩きが見られ、体部最下端は横方向に削られる。底部は平底で、穿孔は円形多孔が多く、１＋５〜６の円孔もある。昇州郡の北方、全羅北道南原斗洛里3号墳外部竪穴出土例（３）は、完形でないため把手を持つか不明であるが、口縁が外反するものの平底で多孔である。外反する口縁は百済北部地域の、多孔は百済南部の影響であろうか。地理的にもその可能性は高いようであるが、共伴遺物は伽耶地域の高霊系陶質土器であり、6世紀段階でのこの地域の領域は検討を要しよう。

　これを遡る全羅南道の３世紀後半から４世紀にかけての甑は、郡谷里遺跡の例から多孔で直行口縁であるなど、この地域の５世紀代の甑と共通点がある。違いは体部下半が丸みを持ち、底部がわずかに平底気味になることであるが、このような形態は金海府院洞遺跡にも見られ、三国時代以前においては広い範囲で共通する形態の可能性がある。

　（３）新羅の甑

　新羅の甑（19）の特徴は孔形態であり、中央に細長孔を３〜４列、周囲に細長孔を放射状に穿孔する。口縁は外反し、底部は丸底である。この形態は伽耶東半部にまで広がるが、時代的変遷は不明な点が多い。

　（４）伽耶の甑

　伽耶の甑は大まかに百済系と新羅系の２者とその影響を受けたものがあり、伽耶独自の形態を見出すのは難しいため、各地の甑からその特徴を抽出してみよう。

　伽耶西部の居昌大也里遺跡12号住居跡では、平底と丸底両者が出土する。平底（７）は口縁が直行口縁で、底部の穿孔は１＋６あるいは８の円孔である。把手付近には沈線を巡らし、体部最下端には横削りを施す。この形態は全羅南道の甑と共通点を持つ。これに対して丸底甑（８）は口縁が外反するが、底部の穿孔形態は円孔で多孔の可能性があり、新羅系の細長孔と違うことか

ら、この形態が伽耶の甑の形態の一つであろう。

　大邱達西第50号墳例は、口径16.4cmと13.2cmの大小2種の甑があり、いずれも小さい平底で硬質であることが特徴である。平底から口縁にかけて広がり、口縁は短く外反する形態である。大型甑（第2図20）は把手の端部が上方に巻き、底部の穿孔は中央に小円孔が1つ、周囲に細長孔が放射状に開けられる。これと同様の穿孔の類例は少ないが、慶尚北道迎日郡冷水里古墳は丸底であるものの同様の穿孔が開けられることから、50号墳大型甑も新羅系といえよう。小型は把手が1本で、底部の穿孔は箆先で刺した多孔である。大邱・慶山地域には、多くの新羅系甑が分布する。[7]

　昌寧余草里窯跡からはここで焼成された陶質土器の甑が出土するが、いずれも丸底で、口縁は外反する。把手は牛角形で先端が丸い。確認できる叩きは格子で、螺旋文を持つ。底部の穿孔は多孔（15）と並行細長孔の周囲を放射状の細長孔を巡らす例（16）があるが、後者は新羅系であろう。前者の多孔甑は後述する金海府院洞遺跡の丸底多孔甑（9〜11）と同様伽耶系として括られるものであり、後者を新羅系とすると、伽耶土器への新羅土器の影響が4世紀末から5世紀初頭の早い段階には見られることになり、注目される。

　伽耶地域と新羅地域の土器との交流がいつから始まったのかは不明確な点が多いが、鎮海市熊川貝塚、馬山城山貝塚、固城市固城貝塚などに見るように、基本的な伽耶の甑は丸底で多孔であろうが、大邱半夜月地区の甑は、時期的に勒島Ⅲ式（下限紀元前1世紀前半）で、小さな平底の底部に3本ほどの細長孔を並行に開け、その回りに小円孔を巡らす例と巡らさない例がある。この細長孔は新羅系甑との関連が想定できるが、三国時代以前は前述した平底多孔甑と同様、広い範囲で共通する形態が分布していた可能性がある。

　伽耶東部の金海府院洞遺跡A地区のⅡ層とⅢ層、Ⅴ層から出土する。Ⅱ層の甑（11）は、丸底の1＋6の円孔で、平行叩きを施す。Ⅲ層の甑（9・10）は丸底で多孔である。口縁は「く」の字に屈曲し、把手は先の尖った牛角形である（10）。Ⅴ層の甑（12）は平底で、多孔である。Ⅱ層は5世紀前半、Ⅲ層は4〜5世紀、Ⅴ層は4世紀であろうか。このように府院洞遺跡では、5世紀には丸底が主体といえようが、丸底で胴部最大径が中位にあり、「く」の字口縁を呈する形態は、新羅の影響を受けた伽耶土器といえよう。

　このような甑を形態的に大きく分類すると、新羅と伽耶東部は丸底、高句麗、百済は平底である。伽耶西部は丸・平底両者が見られる。口縁は百済南部と伽耶西部以外は外反する。孔の形態は、新羅系は細長孔の組合わせで、その分布範囲は新羅の伸長とともに6世紀になると伽耶東部にも見られるようになる。伽耶の基本的な底部形態は、丸底に多孔である。百済南部には、平底で多孔と1＋複数孔が見られるが、後者は伽耶西部にまで及んでいる。百済北部は1＋4が主体である。時期的な差もあるものの、甑からも高句麗、百済北部、百済南部、伽耶、新羅など地域差が捉えられるようである。伽耶地域については、新羅、百済の影響もあり、さらに地域色が見られるようである。

2. 列島の甑

　列島の甑について、底部の形態と底部蒸気孔の中心および周囲の穿孔形態から分類してみよう。

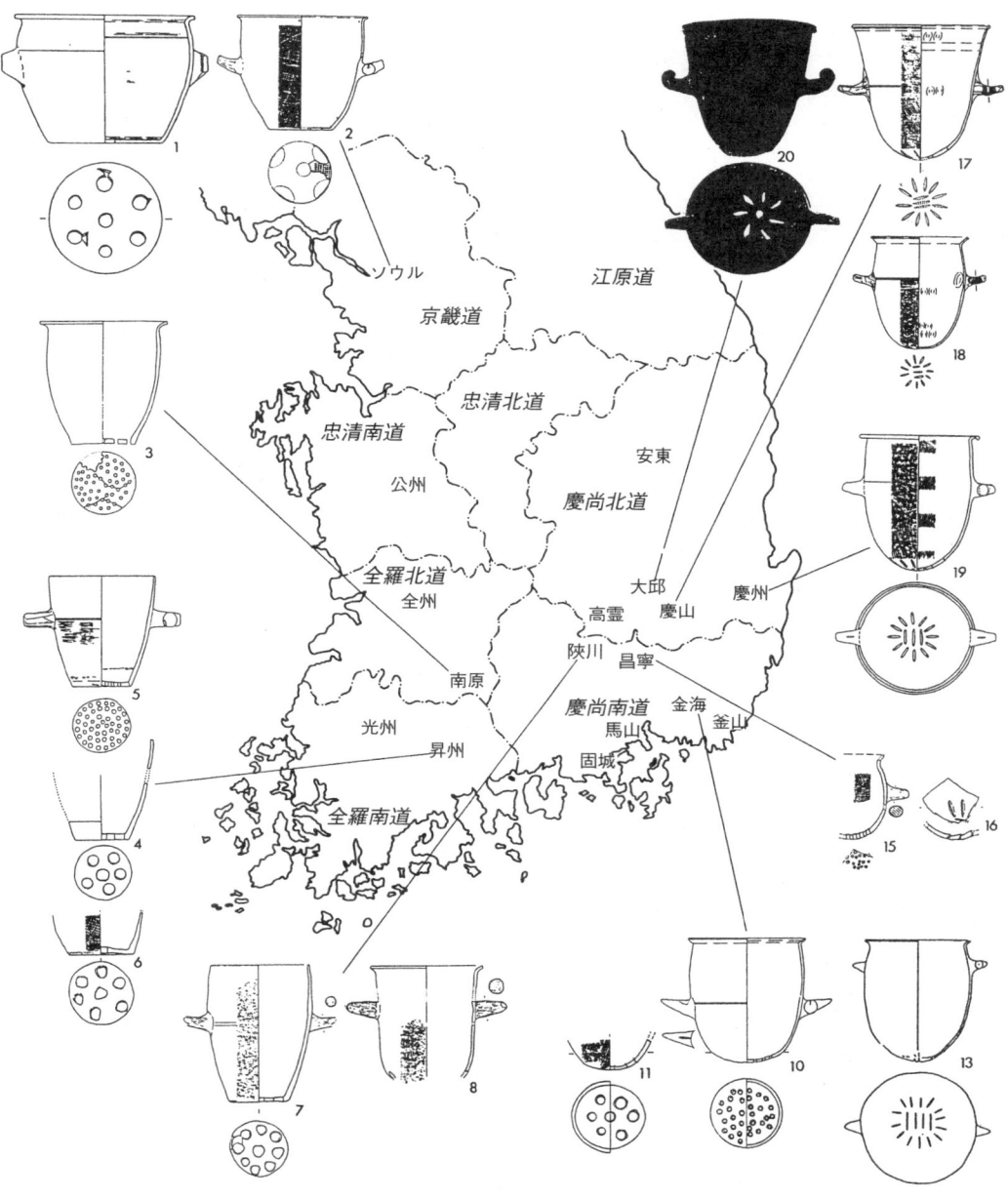

第2図　朝鮮半島出土の甑の地域色

1類－平底・円孔（小）＋円形複数孔（5～）
2類－平底・円孔（大）＋円形複数孔（5～）
3類－平底・円孔　　　＋楕円形4孔
4類－平底・円孔（大）＋円形多孔
5類－平底・円形多孔
6類－平底・円孔　　　＋台形複数孔

7類－平底・円孔　　　＋三角放射状孔
8類－丸底・並行細長孔＋細長放射状孔
9類－丸底・円形多孔
10類－丸底・円孔　　　＋複数孔（5～）

(1) 1類（第3図1～8）

この類はいずれも直行口縁であるが、須恵器の堺市土師遺跡SK047（第3図8）と和泉市信太山2号窯の甑は外反する。軟質土器の中でも柏原市大県（1・2）、四条畷市中野（3）・同市南野米崎（4）、蒲生町堂田例は口径が大きく寸胴であり、全面に格子叩きが明瞭に観察できる。それに対して、堺市小坂例（7）は口径に対して器高が高く、叩きがほとんど見えない。なお、器高が高く叩きが明瞭な例として、平行叩きの長原北東部例（5）と格子叩きの橿原市四条田中大溝（6）、明日香村山田道SD2570出土例があり、1類か2類か不明確な例として、赤穂市有年原田中例、神戸市出合窯跡例があるが、両者とも格子叩きである。神戸市出合窯跡例は、共伴する壺から百済地域の4世紀後半代の軟質土器に類似する。最近出土した長原遺跡例は、1＋9孔の甑とともに堝、深鉢形土器、小型甕、大型甕2の計6点が、屋敷内から出土したという。叩きはいずれも鳥足状文叩きで同一叩き具であることから、渡来した百済人によって当地で製作されたものであろう。

この類の孔は、全羅南道や大也里遺跡（第1図7）の甑の孔の配置と共通し、口縁が直行すること、叩きを施し平底である点など、同一系譜の可能性がある。

(2) 2類（第3図9～12）

この類も直行口縁であり、1類と同一に括ることも可能であるが、中央の円孔が大きいことから別に類別した。いずれも軟質土器で、滋賀県安曇川町南市東SB701・703（9・10）、能登川町西ノ辻遺跡、栗東町辻遺跡、和歌山市音浦溝2（11）、八尾市八尾南SE21（12）例などがある。この類は口径に対して器高が高い形態が多く、格子叩きが主体である。把手は八尾南遺跡SE21例が牛角形であるが、他は截頭牛角形である。

(3) 3類（第3図13～16）

これは、軟質土器では兵庫県川西市栄根遺跡D地区住居1（13）と堺市伏尾遺跡A地区155－OO（15）の例があり、須恵器は和歌山市音浦遺跡（14）、堺市陶邑TK87号窯（16）、堺市大庭寺遺跡溝、伏尾遺跡A地区、大阪市瓜破遺跡などにあるが、その多くは初期須恵器に取り入れられたのち、須恵器の孔形態となる。この類の叩きはいずれも平行叩きであることが共通し、直行口縁が主体である。この孔形態は、百済北部の夢村土城に類例があるが、夢村土城は格子叩きであり、口縁が外反することから直接的な関連は不明確である。しかし、陶邑窯跡群の須恵器の中に百済系の要素が多く見られることから、その可能性も考慮する必要があろう。

(4) 4類（第4図17～19）

これは、口縁が外反することから1類とは直接的な系譜はないであろう。八尾南遺跡SE11（17）例は口径が器高よりも大きく寸胴であり、形態から百済系であろう。しかし、口縁部は外反し、百済北部系であろうか。大庭寺遺跡には393－OL例（18）のほか1点出土するが、両

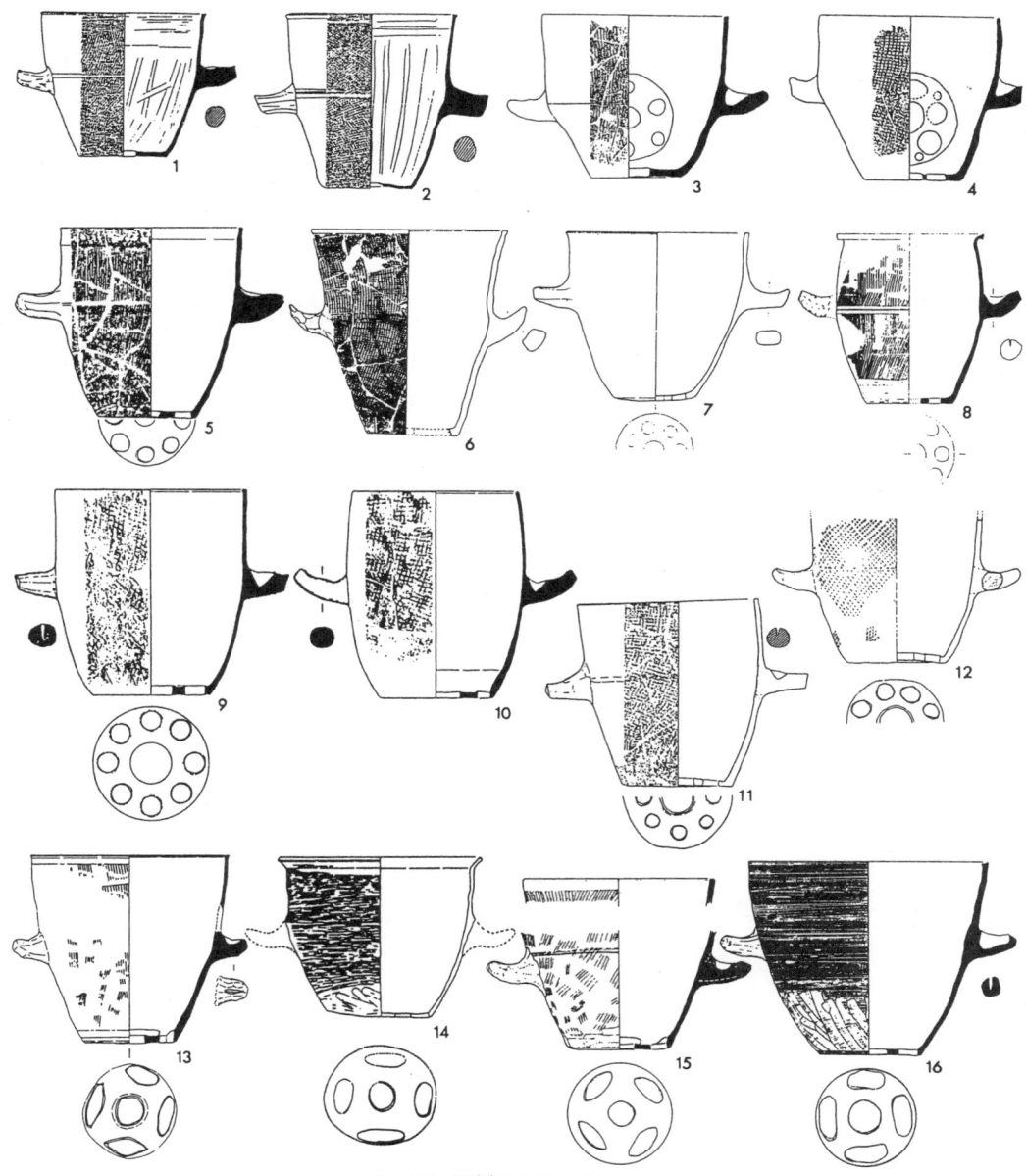

第3図　朝鮮半島系の甑（1）

1類=1・2:大阪府柏原市大県遺跡土壙4　3:大阪府四条畷市中野遺跡大溝　4:同市南野米崎遺跡大溝　5:大阪市長原遺跡北西部　6:奈良県橿原市四条田中遺跡大溝　7:大阪府堺市小阪遺跡C地区6号住居跡　8:堺市土師遺跡SK047　2類=9:滋賀県安曇川町南市東遺跡SB701　10:同SB703　11:和歌山市音浦遺跡溝2　12:大阪府八尾市八尾南遺跡SE21　3類=13:兵庫県川西市栄根遺跡D地区住居1　14:和歌山市音浦遺跡J地区SK-271　15:堺市伏尾遺跡A地区155-OO　16:堺市陶邑TK87号窯

者とも刷毛目であり、口縁はやはり外反し、7類の大庭寺例（21）の多孔と口縁の形態が類似する。陶邑TK305号窯（19）の須恵器甑底部は、中央の円孔の周囲に見られる小円孔は二重に配置され、八尾南例と共通する。陶邑TK216号窯の甑も口縁が外反することから同類かあるいは7類の多孔であろう。

(5) 5類（第4図20〜22）

大庭寺遺跡例（21・22）は3例とも口縁が外反するのに対して、岡山県倉敷市菅生小学校裏山遺跡例（20）は直行口縁である。共伴遺物から見るならば、大庭寺遺跡例は伽耶系であろう。菅生小裏山遺跡例は、形態的には百済系であるが、叩きが見られず、同一溝から出土する甑が新羅系で、在地産と考えられる初期須恵器も新羅系であることを考えると、この多孔式の系譜は検討を要する。

(6) 6類（第4図23〜26）

この類は大庭寺遺跡393－OLのⅡ層・Ⅲ層（23）、伏尾遺跡A地区1821－OS（24）、東大阪市日下遺跡（25）、同市芝ヶ丘遺跡（26）、信太山2号窯2点、小坂遺跡G地区河川8、堺市土師遺跡SD005から出土するが、口径に比して底径が小さい例が多い。芝ヶ丘遺跡と信太山2号窯例を除いていずれも口縁は外反する。孔の形態は、須恵器が台形であるが、日下例、芝ヶ丘例は台形短辺が丸くなる。日下遺跡例は鳥足状文叩きである。鳥足状文叩きは百済の領域に分布しており、百済から伽耶西半部に見られることから、日下遺跡例は口縁が外反しているものの、伽耶西半部を含めた百済領域との関連があろう。

(7) 7類（第4図27〜29）

この孔形態の類例は少ない。孔は台形を狭くしてできた形態と考えられ、6類との関連があろう。久宝寺北遺跡（27）、大阪市上町台地（29）出土例から、口縁は外反する可能性が高い。

(8) 8類（第4図30）

この類は列島には数少なく、倉敷市菅生小学校裏山遺跡例（30）が形態の明瞭な例である。丸底で口縁が外反し、細長孔の組合わせは典型的な新羅系であるが、細長孔の一部に小円孔を組み合わす新羅の甑にない特徴を持つ。

(9) 9類（第4図31・32）

この類には口縁が外反する八尾南遺跡SE14（32）と直行口縁の八尾南遺跡SE5、笠岡市高島遺跡（31）の両者がある。叩きは八尾南遺跡SE14のみが平行叩きである。丸底で多孔の類例を朝鮮半島に求めると、伽耶東部の甑と類似しよう。

(10) 10類（第4図33）

福岡県塚堂遺跡には丸底で1＋複数孔を穿つ例（33）はいくつかが見られるが、平底もわずかに見られ、どちらかが初現期形態か不明確である。いずれも叩きを施さず、刷毛目である特徴を持つ。丸底であることから、伽耶との関連があろう。

3. 朝鮮半島との比較から見た列島の甑

このように列島の5世紀中葉前後の甑は、特に底部および孔の形態と口縁形態により、およそ10類に分けられる。これを朝鮮半島の三国時代の甑と比較してみよう。

列島の甑は大きくは平底と丸底に分けられるが、前者が主体である。丸底甑のうち、8類の菅生小学校裏山例は細長孔の組合わせで、列島の中での数少ない新羅系である。9類の丸底甑は、伽耶東部の可能性が高いと考えられる。10類は叩きを持たない点で伽耶の海岸沿いの甑と関連が

第1章　土器と渡来人　19

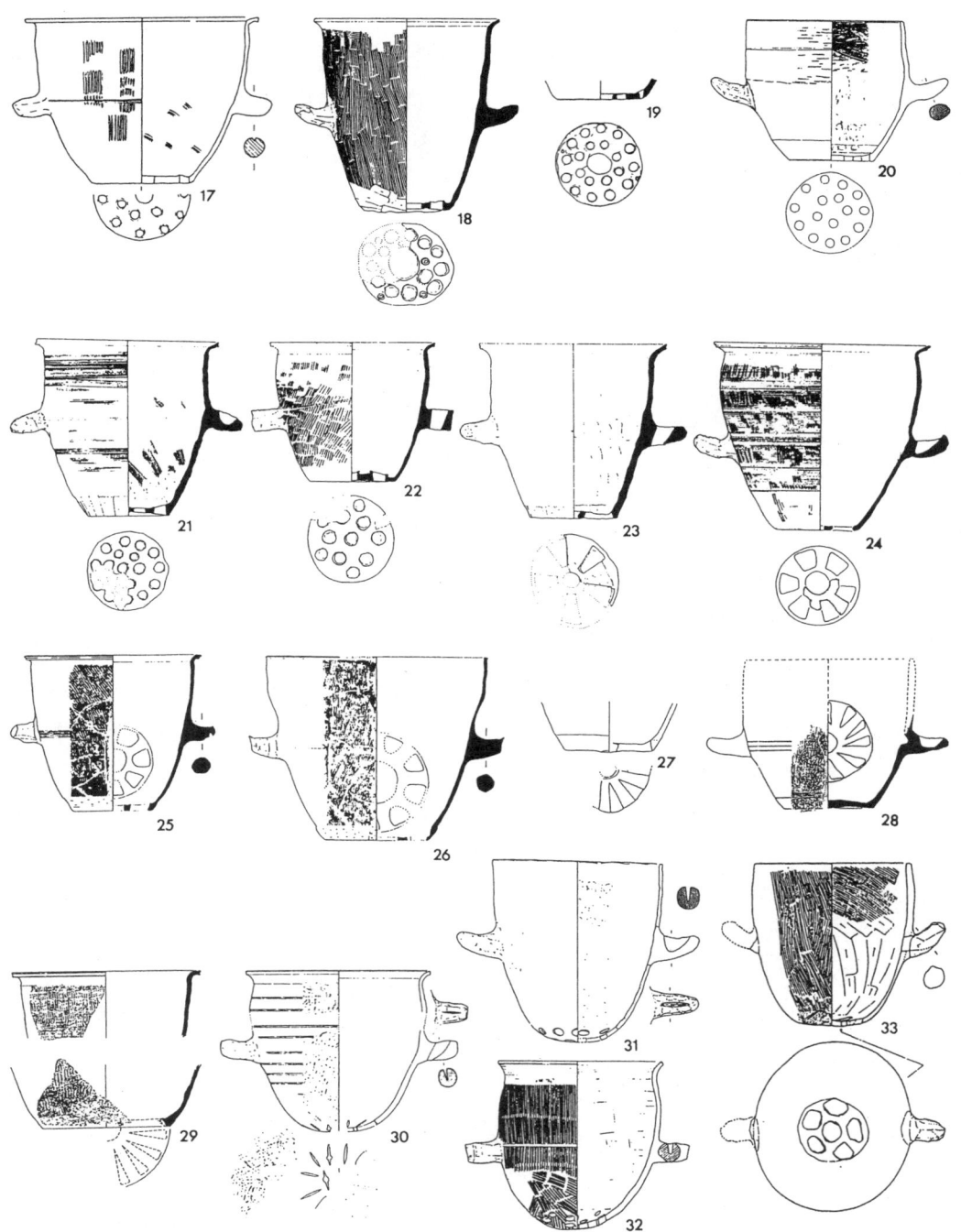

第4図　朝鮮半島系の甑（2）

4類=17:八尾市八尾南遺跡ＳＥ11　18:堺市大庭寺遺跡393-ＯＬⅡ層　19:堺市陶邑ＴＫ305号窯　5類=20:岡山県倉敷市菅生小学校裏山遺跡溝　21:堺市大庭寺遺跡393-ＯＬⅡ層　22:同393-ＯＬⅢ層　6類=23:同393-ＯＬⅢ層　24:堺市伏尾遺跡Ａ地区1821-ＯＳ　25:東大阪市日下遺跡　26:同市芝ヶ丘遺跡　7類=27:八尾市久宝寺北遺跡ＳＤ5001　28:四条畷市中野遺跡大溝　29:大阪市大阪府立大手前高校7層　8類=30:倉敷市菅生小学校裏山遺跡　9類=31:岡山県笠岡市高島遺跡　32:八尾市八尾南遺跡ＳＥ-14　10類=33:福岡県吉井町塚堂遺跡Ｄ地区9号住居跡

想定できる。現段階では新羅から伽耶東部にかけての甑は、量的に少ないといえよう。

さて、主体を占める平底甑であるが、朝鮮半島の甑と比較したとき、まず列島の中に高句麗系の甑がほとんどないことが指摘できよう。では残る百済と伽耶の甑と比較してみよう。列島での出土量の多い1類、2類の1＋複数孔は、口縁が外反しないことからも、百済南部を中心として、一部伽耶西半部にかけてその遡源があろう。5類の多孔については口縁が外反するものとしないものの両者があり、前者の外反するものは大庭寺遺跡から出土する5類とも類似することから、伽耶と関わりがあろう。後者の菅生小裏山遺跡の甑は形態的には百済系と類似するが、前述したように検討を要する。

さて、6類の1＋台形複数孔と7類の1＋三角放射状孔は、現段階では朝鮮半島における明確な類例はない。ただ、慶尚南道鎮海亀山城址出土の例が6類に類似していることから、伽耶の可能性もある。この類例が大庭寺遺跡からも出土することはそれを補強しよう。しかし、日下遺跡例（25）は鳥足状文叩きを施すこと、芝ヶ丘遺跡例（26）は直行口縁で、縄蓆文叩きを施すこと、両者の孔部が半円に近く、明確な台形にならないことからも別系譜で百済系であろう。

4類の1＋多孔については、八尾南遺跡例（17）は形態的に百済北部に類似しているが、他は器高が高く、口縁が外反することから、5類、6類と同様、伽耶西半部と関連があろう。

3類の1＋4孔は、須恵器に多く見られ、その後の須恵器の孔形態となっていく。朝鮮半島における類例は百済北部にある。朝鮮半島の例は口縁が外反するのに対して、列島の例は軟質土器、須恵器とも直行口縁が主体で平行叩きであることから、直接的な系譜がたどれるのか不明確である。あるいは1類、2類の1＋複数孔との関連も考えられようが、大きくは百済系といえよう。

ここで大庭寺遺跡の甑(8)について触れておこう。大庭寺遺跡は初現期の須恵器を焼成した窯で知られるが、集落はその工人との関わりが想定され、集落および窯から多くの朝鮮半島系軟質土器が出土する。この窯の須恵器の系譜について、筆者は釜山から馬山にかけての沿岸地域と想定したが、集落の工人が生産に関わったとするならば、彼らの使用した甑などの軟質土器は彼らの故地の系譜を引いている可能性が高いといえよう。

大庭寺遺跡では393－ＯＬから4類（18）、5類（21・22）、6類（23）の甑が出土するが、1－ＯＬ土器溜り上層から2類、中層から5類、下層から2類が出土する。4・5・6類の甑はいずれも口縁が外反するが、1－ＯＬ土器溜りの2類は上層・下層例とも口縁は直行口縁である。なお、この2類の甑は平行叩きで還元炎焼成されており、新しい傾向のほか、別系譜の可能性があろう。1－ＯＬ土器溜りは大庭寺Ⅱ期（ＴＫ73～ＴＫ216型式）であり、4～6類を出土した393－ＯＬはそれを遡る大庭寺Ⅰ期と位置付けられていることから、後者が初現期の須恵器を製作した工人たちの故地、すなわち釜山から馬山にかけての軟質土器の系譜を引いている可能性が高い。

しかし、管見による伽耶東部の甑は丸底が主体である。それに対して大庭寺遺跡出土の4・5・6類の初期の甑はいずれも平底である。口縁が外反する共通点はあるものの、伽耶東部の丸底系の甑とは相違する。次に百済系の平底の甑と比較してみると、大庭寺例は口縁が外反すること、口唇部が上へつまみ出されること、叩きが不明瞭でナデ調整を施すなどの違いがある。

ではどこの系譜を引いているのであろうか。再度沿岸地域の甑を見てみると、府院洞遺跡Ａ地

区Ⅴ層から平底で多孔（12）が出土していることから、今後沿岸地域に類例の発見される可能性があろう。このような点から、大庭寺遺跡の4・5・6類の口縁の外反する1＋多孔、多孔、1＋台形複数孔は、伽耶東部から中部にかけての沿岸付近との関連を想定しておこう。

4. 甑から見た渡来人

「5世紀は移住民の世紀」といわれるように、朝鮮半島から多くの人々が渡来してきたようであり、文献以外にもその痕跡を遺跡、遺物などで知ることができる。それをよく表す遺物の一つが、彼らの日常什器であった軟質土器である。

さて、今回扱った軟質土器を中心とした朝鮮半島系軟質土器の甑は、平底系が圧倒的に多く、1・2類および4～6類の一部が百済南部および伽耶西半部を中心とした地域と共通点を持ち、量的に最も多いようである。また、4～7類の一部が伽耶の沿岸沿いの地域と関連があろう。明らかに新羅の系譜を引くのは8類、伽耶東部の系譜は9・10類で、両者は量的にわずかである。九州においては、1・2類の叩きを施す百済系の甑が少なく、塚堂遺跡に見られるような刷毛目を持つ甑は、伽耶の沿岸地域との関わりがあろう。

甑から見る限り5世紀中葉前後は、特に畿内では百済南部を中心に伽耶西半部および伽耶の沿岸沿いの地域との交流が顕著であったようである。なお、以前検討した軟質の深鉢形土器も、伽耶地域が最も多く、百済、新羅がそれに次ぐ、甑と同様な様相であった[9]。

渡来人について山尾幸久は、5世紀の渡来人の主体は伽耶からで、伽耶からの渡来人は、初期には広開土王代の高句麗の軍事行動により南加羅から多く、中葉には「倭国」の将軍たちの伽耶地方での軍事活動により、伽耶や旧辰韓地方から、5世紀末葉には475年の百済の一時的な滅亡により百済人が、また高句麗の南征により、新羅などから渡来したとする[10]。関川尚功は大和・河内では「集落遺跡からは百済系の土器はまだ知られていない」とし、「大和・河内においては渡来人のほとんどは古墳被葬者となりうる階層の人々ではなく」、「人的交流は伽耶に限られている」とした[11]。和田萃は、5世紀中葉から6世紀初めにかけて、河内・大和から多量の伽耶地域の土器が出土する事実からも、新漢人は伽耶出身であった可能性が大きいとした[12]。この考えは関川の『雄略紀』「陶部高貴」は百済から献じられた手末才伎ではなく、伽耶から渡来した陶質土器の製作技術者、との考えをとられたことも論拠になっているようである。また、鈴木靖民も同様に、5世紀の半ばないし後半の渡来人のほどんどが伽耶諸地域からとする[13]。

先学の検討によって、伽耶系譜の甑が多い理由については、伽耶からの渡来人が多いことによるという解釈ができるが、5世紀中葉前後百済南部から伽耶西半部の甑が多いことについて、どのように考えたらよいであろうか。また、陶邑窯跡群に見るように、当初には伽耶系であった須恵器が、順次百済の様相が強くなることはなぜであろうか。

筆者は前稿で出現期の須恵器について、大庭寺、朝倉窯跡など初現期の窯は伽耶系譜であったが、その後、陶邑では百済からの工人が主体となったため百済の影響が強くなり、日本の須恵器が完成したと考えた[14]。これは、引用には躊躇するが『垂仁紀』に見られる新羅王子天日矛の従人として渡来した近江国鏡谷の工人が、新羅・伽耶系と想定でき、のちの『雄略紀』に見られる新

漢の陶部高貴らが百済系の工人であると解釈し、最初伽耶系の工人が入り、のちに百済からの今来の工人が来て須恵器生産に関与したという事象が、記述の背景にあるのではないかと考えたい。また、前述したように畿内には他地域に比べ百済系の軟質土器が多いことも、新羅や伽耶だけを強調すべきでなく、百済あるいは伽耶西半部からの渡来人が多かったことを表しているのであろう。これは東漢氏の下に配属されたとする今来漢人をはじめ、旧来の渡来人の中に伽耶・百済からの渡来人が多かったためだといえよう。百済と倭との交流は5世紀中葉前後にも行われたようで、新鳳洞古墳、大谷里遺跡など、全羅南道から忠清南道に分布する須恵器や、全羅南道に確認される前方後円墳、埴輪などからも推測できよう。

このような交流、および軟質土器や須恵器の類似からも、全羅南道からの渡来人は文献で確認されるよりも多くの人々が渡来し、また逆に列島から朝鮮半島に渡ったのであろう。

5. 課題と問題点

今回、朝鮮半島系土器の中でも地域性が明瞭な甑を取り上げたが、朝鮮半島との比較においても列島の方が多種類確認された。これは朝鮮半島の集落跡の調査例が少ないことにより、甑がすべて確認されていないことが原因であると同時に、列島の甑に時期幅があり、列島での伝播後の変化も想定できるなど問題点も多く、今後の課題としたい。甑だけで渡来人を語れるものではないが、今回の検討で朝鮮半島の甑のおおよその傾向と、列島においては新羅系はごくわずかであり、伽耶系のほか、百済系の軟質土器が多く、伽耶に次いで百済からの渡来人が多く渡ってきたと想定したい。

註

(1) 埋蔵文化財研究会編 1987 『弥生・古墳時代の大陸系土器の諸問題』
(2) 韓式系土器研究会編 1987～1994 『韓式系土器研究』Ⅰ～Ⅴ
(3) 藤沢一夫 1955 「百済の土器陶器」『世界陶磁全集』13 朝鮮上代・高麗編 河出書房
(4) 今津啓子 1994 「渡来人の土器－朝鮮系軟質土器を中心として－」『ヤマト王権と交流の諸相』名著出版
(5) 堀田啓一 1970 「日本上代の甑について」『日本古文化論攷』吉川弘文館（筆者の3類を堀田はAⅡ類とし、すでに百済系とする見識を示された）
(6) 東潮・田中俊明 1989 『韓国の古代遺跡』百済・伽耶編 中央公論社 P.345
(7) 李海蓮 1993 「嶺南地域の甑に関して」『博物館研究論集』2 釜山直轄市立博物館
(8) 岡戸哲紀 1995 「軟質系土器」『陶邑・大庭寺遺跡』Ⅳ 大阪府教育委員会・財団法人大阪埋蔵文化財協会
(9) 酒井清治 1985 「千葉市大森第2遺跡出土の百済土器」『古文化談叢』九州古文化研究会
(10) 山尾幸久 1989 『古代の日朝関係』塙書房
(11) 関川尚功 1988 「古墳時代の渡来人－大和・河内地域を中心として－」『橿原考古学研究所論集』第9 吉川弘文館
(12) 和田萃 1993 「渡来人と日本文化」『岩波講座日本通史』第3巻 古代2 岩波書店
(13) 鈴木靖民 1995 「伽耶の鉄と倭王権についての歴史的パースペックティヴ」『日本古代国家の展開』（上）
(14) 酒井清治 1994 「日本における初現期須恵器の系譜」『伽耶及び日本の古墳出土遺物の比較研究』（平成

4・5年度科学研究費補助金(総合研究A)研究成果報告書）国立歴史民俗博物館
補記 本節の全羅南道は栄山江流域を中心とした地域であるが、近年馬韓あるいは慕韓と推定されている。

第2節　関東の渡来人

はじめに

　関東には7世紀後半から8世紀にかけて、『日本書紀』『続日本紀』に多くの渡来人の移住記事が見られ、地域的特色を示していよう。また、考古学的にも叩き技法を持つ埴輪、人物埴輪（相撲・袖長）、寄生を持つ馬形埴輪、平底徳利形瓶、須恵質埴輪型壺、馬冑、蛇行状鉄器、銅鋺など、多くの文物について朝鮮半島、あるいは渡来人との関わりについて検討されてきた。しかし、いまだ渡来人が見えてこないのが現状である。ここでは主に土器を使い、渡来人を探ってみたい。

1. 東国における渡来系関連遺物に関するいくつかの問題点

　今日まで関東出土のいくつかの朝鮮半島系の遺物や遺跡について検討されてきているが、その資料についてもいくつかの問題がある。たとえば埼玉古墳群中の山古墳の底部穿孔須恵質埴輪壺(1)は、埴輪的な性格を持つものか仮器なのかは置くとしても、その系譜については百済系平底壺に求められているが、口縁の形態、刷毛目など北関東の須恵器との関連が強く、直接的には百済系とはいえないであろう。渋川市空沢41号墳(2)の土師器壺には平行叩きが施されているという。しかしこれは削りの際に篦の角度が大きくなったために篦が跳ねた、陶器用語でいう「飛鉋」であり、叩き技法ではない。また、田口一郎は群馬県箕郷町生原遺跡群（海行A遺跡・善龍寺前遺跡）には、轆轤を使用した回転ナデの可能性の強い、ナデを口縁に施す平底鉢形土器があり、これを「朝鮮三国系土師器」と呼んでいる(3)。これは轆轤を使用したかどうかも疑問であるが、朝鮮半島系土器と比較したとき、最も大きな違いは叩きを持たないことと煮沸に使用されていないことで、器形は鉢ではなく小型甕である。畿内においても叩き技法が消滅し、土師器の器形に取り入れられた器種のうち、いつまでの土器を朝鮮半島系土器と呼ぶかは問題である。その中で平底深鉢形土器は、5世紀後半代では刷毛目を施しながら残存するものの、その後煮沸器種であることから土師器に取り入れられなかった。田口のいう「朝鮮三国系土師器」の平底深鉢形土器は6世紀前半代であることから、はたしてこの地域だけにこの器種が残るのか疑問であり、煮沸器種でなければ渡来人が製作、使用したとはいえないのではなかろうか。

　次に叩きを持つ埴輪について触れてみると、この埴輪は長野県土口将軍塚古墳、庚申塚古墳、埼玉県生野山将軍塚古墳、金鑚神社古墳、公卿塚古墳、茨城県真崎権現山古墳の6か所に見られるが、東山道沿いに分布しており、土口将軍塚に平行叩きを含むものの、いずれも格子叩きであり、内面に当て目が見られず、埴質である特徴を持つ。この特徴から筆者は以前、須恵器工人との関わりよりも朝鮮半島系軟質土器との関わりを想定した。その後、佐藤好司はこの考えを支持されたが(4)、太田博之(5)は系譜についていずれとも決しがたいとされ(6)、いまだ決着を見ていない。当

然資料の少ない段階では慎重に検討すべきであるが、ここでは朝鮮半島系軟質土器との関連の補足を行いたい。

まず、以前も指摘したように、この埴輪群にはいずれも青海波等の当て目がない。朝鮮半島系の軟質土器は、伽耶・新羅系の軟質土器の一部を除いて、その多くは青海波等の明瞭な文様を持つ当て目痕は見られない。最近発掘された韓国の埴輪は、百済人の製作した埴輪といってよく、格子や平行組合わせ文等の百済土器特有の叩き技法で作られるが、軟質土器の系譜を引くためか内面には当て目が見られない。

また、土口将軍塚古墳の中には報告では平行叩きとなるが、詳細に見ると平行な目に2本の平行の目を斜めに組み合わせたために、叩き目の端部が斜格子になる平行組合わせ文が見られる。これに類似した叩き文は百済土器の中に見られ、この点からも積極的に朝鮮半島系土器との関わりを想定したい。

このような朝鮮半島系遺物から渡来人を想定することに対して否定的な見解もある。坂口一は、東国において「大半を占める在地の土師器に混じって僅かに単数の個体が出土する」ことから、「東国においては『朝鮮半島系土器』の出土をもって、にわかに『渡来人』と結びつける見解は再検討を必要としている。むしろ、現状では畿内政権との係わりのなかに位置付けるのがより自然であると考えられる」とする。当然今津も分析したように、朝鮮半島におけると同様の土器セットを完備するほうが確実に渡来人集落を想定できよう。しかし、今津は「器種が揃うとする範囲は、一遺構や一遺跡で揃う場合だけでなく、短時間で往来ができるような至近距離で、立地条件や環境のよく似た遺跡をひとくくりにして揃う場合も含まれている」という。今津の分析方法で確実に渡来人が使った、一遺構から出土したセット資料だけを取り上げたならば、九州・畿内においてもわずかであり、朝鮮半島系土器から渡来人を想定する研究方法は成り立たなくなろう。

関東においていくつかの渡来人移住記事や渡来人を集めた建郡記事、たとえば和銅4年（711）の上野国多胡郡、霊亀2年（716）の武蔵国高麗郡、天平宝字2年（758）の武蔵国新羅郡、また武蔵国播羅郡、上野国甘楽郡、甲斐国巨摩郡などの地からは、朝鮮半島系土器はほとんど出土していない。文献に渡来人記事が記録されていなければ、これらの地に渡来人を見出すことは不可能である。

朝鮮半島系土器と渡来人の関係は多くの場合が考えられよう。陶質土器と渡来人の関わりについては慎重になる必要があるが、軟質土器は畿内においても短期間に土師器化することから、叩き技法を持つ器種ならば渡来人の製作した土器である可能性が高く、叩きを持つ深鉢形土器ならばなおさらであろう。陶質土器にしても、東国・関東にどのような時期にどのような地域の土器が多いか検討することは、時期によっては渡来人との関わりを想定する材料になると考える。また、渡来人と直接関連しなくても、朝鮮半島の土器の流入ルートが見えてこよう。

以下、朝鮮半島系土器の痕跡から渡来人の想定について、検討してみよう。

2. 関東出土の朝鮮半島系土器の特徴

東国出土の朝鮮半島系土器は、現在47遺跡で確認されているが、そのうち関東においては未発表を除いて16遺跡がある。

その分布傾向は、東海道と東山道沿いに分布するが、東山道沿いに特に多いといえよう。この東海・東山両道に分布することについては、初期須恵器の搬入経路と同様であり、畿内政権の東国経営の伸長との関連が指摘できよう。

朝鮮半島系土器の個体数については、東国68点以上(14)のうち関東では20点以上が出土し、その割合は29.4％である。各時代の出土割合は5世紀には東国50点、関東14点（28％）、6世紀以降は東国18点、関東6点（33.3％）と、関東における6世紀以降の出土割合がやや高くなる。これらは陶質土器が東国で52点、関東で10点（19％）であるのに対して、軟質土器は東国で16点、関東で10点（62.5％）と関東の軟質土器の割合の高いことが指摘できよう。

出土資料のうち産地が推定できるものは、東国では5世紀には伽耶土器が14点、新羅土器が11点、百済土器が9点である。6世紀以降には伽耶土器が5点、新羅土器が12点、百済土器が2点であるが、6世紀以降新羅土器が増加する傾向は、統一新羅土器様式が成立し、日本に多くの製品が舶載されるあり方と同様である。

関東における統一新羅土器の出土は、栃木県宇都宮市前田遺跡（第5図9a.盒・9b.緑釉小型器台形土器(15)）、栃木県芳賀郡芳賀町兔の内台遺跡（10.盒・広口壺(16)）、千葉県富津市野々間古墳（14.緑釉蓋付長頸壺(17)）であるが、栃木県の4点の出土例はいずれも住居跡からであり、全国的な出土傾向と比較しても特徴的である。

軟質土器は、東国の中では愛知県に多いが、関東には現段階では千葉県と群馬県だけに分布し、千葉市大森第2遺跡（13)(18)のほか、群馬県には叩きを持つ軟質土器が榛名山東麓地帯に11遺跡ほど確認されている(19)といわれているが、その多くは未発表資料で、藤岡市温井遺跡（7)(20)、高崎市八幡中原遺跡、同堀米前遺跡、同七五三引遺跡（5a・5b)(21)、箕郷町五反田遺跡、渋川市行幸田山Ａ区2号墳（2)(22)からの出土するというものの、その多くは実態が不明である。いずれも群馬県利根川右岸一帯に分布することが特徴である。

3. 土器から見た関東の渡来人

考古学的に渡来人の移住および居住地をどのように証明できるか、わずかに出土する朝鮮半島系土器を扱い検討してみよう。

畿内および西日本において特に渡来人が使用した生活道具としての軟質土器は、陶邑ＴＫ73〜ＴＫ47型式の段階の数十年に集中している。この軟質土器は当初叩き技法で製作されているが、しだいに刷毛目で整形され土師器化していき、土師器の器形に取り入れられていく。このような渡来人の集団の中でも短期間で消滅していく技法だけが、渡来人と関わりなく関東に伝えられたとは考えられない。製品が搬入する可能性はあるが、同一遺構で複数出土する場合や、一遺跡での複数個体の出土、さらに拡大して一地域に集中して複数遺跡から出土する場合も、軟質土器がほとんど出土しない東国では、渡来人との関わりを推測することも可能であろう。

千葉市大森第2遺跡では、調査区の関係で半分しか調査していない第68号住居跡から、ほぼ完形の坏2点、深鉢形土器1点（13）が出土した。これは百済土器と考えられ、セットとして揃わないが、東国において出土例の限られる軟質土器が3個体出土することは、この住居跡に百済人

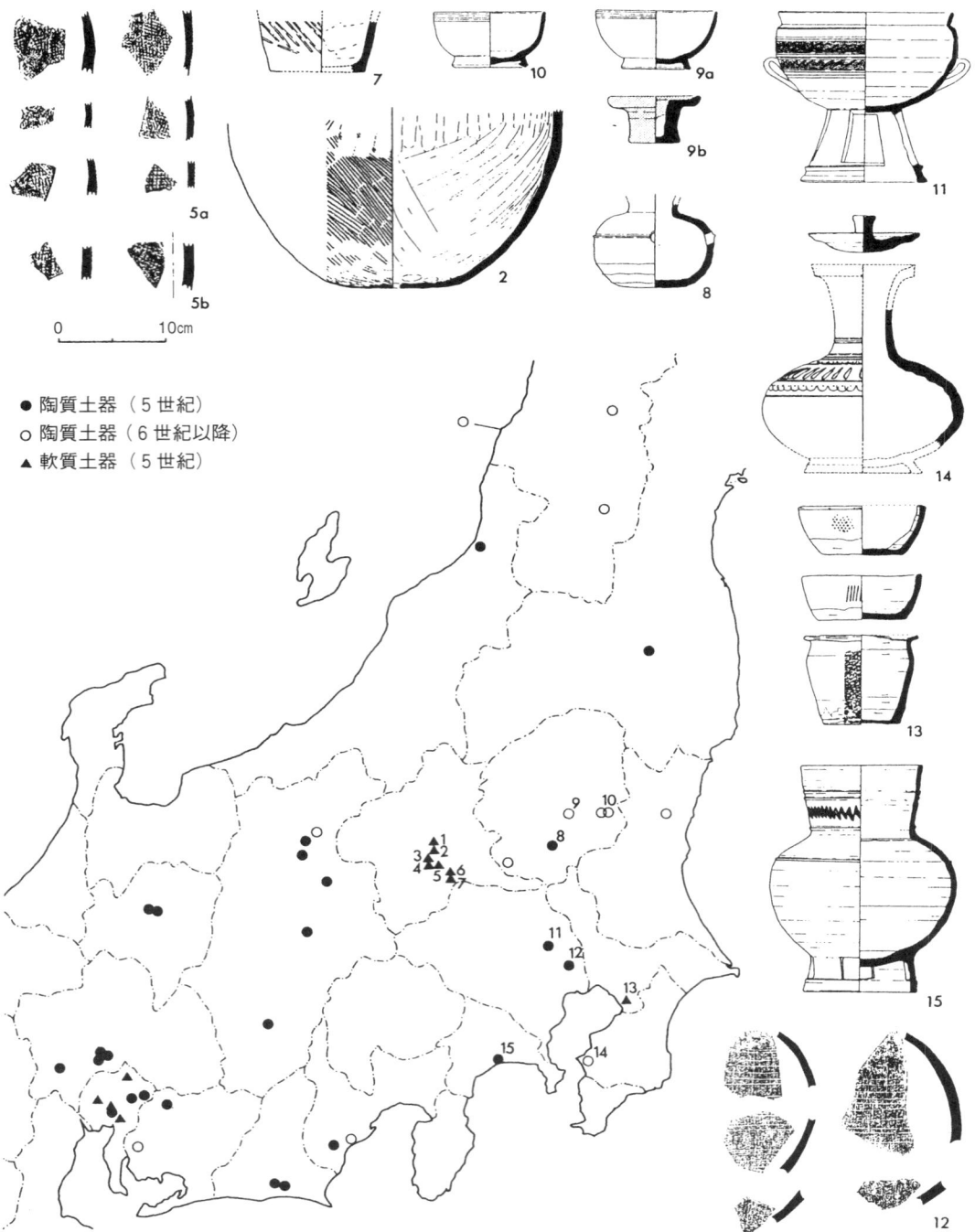

第5図 関東の朝鮮半島系土器と出土遺跡

1:渋川市空沢遺跡(住居)　2:同行幸田山古墳　3:箕郷町五反田遺跡　4:高崎市八幡原遺跡(住居)　5:同七五三引遺跡(a.SI01 b.SI07)　6:同堀米前遺跡　7:藤岡市温井遺跡(住居)　8:栃木市白山台遺跡(住居?)　9:宇都宮市前田遺跡(a.SI079 b.SI114)　10:芳賀町免の内遺跡(SI306)・芳賀工業団地内遺跡(SI014)　11:与野市八王子遺跡　12:足立区伊興遺跡(包含層)　13:千葉市大森第2遺跡(住居3点)　14:富津市野々間古墳　15:大磯町愛宕山横穴

が居住した可能性は極めて高いと想定したい。

また、高崎市七五三引遺跡ＳＩ01号住居跡から6片（5a）、ＳＩ07号住居跡から2片（5b）、格子叩きで軟質土器の甕が出土し、1遺跡2遺構からの出土で、渡来人の居住した可能性の高い集落であろう。前述したように利根川左岸には叩きを持つ軟質土器が多いが、田口のいう11遺跡の分布を認めるならば、この地域は渡来人と関わりのある地域といえよう。

栃木県においては統一新羅土器が4点出土する。宇都宮市前田遺跡はＳＩ079号住居跡で盌(9a)が、ＳＩ144号住居跡では緑釉陶器（9b）の、計2点が出土する。芳賀町免の内台遺跡ＳＩ306号住居跡で盌（10）が、同一遺跡である芳賀工業団地内遺跡ＳＩ014号住居跡からも広口壺が出土し、計2点が出土する。これらの出土時期は7世紀末から8世紀前半と考えられ、江浦も想定するように、下野国（687・689・690年）や武蔵国（687・690・758・760年）に移住した新羅人によってもたらされたものであろう。

7世紀後半から8世紀後半にかけて、関東においては百済人、高麗人、新羅人の移住記事が見られるものの、出土土器に限れば新羅土器しか見つかっていないのはなぜか。それは、百済人については白村江の戦い直後の、天智4・5年（665・666）に近江へ400余人と東国へ2000人を移住させるが、関東へは百済滅亡後24年経過した天武13年（684）に武蔵国へ移住している。高麗人の移住は高句麗滅亡後19年後の持統元年（687）の常陸国が最初で、次に48年後の霊亀2年（716）、駿河・甲斐・相模・上総・下総・常陸・下野の7国の高麗人1799人を集め、武蔵国に高麗郡を建郡する記事がある。このように百済人・高麗人については、両国が滅亡してから移住までの年数が経ていることから、関東に直接渡来したかは疑問である。百済土器、高句麗土器が渡来記事が見られるにも関わらず関東で全く出土していない原因は、この点にあろう。これに対して、推古9年（601）に対馬で捕らえられた間諜者を上野国へ、持統元年（687）と天平宝字4年（760）に筑紫の新羅人を武蔵国へ移住させたことが記されるように、新羅人の場合は、朝鮮半島→九州→関東への直接的な移住が多かったことが、新羅土器が関東に見られる原因であろう。

4. 渡来人の居住形態

出土資料から想定できる渡来人居住地は少ないが、次に文献史料を加えて渡来人の居住形態について見てみよう。

推古9年（601）に新羅の間諜者迦摩多を上野国へ配流したことに始まり、天智5年（666）に百済男女2000余人を東国へ置くが、これ以降関東への渡来人移住記事が多く見られる。この中でいくつかの建郡記事と、僧尼の移住記事が注目される。渡来人と関わる建郡は、和銅4年（711）の上野国多胡郡、霊亀2年（716）の武蔵国高麗郡、天平宝字2年（758）の武蔵国新羅郡、および郡名からは武蔵国播羅郡、上野国甘楽郡、甲斐国巨麻郡などがある。このように文献からは武蔵国に新羅人・百済人、下野国に新羅人・高麗人、常陸国に高麗人、上野国に新羅人、上総・下総・相模国に高麗人、甲斐国に高麗人・百済人が居住していたようである。

さて、彼らはどのように居住したのであろうか。武蔵国には天武13年（684）百済人23人、持統元年（687）新羅人22人、持統4年（690）新羅人12人、霊亀2年（716）高麗人1799人、天平宝字2

年 (758) 新羅人74人、天平宝字 4 年 (760) 新羅人131人が置かれた。また、天平 5 年 (733) 埼玉郡に新羅人が53人いたことが記される。このような記事から知ることのできる武蔵国へ移住した渡来人の総数は、百済人23人、新羅人249人、高麗人1799人が数えられる。霊亀 2 年の高麗人1799人は、入間郡を割いて建郡した高麗郡の高麗・上総のわずか 2 郷に集められ、天平宝字 2 年の新羅人74人は、武蔵国の閑地に建てられた新羅郡の志木・余戸の 2 郷 (和名抄) に集住させられた。下野国では持統元年新羅人14人、持統 3・4 年に新羅人を置く記事は見られるものの、建郡されていない。上野国では和銅 4 年の多胡郡の設置は、多くの胡人の意とするならば、渡来人の集住地域といえよう。さらに天平神護 2 年 (766) 新羅人193人に吉井の姓を与えていることからも集住していた可能性がある。

　これらの中には考古学的に見ると、栃木県宇都宮市前田遺跡、芳賀町免の内台遺跡の出土土器からは、在地の住人と混在し居住していたと考えられるが、彼らが記録に見られる新羅人とするならば、10数人程度の集住だと考古学的にはほとんど痕跡が残らないのかもしれない。

　これを遡る 5 世紀の段階ではいかがであろうか。大森第 2 遺跡、七五三引遺跡では、軟質土器出土住居跡以外は朝鮮半島系の文物が出土せず、おそらく在地の住人と混在して居住していたようである。

　このように関東では出土資料と文献から見るならば、移住した渡来人は、5 世紀代は在地集落へ混在し居住したことが想定され、8 世紀代は意図的に集住させられたようである。

　では、畿内はどうであろうか。5 世紀の河内・大和では、渡来系集団と在地系集団が混在した集落形態をなすという。また、近江においては渡来人集落は集住形態をなすという。土器から見た場合、河内においてはいくつかの集落に数世帯程度が居住したという。これに対して渡来系工人は計画的村落生活を営まされたとする見解や、畿内政権が意図的な配置を行ったとする考えもある。いずれにしろ、この渡来人たちは各種の生産技術者であったことは共通する見解であるが、渡来人の移住に対して組織的に畿内政権が直接関わったものか、有力首長が関与したものか意見の分かれるところである。おそらく、山尾のいうように、大和を中心とした地域では朝鮮系手工業集団は、畿内政権を背景とした倭漢直諸集団のもとに組織化されたのであろう。陶邑窯跡群など技術者集団の場合は渡来人が集住したものの、多くの集落では渡来系と在地系の混在した集落の中にも渡来人の生産技術者はいたようで、彼らは在地の有力首長層が掌握したのであろう。それゆえに初現期の須恵器生産が西日本各地で開始されたのであろう。特に東国を含めた地方では、このような混在して居住するあり方が一般的であったと考えたい。

5. 渡来人関東配置の目的

　関東における 5 世紀の渡来人の移住目的は、考古学的には判断できないのが現状であるが、7 世紀後半から 8 世紀後半の渡来人については、建郡記事に見られるように、為政者によってなんらかの目的のために集住させられたことがわかる。東山道沿いの武蔵国、上野国に建郡が多いこと、駿河・甲斐・相模・上総・下総・常陸・下野 7 国の高麗人1799人を武蔵国に置いたことは、対蝦夷を視野に入れた配置といえるのではなかろうか。すなわち、東国の民を陸奥へ柵戸として

移配したが、その坂東の地に渡来人を移住させ、生産性の向上をめざし陸奥をにらんだ関東の地域開発のため、公民制支配の中に組み込むこともその目的であろう。また、建郡まで至らないものの、下野国・常陸国への渡来人の配置も同様であろう。

それに対して新羅人については、天平宝字3年（759）の大宰府所管の新羅人のうち、本国へ帰還したい希望者以外を翌年、すでに数度にわたり新羅人移住の実績のある武蔵国へ移住させ、翌々年美濃国・武蔵国の少年に新羅語を習わせている。また、武蔵国に新羅郡を建郡するにあたり、移した新羅人は男女40人に対し僧32人、尼2人と当時の知識人が半数近くを占めたこと、これは少年に新羅語を習わすこととも関連し、新羅郡の設置が天平宝字3年（759）から始まる藤原仲麻呂の新羅征討政策の一環として、なんらかの目的を持って建郡されたといえよう。おそらくその目的は、新羅の情報センターとしての役割を担ったのではなかろうか。

関東への渡来人の移住記事の中で僧尼が多いことが特徴であるが、天武13年（684）の百済僧尼、持統元年（687）の新羅僧尼、天平5年（733）埼玉郡に新羅人徳師が、天平宝字2年（758）新羅僧32人、尼2人などで新羅郡を建郡したとあり、いずれも武蔵国への移住で、新羅の僧尼が多いことが指摘できる。彼ら僧尼が東国において仏教を広めた可能性が高く、これらの文物がそのその痕跡として残る。その一つは瓦である。彼ら自身が直接寺院を建てたのか、あるいは瓦生産に関わることができたのか不明であるが、従来から新羅系瓦として下総国分寺の宝相華文軒丸瓦は知られている。武蔵国府の寺か多摩郡寺といわれる京所廃寺、栃木県浄法寺、茨城県では「茨木寺」の郡名寺院である茨城廃寺では新羅系の単弁8葉軒丸瓦が出土する。茨城県久慈郡金砂郷村長者屋敷跡の塼と瓦は、文様から百済あるいは高句麗的といえようか。千葉県コジヤ遺跡では新羅系の陶製瓦当笵が出土する。

最近、日本に見られる古新羅系瓦の影響について論議され始め、関東の類例が指摘されている。金誠亀らは、関東では古新羅系2例、統一新羅系7例をあげられた。当時の新羅文化の伝達者は、遣新羅使を中心に行われ、統一新羅系瓦当型が日本全域へ拡散する主要な契機は、新羅から渡った渡来人の安置と関連するとした。関東における新羅系瓦の時期的な問題や、どのような経路とたどって伝播したか系譜的な問題などがあるが、関東の渡来人の中に新羅人を中心とした僧尼が多いことは、関東の仏教文化の伝来が、中央からだけでなく朝鮮半島から直接もたらされたことも、今後考慮に入れる必要があろう。

註
(1) 若松良一　1989「中の山古墳の須恵質埴輪壺について」『奥の山古墳・瓦塚古墳・中の山古墳』埼玉古墳群発掘調査報告書第7集　埼玉県教育委員会
(2) 大塚昌彦　1993「群馬県出土の韓式系土器とその周辺」『韓式系土器研究』Ⅳ　韓式系土器研究会
(3) 田口一郎　1988「生原遺跡群出土の朝鮮三国系土師器（平底鉢形土器）」『海行А・Ｂ遺跡』群馬県箕郷町教育委員会
(4) 酒井清治　1985「千葉市大森第2遺跡出土の百済土器」『古文化談叢』15　九州古文化研究会
(5) 佐藤好司　1986「埴輪について」『埼玉県古式古墳調査報告書』埼玉県県史編さん室
(6) 太田博之　1992「埴輪製作における特殊技法」『考古学ジャーナル』349　ニュー・サイエンス社

(7) 山根洋子 1987「叩きの埴輪」『土口将軍塚古墳』長野市の埋蔵文化財19集　長野市教育委員会・更埴市教育委員会
(8) 百済土器には平行に一本の直行線が組み合うが、このような叩きは百済土器だけに見られる。
(9) 坂口一 1993「東国における『朝鮮半島系土器』の再検討」註(2)文献
(10) 今津啓子 1994「渡来人の土器－朝鮮系軟質土器を中心として－」『ヤマト王権と交流の諸相』古代王権と交流5　名著出版
(11) 亀田修一 1993「考古学から見た渡来人」『古文化談叢』30　九州古文化研究会
(12) 三重と滋賀は畿内的様相が残るため、愛知・岐阜以東を指す。
(13) 陶質土器を含むが、個々には陶質土器、軟質土器と呼び分ける。
(14) 破片の個体数が不明なため、以上とする。
(15) 今平利幸ほか 1991　『前田遺跡』宇都宮市教育委員会
(16) 宮崎光明・江浦洋 1989「日本出土の統一新羅系土器『盒』」『韓式系土器研究』Ⅱ 韓式系土器研究会
　　　（免の内台遺跡と同一遺跡である芳賀工業団地内遺跡ＳⅠ014から広口壺が出土する）
(17) 石井則孝 1977「千葉県富津市出土の新羅焼土器」『史館』8　史館同人会
(18) 中村恵次ほか 1973「大森第2遺跡」『京葉』千葉県都市公社
(19) 註(3)文献
(20) 真下高幸 1981『温井遺跡』 (財)群馬県埋蔵文化財調査事業団
(21) 田村孝 1984『七五三引遺跡』 高崎市教育委員会
(22) 註(2)文献
(23) 江浦らは盒について国内で模倣された可能性を指摘しているが、高台部・口唇部の沈線など新羅土器の特徴を備え、日本に統一新羅土器の明確な模倣が確認されない現在、舶載品と考えられる。
(24) 1995年12月19日、埼玉県立博物館における鈴木靖民の講演「古代東国の渡来人」による。
(25) 花田勝広 1993「渡来人の集落と墓域」『考古学研究』156　考古学研究会
(26) 今津啓子 1977「大阪湾沿岸地域出土の朝鮮系軟質土器」『東アジアの考古と歴史』下　同朋舎出版
(27) 山尾幸久 1989『古代の日朝関係』塙書房
(28) 関川尚功 1988「古墳時代の渡来人」『橿原考古学研究所論集』第9　吉川弘文館
(29) 酒井清治 1993「武蔵国内の東山道について－特に古代遺跡との関連から－」『国立歴史民俗博物館研究報告』50
(30) 加藤かな子 1989「武蔵国新羅郡設置に関する一私論－仲麻呂政権における渡来人政策を通して－」『史学論集』19　駒沢大学大学院史学会（加藤は、7世紀後半に渡来した東国各地の新羅人の子孫を再配置して新羅郡を設置したとするが、東国各地から僧32人、尼2人を集めたとは考えにくく、この時期渡来した新羅人ではなかろうか）
(31) 森郁夫 1990「瓦当文様に見る古新羅の要素」『畿内と東国の瓦』京都国立博物館
(32) 小田富士雄・武末純一・亀田修一・金誠亀 1994「日韓古瓦塼文化の交渉研究」『青丘学術論集』6　財団法人韓国文化研究振興財団
(33) 遣新羅使は天武4年（675）から宝亀10年（779）までの間に22回派遣され、特に日唐関係の悪化時期には大陸の文物・制度の導入には大きな役割を果たした。

補記　高崎市七五三引遺跡に近接する剣崎長瀞西遺跡では、複数の軟質土器、朝鮮半島系の耳飾りなどが出土し、この一帯に渡来人が居住していた可能性がさらに高まった。

第3節　関東の朝鮮半島系土器

Ⅰ　下総・大森第2遺跡の百済土器

はじめに

　大森第2遺跡出土の叩きを持つ土器群は土師器として扱われてきたが、近畿・北九州に増加している漢式系土器、漢韓式系土器、韓式系土器、金海式土器などとよばれる、半島系軟質土器に含まれると考えられる。

　近年伽耶付近の調査が進み、軟質土器の実態も少しずつ分かり始め、百済における軟質土器も再調査され、その差が明確になってきた。この調査の進展により陶質土器ばかりでなく、軟質土器にも地域色が認識されるようになり、大森第2遺跡の軟質土器は百済土器と考えられるに至った。

　東日本では天智5年の百済人2000余人の移住、霊亀2年の駿河・甲斐・相模・上総・下総・常陸・下野7国の高麗人1799人を移し、高麗郡を設置した記事にあるように、多くの渡来人が移住しているにもかかわらず朝鮮半島系土器の発見は少なく、陶質土器が僅かに確認され始めているのに、軟質土器は皆無であった。陶質土器が舶載品であるのに対して、軟質土器は渡来人によってわが国でも製作される場合もあり、土器の出土は渡来人と密接に関わっている。大森第2遺跡の半島系土器はその可能性が高い。

　本節では大森例の深鉢形・坏形土器の類例を探し、土器底部に残る方形痕から轆轤構造に触れ、半島系土器に関わる問題について検討を行う。

1. 大森第2遺跡第68号住居跡出土の土器群

　遺跡は千葉市大森町222番地の東京湾から内陸に向かって侵入する、小支谷によって形成された平坦な台地上にある。海岸より1.7km離れ、支谷と台地の比高差は12m、台地の標高は23～24mを測る。

　京葉道路の建設範囲内の発掘であるが、90軒の住居跡が検出された。和泉期の住居跡33軒（須恵器出土住居跡は6軒）、鬼高期は4軒（須恵器出土住居跡は1軒）である。

　68号住居跡は「北壁3.0m、西壁5.2mの三角形状に確認されたのみである。覆土の上半部は暗褐色土で下半部は黄褐色土が堆積している。壁はローム層を約50㎝掘りくぼめて構築している。遺存は良好である。床面はローム層中に構築され、床面上には焼土が見られる。ピットは1個確認されたのみである。深さは床面より110㎝を計測する。周溝は検出せず、炉は未確認」と記されている。

　出土遺物は土師器坩形・高坏形・埦形土器・土製品・石製模造品・土製小玉とともに、報告書では土師器とされた朝鮮半島系土器の深鉢形土器1点、坏形土器2点が検出されている。

　（1）深鉢形土器（第6図3）

　口径10.45、頸部径9.35、胴部最大径10.1、底部径7.25、器高8.9、器厚0.3～0.9㎝である。形態は

平底からやや開き気味の直線的な立上がりを持ち、体部上位に肩部をつくる。内傾して頸部に至り、口縁は強く外傾し、口唇部は上方につまみ上げられたように鋭く突き出る。厚さは底部で0.3cmと薄くなる。底部と体部の境に沈線が巡るが、これが確認できる唯一の接合部である。体部外側に荒い縄蓆文が施され、肩部から上は撫でが、体部下方は右から左への削りが巡っている。両方とも縄蓆文を一部消している。

内側は全面に横位の撫でが巡るが、特に中位から上は顕著に見られる。底部と体部の接合部には指頭による強い撫でが巡る。中位から下は、一部削りが見られる。底部は回転台に接着していた跡か、4.3×4.1cmの四角形で、深さ0.05cmの僅かな窪みが見られる。砂粒は少なく、色調はにぶい褐色である。

(2) 平行叩き坏形土器（第6図2）

口径11.3、底径8.4、器高4.4、器厚0.5～0.6cmを測る。平底から緩やかに内彎する体部を持つ。体部中位付近が若干薄くなる以外は全体にほぼ同様の厚さを呈する。口唇部は僅かに内側に傾斜した平縁である。

外面は約1.8cm間隔で、縦に幅0.3cm弱の平行叩き文が巡っている。叩きの下位の底部に接する部分には、右から左への削りが巡る。内面の中位から上方に小さい平らな部分をつくり、それがいくつも並んだ状態が観察できたが、当て目であろう。その上に内から口唇部にかけて全面に撫でが巡るが、轆轤回転を利用した撫でか不明である。胎土に0.1cmの石英粒を多量に含んでおり、表面にも現れている。焼成は良好で堅く、重い土器である。色調は赤燈色を呈する。

(3) 格子叩き坏形土器（第6図1）

口径12.05、底径7.4、器高4.9、器厚0.5～0.65cmを測る。平行叩き坏形土器と同様な器形であるが、少し大振りである。厚さは全体に均一で、口縁部に至り内外に脹らみ、口唇部は外へ傾斜する形となる。外面は中位から上に格子叩きが施される。口縁直下にも施されていたようであるが、口縁内外の撫でにより消えかかっている。そのためか意識的にか、中位付近についた叩き文が、より装飾的効果を現わしている。体部下位の底部に接する部分に、右から左への削りが巡る。

内面には中位上方に当て目の跡と思われる小さな平たい部分が並んでいる。その上に撫でが巡るが、他器種と同様特に口縁付近と、底部から立上がる屈曲部に顕著に見られた。全体に整形が良好で表面が荒れていないが、表面の削りを見ると0.2cmの砂粒が多量に含まれている。しかし、粘土分は粉末状である。色調はにぶい褐色を呈する。

以上3点で共通する点は、平底・胴下位箆削り、内面の底部と体部の屈曲部の指撫で、外面の叩きである。その中でも、格子叩き坏形と深鉢形の焼成・色調が類似する。

次に伴出する土師器（第6図4～8）から住居の廃絶時の年代を探ってみたい。小形丸底壺の類例を県内に求めるならば、大森第2遺跡31A号住居跡、星久喜6号住居跡[9]、大篠塚44号住居跡[10]、小室遺跡D201B・D216号住居跡[11]、山伏作9号墳[12]、大山台148号住居跡[13]、成田ニュータウン内Loc5－2遺跡102号住居跡[14]、間野台5号住居跡[15]、宮脇8号住居跡[16]などがあげられる。高坏は大森第2遺跡40B・43B住居跡、坏形土器は大森第2遺跡38A・43A号住居跡、小室遺跡Pit26が類似するが、ここで和泉期の土器を検討した、外原遺跡[17]を参考にしてみよう。

第1章　土器と渡来人　33

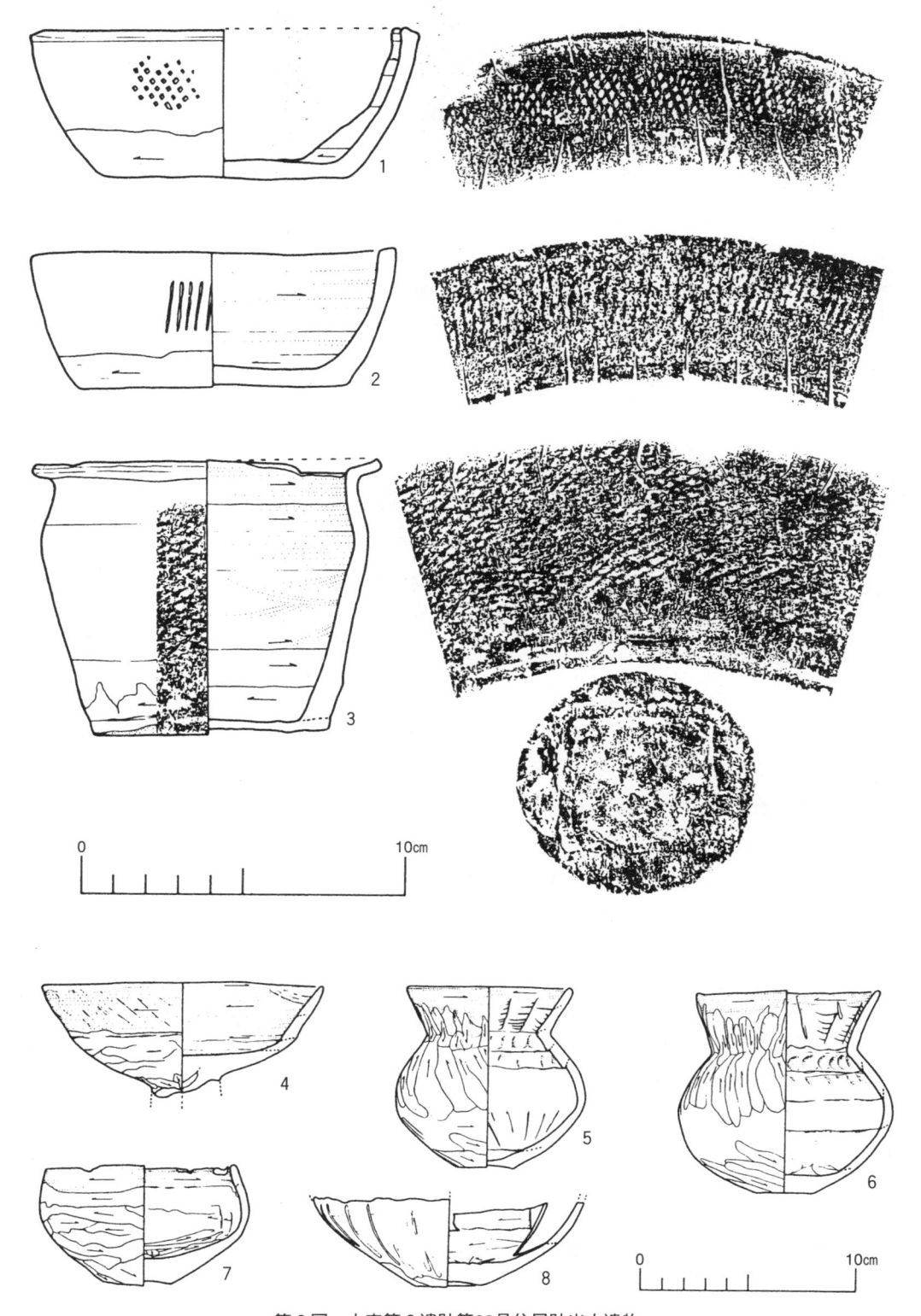

第6図　大森第2遺跡第68号住居跡出土遺物

外原遺跡では時期的な差より、外原第Ⅰ様式と第Ⅱ様式が設定されている。これらは諸特徴から、鬼高Ⅰ式より古い様相を持つことが指摘され、和泉→外原Ⅰ→外原Ⅱ→鬼高Ⅰの流れが考えられている。大森第2遺跡68号住居跡の小形丸底壺は、外面に箆削りが入り、胴径よりも口径の方がやや小さくなる点、新しい様相を持つが、セットとしてとらえると外原Ⅱ様式の中に含まれる。先にあげた類例の多くも外原Ⅱ様式に含めることができ、和泉Ⅱ式と考えられる。現在、竈の付設は東日本においては、和泉期から始まることが指摘されている。逆に考えるなら、類例にあげた住居跡はすべて炉を持つ点、和泉期に含めてもよいであろう。和泉期の年代に関しては鬼高期の初限と関わり、現在まで各氏によって見解の相違がある。

近年の大規模な発掘により須恵器の出土例は増加しており、大森第2遺跡においては和泉期の住居跡33軒中6軒に須恵器が出土しており、鬼高期伴出の須恵器も含めて合計13点ある。成田ニュータウン内Loc19-2遺跡は鬼高期約70軒中8軒、合計20個のⅠ型式の須恵器が出土する。このようなⅠ型式の須恵器に伴う土師器の時期差は、何を意味するであろうか。千葉県内でⅠ型式の須恵器を多く出土した菅生遺跡と烏山2号墳を見ても、前者は鬼高期、後者は和泉期の土師器と伴出している。埼玉県稲荷山古墳、鎧塚古墳例も同様にⅠ型式の須恵器に鬼高式土器が共伴する。以上の諸例は多くのⅠ型式の須恵器と土師器とが共伴した例であるが、大森第2遺跡、烏山2号墳を除いて鬼高式土器を伴う。例にあげたいずれもがⅠ型式の須恵器であり、年代差がそれほど見られないことを考えると、須恵器の移入される時期の差ではなく、土師器の地域差と考えられる。すなわち須恵器の陶邑Ⅰ型式1段階〜Ⅰ型式4段階が移入される時期に、ある地域ではより和泉的な形態が残り、ある地域ではより鬼高的形態に変わろうとしていたと考えられる。研究者によって和泉と鬼高の境をどこで切るかによって、鬼高の開始時期が移動することになる。先にあげた多くの須恵器と土師器の共伴は、5世紀後半に和泉期の後半があり、5世紀第4四半期にはすでにある地域では、鬼高式の形態を持つ土師器が出現していたと考えられる。外原遺跡においても甑を模倣した土師器は出現するが、鬼高期の特徴の一つである須恵器坏を模倣した器形は出現していない。須恵器を模倣する段階も、各地域で異なっていたと考えられる。

須恵器は宝器的なものとして伝世したり、地域により伝播するのに時間がかかるという意見もあるが、稲荷山古墳、烏山2号墳に見られるように、ほぼ同様な型式で複数が出土すること、これらは供献土器と考えられることから、伝播・伝世時期は考えなくてよいであろう。鎧塚古墳に見られるように、時期差のある須恵器に共伴する土師器にも、時期差が認められるからである。今後単独の遺構での、複数の単一型式の須恵器と土師器の共伴により、さらに明確な年代が出せるであろう。

朝鮮半島系土器を出土した大森第2遺跡68号住居跡は、和泉Ⅱ式、5世紀第3四半期と考えておきたい。

2. 大森第2遺跡出土百済土器の類例とその変遷について

大森第2遺跡出土軟質土器の類例を韓国、日本に求めるとともに、韓国での深鉢形土器の大まかな変遷を地域ごとに追い、日本での系譜も推測してみたい。

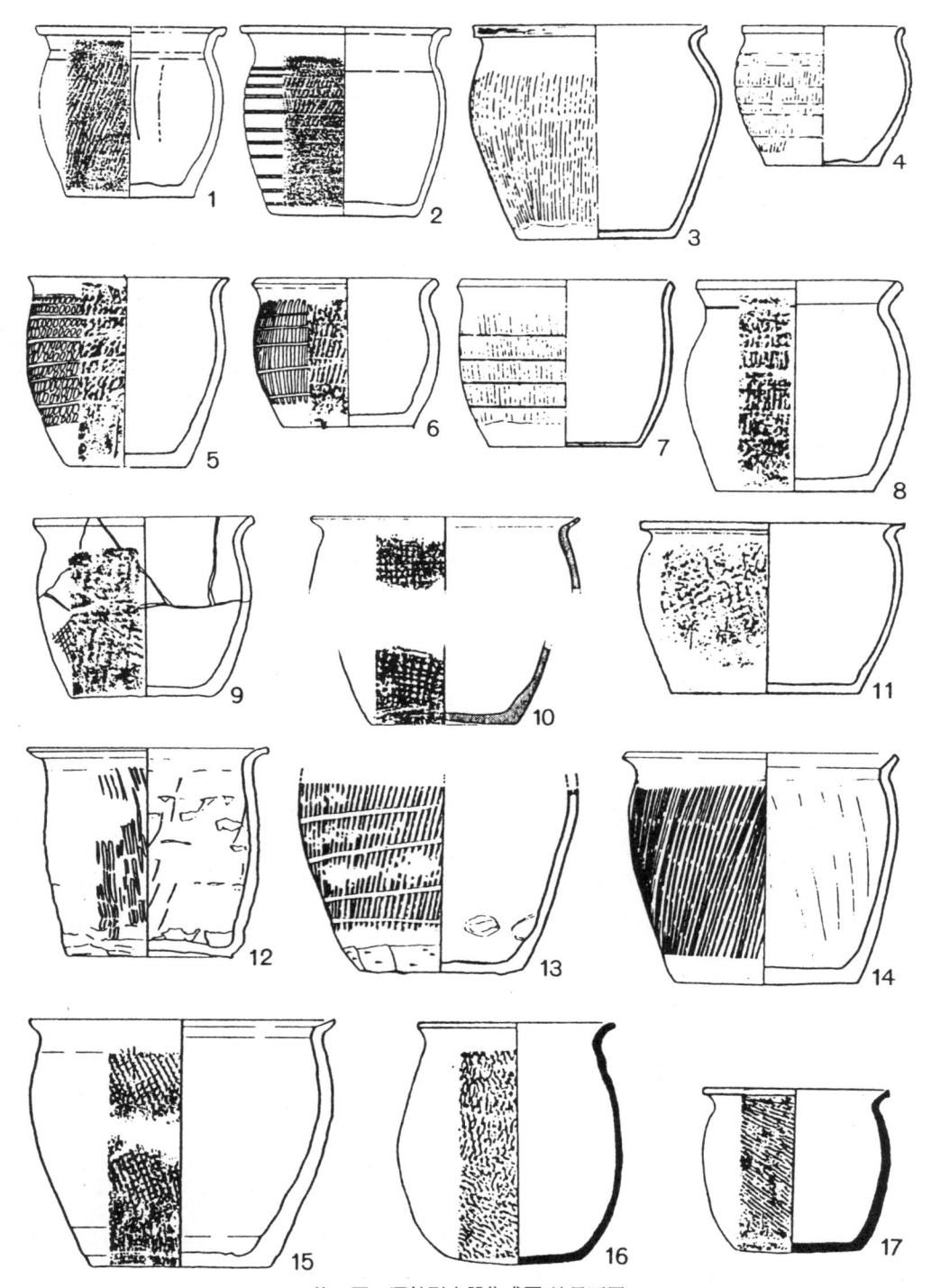

第 7 図　深鉢形土器集成図(縮尺不同)

1・2:原城法泉里2号墳　3:ソウル市風納里　4・7:広州郡岩寺里　5:ソウル市石村洞Ⅳ土壙墓　6:同トレンチ　8:同Ⅲ土壙墓　9:清州市新鳳洞14号土壙墓（以上韓国）　10:福岡市原深町遺跡　11:対馬葦見一重　12:八尾市久宝寺遺跡　13:吹田市五反島遺跡　14:八尾市八尾南遺跡ＳＥ5-1　15:泉大津市古池遺跡　16:南河内郡一須賀27号墳　17:同11号墳

(1) 深鉢形土器の類例（第7図）

　A　朝鮮半島での類例

　体部に縄蓆文を持ち、焼成は土師質で平底の器形は、漢式灰陶の影響を受けた原三国時代の金海式土器以降、三国時代の百済・伽耶などに見られるが、新羅には少ない。大森例を三国時代に探すならば、縄蓆文・形態・焼成などから百済の中に見出せる。

　百済では原城郡富論面法泉里2号墳、ソウル特別市江南区石村洞破壊墳Ⅲ・Ⅳ土壙墓・トレンチ[23]、同風納里[24][25]、清州市新鳳洞古墳群14号土壙墓[26]、論山郡陽村面新興里2号墳[27]が知られている。

　形態的に大森例と酷似するのは風納里例であるが、やや大振りである。藤沢一夫は器表に条痕文が敲打されており、媒煙の付着から煮沸の器であったとされる。また大森例と同様外面の胴部最下位に箆削りの見られる点が特徴とされる。年代について触れていないが、漢山城（AD371～475年）故地に多いことを指摘されている[28]。

　法泉里2号墳の土器は大森例よりやや大振りで2種類あり、一つは灰白色、ほかは灰白または褐色調で器肉は黒色である。前者は縄蓆文が斜行して不規則に見られ、後者は比較的きれいな縄蓆文が敲打されて、その上を螺旋文が巡る。両者とも粗質で砂粒を含む。

　土器類に伴って青磁羊形器が出土しているが、三上次男は越州窯製として、同類のものが中国の南京象山王氏墓群7号墓から出土していることをあげ、法泉里2号墳青磁羊形器を4世紀中期のものとされた[29][30]。そして伴出する縄蓆文土器類もほぼ同時期と考えられている。小田富士雄はやや新しく4世紀後半代とされている[31]。

　このほか4世紀後半だと考えられている石村洞破壊墳があるが、縄蓆文に螺旋文が施されている。また、ほぼ同時期と考えられる新鳳洞古墳群例は格子叩きが施されている。

　次に深鉢形土器の終末例として、新興里2号墳の赤色小壺があげられる。全面に「打型線条文」（平行叩き）のある赤色広口小壺で、肩部から少し縮まった後、口縁が滑らかに広がりながら外反する。口唇部に凹線がある。口径は13cmで大森例よりやや大きい。伴出土器として坩台（器台）が2種見られる。坏部が大きく深く台脚の低い器台と、坏部が小さく台脚が高く大きい器台である。後者の方がより新しい形態である。小田は百済中期（AD475～538年）とされ、この時期には硬質土器が主流であり赤褐色軟質土器[32][33]はほとんど消滅していると述べられている。

　百済地域における発掘例はまだ少ないため不明確であるが、赤褐色軟質深鉢形土器は、漢城時代である百済前期を中心に製作されたといえるであろう。

　B　日本での類例

　わが国での朝鮮半島系土器の出土例は、九州北部と畿内を中心に多く見られるが、軟質土器となると畿内の方が多いようである。軟質土器の中には朝鮮半島から搬入されたものもあるが、渡来人の移住によってわが国で製作されたものも含まれると考えられる。河内平野、特に生駒山地西麓を中心とする地域に多いのは、それを物語るであろう[34]。

　軟質土器のうち深鉢形土器に限定すると、発掘例の割に報告例が少なく、完形品も少ない。大森例は縄蓆文であるが、類例の多くは格子・平行叩きが多い。縄蓆文を施した例は大阪府四条畷市中野遺跡[35]、同南河内郡河南町一須賀27号墳[36]があり、前者は縄蓆文が細いが後者は粗く、最大径

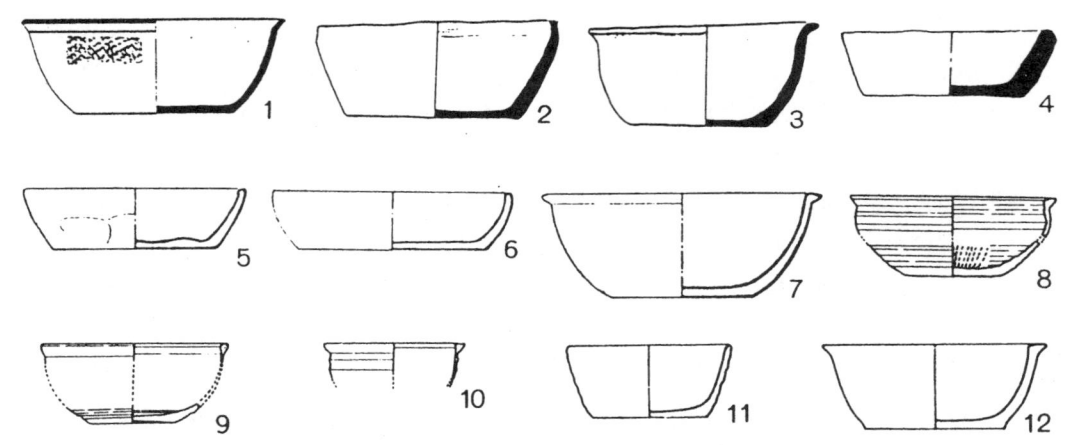

第8図　坏形土器集成(縮尺不同)
1〜4:馬山市城山貝塚　5・6:ソウル市風納里　7:広州郡岩寺里(以上韓国)　8:対馬小式崎遺跡　9:対馬白蓮江浦第2号棺　10:対馬乙宮小学校蔵品　11:対馬木坂1号棺　12:対馬木坂2号棺

が胴中位やや下にあり、叩きが底部付近まで及び、胴最下位の削りが見られないなど、新しい傾向を示す。大森例と形態的に類似するものは八尾市八尾南ＳＥ５−１[37]、泉大津市古池[38]、和歌山市田屋[39]、福岡市原深町遺跡[40]例がある。八尾南遺跡例は平行叩きであるが、ほかは格子叩きである。このほかにも器高の低い対馬葦見一重[41]、肩の張りの少ない八尾市久宝寺[42]、胴の丸く膨らむ吹田市垂水南[43]、藤井寺市国府[44]、八尾市八尾南ＳＥ５−２、南河内郡河南町一須賀11号墳[45]などがある。胴の張る垂水南・国府などの例は、叩き、胴下位の箆削りなど技法的には共通するが、先にあげた諸例と形態的に異なり、後に述べるように伽耶系の土器群の可能性がある。

　時期についても後に触れるが、5世紀中葉から後半代が主体である。

(2) 坏形土器の類例（第8図）

　A　朝鮮半島での類例

　大森第2遺跡の坏形土器は2種あるが、全体の様相は似ている。朝鮮半島では百済の故地に多く見られ、馬山市外洞馬山城山貝塚[46]、ソウル特別市江南区風納里[47]、広州郡九川面岩寺里[48]などに類例がある。

　城山貝塚の西南区は上限を紀元前後として、下限を伽耶土器をもって400年初頭とする。当区の坏形土器は口径15.2cmで格子目文を持つが、解説がないため詳細不明である。報告では新羅土器、伽耶土器の図版に組まれていることを考えると、西南区の中でも新しい時期であろう。

　城山貝塚北区の坏形土器は口径15cmで灰黒色と口径14.7cmの2種がある。また城郭調査にて出土した坏形土器は、報告で異形土器とされるように口唇が角縁であり、口径が9.5cmの灰色軟質土器である。報告者は北区の下限を3世紀初めまで継続することはないとされている。ゆえにこの坏形土器は原三国時代の土器と考えられる。

　風納里には埴質と瓦質の坏形土器がある。埴質は大森例と同様胴下位に箆削りが見られる。瓦質土器は平底で、口縁は内彎気味となり埴質と類似する。藤沢は古式と考えられている。岩寺里例は日常の食器と考えられ、最も多い形態の瓦質土器で、巻き上げで製作されているといわれる。

馬山外洞城山貝塚北区・城郭出土例は、形態的には大森例と類似するが、叩きを持たず、底部付近の削りの存否の不明な点など、同一時期とするには疑問が残る。風納里例は大森例平行叩き坏形土器に類似し、岩寺里例は格子叩き坏に類似する。特に風納里例のように、箆削りの技法と叩きを持ち平底である点は、大森例を朝鮮半島、特に百済の土器とするに充分である。

時期に関しては決定できる資料はないが、城山貝塚例のように平底坏形土器が原三国時代にすでに出現しており、深鉢形土器と同様、漢式土器の影響を受けて出現した土器である。大森第2遺跡深鉢形土器とも考え合わせると、三国時代の百済土器であろう。

　B　日本での類例

わが国に類例を探すならば対馬美津島町小式崎遺跡[49]、同美津島町白蓮江浦2号遺跡第2号石棺[50]、対馬乙宮小学校収蔵品[51]、同馬峰町木坂1号石棺・2号石棺[52]、福岡県糸島郡前原町三雲遺跡堺地区溝状遺構[53]、福岡市西区吉武遺跡群[54]などがある。

対馬、北九州に限定されており、今後出土例が増加しても深鉢形土器に比べ数の少ない器種であろう。対馬出土例の時期は、共伴遺物より弥生後期から終末と考えられている。坂田邦洋は金海式土器[55]、橋口達也は漢式系土器[56]とされており、これら原三国時代の平底坏は、対馬では弥生時代の後期から終末に見られるが、その前後の時期は不明である。三雲遺跡例は内彎気味の口縁で、口唇部は平坦に作られ中央が僅かに窪む。底部には方形痕を持ち、体部が箆削りされるなど深鉢形土器と共通する技法を持つが、叩きはない。時期について柳田康雄は4世紀末から5世紀初頭とされている[57]。吉武遺跡群例は5世紀中頃の溝から出土したとされ[58]、体部下位の削り、口唇の平坦なつくりなど大森例に最も類似するが、焼成は須恵質（瓦質）で青灰色を呈し、叩き文様を持たない。

以上のように大森例は5世紀中頃の吉武遺跡群例に酷似することから、近接する時期と考えられる。

（3）深鉢形土器の変遷（第9図）

　A　朝鮮半島での類例

韓国における深鉢形土器は地域ごとに違いが見られるようで、李殷昌は百済の軟質土器を軟質赤褐色土器とし、百済初期の類例が多く、熊津・泗沘時代にはあまり見当たらないとされ、古新羅・伽耶の軟質土器は軟質赤色土器とし、古新羅系よりも洛東江流域の伽耶系の遺品が数量・品質も優れ、平底と広口が共通の基本形態で、平底広口と有蓋広口牛角形把手付などが圧倒的に多いとされた[59]。

管見によれば百済の諸例は4世紀後半代に集中し、法泉里・石村洞・風納里・新鳳洞などがある。李殷昌が述べるように5世紀代の例は少ないようである。その特徴は、口径と器高はほぼ同じか口径が大きい例が多く、最大径は胴上半にあり、胴下半部はあまり脹らまず直線的に開く。口縁は緩やかに外反し、風納里例のように薄くつまみ上げられるものもある。

伽耶の諸例は4世紀後半代の礼安里138・148号墳[60]、5世紀前半の華明洞7号墓[61]、鳩岩洞56号墳[62]、5世紀中頃の福泉洞10号墳[63]、堂甘洞27号墳[64]、6世紀に入る校洞8号墳[65]、徳川洞C－10号墳[66]・D－14号墳[67]へと続く。古くは撫で整形であるが新しくは平行叩きで、百済に見られた縄蓆文＋螺旋文

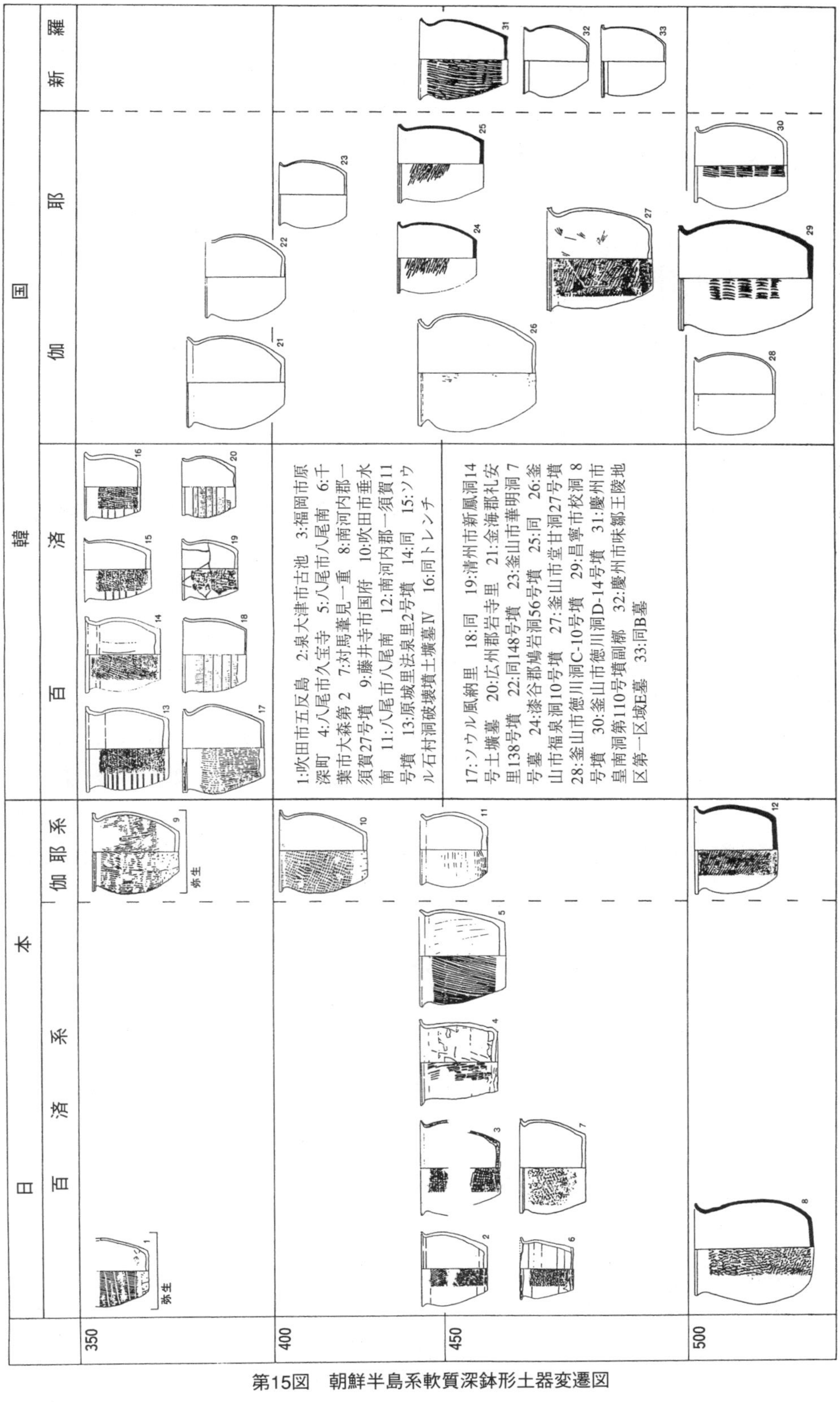
日本
百済系
伽耶系
韓国
百済
伽耶
新羅
350
400
450
500
弥生
弥生
1:吹田市五反島　2:泉大津市古池　3:福岡市原深町　4:八尾市久宝寺　5:八尾市八尾南　6:千葉市大森第２　7:対馬葦見一重　8:南河内郡一須賀27号墳　9:藤井寺市国府　10:吹田市垂水南　11:八尾市八尾南　12:南河内郡一須賀11号墳　13:原城里法泉里2号墳　14:同　15:ソウル石村洞破壊墳土壙墓Ⅳ　16:同トレンチ
17:ソウル風納里　18:同　19:清州市新鳳洞14号土壙墓　20:広州郡岩寺里　21:金海郡礼安里138号墳　22:同148号墳　23:釜山市華明洞７号墓　24:漆谷郡鳩岩洞56号墳　25:同　26:釜山市福泉洞10号墳　27:釜山市堂甘洞27号墳　28:釜山市徳川洞C-10号墳　29:昌寧市校洞８号墳　30:釜山市徳川洞D-14号墳　31:慶州市皇南洞第110号墳副槨　32:慶州市味鄒王陵地区第一区域E墓　33:同B墓

第15図　朝鮮半島系軟質深鉢形土器変遷図

が見られない。また百済の例と比較して胴径に比べ器高が高く、胴最大径以下も丸味を持つ。口唇は礼安里138・148号墳例に僅かに内彎気味はあるものの、徳川洞14号墳、堂甘洞27号墳例に代表されるように、強く外反し矩形の口唇をつくる。

新羅の軟質赤色土器は蓋受式に口縁が内傾し、有蓋で牛角形把手を持つ形態が多いが、藤沢一夫[68]・金元龍[69]らが指摘されるように、いわゆる深鉢形は少ない。数少ない5世紀中葉の皇南洞110号墳副槨[70]、5世紀後半の味鄒王陵地区第一地域B墓・E墓[71]例は、伽耶土器との共通性を持ち、叩きも平行叩きが主体である。

　　B　日本での類例

わが国における深鉢形土器は北九州・畿内に多いが、特に河内平野を中心に出土している。叩きについては格子が最も多く、平行が続き縄蓆文は少ない[72]。平行叩きは八尾南ＳＥ5−1・2、久宝寺、国府、一須賀11号墳、五反島例[73]などがある。五反島例は平行叩きの上に螺旋文が巡り、国府例は内面に青海波を持つ。格子叩きは対馬葦見一重、古池、原深町、垂水南、田屋例などがある。縄蓆文は少なく大森第2、一須賀27号墳、中野例などがある。

時期については米田文孝が共伴遺物から、国府例を弥生後期から庄内式期に、五反島例も速断はできないものの弥生型甕が共伴すると指摘された。また垂水南例は5世紀初頭とされた[74]。しかし、現在発見される深鉢形土器の多くは5世紀中葉以降が多く、八尾南、古池例は最古式の須恵器を伴い、田屋例も5世紀中頃と考えられている[75]。5世紀後半と考えられるのは大森例、葦見一重例で、最も新しい例は6世紀の一須賀11号墳・27号墳例である。

形態的にはバラエティーがあるが、大きく二つに分けられる。一つは口径に比べ底径の割合が大きく、口径と器高がそれ程差がないため、安定感のある器形で広口の感じを与える。またこれらは胴上位の最大径より下はあまり脹らみを持たない。さらに口唇部については端部が薄く、上方につまみ上げられた形状を呈する。典型的な例は大森第2、八尾南ＳＥ5−1、古池などである。

これに対して口径に比べ器高の高い一群は、胴最大径下位は丸く、口縁は大きく外反し、口唇は矩形につくられる。典型的な例は国府、垂水南例である。

わが国出土の深鉢形土器は平底で、技法的にも叩きを持ち、胴最下位を箆削りするなど共通点を持ちながらも、形態的に違いが見られる。百済の5世紀代の例が不明確なため、比較が困難であるが、土器の系譜を考えるならば胴の丸く張る国府、垂水南、八尾南ＳＥ5−2、一須賀11号墳例は伽耶系であろう。また肩が張り、口唇が薄くつくられる大森第2、五反島、古池、久宝寺、原深町、一須賀27号墳例は百済系と考えたい。ここで問題となる点は、百済において5世紀代の赤褐色軟質土器が少ないのに比べ、わが国で類例が多いことである。この原因は百済域での発掘例が少ないこと、集落調査が進んでいないこと、また百済からの渡来人が増加したためと考えられる。

3．深鉢形土器の方形痕について

大森第2遺跡深鉢形土器の底部に4.9×5.1cmの方形の極く浅い窪みが見られた。一見中世陶器に見られる「下駄跡」のようでもあるが、中央の方形部分も窪む点、やや趣を異にする。方形痕

第10図　下駄跡・方形痕拓影(縮尺1/2)（1は下駄跡、2・3は方形痕A類、4〜6は方形痕B類）
1:岐阜市老洞窯跡　2:福岡県前原町三雲遺跡　3:八尾市八尾南遺跡ＳＥ5-2　4:吹田市垂水南遺跡　5:大阪府陶邑窯跡群ＴＫ73号窯　6:八尾市久宝寺遺跡

は、今日まで不明であった古代の轆轤構造の解明の一助になりうると思うので検討してみたい。
　底部方形痕をほかに探すならば、大阪府陶邑古窯跡群ＴＫ73号窯、枚方市茄子作遺跡、八尾市八尾南遺跡、同久宝寺遺跡、吹田市垂水南遺跡、同五反島遺跡、四条畷市中野遺跡、和歌山市田屋遺跡、福岡県糸島郡前原町三雲遺跡などがある（第10図）。朝鮮半島では南原月山里Ｍ1号墳Ｂ号石棺、釜山堂甘洞27号墳などがある。いずれも深鉢形、坏形など小形品に見られ、陶邑ＴＫ73号窯、茄子作、月山里Ｍ1号墳例が須恵質であり、ほか軟質である。
　方形痕の形状については大きく分類して方形のＡ類と、方形の四辺が細い幅をもって囲まれるＢ類の二種があり（第10図）、いずれも陰陽がある。Ａ類は茄子作遺跡の一部、八尾南ＳＥ5-1、五反島、堂甘洞などの遺跡に、Ｂ類は大森第2、陶邑ＴＫ73、久宝寺、垂水南、三雲、南原月山里などの遺跡にある。
　方形痕の性格について陶邑では、「ロクロのゲタ痕」として報告されている。原口正三も轆轤盤中心部の軸装置の痕跡と推定されており、そうだとすればロクロ盤と軸とはホゾ構造によって結合されていたことになると想定された。柳田康雄は三雲遺跡例から「方形のくぼみがロクロ軸圧痕であるとすれば、ロクロで整形されたことになり、その形態からも可能性が強い」とされた。尾谷雅彦は久宝寺例から「低回転のロクロもしくは回転台を用いている様」とし、米田文孝は垂水南・五反島例を「…ゲタ痕が認められ、これらは回転横ナデの一部使用とともに、その製作に際して轆轤が使用されたことを示す」とされている。堂甘洞27号墳例について郭鍾喆は「方形凹

痕は轆轤の軸痕もしくは乾燥時期の台敷痕」と考えられた。このように各氏とも方形痕を轆轤の軸痕と考えられているが、後に述べるように検討を要する。

　まず陶邑で引用された中世の下駄跡について検討してみる。下駄跡は底部に見られる下駄歯のような二条の痕跡で、伊賀の「下駄起こし」、信楽の「足駄焼」は有名である。ほかに備前・丹波・常滑などにも見られる。下駄跡は陰陽により「入下駄」「出下駄」と呼ばれ、その成因は以下に上げる諸説がある。

　　①底部を叩き締る段階で付く。
　　②乾燥段階で取扱いのため、木を2本下駄のように敷く。
　　③轆轤の心棒を円筒状に包む軸受（ハバキ）と、轆轤盤とを結合させるためホゾとホゾ穴による方法を取り、ホゾが盤上面に突き出すために下駄跡ができる。

　香川県水ノ子岩遺跡にて海底より多量の備前焼が発掘され、下駄跡の検討がなされている。それによれば、上記3の軸受のホゾとホゾ穴の跡であるという結論が出されている。

　水ノ子岩遺跡の鉢A類の底径は15cmで、下駄跡は長さ6.3〜8.4cm、幅1.8〜3.0cm、二条の内法は3.3〜4.3cm、外法は8.5〜9.4cmであった。

　これに対して壺Aは底径約20cmで、下駄跡の長さ6.8〜9.6cm、幅2.0〜3.2cm、二条の内法は4.7〜5.5cm、外法は9.2〜11.3cmであり、器形の大小が下駄跡の大小と密接な関連を持つと指摘され、「ロクロ盤上で製作される器体の胴径や底径、また使用される粘土の重さは軸受の太さやロクロ盤径の大きさ、ひいては軸木の太さとも対応する」と想定されたことは卓見である。

　ここで現在の轆轤盤を見ると、美濃焼の例では長さ8.5cm、幅1.5cm、二条の内法は6cm、外法は9cmであった。瀬戸の轆轤でもほぼ同規模であった。水ノ子岩遺跡の報告に引用された故金重陶陽（備前焼陶工）の轆轤盤は長さ9.5〜10.5cm、幅3.0〜3.3cm、内法7.5cm、外法14.0cmである。

　現在の轆轤盤と水ノ子岩遺跡例を比較して指摘できる大きな特徴は、内法が現代の方が大きいことであろう。これは轆轤盤の回転惰力を増し、安定した回転力を保つため軸木やハバキが太くなったためと推測される。

　下駄跡の最古例として注目できるのは8世紀第1四半期の岐阜県老洞窯跡例（第10図1）で、長さ3.8〜4.0cm、幅0.95cm（篦削りのため不明確）、内法3.55cmであり、底径10.7cmの小形壺のためか水ノ子岩例の鉢A類と同じく、内法の狭いことが指摘できる。

　このような下駄跡と先に触れた方形痕の違いを指摘するならば、下駄跡は部分が粘土に密着して陰陽の下駄跡になり、ホゾ（二の字）以外の轆轤盤上は平坦なはずである。ところが方形痕の多くは4.0〜5.1cmの範囲で、方形に窪んでいる（第11図）。また方形痕B類の四辺に見られる幅狭の窪みは幅0.25〜0.5cmで、水ノ子岩遺跡鉢A類の下駄跡の幅1.8〜3.0cmと比較して薄すぎるため、ホゾとは考えられない。かりにホゾと考えた場合、四辺にホゾ穴を開けることになり、轆轤盤中央を方形に切り取ってしまい、構造上不可能と考えられる。

　方形痕は方形の陰陽と、それを四辺に囲む薄い板状の楔痕と考えられることから、2つの推測が成り立つ。Aは轆轤構造がわが国で一般的な軸受け付き式（手轆轤・蹴轆轤）と考え、軸受け用の円筒状の木の上端をホゾとして方形につくり出し、下端から中心を心棒の入る太さで円筒状

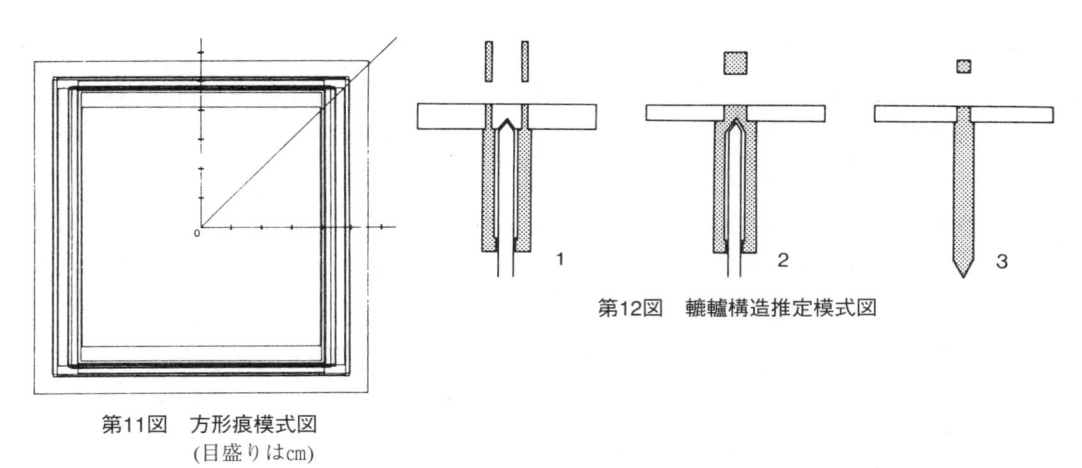

第11図　方形痕模式図
（目盛りはcm）

第12図　轆轤構造推定模式図

に刳き、ホゾをつくった近くで止める。轆轤盤中央の方形ホゾ穴に、円筒上端の端部を差し込み結合させる。下端中央の刳き穴に心棒を差し込む（第12図2）。ホゾとホゾ穴の隙間には楔を打ち補強する。円筒状のハバキは長い方が回転は安定するが、円筒を刳くときいかに中心を取るかによっても安定度は違ってくる。この円筒状のハバキ下位にはずみ車のような盤を取りつければ、複盤轆轤となるであろう。

これに対してBは軸付き式[100]と考え、心棒が轆轤盤と方形のホゾおよびホゾ穴によって結合され、尖った先端部は下になる（第12図3）。このような構造の轆轤は現在わが国に見られないため、疑問が残る。

方形痕を考えるならばBの可能性もあるが、現在の轆轤構造から考えるならばAであろう。Aの方形痕を持つ轆轤構造から、下駄跡の見られる老洞窯跡例の轆轤構造（第12図1）へ変化するのはいつごろであろうか。

朝鮮半島の陶質土器が左轆轤回転成形であり、わが国に磁器が伝わったときの轆轤構造が蹴轆轤[101]で、左回転成形であったことを考慮すると、朝鮮半島では伝統的に左回転成形が行われたと考えられる。わが国へ伝わった古式須恵器も当初は同様な回転方向であるが、その後順次右回転に移行する[102]とともに、日本化した須恵器となる。須恵器が日本化する段階が、方形痕から下駄跡への轆轤構造の変換期ではなかろうか。

方形痕を持つ構造の場合、ホゾ結合やハバキの構造上中心がずれ易く、重い轆轤盤も乗せられないため、不安定で惰力のない回転だと考えられるが、下駄跡の場合はハバキ部分を半載するなど分割成形も可能で、下駄の間隔と長さを増すならば、結合強度が増加する。このような轆轤の改良により、大形品の轆轤成形、薄く精巧な仕上げ、回転削りの発達、回転数の増加などが可能になったと考えられる。

一般的解釈である蹴轆轤＝左回転、手轆轤＝右回転と考えた場合、方形痕から下駄跡への変換期が、はたして蹴轆轤から手轆轤への変換期でもあったのか、可能性は高いものの今後検討を要する。

4. 朝鮮半島系土器出土に関わる問題とその意義

　上田正昭(103)・水野祐(104)によれば、古墳時代の朝鮮半島からの渡来は5世紀前後、5世紀後半以降、7世紀中あるいは後半以降の3期が考えられている。小田富士雄は朝鮮半島からの考古遺物が6世紀に途切れることを指摘された(105)。

　関東の渡来人の追求は金井塚良一が積極的に行っており、氏は「考古資料と9世紀の文献資料によって、移住の事実が具体的に推定できる『壬生吉氏の移住』をとおして、高麗若光王以前の北武蔵の重層した渡来系氏族との交流を明らかにしようと意図」されている(106)。

　朝鮮半島系土器と渡来人の直接的な関連を推測すると、朝鮮半島系土器の出土は北九州、あるいは畿内に多い。北九州は朝鮮半島との距離も近く、舶載品の容易に入り易い地域であるためであろう。また畿内も政治的中心地であり舶載品が入り易く、渡来人の記事も多く残されていることからも、両者の関連が推測できる。ところが関東においては660年以降、多くの渡来人の記録が残されているにもかかわらず、朝鮮半島系土器の出土がほとんど見当らない(107)。関東での朝鮮半島系土器の出土を考えると、

①朝鮮半島から渡来人が直接もたらす。
②渡来人がわが国で製作する。
③渡来人と関わりなく、朝鮮半島から物のみが運ばれる。
④日本から朝鮮半島へ行ったものが見聞し、あるいは日本にて実見して模倣する。

①②に関しては胎土などを除いて識別は困難であろう。また①②は、土器と渡来人の関連を探る方法として、地域の文献、伝承の検討を行うことにより推測が可能である。しかし渡来人の文献・伝承があっても、③のような入り方をすることも考えられ、渡来人との関わりは慎重を要する。③④は直接渡来人との関わりはないが、朝鮮半島の土器との詳細な検討により、製作地の推定が可能である。特に④の場合、わが国の土器工人が叩きなど、製作技法を詳細にまねるとは思われず、朝鮮半島系土器に酷似した例があれば、②の可能性が高い。

　今回報告した大森第2遺跡68号住居跡の朝鮮半島系軟質土器は、①の場合が想定できるが、出土したからといって朝鮮半島との交渉を直接推考することは困難である。しかし、約1/2発掘した住居跡から朝鮮半島系土器が3点出土した事実は、住居の居住者を消極的ながらも渡来人と想定する材料になりうる。

　当集落では和泉期住居33軒のうち6軒が須恵器を保有し、和泉期の集落としては高率を示す。特に房総の古式須恵器を出土する遺跡は46例と多いが、これは畿内政権の東国経営に際し、東海道ルートを経て人とともに入って来た遺物と考えられる(108)。大森第2遺跡68号住居跡の朝鮮半島系土器も、東国へ移住した渡来人の残した数少ない遺物と考えられる。

　68号住居跡共伴の遺物には土師器が含まれることから、当集落には土師器を使用する渡来人もいたと考えている。これは河内平野の渡来人居住地と推測できる地域でも、同様な状況が見られるからである(109)。福岡澄男は畿内の土師器に甕の長胴化、把手付の甑や甕の出現など、器種・器形の上に大きな変化が見られるが、この要因が朝鮮系軟質土器の影響を受けているためとして、製作技法（叩き技法など）は影響を受けないか、受けてもすぐに土師器に見られる刷毛目技法に還

っているとされる[110]。

　関東では甕の長胴化、把手付の甑の出現など変化は見られるが、いずれも鬼高期に顕著である。鬼高期の変化は関東に移住した渡来人の影響か、畿内での変化の影響か即断しかねる。畿内に見られる把手付の埦・深鉢形土器が見られないこと、甑の孔は単孔が主体であること、朝鮮半島の長胴の土器は丸底であることなどから、関東に移住した渡来人の直接的な影響は、畿内に比べ少なかったと考えられる。

　ただし渡来人を推測しうる数少ない例として、埼玉県武良内遺跡2号住居跡[111]の甑がある。把手付で孔が1＋6、把手の位置に一条の沈線の巡る模倣[112]甑であり、朝鮮半島系軟質土器の影響を受けていると推考できる。

　また土器のほかに朝鮮半島系軟質土器の製作技法である叩きを使用した円筒埴輪がある。埼玉県金鑽神社古墳[113]、同生野山将軍塚古墳[114]、茨城県権現山古墳[115]、長野県土口将軍塚古墳[116]などで出土し、いずれも格子叩きを持つことから、古式須恵器の影響という考え方もある[117]。しかし須恵器工人との関連で製作された埴輪には、平行叩きで青海波を持つ例もあるが、上記の例は類例のない格子叩きであり、格子の形も古式須恵器とやや相違する。東海地方の須恵器工人が関与した埴輪は須恵質で、轆轤が使用され横刷毛が発達するが、関東で須恵器工人の関与した埴輪が発見されるならば、東海と同様叩きだけでなく、還元炎焼成、轆轤（横刷毛）の使用が見られるであろう。格子叩きを持つ埴輪に横刷毛、還元炎焼成が確認できないことから、須恵器工人との関わりはないと考えたい。

　朝鮮半島系軟質土器の甑には圧倒的に格子叩きの多いことと、関東にも作り付け竈が発達し、把手付甑が東山道ルートに広く分布することを考え合わせると、東山道ルートで入ってきた渡来人との関わりによって生まれた埴輪であろう。すなわち、朝鮮半島系軟質土器製作技法の影響下に製作されたと考えられるが、埴輪製作と渡来人との関わりは定かでない。

　このほか東日本の古墳時代後期に発達した作り付け竈は、埼玉県本庄市西富田新田遺跡[118]などが古く、和泉Ⅱ式の段階には出現していた[119]。かつては竈自生説なども唱えられていたが、近年朝鮮半島の金海市府院洞遺跡[120]で原三国時代の竈が発見され、福岡市早良区西新町遺跡でも布留式古相併行期の土師器を出土する住居跡に見られ[121]、また畿内では一般的には5世紀中頃に出現する。関東では5世紀後半であることを考えると、朝鮮半島から将来したことが明白である。このような作り付け竈の普及は、関西において甑・埦など朝鮮半島系軟質土器の増加と関連している。おそらく関東でも渡来人の影響下に発達したと考えられるが、どの程度渡来人が介在したかは、今後朝鮮半島系土器の増加するとともに検討が必要である。

　次に深鉢形土器の性格についてであるが、大森第2遺跡を始め古池、八尾南、五反島、垂水南、中野、寝屋川[122]、森小路[123]、長原[124]、朝鮮半島では風納里、岩寺里例などに煤が付着していることから、煮沸土器として使用されたと考えられる。ところが朝鮮半島における古墳出土例には煤は見られず、李殷昌は古墳出土の軟質赤色土器について、「ほとんどすべてが非実用的な仮器であったとしても過言ではない」と考えられている[125]。煮沸用の土器が副葬されて甕・甑などとともに出土することは、わが国における黄泉戸喫[126]と共通する意味があろう。

煮沸用の小型甕形土器は各地に存在するようで、容量も朝鮮半島系深鉢形土器と同規模の例がある。5世紀に多く移入され、また渡来人によって製作された深鉢形土器が、甑・埦などのように土師器に採択されず、6世紀に消滅していくのは、深鉢形土器の持つ仮器的な性格が原因ではなかろうか。仮器的性格を持つ土器が使用される場合、特異な内容物（食文化の違いも含め）や、特別な煮沸用具としての機能が想定できるが、6世紀に至り深鉢形土器の機能は停止したか、土師器の小型甕形土器に機能が吸収された可能性がある。このような深鉢形土器の消滅傾向は朝鮮半島でのあり方とも共通するが(127)、煮沸内容物、調理方法とともに今後検討が必要である。

　最後に東国における朝鮮半島系土器出土の意義であるが、膨大な土師器・須恵器の量から比べたら、数点の朝鮮半島系土器の出土は過小評価され易く、渡来人を想定するのにも慎重を要する。しかし1799人を移住させて設置した高麗郡でさえ、朝鮮半島系土器の出土を見ていないことから、数点なりとも朝鮮半島系土器を出土したことは、渡来人と遺構の関連を想定する重要な材料となりうる。

　東国への渡来人の移住は従来言われていたように開発のためだと考えられる。それは高麗郡を設置した地域の分布調査の結果、奈良・平安時代の遺跡は多数存在するが、古墳時代の遺跡は皆無に近く、突如集落が営なまれている(128)。このような未開発地域に渡来人は送り込まれていったと考えられる。東国に移住した渡来人を探る一つの手段が、日常使用された朝鮮半島系土器、朝鮮半島系模倣土器の検討であると考えている。近年群馬県でも朝鮮半島系土器が増加していること(129)は、渡来人の存在とその意義を考えることのできる重要な資料となろう。

註

(1) 中村恵次ほか　1973「大森第2遺跡」『京葉』　千葉県都市公社
(2) 堅田直　1953「畿内出土の漢式系土器について」『日本考古学協会第29回総会研究発表要旨』日本考古学協会
(3) 藤沢一夫　1960「上津島弥生式遺跡出土の漢韓系式土器」『豊中市史』史料編第1巻　豊中市
(4) 堅田直　1982「韓半島伝来の叩目文土器(韓式系土器)」『日・韓古代文化の流れ』帝塚山考古学研究所
(5) 坂田邦洋　1976『対馬の考古学』縄文文化研究会
(6) 『日本書紀』巻廿七　天智天皇五年条
(7) 『続日本紀』巻七　元正天皇霊亀二年五月条
(8) 註(1)文献で土師器と報告されている。西野元・石井則孝両氏のご好意で実測させていただいた（1977.11.9）。北九州市立歴史博物館にて小田富士雄・武末純一両氏に実測図を提示して、百済土器の可能性をご指摘いただいた（1979.5.5）。考古学総会のおり、小田氏に実見していただき断定された。また西谷正・藤沢一夫両氏にも同様のご指摘をいただいた。
(9) 註(1)文献198頁
(10) 栗本佳弘ほか　1971『東関東自動車道（千葉〜成田線）関係埋蔵文化財発掘調査報告書』千葉県文化財保護協会　74頁
(11) 佐藤克己ほか　1974「小室」『千葉ニュータウン埋蔵文化財調査報告』Ⅰ　213-215頁　房総資料刊行会
(12) 荒木誠　1977「山伏作第9号墳」『請西』木更津市請西遺跡調査団　208頁
(13) 鈴木容子「大山台148号住居跡」　註(12)文献289頁

(14) 玉口時雄ほか 1975『公津原』挿図編　千葉県企業庁　46頁
(15) 嶺井文史郎 1977「間野台第5号住居跡」『間野台・古屋敷』間野台・古屋敷遺跡調査団　46頁
(16) 向田祐始 1973「第8号住居跡」『宮脇』宮脇遺跡調査団　25頁
(17) 松浦宥一郎 1972「土師器」『外原』船橋市教育委員会
(18) 註(14)文献
(19) 大場磐雄・乙益重隆 1980『上総菅生遺跡』木更津市教育委員会
(20) 滝口弘ほか 1975『遺跡日吉倉』日吉倉遺跡調査団
(21) 柳田敏司・斉藤忠ほか 1980『埼玉稲荷山古墳』埼玉県教育委員会
(22) 寺社下博 1981『鎧塚古墳』熊谷市教育委員会
(23) 金元龍 1973「原城郡法泉里石槨墓と出土遺物」『考古美術』120　韓国美術史学会　6・7頁
(24) 任孝宰 1976「石村洞百済初期古墳の性格」『考古美術』129・130　韓国美術史学会
(25) 藤沢一夫 1955「百済の土器陶器」『世界陶磁全集』第13巻 朝鮮上代・高麗　河出書房　Fig.48-1・2 49-8
(26) 李樹鳳・車勇 1983『清州新鳳洞百済古墳群発掘調査報告書』調査報告第7冊　忠北大学校博物館
(27) 尹武炳 1975「連山新興里百済古墳とその出土遺物」『百済文化』第7・8合輯 写真2−11　公州師範大学附設百済文化研究所
(28) 註(25)文献190頁
(29) 南京市博物館 1972「南京象山5号・6号・7号墓清理簡報」『文物』1972-11 文物出版社（墓誌はないが、永昌元年(322)に没した王廣の墓と推定されている）
(30) 三上次男 1976「漢江地域発見の4世紀越州窯青磁と初期百済文化」『朝鮮学報』第81輯　朝鮮学会　1976 370-371頁
(31) 小田富士雄 1976「百済の土器」『世界陶磁全集』第17巻　韓国古代　小学館
(32) 註(31)文献213頁
(33) 百済の土器のうち土師質を、藤沢一夫は註(25)文献で埴質、金元龍（1972『韓国考古学概論』(西谷正訳)東出版）は赤褐色粗質、李殷昌（1972『韓国の考古学』河出書房新社）は軟質赤褐色、小田富士雄は註(31)文献で赤褐色軟質土器とされている。
(34) 阿部嗣治 1980「東大阪市出土の漢式系土器」『東大阪市遺跡保護調査年報』1979年度　東大阪市遺跡保護調査会 註(4)文献など。
(35) 未報告であるが、野島稔氏にご教示いただくとともに、実見させていただいた。
(36) 福岡澄男 1978「一須賀古墳群の外来土器」『摂河泉文化資料』10号　北村文庫会
(37) 米田敏幸 1981『八尾南遺跡』八尾南遺跡調査会　資料を実見させていただいた。SE5からは平行叩きを持つ軟質土器が2点出土するが、第9図5をSE5−1、第9図11をSE5−2として述べる。
(38) 広瀬和雄氏にご教示いただくとともに、資料を実見させていただいた。
(39) 朝日新聞社 1983『アサヒグラフ』('83年古代史発掘総集編）3176号　紀伊風土記の丘1983『発掘調査10年の成果』(同展示のおり実見)
(40) 飛高憲雄・力部卓治 1981・1982『原深町遺跡』福岡市埋蔵文化財調査報告書第71集（山口譲治氏に資料を実見させていただいた）
(41) 水野清一・樋口隆康・岡崎敬 1953『対馬』東方考古学叢刊乙種　第6冊
(42) 大阪府教育委員会・財団法人大阪文化財センター 1982「久宝寺遺跡現地説明会資料(Ⅰ)」（尾谷雅彦氏に資料を実見させていただいた）
(43) 米田文孝 1982「所謂漢韓系式土器の一例」『千陵』関西大学博物館学課程創設20周年記念特集（関西大

学・藤原学氏にご教示いただくとともに、資料を実見させていただいた）
(44) 註(43)文献（関西大学にて資料を実見させていただいた）
(45) 註(36)文献
(46) 韓炳三・鄭澄元 1976「東区貝塚発掘調査報告」 李浩宮・趙由典「城郭及び北区貝塚発掘調査報告」『馬山外洞城山貝塚発掘調査報告』文化公報部文化財管理局　147頁・図面15、264-1頁・図面37
(47) 註(25)文献 Fig.48-5（埴質）・51-24（瓦質）
(48) 註(25)文献 Fig.51-32（瓦質）
(49) 橋口達也ほか 1974「小式崎遺跡」『対馬－浅茅湾とその周辺の考古学調査－』長崎県教育委員会
(50) 橋口達也 1974「白蓮江浦第2遺跡」註(49)文献に掲載
(51) 高倉洋彰・渡部明夫 1974「乙宮小学校所蔵資料」註(49)文献に掲載
(52) 註(5)文献
(53) 柳田康雄ほか 1983『三雲遺跡』Ⅳ　福岡県文化財調査報告書第65集　福岡県教育委員会　192頁
(54) 横山邦継・下村智 1985「吉武遺跡群出土の模造船について」『考古学ジャーナル』No.241
(55) 坂田邦洋 1976「対馬発見の全海式土器の編年」註(5)文献
(56) 註(49)文献
(57) 註(53)文献（柳田康雄氏にご教示いただくとともに、資料を実見させていただいた）
(58) 下村智氏にご教示をいただくとともに、実見させていただいた。
(59) 李殷昌 1972「土器」『韓国の考古学』河出書房新社
(60) 申敬澈 1983「伽耶地域における4世紀代の陶質土器と墓制－全海礼安里遺跡の発掘調査を中心として－」『古代を考える』34 (古代伽耶の検討)　古代を考える会　31頁
(61) 金廷鶴・鄭澄元 1979『釜山華明洞古墳群』釜山大学校博物館遺跡調査報告　第2輯　釜山大学校博物館　28頁
(62) 金宅圭・李殷昌 1978『鳩岩洞古墳発掘調査報告』古蹟調査報告第2冊　嶺南大学校博物館　図版51
(63) 鄭澄元・申敬澈 1982『東莱福泉洞古墳群』Ⅰ　釜山大学校博物館遺跡調査報告　第5輯　図面・図版編　釜山大学校博物館　図面33
(64) 郭鍾喆 1983「27号墳」『釜山堂甘洞古墳群』釜山大学校博物館遺跡調査報告　第7輯　釜山大学校博物館　87頁
(65) 穴沢咊光・馬目順一 1975「昌寧校洞古墳群－『梅原考古資料』を中心とした谷井済一氏発掘資料の研究－」『考古学雑誌』60-4　日本考古学会　43頁
(66) 林孝澤 1983「徳川洞C区古墳群」『釜山徳川洞古墳』釜山直轄市立博物館遺跡調査報告　第1冊　釜山直轄市立博物館　193頁
(67) 沈奉謹 1983「徳川洞D区古墳群」註(66)文献　91頁
(68) 註(25)文献
(69) 金元龍（西谷正訳） 1972『韓国考古学概論』東出版
(70) 李殷昌 1975「皇南洞第110号古墳調査報告」『慶州地区古墳発掘調査報告書』第1輯　文化財管理局　慶州史蹟管理局　385頁
(71) 尹容鎮 1975「味鄒王陵地区第1,2,3区域古墳群及び皇吾洞381番地廃古墳発掘調査報告」註(70)文献
(72) 尾谷雅彦は「久宝寺遺跡出土の渡来系土器」の中で、調査途中ながら同遺跡の叩き種類は平行8点、格子44点、縄蓆文2点と報告されている。
(73) 註(43)文献

(74) 註(43)文献523頁
(75) 阿部が註(34)文献で集成した資料は、平底鉢形土器に限らず5世紀代が多い。阿部氏にご教示いただいた。
(76) 中村浩　1978『陶邑』Ⅲ　大阪府文化財調査報告書第30輯　大阪府教育委員会　83頁
(77) 宇治田和生　1983「茄子作遺跡」『古代の遺跡』Ⅱ（大阪中部）　保育社　226-229頁（朝鮮半島系軟質壺形土器に共伴して方形痕を持つ須恵質坏形2、鉢形1、土師質坏形1が出土するが、後に触れるA・B種がある。柳本照男氏に実見させていただいた。瀬川芳則氏には未発表資料にもかかわらず、引用についてご承諾いただいた）
(78) 全榮來　1983『南原月山里古墳群発掘調査報告』円光大学校馬韓・百済文化研究所　第8図
(79) 陶邑例のように3辺と考えられる例もある。
(80) 註(76)文献の第72図拓本
(81) 原口正三　1979『日本の原始美術』須恵器　講談社　56頁
(82) 註(53)文献191頁
(83) 註(72)に同じ
(84) 註(43)文献523頁
(85) 註(64)文献
(86) 加藤陶九郎編　1972「あしだやき（履焼・足駄焼）」「下駄印」『原色陶器大辞典』淡交社
(87) 入下駄は陰刻、出下駄は陽刻。
(88) 桂又三郎　1974『時代別古信楽名品図録』光美術工芸　428頁
(89) 蜷川式胤　1877『観古図説』註(88)文献427頁
(90) 美濃焼の轆轤を実見。瀬戸・美濃では糸切り離しのため、下駄跡が残らない。
(91) 狐塚省蔵ほか　1978「海底出土の遺物」『海底の古備前』水ノ子岩学術調査記録　山陽新聞社　160-169頁
(92) 註(91)文献（下駄痕はホゾ差結合を補強するための楔状と解釈する（169頁）。同書のi種に略台形痕が見られる。大きさはそれぞれの辺が8.0×5.0×7.4cmであり、やや窪む点で方形痕に類似する（162頁）。略方形痕の例として、埼玉県下平安時代の須恵器甕・鉢類など大形品に見られる。一辺7～8cmの大きさであるが、方形痕との関連は不明である）
(93) 葛原克人ほか　1978「総括」註(91)文献169頁
(94) 岐阜県中津川市加藤辰雄所蔵轆轤
(95) 瀬戸市歴史民俗資料館所蔵資料（仲野泰裕氏にご教示いただいた）
(96) 荻野繁春　1981「技術論」『老洞古窯跡群発掘調査報告書』岐阜市教育委員会　52・53頁（土山公仁氏に資料の実見をさせていただいた）
(97) 8世紀後半代の岐阜県各務原市寒洞3号窯の長頸壺は底径13.3cmで、下駄跡の内法は5.65、5.8cmであることから、一概に時代が遡るほど狭いとは断言できないようで、大型品用の轆轤盤で小型品を製作したことも考慮する必要がある。渡辺博人氏に資料を実見させていただいた。このほか愛知県猿投山西南麓黒笹7号窯、兵庫県西脇市高松山古窯群の甕底部にも方形痕は見られる。大槻伸氏にご教示いただいた。
(98) 陶邑TK73号窯例は打ち込まれて組み合わさった状況がうかがえる。
(99) 佐原真　1972「土器の話(9)」『考古学研究』73　考古学研究会　85頁
(100) 註(99)文献
(101) 沈春植　1976「新羅百済土器の製作－轆轤成形の方向に對して－」『考古美術』131　韓国美術史学会　1976　10-16頁
(102) 田辺昭三　1966『陶邑古窯跡群』Ⅰ　40-42頁　平安学園考古学クラブ（田辺の調査されたTK209では100

%の右轆轤回転になるが、中村浩調査例では8世紀に至っても左轆轤回転は存在する。このような例は各地の奈良・平安時代の須恵器に見られるが、轆轤構造の違いか工人の癖か不明である）

(103) 上田正昭 1965『帰化人』 中央公論社 23-26頁
(104) 水野祐 1978「古代日朝関係と『帰化人』」『歴史公論』(古代の日本と朝鮮) 第4巻第9号 雄山閣 73-77頁
(105) 小田富士雄 1977「弥生・古墳時代における朝鮮系文物の流入」『古代を考える』12 古代を考える会 50頁
(106) 金井塚良一 1979「渡来系壬生吉志氏の北武蔵移住」『埼玉県史研究』第3号 埼玉県 15-16頁
(107) たとえば霊亀2年(716)に7国の高麗人1799人を移して設置した武蔵国高麗郡内でも、朝鮮半島系土器は未発見である。
(108) 酒井清治 1984「関東地方」『日本陶磁の源流』柏書房
(109) 註(37)の八尾南遺跡など。
(110) 福岡澄男 1983「近畿地方における三国時代朝鮮系土器の流入とその影響」『第1回近畿地方埋蔵文化財担当者研究会資料』(管見によれば和歌山では土師器の壺・坏などに平行叩き技法が使われる例があり、地域によって技法の存続期間が異なっていたと考えられる)
(111) 栗原文蔵ほか 1977『鴻池・武良内・高畑』埼玉県遺跡発掘調査報告書第11集 埼玉県教育委員会
(112) 中村倉司 1982「大形甑ー埼玉県を中心としてー」『土曜考古』5号 土曜考古研究会（中村氏には甑についてご教示いただいた）
(113) 坂本和俊 1984「埼玉県の前期古墳概観」『第5回三県シンポジウム資料出現期古墳の地域性』(北武蔵古代文化研究会・群馬県考古学談話会・千曲川水系古代文化研究会発掘調査に参加する機会を得て、資料を実見させていただいた)
(114) 乾芳宏・亀谷康隆 1974「埼玉県生野山将軍塚採集の埴輪片」『月刊考古学ジャーナル』97号
(115) 茂木雅博 1983『常陸馬頭根窯跡』東海村教育委員会 10頁
(116) 岩崎卓也 1982「土口将軍塚古墳」『長野県史』考古資料編 主要遺跡(北・東信) 長野県史刊行会 392-394頁
(117) 坂本和俊 1981「金屋遺跡群の提起する問題」『金屋遺跡群』児玉町文化財調査報告書第2集 児玉町教育委員会
(118) 菅谷浩之 1972『西富田新田遺跡調査概報』本庄市教育委員会
(119) 大川清 1964「カマド小考」『落合』早稲田大学考古学研究会
　　 横川好富 1968『松伏村前田遺跡』 埼玉県松伏村教育委員会
(120) 沈奉謹 1981『金海府院洞遺跡』古蹟調査報告第5冊 東亜大学校博物館 271頁
(121) 西谷正 1983「古代日朝交流史の諸段階」『東アジアの古代文化』37号 大和書房 1983 64頁
(122) 瀬川芳則 1984「淀川の流れと韓来文化」『月刊韓国文化』1984-8 自由社 26頁（塩山則之氏にご教示いただくとともに資料を実見せていただいた）
(123) 財団法人大阪市文化財協会 1984『発掘された大阪』(展示中と、後に中尾芳治氏に実見させていただいた)
(124) 註(123)に同じ。
(125) 李殷昌(伊藤秋男訳) 1973「伽耶地域土器の研究ー洛東江流域出土土器の様相を中心としてー」『朝鮮考古学年報』1970年 東出版 143頁
(126) 小林行雄 1949「黄泉戸喫」『考古学』第2冊 東京考古学会

(127) 朝鮮半島では住居跡調査例が少なく、古墳出土例と比較した。
(128) 高橋一夫ほか 1980『日高町遺跡分布調査報告書』 埼玉県日高町教育委員会
(129) 田村孝 1984『七五三引遺跡』高崎市教育委員会 25頁（田口一郎氏にはほかに数例あるとご教示いただいた）

補記 木下亘 1985『更埴市城の内遺跡出土の陶質土器について』（『信濃』37巻4号）は、森将軍塚古墳出土の初期須恵器が手法から在地産である可能性を指摘され、また近接する土口将軍塚に格子叩き埴輪以外にも平行叩きも存在することから、当地方で須恵器生産が土口将軍塚古墳（初期須恵器出土）のときに開始され、須恵器工人の埴輪生産への関与が見られるとされた。

　はたして格子・平行叩きを持つ埴輪が須恵器工人か渡来人が関わったものか、今後叩き以外の技法、焼成技法の検討、格子叩き埴輪を出土する周辺地域での初期須恵器のあり方など探求することにより、明確となるであろう。

　本節で百済南部とした地域は、馬韓あるいは慕韓と想定される、栄山江流域も含む地域である。

II　武蔵・伊興遺跡の伽耶土器

　伊興遺跡には2点の陶質土器と想定される瓶形と壺形の2点の土器が出土する（第13図）。

　瓶形土器(6)は、器高が推定で20cm前後、最大径は肩部にあり約16.6cmを測る細頸の器形である。底部は欠損しているが、多くの瓶形が平底であることからおそらく同様であろう。この土器の特徴は、肩部に沈線が巡ること、轆轤目が明瞭で叩き目が見られず、体部下位は箆削りを施す。肩部には自然釉が掛かり、堅緻でほとんど砂粒を含まず、表面は灰褐色で器肉は茶褐色を呈する。

　この瓶形土器が陶質土器かは断定はできない。たしかに日本にも多くの朝鮮半島系の瓶形土器が出土しているものの、日本産が多いが、伊興遺跡出土の瓶形土器は、焼成、胎土および胎土分析などから朝鮮半島でつくられたと推定した。

　瓶形土器の朝鮮半島における類例は、全羅道・忠清道・京畿道など、いわゆる百済あるいは百済の影響のあった地域に見られる。その地域の瓶形土器はいずれも細頸であり、長頸瓶も見られるが、数は少ない。短頸瓶でも器高の高いもの、低いもの、最大径が肩部にあるもの、下半部にあるものなど各種がある。また、叩き目が明瞭に見られるものと、その上を轆轤ナデあるいはカキ目を施すもの、さらに轆轤成形した可能性があるものなど様々である。叩き目を持つものは平行叩きが最も多く、次いで格子叩き、平行組合わせ文がある。

　さて、伊興遺跡出土の瓶形土器の類似する形態を朝鮮半島に探してみると、忠清南道保寧郡熊川面九龍里および忠清南道論山郡連山面表井里[1]、全羅南道羅州郡潘南面大安里9号墳丙棺[2]がある。いずれも平行叩きを施すが、大安里9号墳例だけは平行叩きに鳥足状文を加える叩きである。また、忠清南道結城郡採集例[3]や忠清南道保寧郡周浦面保寧里4・9・12号墳[4]では、叩きの後に胴部に3段ほどの沈線を巡らすが、口縁の形態は西晋の青磁の影響を受けていよう。さらに胴部の形態と叩きを持たない点で、伊興遺跡例に類似する例として、大安里4号墳石室出土の長頸瓶がある。時期は、大安里9号墳は報告では5世紀前半とするが、後半以降と想定したい。保寧里出土例は6世紀前半代であろう。伊興遺跡例は口縁・底部が欠損しており、明確な時期を与えることはできないが、陶質土器と想定してあえて与えるならば、5世紀後半以降と考えたい。

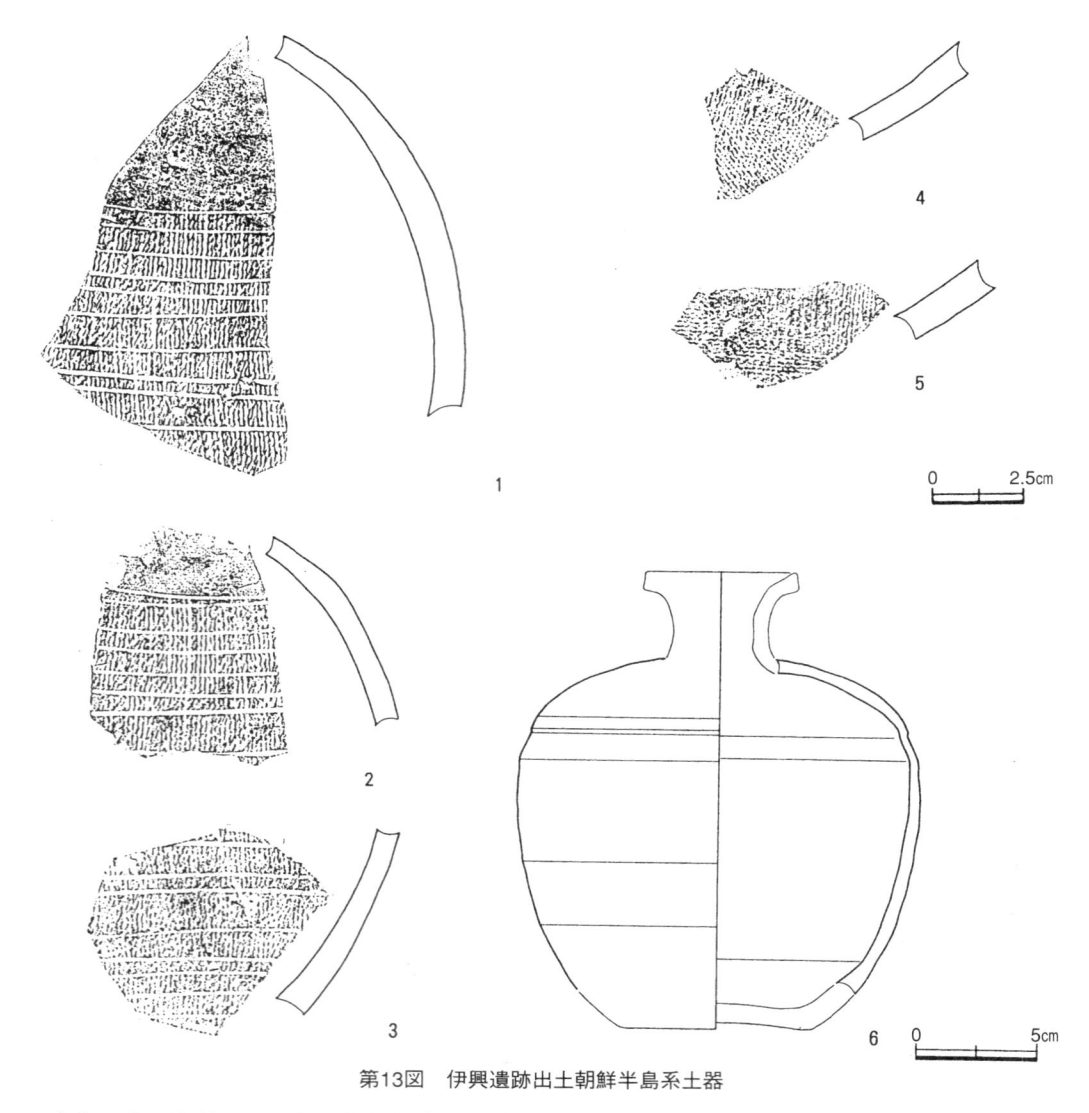

第13図　伊興遺跡出土朝鮮半島系土器

　もう1点の陶質土器である丸底壺（1～5）は、5片出土するものの特徴から同一個体である。その特徴は、細かな縦方向の縄蓆文と間隔の狭い螺旋文が施され、色調は赤褐色で焼成は良好で硬質である。形態は球形に近く、両耳がない可能性がある。また、頸部から肩部にかけて広くナデられることも大きな特徴である。朝鮮半島出土の陶質土器丸底壺の多くは、胴部中位やや上に指ナデが巡るが、伊興遺跡例は破片のため確認できない。しかし、色調、胎土観察や胎土分析などから朝鮮半島でつくられたことは確実であろう。

　縄蓆文叩きと螺旋文を持つ丸底壺は、百済、新羅、伽耶それぞれの地に一般的に見られ、瓦質土器は扁平が多いが、陶質土器になると球形になること、また、肩部に両耳あるいは乳頭状突起を持つものや持たないものがある。文様は縄蓆文、格子文、平行文叩きがあり、その上に螺旋文を施すもの施さないものがある。色調も様々で、陶質土器でも灰色系や褐色系が見られる。しかし、ほかの器形に比べ、明確な地域色は見出せない。

伊興遺跡の丸底壺は硬質で赤褐色であるが、この色調を持つ類例は数は少ないものの朝鮮半島の各地に見られ、地域的特色といえないようである。また、頸部から肩部にかけての広い特徴的なナデは、礼安里77・86・109・118号墳に見られ、礼安里のⅡ段階からⅢ段階にかけての4世紀中葉から後半にかけての年代が与えられる。

さらに細かな縄蓆文叩きと間隔の狭い螺旋文を、釜山・金海地域の編年[6]の中に見てみると、4世紀後半代と想定されている昌寧余草里窯跡では、短頸壺の叩きは格子文であるものの、螺旋文は伊興遺跡例に近いといえよう。福泉洞古墳群31-32号墳に平行する華明洞2号墳では、螺旋文の間隔は余草里窯跡と同様狭く、次の福泉洞21-22号墳の段階では、縄蓆文が細かいものの、螺旋文の間隔はやや広くなる。その次の福泉洞10-11号墳の段階は、螺旋文の間隔はさらに広く、平行叩きが主体となる。

釜山・金海地域の編年から見るならば、伊興遺跡の丸底壺は、螺旋文から福泉洞31-32号墳の段階を遡る4世紀後半代の年代が与えられよう。しかし、伊興遺跡と類似する縄蓆文と螺旋文を持つ陶質土器は、列島において初期須恵器と共伴し、伊興遺跡も同様であったと想定できることから、日本においては5世紀前半の年代であることから、朝鮮半島との年代差が見られる。一案では余草里窯跡の年代を少し下げ、華明洞2号墳にも狭い螺旋文が見られることから、狭い螺旋文の下限を5世紀第1四半期までと考えるならば、日本に舶載し初期須恵器と共伴することもあり得よう。

このように伊興遺跡の丸底壺は、朝鮮半島において5世紀第1四半期以前に生産されたものが舶載されたものであろう。

伊興遺跡の2例の土器は、壺形土器は5世紀第1四半期以前の陶質土器で、瓶形土器は5世紀後半以降の陶質土器と想定されるが、この2例がどのようにもたらされたのか出土状態からも即断できないが、伊興遺跡の大量の初期須恵器がもたらされたことと関連しており、今後の成果に期待したい。

註
(1) 百済文化開発研究院 1984『百済土器図録』
(2) 国立光州博物館 1988『羅州潘南古墳群』
(3) 忠南大学校 1987「洪城郡結城地域地表調査報告(Ⅰ)」『百済研究』18
(4) 忠南大学校百済研究所 1984『保寧保寧里百済古墳発掘調査報告書』
(5) 釜山大学校博物館 1993『金海礼安里古墳群Ⅱ』
(6) 申敬澈 1989「伽耶地域の陶質土器」『陶質土器の国際交流』柏書房

Ⅲ　下野・前田遺跡の統一新羅緑釉陶器

はじめに

朝鮮半島系土器と渡来人の関わりについての論議は、陶質土器の割合が多いこともあって必ずしも渡来人と結びつかなく、進展していないのが現状である。しかし、その中でも群馬県利根川

西岸に軟質土器を出土する遺跡が分布し、渡来人との関わりが推測できるようになってきた。また、江浦洋が検討されたように、栃木県の前田遺跡、免の内台遺跡で出土する統一新羅土器は、7世紀後半に散見する下野国、武蔵国への新羅人の移住との関わりが指摘されるようになってきた。

本節では、江浦洋・宮崎光明によって紹介された統一新羅土器で、漏れた資料について紹介する。

1. 栃木県宇都宮市前田遺跡ＳＩ144号住居跡出土緑釉陶器

遺跡は宇都宮市街地北西の台地上にあり、小学校建設に伴い発掘された。もう一方の統一新羅土器を出土した芳賀町免の内台遺跡は、東南東約14.7kmに位置する。遺構は、竪穴住居跡161軒、掘立柱建物跡98棟が調査されているが、遺跡はさらに広がりを持つ。本住居跡は発掘区の西端にあり、江浦・宮崎が資料紹介した、統一新羅土器の坏を出土するＳＩ097号住居跡からは、北西124mに位置している（第14図）。

ＳＩ144号住居跡は、南が溝で切られるため3.5＋α×6.0mの規模で、主柱穴は4本、北壁中央に竈を、北東隅には貯蔵穴を持つ。出土遺物はこの貯蔵穴付近に多く、土師器の坏13、埦1、高坏2、鉢1、甕3、蓋1が出土する（第15図）。緑釉陶器は竈から出土しており、この住居跡に伴う。

緑釉陶器（第14図）は蓋として報告されている。この器形については、はたして蓋か器台形土器か論議を呼ぶところであるが、後述する理由で小型器台形土器として紹介する。

緑釉陶器は、口径4.4cm、器高2.3cm、底径2.4cmを測る。脚部に当たる部分は中空で、外面脚部下位には轆轤から持ち上げる際の指跡が、相対して見られる。底部は回転して切り離した砂粒痕が見られ、未調整である。糸目は見られず篦切り離しの可能性がある。胎土はほどんど砂粒を含まず、焼成は軟質で色調は黄橙色である。釉は脚部内面下半部を除いて施釉される。器肉の色調に影響され、黄褐色から一部灰黒色を呈するが、韓国で知られている緑釉陶器と瓦塼は、いずれも軟質であることから、これも緑釉であろう。

この緑釉陶器は、器台形土器としたならば釉をかけていない部分が上を向くのか、また、底部全面に釉をかけるものか疑問であるが、底部がやや広がること、切り離し後未調整であることから、別の器種と組み合わせて使用する小型の器台形土器の可能性を考えた。

日本における統一新羅の緑釉陶器の出土例は数少なく、奈良県豊浦寺（台付長頸壺）、大官大寺下層（壺）、平城宮跡東院（壺）、藤原京左京六条三坊跡（獣脚円面硯）、明日香村雷廃寺（薬壺）、榛原町神木坂3号墳（壺）、大阪市大阪城三の丸（円面硯蓋）、大阪市東中学校跡地（長頸壺）、千葉県野々間古墳（長頸壺・蓋）がある。このように大阪・奈良に多く、千葉と栃木の出土例は特異といえる。中でも栃木県前田遺跡の例は住居跡からの出土で、搬入経路など問題が多い。また、統一新羅緑釉陶器の器形は壺・瓶類、硯と限定され、栃木県前田遺跡の器台形土器は特殊といえよう。

このように統一新羅緑釉陶器は大阪・奈良に多く、朝鮮半島に近い九州においては無釉の統一

第1章 土器と渡来人 55

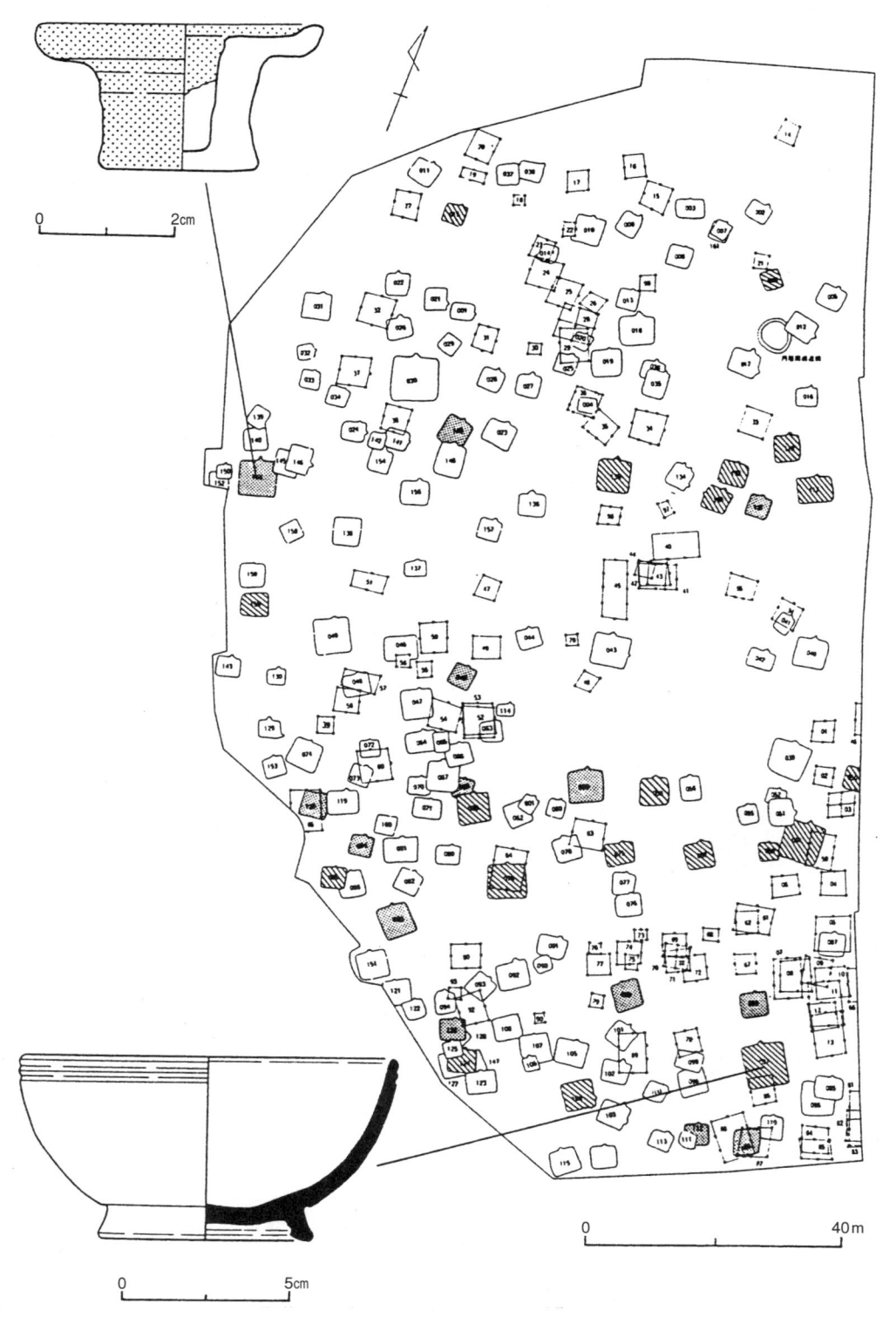

第14図 前田遺跡出土統一新羅の緑釉陶器と陶質土器
(下の陶質土器は宮崎・江浦1989から引用。住居跡の網はⅡb期で7世紀末～8世紀初頭、斜線はⅢ期8世紀前葉)

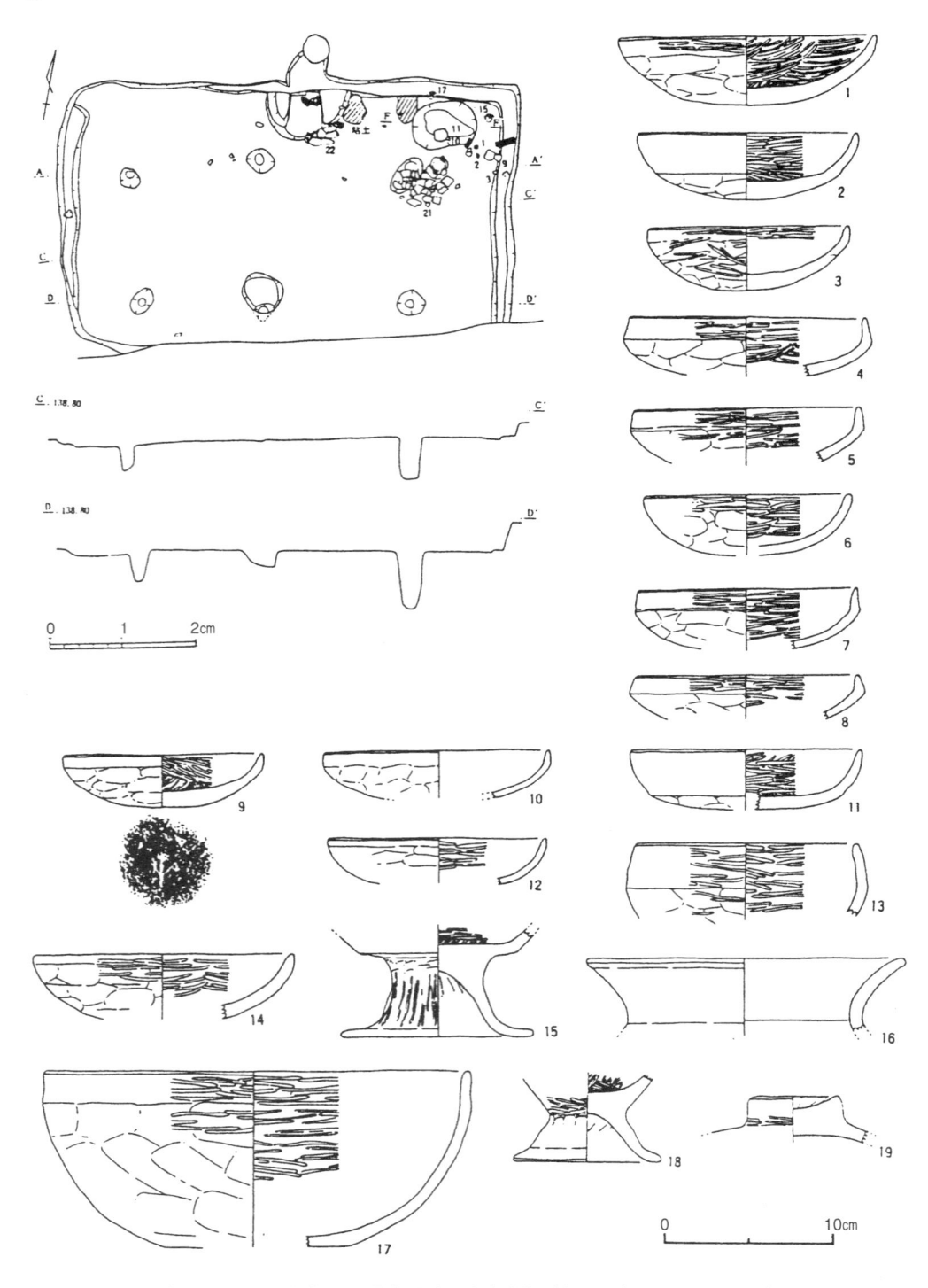

第15図　前田遺跡SI144号住居跡と出土遺物（今平利幸ほか1991を改編）

新羅土器は多く出土するものの、緑釉陶器が見られないことは、緑釉陶器が畿内をめざして舶載され、多くが宮都や寺院にもたらされたといえよう。では、千葉・栃木の例はどうであろうか。大阪・奈良の畿内中枢地から地方にもたらされたとするならば、現段階で千葉・栃木だけであること、栃木においては芳賀町免の内台遺跡に坏と壺の2点、前田遺跡に坏と緑釉陶器の2点の統一新羅土器の出土すること、千葉においては古墳であるものの、九州にも出土しない緑釉長頸壺が出土することを考慮すると、特に栃木の例については後述するように東国への新羅人の移住に伴い直接もたらされたものであろう。

　年代は、前田遺跡の報告書によれば、緑釉陶器を出土したSI144号住居跡はⅡb期（7世紀末〜8世紀初頭）、統一新羅土器の坏を出土したSI097号住居跡はⅢ期（8世紀前葉）とする。宮崎・江浦は、SI097号住居跡に出土する統一新羅土器坏の時期について、7世紀末から8世紀前半代の所産とする。また、坏を出土した免の内台遺跡SI306号住居跡も7世紀末から8世紀初頭とされた。前田遺跡SI144号住居跡の緑釉陶器は類例がないことから時期については明言できないが、日本における統一新羅緑釉陶器の中で年代の明らかな大阪城三の丸の円面硯と大阪市東中学校跡地の長頸壺が7世紀中葉、藤原京左京六条三坊跡と豊浦寺跡の台付長頸壺が7世紀後半で、その他の統一新羅緑釉陶器がいずれも7世紀代であることからも、前田遺跡の緑釉陶器も7世紀、それも後半代の可能性が高い。

　ところが韓国においては扶餘地域の百済の緑釉陶器は6世紀末から7世紀初頭に出現するが、新羅の緑釉陶器は7世紀末から8世紀初頭以降とされ、生産地の方が日本の年代よりも降るという年代の逆転現象が起きている。慶州皇龍寺跡、芬皇寺跡の緑釉無文塼が7世紀初頭ということから、あるいは新羅の緑釉陶器の出現時期も遡り、日本の年代と整合しようか。

　さて、江浦は集落出土の統一新羅土器は下野に集中していることは、新羅人が直接もたらしたものであると指摘しているが、これについて検討してみよう。

　百済人の移住は白村江の戦い直後の天智4・5年(665・666)に近江へ400余人と東国へ2000人を移住させるが、関東へは百済滅亡後24年経過した天武13年(684)に武蔵国へ移住している。高麗人の移住は高句麗滅亡後19年後の持統元年(687)の常陸国が最初で、次に見られるのが48年後の霊亀2年(716)、駿河・甲斐・相模・上総・下総・常陸・下野の7国の高麗人1799人を集め、武蔵国に高麗郡を建郡する記事である。当然駿河など7国の高麗人は霊亀2年以前にそれぞれの国に移住していたはずであるが、その時期は百済人の移住や持統元年の常陸国の高句麗人移住と同時期であろう。このように百済人、高麗人については、特に関東に直接渡来したかは疑問である。百済土器、高句麗土器が渡来記事が見られるにも関わらず関東で全く出土していない原因は、この点にあろう。

　これに対して、新羅人の下野国移住の記録は、持統元年(687)、持統3年(689)、持統4年(690)に、また武蔵国には持統元年(687)、持統4年(690)、天平宝字2年(758)、天平宝字4年(760)に見られ、記録からは関東では主にこの両国に新羅人を移住させたといえよう。特に両国への持統元年から持統4年の短期間に移住させられた新羅人は、年代的にも集中している。推古9年(601)に対馬で捕らえた間諜者を上野へ流した。持統元年(687)4月に筑紫から武蔵へ新羅人を移住さ

せた。天平宝字 3 年(759)に渡来した新羅人で帰国を願うものを送還すべきことを命じた詔を大宰府に出しており、帰化希望者を武蔵国へ移しているが、当時、朝鮮半島からの渡来人を九州から東国へ直接移配するというルートがあったのであろう。おそらく 7 世紀後半の、特に新羅からの渡来人の多くは、このように畿内を経由せず九州から関東へ直接移住させられたようである。この渡来人の一群の新羅人が、下野へ統一新羅土器をもたらしたのであろう。

この時期の渡来人の関東への移配目的は、前述したように、対蝦夷を視野に入れた関東の地域開発のため、公民制支配の中に組み込むことであろう。また、特に天平宝字 2 年の新羅郡建郡と、天平宝字 4 年の大宰府所管の新羅人を武蔵国へ移配したことについては、天平宝字 3 年から始まる藤原仲麻呂新羅征討の一環と考えられ、武蔵国が選ばれたのは 7 世紀後半に集中して移した地域であるためであろう。

最後にこの時期の関東への渡来人の特徴的な点について触れておこう。天武13年(684)に百済僧尼を武蔵国へ、持統元年(687)に新羅僧尼を武蔵国へ、天平 5 年(733)埼玉郡新羅人徳師らに金姓を賜う、天平宝字 4 年(760)に新羅僧尼を武蔵国新羅郡へ移すことなどが見られる。この渡来系僧尼はいずれも武蔵国に移配され、新羅の僧尼が多いことが特色といえよう。天平宝字 2 年(758)には、僧32人、尼 2 人が数えられ、彼らによって新羅の仏教文化が伝えられた可能性があろう。この時期に見られる新羅的様相の瓦当文の中には、畿内から伝えられた以外に、彼ら移配された僧尼が直接伝えたものがあったのではなかろうか。それが東国出土の新羅系瓦の中に見出せる可能性があり、今後の課題としておきたい。

註

(1) 酒井清治 1995「関東出土の朝鮮半島系土器について」『特別展古代東国の渡来文化』埼玉県立博物館
(2) 江浦洋 1988「日本出土の統一新羅系土器とその背景」『考古学雑誌』日本考古学会
(3) 宮崎光明・江浦洋 1989「日本出土の統一新羅系土器『盌』」『韓式系土器研究』Ⅱ 韓式系土器研究会
(4) 今平利幸ほか 1991『前田遺跡』宇都宮市教育委員会
(5) 石川均ほか 1985『兔の内台遺跡調査概報』Ⅰ 栃木県芳賀町教育委員会
(6) 李浩炯 1992「唐津九龍里窯址収拾調査概要」『考古学誌』4 韓国考古美術研究所
(7) 埋蔵文化財研究会 1989『第26回埋蔵文化財研究集会 古代の対外交渉－古墳時代後期～平安時代前半の舶載品をめぐって－』
(8) 第 1 章第 2 節。酒井清治 1997「関東の渡来人－朝鮮半島系土器から見た渡来人」『生産の考古学』(倉田芳郎先生古稀記念論集) 同成社
(9) 加藤かな子 1989「武蔵国新羅郡設置に関する一試論－仲麻呂政権における渡来人政策を通して－」『史学論集』19 駒沢大学大学院

補記　板橋正幸によれば、2001年現在、栃木県内出土統一新羅土器は 6 遺跡14点で、盌、蓋、器台形土器、壷、長頸壷、甑である(2001「栃木県内出土の新羅土器について――西下谷田遺跡出土新羅土器を中心として――」『研究紀要』9 (財)とちぎ生涯学習文化財団埋蔵文化財センター)。河内郡と芳賀郡に分布し、西下谷田遺跡では 6 点出土し、甑が出土することは新羅人との関わりが強いといえよう。

第2章　須恵器生産の開始

第1節　須恵器生産の開始とその系譜

はじめに

わが国で須恵器生産は、いつどこで始まったのであろうか。

その生産はだれが、どこから伝えたのであろうか。

工人はどこに住んで、須恵器作りを行ったのであろうか。

この問題はすでに先学により論議されてきた問題であり、すでにその答は、4世紀末から5世紀前半にかけて、九州や畿内などを中心に各地で、朝鮮半島の伽耶地域から、渡来人が技術を伝えたものであるという結論が出されている。

しかし、大庭寺TG231・232号窯跡の発見や朝鮮半島の調査の進展は、これらの問題をさらに詳細に検討することが可能な資料をもたらした。

本節では、工人集落と窯に焦点を絞り、わが国における須恵器生産開始時の須恵器を初現期須恵器としてあつかい、工人の系譜や生産開始年代および須恵器生産導入時の朝鮮半島との交流について探ろうとするものである。

1. 須恵器工人と集落

(1) 工人集落とは

現在まで論議されている工人集落は、土器を製作する工房を含む可能性はあるものの、決して工房そのものではなく、現在まで初期須恵器の工房については不明確であるのが現状である。このような現状を踏まえた上で、現在、初期須恵器の工人集落といわれる陶邑周辺の遺跡を取り上げ、現段階の研究状況を概観してみよう。

陶邑窯跡群は窯の調査が主体であり、須恵器生産に関わる集落は不明確であった。しかし、1972年に至りＴＫ73号窯の近くで深田橋（陶邑深田）遺跡が調査され、須恵器の集積場で、河川を使い積み出した遺跡と報告された[1]。集落跡も石津川流域で近接した万崎池、伏尾、太平寺、小阪、大庭寺や下流の四ツ池遺跡などが調査され、初期須恵器工人集落として論じられるようになってきた（第16図）。

これらは須恵器の出土から見ると時期的な変遷があり、万崎池が陶邑編年Ⅰ型式1段階で廃絶し、大庭寺、四ツ池からはⅠ型式1段階からの製品が、わずかに遅れて小阪、伏尾に入り、Ⅰ型式2段階からは太平寺が続くようである。

はたして工人集落は他の集落との違いを見出しうるのであろうか。また、渡来人が須恵器生産開始時、どのように関わったのか集落を通して探ってみたい。

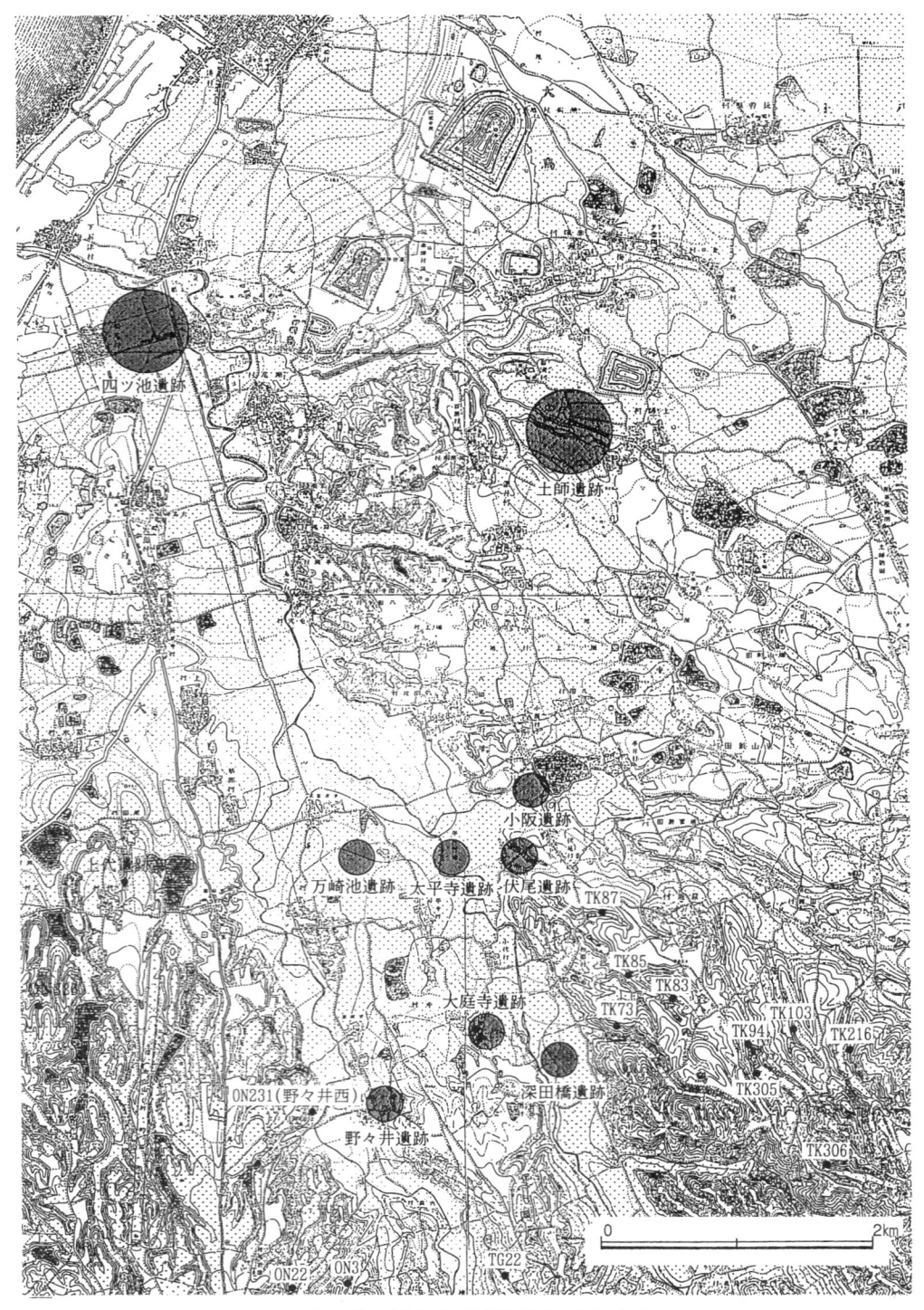

第16図　主要な初期須恵器窯と周辺集落

まず、ＴＫ73号窯から約6km下った四ツ池遺跡は樋口吉文によれば、陶邑の最古型式を出土し、陶邑の中核部分に密接した集団を含む第Ⅰ集落圏と、百済・伽耶地域の色合いが濃く、規格化されないものや土師器を模倣した須恵器を出土する第Ⅲ集落圏があり、後者は「内部に朝鮮半島からの渡来工人を既存の集落に受け入れ、同化させ、『陶邑』の経営に表徴される中央政権に直結しない、また、制約を受けない集団を想定」され、付近に窯の存在を推定した。そして海岸に近い第Ⅲ集落に渡来し、この地域で同化したのち、上流のＴＫ73号窯や大庭寺遺跡一帯に「陶邑」を形成していったと考えられ、陶邑の前段階がここにあることを想定された。

小阪遺跡について三宮昌弘は、粘土塊や当て具、焼け歪みや融着の見られる須恵器から須恵器生産者の集落と考えた。また、小阪遺跡を含め初期須恵器製作集団を検討され、「1. 陶邑地域における初期須恵器製作集団は、朝鮮半島系の陶質土器製作者と、在地の土師器製作者の混成集団である。2. その陶質土器製作者は日本列島地域の何処かである程度の生産を経てきた可能性が強い。3. 初期須恵器生産に関しては支配者層からの器形・器種に対する規制が働いたと考えられる。（4・5略）6. 初期須恵器製作集団は窯毎もしくは集落毎に異なった傾向の製品を作り出し、またその生産を支える集団、例えば日常の土器を供給する集団も異なっていた可能性がある」とまとめられた。

大庭寺遺跡を調査された土井和幸・冨加見泰彦は、出土する須恵器が朝鮮半島の陶質土器に近く、日常雑器は軟質土器が大半を占めることから、ＴＫ73号窯よりも遡るとした。また、深田遺跡と共通点が多いことから須恵器生産に深く関与した遺跡と考え、焼成不良、焼けひずみ、窯体片が見られることから、周辺に窯跡の存在を想定された。予想通り1991年窯が検出された。

岸本道昭・近藤康司は、伏尾遺跡について小阪遺跡に近接しているものの、小阪遺跡が竪穴住居跡を伴い、須恵器生産用具の出土が見られるのに対して、伏尾遺跡では掘立柱建物が主流で、須恵器生産用具が見られないことから、須恵器工人に関わる集落でありながら、機能分担もしくは、集団の性格差が示されている可能性があるという。また、伏尾遺跡では谷を挟み墓域があり、4基の方墳が確認され規模のわりには多くの須恵器を持つことからも、須恵器生産に関与した集団の長の墓と考えられている。

岡戸哲紀は、「工人集団の集落だけではなく、万崎池遺跡のように間接（補助）的に須恵器生産に関与した集落も予想される他、陶邑と同水系の石津川の下流域には、流通面で陶邑に関与した可能性のある四ツ池遺跡も立地する」と、陶邑周辺の集落の性格の違いについて述べられた。

陶邑で現在確認されている初期須恵器生産に関する遺跡は、窯跡が高位段丘、集落は四ツ池遺跡を除いて中位段丘、須恵器集積場と考えられる深田橋遺跡が沖積段丘に位置しており、窯と集落が分離して構築されている様相を窺うことができるものの、たとえばＴＫ73号窯を直接操業した工人集落を特定することは現段階では不可能であり、既発見の集落と窯跡の有機的な関係を論ずるには慎重を期すべきであろう。岡田の述べるように、各集落により性格の違いが認められるとするならば、数世紀に亘る陶邑の膨大な須恵器生産に直接携わった工人たちの集落に見合うだけの集落が、既発見の集落にどれだけ認めうるであろうか問題となってこよう。

工人集落研究の現在の研究方向は、竪穴住居跡と掘立柱建物跡など遺構の形態と、製作道具や

焼け歪み、融着のある須恵器あるいは大甕、軟質土器などの出土量、鉄の生産など遺物のあり方から工人集落を検討しているのが現状である。工人集落の認定だけではなく、工人集落の性格まで及ぼうとしているが、この工人集落には工人だけではなく、生産を支える薪の採集、粘土の掘削、あるいは農作業に従事する人々も居住した、須恵器生産関与集団の可能性もあり、工人のみで構成された工人集落であったのかも含め、何をもって工人集落とすべきか問題であろう。

(2) 工人集落と出土土器

まず、既報告の工人集落のあり方を土器の面から見てみよう。初期須恵器の出土状況は、摂津が圧倒的に土師器が多いのに対して、和泉北部では生産跡に近いためであろう、東上野芝遺跡が75％、土師遺跡が70％以上、深田橋遺跡が85％、辻之遺跡が97％、大園遺跡が80％、太平寺遺跡が80％と須恵器が80％前後出土する遺跡が多い。しかし、小阪遺跡では須恵器が土師器をやや下回る。また、四ツ池遺跡第Ⅲ集落では須恵器が39％、5世紀後半に限って見ても54％と周辺の他の遺跡に比べ少ないことが指摘されている。工人集落と推定されている遺跡は、必ずしも須恵器の出土率が高いとはいえないようである。

石神怡は、坏と甕が器種全体に占める割合が深田遺跡で43.8％と37.5％であるのに対して、太平寺遺跡では65％と4％と甕の割合がきわめて低いとし、両者の間には集団間の格差があるとした。大甕の所有量がステータスシンボルであると考え、太平寺遺跡を他の出土遺物から、鉄や須恵器の生産集団の集落、深田遺跡をその長とした。

小阪遺跡のあり方について、三宮は須恵器の集落への供給が一般的になるのは定型化以降であるため、ＴＫ216型式並行期の小阪遺跡では少ないとした。四ツ池遺跡について樋口は「その使用する須恵器において、韓国伽耶地域の色彩を色濃く内包する、全く制約を加えられないものを有する集団として把握される」ことが須恵器出土率に反映しているとした。これに対してＴＫ73号窯を遡るといわれる大庭寺遺跡では、「日常雑器は土師器がほとんどなく、軟質土器が大半を占める」といわれ、初現期の須恵器を出土する遺跡でも様相を異にするようである。このような須恵器生産開始時の須恵器の出土比率は、何に起因するのであろうか。

生産開始時は陶邑では丘陵先端周辺のごく限られた地域で散在して窯が築かれ、三宮の述べるように、集落へ入る須恵器は数少なかったのであろう。四ツ池遺跡は窯の存在が想定されているものの、第Ⅰ集落は沖積段丘に、第Ⅲ集落も大半が沖積段丘で一部低位段丘にかかることから、遺跡内に窯が構築できたのか疑問である。仮に存在するとしてもやや南下した中位段丘上であろう。四ツ池遺跡に須恵器が少ないのは、窯からの距離があるためであろう。これに対して大庭寺遺跡は、集落内に窯が存在し、集落の規模も大きいことが須恵器の量の差として表れたのであろう。また、器種の差については深田橋遺跡のように、特に初期須恵器を多く出土する遺跡では、窯跡での甕の生産量の実体を反映しているものと考えられ、集積場であるとの認識に立てば、大甕の量差だけでは必ずしも生産集団と支配集団の違いは明確ではない。しかし、深田橋遺跡が集積場とするならば、そこには支配者層の直接的な関与が及んでいたといえよう。

このように定型化した段階では生産量も多く、工人集落をそれ以外の集落と須恵器の量だけから判別するのは困難であろう。しかし、初現期須恵器生産開始時の工人集落では、生産量の少な

さから工人集落からは余剰物として外へ出ることは少なく、同時期の集落内の須恵器の量的な差から工人集落の特定も可能であろう。

(3) 工人集落と朝鮮半島系土器

次に工人集落における朝鮮半島系軟質土器について検討してみる。朝鮮半島系軟質土器は、渡来人の生活用に製作されたようで、その分布は渡来人の居住地域を示す可能性が高いようである。

まず朝鮮半島系軟質土器にはいくつかの問題があり、それについて触れてみる。一つは朝鮮半島の系譜をひく軟質土器の名称についてである。朝鮮半島の土器の祖形となる中国の漢代の土器を「漢式土器」と呼んでいたが、地域を朝鮮半島に限定して「漢式系土器」[13]の名称が生まれ、地域名称を変更して「韓式系土器」[14]が生まれてきた。しかし、この地域的名称が変更になった時期には朝鮮半島では考古学成果の公表は主に韓国においてなされており、そこに類例が見出せたために「韓」の名称が使われたのではなかろうか。その点は、田中清美がまとめられたように、韓式系土器は「朝鮮半島南部地域に分布する三国時代の赤褐色または茶褐色を呈し、酸化焔焼成された軟質土器の影響を受けて在地で製作された」[15]と述べるように、現段階でも韓国を意識しているようである。

これに対して今津啓子は「朝鮮系軟質土器」の名称を与えた[16]。朝鮮系とした理由は、北朝鮮の当該時期の土器の内容が分からない現在、朝鮮半島の南半部をさす「韓」の字は適当でなく、三国時代の前代に三韓時代を認めるならば、「韓」の字は時期をも限定してしまうおそれがあるとして名付けられた。筆者もこの点では首肯できる。

もう一つの問題は、田中は韓式系土器を酸化炎焼成のものに限定しているのに対して、植野は、「本来はこれ（軟質土器）に限ることなく瓦質・陶質土器を含めた名称として使用されるべきもの」[17]と軟質土器に限定していない。のちには田中も植野の考え方に同調され、軟質土器を「韓式系軟質土器」として使用している[18]。しかし、実際は軟質のものを韓式系土器、朝鮮半島からの舶載されたものは陶質土器として使用している場合が一般的であり、性質の違うものについて使用する場合は「韓式系陶質土器」、「韓式系軟質土器」とすべきで、陶質土器が一般的に用いられている現在、韓式系土器も軟質土器に限って使用すべきであり、筆者はこれを（朝鮮）半島系土器と呼んでいる[19]。

さて、この韓式系土器すなわち朝鮮半島系土器は各地で出土するようになり、特に北九州、大阪に集中し、渡来人と直接関わる土器として注目されている。田中清美によれば、大阪府下の朝鮮半島系土器は89か所から出土し、旧国単位では摂津11か所、河内57か所、和泉21か所と河内が最も多く、河内湖の縁辺部の沖積低地および生駒西麓下の扇状地上に多いという[20]。和泉については陶邑窯跡群の西に多く分布している。

和泉で初期須恵器の工人集落と考えられているうち、朝鮮半島系土器の出土は万崎池遺跡で1点、太平寺遺跡でも1点である。お互い近接している伏尾遺跡と小阪遺跡（その3調査区）では、前者がⅠ・Ⅱ区の集落を合わせて3.9％[21]、後者が須恵器と土師器の量がほぼ同数のうち、土師器の20％にあたるといい[22]、近接するにもかかわらず出土量に差があることは、これは集落の機能分担もしくは、集団の性格差が示されている可能性がある。大庭寺遺跡では、日常雑器は土師器が

ほとんどなく、軟質土器が大半を占めるという。このような朝鮮半島系土器の出土量の違いを石津川流域だけで見るならば、大庭寺遺跡のあり方は他の集落よりも丘陵に近づくこと、初現期の窯を伴い、初期須恵器がより朝鮮半島の陶質土器に類似し、その生産に渡来人が関与していた可能性が高いことがその理由であろう。大庭寺遺跡、小阪遺跡を除けば他の工人集落と考えられている遺跡からは朝鮮半島系土器の出土量は少なく、和泉の中でも大園遺跡などのほうが多く、さらには河内のほうが多い。田中によれば、河内に多いのは新来の土木技術を持ち沖積低地の開発を行った渡来人の居住の結果であるという。当然和泉の陶邑の須恵器生産も新来の技術であり、その出土量の多さは渡来人の存在を示すはずである。しかし、Ⅰ型式2段階から始まり、Ⅰ型式3段階以降が主体の太平寺遺跡では朝鮮半島系土器が1点だけであることは、渡来人がいないという見方もあろうが、朝鮮半島系土器が急激に消滅することと、須恵器が定型化することと関連があろう。

これに対して小阪遺跡では、土師器だけでなく韓式系土器（朝鮮半島系土器）も多く使われている。三宮は共伴する韓式系土器を「須恵器的土師器」として窯焼成の可能性があり、焼きのよい、黒斑を伴わない黄橙色から黄灰色系と、野焼きでも焼成可能な軟質の2類があり、前者は集落内の須恵器と器形的な共通点はなく、他集団の製作による搬入品、後者を集落内で生産したと考えている。前者がどのような窯で焼成されたか問題であろうが、三宮の述べるように、須恵器とは根本的に器形の違いがあり、轆轤を使ったと考えられる高坏についても無蓋高坏、それも口縁部が大きく開く形態が主体で、違いが歴然としており、須恵器工人と別の集団を考えるべきであろう。

大庭寺窯跡では灰原から甑・長胴甕・平底鉢などの軟質土器が出土しており、ここで焼成された可能性が指摘されている。また、ＴＫ73・85号窯でも軟質系の深鉢形土器、甑、甕形土器が出土している。このような出土状況をどのように解釈したらよいのであろうか。

現在、窯から朝鮮半島系土器が出土するのは、初現期の窯に限られている。また、集落でも須恵器出現期の集落の方が朝鮮半島系土器の出土率が高いといえよう。おそらく、窯から朝鮮半島系土器が出土することは、須恵器生産にたずさわった渡来人との関わりが想定できよう。従来から初現期の須恵器生産は土師器の工人が参画していると考えられており、その証左として出土須恵器の中に土師器の器形が含まれていることが指摘されている。同様に須恵器生産に渡来人が関与していたことから、ＴＫ73・85号窯から出土する須恵質の朝鮮半島系土器は、土師器の場合と同様初現期の須恵器に取り入れられた器形と考えられる。このことは後述するように、和泉の軟質土器は、叩きが不明確でナデが多く見られる特徴があり、これはこの地域の渡来人が須恵器生産に関与していたことと関連があろう。

一方、大庭寺窯跡出土の朝鮮半島系土器は軟質土器が多く、大庭寺遺跡の住居跡でも同様で、各地の集落出土の朝鮮半島系土器にも須恵質の製品がほとんどないことから、基本的には朝鮮半島系土器のうちでも軟質土器については、登窯で焼成していなかったと考えられる。

登窯を使用しない軟質土器について、これらは出土状況から見るに、各集落内での自給自足をとらず、小地域に供給する生産体制がつくられたと考えられる。しかし、渡来人の血縁的な同化

だけでなく、同一集落における混在した居住形態をなし、日常什器は土師器を用い始めることが短期間に進行し、朝鮮半島系土器の技術・器形も土師器あるいは須恵器と同化し、独自の生産体制を長く保持することはなかったようである。

(4) 工人集落と工房

須恵器の生産機構（体制）は窯を中心に、隣接して工房、粘土採掘場、あるいはその周囲に広がる薪の採集地などがその活動の範囲といえようが、陶邑でいえば高位段丘あるいは丘陵であろう。問題は工房と集落の関わりである。須恵器生産開始段階では窯も丘陵の先端部に位置した中位段丘近くにあり、窯の周辺に集落はつくられたと推定される。すなわち大庭寺遺跡のように窯と集落が併設するあり方が好例であろう。やや時期の下った野々井遺跡、山田遺跡、上代遺跡等のように高位段丘に位置する遺跡もつくられている。これらも窯に近接し、窯跡近接集落といえるものの、工房は確認されていない。大庭寺遺跡においては6軒の竪穴住居跡と集落の区画溝があるものの、ロクロピットなど検出されていない。かりにここが工房とした場合、窯まで至るためには狭いが深い谷を渡る必要があり、台地の下を迂回する方法もあるものの、竪穴住居跡から窯まで約200mもあり、素地のままの未焼成品を運ぶには遠距離過ぎよう。特に大庭寺窯跡では大甕が多いことからも、窯に近接して工房が併設されていたと想定できよう。民俗例であるが、丹波立杭窯や常滑では、共同窯の多くは作業場が各自の住居に接し、乾燥後各自が籠などでかついで運んだようである。しかし、陶邑の場合、窯が多いことを考えると、操業に関与した人数も多く、はたして窯に近接したところにそれだけの居住面積があったものか疑問である。中村浩の述べるように、丘陵域には集落は形成されなかったのであろう。おそらく、大庭寺遺跡のように初現期には窯が低い位置に立地することから、窯と工房が、集落内か隣接した立地形態をとるが、窯が丘陵深く立地することと、窯の増加による集落規模の拡大から、集落と窯が離れる立地形態に変遷したと想定できる。陶邑窯跡群のように規模の拡大した窯では、初期の段階で組織的分業が整えられ、基本的に集落＝窯＋工房であったが、後には集落と窯＋工房が離れた立地形態がとられ、時には複数の窯を操業する場合もあり、発展していったのであろう。しかし、陶邑では一つの工房で一基の窯の製品を製作した「単工房単窯型」か、一つの工房で複数の窯の製品を製作した「単工房複窯型」なのか、現在となっては明確にすることができない。

(5) 工人集落の構造と問題点

中村浩は、陶邑周辺の遺跡について①住居・集落の遺跡、②流通の遺跡、③埋葬・祭祀の遺跡に分類をしたが、須恵器生産に直接従事した人々と農業生産にあたる人々がいて、各々集落を形成していたとし、彼らはお互いに相互補完の関係にあったとする。このように陶邑が須恵器生産者のみで構成されたものではないとした。

陶邑周辺の集落のあり方について検討した岡戸哲紀は、初期の段階では軟質土器の出土から、渡来系工人が関与していたが、その出土量、土師器との割合、須恵器の形態などは各時期・各遺跡によって異なり、渡来系工人の関与の諸状況も異なっていたとする。また生産規模が拡大していく状況の中で、工人組織の諸様相も集落によって差があり、集落出現の契機やその後の発展過程も異なり、この様相が集落の立地・構造・規模の違いとして反映されているとした。

石神怡は、深田遺跡の長を須恵器生産集団を直接掌握する首長層とし、太平寺遺跡などの小単位の生産集落を把握し、ヤマト王権から地域首長に要求して貢納物の生産が行われた。貢納物としての須恵器は、ヤマト王権から各地域首長への下賜が行われ、在地首長も首長的私有として、在地内の諸首長に分配した。そして、ヤマト王権への全面的隷属関係として在地首長があったのではなく、在地首長の余剰品に対する私有化、それにもとづく商品的交換がかなり日常的に行われたと想定している。筆者も基本的にこの支配構造には賛成するが、貢納物としての須恵器の動きについては疑問がある。石神は須恵器生産集団への須恵器の移入について、工人集落出土土器が同一手法、同一器種でないことから、自らの生産物も配分品として手にいれたものとしている。しかし、ある程度分業化された体制の中で貢納品以外は在地首長層に管理されていたようで、さらにその下の管理者クラスでもある程度の裁量や隠匿も行われていたと考えられる、もっとルーズな生産品の管理が行われていたのではなかろうか。すなわち和泉北部の集落出土の須恵器の夥多に対して、摂津など周辺地域では土師器が圧している。ところが一方では、北は北海道から南は九州、あるいは海を越え朝鮮半島まで及ぶ分布圏が形成されていることは、中央政権と直接窯を掌握した首長層の重層的な生産管理機構があったからだと考えられる。

　今後、集落個々の性格についての論議が必要であるが、前述した須恵器や朝鮮半島系軟質土器などの分析や、いまだ確認できていない粘土採掘場や工房の発見により、工人集落の認定およびその性格、工人集落－工房－窯の有機的な関連や工人集落同士の横のつながり、さらにはその生産機構、支配構造など、窯跡の調査例と比較してほとんど検討されていない分野といえようが、陶邑を例に上げるならば工房の確認できる残された場所は少なく、すでに発掘された窯と集落とどのように関連づけるのか、今後の課題であろう。

2. 各地の初現期須恵器窯跡

　須恵器生産の初現は、陶邑ＴＫ73・85号窯、一須賀2号窯、濁り池窯跡、吹田32号窯、大庭寺窯跡、三谷三郎池西岸窯跡、山隈窯跡などの発掘により次第に明らかにされてきた。しかし、その初現の窯の特定についてはいくつかの考え方が提示されている。一須賀2号窯とする田辺昭三、ＴＫ73・85号窯と一須賀2号窯、吹田32号窯がいずれも異なる系譜を持つとする中村浩、吹田32号窯→一須賀2号窯→陶邑窯跡とする藤原学、九州の甘木市周辺の朝倉窯跡群が陶邑を遡るとする橋口達也などが代表としてあげられる。しかし、最近大庭寺窯跡が発掘され、畿内の窯のいずれの窯よりも遡ることが明らかになり、初現期の須恵器の再検討が必要になってきた。

（1）陶邑窯跡と一須賀2号窯、大庭寺窯跡

　田辺は、大阪府河南町一須賀2号窯と大阪府堺市ＴＫ73号窯を「高蔵（ＴＫ）73号窯型式」として新古の関係でとらえた。古段階の特徴について、「甕体部の格子叩目文と壺、器台などにみられる箆描文の両者を、常用すること」とし、一須賀2号窯をあて、新段階の特徴を「箆描文、格子叩目文はほとんど認められ」ず、「後出型式に一般化する櫛描文と平行叩き目文とが主体を占めている」としてＴＫ73号窯をあげた。これに対して中村は、一須賀2号窯の器台や甕に見られるコンパス文が退化した雑なものになること、考古地磁気法年代測定法の成果で一須賀2号窯

が最古ではないという結果などから、各窯跡がいずれも異なる系譜を持つ生産と考え、その前後関係については、一須賀2号窯は陶邑窯跡を先行することはないとした(41)。ここで注意すべきは格子叩き目文と櫛描文、考古地磁気法年代測定法である。

　中村は陶邑ＴＫ85・87・73号窯の叩き目文の統計をとり、それぞれの窯ごとに斜格子叩きが4.6・2.9・0％、格子叩きが3.7・1.8・0.2％、縄蓆文叩きが0.3・0.03・0％とＴＫ85号窯から順次少なくなり、ＴＫ73号窯にはこれらの叩きがほとんど存在しないこと、また逆に平行叩きについては、91.4・95.5・99.8％とＴＫ73号窯が多くなることを指摘している。後出の叩きは平行叩きが主流で、格子・斜格子がないことから、ＴＫ85号窯が先行すると推定している(42)。この結果からすれば、一須賀2号窯は格子叩き目文が特徴ということであり、ＴＫ87号窯より先行することになろう。ところが、中村の依拠するところの考古地磁気法年代測定法では、一須賀2号窯はＴＫ87号窯よりも新しいという結果が出て、中村もその成果を支持しており、格子叩きから見た前後関係とは矛盾することになる。

　田辺も格子叩きが一須賀2号窯の製品に典型的な傾向とし、ＴＫ73号窯の製品にはほとんど認められないとして、前後関係を考える一つの材料としているのである。

　また田辺は、ＴＫ73号窯型式の新段階の特徴の一つに櫛描文が主体を占めるとするが、田辺が旧稿で「一須賀2号窯の製品中、鉢、壺、甕の一部に文様が認められる。箆描文と櫛描文である。櫛描文はすべて波状文で、以後の須恵器にながく継承されていく」(43)と述べるように、古段階の一須賀2号窯にも多く見られ、田辺のいう櫛描文の出現・盛行による段階設定が明確とはいえない。

　このように田辺、中村の前後関係の検討に使われている格子叩き、櫛描文には、問題も多いことが指摘できる。筆者は、形態の比較からＴＫ87号窯の坏について、ＴＫ73・85号窯よりも新しく、ＴＫ216号窯の形態により近いと考えている。陶邑ＴＫ216号窯型式以降の型式変遷と比較して、ＴＫ87号窯とＴＫ73・85号窯との間には時間差を認めることができる。次にＴＫ73号窯とＴＫ85号窯については、ＴＫ73号窯の方が坏身の蓋受け部が横に長く張り出しており（第18図2～4）、この形態をＴＫ216号窯に結ぶことは無理があり、またＴＫ73号窯の坏の11点中いずれもが手持ち箆削りであるのに対して、ＴＫ85号窯では5点中1点だけであること、ＴＫ85号窯の中に次型式に連なる形態の坏（第18図13）が存在すること、さらに、高坏はＴＫ73号窯の方が基部が細く、高坏の変遷からすればややＴＫ73号窯の方が古いと考えられる。甕についても、ＴＫ73号窯の口縁のプロポーションは緩やかに外反し、口唇端部が丸くつくり出されているのに対して、ＴＫ85号窯では口縁上位でさらに強く外反し、口唇部内面が窪み、口唇端部が矩形になり、また口唇部下の稜が口唇端部から離れる傾向にある。このようなＴＫ85号窯の特色はさらに新しいＴＫ305号窯に連なる特色であることからも、ＴＫ73号窯→ＴＫ85号窯の関係にあると判断できるが、その時間差はわずかであろう。

　では、同じ陶邑の中で検出された大庭寺窯跡出土品(44)（第17図）を見てみよう。大庭寺窯跡では高坏蓋の列点文、櫛歯文、器台の鋸歯文、格子文、組紐文、集線文や、高坏の多窓や三角透し、菱形、二段透し、および鉢部が深く、脚部が太く裾部が大きく開く器台は、現在まで陶邑では検出されていない。また、甕の底部中央の製作時の絞り目も、近畿地方では和歌山県鳴滝遺跡で出

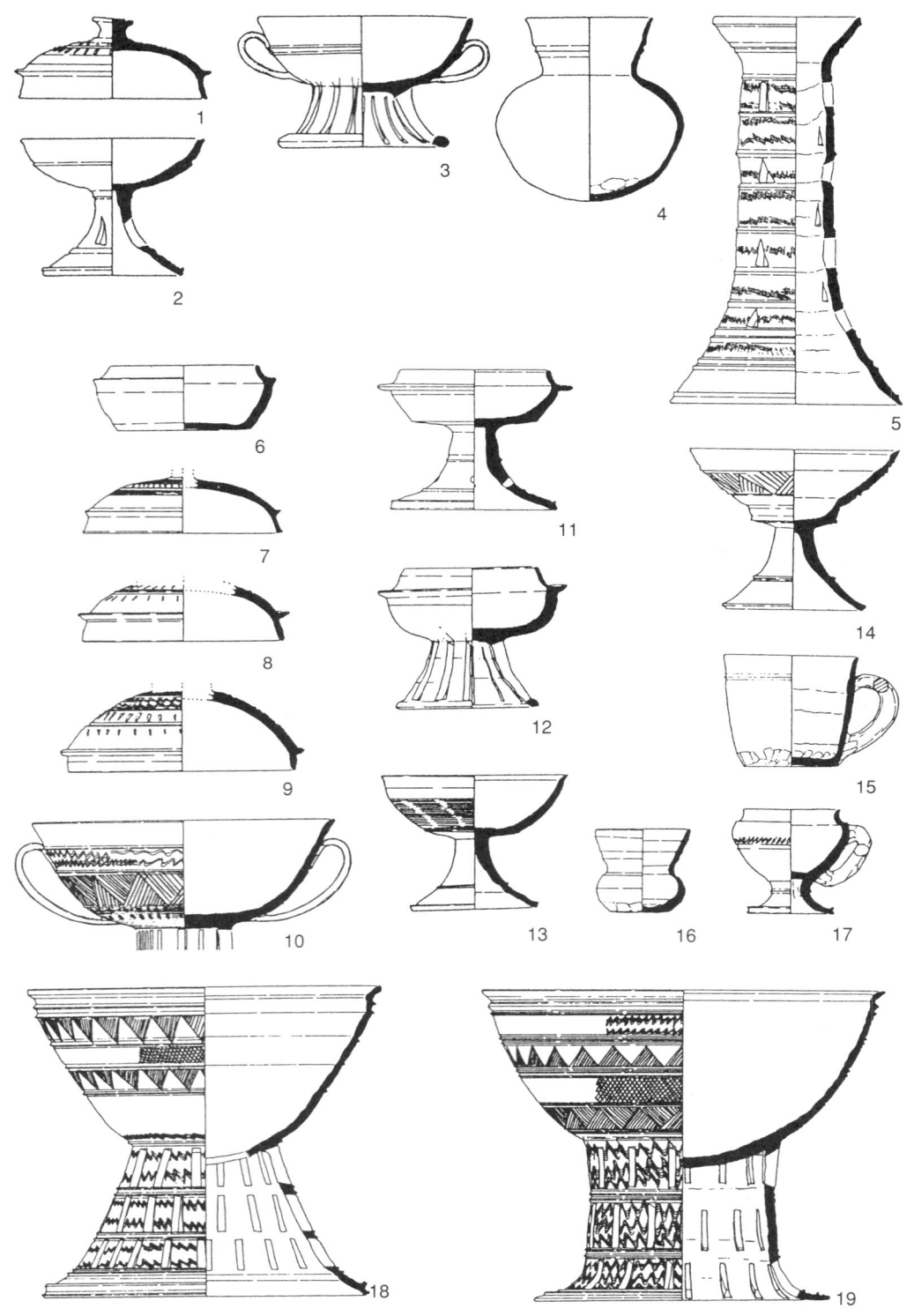

第17図　初現期須恵器窯出土須恵器（1）
1～5:堺市大庭寺ＴＧ232号窯　6～19:同393－ＯＬ土器溜り

第 2 章　須恵器生産の開始　69

第18図　初現期須恵器窯出土須恵器（2）
1〜11:堺市陶邑TK73号窯　12〜21:同TK85号窯　22〜25:南河内郡河南町一須賀2号窯

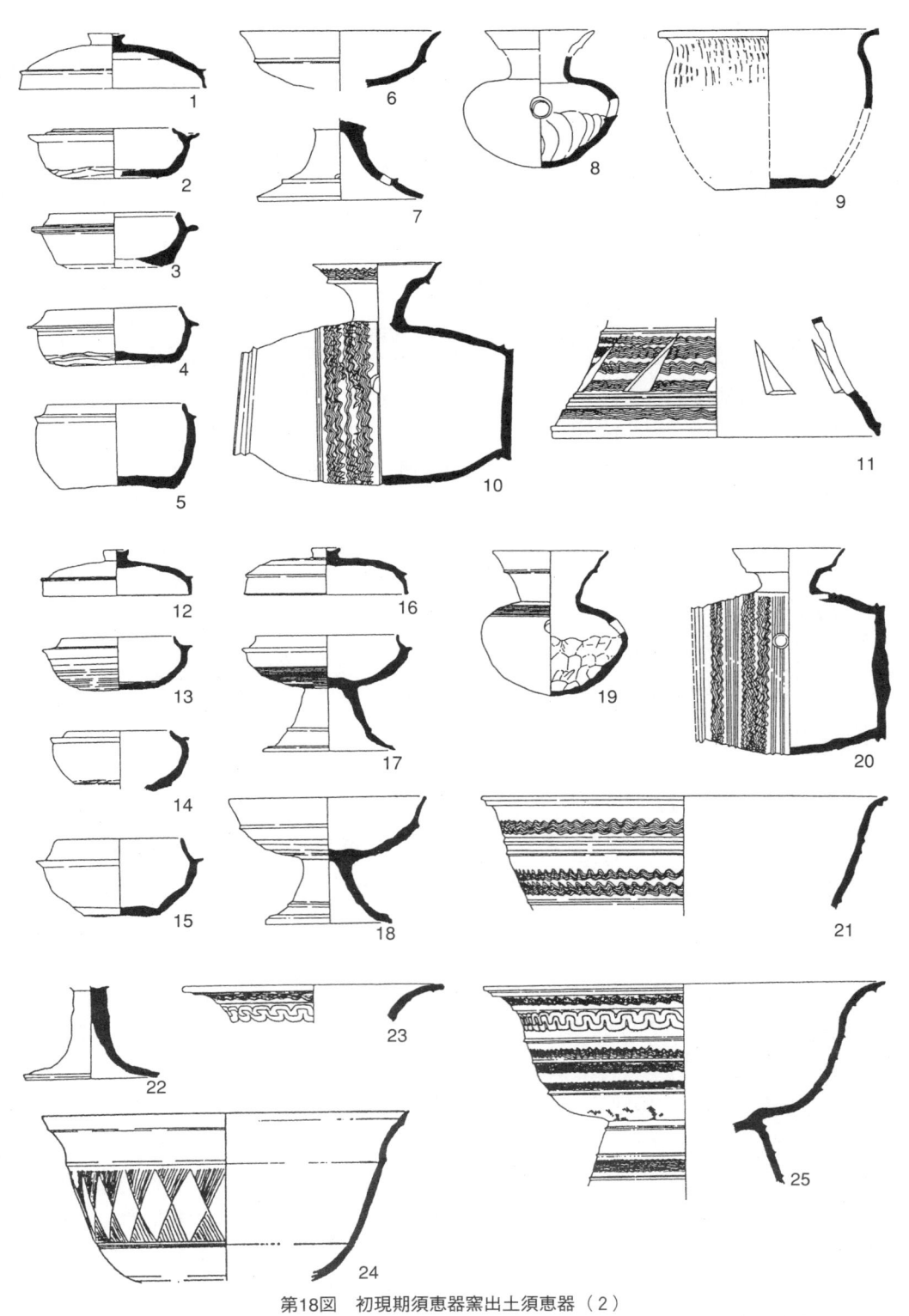

土しているものの、陶邑窯跡では未発見であったが、大庭寺窯跡で出土したことにより、陶邑の中でもＴＫ73号窯と異なる技法・形態を持つ製品が大庭寺窯跡で生産されていたのである。

　次に、陶邑各窯と一須賀2号窯とを比較してみよう。一須賀2号窯の特徴として、器台・甕のコンパス文（第18図23・25）、器台の箆描き鋸歯文（第18図24）、組紐文（第19図）があげられる。最近大庭寺窯跡から器台の箆描き鋸歯文や格子目文、あるいは組紐文が出土し、陶邑の中でも狐池南遺跡ON231号の窯跡でも組紐文が使用されていることから、この文様の時期が問題であろう。大庭寺窯跡例は整っているのに対して、一須賀2号窯例は雑で格子目文も大きい。特に組紐文を比較すると大庭寺窯跡では稚拙であるものの、朝鮮半島例と同様に横にしたＳ字を組み合わせて連ねているのに対して、一須賀2号窯（第19図）と狐池南遺跡ON231号窯跡では、一度波状文を描いた後、もう一度うまく交差するように波状文を重ねて擬組紐文としており、ＴＫ208号窯にも見られる新しい様相といえよう。さらに一須賀2号窯では陶邑に見られないコンパス文も、ヘラで描いたため弧を描かず、直線的で矩形に近くなり、間隔も乱れ、島根県長尾古墳の器台のコンパス文が基点を中心に正しく円弧を描くのに対して、崩れが著しい。波状文も同様に乱雑である。この点を取り上げるならば、一須賀2号窯は大庭寺窯跡よりも後出といえよう。一須賀2号窯の器台は体部が深く、腰を持ち、基部もやや太く、大阪府大東市堂山古墳の器台に近い形態になろう。ＴＫ73号窯の器台は、いずれも脚裾部が開かず直線的（第18図11）で次型式に見られる傾向である。器台の変遷が、深い体部、太い基部、開く脚裾部から、新しくなるほど体部が浅く、基部が細くなり、口唇部の外反が少なくなるとともに、脚裾部が直線的になる。一須賀2号窯の器台は、口唇部の外反を見ると、脚裾部が広がる可能性があり、ＴＫ73号窯をわずかに遡る可能性が高い。

　大庭寺窯跡と陶邑ＴＫ73号窯については、両遺跡の中間に位置する陶邑の集積場と考えられる深田橋遺跡から、大庭寺窯跡の製品が出土しないこと、大庭寺遺跡東端の56－ＯＲ河川跡から出土した初期須恵器はＴＫ73号窯並行と考えられ、共伴する櫛歯文を施す蓋は大庭寺窯跡の中でも新しい段階の製品であることからも、時期差が考えられる。

　このように陶邑の変遷は、形態・文様から見るならば、大庭寺窯跡→ＴＫ73・ＴＫ85→（　）→ＴＫ87→ＴＫ216が、また、地域を越えて大庭寺窯跡→一須賀2→ＴＫ73の変遷も考えられる。このような変遷を考えたとき、中村の格子叩き、縄蓆文叩きの量差から導き出された序列、ＴＫ85→ＴＫ87→ＴＫ73、あるいは陶邑窯跡→一須賀2号窯と矛盾することになる。田辺は格子叩きの量差と前後関係は関連があると考え、一須賀2→ＴＫ73の変遷を想定する。陶邑では地域を違えて、Ⅰ型式1～2段階の栂地区のＴＧ22号窯には格子叩きは見られないのに対して、Ⅰ型式1段階の大野池地区のＯＮ22号窯では、格子叩き68％、平行叩き13％、平行で一部格子叩き19％と報告され、ＴＫ（高蔵）地区より多いことから、必ずしも格子叩きの量差が新古を示すものでなかろう。工人集団や谷ごとの違いを考慮すべきかもしれない。この違いは生産に携わった渡来人のあり方と関わりがあろう。すなわち朝鮮

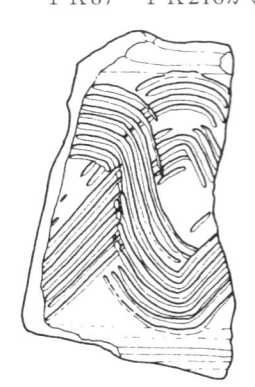

第19図　一須賀2号窯器台脚部擬組紐文

半島系土器の影響も考えられる。

　大阪湾沿岸の朝鮮半島系土器を検討した今津啓子は、平行叩き50％、正格子叩き25％、斜格子叩き15％、縄蓆文叩き10％とした[48]。全国的に朝鮮半島系土器の平底鉢を検討した尾谷雅彦は、平行51.5％、格子33.3％、縄蓆文9.1％とした[49]。また、田中清美は同じく平底鉢について大阪府下の集計をしたが、氏の集計から叩きを持たないナデ、ハケを除くと、平行52.3％、正格子22.7％、斜格子13.6％、縄蓆文11.4％であった[50]。これらはいずれも時期的に限定されていないため問題も多いが、いずれも平行、正格子、斜格子、縄蓆文の順序であった。中村の統計した初期須恵器の叩きの量差と比較すると正格子、斜格子が入れ替わり、平行叩きの割合の違いが指摘できるものの、初期須恵器の甕、平底鉢などは朝鮮半島系土器の器形であり、田中が指摘するように和泉地域では平行4点、正格子1点、斜格子2点に対してナデは23点を数える。小阪遺跡だけの集計であるため問題もあるが、和泉地域の特徴である可能性がある。このナデを持つ朝鮮半島系土器からは、須恵器生産との関わりが想定でき、さらに朝鮮半島系土器の高坏に轆轤を使用した例が多いことから、和泉の朝鮮半島系土器と初期須恵器の関わりは深いと考えられる[51]。

（2）吹田32号窯

　次に摂津で検出された吹田32号窯を見てみよう。調査した藤原学は、香川県高松市三谷三郎池西岸窯跡の製品に形態・調整・胎土が似ていること、窯内で検出された石礫が西摂平野で採取された可能性が強いこと、器台が香川県善通寺市南鴨遺跡例と酷似していることなど、西方からの系譜を考えた。さらに、窯体の構造が吹田32号窯では長方形であるのに対して、ＴＫ73号窯などでは形が崩れて時期が降りること、器台の斜格子文・鋸歯文が陶邑にないことなどから、吹田32号窯→一須賀2号窯→ＴＫ73号窯を想定した[52]。それに対して中村は「形態の相違というものが、ただちに時期の前後関係を示すものではない」[53]とした。中村の考え方は、広岡公夫の考古地磁気法による、吹田32号窯は陶邑窯跡よりも古くならないという結論にも依拠している。

　吹田32号窯の製品の特徴をあげるとすれば、器台（第20図8）の鉢部が深く、半球形になり、口唇部が大きく外反すること、鋸歯文と格子文を施文することであろう。また、脚部が太くなることから、短いことが想定でき、口唇部も大きく外反することから、脚裾部も外反する可能性が高い。鋸歯文・格子文については、最近大庭寺窯跡でもこの文様を焼成していることが確認された。このような鋸歯文と格子文を伴う例は、ほかには楠見遺跡に鋸歯文の中を格子文にする例があるだけである。吹田32号窯例は、器台鉢部の稜線が一本で鉢部の稜が鈍いこと、甕の口唇部の稜もやはり鈍いという特徴も持ち、系譜解明の難しさが指摘できる。しかし、これらの文様の存在、施文の丁寧さ、鉢部の深さ、口唇部の外反、脚の太さ、いずれをとっても古い要素が多いようである。初現期の須恵器の文様と器形を比較すると、鋸歯文・格子文・組紐文など古い文様ほど鉢部が深く、脚部の太い古い器形に描かれ、生産初期の段階から共通した変遷が考えられ、地域を越えた比較もある程度可能で、藤原の変遷観は首肯できる。

（3）三谷三郎池西岸窯跡

　香川県高松市に所在する。出土量が約70点と少ないため全貌は不明確であるが、甕が多い点では他の初現期須恵器と同様である。その特徴は甕の口唇部が丸く、稜部も鋭くほぼ一定した位置

第20図　初現期須恵器窯出土須恵器（3）
1～7:和泉市上代窯跡　8:吹田市吹田32号窯跡　9～15:高松市三谷三郎池西岸窯跡
16～28:朝倉郡三輪町山隈窯跡

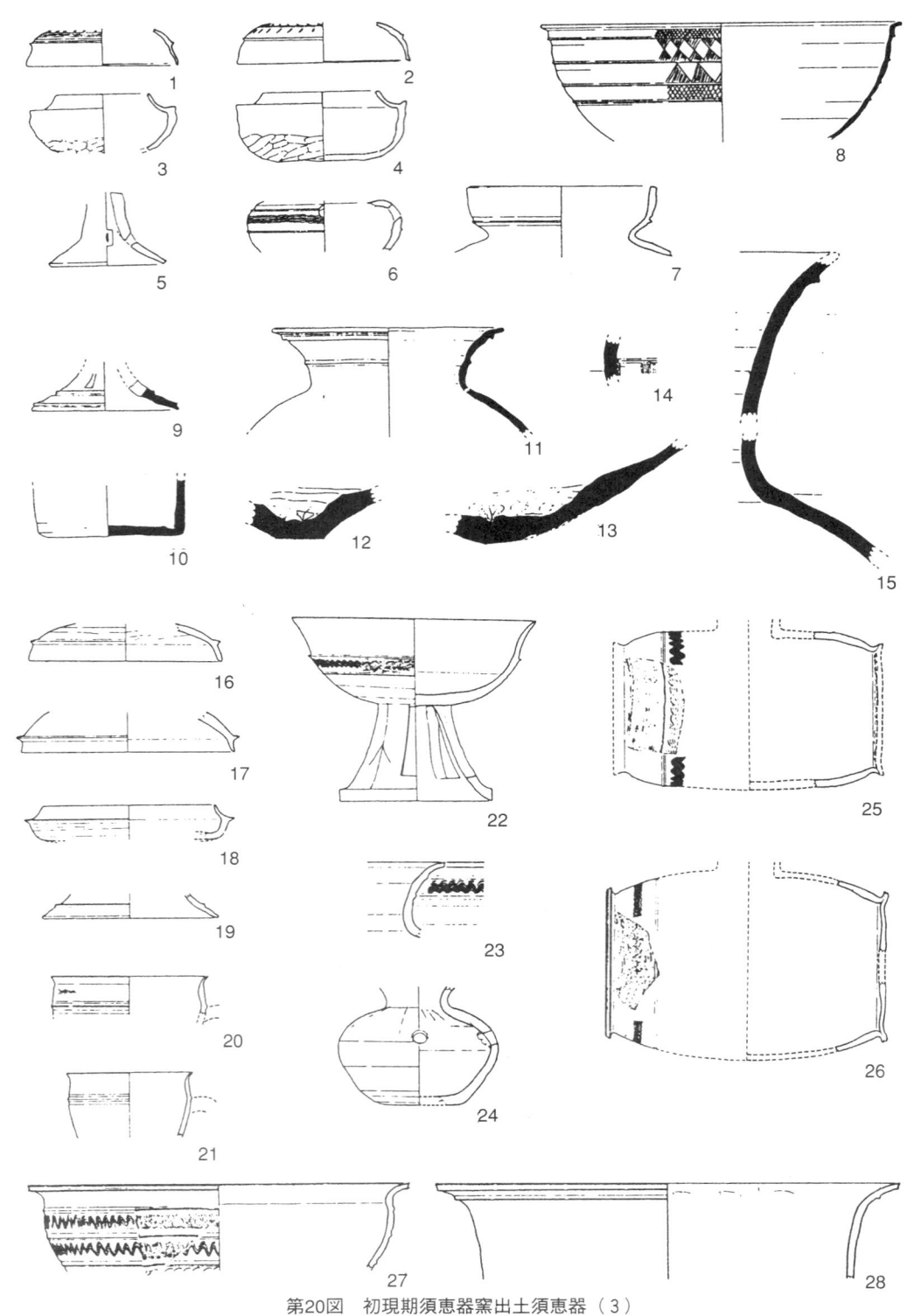

に付き、底部に絞り目を持つ（第20図12・13）。高坏は脚部下半の稜の上に三角状の透し（第20図9）が見られる。また、窯跡出土の製品としては唯一の集線文（第20図14）があり、亀田修一が述べるように朝鮮半島の伽耶地域でも東寄りと、慶州を中心とした新羅地域に見られ、系譜を考える上で注目される。

この窯の製品は大庭寺窯跡が発掘されるまで、陶邑には類例がなく、系譜を異にしていると考えられていた。しかし、口唇部の形態、底部の絞り目、高坏の三角透しは大庭寺窯跡にも見られ、同一と言えなくも近い系譜であり、時期的にも大庭寺窯跡の製品に近いと推定できる。

（4）朝倉窯跡群

1978年、福岡県甘木市池の上墳墓群が、1981年には隣接する古寺墳墓群が発掘され、出土した土器が陶邑の須恵器と共通性を持たないことから、陶質土器の可能性が指摘された。報告した橋口達也は壺の口唇部と波状文から4形態に分類し、それぞれをⅠ～Ⅳ式として設定した。そして共伴関係から陶邑Ⅰ型式第1段階は、池の上Ⅲ式とⅣ式との間とした。年代はⅠ式を4世紀末葉、Ⅱ式を5世紀初頭～前葉、Ⅲ式を5世紀前半の中頃、Ⅳ式を5世紀中頃前後に比定した。その後、橋口は池の上Ⅲ式が陶邑Ⅰ型式1段階に、池の上Ⅳ式が陶邑Ⅰ型式2～3段階に相当するとして、年代もⅠ式を4世紀後半に、Ⅱ式を4世紀末～5世紀初頭、Ⅲ式は5世紀前半の前半、Ⅳ式は5世紀前半の後半と修正した。

それに対して柳田康雄は、池の上Ⅰ～Ⅲ式は形態的・時間的にも小差で、5世紀前半に含まれるとし、池の上Ⅰ式をⅠa・Ⅰb式、Ⅲ式をⅡa式、Ⅳ式をⅢ式とした。小田富士雄は、各地の出土状況から橋口編年を大きくⅠ・Ⅱ式とⅢ・Ⅳ式の前後二時期に分けるのが実状に適応しているとした。そしてこれら伽耶系須恵器をⅠ－A期とし、定型化した須恵器をⅠ－B期とした。その後、小田は池の上Ⅰ～Ⅲ式を定型化以前、Ⅳ式を定型化段階とし、前者のⅠ－A期が二分される可能性を説いた。

中村勝も、特徴的な波状文（第20図27）をA類として、これが池の上Ⅰ～Ⅳ式のいずれにも含まれていることから、同一工人固有の文様とするならば時間的な幅はきわめて制約されるとした。

このような考えを参考に、ここでは、特徴的な波状文を持つ器台と壺を取り上げ、その形態に注目して変遷を追ってみたい。

特徴的な波状文は山隈窯跡から出土している（第20図27）ことから朝倉窯系とするが、類似する形態が山隈窯跡のほか、池の上6号墳（第22図9）、池の上D－5・D－7付近、石人山古墳、樋渡遺跡SD－02溝、有田遺跡等に出土する。これらの大きな特徴は、器台の鉢部が浅く、鉢部に突線あるいは沈線によって文様区画帯をつくるが、大きく外反する口縁には基本的に施文せず、池の上6号墳例から三段の波状文が施されたようである。しかし、有田遺跡のように三段の波状文の下にコンパス文を施す例もある。脚部は池の上6号墳、石人山古墳では、三角透しを主体とする。これらはいずれも波状文と形態から時期的には近接するものの、石人山古墳の中に鉢部の文様区画が突線（a類）と沈線（b類）になる例が出土しており、後者が後続するであろう。また、池の上6号墳例（第22図9）、樋渡SD－02、池の上D－5・D－7付近は、類例の中でも最も口唇が外反し、石人山古墳の透しが4段であるのに対して池の上6号墳では3段になることか

ら、先行するであろう。すなわち、池の上6号墳→樋渡SD－02溝、山隈窯跡、D－5・D－7付近、有田、石人山古墳a類→石人山古墳b類の順序であろう。

　これらに続く器台として、小田茶臼塚古墳例[64]（第22図16・17）がある。小田茶臼塚古墳の器台脚部のほとんどには、透しの間に縦の刻線があり、古寺D－6、石人山古墳と共通し、朝倉窯系と考えられる。小田茶臼塚古墳の器台は、口縁の形態から大きく2種に分かれる。1類は口唇部が角縁になり、鉢部がやや丸みを持ち厚手で、柳田の「器台a」としたものであり（第22図17）、2類は口縁がやや強く外反し、口唇部がつまみ出されたように尖るもので、これは鉢部が1類に比べ直線的に立ち上がり、器厚が薄く、柳田の「器台b」としたもの（第22図16）で、前者はどちらかといえば古寺D－6（第21図8）に類似し、後者は池の上6号墳、石人山古墳、山隈窯跡の器台（第20図27）に類似する。両者とも脚部の刻線、口唇部の形態、波状文などからも同一系譜の中でとらえられるものであろうが、柳田は器台a→bの前後関係を考えている。また、それに対応して共伴する甕も、口唇の形態と器台の脚端の類似することと、頸部の突線が順次下がるという変化から、甕a→bへ変遷し、甕cはすでに波状文を持つことから後続するとした。しかし、これらは後述するように、近接する時期の可能性が高い。なお、この時期に並行する器台が、福岡市吉武遺跡SK28[65]に出土する。

　やや先行する資料として古寺D－6の器台がある。2点出土するが、一例は鉢部が浅く、鉢部と脚部にも後出的な波状文を施す朝倉窯系でないもの（第21図9）と、深い鉢部全面に、特徴的な波状文と櫛歯文を6段施文する例（第21図8）がある。いずれも方形透しであるが、後者には透しの間に縦の刻線文を入れることで、池の上6号墳、石人山古墳、小田茶臼塚古墳に連なる朝倉窯系の特徴が見られる。やや小型であり、口縁の外反が弱い点で気になるものの、鉢部の施文が全面に及ぶこと、鉢部が深いことから、池の上6号墳に先行すると考えられる。古寺D－6の朝倉窯系の器台の波状文は左→右の方向で、後続する中でも古いと考えた池の上6号墳の器台、壺と同一方向であり、その他の器台が右→左であることを考えても先行するであろう。

　また、古寺D－6に共伴する有蓋高坏（第21図1）は、蓋の口縁が外反し、稜部が張り出すが、類例は古寺表採資料（第21図13・14）にある。蓋の変遷を見ると古寺D－6・古寺表採→池の上6号墳（第22図3）→池の上6号墳（第22図1）・池の上5号墳となり、池の上5号墳で新しい壺（壺b類）と伴う蓋は、池の上6号墳に見られることからも、古寺D－6の方が先行するであろう。脚部は四方透し（第21図2・4）であることにも、古い様相を見ることができる。しかし、古寺D－6（第21図7）と山隈窯跡（第20図28）の甕を比較すると、前者は口唇下の突線が丸みを持ち鈍くなり、同類が後者の表採品の中にあり、山隈窯跡操業時に近接する可能性がある。

　これによって再度器台の変遷を並べると、古寺D－6→池の上6号墳→樋渡SD－02、山隈窯跡、D－5・D－7付近、有田、石人山古墳a類→石人山古墳b類→小田茶臼塚古墳と並ぶ。以下古寺D－6をa期、池の上6号古墳をb期、樋渡から石人山古墳a類までを器台c1類、石人山古墳b類を器台c2類、小田茶臼塚古墳を器台d類として述べていく。

　次に壺について見てみよう。朝倉窯系の器台と共伴する例は池の上6号墳と石人山古墳であり、両者を比較すると、先行すると考えた池の上6号墳例は口縁下半の立ち上がりは開きが少なく、

第 2 章　須恵器生産の開始　75

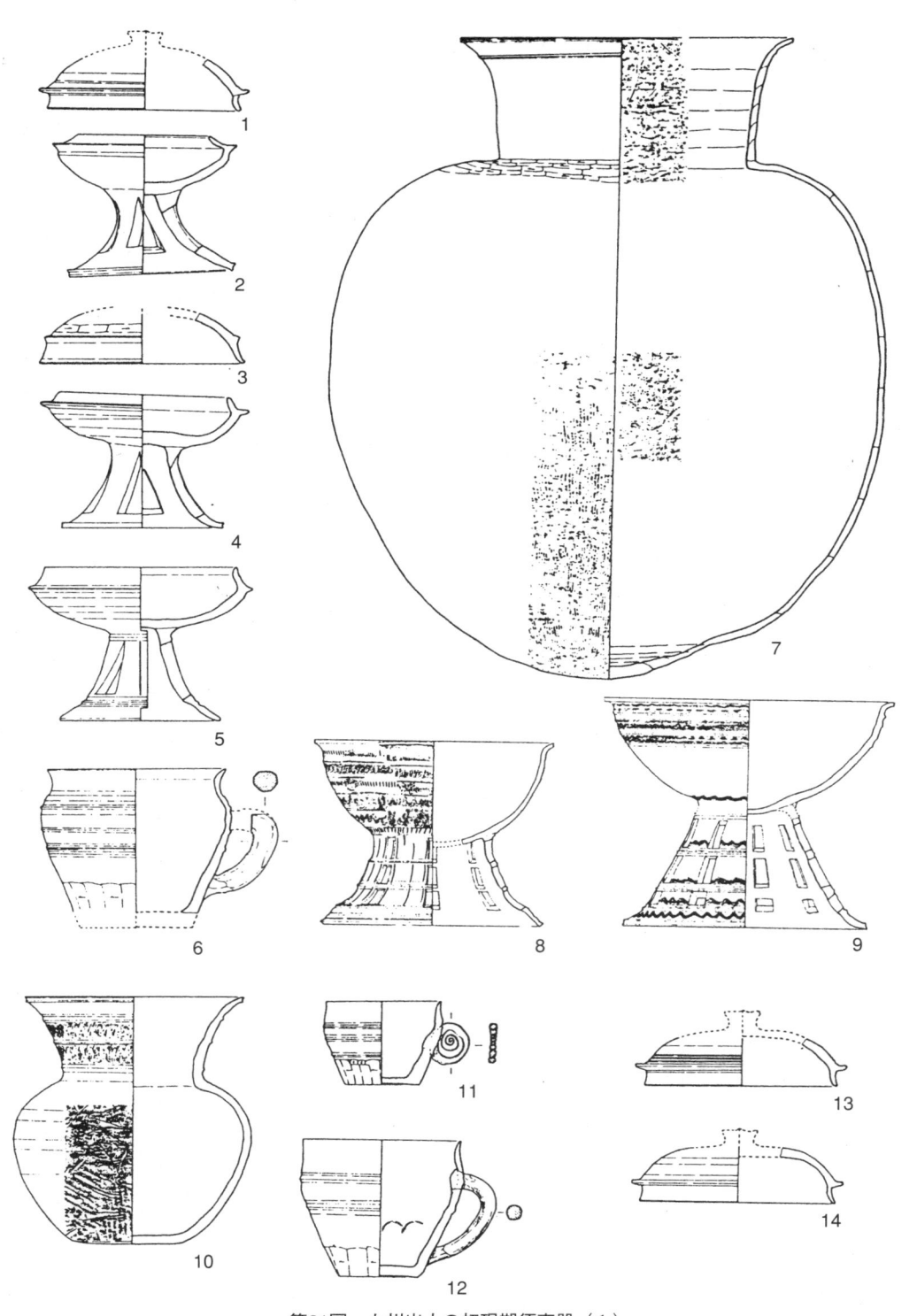

第21図　九州出土の初現期須恵器（1）
1〜9:甘木市古寺墳墓群6号土壙墓（D−6）　10〜12:同D−10　13・14:同表採

第22図　九州出土の初現期須恵器（2）
1〜9:甘木市池の上墳墓群6号墳　10・11:同D−2　12〜14:同D−4　15:同D−16　16・17:甘木市小田茶臼塚古墳

口縁上半で大きく外反する。また、胴部は下半部に膨らみを持ち、平底の面が広い（第22図 6 ）。それに対して、石人山古墳は口縁が頸部から大きく外反し、波状文が特徴的であるものとないものがある。両古墳の比較から、池の上 6 号墳に類似する例は、池の上Ｄ－ 2 号墳（第22図11）、金武小学校所蔵[66]、飯盛吉武遺跡例[67]などがあり、これを壺 a 類とする。石人山古墳に近く、壺の胴部下半がすぼまる例は、池の上Ｄ－1、池の上Ｄ－5・Ｄ－7 付近、古寺Ｄ－10（第21図10）、隈平原 2 号墳[68]、東尾大塚古墳[69]、宝満川川底、池の上 5 号墳などがあり、これを壺 b 類とする。

　器台と壺から見た並行関係は、器台 a・b 類に、壺 a 類が、器台 c 1・c 2 類に壺 b 類が伴うと考えられる。これらを大きく器台 a・b 類と壺 a 類を 1 期、器台 c 1・c 2 類と壺 b 類を 2 期、器台 d 類を 3 期として時期を検討してみよう。

　まず、3 期の小田茶臼塚古墳について、柳田は、前方部方向で祭祀を行うにも関わらず、石室が反対方向にあること、石室前から出土した須恵器が墳丘の祭祀の須恵器のうちでは新しい型式であること、墳丘の土器群がくびれ部を意識していることから、くびれ部付近に横穴式石室の存在を想定している[70]。しかし、出土状況が「ほぼ直線的に一列に並び、その方向は墳丘主軸に完全に直行し」、配置が「ほぼ均等である」こと、「原位置で破砕された状態のまま[71]」で、器台も 5 号甕を中心に散乱していたことから、柳田の 2 つの石室に対応させなくても、生産時期が近接し、墳丘に置かれた時期も近いとも推定できよう。このような点から、朝倉窯系の小田茶臼塚古墳 a・b 式の甕は、柳田の述べるように、陶邑Ⅰ型式 1 段階とするよりも、胴部下半がすぼまり陶邑Ⅰ型式 2 段階並行としたほうがよいであろう。また、器台の脚が高くなることもそれを示唆するであろう。陶邑窯系の小田茶臼塚古墳 c 式の甕は、陶邑Ⅰ型式 2 ～ 3 段階とすべきであろう。それは甕の中に入れられていた甑が、陶邑窯系で、陶邑Ⅰ型式 3 段階であることからもいえよう。ただ、2 号大甕のように底部に絞り目技法の痕跡が見られ、叩きをナデ消し、胴下半部が膨らむ例は、小田茶臼塚古墳でも古く、前代につながる形態である。なお、この時期に並行する吉武遺跡ＳＫ28では陶邑Ⅰ型式 2 ～ 3 段階の坏、高坏が出土している。

　次に 2 期の中で隈平原 2 号墳では、朝倉窯系の壺 b 類と陶邑Ⅰ型式 2 段階の甕が共伴しており注目される。東尾大塚古墳でも壺 b 類と陶邑Ⅰ型式 2（～ 3）段階に並行する坏蓋が共伴する。また、石人山古墳にも陶邑窯産の甕が伴うことが指摘されている[72]。古寺Ｄ－10では b 類の壺とカップ形が共伴（第21図10～12）するが、類似するカップ形が樋渡26－1 調査区ＳＨ－01土壙から出土し、そこには陶邑Ⅰ型式 3 段階の坏が伴う[73]。佐賀市鈴熊ＳＴ001古墳[74]からは、朝倉窯系と陶邑窯系の甑が共伴するが、朝倉窯系の甑は 1 期の池の上 6 号墳の甑と比較し、口縁の開き方にやや違いがあるものの、類似する器形が出土している。共伴する陶邑窯系の甑はⅠ型式 2 段階であろう。山隈窯跡では 4 基の窯が確認されたということから、窯の特定は不明確であるが、器台脚部に見られる刻線の系譜を引いたと考えられる、刻線を持つ有蓋高坏（第20図22）が見られる。三方透しでやや長脚化し、波状文も櫛を傾けて施文しており、形態から見る限り新しく、陶邑に並行させるならばⅠ型式 3 段階並行かそれ以降であろう。それに対して、山隈窯跡出土の樽形甑（第20図25・26）は、胴中央と側面の径の差が少ない特徴があり、陶邑と比較するならば、ＴＫ73号窯に見出せよう。このように、山隈窯跡群の操業期間はやや長いようである。

1期の中でも古いと考えた古寺D-6には、5点の有蓋高坏が伴うが、四方透しが含まれ、蓋の稜部の張り出し、坏部口縁の傾斜角度などを陶邑窯跡の製品と比較すると、Ⅰ型式1段階に近いと考えられる。

池の上墳墓群D-4からは朝倉窯跡の製品（第22図12）が墓壙上面から、陶邑産の製品（第22図13・14）が棺内から出土するが、橋口はⅣ式として伴うと考え、柳田は前者を柳田のⅠ式、後者を柳田のⅢ式と考え、時期が違うものとした。すなわち、橋口の考えは朝倉窯産の池の上遺跡最終末の製品と陶邑の製品が共伴する。柳田は池の上の製品をⅠ式からⅡa式にして、池の上D-4の須恵器のうち朝倉窯産をⅠ式に、陶邑産と考えられる製品をⅢa式をとし、その間に小田茶臼塚古墳Ⅱa〜Ⅲa式を置いている。中村勝も同様の考えで、墓壙上面の朝倉窯跡の製品にA型とC型の波状文が施文されることから氏のⅠb期とし、陶邑産をTK208型式（陶邑Ⅰ型式3段階）並行のⅢa期に置いている。やはり、D-4の朝倉窯産の須恵器は壺b類で陶邑Ⅰ型式2段階に並行し、陶邑産は陶邑Ⅰ型式3段階であり、時期の違うものと考えた方がよいであろう。

以上を整理すると、朝倉窯系と陶邑窯系との並行関係は、1期が陶邑Ⅰ型式1段階、2期がⅠ型式2〜3段階、3期がⅠ型式（2〜）3段階となり、2期と3期が近い時期となろう。

3. 初現期の須恵器の系譜

須恵器の系譜については、かつて古墳出土の須恵器研究を行っていた段階では、窯跡の須恵器が不明確であったため、その源流は主に文献などを利用し、朝鮮半島との直接的な土器の比較研究は少なく、それほど論議されることはなかった。その後、陶邑窯跡群や一須賀窯跡群が調査され、伽耶や百済、新羅との関わりが明らかにされてきた。さらに、福岡県甘木市を中心とする朝倉窯跡群や韓国の調査が進展して、伽耶の中でも地域差まで指摘されるようになってきた。

具体的には陶邑窯跡群について、田辺昭三は咸安、中村浩は当初TK73号窯は百済、濁り池窯は伽耶系としたが、その後、陶邑窯跡群全体を伽耶、百済、新羅系の伽耶とし、申敬澈はTK73・85号窯を陜川、高霊と指摘された。武末純一は、器形により系譜の違いがあり、新羅、伽耶、百済の影響があり、慶尚道を中心としながらもさまざまであるとした。

一須賀2号窯については中村浩は新羅地域に近い伽耶か新羅とした。

朝倉窯跡群について中村浩は伽耶、申敬澈が咸安、固城、泗川、西谷正は釜山華明洞古墳例から咸安の南岸地域、内陸部に入った陜川、義昌をあげ、武末純一は伽耶でも西側の限られた地域とした。

このように初期須恵器の系譜については、各氏のさまざまな見解があり、いまだ結論が出ていないのが現状である。各氏の見解を参照しながら、初期須恵器の中でもわが国で生産を始めた頃の須恵器を特に初現期須恵器として、その系譜について検討してみよう。

（1）初現期須恵器の特徴について

まず、各初現期須恵器窯跡出土の須恵器の特徴について触れてみよう。

大庭寺窯跡のTG232号窯（第17図）では平底坏の出土はわずかであり、甑も少なく、樽形甑は見られず、甕の底部中央に絞り目を持つものことや、さらに、甕の口縁部中位に突線を巡らす、

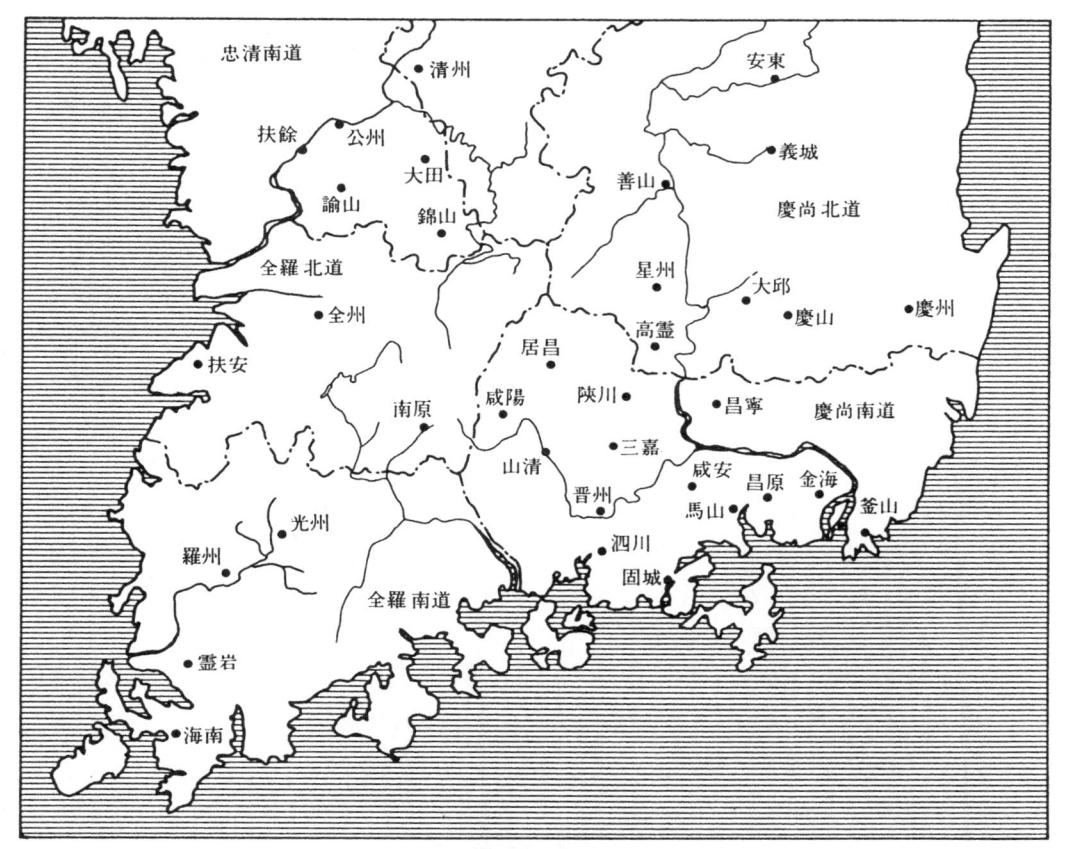

第23図　韓国南半部の関連地名

陶邑窯跡群に見られなかった特徴がある。高坏は多くは短脚で多様な形態が多く、有蓋高坏の蓋にはほとんどに櫛歯文を施す。また、脚部の透しは、円形、三角形、長方形、菱形、多窓のほか、二段もわずかにある。器台は、波状文、鋸歯文、格子文、櫛歯文、集線文のほか組紐文も見られ、鉢部の文様の組合わせは多くの種類がある。樽形𤭯は見られないものの、𤭯はすでに存在するが、その数は少なく、形態は陶邑窯跡群に見られたイチジク形でなく丸胴であり、ＴＫ73・85号窯にも少ない波状文が施されるものもある。カップ形には波状文を施すものと施さないものがある。

陶邑窯跡群ＴＫ73・85号窯（第18図）では坏が多くなり、𤭯、樽形𤭯も多い。大甕には絞り目は見られず、坏や高坏の蓋にも櫛歯文はないなど、大庭寺窯跡との違いが著しい。高坏の透しは無窓か円形が知られているが、細片の中に四方や多窓が存在することが確認できた。器台は脚裾が開かず、波状文が主体であることも、大庭寺窯跡と大きく違うところである。

陶邑窯跡群大野池地区の狐池南遺跡窯跡ＯＮ231号窯では、公表された資料によれば、蓋には櫛歯文の存在も確認できるものの、稜部は大庭寺窯跡のようには突出せず、上代窯跡と類似している。また、有蓋高坏の坏部が半球形で蓋受け部が外へ突出していないが、これも上代窯跡の坏と類似している。ＴＫ73号窯と類似する小型の鉢が出土するが、中には体部に波状文を施すもの

もある。樽形𤭯は小型で注口部に長い管が付くことが特色であり、類例がほとんどない資料である(84)。

同じく大野池地区のＯＮ22号窯やＯＮ52号窯では、坏の蓋や身が厚くつくられ、後者からは有鍔土器と呼ばれる壺が出土し、系譜の上で注目される。

上代窯跡では坏類が出土するが、狐池南遺跡ＯＮ231号窯の高坏坏部と同様、蓋受け部が外へ突出しない。また、蓋には櫛歯文を施す。𤭯は波状文を施し、高坏は篦で刺突した小さな透しがある。

一須賀2号窯では量も少ないため、組成については不明確であるが、坏や𤭯、樽形𤭯は確認されていない。器台にはわが国の窯跡例では唯一のコンパス文が施されるものの、篦で一本ずつ施文されるため崩れる（第18図25）。また、擬組紐文と崩れた鋸歯文も見られる。

吹田32号窯でも出土量、器種とも少なく、坏や𤭯類は確認されていない。器台に鋸歯文、格子文、櫛歯文、波状文が組み合わされる（第20図8）。

三谷三郎池西岸窯跡でも出土量、器種とも少ないが、大甕の底部の絞り目は、大庭寺窯跡とともに大きな特徴である。また、甕の口縁部にはわが国の窯跡例に類例のほとんどない集線文が施され、高坏には三角透しが開けられる。

朝倉窯跡群では調査された山隈窯跡群を中心に、小隈・八並窯跡群、池の上・古寺墳墓群から見てみると、坏がほとんどなく、大甕底部に絞り目を持ち、口唇部下の突線が陶邑窯跡群や大庭寺窯跡などに比べ、口唇部から離れる傾向にある。器台は鉢部が膨らみ、いったんくびれた後、口唇が大きく外反し、脚裾部もまた大きく開く。櫛歯波状文は、施文方向に直行になるよう動かしながら施文するが、これは他の窯にない特徴であり、この波状文は壺にも見られる。器台の透しは長方形が多く、三角形も見られる。カップ形には基本的に波状文は見られない。

このほか、福岡県筑紫野市隈・西小田地区窯跡群、福岡県京都郡豊津町居屋敷窯跡、香川県三豊郡豊中町宮山一号窯、愛媛県伊予市市場南組窯跡、岡山県総社市奥ヶ谷窯跡などが確認されており、和歌山市楠見遺跡出土の初期須恵器から、和歌山でも生産が開始されていた可能性がある。

また、神戸市出合窯跡からは、甕、壺、甑および無文の当て具が出土する。土器は、格子叩きを施し、還元炎焼成であるものの瓦質である（第16図12〜17）(85)。

(2) 初現期須恵器の系譜について

このような初現期の須恵器の特色を朝鮮半島の陶質土器と比較し、その系譜について検討してみよう。

　Ａ　大庭寺窯跡

まず、大庭寺窯跡ではＴＧ231号窯とＴＧ232号窯の2基の窯が発見され、後者の灰原は大きく多量の出土品を見るものの、坏がわずかしか出土していないことは、当時の朝鮮半島の特に新羅、伽耶における陶質土器の器種組成と類似している。また、𤭯がわずかで、樽形𤭯が出土していない状況は、朝鮮半島における全羅南道と共通性が少ないことを予想させる。

続いて大甕底部の絞り目は、郭鍾喆の集成によれば慶尚南道東部に多いことが指摘されているが(86)、ソウル特別市夢村土城や全羅北道扶安郡竹幕洞祭祀遺跡でも出土しており、慶尚道以外でも

確認されつつある。しかし、大庭寺窯跡例は、器形等の比較からは伽耶との共通性が強い。ただ問題は大庭寺窯跡では676個体確認された大甕の中には肩部に乳頭状の突起を付けるのは1点しか見られないことである。この乳頭状突起は、わが国で出土した和歌山市鳴神遺跡、岡山県押入西1号墳、香川県垂水遺跡などにあるものの、わが国で生産されたことが明らかな初現期の窯跡出土品には見られない。これに対して、朝鮮半島の5世紀中葉以降といわれる福泉洞10号、53号墳、あるいは玉田M1号、M3号墳などにも見られ、大庭寺窯跡よりも新しいと考えられる時期まで存続しており、わが国との違いは注目すべきことで、時期的な問題ではなく、わが国において取捨選択が行われた可能性もある。

　大庭寺窯跡の蓋のほとんどに櫛歯文が見られる。この文様は新羅、伽耶などに広く分布するが、特に5世紀中葉以降の大伽耶（高霊）を中心とする地域での特徴的な文様といえよう。しかし、大伽耶では5世紀前半の資料が不明確であることと、櫛歯文の蓋は有蓋長頸壺と二段透しの高坏に見られるが、わが国の生産地ではこの共伴例はないことから、大伽耶とは直接的なつながりがないといえよう。5世紀前半代の例として、金海大成洞1号墳、11号墳出土の高坏は短脚で長方形透しであり、坏部も大庭寺窯跡に類似し、これに櫛歯文の蓋が伴うことから、この有蓋短脚高坏も大庭寺窯跡に影響を与えた候補の一つであろう。

　大庭寺窯跡の高坏は短脚一段透しの例が多く、透しを含め形態の多様さが注目される。まず、三角透し（第17図2）は趙榮濟が述べるように、慶尚南道西部に多く見られ（第27図5・6）、氏は形態上の共通性がほどんどないI段階、定型化したII段階を設定して、I段階には西部慶尚道を中心に広く、II段階は晋陽を中心にその周辺だけ集中するとし、この分布の変化について、高霊の大伽耶勢力の急速な膨張と、それに伴う大伽耶連盟の形成によって、この連盟に含まれない伽耶集団の版図の萎縮から始まるとし、三角透しを基盤とした伽耶集団を想定している。[87]この三角透しを大庭寺窯跡例と比較すると、脚部の形態、透しについては類似するものの、坏部に違いが見られるため、今後も関連については検討が必要である。

　菱形透しは、ＴＧ232号窯に無蓋高坏で菱形が縦に並ぶが貫通しない例（第27図42）と、横に巡り裾部が大きく屈曲して「八」の字に開く二器種ある。菱形透しはわが国では、和歌山市楠見遺跡、鳴神遺跡、堺市小坂遺跡など須恵器出現期の段階に知られているが、窯跡資料の香川県宮山窯跡（第27図30）にも見られ、いずれもが無蓋高坏で朝鮮半島例と共通している。楠見、鳴神、宮山例は、後者の屈曲して「八」の字に開く例に類似している。朝鮮半島においてはＴＧ232号窯跡の前者の類例は、馬山縣洞1号、5号、50号土壙墓、陜川苧浦里Ａ古墳45号土壙木棺（槨）墓（第27図1）、陜川苧浦里Ｂ9号土壙墓、漆谷郡黄桑洞2号墳があり、後者の類例は福泉洞41号墳などが上げられ、いずれも慶尚南道に多いといえよう。縣洞遺跡や苧浦里古墳では菱形でなく長方形の刺突文（第27図13）も多いが、ほとんどが土壙墓からの出土であり、4世紀代から5世紀前半に見られ、福泉洞41号墳では木槨であるが、5世紀初頭の年代が与えられている、時期的に古い文様といえよう。

　多窓透し（第27図44）は、陜川玉田や昌原道渓洞12号土壙墓をはじめ、新羅、伽耶地域に見られるものの、これらの集中地域はいまだ判然としない。

1 例であるが、長脚二段透し交互配列の高坏が出土するが、いわゆる慶州タイプであり、釜山、昌寧などに広く見られる。

この他坏部が丸底で口縁部が大きく外反するタイプがあり、これは釜山槐亭洞古墳群をはじめ慶尚南道東部に多く見られる器種である。

窯ではないが、ＴＧ232号窯跡で生産された可能性のある、363－ＯＬ土器溜まり出土の特殊な形態の高坏は、浅い坏部の中央が一段深くなる器形で、その祖形と考えられるものが大成洞2号墳から出土する。大成洞2号墳の例から慶尚南道東部との関わりがあろう。

器台は特に文様にバラエティーがあり、その組合わせは28種ほどが確認できた。ＴＧ232号窯出土例では、形態的には脚裾部が「八」の字状に大きく開き、脚の基部が細く、鉢部は丸みが少なく直線的に開く特徴を持つが、口唇部下に2本の突線をつくり鋸歯文、格子文も丁寧であるところから、福泉洞21-22号墳、10-11号墳の伽耶系の器台が比較材料となる。

大庭寺窯跡では器台鉢部の丸みが少ない点で、福泉洞古墳群の編年にあてるならば、新しい傾向ともいえようが、縣洞2号墓にも同類があり、地域差の可能性も今後検討すべきであろう。他に新しい傾向として、山形（鋸歯状）波状文を施す脚の基部が太い器台（第27図33）は、福泉洞10号（第27図16）、39号墳の新羅系器台と類似しており、時期決定の上でも注目される資料である。

このような新しい傾向に対して、大庭寺393－ＯＬ土器溜まり出土の器台（第17図19）は、鉢部も半球形で深く、文様も丁寧に施し、福泉洞21-22号墳との比較が可能で、同様に筒形器台（第17図5）も釜山華明洞7号墳（第27図17）とも類似するなど、古い様相も見られる。

器台の組紐文は、慶州、釜山など東部慶尚道に多く、陝川苧浦里古墳群にも見られる文様である。この文様について関川尚功[88]、門田誠一[89]の論考があり、洛東江流域および望星里窯跡から慶州地域が故地として上げられているが、大庭寺窯跡に関しては、他の文様を含めて考えるならば、洛東江下流域の伽耶といえよう。

集線文は釜山、慶州、陝川、大邱に広がる文様であるが、慶尚道でも東部に多い文様といえよう。

このような器台鉢部の文様を福泉洞古墳群の出土例と比較すると、伽耶系器台と類似している。しかし、大庭寺窯跡の伽耶系器台は長方形透しで、段ごとに交互に開けられている。福泉洞21号墳の器台の透しが、長方形と三角形の両者存在するものの、縦列に配置しており（第24図6）伽耶系としてよく、21号墳出土例で新羅系の影響が考えられる1例だけは、長方形透し交互配置である（第24図5）。さらに福泉洞10号墳では、伽耶系の1例が長方形透し縦列配置であるのに対して、新羅系は1例を除いて8個体は長方形透し交互配置（第24図11）であった。このように福泉洞古墳群出土例から、三角形で縦列配置が伽耶系、長方形交互配置が新羅系といえることから、大庭寺窯跡の器台は、透しの形態と配置から、一部すでに新羅の影響を受けた伽耶系といえよう。そのことは、大庭寺窯跡出土の器台2例の鉢部に山形（鋸歯状）波状文を施す、新羅系器台が含まれていることからも首肯できる（第27図33）。

なお、大庭寺窯跡の器台の中には、製作途中でひびが入ったために泥土を塗り、その上に布を

第2章 須恵器生産の開始 83

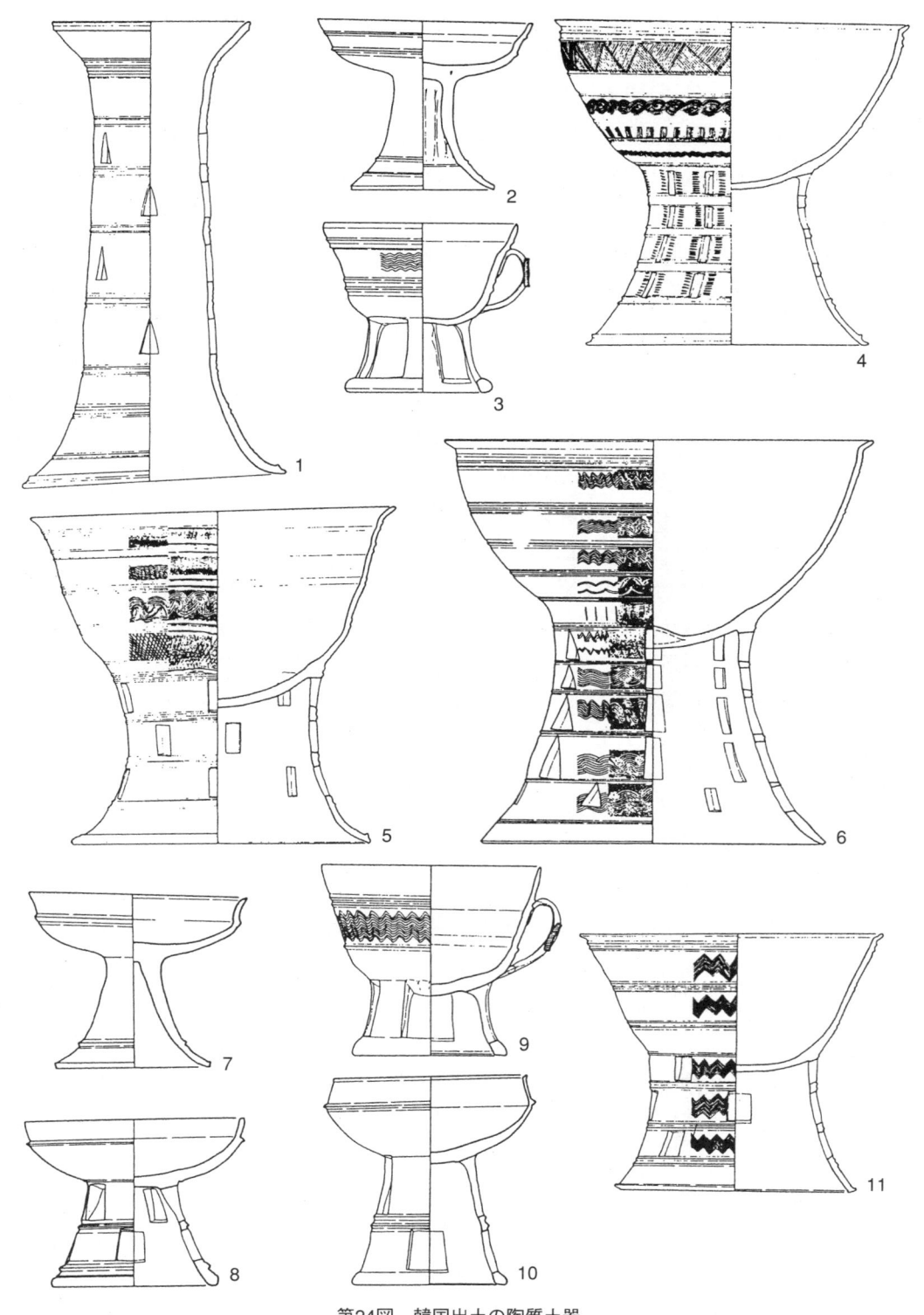

第24図 韓国出土の陶質土器
1:釜山華明洞7号墳　2〜4:東莱福泉洞31号墳　5〜8:同21号墳　9〜11:同10号墳

当て補強した例がいくつか見られるが、同じ補強例が大成洞2号墳の器台にも見られ、技法的な系譜が想定できる。

　器台は文様などから総合的に判断するならば、釜山、金海、馬山を結ぶ海岸沿いに系譜が求められるが、新羅系の要素を含むことについては、わが国へ新羅からの直接的な系譜が及んだとするよりも、釜山周辺に新羅の影響が及んだため、伽耶土器が新羅系の影響を受け、その影響を受けた工人たちが渡来し、彼らが大庭寺窯跡で生産を開始したためだと考えられる。

　初期須恵器といわれる段階の甑の胴部は下位がすぼまるイチジク形で、文様を施さない傾向にあったが、大庭寺窯跡では球形に近く、頸部に波状文を描く例があり、今日までの甑の系譜と違いを見せている。ＴＫ73窯跡以降に多い樽形甑が出土しないことや、他器種がいずれも伽耶地域との関連が強いことから、大庭寺窯跡に伝わる前の伽耶地域に存在した甑であった可能性がある。

　カップ形は、波状文を持つものと持たないものがある（第27図35・37）。朝鮮半島に類例を求めると、前者の例として馬山縣洞57号土壙墓例（第27図10）が類似し、後者は縣洞5号（第27図7）、50号、60号土壙墓、福泉洞41号墳に類似している。また、大庭寺393－ＯＬ土器溜まり出土例（第17図15）も文様はなく、馬山縣洞50号土壙墓（第27図8）、新村里Ⅱ遺跡に類似しており、いずれも慶尚南道東辺の出土例と類似する。

　393－ＯＬ出土の有蓋把手付台付壺（第17図17）は、慶尚南道一帯に広く出土するものの東と西では形態に違いが見られ、大庭寺例は壺の下位がすぼまることから東部の形態である。わが国にも出土例は多いが、小型品で口縁部の口径が大きく、口縁部が外反する特徴は、藤井寺市野中古墳[90]、橿原市四条大田中遺跡例[91]に類似する。朝鮮半島においては、馬山縣洞61号土壙墓（第27図9）が類似するであろう。

　以上のように現在までに判明した大庭寺窯跡の出土品の系譜は、慶尚道の中でも馬山、昌原、金海、釜山にかけての沿岸地域を中心とした伽耶土器といえよう。

　　Ｂ　陶邑窯跡群

　陶邑ＴＫ73・85号窯では坏や甑、樽形甑が一定量見られることや、蓋に櫛歯文の見られないことと、大甕の底部に絞り目がないことが大きな特徴として上げられる。

　朝鮮半島において坏が多く出土する地域は西の全羅道である（第28図）。また、甑、樽形甑の出土地域が栄山江流域を中心とした全羅道に多いことは、ＴＫ73・85号窯の器種組成がこの地域と類似しているといえよう。また、大甕は伽耶の器形であるものの、絞り目を持たないが、前述した郭鍾喆の集成でも知られるように、慶尚南道東部以外の地域との関連の強いことが想定できよう。さらに大きな特徴として、坏などの蓋に櫛歯文が見られないことは、慶尚南道でも西部との関連が強いといえよう。しかし、円形透しについては地域は限定できず、四方透し、多窓透しと考えられる資料が確認できたものの、大庭寺窯跡との違いが明確であるだけで、透しからは系譜について限定できない。

　器台（第28図49・55）は波状文とわずかに櫛歯文が見られ、脚裾部が直線的に開き、ここにも大庭寺窯跡と大きな違いが見られる。類例は6世紀に入ると考えられる全羅南道長城郡鈴泉里古墳に見られるが、この古墳は洪潽植により九州型石室とされる両袖型の横穴式石室を持つ。ま

た、全羅南道扶安郡竹幕洞祭祀遺跡に類例があり、今後この地域との関連が注目される。

　このような点から陶邑ＴＫ73・85号窯は、大庭寺窯跡とわずか1.2kmの位置にあり、地理的にも時間的にも近接しているにも関わらず系譜の違いが明確で、慶尚南道でも西部から全羅南道も含めた地域との関わりが強いようである。

　さらに次型式のＴＫ216号窯（Ⅰ型式 2 段階）の様相を見ると、有蓋双耳壺の存在（第28図41）、つまみを持たない蓋坏の存在と量産、甑、樽形甑の量産など全羅南道との関わりが色濃く見られる。[92]

　また、ＯＮ22号窯の特に坏身は、口縁部の造りや底部手持ち篦削りが全羅北道の坏に類似し、ＯＮ52号窯の有鐔土器は野中古墳からも出土し、北野耕平により朝鮮半島の公州博物館所蔵品が上げられ、朝鮮半島西方の可能性が指摘できよう。

　狐池南遺跡ＯＮ231号窯は、樽形甑に細長い注口を付ける今までに見られない様相や、坏蓋に櫛歯を持っており、後述する上代窯跡と類似する点も見られる。

　このように、陶邑窯跡群のＴＫ、ＴＧ、ＯＮ地区の丘陵先端部に位置する、ＴＫ73・85・87号窯、大庭寺ＴＧ231・232号窯、ＯＮ22・231号窯、濁り池窯、上代窯などの初現期須恵器窯は、その様相が一様でなかったことがうかがえる。

　しかし、陶邑窯跡群は系譜的な変遷は、大庭寺窯跡から始まる伽耶系譜からＴＫ73・85号窯の段階には慶尚南道西部から全羅南道にかけての関わりが強いが、ＴＫ216号窯の段階にはすぐに全羅南道の影響がより強くなったといえよう（第28図）。

　　Ｃ　上代窯跡

　蓋には櫛歯文が見られるが、蓋の天井部の稜がほとんど突出せず、また、坏身の蓋受部も半球形の底部から外方へ突出することはなく、立ち上がりもいったん大きく内側へ入り、外反して立ち上がる。また、甑は扁平で波状文を持つ。

　系譜については慶尚南道でも西部との関連を推定するものの、狐池南遺跡ＯＮ231号窯と類似する特徴もあり、形態から初現期の中でも遅れて生産を開始したようで、わが国で変容した可能性が考えられることから、今後さらに検討を要する資料である。

　　Ｄ　一須賀 2 号窯

　一須賀 2 号窯の器台は、コンパス文、擬組紐文と崩れた鋸歯文が施されるのが大きな特徴といえよう。コンパス文は、わが国でも島根県長尾古墳、福岡市有田遺跡から出土するが、前者は等間隔に 3 本単位で基点を中心に円弧が描かれており、後者は 2 本が接して一組となる竹管状工具で、フリーハンドによるコンパス文が描かれる。福泉洞21号墳例は、基点を中心に正確にコンパス文が描かれるが、等間隔に 2 本単位である。コンパス文は、亀田修一が指摘するように慶州に多く、金海でも礼安里39号墳の新羅系器台に見るように、いずれも 5 世紀後半以降で、新羅系は時期的に新しい例が多いようである。また、新羅系のコンパス文は 2 本で描かれているが、国立晋州博物館展示図録に掲載された火爐形土器[93]は、長尾古墳と同様に 3 本単位で等間隔に円弧として描かれる。一須賀 2 号窯（第18図25）もこの 3 本の系譜を引くが、篦でフリーハンドで描くことから、時期的に新しいと考えられる。一須賀 2 号窯のコンパス文は、伽耶系の可能性があるも

のの、3本が伽耶系譜との断定はできず、今後の課題で、現状では慶州および釜山を中心とした、慶尚南道東部に系譜を求めておこう。

組紐文は大庭寺窯跡の項で触れたように洛東江流域から慶州、陜川に見られる。

以上から一須賀2号窯は慶尚南道でも東部の地域で、大庭寺窯跡と比較した場合、慶州の影響がより強いと想定される。しかし、コンパス文も篦で1本ずつ描き、組紐文も別々の波状文を重ねた擬組紐文であることから、どこまで朝鮮半島の系譜を保っているのか問題も多い資料である。

 E 吹田32号窯

吹田32号窯の器台の鉢部は深く半球形で、口唇部内側にも稜がまだ明瞭につくり出されるなど、古い様相を持つ（第20図8）。同様に鋸歯文を上下に組み合わせる文様も古い様相である。この鋸歯文、格子文、櫛歯文の組み合わせは大庭寺窯跡とも類似しており、釜山、金海に分布する器台にその系譜が求められよう。

 F 三谷三郎池西岸窯跡

この窯では大甕底部の絞り目が特徴であり、大庭寺窯跡の項で述べたように、慶尚南道東部地域との関連があり、同じく前述した甕の集線文も同一地域との関わりがある。

また、高坏の三角透しは、前述した趙榮濟の論考から慶尚南道西部に分布が見られるものと類似するものの、脚部の形態が大庭寺窯跡と類似することから、その系譜は慶尚南道東部を中心とした地域が該当しよう。

 G 宮山1号窯

ここでも出土量は少ないものの、特徴として上げられるものは大庭寺窯跡の項で触れたように、菱形透しを持つ高坏脚部の二種のうち、脚裾が屈曲して大きく「八」の字状に開く形態（第27図30）で、慶尚南道に多い形態といえよう。また、紡錘車（第27図31）は算盤玉形で、わが国では朝倉窯跡群で出土するのみであるが、朝鮮半島では広い範囲で見られ、地域は限定できないものの、朝鮮半島と共通した初現期須恵器窯の証左といえよう。

 H 朝倉窯跡群

朝倉窯跡群では坏が当初ほとんどつくられなかったことが大きな特色といえ、この点では大庭寺窯跡と同様、新羅、伽耶における器種組成と同じである。ところが畿内では陶邑窯跡群に移り、すぐに坏の量産化を始めるが、朝倉窯跡群では依然坏の生産を指向せず、この点が両地域の系譜の違いであろう。

大甕底部に絞り目を持つ特色は、大庭寺窯跡、三谷三郎池西岸窯跡と類似するものの、口縁部の外傾角度が直立気味で、口唇部下の稜線の位置が口唇端部から離れる違いが見られ、伽耶の中でも大庭寺窯跡などと系譜の違いが想定できる。

器台は、文様が波状文主体で、体部最下位に櫛歯文を施すが、この点では陶邑と類似する。大きな特色は波状文の施文方法で、櫛歯を施文方向に直行になるよう動かしながら施文するが、この波状文は櫛歯の動きがコンパス文の描き方と同じである。中村勝はA型波状文としている。[94]この文様は器台だけでなく、壺にも見られる（第21図10）が、朝鮮半島においては慶尚南道に見られる施文方法である。釜山では福泉洞10号墳の段階まで残存しており、昌原道渓洞12号土壙墓や

陝川鳳渓里18号土壙墓など広く見られる。慶尚南道の例と比較したとき、朝倉窯跡群の方が櫛歯の振幅数に対して進む距離が短いため、前の文様に重なっている。池の上6号墳や山隈窯跡に代表される、口縁部がいったん内側へ緩やかに内彎してから大きく外反する器台（第22図9）には、特にこの波状文が施文されるが、この大きく屈曲する口縁部の形態は、昌原道渓洞12号土壙墓や陝川苧浦里古墳群に多く見られる火爐形器台との関わりを想定してみたい。このように考えると、特異な波状文を施す壺のいずれもが平底化している特徴が、朝鮮半島において陝川苧浦里古墳A1号石槨（第27図4）、25号土壙木棺（槨）墓、陝川鳳渓里78号墳、馬山縣洞64号石槨などに見られ、時期的に問題もあるが、同一系譜上にあると考えてよいであろう。さらに甑も同様に平底化しており、量的にも多く見られ、樽形甑も初期から山隈窯跡で生産しており、慶尚南道西部から全羅南道を一部含んだ地域との関連が想定できよう。

高坏は、蓋に櫛歯文がなく、甑、カップ形と共通する特色で、慶尚南道西部を中心とした地域に類似している。高坏の透しはないものも散見するが、池の上6号墳の長方形以外は三角形透しが多い。大庭寺窯跡例や趙榮済の集成資料と比較すると、朝倉窯跡群は三角形の透し孔の幅が広い特徴がある。しかし、朝倉窯跡例は透しの下に段を持つ例と持たない例があることは、趙榮済の集成と共通し、さらに古寺D-6の高坏脚部の基部に見られる低い突線は、晋陽晋城面下村里、晋陽集賢面新塘里（第27図6）の高坏に見られ、この地域との関連が強いといえよう。

カップ形はすべて無文で、陝川玉田11号墳、河東古梨里ナ10号墳、あるいは馬山縣洞60号土壙墓に類似する。

これらから、朝倉窯跡群の系譜を総合的に考えると、慶尚南道西部でも陝川、晋州を中心とした地域で、あるいは馬山や全羅南道の影響も一部受けている可能性もある。

西谷正は、朝倉窯跡群の系譜を「洛東江河口付近から、そこに続く南岸と一部の内陸地域が注目される」とし、朝倉窯跡群に蓋坏が少なく、陝川の玉田古墳群には坏が多いことから、「咸安邑から華明洞に至る南岸地域および一部内陸の諸地域では蓋坏の出土をほとんど見ないこととも対比され、参考になろう」[95]とした。しかし、このような地域では逆に高坏の櫛歯文が多く、甑、樽形甑の少ない地域であり、問題も残している。地域的にもっと狭く限定する武末純一は「その祖型となる陶質土器が、伽耶でも西側のどこかに、そのまま一まとまりで埋まっているのではないかと想像させる」[96]としており、今後さらに検討すべきであろう。

Ⅰ　出合窯跡

最後に出合窯跡の出土土器について触れておこう。ここからは格子叩きを施す甕、甑、壺が出土し、朝鮮半島の瓦質土器に分類できる[97]。特に甑（第26図17）は、わが国出土の朝鮮半島系軟質土器に器形が見出せるが、壺（第26図14）の類例はなく、朝鮮半島の忠清南道の瓦質土器（第26図1～4）と類似している。また、窯の構造も従来の須恵器の窯と違い、焚口奥の焼成部に段を持つ構造で、類似した構造は、忠清北道鎮川三龍里窯跡や山水里窯跡（第26図5）、全羅南道海南郡谷里貝塚などに分布する、百済系の瓦質土器を焼成した窯に類似している。朝鮮半島で検出されているこれらの瓦質土器の年代は4世紀代である。

この土器群を須恵器とする見解もあるが、いわゆる朝鮮半島から伝播した陶質土器が須恵器で

あることから、現段階では瓦質土器、あるいは朝鮮半島系瓦質土器と呼ぶのがよく、初現期須恵器生産開始以前には、このような土器生産が、渡来した集団の中で自給的に操業された可能性が想定できよう。

4. 須恵器生産の開始年代

須恵器の生産開始の年代の検討については、「雄略紀」の今来才伎の中に「新漢陶部高貴」あるいは「垂仁紀」の近江国鏡谷の工人の記述から始まった。その年代観は5世紀末、5世紀後半などであった。

森浩一は窯などの調査から4世紀末とする年代を発表され[98]、同じく陶邑窯跡群を調査された田辺昭三はTK73号窯に5世紀中葉から後半の年代を与え、一須賀2号窯はそれを遡るとした[99]。しかし、現在まで絶対年代を決定する資料はない。

近年では須恵器年代の論拠に使われる資料として埼玉稲荷山古墳の鉄剣があり、白石太一郎[100]、都出比呂志[101]は鉄剣の辛亥銘の471年と、ここから出土したとされるTK23、あるいはTK47型式の一括須恵器の検討から、須恵器の始まりに4世紀末から5世紀初頭の年代観を提示された。

このような陶邑窯跡群を中心とした須恵器生産開始の年代検討に対して、九州においても初現期の須恵器が確認されるようになり、甘木市池の上墳墓群、古寺墳墓群を調査した橋口達也は、池の上墳墓群の初期須恵器を壺の口縁の形態や波状文の精粗から4形態に分類し、それをⅠ～Ⅳ式に設定し、Ⅰ式に井上裕弘編年の下原遺跡出土土器群（布留式並行期）に伴うとし、Ⅱ式に老司古墳3号石室から出土する馬具・金環等のセットと同様の馬具・金環が伴っていること、また池の上Ⅳ式に陶邑Ⅰ型式2～3段階が共伴することから、池の上Ⅲ式に陶邑Ⅰ型式1段階が並行関係となるなどから、池の上Ⅰ式を4世紀後半まで遡るとした[102]。

これに対して柳田康雄は、橋口が分類の基礎とした壺の口縁の変化は小差であること、他のカップ形や高坏、器台も同様であること、池の上Ⅱ式に共伴した土師器甕は5世紀初頭ではなく5世紀前半のものであること、Ⅱ式に伴う馬具と金環については5世紀初頭とは限らず、5世紀前半以後に位置づけてもよいことや、墳墓群が継続してつくられたとは限らないとして、Ⅰ～Ⅲ式は5世紀前半代に含まれるとした[103]。

中村勝も氏の分類によるA型波状文が池の上Ⅰ～Ⅳのいずれにも含まれ、橋口編年の年代観でおよそ50～70年もの時期幅が与えられており、同一工人固有の文様とするならば、時期的な幅はきわめて制約されると疑問を出された。そして、筑紫での須恵器生産の開始は限りなく4世紀に近い5世紀代とした[104]。

佐賀県にも朝倉窯跡群の製品が見つかり、蒲原宏行らは、朝倉窯系の柳田のⅠb式と陶邑TK216型式の共伴例として東尾大塚古墳、隈平原2号墳、鈴熊ST001古墳を上げ、柳田のⅡa式と陶邑ON-46段階の共伴例として鈴熊ST002号墳、小田茶臼塚古墳例が上げられるとして、「Ⅰa式とⅠb式の一部はTK73型式に並行する」として年代を土師器の編年にてらして、420年代とした[105]。

西谷正は、山隈窯跡群の調査により5世紀前半と述べ[106]、そこで実施された熱残留磁気年代測定

第2章　須恵器生産の開始　89

第1表　福泉洞・大成洞古墳群編年表（左は註(108) a 、右は同 b ）

			c	大成洞3・23　福泉洞54 大成洞2・39
400	福泉洞31-32　　華明洞7号墳 　　　35-36		d	大成洞1・7・8・11
420	福泉洞25-26 　　　21-22			福泉洞31・32・35・36・25・26
440	福泉洞8- 9 　　10-11			
460				

（表の左上に「4世紀後半」）

の分析結果は、AD450±10年であるという。

　小田富士雄は、池の上Ⅳ式に比定されているD－4出土の陶邑産の甑と壺について、橋口が陶邑Ⅰ型式2〜3段階としたのに対して、3〜4段階とすべきとして、朝倉窯跡群の上限を5世紀第2四半期代とし、第1四半期のどこまで上りうるかとした。[107]

　このように朝倉窯跡群の年代は、橋口の4世紀末に対して、5世紀前半代の考えでまとめられるが、5世紀前半代でもどこに置くかが今後の争点となろう。

　さて、大庭寺窯跡や朝倉窯跡群が発見されたことにより、須恵器生産開始の年代観も遡っているが、まず大庭寺窯跡について検討してみよう。大庭寺窯跡と陶邑ＴＫ73号窯についてどちらが古いかとしたとき、大庭寺窯跡を上げうるであろう。筆者のように両者の系譜が違うという見解をとるものも同様である理由は、朝鮮半島と類似した形態がより多く見出せることにある。

　大庭寺窯跡の資料を朝鮮半島に求めた場合、高坏、器台、カップ形などが上げられよう。まず、釜山の申敬澈の編年を参照してみよう（第1表）。[108]

　大庭寺窯跡と朝鮮半島の器台を比較をすると、筒形器台は華明洞7号墳と類似するものの、1例だけである。高坏形器台は、鉢部の体部が直線的に立ち上がるものの、文様や脚の基部が締まり細くなる点など、福泉洞古墳群の伽耶系の器台と比較できよう。

　大庭寺窯跡の器台脚部の区画は3〜4段が多いが、福泉洞古墳群の伽耶系器台は21号墳では4〜5段、10号墳では5段、53号墳では4〜6段に対して、新羅系器台は3〜4段が主体である。また福泉洞古墳群の伽耶系器台（第24図4・6）の多くが長方形あるいは三角形透しで縦列配置であるが、新羅系になると長方形で交互配置（第24図11）になる。大庭寺窯跡では長方形透しで交互配置であり、大庭寺窯跡の器台は伽耶系であるが、すでに新羅系の影響が加わっていると考えられる。事実、大庭寺窯跡には新羅系の器台があり、脚の基部が太く、鉢部が直線的に開き、鉢部には2段に山形（鋸歯状）波状文が施される。これは福泉洞10号墳（第24図11）や39号墳に類例が見られる。福泉洞古墳群の器台を見ると、新羅系は21号墳に1例あり、10号墳では主体的である。大庭寺窯跡の器台と福泉洞21号墳の伽耶系器台と比較すると、21号墳では鉢部が丸いのに対して、大庭寺窯跡では直線的に立ち上がる例が増えている。また、器高が福泉洞21号墳が40〜50cmと大型であるのに対して、大庭寺窯跡では30〜35cmと小型になる。ちなみに福泉洞10号墳では30cm前後が主体である。このような新しい様相に対して、大庭寺窯跡では、口唇部下の突線は明瞭につくり出され、福泉洞21号墳あるいはそれ以前の福泉洞31号墳に比較し得る例がある。[109]

特に大庭寺363－ＯＬ土器溜まり出土の器台（第17図19）は、鉢部も半球形で深く、文様も精緻で古い様相が見られる。

大庭寺窯跡の有蓋高坏は、三角あるいは長方形透しを持つ中に、大成洞1号墳、11号墳に類似した例がある。大庭寺窯跡の方が脚が細く、透しも狭いが、坏部は酷似している。また、縦列の菱形透しの高坏やカップ形は、馬山縣洞遺跡において土壙墓から出土する例が多く、古い傾向がある。それに対して1例であるが、新羅系の二段透し交互配置の高坏がある。

申敬澈は、福泉洞31-32号墳、35-36号墳に高句麗から移入されたと考えられる馬具・甲冑類が大量に出土することについて、「広開土王碑文」の庚子年（400年）に高句麗が任那加羅まで南征したことを根拠に、31-32号墳の段階を400～420年、21-22号墳は420～440年、10-11号墳は440～460年とする（第1表）。

宋桂鉉・安在晧はＢ類高坏[110]の下限について、Ⅲ期の下限を「釜山・金海地域で慶州式土器一色になる時期」とし、『三国史記』では「訥祇麻立干17年（433年）には高句麗の圧力を排除するために百済と同盟を締結するようになり、また訥祇麻立干19年条には『修葺歴代園陵』という記事があり、430年代には新羅は勢力成長と王権の伸長を成しとげ（中略）、周辺地域への本格的な領土拡張を図るようになるものと思われる」とした。その反映が釜山五倫台9・10号墳、東莱福泉洞10-11号墳とする。このことから「Ⅲ段階の下限が430年代後半～440年代初」としている。[111]

大庭寺窯跡には釜山・金海を中心に一部昌原に多く見られる、宋桂鉉・安在晧のＢ類高坏が出土しないことは、上限をこの消滅以降と考えられよう。新羅系の高坏等が増加するのは、福泉洞21-22号墳（第24図8）の段階であるが、21-22号墳の器台の1例に見るように、文様は伽耶系、器形や透しが新羅系の影響を受けた製品（第24図5）がつくられる。次の福泉洞10-11号墳は、ほとんどの器種が新羅系（第24図9～11）である。このことから、新羅系の主体になる前が大庭寺窯跡の時期といえよう。すなわち福泉洞21-22号墳を上限とし、鋸歯状波状文の存在から10-11号墳の段階に一部かかるかどうかであろう。さて、年代について、申敬澈らの年代観をそのまま援用できるであろうか。

新羅が加耶まで勢力を及ぼすのは、「広開土王碑文」に見る400年あるいは407年の高句麗・新羅軍の南下や大勝以降で、福泉洞31-32号墳の段階であろうが、加耶土器が新羅の影響を受けるのは21-22号墳の段階で、その年代は申敬澈の420～440年よりも早く、「広開土王碑文」の407年以降のそれほど遅れることのない第1四半期後半ではなかろうか。続く福泉洞10-11号墳は、21-22号墳と比較すると形態的に時期差が認められることから、第2四半期に置けるのではなかろうか。

大庭寺窯跡ＴＧ232号窯では、大甕が676個体出土しているといわれるが、窯の規模は不明である。初現期の窯の規模は、全長が判る一須賀2号窯が全長9m、ＴＫ73号窯が11.4m、ＴＫ85号窯が10.5mである。幅は一須賀2号窯が2m、ＴＫ73号窯が2.4m、ＴＫ85号窯が2.6m、吹田32号窯が1.4m、三谷三郎池西岸窯跡が2.15m、山隈窯跡が1.7mで、朝鮮半島では昌寧余草里窯跡[112]が1.6mである。大庭寺窯跡ＴＧ232号窯は、諸例から全長10m、幅1.5～2mの窯を想定したならば、大甕だけならば2列に並べ14個は焼成できるであろう。676個を焼くとすれば約48回の窯焚

きが必要であり、別の器種や393－ＯＬ土器溜まりの出土品、あるいは完成品も考慮するならばさらに増えるであろうから、仮に年１回とすれば50年以上、１年５回窯入れしたとしても10年以上操業したことが想定できる。中村浩の想定するように、初期須恵器の生産段階には間断なく生産が続けられていたとするならば、もっと短い期間となろう。大庭寺窯跡には器種に多様さが見られるが、これは時期差ではなく揺籃期に朝鮮半島各地の工人が集まったためと考えられ、大庭寺窯跡の器台を見ると文様のパターンは25類以上確認でき、細分も可能であるが大きな時期差はないようで、１型式の中に納まるであろう。

　これらから大庭寺窯跡の存続年代を推測するならば、大庭寺窯跡に新羅の影響が少ないことから、釜山・金海を中心とした地域において新羅の勢力の伸長が想定される時期で、まだこの地域に伽耶系の器種の存続していた420〜430年頃であろう。

　最近発掘された岸和田市久米田古墳群の一辺12ｍの方墳、持ノ木古墳から出土した土器群（第25図）は、大庭寺窯跡の初現を考える上で参考になる。実測されたのは57点であるが、同一個体もあるため、蓋坏１、有蓋高坏２、無蓋高坏２、壺９、有蓋長頸壺１、把手付短頸壺１、短頸壺１、有脚把手付短頸壺２、有脚壺１、小型壺１、鉢形器台５、筒形器台６、小型器台１、鉢１、甕１、柄杓１のおよそ37個体である。

　この中で注目されるのは、虎間英喜が指摘した鉢形器台（第25図25〜28）は、鉢部の組紐文、集線文、波状文の組合わせと、脚部の横位の櫛歯文を縦列に施すところまで福泉洞31号墳（第24図４）と酷似しており、どちらにも有蓋長頸壺が共伴している。この有蓋長頸壺（第25図23）は大成洞２号墳でも出土しており、この頸部にも持ノ木古墳と共通した組紐文が施される。このほか大成洞11号墳の器台にも組紐文が見られるが、変遷は大成洞２号墳→同11号墳・福泉洞31号墳の順である。特徴的な組紐文の中央の刺突は、大成洞２号墳が菱形であるのに対して、大成洞11号墳は縦長方形、福泉洞31号墳と持ノ木古墳が横長方形である。また、組紐文の施文方法は、大成洞２号墳が左方向へＳ字を横に組み合わせて描くとき、すでに描いた波状文の側縁を描き始めとするために、前の波状文を消すことはなく、関川尚功分類の組紐文ＩＡ類といえる。これに対して大成洞11号墳では、２号墳と同じく左方向へ進むものの、Ｓ字の描き始めが直前に施文された部分を越え、すでに描かれたＳ字の櫛歯を止めたところと結合するため、あたかも前のＳ字と連続して描かれているように見える。前の波状文を越えなければ関川分類のＩＡ類の左撚りであるのに、越えたためにＩＢ類の右撚りになっている。持ノ木古墳は右方向へ進むものの、大成洞11号墳と同じく前の波状文を越えて描き始めるため、本来関川分類ＩＡ類であるのに、越えたことによりＩＢ類になっている。この施文の変遷からも持ノ木古墳が大成洞11号墳、福泉洞31号墳と同時期といえよう。

　持ノ木古墳出土の土器群の生産地については、出土品の大部分に黄白色粒を含み、中でもいくつか（第25図１・５・11・13・16・17・20・21・23〜26・29）は色調も灰黄色で、緑色の自然釉がかかるものがあり、この特徴は同一の組紐文を持つ大成洞２号墳、11号墳例とも類似している。このような特色を持った製品は、金海を中心に釜山にも製品が広がり、持ノ木古墳の製品の多くはこの搬入品である。わが国では類似した搬入品として奈良県橿原市南山４号墳の角杯付動物形

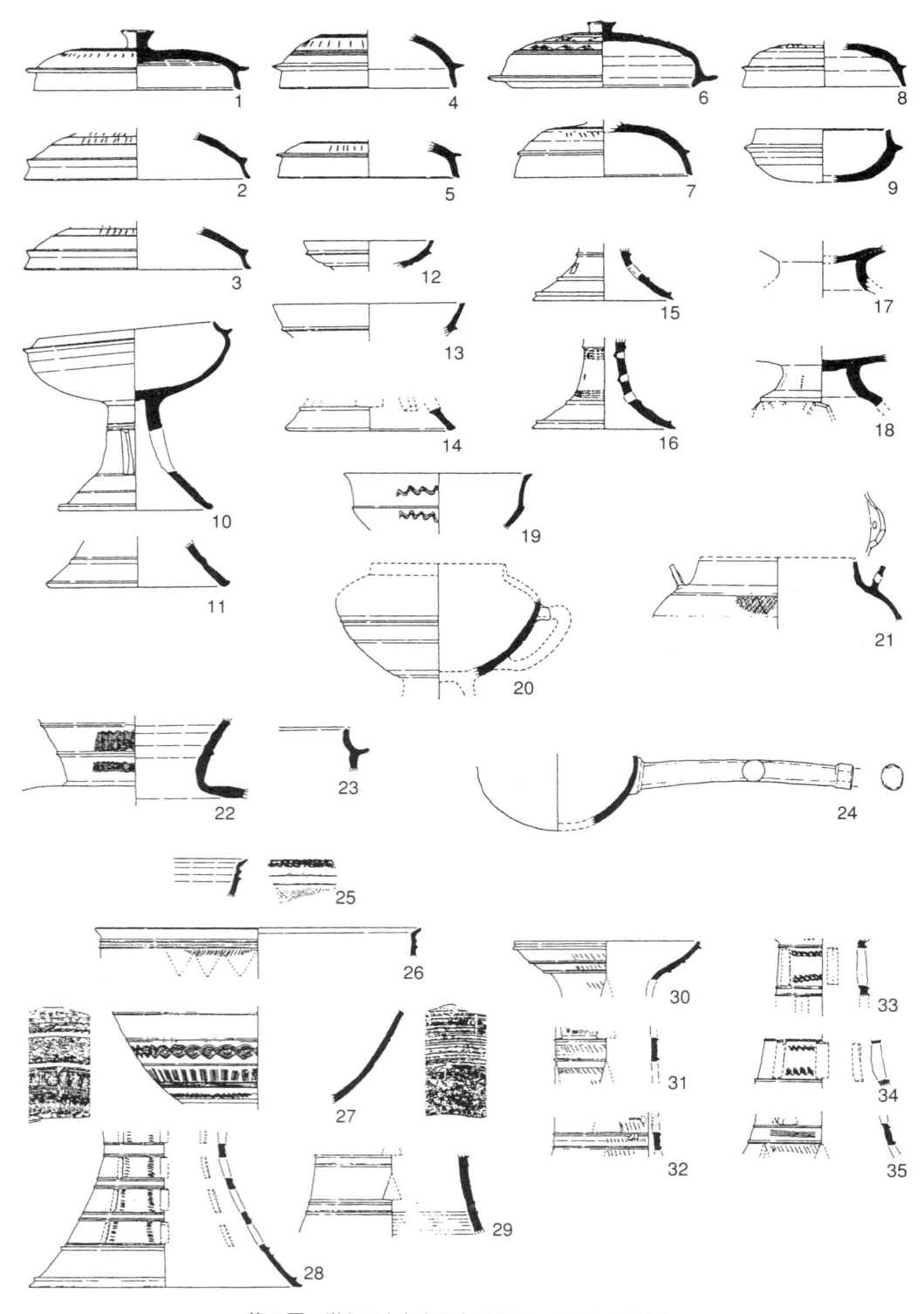

第25図　岸和田市久米田古墳群持ノ木古墳出土土器

高坏(119)がある。

　持ノ木古墳の蓋の中には、大庭寺窯跡と類似した器種も含まれており、三辻利一の胎土分析(120)によれば陶邑産の可能性が指摘されている。その分析結果が正しければ、持ノ木古墳と同時期の福泉洞31-32号墳の段階には、わが国で須恵器生産が開始されていたことになり、須恵器開始年代も遡ることになる。大庭寺窯跡は福泉洞21-22号墳の段階が上限といえよう。

　大庭寺窯跡はまだ朝鮮半島に直結する窯ではなく、いずれ大庭寺窯跡を遡る窯が発見されるであろう。今後大庭寺窯跡より遡る、和歌山市楠見遺跡(121)の製品の生産地も問題になってこよう。

　おそらく大庭寺窯跡と同類の吹田32号窯、三谷三郎池西岸窯跡も同時期といえよう。また、一須賀2号窯は前述したように組紐文については、波状文を描いた上に再度別の波状文を交互に重ねた擬組紐文であり、狐池南遺跡窯跡やＴＫ208号窯にも見られることから、時期的に大庭寺窯跡よりも後出するであろう。このことは考古地磁気測定でＴＫ87号窯について新しい段階に置いてあることも、検討材料にはなろう。

　九州の朝倉窯跡群については、すでに前述したように福岡県小田茶臼塚古墳、隈平原2号墳、佐賀県東尾大塚古墳、鈴熊ＳＴ001号墳、同002号墳、礫石8号墳などでの陶邑窯跡群の製品との共伴関係から、須恵器の生産開始は大庭寺窯跡とほぼ同時期かわずかに遡る頃であった可能性が高いと思われる。

5．渡来人と管掌者

　ここでは特に窯の経営について問題としてみたい。渡来人は朝鮮半島からどのような形でわが国へ来たのか、これについて亀田修一が検討されている(122)ので参照してみる。

　亀田は「(2)定着地への入り方」として「Ａ．渡来人の数」「Ｂ．受け入れ側の状態」とし、Ｂを「①期待度」「②受け入れの場（土地など）の問題」に分け、①をさらに「ａ．渡来人の知識や技術などに大いに期待する場合」「ｂ．渡来人の知識や技術などにあまり期待しない場合」とした。

　土器製作工人は渡来人の中に偶然いたのであろうか。あるいは工人集団だけ、もしくは工人集団と認識されて渡来してきたのであろうか。

　それは亀田の「(3)渡来人の意識」とも関わり、亀田はこれを「Ａ．強制的」「Ｂ．自由意志」に分け、Ａをさらに「ａ．強制連行強制配置型」「ｂ．自由意志渡来強制配置型：特定地希望無視型」、Ｂを「ａ．特定地希望型」「ｂ．特定地不希望型：納得強制配置型」とした。

　わが国では現在確認される初現期の須恵器生産以前に、持ノ木古墳に見るように陶質土器について渡来品の意識があったと考えられる。このようなわが国で生産できない土器を手に入れたいとき、どのようにしたであろうか。

　持ノ木古墳以前には陶質土器が少なく、陶質土器が舶載され始めた頃わが国でも生産が開始されていることから、偶然わが国に登窯を使用した還元炎焼成技術が入ってきたというより、それを求めたと想定できる。その場合、亀田の「Ａ．強制的」あるいは「Ｂ．自由意志」のどちらかだけでなく、いくつかの要素が複合した場合も想定できよう。

では5世紀前半のほぼ近い時期に、複数の地域で生産が開始されており、それが朝倉、大庭寺、陶邑、一須賀など、いくつかの系譜の違いがあることについて、どのようなことが考え得るであろうか。

宋桂鉉・安在晧は新羅の勢力成長に伴う領土拡張の影響が釜山・金海にも及んだことを説くが、それを避けたわが国への移住民の中に土器工人がいたとも考えられる。このような状況は、「広開土王碑文」に見られる400年の高句麗の南征もあり、この時期も土器の製作技術伝播の候補に上がるであろう。

この場合だと、わが国においてほぼ同時期に各地で須恵器生産が開始されたと考えられるが、どのような形で各地に工人が移住し、生産を開始したのか判然とせず、偶発的な開始となる。中央から各地に再配置したと考えることも可能であるが、中央政権が自ら積極的に新技術の導入を行っている時期に、はたして技術者の地方への配置が行われたか疑問である。

前述した、戦いで各地の首長層が連れ帰る場合だと、各地でほぼ同じ頃生産が開始されたことが想定できようが、わが国に慶尚南道から全羅南道までの広い地域の工人が渡来していることから、朝鮮半島において同時期に広範囲にわたる戦いが展開したかは問題である。おそらく当時の文物が各地域から入ってきていることからも、土器生産も戦いを含めた朝鮮半島との交流によって入って来た場合が想定できよう。

各地の工人は、当然朝鮮半島で製作していた技術で生産を開始したはずであるが、吹田32号窯、三谷三郎池西岸窯跡では、地域首長層に掌握された工人集団は単純な組織の小集団で開始したようで、生産の規模が拡大できなかったようである。それに対して陶邑窯跡群と朝倉窯跡群では、首長層の生産の掌握、流通圏の確保を背景に、生産規模の拡大が図られたようである。朝倉窯跡群では陶邑窯跡群の製品が入って来てもなお独自性を保っていたことは、生産体制の形成が初現期には陶邑型ではなく、それぞれの首長層のもとで独自に整えられたのであろう。

中でも大庭寺窯跡は器種構成に多様さが見られ、当時の伽耶地域の古墳出土例の多様さと比較しても、さらに広範囲の様相を持つことから、朝鮮半島の馬山から釜山にかけての工人集団の集合体といえよう。すなわち朝鮮半島各地から伝わった器種・文様・技術をそのままかそれに近い形で生産しており、一時期を設定した場合、各地の系譜を混在する形で包括することになる。

須恵器生産開始段階の製品を見ると、野中古墳に代表されるように、各地の中小古墳や集落に多量に入り、タコ壺や紡錘車など日常品も見られるなど、中央政権により一元的に管理されていたとは考えられない。朝倉窯跡群においても池の上、古寺墳墓群に多くの製品が入るが、この墳墓群が渡来人集団の墓であったために、紡錘車のように朝鮮半島に直結する製品が多く入ったことも確かであろうが、生産品の管理体制が製品を必要とするところに容易に入る緩慢な体制がとられていたのであろう。

特に陶邑窯跡群は、各地の豪族が掌握した多元的生産開始の一窯跡と考えられるが、その生産は甕の失敗品676個体以上に見るように、すでに大量生産を指向していた。さらにTK73号窯など別の系譜の工人も受け入れ、陶邑Ⅰ型式2段階以降生産量は増大し、各地に供給している。これは陶邑窯跡群が中央政権中枢に近い地理的な面からも、それを背景に生産の拡大と流通圏を拡

張していったようで、地域首長層である掌握者と中央政権という重層的な生産機構であったと想定したい。

6. 朝鮮半島出土の須恵器と須恵器類似品

　第2節で触れるように、韓国で最近須恵器と考えられる製品が確認されている[123]。たとえば忠清南道清州市新鳳洞B地区1号土壙墓から坏蓋2点、坏身4点（第30図1～6）、同A地区32号土壙墓から坏身1点[124]（第30図11）、全羅南道昇州郡松光面大谷里ハンシル住居址A－1号住居跡から坏身1点（第30図7）、同A地区地表採集品の坏蓋1点（第30図8）、同C地区で坏身1点[125]（第30図9）、慶尚南道陜川郡鳳溪里20号墳で無蓋高坏1点[126]（第30図14）、全羅南道務安郡三鄕面麥浦里（国立光州博物館蔵）の甑1点[127]、栄山江流域出土（国立光州博物館蔵）の大型甑1点[128]、国立扶餘博物館蔵甑1点[129]がある。

　このほか須恵器類似品として釜山大学校博物館蔵伝宜寧出土甑1点[130]（第30図10）、ソウル特別市夢村土城第3号貯蔵穴の坏身1点[131]（第30図12）、同南門址蓮池の広口壺1点[132]（第30図13）、慶尚南道固城郡固城貝塚2次調査Ⅲ層の小型器台1点[133]などであり、最近全羅北道扶安郡竹幕洞の祭祀遺跡でも石製模造品とともに無蓋高坏などが出土している[134]。

　出土例は小型品が多い。朝鮮半島各地の坏について見ると、新羅、伽耶の地域では坏につまみを付け、蓋に櫛歯文を描く例も多い。これに対して5世紀に百済の領域であった忠清南道では坏に三足の付く三足土器が見られ、蓋につまみを持つものと持たないものがある。ところが、全羅道を中心とした地域では三足の付かない坏が主体で、また、蓋につまみを付けない特徴を持ち、伽耶、新羅さらには百済とも違いが見られる。この中でも、忠清南道から全羅北道と全羅南道との大きな違いは、前者の坏は三足土器の影響を受け、扁平で手持ち篦削り調整をしたものが主体（第32図3～8）[135]である。それに対して全羅南道の坏は回転篦削り調整が主体であり、坏の蓋受け部や稜部などの作りはわが国の須恵器と共通する特徴を持ち（第32図9～19）、須恵器類似品と呼べるものである。しかし、底部や天井部の中央が平らに削られるものが多いなど、いくつかの違いも認められる。

　また、この全羅道には甑や樽形甑も分布しており、大きな特徴となっている。

　先に須恵器と紹介した資料は、多くは百済、栄山江流域あるいは伽耶西部地域からの出土であり、須恵器類似品とどのように関わるのであろうか。

　須恵器と紹介した資料は、大谷里ハンシル住居跡C地区出土の坏身が陶邑Ⅰ型式2段階並行まで遡る可能性があるものの、多くは陶邑Ⅰ型式3段階並行以降である。

　先に系譜について触れたように、陶邑窯跡群では大庭寺窯跡と比較して、坏、甑、樽形甑が増加し、特にＴＫ216号窯では坏にはつまみが付かず、両耳付有蓋壺が見られる。朝鮮半島の中で坏につまみが付く地域で後につまみが消失することはなく、わが国だけの変遷である。このような変遷は全羅南道との交流から起こり得た変化ではなかろうか。また、両耳付有蓋壺は全羅道から忠清南道にも見られることや、甑、樽形甑とも関連していよう。このようにわが国での須恵器生産開始時の陶邑Ⅰ型式1段階において、坏につまみを持つことは、この段階には全羅道を中心

に慶尚南道西部を含めた地域の影響で陶邑が成立したものの、Ⅰ型式2段階ではつまみが消失することから、さらに全羅南道との関わりが強くなったのであろう。

7. 須恵器生産導入の背景について

わが国の須恵器生産が、どこから伝わってきたのか述べてきたが、初現期の須恵器生産は多元的に発生したようであるが、ここではわが国における朝鮮半島からの土器生産技術の導入の変遷と、その背景について見てみよう。

わが国における須恵器生産開始前後の技術導入は、須恵器出現以前と以後の大きく2つに分けられよう。また、以後の段階でも各地で生産開始した多元的開始段階、陶邑で集中的に生産を開始した一元的生産段階の2段階に分けられることから、これらを1、2a、2bの三段階としてまとめてみよう。

(1) 第1段階

須恵器生産開始以前の朝鮮半島系土器は数多く出土しているものの、わが国での生産については論議されることはなかった。しかし、出合窯跡が発見されたことから、4世紀代には朝鮮半島から各種の土器生産技術が伝播し、わが国でもすでに生産が開始されていた可能性が高くなった。

おそらくこの時期の土器生産は、瓦質土器、軟質土器など非陶質土器であり、陶質土器と比較して技術はそれほど高くなく、規模も小さいと考えられる。特に土器生産技術を目的として導入したものではなく、渡来集団の一員として渡ってきた工人たちが、その集団内で自給自足的に生産開始したものと考えられ、小規模生産で、流通圏は周辺の渡来集団も対象とした小範囲が想定されよう。今後、特に渡来集団が集中して居住した地域には、このような土器生産跡が検出されるであろう。

なお、このような窯を使用した瓦質土器、軟質土器、赤色硬質土器などの非陶質土器は、この後もつくられ続けるが、須恵器の出現する以前の窯を使用した非陶質土器として段階設定できよう。また、この段階の土器群をどのように呼称するかは問題であるが、出合窯跡の場合、瓦質土器あるいは朝鮮半島系軟質土器とすべきであろう。

(2) 第2a段階

前章で触れたように、この時期わが国の各地で須恵器生産が開始され、しかも系譜が異なることから、各地の首長層が朝鮮半島からそれぞれ直接導入したようである。その系譜も伽耶系が多いものの一様ではない。このことから当時の須恵器生産開始は、居屋敷窯、市場南組窯、宮山1号窯、三谷三郎池西岸窯、奥ヶ谷窯、吹田32号窯では、地域首長層に掌握された小集団の単純な工人組織で操業しており、生産の拡大を行っていないようである。これに対して、陶邑窯跡群や朝倉窯跡群では、首長層の生産掌握、流通圏の確保を背景に、生産規模の拡大を図ったようである。しかし、この段階の陶邑窯跡群の初現期須恵器窯は、のちの「日本化した須恵器」に系譜が直接つながらないこと、窯ごとに系譜の違いが見られることからも、当初から、倭政権が直接導入し掌握したものではなく、各地の初現期須恵器窯と同様、地域首長層に掌握されたものであり、この段階は須恵器生産が多元的に開始されている。

第2章 須恵器生産の開始 97

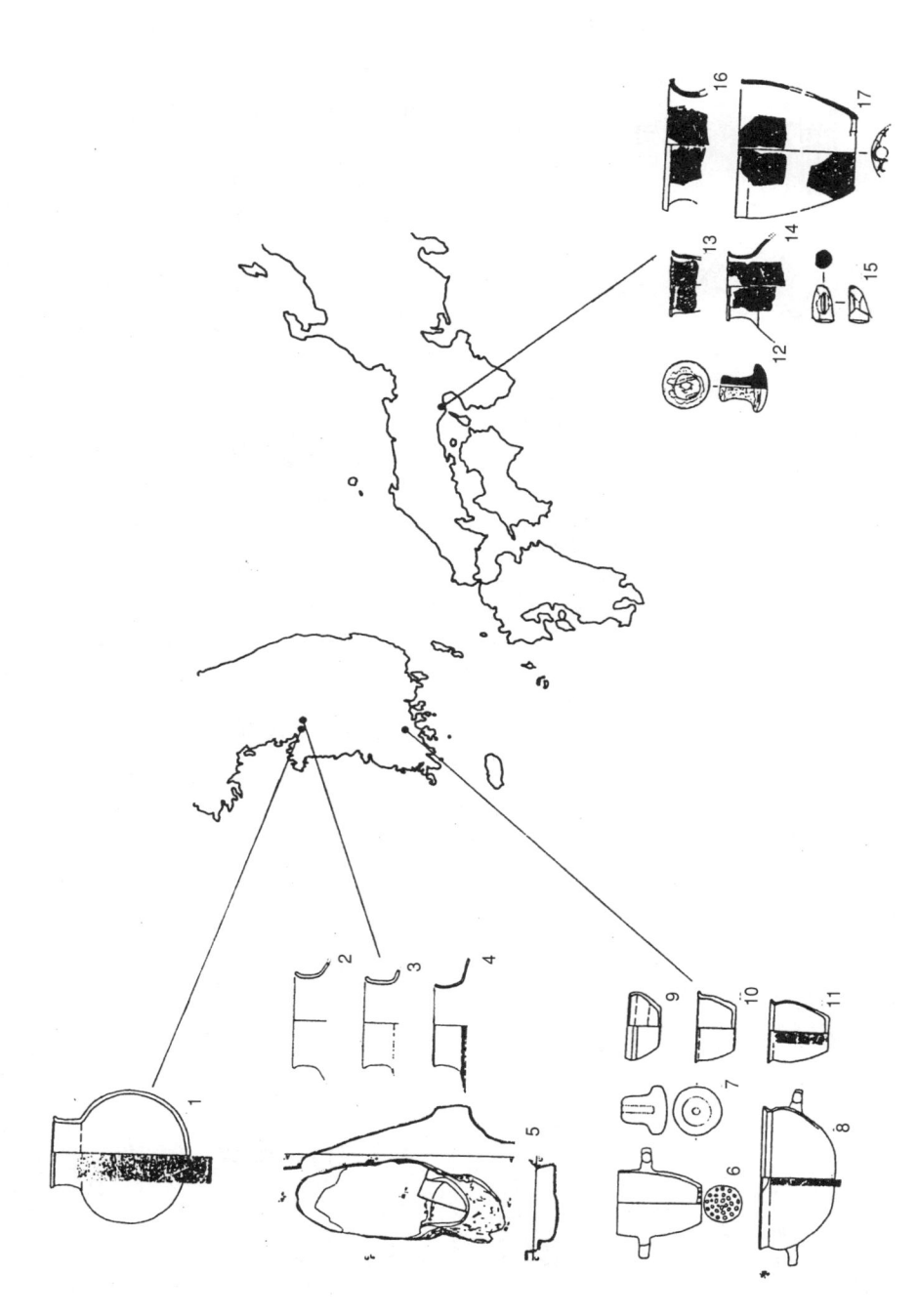

第26図 第1段階の関連遺物
1:忠南天安市清堂洞遺跡 2:忠南鎮川郡三龍里88-2号窯跡 3・4:同88-1号窯跡 5:同山水里87-8号窯跡
6〜11:全南昇州郡大谷里トロン46号住居跡 12〜17:兵庫県神戸市出合窯跡

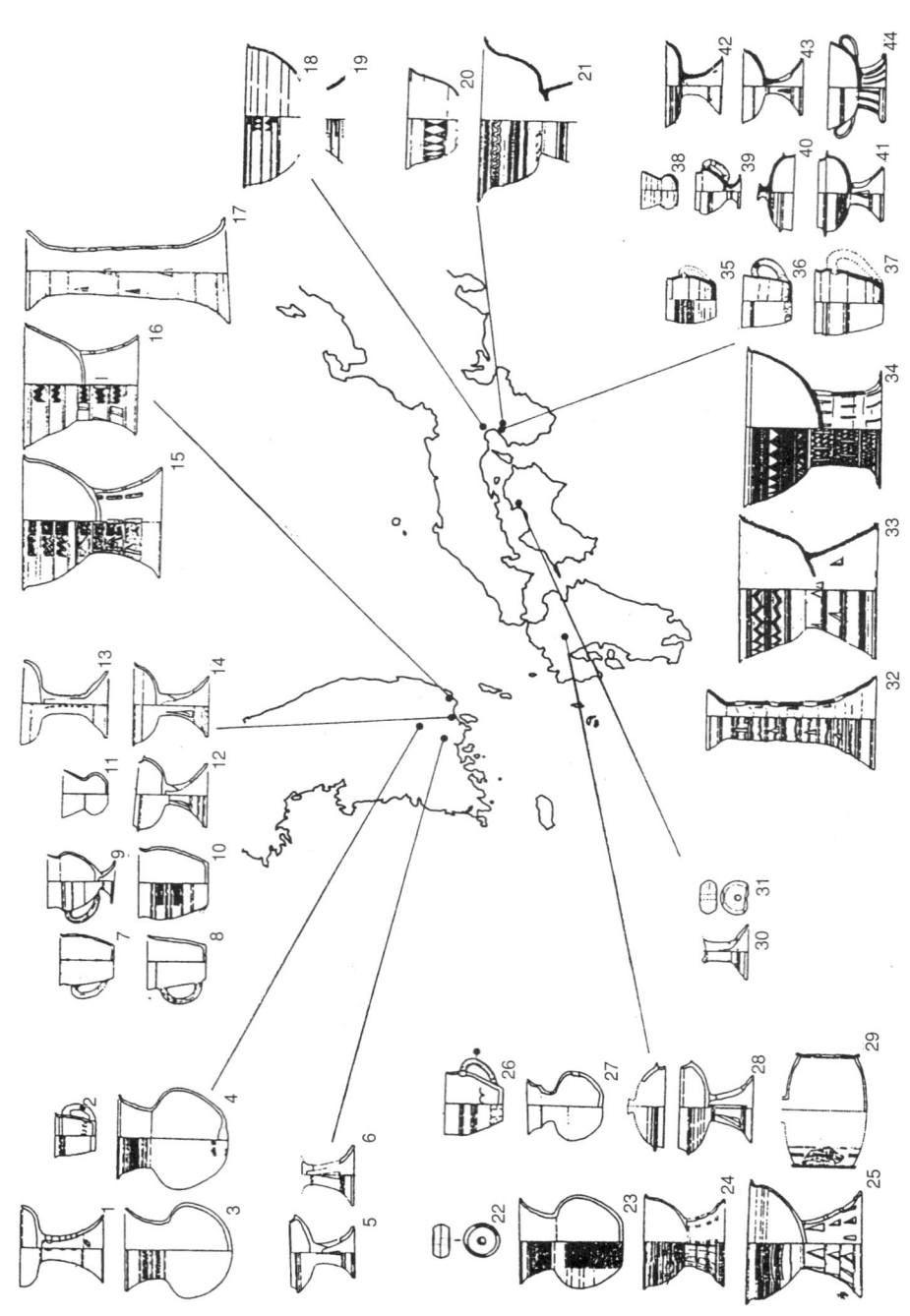

第27図 第2 a 段階の関連遺物

1:慶南陜川芝浦A古墳45号土壙木棺(槨)墓 2・4:同1号石槨墓 3:同25号土壙木棺(槨)墓 5:慶南昌陽集賢面沙村里 6:同新塘里 7・13:慶南馬山縣洞5号土壙墓 8:同50号土壙墓 9:同61号窯跡 10:同57号窯跡 11:同60号土壙墓 12:同48号土壙墓 15:同48号土壙墓 16:同10号墳 17:釜山市華明洞21号墳 18・19:大阪府吹田市吹田32号窯跡 20・21:大阪府山隈窯跡 22:福岡県甘木市池の上10号墳 23・26:大阪府河南町一須賀2号窯跡 24・28:同古寺6号土壙墓 25・27:同大庭寺遺跡 29:福岡県三輪町山隈窯跡 30・31:香川県豊中町宮山1号窯跡 32・33・35・37・40・42・43・44:大阪府堺市大庭寺窯跡 34・36・38・39・41 同大庭寺遺跡

当時の東アジアの動静の中におけるわが国と朝鮮半島との交渉は、戦いも含めて密接であった。須恵器が伝播した前後の情勢を見ると、「広開土王碑文」の10年庚子条（400年）には高句麗は歩騎五万で新羅の救援に向かい、百済、倭、伽耶の連合軍と戦い、任那加羅まで南下して戦ったことが記される。その後何度かの倭の新羅への侵攻があったが、17年条（407年）の高句麗は、倭と考えられる相手から鎧を一万領押収するなどの勝利を納めている。さらに、『三国史記』によると431年に倭兵が新羅を侵したこと、440年、444年、459年など同様の記事が記される。中でも440年には生口を略奪したこと、462年には倭人が活開城を襲い、一千余人を虜にして去ったことが記され[136]、このような形で工人を獲得した可能性も考えられよう。あるいは工人たちはこのような戦いを避けて、海を渡ったことが想定できよう[137]。おそらく倭が高句麗や新羅との戦いを行っていたころ、大庭寺窯跡をはじめ、初現期の伽耶系須恵器を生産した工人たちは、わが国に渡来したのであろう。

仮にわが国における須恵器生産の開始が4世紀に入るとするならば、大庭寺窯跡に見られる新羅系要素から、4世紀代にすでに伽耶（大庭寺窯跡の伝わったと想定される釜山、金海、昌原、馬山にかけての沿岸地域）に新羅の影響が明確に及んでいたことになってしまう。「広開土王碑文」に見るように、新羅は倭などの侵攻に対して高句麗の救援を必要としていたように、当時伽耶まで勢力を南下するほど国力は高まっていなかったと考えられる。やはり伽耶まで領土拡大を図るのは、早くとも「広開土王碑文」に見る400年あるいは407年以降であろう。これは福泉洞31-32号墳に高句麗から移入されたと考えられる馬具や甲冑が大量に出土し、わずかながら新羅系土器が出土することと関連しよう。しかし、伽耶の土器に影響を与えるのはさらに後の福泉洞21-22号墳の段階である。すなわち大庭寺窯跡で須恵器生産を開始したのは420年から430年頃で、朝倉、三谷三郎池西岸、吹田32号窯の各窯跡も近い時期であろう。また、持ノ木古墳出土土器胎土分析で陶邑産の指摘から、須恵器生産開始年代はさらに遡ることになる。

（3）第2b段階

陶邑窯跡群では、大きな流れから見れば大庭寺窯跡の伽耶系に対して、その後のＴＫ216号窯は百済系（栄山江流域）といえよう。これは、陶邑において須恵器生産が伽耶系から百済系（栄山江流域）に移ったと考えるよりも、最初に渡来した伽耶系を主体とした各地の工人集団の中に、のちに渡来した多くの百済系（栄山江流域）の工人が加わったために変容したのであろう。陶邑を中心とした地域でなぜこのような変容が起こり得たかについては、倭政権の中枢の一角である陶邑に、多くの渡来工人を集め、新たな技術導入による工人集団の再編成が行われ、いわゆる「須恵器の日本化」が完成したのであろう。そこで完成した須恵器が各地に伝わるのは、やはり倭政権を背景に、地方に工人の移動や技術伝播したのであろう。これが植野のいう一元論であろう[138]。この段階の陶邑の生産体制は、直接的な管掌者である地域首長層と、その生産機構と流通機構を掌握した倭政権という、重層的な生産体制のままであったと想定したい。

このような陶邑窯跡群における須恵器生産体制の確立に対して、各地の初現期須恵器窯は、あらたに技術導入することなく、現状維持か衰退したのであろう。陶邑の大庭寺窯跡においても、大甕676個体以上の失敗品に見るように、当初は土の選択など技術的な問題も多かったのであろ

第28図　第2ｂ段階の関連遺物

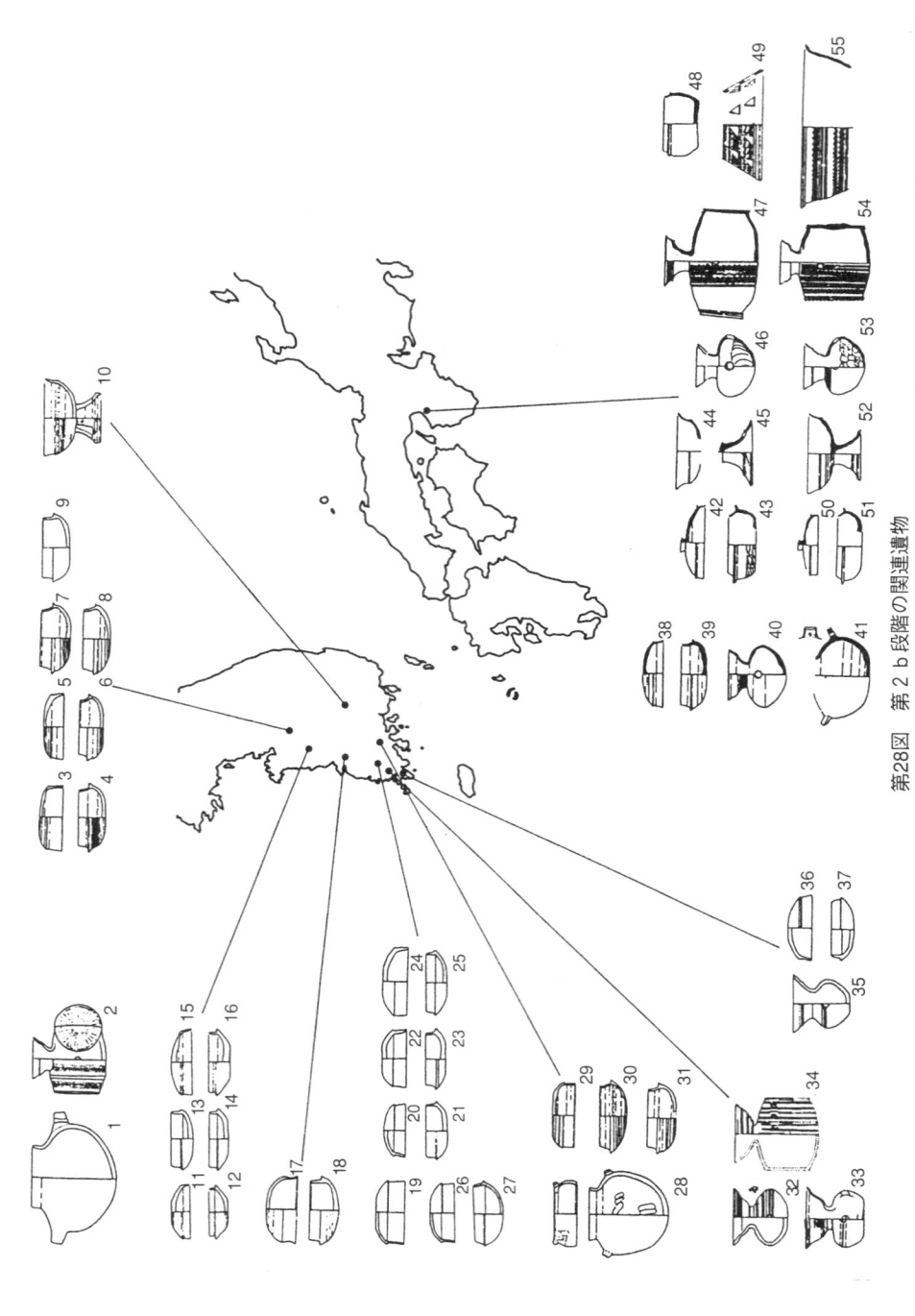

1:出土地不詳忠南大学校博物館蔵　2:出土地不詳暁星女子大学校博物館蔵　3〜8:忠南清州市新鳳洞Ｂ地区１号壙墓　9:同Ａ地区32号土壙墓　10:同９号墳　慶南陝川郡鳳渓里20号墳　11〜14:忠南論山郡連山表井里３号墳　15・16:同５号墳　17・18:全北井邑郡化龍里窯跡　19:全南羅州郡新村里６号墳　20〜25:同９号墳　26・27:同徳山里４号墳　28:全南昇州郡大谷里ハンシルＡ地区トレンチ　29:全南霊岩郡万樹里古墳群４号甕棺　30:同Ａ−１号住居址　31:同Ｃ地区　32:全南霊岩郡月松里造山古墳　33:同４号墳　34:同１号甕棺　35〜37:全南海南郡月松里造山古墳　38〜41:同Ａ地区採集　42〜49:同ＴＫ73号窯跡　50〜55:同85号窯跡

う。その点では各地の初現期須恵器窯も同様で、新たな技術導入や須恵器工人の人的確保のできなかったことが、地方窯の衰退した原因の一つであろう。

　この段階の倭と百済との関係は、対高句麗との関係からで、高句麗が都を平壌に移した427年以降、高句麗はますます百済へ南侵したようである。百済は倭に王族を人質として送り、高句麗を牽制したようで、このような関わりの中から、朝鮮半島でも全羅道の地域とも交流を持ったようである。この地域にわが国の須恵器が出土することや、全羅道にはこの地域で生産された須恵器類似品の坏や甑、樽形甑が分布すること（第28図）、この地域の軟質土器の組合わせや器形（第32図 6 ～11）が、わが国で出土する朝鮮半島系土器と類似すること、全羅南道栄山江流域の横穴式石室が九州系であること、かつて羅州新村里 9 号墳から円筒埴輪類似品が出土していること[139]、さらに栄山江流域には叩きを持つ埴輪や長鼓山古墳、龍頭里古墳、新徳古墳などの前方後円墳も見られることなどが交流の結果であろう。

　須恵器の系譜については『日本書紀』の「垂仁紀」に、近江国鏡谷の工人は新羅王子天日矛の従人として新羅から、「雄略紀」の今来才伎の「新漢陶部高貴」は百済から来たとある。前述した伽耶系から百済系（栄山江流域）という、須恵器工人の系譜の流れを表しているのか、はたして説話的記録の中に 5 世紀が見えるのか疑問がある。しかし、今来才伎は百済系であるのは認めてよく[140]、今来才伎が来た時期すでに同様の須恵器製作技術が存在していたことまでは許されるであろう[141]。

註

(1) 中村浩ほか 1973『陶邑・深田』(大阪府文化財調査抄報第 2 集）大阪府教育委員会
(2) 　a．樋口吉文ほか 1984『四ツ池遺跡』(堺市文化財調査概要報告第16冊) 堺市教育委員会
　　　b．樋口吉文 1989「近畿地域(3)－四ツ池遺跡の須恵器と陶質土器」『陶質土器の国際交流』柏書房
(3) 三宮昌弘 1989「初期須恵器製作集団と韓式系土器」『韓式系土器研究』Ⅱ　韓式土器研究会
(4) 土井和幸・冨加見泰彦 1991「大庭寺遺跡出土の初期須恵器および軟質土器」『韓式系土器研究』Ⅲ　韓式土器研究会
(5) 岸本道昭・近藤康司 1990「伏尾古墳群の性格」『陶邑・伏尾』A地区（(財)大阪府埋蔵文化財協会調査報告書第60輯）
(6) 岡戸哲紀 1993「陶邑と大庭寺遺跡」『古墳時代における朝鮮系文物の伝播』(第34回埋蔵文化財集会) 埋蔵文化財研究会・関西世話人会（窯跡の正式な報告がされていないので引用掲載できないため、本文献を参照いただきたい）
(7) 　a．石神怡ほか 1984『松原泉大津線関連遺跡発掘調査報告書』Ⅰ　財団法人大阪文化財センター　794頁
　　　b．樋口吉文 1984「資料紹介　堺市周辺」『日本陶磁の源流』柏書房
(8) 註(2)a 文献83頁
(9) 註(7)a 文献791頁
(10) 註(3)文献1頁
(11) 註(2)a 文献228頁
(12) 註(4)文献39頁
(13) 堅田直 1953「畿内出土の漢式系土器について」『日本考古学協会第29回総会発表要旨』日本考古学協会

(14) 堅田直 1982「韓半島伝来の叩目文土器(韓式系土器)について」『日韓古代文化の流れ』帝塚山考古学研究所
(15) 田中清美 1987「あとがき」『韓式系土器研究』Ⅰ 韓式系土器研究会
(16) 今津啓子 1987「大阪湾沿岸地域出土の朝鮮系軟質土器」『岡崎敬先生退官記念論集 東アジアの考古と歴史』下
(17) 植野浩三 1987「韓式系土器の名称」『韓式系土器研究』Ⅰ 韓式系土器研究会
(18) 田中清美 1989「5世紀における摂津・河内の開発と渡来人」『ヒストリア』125 大阪歴史学会
(19) 酒井清治 1985「千葉市大森第2遺跡出土の百済土器」『古文化談叢』15 九州古文化研究会
(20) 註(18)文献
(21) 報告書の図から算出したが、Ⅰ区で274個体中6点、Ⅱ区では213個体中13点であった。
(22) 三宮昌弘 1988「小阪遺跡の古墳時代集落について－5世紀代泉北地域の集落の様相－」『考古学と技術』(同志社大学考古学シリーズⅣ)
(23) 註(3)文献
(24) 藤田憲司・西村歩 1983「最古の須恵器づくりの村」『須恵器の始まりをさぐる』(平成5年夏季企画展－第8回泉州の遺跡－) (財)大阪府埋蔵文化財協会
(25) 樋口吉文 1978「四ツ池遺跡出土の須恵器」『陶邑』Ⅲ(大阪府文化財調査報告書第30輯) (財)大阪文化財センター
(26) 瓦質土器や三宮の指摘された硬質で轆轤を用いた製品は、窯で焼成された可能性は否定できない。
(27) 註(24)文献
(28) ａ．薮内清ほか 1955『立杭窯の研究－技術・生活・人間－』恒星社 36頁
　　 ｂ．杉崎章ほか 1974「民俗」『常滑窯業誌』266頁
(29) 中村浩 1988「陶邑窯跡群における工人集団と遺跡」『古文化談叢』20 九州古文化研究会
(30) 註(29)文献
(31) 註(6)文献
(32) 註(7)ａ文献796頁
(33) 中村浩ほか 1987『陶邑』Ⅲ(大阪府文化財調査報告書第30輯) 大阪府教育委員会
(34) 大阪府教育委員会 1969『河南町東山所在遺跡発掘調査概報』
　　 堀江門也・中村浩 1987「一須賀古窯跡出土遺物について」『陶邑』Ⅲ(大阪府文化財調査報告書第30輯) 大阪府教育委員会
(35) 辻川陽一ほか 1973「阪南古窯址群出土の須恵器」『古代学研究』70 古代学研究会 (濁り池窯跡の資料を辻川陽一氏らのご好意で実見させていただいた)
(36) 藤原学 1986「吹田32号須恵器窯跡」『昭和60年度埋蔵文化財緊急発掘調査概報』吹田市教育委員会
(37) 財団法人大阪埋蔵文化財協会 1993『須恵器の始まりをさぐる』 大庭寺窯跡については、註(6)文献にも図が掲載されている。
(38) 香川県教育委員会 1984「三谷三郎池西岸窯跡」『香川県埋蔵文化財年報－昭和58年度－』
(39) 九州大学考古学研究室 1990「山隈窯跡群の調査」『九州考古学』65 九州考古学会
(40) 田辺昭三 1982「初期須恵器について」『考古学論考』(小林行雄博士古希記念論文集)平凡社
(41) 中村浩 1989「近畿地域の須恵器と陶質土器」『陶質土器の国際交流』柏書房
(42) 中村浩 1981『和泉陶邑窯の研究』柏書房 132頁
(43) 田辺昭三 1981『須恵器大成』角川書店 37頁

(44) 註(4)(6)(24)文献
(45) 川原和人 1987「島根県発見の朝鮮系陶質土器」『古文化談叢』5　九州古文化研究会
(46) 中村浩ほか 1978「叩き目について」『陶邑』Ⅱ(大阪府文化財調査報告書第29輯) (財)大阪文化財センター　234頁
(47) 中村浩ほか 1976「叩き目文について」『陶邑』Ⅰ(大阪府文化財調査報告書第28輯) (財)大阪文化財センター　257-263頁
(48) 註(16)の比率を％に換算した。
(49) 尾谷雅彦 1987「久宝寺遺跡出土韓式土器について」『久宝寺北(その1～3)』(近畿自動車道天理～吹田線建設に伴う埋蔵文化財発掘調査概要報告書) ((財)大阪文化財センター 332頁の出土点数を％に換算した)
(50) 註(18)文献
(51) 註(16)文献で今津啓子は、大阪湾沿岸の朝鮮半島系土器を出土する遺跡を、地理的な立地条件をもとにⅠ～Ⅻのグループに分け、Ⅷの陶邑周辺グループの須恵器生産との関わりについて指摘された。
(52) 藤原学 1989「近畿地域（5）－吹田32号須恵器窯跡の遺物－」註(41)文献190頁
(53) 註(41)文献93頁
(54) 亀田修一 1989「中国・四国地域」註(41)文献140頁
(55) 橋口達也ほか 1979『池の上墳墓群』(甘木市文化財調査報告第5集) 甘木市教育委員会　132頁
(56) 橋口達也ほか 1983『古寺墳墓群』Ⅱ(甘木市文化財調査報告第15集) 甘木市教育委員会　98頁
(57) 柳田康雄 1972「池の上墳墓群と陶質土器」『甘木市史』上巻
(58) 小田富士雄 1984「九州地方」『日本陶磁の源流』柏書房
(59) 小田富士雄 1991「須恵器文化の形成と日韓交渉・総説編－西日本初期須恵器の成立をめぐって－」『古文化談叢』24　九州古文化研究会
(60) 中村勝 1989「筑紫における須恵器編年(予察)」『九州考古学』63　九州考古学会
(61) 川述昭人 1984「付編　石人山古墳出土遺物」『瑞王寺古墳』(筑後市文化財調査報告 第3集) 筑後市教育委員会
(62) 下村智・横山邦継 1986「福岡県樋渡遺跡」『日本考古学年報』36(1983年度版)日本考古学協会
(63) 山崎純男 1979「福岡市有田遺跡出土の陶質土器と古式須恵器」『古文化談叢』6　九州古文化研究会
(64) 柳田康雄ほか 1979『小田茶臼塚古墳』(甘木市文化財調査報告書第4集) 甘木市教育委員会
(65) 濱石哲也ほか 1989『吉武遺跡群』Ⅳ (福岡市埋蔵文化財調査報告書第194集) 福岡市教育委員会
(66) 中村勝・横山邦継 1987「福岡市金武小学校蔵の須恵器」『古文化談叢』18　九州古文化研究会
(67) 横山邦継・下村智・三辻利一・杉直樹 1987「福岡市・飯盛遺跡出土陶質土器の産地推定」『古文化談叢』18　九州古文化研究会
(68) 柳田康雄ほか 1984『国道200号線関係埋蔵文化財概報』(福岡県文化財調査報告書第67集) 福岡県教育委員会
(69) 蒲原宏行・多々良友博・藤井伸幸 1985「佐賀平野の初期須恵器・陶質土器」『古文化談叢』15　九州古文化研究会
(70) 註(64)文献62頁
(71) 註(64)文献13頁
(72) 註(59)文献64頁
(73) 註(62)文献
(74) 註(69)文献

(75) 註(57)文献
(76) 註(60)文献26頁
(77) 田辺昭三 1971「陶質土器の系譜」『日本美術工芸』389
(78) 中村浩 1988「須恵器の初源－その様相と生産の系譜－」『MUSEUM』451 ミュージアム出版
(79) 申敬澈 1990「五世紀代における嶺南の情勢と韓日交渉－嶺南の陶質土器と甲冑を中心として－」『公開シンポジウム 東アジアの再発見』読売新聞社・アジア学会
(80) 武末純一 1989「須恵器のはじまり」『五世紀の北九州』(北九州市立考古博物館第7回特別展図録)
(81) 西谷正 1992「九州北部の初期須恵器とその系譜」『異国と九州』雄山閣
(82) 註(4)文献
(83) 岡戸哲紀 1993「陶邑と大庭寺遺跡」『古墳時代における朝鮮系文物の伝播』(第34回埋蔵文化財集会) 埋蔵文化財研究会・関西世話人会
(84) 岡戸哲紀 1993「大庭寺窯跡の調査」『討論会 須恵器の始まりを考える』発表要旨 吹田市立博物館
西口陽一 1994『野々井西遺跡・ＯＮ231号窯跡』(財)大阪府埋蔵文化財協会
(85) 亀田修一 1989「陶製無文当て具小考」『生産と流通の考古学』(横山浩一先生退官記念論文集Ⅰ)
鎌田義昌・亀田修一 1987「播磨出合遺跡出土の『陶質土器』・朝鮮三国系軟質土器・初期須恵器」『古文化談叢』18
(86) 郭鍾喆 1987「韓国慶尚道地域出土の陶質大形甕の成形をめぐって－底部丸底化工程を中心として－」『東アジアの考古と歴史』
(87) 趙榮濟(高正龍訳) 1991「三角透窓高坏に対する一考察」『韓式系土器研究』Ⅲ 韓式系土器研究会
(88) 関川尚功 1984「奈良県下の初期須恵器」『考古学論攷』10 奈良県橿原考古学研究所
(89) 門田誠一 1992「文様からみた初期須恵器工人の一原郷－生産関連遺跡発見資料の対照から－」『考古学と生活文化』(同志社大学考古学シリーズⅤ)
(90) 北野耕平 1976『河内野中古墳の研究』臨川書店
(91) 斉藤明彦 1991「四条大田中遺跡」『韓式系土器研究』Ⅲ 韓式系土器研究会
(92) 全羅北道や忠清南道との関わりが少ないのは、わが国に三足土器がないこと、この地域の坏は手持ち篦削りであるが、わが国の須恵器は回転篦削りである違いからである。なお、陶邑ＴＫ73号窯など初現期の坏は、平底で手持ち篦削りする点では今後検討も必要である。
(93) 国立晋州博物館 1984『国立晋州博物館展示図録』
(94) 中村勝 1989「筑後における須恵器編年(予察)」『九州考古学』63 九州考古学会
(95) 註(81)文献14頁
(96) 註(80)文献49頁
(97) 亀田修一 1993「神戸市出合窯跡の調査」註(8)文献
(98) 森浩一 1961「須恵器初期の様相と上限の問題 特に大阪南部窯址群を通じて」『日本考古学協会第27回総会研究発表要旨』
(99) 註(43)文献47頁
(100) 白石太一郎 1979「近畿における古墳の年代」『考古学ジャーナル』164
(101) 都出比呂志 1982「前期古墳の新古と年代論」『考古学雑誌』67-4 日本考古学会
(102) 註(55)(56)文献
(103) 註(57)文献
(104) 註(60)文献

(105) 註(69)文献
(106) 註(39)文献
(107) 註(59)文献59頁
(108) 申敬澈 1989「伽耶地域の陶質土器」『陶質土器の国際交流』柏書房 73頁
　　　 同 1992「金海禮安里160号墳에對하여」『伽耶考古学論叢』1
(109) 註(100)文献 釜山大学校博物館 1989『東莱福泉洞古墳群第2次調査概報』
(110) 宋桂鉉・安在晧 1988「古式陶質土器に関する若干の考察(下)」『古代文化』40-9　古代学協会
(111) 註(110)文献39頁
(112) 国立晋州博物館権相烈氏にご教示いただいた。
(113) 註(29)文献33頁
(114) 朴天秀は大庭寺窯跡を3段階に分け、40〜50年の年代幅を想定されたが、窯の操業年代としては長すぎると考えられる。朴天秀 1993「韓半島から見た初期須恵器の系譜と編年」註(6)と同一書掲載。
(115) 近藤利由・虎間英喜 1993『久米田古墳群発掘調査概要』Ⅰ　岸和田市教育委員会
(116) a.虎間英喜 1993「久米田古墳群出土の初期須恵器」『韓式系土器研究』Ⅳ　韓式系土器研究
　　　 b.三辻利一・虎間英喜 1994「久米田古墳群出土の初期須恵器・3」『韓式系土器研究』Ⅴ
(117) 東京国立博物館ほか 1992『伽耶文化展』図版219
(118) 註(88)文献47頁
(119) 阪田俊幸 1987「橿原市南山古墳群第4号墳」『弥生・古墳時代の大陸系土器の諸問題』第21回埋蔵文化財研究会
(120) 註(116)b.文献
(121) 蘭田香融ほか 1972『和歌山市における古墳文化』関西大学文学部考古学研究室
(122) 亀田修一 1993「考古学から見た渡来人」『古文化談叢』30(中)　九州古文化研究会
(123) 酒井清治 1993「韓国出土の須恵器類似品」『古文化談叢』30(中)　九州古文化研究会
(124) 忠北大学校博物館 1990『清州新鳳洞百済古墳群発掘調査報告書−1990年度調査−』
(125) 李命憙 1990「大谷里ハンシル住居址」『住岩ダム水没地域文化遺蹟発掘調査報告書』Ⅶ 全南大学校博物館・全羅南道
(126) 東亞大学校博物館 1986『陜川鳳渓里古墳群』(古蹟調査報告書第13冊) 81頁
(127) 百済文化開発研究院 1984『百済土器図録−百済遺物図録第2輯−』
(128) 国立光州博物館 1992『特別展韓国の甕棺墓』
(129) 註(126)文献
(130) 技法・文様とも須恵器に酷似しているが、頸部のやや太い点が問題である。
(131) 夢村土城発掘調査団 1985『夢村土城発掘調査報告書』(実見していないが、図からは平底であることから、全羅道との関連があろうか)
(132) ソウル大学校博物館 1989『夢村土城西南地区発掘調査報告』(資料の実見と実測に際しては、佐原真、韓炳三、李健茂の各先生にはご便宜をはかっていただいた。実見したところ、口縁部の波状文、形態などは須恵器に酷似するものの、硬質で器肉が光沢を持つ灰色で、表面に淡緑色の自然釉がかかり、胴部の格子叩きとその上に施されたカキ目は、須恵器とするには違和感がある)
(133) 国立中央博物館 1992『固城貝塚』図25−⑱ (資料の実見と実測に際しては、佐原真、韓炳三、李健茂の各先生にご便宜をはかっていただいた。実測したところ、口径21.2cmの鉢形となり、沈線で区画された間には波状文が巡り、体部下半には格子叩き、内面には青海波文が見られる。格子叩きは夢村土

(134) 韓永熙・李揆山・俞炳夏 1992「扶安竹幕洞祭祀遺蹟発掘調査進展報告」『考古学誌』第4輯　韓国考古美術研究所（資料の実見に際しては韓永熙館長・俞炳夏氏にご便宜をはかっていただいた。実見したところ無蓋高坏は坏部が浅いものの、須恵器の可能性は高い。ほかにも須恵器との関連資料は多いが整理途中であり、公表されてから検討したい）
(135) つまみには環状と中実突起状のつまみがあるが、環状のほうが多いようである。
(136) 武田幸男 1989『高句麗史と東アジア』岩波書店
　　　金廷鶴 1977『任那と日本』（日本の歴史　別巻1）小学館
(137) 同様の考え方は西谷正が提示されている。註(81)15頁
(138) 植野浩三 1991「初期須恵器の系譜について－大蓮寺窯跡を中心にして－」『文化財学報』9　奈良大学文学部文化財学科
　　　同 1993「日本における初期須恵器生産の開始と展開」『奈良大学紀要』21
(139) 穴澤咊光・馬目順一 1973「羅州潘南面古墳群－『梅原考古資料』による谷井済一発掘遺物の研究－」『古代学研究』70　古代学研究会
(140) 平野邦男 1971『大化前代社会組織の研究』吉川弘文館
(141) 小林行雄は『日本書紀』の記事から「新羅系と百済系との、二種の流派が並行して伝来したことを意味するか否かは、かるがるしくは断じえない」としている（『古代の技術』塙書房1962）。岩崎直也は初期須恵器のうち胎土、焼成の特徴からA～C類に区分したうち、A類土器群は近江で生産された可能性を述べ、その時期が陶邑Ⅰ－1並行まで遡るとした(1986「地方窯の上限と系譜を求めて(Ⅱ)－近江を中心に－」『滋賀考古学論叢』3）。近江での初現期須恵器の生産が事実ならば、文献と符合する可能性があろうか。

第2節　韓国出土の須恵器

はじめに

　須恵器は、5世紀に朝鮮半島からわが国に伝えられたことは周知の事実であるが、朝鮮半島のどこから伝えられたかについては、伽耶という見解が大勢を占めているものの、その故地についてはいまだ結論が出ていない。それを知る方法として、出現期の須恵器と類似する資料を朝鮮半島に求めるのであるが、朝鮮半島の調査が地域によって精粗があり、比較資料が出尽くしていないことと、わが国の須恵器の最初の窯が断定できていないため、明確な結論が出ていないのが現状である。
　近年、全羅道の調査が進展し、成洛俊らによって全羅道のつまみのない蓋坏などが、わが国の須恵器に影響を与えたことが指摘されている。さらに最近、韓国では、須恵器の蓋坏に酷似する資料が出土しており、これらの製品がどのようにわが国の須恵器と関連するものなのか問題である。
　本節では、この須恵器に酷似する須恵器類似品が、倭で生産された須恵器と全羅道で生産された須恵器類似品があり、両者と全羅道との関わりについて問題提起してみたい。

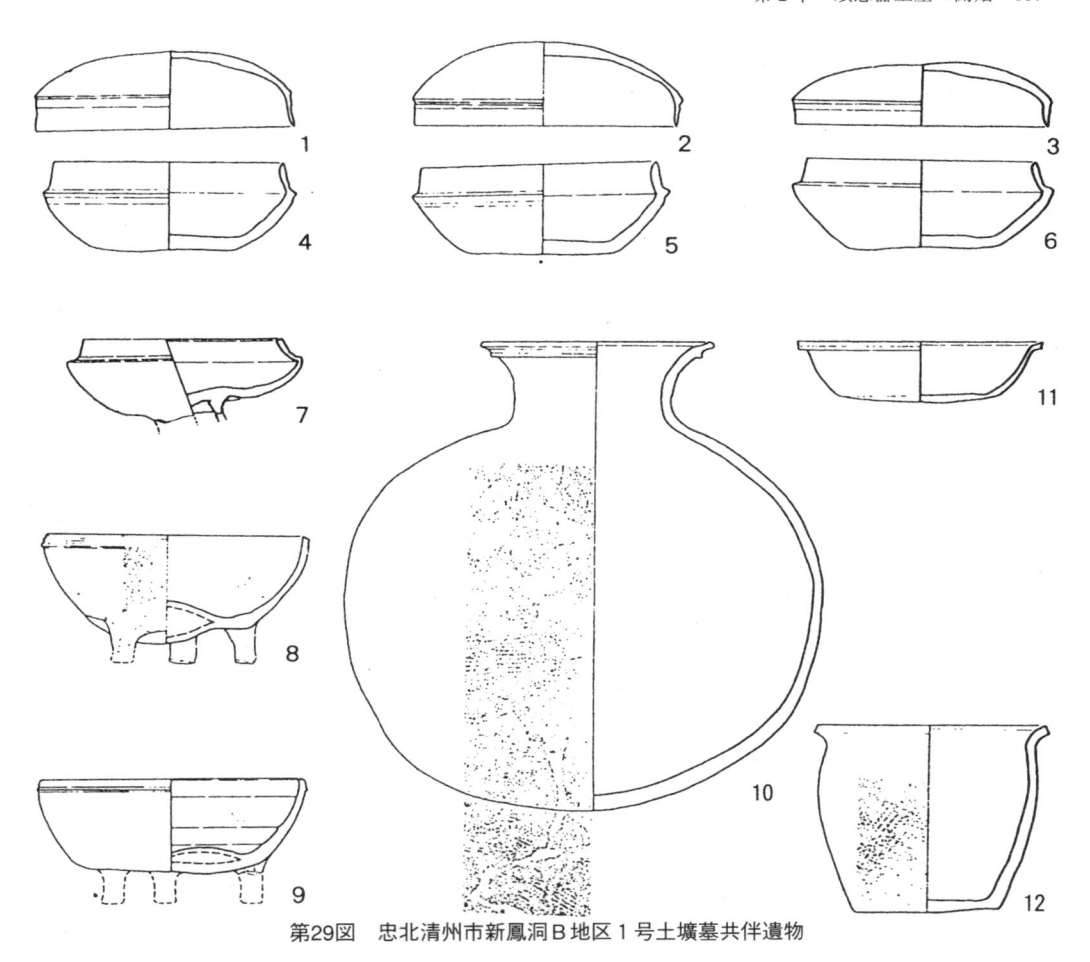

第29図　忠北清州市新鳳洞B地区1号土壙墓共伴遺物

1. 韓国出土の須恵器について

　韓国で出土する須恵器は、現段階では坏、高坏、甑、壺などであり、点数も少ない。各地出土の類例を上げてみる。

　(1) 忠清北道清州市新鳳洞B地区1号土壙墓出土品[2]（第29図、第30図1～6）

　調査された18基のうち最大で、墓壙の規模は3.7×1.8mを測る。多くの土壙墓が盗掘を受けているため、土器のほかではわずかに刀子、鉄鏃、直刀などを出土するだけである。しかし、1号土壙墓も盗掘を受けていたにも関わらず、壺1（第29図10）、深鉢形土器1（第29図12）、三足鉢形土器2（第29図8・9）、坏蓋5、坏身8、高坏1（第29図7）、三角板鋲留短甲1、直刀片1、刀子2、鎌1、鉄斧1、鉄鏃42、木心鉄板張輪鐙1、轡1ほか馬具類、金銅製装飾片1などが出土し、須恵器とともに三角板鋲留短甲の出土は注目される。

　須恵器と考えられる資料は、坏蓋2点、坏身4点（第30図1～6）で、坏に×印のヘラ記号をもつ蓋坏3セット（第29図1～6）とは形態、技法とも違いがある。ちなみに蓋坏3セットは、坏の底部が平底で、蓋受け部が外へ傾斜して鈍い造りであり、蓋とともに手持ち箆削りが主体である。なお、蓋坏3セットの坏身5・6は×印のヘラ記号の上に丹が塗られ、蓋1・2にも丹が塗

られ、1には丹で×印が描かれ、須恵器と区別されているようである。

　1（第30図1）は、口径12.6cmの坏蓋で砂粒がほとんど含まれず、灰色で器肉はセピア色を呈する。成形は左回転で、天井部の箆削りは稜部周辺まで及び、左回転である。

　2（第30図2）は、稜部付近がやや厚く、口径12.6cmを測る坏蓋で、砂粒は少ないものの多孔質で灰色を呈する。天井部の箆削りは周辺まで及び、右回転である。

　3（第30図3）は、口径10.7cmの坏身で深く、口唇部端面の窪み、蓋受け部の窪みなど須恵の特徴と共通性がある。砂粒をほとんど含まず、焼成良好で青灰色を呈する。成形は左回転、底部下半部の箆削りは幅の狭い左回転である。

　4（第30図4）は、口径10.5cmの坏身で砂粒は少なく、焼成良好である。成形は左回転で、底部上半部に細かなカキ目が施された後、下半部に左回転の箆削りが行われ、内面には不定方向の撫でが施されている。

　5（第30図5）は、口径10.3cmの坏身で、砂粒を含まず、焼成良好、表面・器肉とも淡黄白色を呈する。内面は広い範囲に不定方向の撫でを施し、底部下半部は左回転の箆削りを行う。

　6（第30図6）は、口径11.2cmの坏身で、砂粒をほとんど含まず、焼成良好、青灰色を呈する。

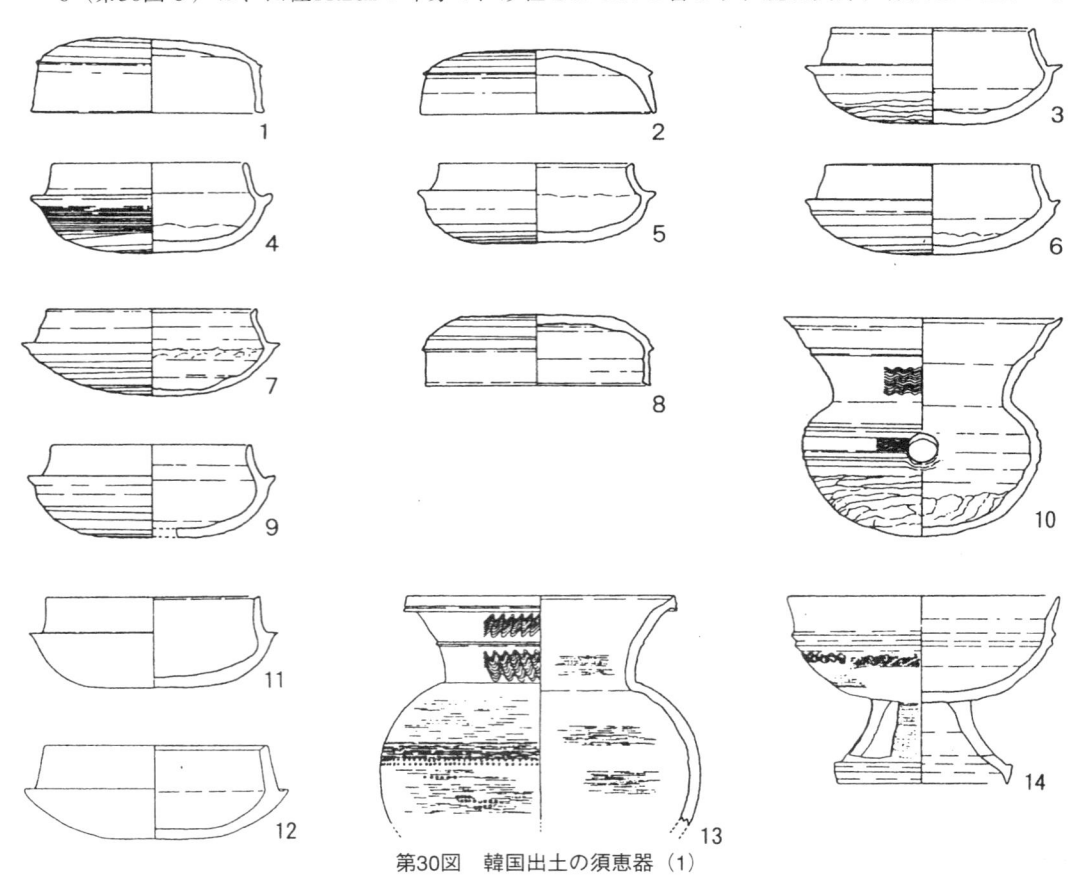

第30図　韓国出土の須恵器（1）
1〜6:忠北清州市新鳳洞B地区1号土壙墓　7:全南昇州郡大谷里ハンシルA−1号住居跡　8:同A地区32表採　9:同C地区　10:伝宜寧出土　11:新鳳洞A地区32号土壙墓　12:ソウル特別市夢村土城第3号貯蔵穴　13:同南門址蓮池　14:慶南陜川鳳溪里20号墳

成形は左回転、底部は蓋受け部付近まで均等な幅で、左回転の篦削りが行われ、内面中央は不定方向の撫でが施される。

(2) 忠清北道清州市新鳳洞A地区32号土壙墓出土品[3]

A地区はB地区と約200m離れ、74基の土壙墓が調査されたが、いずれも等高線に並行に占地する。32号土壙墓の規模は2.1×0.78mで、他の土壙墓と類似する。共伴遺物は瓦質平底有肩壺だけである。

坏身（第30図11）は口径10.9cmを測り、砂粒は少なく、焼成は普通で、青灰色を呈する。成形は右回転で、内面は轆轤による回転撫では顕著である。底部は9回転ほどの左回転篦削りが施されている。口縁部はほぼ直立し、口唇部端面は丁寧で窪みがつけられ、蓋受け部の窪みも見られる。

(3) 全羅南道昇州郡松光面大谷里ハンシル住居址出土品[4]（第30図7～9）

A、B、C地区で無文土器時代から三国時代の住居跡が13軒調査されている。

1（第30図7）は、A－1号住居跡出土の坏身で、口径11.3cmを測り、白色・黒色砂粒を含み、焼成は良好で青灰色を呈する。成形は左回転で、底部は蓋受け部直下まで左回転の篦削りが行われ、内面中央は指頭撫でが施されている。蓋受け部は水平で、ここに蓋をかぶせて焼成した痕跡が見られ、その内面には口縁を接合したところがしわ状に残る。全体に薄い造りであり、口唇端部は肥厚し、端面には窪みを造る。

2（第30図8）は、A地区地表採集の坏蓋で、口径12.0cmを測り、白色砂粒を少量含み、焼成は良好で天井部に自然釉がかかり青灰色で、器肉はセピア色を呈する。成形は右回転で、天井部は稜部付近まで右回転篦削りが施される。

3（第30図9）は、C地区出土で、口径10.6cmを測り、砂粒はほとんど含まないものの、黒色化した鉄分が見られる。焼成は普通で灰白色を呈する。成形は右回転で、底部下半は右回転の篦削りが行われ、内面中央は丁寧な指撫でが施される。全体に厚みがあり、体部が膨らみ、口唇部は丸みを持つなど古式な様相を呈する。

(4) 慶尚南道陜川郡鳳渓里20号墳出土無蓋高坏[5]

この古墳群で調査されたのは、大型墳のほか201基の古墳、21基の土壙墓、5基の甕棺であるが、20号墳は2.5×0.45mの竪穴式石槨墓である。土器は石槨の一方に偏して出土し、広口長頸壺2、有蓋高坏3、無蓋高坏1がある。また、鉄剣1、鉄鉾1、鉄斧1、鎌1、鉄鏃2が出土する。

無蓋高坏（第30図14）は短脚三方透しで、口径15.0cm、器高10.5cmを測り、焼成は良好で、表面は明灰褐色、器肉は暗灰色を呈する。坏部下半は細かなカキ目を施したのち、左回転の篦削りを行い、また、鋭角な稜部下には波状文を施す。脚部も同じく細かなカキ目を施す。口唇部は外反し、端部は薄く鋭角になる。

(5) 釜山大学校博物館蔵伝宜寧出土甑[6]

口径14.6、器高12.3cmを測る中型の甑（第30図10）で、焼成良好で口縁内面が釉化し、鉄分が吹く。砂粒を少量含み、青灰色で器肉はセピア色である。内面中央には指頭痕が見られ、底部は細かな手持ち篦削りがなされる。胴部に2本の突線で区画された間に波状文が施され、口縁下半

にも波状文が見られる。胴部は丸みを持ち偏平で、口縁の高さと比較して頸部が太い特徴がある。

（6）ソウル特別市夢村土城第3号貯蔵穴出土坏身[7]

　口径11.8cmを測る坏身（第30図12）で、焼成火度は高く炻器質に近く、砂粒はなく、灰青色を呈すとあり、右回転の篦削りが施されているようであり、口唇部は内傾し、蓋受け部は窪みを持つ。図では底部中央が平らになる特徴が見られる。

（7）ソウル特別市夢村土城南門址蓮池出土広口壺[8]

　口径14.2cmを測る広口壺（第30図13）で、焼成は良好で肩部に釉がかかる。球形の胴部で、格子叩きの後、轆轤を利用してカキ目を施す。口縁部は外反し、中位に鋭い突線を巡らし、上下に波状文を施す。口唇部は下方に窪みを持ち、須恵器と酷似した形態であるが、須恵器と断定できない。

（8）全羅南道務安郡三鄕面麥浦里出土甕（国立光州博物館蔵）[9]

　口径10.0cm、器高10.7cmを測る、胴部がやや算盤玉形の偏平な小型甕（第31図1）で、青灰色を呈する。底部に平行叩き（解説では縄蓆文）、胴部に二本の沈線で区画した間に波状文、口縁下半にも波状文を施す。

（9）国立扶餘博物館蔵甕[10]

　口径12.0cm、器高11.5cmを測る、胴部が球形な小型甕（第31図2）で、青灰色を呈し、焼成温度は比較的低い陶質という。胴部には粗いカキ目を施した後、2本の沈線で区画した間に櫛描列点文、口縁下半にも波状文を施す。

（10）栄山江流域出土甕[11]

　大型甕（第31図3）で、孔部の上下に沈線を巡らし、区画を造り、間に櫛歯文を施文する。頸部は細くしまり、大きく開く口縁部の上半部は欠失している。下半部には波状文が施される。

（11）忠清南道論山郡連山出土広口壺[12]

　忠南大学校朴萬植教授蔵（第31図4）で、口径21.0cm、器高26.6cmを測り、球形の胴部には平行叩きが明瞭に残る。口縁部は大きく開き、中位に突線を巡らし、上下に波状文を施す。口唇部は外面に面を造るが、その下にも突線を巡らす。須恵器と類似しているが断定できない。

2. 韓国出土の陶質土器について－特に坏と甕について－

　ここで提示した須恵器の蓋坏と甕を検討するために、朝鮮半島における各地の蓋坏と甕について概観してみよう。

　蓋坏について慶尚道と全羅道、忠清南道それぞれ地域性が見られる（第32図）。慶尚道の蓋坏の特徴は、一般的につまみを持つことであるが、慶山、慶州、昌寧（第32図6～8）など新羅の影響下にある地域に見られる蓋のつまみは中空で、透しが開けられ、つまみの周囲に櫛歯文など文様を描く例もある。それに対して、咸安、陝川、高霊（第32図1～3）など伽耶地域の蓋のつまみは、ボタン状あるいは帽子状であり、つまみの周囲に櫛歯文を描く形態と描かない形態がある。この両地域では蓋坏の出現以後、古墳時代を通してつまみが付けられる。

　それに対して5世紀以後百済の勢力下にあった地域で、475年に都の置かれた熊津（現公州）、

第31図　韓国出土の須恵器 (2)
1:全南務安郡三郷面麥浦里　2:国立扶餘博物館蔵　3:栄山江流域　4:忠南論山郡連山

　538年に都の置かれた泗沘（扶餘）のある忠清南道を中心をする地域と、全羅道を中心とする地域では大きな違いが見られる。忠清南道を中心とする地域では、三足土器（第32図4）という坏身に3本の脚が付く形態が主体であり、蓋についてはボタン状のつまみと環状のつまみが付くが、つまみのない例もある。全羅道を中心とする地域では坏身には脚はなく、蓋にもつまみは付けられず、わが国の古墳時代に一般的な蓋坏の形態と、共通する特徴を見ることができる（第32図5）。
　次に甑は、伽耶地域にも出土するが、多くは全羅道に見られる。形態的に各種あり、わが国のような変遷はまだ明らかになっていない。口縁に段を持つ例（第33図21、22）が多いが、持たない例もあり、胴部中位の孔部にかかる位置に突線を巡らす例（第33図22）が多く、百済地域の甑の特徴にもなっているが、巡らさない例も存在する。また、霊岩万樹里古墳例のように口縁、[13]

第32図 日韓の坏の比較

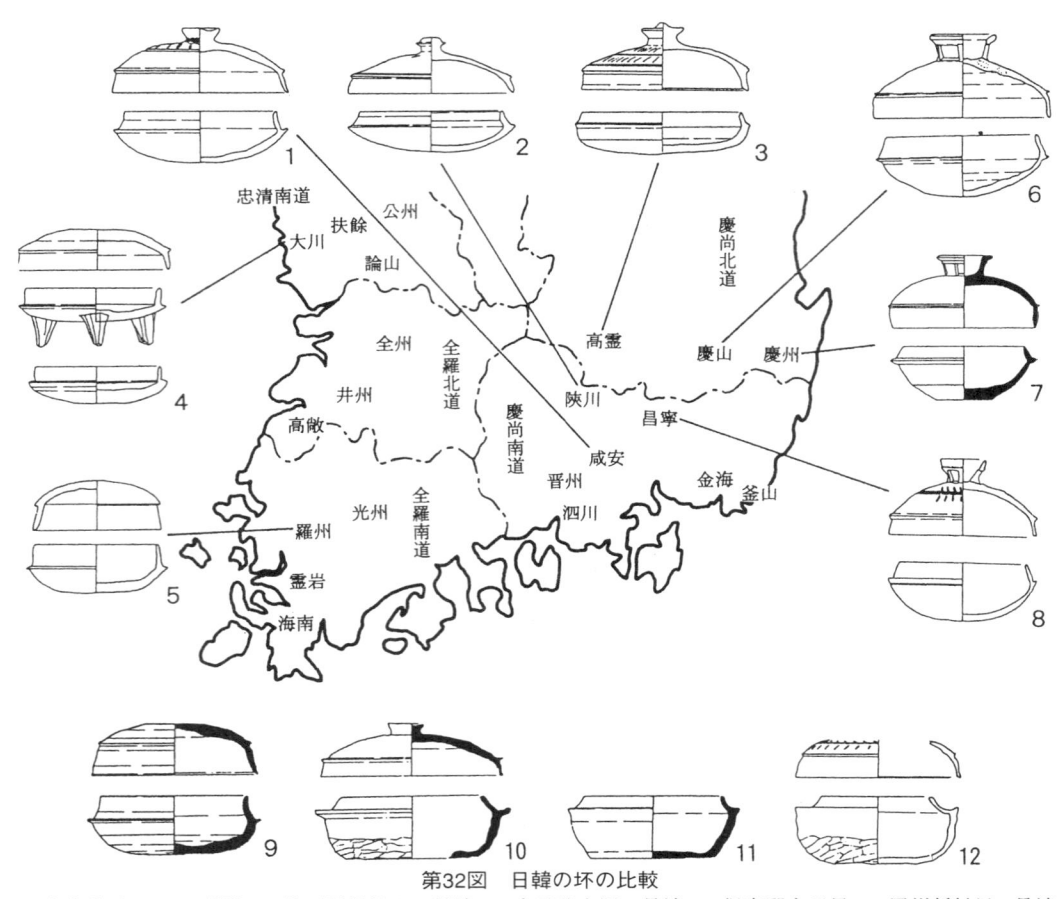

1:咸安道項里14－1号墳　2:陜川蟠渓提カ22号墳　3:高霊池山洞33号墳　4:保寧郡大川邑　5:羅州新村里9号墳　6:慶山林堂里3号墳　7:慶州皇南洞110号墳　8:昌寧桂城里1号墳(以上韓国)　9:大阪陶邑ＴＫ216号窯　10:同ＴＫ73号窯　11:大阪大庭寺遺跡　12:大阪上代窯跡

胴部に波状文を巡らす例（第33図21、22）もあるが、数は少ない。この地域の甑の多くは、壺と同様平底化する例が多いようである。

3. 須恵器と陶質土器の比較について

ここでは朝鮮半島の陶質土器との比較から、須恵器の位置づけについて検討してみよう。

まず坏であるが、須恵器として上げた例はいずれもつまみを持たず、形態および削りの特徴など須恵器に酷似している特徴を持つ。朝鮮半島においてこのような特徴は前述した錦江・栄山江流域に見られるため、この地域の坏について触れてみよう。

成洛俊は、栄山江流域で出土する蓋坏はつまみのない蓋坏であり、三足土器が、長城、霊光には見られるものの、栄山江流域には全く出土せず、錦江流域に多く出土するとした。また、三足土器が百済地域以外では出土しないことからも、百済土器の特殊器形であるとした。[15]

崔完奎も錦江では、笠店里3号墳、熊浦里2号墳あるいはその周辺で三足土器が出土するものの、熊浦里20号墳では蓋坏のみ出土するあり方から、この地域では偏在する羨道、平面方形の穹

穹状天井石室墳の築造された5世紀末から6世紀初頭に、蓋坏と三足土器の副葬において、両者の転換が生じたものとした。[16]

このように錦江流域には三足土器とつまみを持たない蓋坏が見られるようであるが、尹武炳は、忠清南道論山郡連山の表井里古墳群出土例を5世紀後半かそれ以降と推定している[17]ように、この地域の蓋坏は熊津時代以降であろう。また、近くの全羅北道益山、新龍里窯址でも三足土器と蓋坏が共伴しており、全榮來は6世紀中半と報告した[18]。さらにこのような共伴例は、全羅北道の中でも全羅南道との境界近くの高敞郡雅山面雲谷里窯跡にあり、全榮來は6世紀後半頃とした[19]。

このような錦江流域から全羅北道に分布する蓋坏の変遷を見ると、三足土器と無縁ではなく、5世紀代の蓋坏は全体に厚みがあり、底部中央が偏平になるがまだ深みがあるものの、6世紀になると坏身が偏平化し、底部が厚くなり、口縁部が極端に短く口唇が鋭角になる（第32図4）。

これに対して栄山江流域の蓋坏は、口縁の立ち上がり、口唇端部の段、蓋受け部、蓋の稜部、底部と天井部の回転篦削りなど、須恵器と共通する特徴を持つ例が多い。

中でも羅州郡潘南面の潘南古墳群の中の大安里9号墳、新村里6号墳（第33図9）、同9号墳（第33図10～15）、徳山里4号墳（第33図16・17）、潘南古墳群梅原資料所在不明遺物、海南郡月松里造山古墳出土の蓋坏（第33図18・19）は特に類似する例である。[20]

しかし、この地域の蓋坏をさらに詳細に見ると、中には須恵器との相違を見出すことができる例がある。それは、身の底部あるいは蓋の天井部の中央を平らにする例（第33図3・4・6・8・9・12・20）が見られることと、手持ち篦削りを施す例が須恵器よりも割合が多いことである。後者の特徴については三足土器および共伴する蓋坏が、手持ち篦削りすることと関わりがあろう。

甕は、須恵器類似品に上げた例が波状文を持つことを考慮するならば、霊岩郡萬樹里古墳例（第33図21・22）と務安郡社倉里例以外はほとんど波状文が見られない。また、形態的にも類似する資料はなく、現段階では甕の出土量だけから、全羅南道との関わりがあるといえるだけである。[21]

4. 朝鮮半島出土の須恵器の生産地と初期須恵器との関わりについて

朝鮮半島出土の須恵器が、わが国の須恵器と酷似していることから、以下の相反する2つの考え方が導かれよう。

　A．わが国で生産された須恵器が、何らかの理由で朝鮮半島にもたらされた。
　B．全羅南道に類似した製品が多いことから、朝鮮半島のどこかで生産された。

まず、Aの場合、全羅南道昇州郡松光面大谷里ハンシル住居址C地区出土の坏身（第30図9）は、須恵器の陶邑編年にあてるならば、ＴＫ216型式並行まで遡る可能性がある。続いて栄山江流域出土甕（第31図3）、全羅南道務安郡三鄕面麥浦里出土甕（第31図1）、全羅南道昇州郡松光面大谷里ハンシル住居址A地区表採坏蓋（第30図8）、忠清南道清州市新鳳洞A地区32号土壙墓坏身（第30図11）はＴＫ208型式並行に近いであろう。さらに忠清北道清州市新鳳洞B地区1号土壙墓坏身と蓋（第30図1～6）、慶尚南道陜川郡鳳溪里20号墳高坏（第30図14）は、ＴＫ208型式からＴＫ23型式に並行するであろう。

114

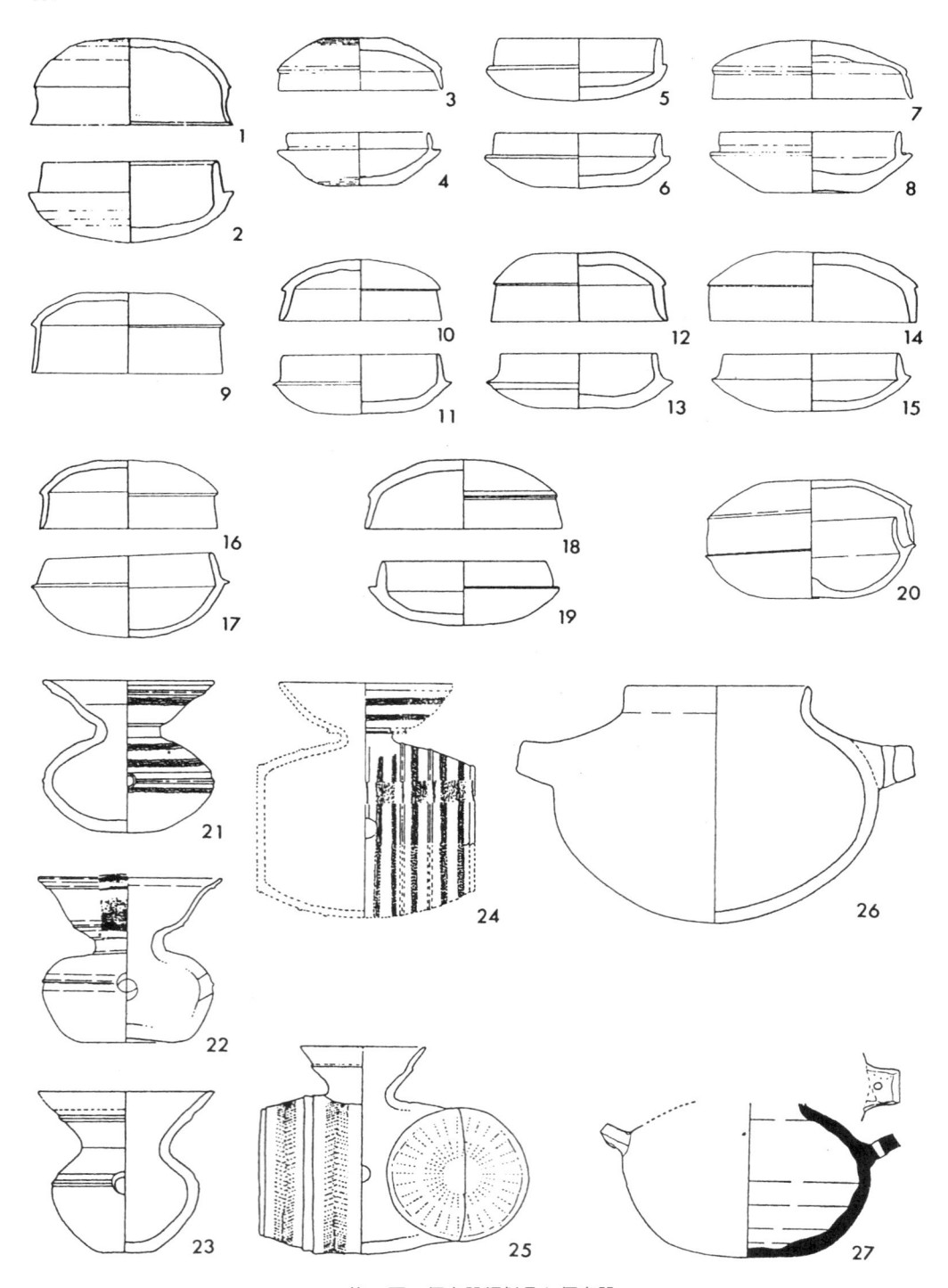

第33図　須恵器類似品と須恵器
1・2:全北井邑郡化龍里窯跡　3〜6:忠南論山郡連山表井里3号墳　7・8:同5号墳　9:全南羅州新村里6号墳
10〜15:同9号墳　16・17:全南羅州郡徳山里4号墳　18・19・23:全南海南郡月松里造山古墳　20・26:出土地
不詳忠南大学校博物館蔵　21:全南霊岩郡万樹里古墳群4号甕棺　22:同万樹里4号墳1号土壙墓　24:同万樹里
1号甕棺　25:出土地不詳暁星女子大学校博物館蔵　27:大阪陶邑ＴＫ216号窯跡（須恵器）

わが国の初期須恵器の生産は、近年陶邑以外でも開始されていることが判明しており、九州では福岡県朝倉郡三輪町山隈窯跡、夜須町小隈窯跡・八並窯跡などを含む朝倉窯跡群があるが、三辻利一の分析によれば、小隈窯などの地方窯産の須恵器の移動力は小さく、窯周辺の遺跡にしか検出されず、この分布地域にも陶邑産が供給されているという。そして「大阪陶邑産須恵器の一方的な移動は、交易などではなく、畿内を征した倭王と、地方豪族との間の政治的な関係を背景にして移動した」と推定した(23)。

　三辻の分析結果を受けて、西谷正は、5世紀初頭の老司古墳や対馬に大阪陶邑産の須恵器が出土することから、「あたかも倭政権が加耶へ至る途上に位置するかのような印象を与える」として、「倭政権という強力な中央政権の存在と、その日本列島内における圧倒的優位を示すとともに、北部九州における大阪陶邑産製品の存在は、倭政権による地方支配という枠組みのなかで理解しなくてはなるまい」とした(24)。

　このように、わが国に須恵器が伝播したのち、直ちに大阪陶邑産の須恵器が全国に供給されていることから、わが国の中に限るならば、大阪陶邑産の須恵器の広がりと、中央政権と地方豪族との政治的な関係と関わりがあろう。

　小田富士雄は、朝鮮半島に見られる須恵器類似品を、「そのごく少量は西日本の方から流伝した場合もあった」とし、「須恵器に関しても皆無ではない」と、慶尚南道陜川郡鳳渓里20号墳高坏などを上げられた(25)ように、須恵器の可能性は高い。しかし、朝鮮半島においては各地で陶質土器の生産が行われており、その地域にもたらされたのはなぜであろうか。わが国の中央政権の政治的な関係で須恵器が朝鮮半島にもたらされたとすることはできず、なぜもたらされたのか慎重に検討すべき問題である。

　Bについて、須恵器類似品が朝鮮半島のどこかで生産されたと仮定したならば、どうであろうか。

　全榮來が報告した全羅北道井邑郡化龍里窯跡出土資料の中に広口壺1、四耳付塊形土器1とともに蓋坏1組（第33図1・2）があり、小田は「日本の須恵器と同質同色の硬質土器で（中略）蓋、身ともに深く、蓋受けの立上がりは直立して高く、端面に面取りがあって、日本の古式須恵器と近似した器形と特徴を有する」とした(26)。また、「日本の製品と見まがうばかり(27)」とも表現する。このような須恵器は前述した類例も含めて、全羅道・忠清南道に多く、蓋坏と𤭯の分布と重なる。

　蓋坏は、特に全羅南道の出土品については須恵器に類似するが、前述したように、底部中央を平底にする例、手持ち篦削りをする例を除いたとしても、須恵器類似品は多い。逆に平底あるいは手持篦削りの製品が存在することからも、須恵器に酷似した製品が朝鮮半島において出現する要素があるともいえよう。

　𤭯は、前述したように口縁の段の有無、胴部中位の孔部にかかる位置の突線の有無、波状文の有無、平底化など形態、文様の特色が多様化しており、はたしてこの中から須恵器に酷似した製品が朝鮮半島の中で出現しうるのか疑問である。しかし、全羅南道の霊岩郡萬樹里2号墳（第33図24）と曉星女子大学校博物館蔵の樽形𤭯（第33図25）は注目される(28)。前者は波状文であるのに対して、後者は櫛歯文を羽状に施文し、側面にも櫛歯文を放射状に施しており、福岡県久留米市

木塚古墳例と類似する。

　成洛俊は、「日本の須恵器の土器製作技術は百済地域の中でも栄山江流域を中心に伝播したものではないか」⁽²⁹⁾としたが、現段階では朝鮮半島における須恵器の最古の例は、前述した全羅南道昇州郡松光面大谷里ハンシル住居址Ｃ地区出土の坏身で、須恵器の陶邑編年ＴＫ216型式にあてることができる。それを遡る陶邑ＴＫ73型式の蓋坏はつまみを持つことから、崔鍾圭は蓋坏に関して、慶尚南道との関わりを想定した。⁽³⁰⁾わが国の須恵器の出現期のあり方は、大庭寺窯跡、山隈など朝倉窯跡群を見るに、伽耶地域からの影響がより濃いといわざるを得ない。すなわち成洛俊が述べる全羅南道の蓋坏と須恵器の関連は、わが国の主にＴＫ216型式（Ｉ型式2段階）以降の須恵器と比較することが可能といえよう。

5. 須恵器の出土意義と性格について

　前項において須恵器の生産地について、Ａ・Ｂ二つの考え方を述べてきた。たとえば、筆者の実見したうちの忠清北道清州市新鳳洞Ａ地区32号土壙墓坏身、同Ｂ地区1号土壙墓坏身や全羅南道昇州郡松光面大谷里ハンシル住居址例は、わが国で出土すれば須恵器として疑わないであろう。ところが、これと類似する資料が小田の指摘するように、韓国において窯から出土するのである。同じ窯からは他には須恵器と類似する資料は出土していない。また、この地域には須恵器類似品の甑も出土するが、蓋坏と比べて陶質土器との形態、文様差は明らかで、須恵器の可能性が高いといえよう。このような須恵器類似品を詳細に見るならば、技法や形態から朝鮮半島出土の須恵器に酷似した製品は須恵器である。

　朝鮮半島出土の須恵器は、陶邑ＴＫ216型式並行期から出現するものの、多くは陶邑ＴＫ208型式並行期以降である。すなわち、わが国に須恵器が伝播して2から3型式後であるにも関わらず、朝鮮半島において須恵器に酷似する製品が生産されているならば、わが国に須恵器が伝わった段階の、ＴＫ73型式並行の須恵器類似品がもっと存在していてもよいのではなかろうか。ところが、全羅道にはＴＫ73型式に類似するつまみを持つ蓋坏の存在も含めて、現段階では不明確である。

　崔鍾圭は陶邑のつまみを持つ蓋坏に関して、慶尚南道との関わりを想定した。朝鮮半島における蓋坏は、新羅・伽耶地域では継続してつまみを持つ坏蓋であるのに対して、全羅道ではつまみを持たない。このような地域性を考慮して、崔鍾圭は慶尚南道に陶邑窯の関連を求めたわけである。わが国の須恵器は、陶邑ＴＫ73型式の段階はつまみを持つのに、陶邑ＴＫ216型式の段階でつまみを付けないのはなぜであろうか（第32図）。この変化はわが国だけであり、これがわが国の須恵器の内的な変容だけで捉えられるのか、朝鮮半島からの外的な要因で変遷したものか検討を要する。

　崔鍾圭の提示された慶尚南道の坏蓋は、つまみを持つにも関わらず櫛歯文が入る例と入らない例がある。⁽³¹⁾それに対して陶邑のＴＫ73号窯跡の蓋坏（第32図10）は文様がなく平底化しており、手持ち箆削りであり、器台を始め多くは波状文が主体で、櫛歯文、鋸歯文がほとんど見られず、大甕の内面底部中央の絞り目がなく、甑と樽形甑を一定量生産しており、慶尚南道よりも全羅道との関わりが強いといえよう。それに対して、近接する大庭寺窯跡では器台の鋸歯文、格子文、

組紐文や、高坏の脚部の三角、菱形、多窓、二段透し、蓋の櫛歯文が見られ、大甕の内面底部中央の絞り目が存在し、樽形𤭯は検出されず𤭯も数少ないなど、慶尚南道の影響を強く受けている。

目を転じて、忠清南道から全羅道にかけて分布する両耳付有蓋壺（第33図26）は、陶邑ＴＫ216号窯跡[32]（第33図27）からも出土する。陶邑のＴＫ216窯跡において、つまみのない蓋坏（第32図9）、両耳付有蓋壺など全羅道と類似する器形が見られる。

このことからも陶邑は全羅道との関連が強いといえようが、坏につまみを持つ点で、陶邑ＴＫ73型式段階には全羅道を中心に慶尚南道西部を含めた地域の影響で陶邑が成立したものの、ＴＫ216型式の段階ではさらに全羅南道との関わりが強くなったといえよう。

朝鮮半島においてもこの時期に、全羅南道昇州郡松光面大谷里ハンシル住居址Ｃ地区出土の坏身のような須恵器が見られることは、両地域で何らかの交流があった結果であり、全羅道の陶邑ＴＫ216型式並行以降、ＴＫ208型式並行に多くなる須恵器の出現の様相からも、須恵器が、わが国からの人の移動に伴ってもたらされた「須恵器」であろう。

小田富士雄は、橋口達也の分類した池の上Ｉ～Ⅳ式の朝倉窯跡群の初期須恵器について検討したが、前後の2期に分類できるとし、池の上Ⅳ式に比定されているＤ－4出土の陶邑産の須恵器についてⅠ型式3～4段階とした。また小田は、ⅠＡ期（陶邑Ⅰ型式1・2段階）が伽耶系須恵器の生産、ⅠＢ期（陶邑Ⅰ型式3～5段階）を定型化した須恵器の生産が行われたとするが、三辻利一の分析ではⅠＡ期からすでに朝倉窯跡群の製品と陶邑産の須恵器が共伴しており、陶邑産が量的に増加するのはⅠＢ期であり、対馬まで到達することが確認されている。これについて小田は、「5世紀後半におけるこのような九州の南北への流通の背景には、大和政権の対半島交渉、対隼人政策などを軸とする九州支配方式の強化とかかわっていることは否定できないであろう」[33]としたが、前述した西谷の見解と同様である。おそらく朝鮮半島の須恵器は、陶邑から九州への須恵器の量的な流れが朝鮮半島まで及んだものであろう。しかし、この須恵器の分布から朝鮮半島まで大和政権の影響が及んだとするには問題がある。わが国へ朝鮮半島から搬入された土器と比較すれば、ごくわずかの量である。このように現在朝鮮半島における須恵器はあまりにも少なく、一般集落、小墳墓からの出土であり、唯一注目されるのは新鳳洞Ｂ地区1号土壙墓資料で、調査区最大規模の土壙墓から6点の須恵器類似品が三角板鋲留短甲、木心鉄板張輪鐙、鑣轡、鉄鏃類とともに出土した例だけである。この出土遺物について検討してみよう。

朝鮮半島での甲冑の出土地は、現段階では釜山・金海地域と、高霊・咸陽・陜川地域に集中するが、三角板鋲留短甲を出土した新鳳洞Ｂ地区1号土壙墓は、朝鮮半島での集中出土地からかけ離れた百済地域での1例である。申敬澈は親新羅系伽耶地域の中でも釜山・金海では、5世紀後半代に革綴、鋲留の三角板短甲が横矧板鋲留短甲に変わっていること、また、非新羅系伽耶の陜川玉田68号墳では5世紀初めから三角板革綴短甲が副葬され、5世紀後半代の親百済系伽耶の大伽耶圏の高霊・咸陽・陜川などで鋲留の三角板・横矧板短甲と衝角付冑が見られるが、これらの甲冑が被支配者層に限定されること、挂甲、竪矧板冑に比べて少ないことを指摘し、陜川玉田68号墳例が5世紀初めに出現することから、この甲冑の源流地はいまは決定できないとし、朝鮮半島、列島それぞれでの生産の可能性を残すとした[34]。現在まで朝鮮半島出土の三角板鋲留短甲の製

作地については、列島製、朝鮮半島製と見解の分かれるところである。

　1号土壙墓で共伴した木心鉄板張輪鐙は、輪部の大半が欠損しているが、柄の頭部が丸く、柄が短く太い、小野山節の古形式であるが、輪部が欠損していることから千賀久のⅠA式かⅡ式かの判断はできない。

　新鳳洞古墳群では合計10例の鑣轡が出土しており、木心鉄板張輪鐙を伴う例が複数あるが、他の馬装具が伴わず、実用的な馬具の性格を持つとされる。1号土壙墓でも同様に鑣轡が出土するが、遊環が付く特徴がある。金斗喆は、鑣轡が釜山、大邱、陝川、清州などに分布するとしたが、連結方法にも注目し、遊環の有無について中国東北地域、高句麗地域をはじめ、洛東江東岸地域、慶州地域にはなく、洛東江西岸の大伽耶文化圏と百済地域にはあることを指摘し、遊環は百済地域からの影響と考えている。類品はわが国でも岡山県随庵古墳で出土している。

　約34本出土する二段逆刺を有する片刃形鉄鏃については類例はないが、共伴した中に柳葉形鉄鏃の断片が1例あることから、わが国で出土する逆刺独立三角・柳葉形鉄鏃と関連があろう。関義則は逆刺独立三角・柳葉形鉄鏃が陶邑編年ＴＫ216からＴＫ10型式の間に存続し、盛期はＴＫ208からＴＫ47型式としたが、時期的にも二段逆刺を有する片刃形鉄鏃とも関連しよう。関は朝鮮半島には逆刺を持つ鉄鏃が少ないのに対して、わが国に弥生時代から逆刺を持つ柳葉鏃が多数見られることから、この型式の鉄鏃がわが国で成立したとする。関も指摘するように、近年釜山を中心として逆刺を持つ片刃鏃の出土例が増加しており、新鳳洞の二段逆刺を有する片刃形鉄鏃は朝鮮半島で出現した可能性も考えられる。また、1点であるが、後藤守一の無茎正三角形膓抉式・広鋒正三角形重抉式鉄鏃が出土するが、わが国にも類例の多い型式である。

　さて、新鳳洞Ｂ地区1号土壙墓出土資料について、それぞれの製作地を検討するならば、新鳳洞古墳群での複数の鑣轡と木心鉄板張輪鐙の共伴関係は、この墳墓の実用的な馬具が、わが国からもたらされたとするには高い率の出土であり、調査の進んだわが国にはいまだ出土していない二段逆刺を有する片刃形鉄鏃が共伴することも、朝鮮半島でつくられた可能性は高いといえよう。また、三角板鋲留短甲が朝鮮半島での集中出土地域から離れた百済地域から出土しているわけであるが、近年の甲冑の出土例の増加は朝鮮半島での製作を予想させるものであることから、朝鮮半島製と解することも可能である。さらに新鳳洞Ｂ地区1土壙墓と隣接する墳墓の形態は同一で、馬具や百済土器の出土状況も類似することは、この被葬者が百済人である可能性は高くなる。そのように考えた場合、須恵器類似品がなぜ清州の一墳墓に集中して存在するのか、改めて問題となろう。

　一方、三角板鋲留短甲について列島製との見解に従うならば、そこに須恵器類似品が6点も共伴することは、被葬者が倭人である可能性がより高まるであろう。また、1号土壙墓が大型であることと、出土遺物の軍事的要素が見られることは、被葬者の性格を考える上にも注目されよう。

　現段階では、三角板鋲留短甲の製作地の違いによって、導かれる内容が異なってこようが、現在筆者には短甲の製作地を論究する材料を持ち合わせていないため、今後の課題としたい。

　わが国での渡来人の足跡を示す朝鮮半島系軟質土器は、5世紀前半から後半にかけて、畿内あるいは九州北部を中心に出土するが、そのあり方は全羅南道昇州郡松光面大谷里トロン住居址出

土軟質土器と同様、長甕、把手付堝、平底甑、深鉢形土器を基本な組合わせとする。

　やや時代は下り6世紀には、全羅道栄山江流域に見られる両袖型横穴式石室が九州系と考えられており(43)、韓国南部に分布する前方後円墳とともに、今後この地域との交流の上での検討すべき関連事項は多い。

　須恵器と陶質土器から見た、それぞれの交流のあり方は、近年明らかになりつつある朝鮮半島出土の「倭系遺物」の性格の解釈と同様、慎重を期すべきであろう(44)が、朝鮮半島系土器がわが国から出土する場合、渡来人の移住と絡めて考えられることが多いように、朝鮮半島での須恵器の出土状況によっては同様に考えられよう。ほかの倭系遺物も含めるならば、朝鮮半島における倭人の足跡との解釈も可能であり、推測を重ねるならば、列島内での受け身の文化等の受容だけでなく、朝鮮半島へ出かけての能動的な交易活動、軍事活動、文化等の受容などによる交流の一端が窺えるのではなかろうか。

　以上、朝鮮半島の南部に見られる須恵器に酷似する製品（第30・31図）は須恵器であろう。また、全羅道に分布する朝鮮半島で製作された、須恵器に類似した坏、甑、樽形甑など（第33図）は、わが国の須恵器と関連が深く、陶邑に見られる須恵器が全羅道を中心とした地域から伝えられたといえよう。

　今後、朝鮮半島にもたらされた須恵器について、事例の増加とともに、胎土分析の結果を待ちたい。

註

(1) 　a. 成洛俊（武末純一訳）1984「栄山江流域の甕棺墓研究」『古文化談叢』13　九州古文化研究会
　　　b. 徐聲勳・成洛俊 1988『羅州潘南古墳群』国立光州博物館・全羅南道羅州郡
　　　c. 成洛俊 1989「寶城江流域の原三國時代聚落遺蹟について」『全南文化財』2　全羅南道
(2) 　忠北大学校博物館 1990『清州新鳳洞百済古墳群発掘調査報告書－1990年度調査－』（国立清州博物館の許可を得て実測させていただいた。実測に際しては金弘柱氏にご指導いただいた。また、忠北大学校博物館所蔵品については、林庠黙館長・禹鍾充氏にご指導いただいた）
(3) 　註(2)文献
(4) 　李命憙ほか 1990「大谷里ハンシル住居址」『住岩ダム水没地域文化遺蹟発掘調査報告書』Ⅶ（全南大学校博物館・全羅南道国立光州博物館の許可を得て実測させていただいた。実測に際しては池健吉館長・成洛俊氏にご指導いただいた）
(5) 　沈奉謹 1986『陝川鳳溪里古墳群』東亞大学校博物館（資料の実見に際しては沈奉謹氏のご指導をいただいた）
(6) 　釜山大学校博物館の許可を得て、釜山市立博物館で実測させていただいた。実測に際しては、宋桂鉉、洪潽植氏にご指導いただいた。
(7) 　夢村土城発掘調査団 1985『夢村土城発掘調査報告書』（任孝宰氏のお手を煩わせたが、博物館の移転のため資料を実見できなかった）
(8) 　ソウル大学校博物館 1989『夢村土城西南地区発掘調査報告』
(9) 　百済文化開発研究院 1984『百済土器図録－百済遺物図録第2輯－』
(10) 　註(9)文献

(11) 国立光州博物館 1992『特別展韓国の甕棺墓』
(12) 註(9)文献
(13) 国立光州博物館・百済文化開発研究院 1984『霊岩萬樹里古墳群』
　　 国立光州博物館・霊岩郡 1990『霊岩萬樹里4号墳』
(14) 註(9)文献によれば霊岩・郡南面雲梅里から出土する。
(15) 註(1) a.文献
(16) 崔完奎(吉井秀夫訳) 1992「韓国 全北地方錦江河口の百済石室墳」『古文化談叢』27　九州古文化研究会
(17) 尹武炳 1979「連山地方百済土器の研究」『百済研究』10　忠南大学校百済研究所
(18) 全榮來(緒方泉訳) 1988「益山・新龍里百済土器窯址」『古文化談叢』19　九州古文化研究会
(19) a.全榮來(武末純一訳) 1983「雲谷里百済窯跡発掘調査略報」『古文化談叢』12　九州古文化研究会
　　 b.全榮來(尹煥訳) 1985「韓国高敞・雲谷里百済窯址発掘調査報告」『古代文化談叢』15　九州古文化研究会
(20) 註(1) b 文献
(21) 徐聲勲・成洛俊 1984「務安社倉里甕棺墓」『霊岩萬樹里古墳群』国立光州博物館・百済文化開発研究院
(22) a.平田定幸 1984「朝倉の初期須恵器」『甘木市史資料』考古編　甘木市
　　 b.中村 勝 1984「甘木・朝倉地方の初期須恵器－窯跡資料を中心に－」『地域相研究』14
　　 c.片岡宏二 1988「小隈古窯跡群成立の歴史的背景」『まがたま』福岡県立小倉高等学校考古学部
　　 d.九州大学考古学研究室 1990「山隈窯跡群の調査－福岡県朝倉郡三輪町所在の初期須恵器窯跡群－」『九州考古学』65　九州考古学会
(23) a.三辻利一・杉浦樹 1986「北九州の初期須恵器の胎土分析」『古代文化談叢』16　九州古文化研究会
　　 b.三辻利一 1990「須恵器の産地」『古代史復元』7 (古墳時代の工芸)　講談社
(24) 西谷正 1992「九州北部の初期須恵器とその系譜」『異国と九州』(歴史における国際交流と地域形成) 雄山閣
(25) 小田富士雄 1991「須恵器文化の形成と日韓交渉・総説編－西日本初期須恵器の成立をめぐって－」『古代文化談叢』24　九州古代文化研究会
(26) 小田富士雄 1983「百済土器窯跡調査の成果」『古文化談叢』12　九州古文化研究会
(27) 註(25)文献
(28) 曉星女子大学校博物館　1992『博物館図録』(解説では横瓶とある。同一頁に現在まで韓国では報告例のない平瓶が異形土器として掲載されており、出土地については検討を要する)
(29) 註(1) a 文献
(30) 崔鍾圭 1990「美術上に見る韓日関係－陶質土器と須恵器－」『古代韓日文化交流研究』韓国精神文化研究院
(31) 註(30)文献
(32) 田辺昭三 1981『須恵器大成』角川書店
(33) 註(25)文献
(34) 申敬澈 1992「5世紀における嶺南の情勢と韓日交渉」『シンポジウム東アジアの再発見 謎の5世紀を探る』読売新聞社
(35) 日本製と考える野上丈助、穴沢咊光、馬目順一、堀田啓一、藤田和尊らと、韓国製と考える小林行雄、申敬澈がいる。野上丈助 1991「序章 日韓古墳出土甲冑の系譜について」『論集武具』学生社
(36) 小野山節 1966「日本発見の初期の馬具」『考古学雑誌』52-1　日本考古学会

(37) 千賀久 1988「日本出土の初期馬具の系譜」『橿原考古学研究所論集』第9 吉川弘文館
(38) 金斗喆 1991『三國時代轡の研究』慶北大学校文学碩士学位論文
(39) 註(37)文献
(40) 関義則 1991「逆刺独立三角・柳葉形鉄鏃の消長とその意義」『埼玉考古学論集』財団法人埼玉県埋蔵文化財調査事業団
(41) 後藤守一 1939「上古時代鉄鏃の年代研究」『人類学雑誌』54-4 東京人類学会
(42) 註(4)文献
(43) 洪潽植にご教示いただいた。
(44) 申敬澈 1993「韓国考古学の最近の成果に対する一視角」『東アジアの古代文化』74 大和書房

第3章　須恵器生産の展開

第1節　関東の須恵器生産の概要

　近畿から各地に波及した須恵器生産は、福岡、島根、尾張など第1次拡散期を経て、さらに広がりを見せていく。その中で関東地方にも伝来するものの、その時期は明確な窯跡からは6世紀第2四半期、製品からは5世紀後半と想定されるものの、各地で時期差がある。また、その系譜についても各地で様々である。

1. 窯跡を中心とした研究史
(1) 第1期

　明治時代から戦前までであるが、窯跡の存在把握と報告が主であり、窯構造に触れたものは少ない。

　関東における須恵器窯跡の研究は、1902年、島田増次郎の茨城県小野窯跡について、1905年の大野延太郎が埼玉県玉川村の亀の原窯跡の存在を報告したのに始まる。

　その後の動向は、埼玉県において武蔵国分寺や瓦窯跡の研究とともに進展しており、1923年、塩谷俊太郎の国分寺瓦窯跡が報告されるなど、窯跡群の広がりが判明してきた。千葉県においても1915年には『君津郡誌』で練木の窯跡の存在が指摘され、千葉県での数少ない報告例となった。1931年には柴田常恵・稲村坦元により埼玉県内の計11か所の窯跡を上げている。窯構造を追求するなど、当時の関東における動向の上でも一時期を画すといえよう。また、1941年には群馬県においても山崎義男が、月夜野窯跡群の真沢・洞窯跡の調査報告を行い、戦後につながる調査となった。

(2) 第2期

　この期は窯跡の構造、須恵器の分析により供給地の追求が行われた。

　戦後まもなく窯跡の発掘調査も行われる。その主導は窯跡の分布が把握されていた埼玉県を中心に進んでいったが、埼玉では瓦窯の発掘調査に伴い須恵器窯跡の調査におよんだものが多い。1950年には内藤政恒・宇野信四郎らにより入間市谷津池窯跡が調査され、窯体の実測図が提示されたのは特筆される。続く1953・54年には、吉田章一郎が寄居町清見寺・大正寺・円良田の各窯跡を調査され、後に報告でこの地も武蔵国分寺の郡名瓦を焼成したこと、ここの須恵器が付近の小前田古墳群に供給されたと、需給関係について触れた。1954年には岡田茂弘が南多摩窯跡群の御殿山で調査し、初めてこの地に窯跡調査が及んだ。

　これに対し、茨城県では1951年大森信英が木葉下窯跡の報告を、1953年高井悌三郎により新治窯跡群の小野窯跡が調査され、茨城の2大窯跡群の調査の端緒となった。

1955年から始まった愛知県猿投山西南麓窯跡群の発掘調査は、各地に窯跡の調査の重要性と研究の将来性を認識させた上で画期的な調査であった。

　関東地方では、埼玉・東京においては、その後も瓦窯跡と須恵器窯跡の調査は積み重ねられてきたが、中でも坂詰秀一の南比企窯跡群、東金子窯跡群などの調査、大川清の南多摩窯跡群、栃木県益子町滝ノ入、佐野市三通窯跡、茨城県木葉下窯跡などの調査は、須恵器研究の基礎とその後の方向性を示した上で重要である。また、1956～58年に高井によって調査された茨城県岩間町堀ノ内窯跡群は、「新大領」「新厨」と箆書された須恵器から、新治郡衙との関わりを想定することのできた、貴重な調査であった。

　このような窯跡調査による須恵器研究の到達点は、坂詰秀一の論考や、1967年に倉田芳郎・坂詰秀一による東北・関東の須恵器生産地域的特質の論考がある。この時期までの研究成果のまとめといえよう。この段階では、この時期に調査が開始された群馬県太田市の金山窯跡群や千葉県君津郡練木を除いて、関東における須恵器生産の開始は国分寺創建時としていた。

（3）第3期

　各地に国分寺を遡る窯跡が確認され、出土須恵器の分析も詳細になり、編年研究も飛躍的に進展する時期である。

　1966年から始まった群馬県太田市金山窯跡群の辻小屋・亀山・八幡・入宿・菅ノ沢窯跡は古墳時代に遡り、6世紀後半代の年代が与えられた。他県でも古墳時代の窯跡は確認されるようになり、埼玉県桜山、舞台、根平、羽尾窯跡が、茨城県では幡山窯跡、神奈川県では熊ヶ谷東窯跡が発掘調査され、栃木県では南高岡窯跡群が確認された。しかし、いまだ調査数や報告例は少なく、消費地も含めて連続的な変遷が追えるのは、群馬県のみである。

　1969年に坂詰によって行われた埼玉県入間市新久窯跡の調査は、出土瓦が武蔵国分僧寺塔跡に見られることから、承和2年に焼失し、承和12年（845年）の再建に使われた瓦と想定され、現在も関東における年代指標の一つとして重要である。

　一方、1961年から始まった大阪府陶邑窯跡群の調査は、その須恵器編年が各地域に与えた影響は計り知れない。

　1970年代の大規模発掘に伴う集落遺跡の調査により、出土土器の暦年代の検討が急務となり、集落内出土と窯跡出土土器の両者の編年がシンポジウムや個人研究によって編まれていった。

　1977年の「神奈川県内における古墳時代後期から平安時代土器編年試案」はその嚆矢であり、各地の編年案が示された。1980年には坂詰が窯跡出土資料による関東地方の須恵器編年を発表し、古墳時代も含めた窯跡出土須恵器の編年で、その後の方向性を示したといえよう。同時期に服部敬史・福田健司は、南多摩窯跡群の分布調査による採集資料で編年案を提示した。この編年案は窯跡資料を使い、変遷が追える点で、この時期の基準編年となり大きな影響を与えた。同様に田熊清彦・梁木誠は栃木県の編年案を作成した。

　1981年服部により「関東地方の窯址出土須恵器編年と年代」が報告され、全国の中での関東の須恵器の位置づけができた点で評価できる。

　この後、シンポジウムが1981年に「盤状坏」、1982年に「関東における9世紀代の須恵器と瓦」、

1983年に「奈良・平安時代土器の諸問題[23]」、「房総における奈良・平安時代の土器[24]」、1986年に「古代末期～中世における在地系土器の諸問題[25]」、1987年の「房総における歴史時代土器の研究[26]」、「奈良時代前半の須恵器編年とその背景－前内出窯跡その後…－[27]」と連続して行われたが、各地で膨大な発掘資料を抱え、いかに年代指標を求めていたかが分かる。この各シンポジウムの年代は、当初灰釉陶器の猿投編年が使用されたが、灰釉陶器の年代修正により関東の編年も連動してきた。その後、陶邑・飛鳥編年による年代付与や各地で年代の定点を模索し、他地域の土器との共伴、漆紙文書、国分寺創建瓦、再建瓦、紀年銘墨書土器、貨幣、木簡、火山灰などの年代が使用されてきた。

一連のシンポジウムにより、各地の編年が構築されてきたが、窯跡資料が根幹となった編年は少なく、これからといえよう。

同時期に、1986年千葉県[28]、1987年埼玉県[29]、1988年栃木県[30]、1990年山梨県[31]で生産遺跡の分布調査を行った報告がなされ、窯跡の分布が把握され、基礎的資料の蓄積がなされた。

最近の動向としては、千葉県における生産遺跡としての窯跡を、今日的目的を持って継続的に発掘調査した例や、埼玉県南比企窯跡群の中の鳩山窯跡群や南多摩窯跡群に代表されるように、広域面積の調査により、今日までに積み重ねられた分布から群としての把握や、詳細な遺物の検討により生産の実態や、窯跡、工房、工人集落、遠距離の窯跡群との関わりなど、多岐にわたる問題が出現してきたが、それは情報交換による複合的研究により解決も可能であろう。

窯跡出土資料が編年のためだけでなく、新たな研究に活用されてきていることから、第4期への胎動が始まっているといえよう[32]。

2. 各県の概要

(1) 東京都（第34図1～4、第2表）

東京都の窯跡群は多摩丘陵にあり、南多摩窯跡群と呼ばれ、武蔵国の4大窯跡群の一つであり、5窯跡群77か所の窯跡がある[33]。南多摩窯跡群は東西15km、南北5kmの範囲で、大丸地区、百草・和田地区、下落合地区、八王子市の御殿山地区、町田市瓦尾根地区に分かれるが、下落合地区だけは瓦窯のみである。このうち御殿山地区が最も規模が大きく、70か所の窯跡が確認され、南北1.5km、東西3kmに分布している。大丸地区には国府・国分寺の須恵器と瓦を焼成した窯跡群があり、須恵器窯は多摩ニュータウンNo.513の1・2号窯跡が、百草・和田地区にはNo.446の1・2号窯跡[34]、百草・和田1・2号窯跡[35]、瓦尾根地区にはNo.342の1号窯跡[36]が存在する。南多摩窯跡群全域から見ると御殿山窯跡群は西部に離れて群在し、他の地区の窯跡が1～2基と規模が小さく、時期も遡ることを考慮すると、本来別の窯跡群として包括されよう。

この地域で古墳時代に遡る窯跡は、いまだ検出されていないが、工人集団について古墳群を通して掌握した氏族を検討した例[37]もあり、7世紀代の在地産の製品が見られることから、いずれ発見されるであろう。現段階で最古の窯跡はNo.342の1号窯跡で、かえりを持つ蓋があり、陶邑Ⅲ型式2段階から3段階に位置づけられ、畿内あるいは東海の系譜と考えられている。硯なども焼成することから、評衙に供給したと想定されている。

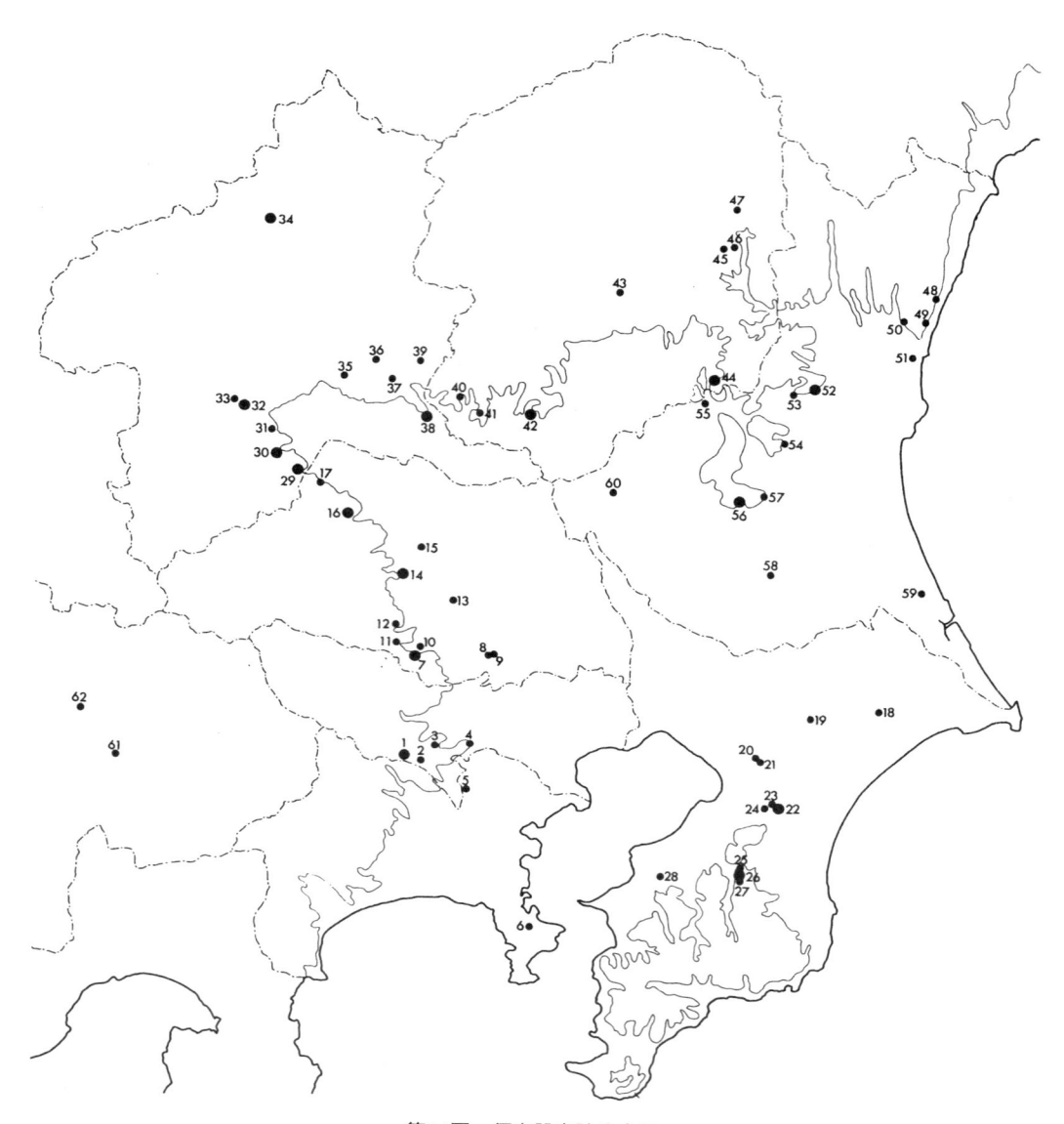

第34図　須恵器窯跡分布図

東京=1:南多摩窯址群御殿山地区　2:同瓦尾根地区№342-1号窯　3:同百草・和田地区百草・和田1・2号窯　№446-1・2号窯跡　4:同大丸地区№513-1・2号窯跡　神奈川=5:熊ヶ谷東窯跡　6:小矢部窯跡　埼玉=7:東金子窯跡群　8:新開窯跡群　9:栗谷ツ窯跡　10:東八木窯跡群　11:川原毛久保窯跡群　12:高岡窯跡群　13:西谷ツ窯跡　14:南比企窯跡群　15:羽尾窯跡群　16:末野窯跡群　17:児玉窯跡群　千葉=18:八辺窯跡　19:吉川窯跡群　20:中原窯跡群　21:宇津志野窯跡群　22:南河原坂窯跡群　23:坂ノ越窯跡群　24:下片岡窯跡群　25:石川窯跡群　26:永田・不入窯跡群　27:大和田窯跡　28:上名主ヶ谷窯跡群　群馬=29:藤岡窯跡群　30:吉川窯跡群　31:乗附窯跡群　32:秋間窯跡群　33:里見窯跡群　34:月夜野窯跡群　35:八ツ峰窯跡群　36:雷電山窯跡群　37:笠懸窯跡群　38:金山窯跡群　39:桐生窯跡群　栃木=40:岡窯跡　41:馬坂窯跡　42:三毳山窯跡群　43:宇都宮窯跡群　44:益子窯跡群　45:銭神窯跡群　46:中山窯跡　47:小砂窯跡群　茨城=48:成沢窯跡　49:大沼窯跡　50:幡山窯跡群　51:馬頭根窯跡群　52:木葉下窯跡群　53:大渕窯跡群　54:岩間窯跡群　55:堀ノ内窯跡群　56:新治窯跡群　57:一丁田窯跡群　58:追原烏瓜窯跡　59:入田窯跡　60:三和窯跡群　山梨=61:境川窯跡群　62:天狗沢窯跡群

第3章 須恵器生産の展開　127

第2表　関東の主要窯跡編年表

年代	東京	埼玉 南比企	埼玉 東金子周辺	千葉 上総	千葉 下総	栃木 西部	栃木 東部	茨城 北部	茨城 南部	群馬
550		桜山6 桜山8								
										菅ノ沢
600		羽尾 根平				馬坂	南高岡	幡山		
650		舞台C-1・2								
	No.342-1 No.446-1・2							馬頭根1		
700	No.513-1・2 百草・和田1		0期 Ⅰ期 Ⅱ期			八幡, 北山	原東4 原東1・3	木葉下A-4　一町田 　″B-1・2		末沢1 八ツ峰
750			Ⅲ期	前内出1・2	Ⅰ期 Ⅱ期 Ⅲ期	水道山1・2 　″3	原東2	木葉下C-1・2 木葉下C-4 木葉下E-7　花見堂1		沢入A
			Ⅳ期			三通, 広表	中山・八津入	木葉下C-5　花見堂4 　″E-3		上小坂
800			Ⅴ期		Ⅳ期	日陰沢A, 岡	銭神	大渕 花見堂3		
			Ⅵ期		中原	大芝原	滝ノ入	花見堂2		
850	G37窯式		Ⅶ期	八坂前4 新久A-1・2	宇津志野		倉見沢	小野, 浜ノ台		洞
	G59窯式		Ⅷ期							
900	G25窯式		Ⅸ期	新久D-1・3		脇屋1・2				下五反田 深沢C 須磨野A
	G5窯式古			新開1						
950	G5窯式中 G5窯式新			栗谷ツ1						
	G14窯式									
1000										

†各報告などより

続くNo.446の1・2号窯跡は前後に重複し、2号窯跡が新しい。紹介された資料には、口径12.6cmのかえりを持つ蓋があり、飛鳥Ⅳ、陶邑Ⅲ型式3段階からⅣ型式1段階の7世紀第3四半期から第4四半期の境に置けよう。これも西方からの系譜であろう。

　No.513の1・15号窯跡は、国分寺と国府に供給された多くの瓦窯の中に構築され、製品からも国府との関連が想定される。時期は陶邑Ⅳ型式1段階に置け、東海との関連が想定できる。このように南多摩窯跡群の東部においては、7世紀後半から8世紀初頭にかけて、畿内あるいは東海など、西方からの技術導入が行われ、官衙へ供給するため操業が継続して行われる。

　これに対して、8世紀第1四半期から第2四半期にかけての百草・和田1号窯跡は、坏が無高台で底部は静止糸切りで全面・周辺箆削りを行う。蓋は環状つまみを持つことから、北武蔵と類似しており、広くは上野系といえよう。この時期、北武蔵の須恵器が国府に多量に供給されているが、百草・和田1号窯跡の須恵器も同様に国府にも供給された可能性が高い。

　この時期以降、南多摩窯跡群では須恵器生産が増加しはじめ、その主体は御殿山地区に集約されてくる。その編年はG37窯式（9世紀第2四半期）→G59窯式（9世紀後半）→G25窯式（9世紀末～10世紀初頭）→G5窯式（10世紀前半～中葉）→G14窯式（10世紀後半）の変遷である。百草・和田1号窯跡では静止糸切りであったが、それ以降回転糸切りになったようで、G37窯式ではほとんどが回転糸切り後無調整となる。G37窯式期からG59窯式期までは、南面する狭い谷に集中してつくられるが、G25窯式期では丘陵の奥へ移動し、G5窯式期にはさらに奥の丘陵や東へも拡散し、各谷筋に1から2か所の散漫な築造を行い、この時期が最も窯跡の増加する時期であるという。G14窯式期になると窯跡は少なくなり、酸化炎焼成になるという。(38・39)

　ここで生産された製品は、圧倒的に坏が多く、それに次いで埦、皿が出土するが、甕は少なく、甑はほとんど生産していない。千葉、茨城では時期が下がるにつれて甕、甑の割合が増加するのと対照的である。この製品は南多摩や相模国を主体に供給しているが、南多摩窯跡群が10世紀代まで須恵器を焼成するのは、須恵器窯の存在しない相模国をも供給圏としていたことと関わりがあろう。この丘陵が開発の対象とならなかったために、命脈を保ったとの見解もある。

（2）神奈川県（第34図5・6）

　本県では発掘された明確な須恵器窯跡は1基のみであり、関東で唯一須恵器生産の未発達な地域である。その理由は他地域からの須恵器の供給が継続して行われたためであろう。7世紀前半から8世紀前半までは静岡県湖西市の湖西窯跡群の製品が供給され、横穴、集落から膨大な量が出土する。8世紀後半から9世紀には埼玉県南比企窯跡群が多く、9・10世紀には東京都南多摩窯跡群の製品が供給される。

　横浜市の熊ヶ谷東遺跡の窯跡は、3段階の時期が考えられており、第1段階は6世紀に遡る可能性が高い。出土した坏蓋は口縁が「八」の字に開き、群馬、埼玉に分布する在地産の北関東型の影響と考えられる。(40)

　もう1か所、大磯町に焼け歪んだ甕が出土し窯跡の可能性は高いものの、調査が及んでいないため不明確である。

　その後、全く須恵器生産は行われないが、轆轤を使用した酸化焔焼成の土器が焼成されている

ので触れておこう。横須賀市小矢部窯跡(41)は、構造窯であった可能性が高いとされ、出土土器は坏・皿・埦・高台付坏・甕である。このような掘り込み構造の窯で行う酸化焔焼成は、埼玉県でも須恵器窯に近接して見られる。この窯の製品は、甕の口縁形態からも須恵系の土器といえよう。

(3) 埼玉県（第34図7〜17）

県下には10窯跡群92支群あり、南から入間市の東金子窯跡群、富士見市栗谷ツ窯跡、三芳町の新開窯跡群、狭山市東八木窯跡群、飯能市川原毛久保窯跡群、日高市高岡窯跡群、坂戸市西谷ツ窯跡、鳩山町・嵐山町・玉川村の南比企窯跡群、滑川町の羽尾窯跡群、寄居町を主体とし皆野町におよぶ末野窯跡群、児玉町の児玉窯跡群などがある。このうち、末野、南比企、東金子窯跡群が3大窯跡群で、八王子市を中心とする南多摩窯跡群とともに武蔵国の4大窯跡群である。末野窯跡群は19支群90基以上、南比企窯跡群は赤沼、大橋、奥田、熊井、泉井、須江、竹本、将軍沢・亀の原の8地区56支群、東金子窯跡群が16支群確認されているが、その他の窯跡群は数基の規模である。この中で南比企窯跡群は南北4.7km、東西4.2kmに広がり、数百基になると想定される。

窯が検出されていないが最古の在地産須恵器は、5世紀後半の児玉町ミカド遺跡出土の蓋坏・大型無蓋坏身・高坏・埦・甑・甕などで、児玉地域に窯が想定されている。また、同時期と考えられる、白色針状物質を混入する南比企窯跡群と想定される製品も出土する。

6世紀代の在地産も多く、南比企から児玉にかけての丘陵が候補にあがる。

窯跡の最古の例は、6世紀第2四半期の南比企の桜山窯跡群(42)である。8号窯の須恵器は、蓋の最大径21〜24cmをはかる巨大な蓋坏と高坏が見られる。6世紀末から7世紀初頭には末野窯跡群で、7世紀初頭には羽尾窯跡群(43)で生産が行われる。南比企窯跡群では継続して行われていたようで、7世紀以降の根平(44)・小用・舞台窯跡、やや南へ下り西谷ツ窯跡がある。この系譜は上野系や畿内的な様相を残す末野窯跡、東海的な羽尾窯跡、上野系の根平窯跡・舞台遺跡出土須恵器(45)など、複雑な様相を示す。製品の多くは古墳の副葬品以外に集落にも散見される。

7世紀中葉以降、寺院の建立、官衙の成立と関わり、舞台C-1号窯や上里町八幡太神南遺跡1号住居跡、本庄市今井遺跡G-5号住居跡の製品が生産されている。同様に鳩山町石田窯跡(46)、東松山市立野遺跡の製品も瓦や塼、硯が出土し、寺院との関わりが高いと考えられる。さらに7世紀末以降、児玉、寄居、南比企窯跡群などでも生産を行い、集落でも多く出土するものの、以後も継続するのは南比企窯跡群のみである。

8世紀前半代の南比企窯跡群操業の要因は、国府との関わりが想定でき、製品は国府のほかに集落からも多く出土する。

8世紀初頭の山下6号窯(47)は無高台でありながら蓋を伴うが、このあり方は南多摩窯跡群の百草・和田1号窯跡にも見られ、地方における律令的土器様相であろう。また、一字の押印や特殊なかえりを持つ蓋など、国府との関わりで出現したと考えたい。鳩山Ⅱ期以降無高台坏の無蓋化は進むようである。

南比企窯跡群では国分寺創建期に、武蔵国分寺の瓦生産を行うが、そのほとんどは須恵器窯を使うことがこの窯跡群の特色で、南多摩窯跡群の大丸窯跡群の瓦専用窯と対比できよう。南比企

窯跡群では以降生産が継続するが、窯跡群の中で南の赤沼(48)・泉井地区が古く、順次北に移動したようで、須江・竹本、将軍沢・亀の原地区は9世紀を主体とする(49・50・51・52・53)。

一方、8世紀前半代には不明確であった末野窯跡群でも、国分寺創建瓦の生産とともに須恵器の生産を行い、以後生産が増大し、9世紀後半代には最盛期となる(54)。東金子窯跡群も国分寺創建期に前内出窯跡(55)がつくられ、以後継続するが、新久(56)・八坂前窯跡(57・58)など承和12年の武蔵国分寺七重塔再建の瓦を焼成したことで知られる。

埼玉県の主要窯跡群の還元炎焼成の終焉は、10世紀前半だと想定できるが、9世紀後半までの窯跡数に比較し、その数は激減する。10世紀初頭とする末野窯跡群の桜沢窯跡(59)ではまだ須恵質に焼き上がる製品が含まれるが、10世紀第3四半期の南比企窯跡群境田1号窯跡(60)ではすでに土師質となっている。10世紀になると台地に進出する新開(61・62・63)あるいは栗谷ツ窯跡(64)が見られる。この窯の製品は「山の須恵器」に対して「里の須恵器」といえる。新開窯跡は須恵質が多いが、栗谷ツ窯跡では土師質になることから、10世紀後半には埼玉においても赤褐色の須恵器が主体となる。

南比企窯跡群の特色として、8世紀前半には坏底部糸切り離しと蓋の環状つまみが見られる。須恵器に取り入れられた糸切りとしては最古であり、8世紀初頭は静止糸切りであるが、以降ほとんどが右回転の糸切り離しになり、武蔵国の特色となる。この坏底部の切り離しと調整の関係は、8世紀前半は全面篦削りであるが、中葉に周辺篦削りが多くなり、9世紀に至ると糸切り離し無調整になる。環状つまみは上野国との関わりが想定できるが、糸切りとの関わりは今後の課題である。高台付坏は8世紀後半代には一定量生産されるものの、他の時期には少なく、無高台坏の地域である。また、盤および高盤は、8世紀後半以降の生産はわずかとなり、高盤の脚に透しを入れず、茨城、栃木の坏底部篦切り分布地域との違いが明らかである。

8世紀中葉以降の動きは、末野、東金子窯跡群でも共通するが、東金子窯跡群では坏の底部が厚く、9世紀第2四半期には体部下端を削る特徴も見られる。また坏や埦の体部の引き上げが、南比企・東金子が滑らかであるのに対して、末野では轆轤目が顕著である。胎土は南比企に白色針状物質、末野に片岩を含むものが多く、東金子は砂粒が均一である。製品は末野が元荒川以北を主体に分布し、以南は少なく、わずかであるが千葉県北部や下総国府、武蔵国府に見られる。東金子は再建瓦を武蔵国分寺へ運んだことにより東京に広がり、南武蔵東部に多く見られる。これに対して南比企窯跡群は埼玉・東京のほか群馬南部、千葉北部、相模東部と広域に分布し、東日本有数の窯跡群といえる。

県内のおける年代指標は、武蔵国分寺塔の再建の瓦を焼成したという新久、八坂前窯跡である。

(4) 千葉県（第34図18〜28）

県内では下総南部から上総中部にかけての下総台地から、一部上総丘陵地帯に12窯跡群56基が散在し、北から八日市場市八辺窯跡、富里町吉川窯跡、千葉市中原窯跡群・宇津志野窯跡群・南河原坂窯跡群・坂ノ越遺跡、市原市下片岡窯跡・石川窯跡群・永田窯跡群・不入窯跡群・大和田窯跡、木更津市上名主ヶ谷窯跡などが確認されている。最大規模は永田・不入窯跡群の22基で、続いて南河原坂窯跡群が多く、登窯13基が発掘されている。ほかは単独か数基の小規模な窯跡である(65)。

県内の古墳時代の集落から出土する 5 世紀代の須恵器は、関東では最も多く出土する。その産地の主体は陶邑であるが、市原市草刈六之台遺跡出土の土器は、酸化炎焼成であることから「草刈型土器」「須恵器手法の土器」と呼称されるが、焼成以外の技法は須恵器と同一である。胎土は白色針状物質を含む在地の粘土であり、この地域で 5 世紀後半に須恵器が焼成されたことは確実である。また、6 世紀にも蓋坏・高坏・甕など在地産と考えられる製品が見られるが、特に長脚二段透し高坏は多くの類似資料が見られ、県内で生産した可能性も考えられる。

唯一古墳時代に遡る大和田窯跡は、7 世紀前半に置けよう。窯構造に送風・作業溝を持ち、須恵器の形態から在地化していない。横穴の墓域に築造される立地のあり方は他県でも確認され、この時期の須恵器の導入の一様相といえよう。

その後、8 世紀第 2 四半期になり、上総では永田窯跡群が生産を開始する。以前この窯の成立を仏具が多く含まれることから上総国分寺造営期に求められてきたが、それを遡る考え方がある。郷堀英司・小林信一は永田・不入窯跡の変遷を 4 期に分け、第Ⅰ期を 8 世紀第 2 四半期とし、坏は回転篦切りで全面篦削りを施し、官衙など特定の場所に供給されたと想定した。第Ⅱ期は 8 世紀第 3 四半期前半とし、坏の回転篦切りはわずかで、大半が回転糸切りで、わずかに周辺篦削りが出現し、一般集落からも出土するとした。第Ⅲ期は 8 世紀第 3 四半期後半とし、坏の切り離しは回転糸切りのみで、篦削りは全面と周辺が同数に近くなるとする。第Ⅳ期は 9 世紀初頭前後で、前半の第 1 小期には坏に回転糸切り後、無調整が見られる時期で、無調整と全面・周辺篦削りの割合が 6 : 4 とする。第 2 小期は回転糸切り後、無調整になる時期とした。上総地域の上名主ヶ谷窯跡、石川窯跡も永田・不入窯跡群の系譜を引いており、上名主ヶ谷窯跡はⅡ期～Ⅲ期、石川窯跡はⅣ期第 1 小期とする。この窯跡群の系譜は東海系と考えられてきたが、永田 5 号窯跡から削り出し高台が出土し、上野系の削り出し高台よりも東海地域に類似することは、その出自を考える上に重要な資料となる。

糸切りを主体とする上総の永田・不入窯系譜に対して、下総の窯跡はいずれも篦切りである。窯跡の変遷は八辺窯跡（8 世紀第 3 四半期）→吉川窯跡（8 世紀第 4 四半期）→中原窯跡（9 世紀第 2 四半期）→宇津志野窯跡（9 世紀第 3 四半期）である。下総の須恵器の特色として、その色調が上げられよう。すでに吉川窯跡において、その多くは暗灰色や赤褐色から黒褐色を呈し、土師器と区別ができない製品もある。この須恵器を「須恵質土器」「土師質須恵器」「くすべ焼焼成土器」などと呼称され、10 世紀前半まで焼成されている。いずれも坏・甑・甕が主体であり、煮沸形態を主体に焼成したことが充分な還元炎焼成を行わなかったとの理由や、粘土の耐火度が起因するとの考えがある。また、形態の特色として、甑の中には体部上位に、四方の突起を持ち、叩きとその後の体部下端の削りが明瞭である。

下総の窯跡出土の須恵器は、茨城県新治窯跡群と類似した特徴を持つことから、その系譜を引いていよう。また、下総の須恵器窯跡が、いずれも小規模であるのは、この地域に風化した銀色の雲母を含む、新治窯跡群の須恵器が多量にもたらされたためであろう。また、高温に耐えられない粘土が多いことも理由であろう。

ところがこの上総・下総両地域それぞれの特色である、糸切りと篦切りの両者を持つ南河原坂

窯跡群は、上総の中でも下総との国境にあるから、両地域の系譜を引いていると考えられる。糸切りと箆切りとが器形の違いに対応することから、工人の違いも想定できる。

　当地域の年代指標として、八千代市北海道遺跡出土の承和5年(835)紀年銘土器と、市原市稲荷台遺跡出土の貞観17年(875)紀年銘土器があるだけである。

（5）群馬県（第34図29～39）

　県下には12か所の窯跡群があり、40支群を越える。その立地は粘土の確保のため、第三紀層以前の地層で平野部を巡る丘陵部につくられる。南西から藤岡市の藤岡窯跡群、吉井町の吉井窯跡群、高崎市・吉井町の乗附窯跡群、安中市の秋間窯跡群、榛名町の里見窯跡群、中之条町の中之条窯跡群、月夜野町の月夜野窯跡群、大胡町の八ツ峰窯跡、新里村の雷電山（新里）窯跡群、笠懸町の笠懸窯跡群、太田市の金山窯跡群、桐生市の桐生窯跡群などがある。中之条窯跡群は瓦窯で、里見窯跡群は須恵器窯跡とするが実態は不明である。このうち規模が大きいのは金山、秋間、月夜野、吉井窯跡群などである。群馬県の須恵器生産は関東でも最も規模が大きいが、発掘例は少なく不明な点が多く編年が確立していない。

　群馬県は関東で唯一古墳時代の須恵器生産を大規模に行った地域である。集落などから出土する在地産須恵器の個体数は膨大な量である。この中で5世紀に遡る製品も散見し、この地域で5世紀後半には須恵器生産が始まっていたことが分かる。須恵器生産の規模が拡大するのは6世紀前半であり、生産地は太田市から赤城山南麓にかけてと高崎周辺、藤岡周辺が候補に上げられよう。

　須恵器生産が大規模になったのは6世紀後半である。中でも太田金山窯跡群が最も大きく、小規模ながら秋間、乗附、藤岡の各窯跡群でも行っている。金山窯跡群は16支群が確認されているが、発掘調査された窯跡は菅ノ沢、亀山、辻小屋、八幡支群で計14基である。その年代は6世紀第3四半期であろうが、表採資料から生産の開始が6世紀前半に遡る可能性はある。ここで生産された須恵器の特徴は、坏の蓋が「八」の字状に開くこと、甕の胴部と口縁の接合部に補強帯が巡ることなどが上げられる。この特徴は乗附窯跡群でも見られ、県下の消費地や埼玉、栃木などにも多く見られ、「北関東型須恵器」と呼びたい。

　7世紀にも生産は続けられたようで製品は多いが、確実な生産地として秋間窯跡群がある。窯跡群の表採資料と奥原古墳群、本郷的場古墳群出土須恵器からその様相は分かるが、坏や平瓶などの削りを手持ちで行うことや、甕には継続して補強帯を付けること、7世紀末の蓋のつまみが環状になることなどの特徴を持つ。この環状つまみの端部は矩形になり、台付長頸瓶の台部を逆にした形態である。

　8世紀には金山窯跡群が不明確であるため東毛（群馬東部）の製品は少なく、西毛、北毛が多い。ほとんどの窯跡群で生産を行い、初頭の大きな特色として、環状つまみを持つかえり蓋や削り出し高台が存在することである。削り出し高台は、高台にあたる脇を溝状に削るだけで、高台の機能を果たしておらず、無高台坏生産地域で生み出された律令器種模倣形態である。この時期、有蓋短頸壺（薬壺形壺）の蓋の天井部周縁に、高台状あるいは張り出し状に突起が巡る器形が見られる。環状つまみと有蓋短頸壺の蓋は、秋田県末館窯跡・手形山窯跡でも生産され、環状つま

みの蓋は秋田城にも見られることから、秋田城周辺へ上野国の工人や製品が行っていたのであろう。上野国は和銅7年(714)、霊亀2年(716)、養老元年(717)に柵戸を出羽の柵に送るが、このような人の移動に伴い、須恵器の技術も伝播したと考えられる。

環状つまみは9世紀代まで残るが、同様に坏の底部箆切り離し技法が存続することも特色であろう。8世紀前半までは箆切り離しのみであったが、8世紀後半には県下全域に糸切り離しが導入されるが、笠懸・藤岡窯跡群など糸切り主体の地域と、その北に広がる箆切り離しと糸切り離しの混在地域がある。9世紀前半になると箆切り離しが消滅するが、この技法の違いは工人集団の違いだと想定されている。

北毛の月夜野窯跡群(92・93)では、須恵器の成形が右回転と左回転の両者が共存する。沢入A、洞A、深沢B・Cの各支群では、右回転が主で左回転もあるという。薮田東遺跡、薮田遺跡では両回転が混在する。この技法の違いについても、工人の違いと想定されている。薮田遺跡、薮田東遺跡出土の静止糸切り離しのロクロ甕や、須恵器技法でつくられた長胴甕は、北陸から東北に見られることから、この地域に東北あるいは北陸の技術も入ったと想定されている。月夜野窯跡群の須恵器に北陸の技術が入ったとするならば、9世紀中葉以降、北陸の技術である箆切りがほとんど見られないのは疑問である。静止糸切りからは東北との関わりが想定できようが、須恵器の系譜は今後も検討を要する。

10世紀の大きな特色は羽釜の出現と、須恵器の還元炎焼成から酸化炎焼成へ、それに伴う土師質土器の出現である。10世紀前半に出現した煮沸土器である羽釜は、当初還元炎焼成されるが、それにより土師器甕は消滅してゆく。羽釜は県北部・西部、北武蔵西部に多く、技術、形態の違いが見られる。轆轤で成形し、胴部が膨らみを持ち、胴部下半を削る「吉井型羽釜」、胴部の膨らみのない、鍔部に向かい削りを行う「月夜野型羽釜」がある。月夜野窯跡群須磨野A支群では、支脚を持つ羽釜が見られ、その出自が鉄釜にあるとの見解がある。月夜野の一部を除けば、武蔵も含めその大多数は吉井型となる。型の設定とその名称は今後の課題である。

甑は9世紀前半から見られる。10世紀には羽釜と同一技法でつくられ、分布も同一であるが、その数は少ない。甑の形態は、胴部中位に鍔を持つ例が多く、また孔部に違いが見られ、平底の底を抜いた形態と、孔部が甕の口縁を伏せたような大きく開く形態の2種がある。

10世紀に入ると酸化炎焼成が増加し、10世紀後半になると還元炎焼成の須恵器は消滅し、土師質土器が出現する。同時期の下総、北武蔵の製品と比較し、貯蔵形態の甕が少ない。

このように群馬の須恵器は東毛、西毛、北毛で複雑な様相を呈する。8世紀の東毛では、須恵器の割合は少なく、南比企窯跡群の製品が搬入されている。笠懸町山際窯跡は上野国分寺創建瓦を焼成し、8世紀中葉と想定されるが、ここで併焼される坏底部の糸切り後周辺箆削り技法は、南比企窯跡群と技術交流により生まれたとされる。また、藤岡窯跡群の9世紀の須恵器の中には、北武蔵と類似した製品も多く見られる。月夜野窯跡群では東北あるいは北陸との技術交流を注視する必要があろう。

県下の年代基準資料は、古墳時代においては榛名山二ツ岳の火山灰FA（6世紀初頭）とFP（6世紀中葉）、山際窯跡の国分寺創建瓦と須恵器の併焼など、数少ない。

(6) 栃木県 (第34図40～47)

　県下の窯跡群は、8窯跡群76窯跡が知られ、その多くが奈良・平安時代の須恵器・瓦窯である。須恵器窯跡は、足利市の岡窯跡・馬坂窯跡、岩舟町・佐野市の三毳山麓窯跡群、宇都宮市には宇都宮窯跡群、益子町・真岡市には益子窯跡群、那須地域に散在する南那須町の銭神窯跡群、烏山町の中山窯跡、馬頭町の小砂窯跡群がある。規模が大きいのは益子窯跡群と三毳山麓窯跡群であるが、益子窯跡群は県境に分布するため、茨城県岩瀬町の堀ノ内窯跡群に続くが、技術的にも関連を持つ[94]。

　古墳時代に遡る5世紀代の須恵器は陶邑産もあるが、東山道に属するためか東海の東山産も多い。6世紀では関東産の須恵器も多いが、足利、佐野で出土する須恵器に群馬太田金山産が見られる。佐野市鴻ノ西出土の器台や国分寺町の国分寺愛宕塚古墳の器台は焼け歪んでおり、県内でも生産していた可能性が高い。現在確認できる県下最古の窯跡は、7世紀前半に遡る足利市馬坂窯跡と、益子窯跡群の真岡市南高岡窯跡[95]である。特に後者については坏蓋の口縁が外反すること、天井部を手持ち篦削りすること、甕の頸部に補強帯を持つことから群馬との関わりがあろう。8世紀に入り、三毳山窯跡群の佐野市八幡5、北山3・5号窯跡[96]には、かえりを持つ蓋が見られ、この蓋のつまみは環状になること、坏の中には削り出し高台が見られることから、やはり群馬の系譜を引くと想定できる。この窯は8世紀初頭を主体とするが、この時期益子窯跡群の原東4号窯跡[97]や、宇都宮窯跡群の水道山1・2号窯跡[98]でも生産を開始する。那須地域では遅れて8世紀後半に至り中山窯跡で生産を開始し、ほぼ同じ頃県下各地の窯跡群で操業が行われる[99・100]。

　県下の須恵器の特色の一つとして、坏の底部切り離しが糸切りと篦切りの両者見られることが上げられる。そのあり方は県西部の三毳山窯跡群[101]や岡窯跡ではすべて糸切り離しである。県中部の宇都宮窯跡群では、水道山・広表窯跡では糸切りであり、唯一欠ノ上窯跡のみ表採資料で1点篦切りが出土するが、この地域までが糸切り主体地域といえよう[102]。これに対して、益子窯跡群、那須地域の窯跡群では篦切りと糸切りの両者が共伴し、その比率は篦切りが主体を占める。詳細に見るならば、県東部では益子窯跡群の初現期の窯である原東1～4号窯跡は、篦切りのみである。ところが、続く谷津入・カスガ入窯跡では糸切りが少ないものの一定量出土する。さらに9世紀中葉以降の倉見沢[103]・篠倉・丸峰・滝ノ入窯跡では糸切りの割合はごくわずかで、この地域で糸切りは、時期的に9世紀前半に増加する傾向がある。このあり方を益子窯跡群の中での分布を見ると、東部の山本・原・栗生の谷では糸切りがほとんど見られず、西部の本沼・西山の谷では糸切りが少ないながら見られる傾向がある。西部の谷の南、茨城県堀ノ内窯跡群の花見堂窯跡では2点の糸切りしか見られなかったことからも、谷ごとの傾向の可能性がある。

　那須地域では中山窯跡で68％の糸切りが、銭神窯跡[104]でも各窯床に違いはあるものの27～63％の糸切りが出土し、益子窯跡群と比較して多い。これは県東部にありながら東山道に近接し、西方からの技術系譜によるものであろう。

　このように県内の窯跡の技術系譜を底部切り離し技法から見るならば、西部の糸切り、東部の篦切りの対極した技法が見られ、それを結ぶように東山道が関わり、那須地方の両者共存地域が形成されたと想定できよう。

県下の特色ある資料として、3～4方の透しを持つ高盤（高坏）が上げられよう。津野仁によれば、高盤の透しは関東でも茨城県木葉下窯跡群、筑波山周辺の窯跡群と益子窯跡群、中山窯跡、宇都宮窯跡群で多く生産された、地域的にも限られた特徴ある器種である。その時期は原東4号窯跡の8世紀前半から、花見堂D地点の9世紀中葉まで確認できるようである。この透かし高盤と坏底部の糸切り離し技法の分布地域が重複することから、篦切り離しを行う窯跡で独自に考案された高坏と想定している。この透かし高盤は美濃須衛諸窯にも分布するが、この地域も篦切りの分布域であり、透かし高盤と篦切りの関連は高い。しかし、その出現は美濃須衛窯では8世紀中葉であるのに対して、益子窯跡群においては8世紀前半であり、出現の経緯については検討を要する。

　(7) 茨城県（第34図48～60)

　県下の須恵器窯跡は14窯跡群35支群が確認され、県北部には阿武隈山地南端裾部の海岸寄りに日立市成沢窯跡、東海村馬頭根窯跡、やや内陸に入る常陸太田市幡山窯跡群がある。県中央部では八溝山地から南に連なる丘陵に立地する、多くの支群に分かれる水戸市木葉下窯跡群が著名である。また、笠間市大渕窯跡群、それに連なる筑波山塊北端の岩間町蜂沢窯跡、仲村窯跡の岩間窯跡群、やや離れ栃木県との境の岩瀬町堀ノ内窯跡群などがある。県南部では筑波山南東部の新治窯跡群としてくくられる新治村小野窯跡群、小高窯跡群、東城寺窯跡群、永井寄居窯跡があり、やや東方に離れ千代田村一町田窯跡群が見られる。また、霞ケ浦西方の台地斜面には、阿見町追原烏瓜窯跡が単独で分布し、実態は不明確であるが、鹿島町にも台地上に入田窯跡があるという。さらにかつての下総国である三和町にも三和窯跡群が存在する。

　これらの窯跡群のうち木葉下窯跡群と新治窯跡群が最も規模が大きく、木葉下窯跡群は調査された窯跡数だけでも40基ある。南北・東西とも1.5kmの範囲に分布し、谷により北東部の金山支群、南西部の三ヶ野地区、南東部の高取山地区に分かれる。新治窯跡群は南北3.5km、東西4kmの広い範囲に分布する。

　茨城県での生産開始窯は、現段階では常陸太田市幡山2号窯跡といえよう。報告された坏類は、底部の厚さが1cm以上の稚拙なつくりであり、7世紀中葉と考えた。のちに紹介された幡山窯跡の未報告資料は、つくりの良好な坏身、環状把手を持つ提瓶、甑などであり、6世紀末から7世紀初頭と考えられることから、茨城における須恵器開始年代が遡ることとなった。近接する幡山横穴群に稚拙なつくりの平瓶・長頸瓶・壺・甕があり、この時期横穴用に須恵器生産が開始されたと想定される。

　後続する馬頭根1号窯跡は、蓋にかえりを持つ小型の坏蓋で、7世紀第3四半期には置けるであろう。

　かえりの最終段階の蓋が木葉下A－4号窯跡、新治窯跡群の永井寄居窯跡、あるいは一町田2号窯跡でつくられ、この時期2大窯跡群が操業開始したようである。この年代が8世紀初頭であることは、各地で静岡県湖西産の須恵器、平城宮Ⅰ期の土師器を伴うことから年代が与えられよう。その後、木葉下窯跡群は8世紀代を中心に、新治窯跡群は8世紀後半から9世紀後半まで主体に操業する。木葉下窯跡群の製品は主に県中央部に供給されるが、新治窯跡群の製品は筑波山

周辺および県南から旧下総・上総国にかけて多量に出土し、それに続く東京都東部の東京湾沿岸に広く分布する。また、約85km離れた埼玉県飯能市張摩久保遺跡をはじめ、埼玉県西部に数か所分布し注目される。最西部は120km離れた神奈川県平塚にまで及んでおり、この窯跡群の製品が、小貝川を使い運搬された可能性が指摘できる。なお、新治窯跡群の製品には風化した銀色の雲母が含まれ、焼成も甘いため識別可能である。

　8世紀中葉に生産開始した堀ノ内窯跡群花見堂支群1号窯跡は、出土した篦書の「新大領」や表採の「新厨」から、成立に新治郡司が関わっていたと想定できるが、木葉下、新治窯跡群の成立も郡や国との関わりが推定される。

　須恵器の生産は8世紀後半から9世紀前半にかけて最盛期を迎えるが、9世紀後半まで供膳具が生産される。10世紀になると甑・甕など大型品だけが継続してつくられ、それも10世紀前半で終了するようである。

　茨城県の須恵器の特色として、坏の底部切り離しが篦切りであることで、9世紀中葉以降ごくわずか糸切りが見られる。また、坏底部の篦削りも特徴で、8世紀段階の回転篦削りから徐々に手持ち篦削りが増え、体部下端も篦削りを行い、9世紀後半まで続く。坏は8世紀前半には無高台であり、形態も体部が直線的に立ち上がるが、新しくなるにつれ底径が小さくなるものの、器高は変わらないため深身の坏となる。また木葉下の8世紀代の無高台の坏は、轆轤目が顕著である。8世紀後半になり、高盤とともに高台付坏が出現する。高台付坏は丸底に高台を付け、腰の稜が強調された形態が特徴で、9世紀になると高台が高くなり、9世紀中葉まで生産される。栃木県の項で触れたが、高盤に透しが入るのも特徴で、透しと坏底部の篦切りとの関わりが想定できよう。高盤の出現は8世紀中葉で、9世紀前半までつくられる。出現については美濃須衛と時期的に符合する。甑の生産も特徴で、特に県南地域では9世紀代に広口甕とともに多量につくられ、その器種は下総、上総まで類似する。関東でほとんどつくられない双耳坏が、三和窯跡群の浜ノ台窯跡から出土し、東海地方との関わりが想定できる。

　轆轤の回転方向について検討した木葉下窯跡群の成果によれば、8世紀中葉から9世紀初頭にかけては、右回りの割合がやや多く、時期的な変遷よりも窯ごとの違いがあり、工人の違いと想定される。木葉下窯跡のいくつかには、焼成部上部に階段を付設し、湖西窯跡群との関連も指摘されている。

　本県の須恵器の実年代を探る資料として、①国分僧寺3号住居跡では国分寺創建時に廃棄された創建瓦や壁土、釘が出土する。②鹿の子C遺跡146号工房跡出土漆紙文書「勝宝」(746～756)、③鹿の子C遺跡55号住居跡出土漆紙文書延暦8年(789)、④鹿の子C遺跡59号工房跡出土漆紙文書延暦9年(790)、⑤鹿の子C遺跡75A号住居跡出土漆紙文書延暦15年(796)と延暦廿□年(801～805)などがある。

（8）山梨県（第34図61・62）

　山梨県の須恵器窯は発掘調査された例がほとんどないため、不明確な点が多く、神奈川県と同様須恵器生産の未発達な地域といえよう。

　採集資料であるが、境川村下向窯跡では焼け歪みや融着した製品が見られ、坏蓋、二段透しを

持つ有蓋高坏、甕が出土する。坏蓋は口径15.1cmを測り、陶邑Ⅱ型式5段階並行であろう。また、同じ境村で牛居沢窯跡が調査され、3基が確認された。1号窯跡からは蓋坏・高坏・鉢・甕が出土し、陶邑Ⅱ型式6段階（7世紀第3四半期）に並行するであろう。2・3号窯跡はこれに後続するであろう。境川村では県内数少ない窯が見つかり、境川窯跡群と呼べよう。

続いて天狗沢瓦窯跡では3基の窯のうち無階有段の1号窯跡の窯を巡る排水溝（1号溝）から、7世紀後半から8世紀初頭の坏・蓋・高坏・甑・壺が出土する。また、方形竪穴状遺構から、1号窯で焼成されたという多量の須恵器が出土した。これらの須恵器は東海東部系である。

このように8世紀初頭までわずかながら生産跡が確認されている。しかし、この地域にも7世紀から8世紀前半までは、静岡県湖西窯跡群の製品が多く見られる。韮崎市宮ノ前遺跡では425軒の住居跡が調査されているが、9世紀前半まで須恵器は多く、9世紀後半以降見られないという。このように8・9世紀の集落で出土する須恵器は在地産と考えられ、現段階では未確認であるが、旧巨麻郡内で須恵器生産が行われたことが想定されている。

少ない須恵器の補完をなす土器は、甲府・須玉・小淵沢で検出されている皿状の窯で焼成された、轆轤成形の土師器である甲斐型土器である。

3. まとめ

関東の須恵器生産は、窯跡出土資料として最も遡るのは、埼玉県桜山窯跡が6世紀第2四半期であるが、消費地の製品としては埼玉、群馬あるいは千葉において5世紀後半代に遡ることは確実である。生産当初は畿内・東海の技術でつくられるものの、胎土からは容易に識別できるものが多い。6世紀に入ると関東色が明瞭になり、大枠としての共通性と、さらに細分化した地域色が見られる。

その大きな特色として、群馬を中心とした大甕の補強帯、坏蓋の「八」の字状口縁など、「北関東型須恵器」と呼称できる特徴がある。この広がりは埼玉に多く、次いで栃木に広がり、神奈川、千葉、茨城にもわずかに見られ、今後、このような広域に見られる特色の成因が問題となろう。

7世紀前半代には、古墳時代から続いた系譜と、横穴などに副葬するため新たに導入された技術が混在する。後半代になり、官衙・寺院などに供給するためさらに技術導入されるが、その多くは導入後技術系譜として途切れる場合が多い。このような動静の中で、古墳時代から独自な技術を保持する群馬においては、西からの形態は導入するものの、伝統的な技術により生産を行っている。そのいくつかは手持ち箆削り、環状つまみ、削り出し高台などである。

8世紀は、坏の底部切り離しによる地域区分に特色がある。糸切り圏の埼玉・東京・群馬南部・栃木西部・千葉（上総）、箆切り圏の茨城・栃木東南部・千葉（下総）であり、両者の混在する栃木東部・群馬北部・千葉の上総と下総の国境付近の一部であるが、大きく糸切りの武蔵国、箆切りの常陸国が対峙していよう。ところが、この2極地域でも、武蔵国では轆轤方向は右回転で統一されているのに対して、常陸国の木葉下窯跡では左右両者があり、群馬北部でも同様である。これを工人集団の違いと見る見解もある。たとえば月夜野、木葉下などでは同時期の窯でも、

窯ごとに轆轤回転方向の割合が違い、切り離しによっても形態の差異が見出せることは、工人の系譜が違う可能性があり、それぞれの生産集団の中に、異なる技術系譜を受けた工人が組織されている場合もあったのであろう。群馬県北部は箆切りと糸切り、および左右の轆轤回転が東北など他地域との交流が想定できる地域、栃木県那須地方は箆切り圏に近接しながら、東山道沿いに伝わった県西部からの糸切り技術を導入した地域、千葉県の旧上総国にありながら下総国に近接しているため、両国の交流で糸切りと箆切りを取り入れた地域などがあり、工人集団の技術伝習は、小集団であるほど技術の保持が難しく、新たな技術導入を行うため、地域色や不連続な系譜が見て取れるようである。

　歴史時代における関東地方の須恵器生産の系譜を全国的な視点で見るならば、西日本が畿内の系譜であるのに対して、関東は東海系であり、伝習等の技術導入先は、東海がその源である。律令期の手工業生産の技術移植が地方対地方で行われた一例である。

註

(1) 島田増次郎　1902「常陸国新治郡小野製陶所遺跡」『東京人類学会雑誌』18-192
(2) 大野延太郎　1905「瞥見五目」『東京人類学会雑誌』20-228
(3) 塩谷俊太郎　1923「国分寺瓦焼場址」『埼玉県史蹟名勝天然記念物調査報告』第1輯
(4) 君津郡教育委員会　1927『君津郡誌』
(5) 柴田常恵・稲村坦元　1931「県内に於ける窯阯」『埼玉県史』
(6) 山崎義男　1941「上野国利根郡月夜野二窯址に就いて」『古代文化』
(7) 内藤政恒　1955「埼玉県入間郡金子坂瓦窯址」『日本考古学協会年報』3-昭和25年度-
　　 宇野信四郎　1952「埼玉県入間郡東金子村窯址発掘概要」『武蔵野』32-3・4
(8) 吉田章一郎　1954「埼玉県大里郡寄居町末野の窯址調査」『考古学雑誌』40-1
　　 同　1955「埼玉県末野円良田窯址」『日本考古学年報』7-昭和29年度-
　　 同　1957「埼玉県寄居町末野円良田赤岩の窯址」『上智史学』2
(9) 岡田茂弘　1956「御殿山窯址調査略記」『やじり』1
(10) 大森信英　1951「茨城県東茨城郡山根村の窯址群について」『古代文化』20
(11) 高井悌三郎　1954「常陸新治郡山荘村小野須恵窯址調査報」『古代常総文化』8
(12) 久保常晴・高島正人・坂詰秀一　1961「南比企窯跡群窯業遺跡群－その基礎的研究[1]－」『立正大学考古学研究室小報』1
　　 久保常晴・坂詰秀一　1961「武蔵比企丘陵窯業関係遺跡調査概報」(Ⅲ)『日本考古学協会昭和36年度大会研究発表要旨』
　　 同　1962「武蔵比企丘陵窯業関係遺跡調査概報」(Ⅳ)『日本考古学協会第28回総会研究発表要旨』
　　 坂詰秀一　1964「埼玉県入間郡東金子窯跡群の研究」『台地研究』15
(13) 早大高等学院歴史研究部　1960「八王子市宇津貫町閑道第2号窯址」『古代』35
　　 滝口宏・大川清　1956「栃木県益子町栗生滝ノ入窯址調査報」『古代』19・20合併号
　　 大川清　1963「韮川・三通第1号窯址」『安蘇山麓古代窯業遺跡』
　　 同　1967「茨城県水戸市三ヶ野窯址」『日本考古学年報』15
(14) 藤田清・高井悌三郎　1958「常陸堀ノ内古窯址群調査概報Ⅰ・Ⅱ」『甲陽史学』Ⅳ
(15) 坂詰秀一　1964「東国における須恵器の生産とその歴史的背景についての予察」『立正大学文学部論叢』19

(16) 倉田芳郎・坂詰秀一 1967「古代・中世窯業の地域的特質－東北・関東－」『日本の考古学』歴史時代上　河出書房
(17) 神奈川考古同人会 1978『シンポジウム神奈川県内における古墳時代後期から平安時代土器編年試案』第Ⅰ版
(18) 坂詰秀一 1980「窯跡出土資料による関東地方須恵器の編年」『立正大学人文科学研究所年報』17
(19) 服部敬史・福田健司 1979「南多摩窯址群の須恵器とその編年」『神奈川考古』6　神奈川考古同人会
(20) 服部敬史 1981「関東地方の窯址出土須恵器編年と年代」『平安時代の土器・陶器』愛知県陶磁資料館
(21) 東洋大学未来考古学研究会 1981『シンポジウム盤状坏－奈良時代土器の様相－』
(22) 立正大学文学部考古学研究室 1982『シンポジウム関東地方における9世紀代の須恵器と瓦』
(23) 神奈川考古同人会 1983『シンポジウム奈良・平安時代土器の諸問題』
(24) 史館同人 1983『シンポジウム房総における奈良・平安時代の土器』
(25) 神奈川考古同人会 1986『シンポジウム古代末期～中世における在地系土器の諸問題』
(26) 房総歴史考古学研究会 1987『房総における歴史時代土器の研究』
(27) 埼玉考古学会 1987『討論「奈良時代前半の須恵器編年とその背景－前内出窯跡その後…－」』
(28) 千葉県教育委員会 1986『千葉県生産遺跡詳細分布調査報告書』
(29) 埼玉県立歴史資料館 1987『埼玉の古代窯業調査報告書』
(30) 栃木県教育委員会 1988『栃木県生産遺跡分布調査報告書』
(31) 末木健ほか 1990『山梨県生産遺跡分布調査報告書（窯業遺跡）』山梨県教育委員会
(32) 服部敬史 1987「東国における奈良時代前半の須恵器生産とその意義」『信濃』39-7　信濃史学会
(33) 大川清ほか 1979『多摩丘陵窯跡群調査報告』東京都教育委員会
　　服部敬史ほか 1980『八王子市南部地区の遺跡』八王子市南部地区遺跡調査会
　　服部敬史ほか 1981『南多摩窯址群－御殿山地区62号窯址発掘調査報告書』八王子バイパス遣水遺跡調査会
　　服部敬史・福田健司 1981「南多摩窯址群における須恵器編年再考」『神奈川考古』12　神奈川考古同人会
　　坂詰秀一ほか 1981『武蔵・天沼窯跡』立正大学文学部考古学研究室
(34) 加藤修ほか 1987『多摩ニュータウン遺跡』昭和60年度第4分冊　東京都埋蔵文化財センター調査報告第8集
(35) 雪田隆子・竹内宏之 1989「多摩ニュータウン地区における古代の須恵器生産について」『日本考古学協会第55回総会研究発表要旨』
(36) 鶴間正昭ほか 1993『多摩ニュータウン遺跡』平成3年度第5分冊　東京都埋蔵文化財センター第15集
(37) 加藤修 1982「地方窯成立の背景について－南多摩窯跡群をとおして－」『研究紀要』Ⅰ　東京都埋蔵文化財センター
(38) 服部敬史ほか 1992『南多摩窯跡群』－山野美容芸術短期大学校内における古代窯跡の発掘調査－　山野美容芸術短期大学校内埋蔵文化財発掘調査団
(39) 服部敬史ほか 1992『南多摩窯跡群』東京造形大学宇津貫校地内埋蔵文化財発掘調査団
(40) 池上悟ほか 1986『奈良地区遺跡群発掘調査報告Ⅳ』住宅・都市整備公団、奈良地区遺跡調査団
(41) 赤星直忠 1949「神奈川県横須賀市平作窯址」『日本考古学年報』2
(42) 水村孝行ほか 1982『桜山窯跡群』（財）埼玉県埋蔵文化財調査事業団報告書第7集
(43) 高橋一夫ほか 1980『羽尾窯跡発掘調査報告書』滑川村教育委員会

(44) 水村孝行ほか 1980『根平』埼玉県教育委員会
(45) 井上肇ほか 1978・1979『舞台』(資料編・本文編) 埼玉県教育委員会
(46) 渡辺一 1995『竹之城・石田・皿沼下遺跡』鳩山町教育委員会
(47) 金井塚厚志ほか 1990『山下窯跡』鳩山町教育委員会
(48) 谷井彪・今井宏 1985「赤沼地区第14支群の発掘」『研究紀要』7 埼玉県立歴史資料館
(49) 坂詰秀一ほか 1961『『南比企窯跡群-その基礎的研究(1)-』小川書店
(50) 坂詰秀一 1977「武蔵・虫草山窯跡」『考古学研究室彙報』18 立正大学文学部考古学研究室
(51) 金子真土ほか 1982『埼玉県比企郡玉川村日野原遺跡』
(52) 渡辺一ほか 1988『鳩山窯跡群Ⅰ』鳩山窯跡群遺跡調査会・鳩山町教育委員会
(53) 渡辺一ほか 1990『鳩山窯跡群Ⅱ』鳩山窯跡群遺跡調査会・鳩山町教育委員会
(54) 野部徳秋・高木義和 1977『末野窯址(花園支群)発掘調査』寄居町教育委員会
(55) 高橋一夫ほか 1974『前内出窯跡発掘調査報告書』埼玉県遺跡調査会報告第24集
(56) 坂詰秀一ほか 1971『武蔵新久窯跡』雄山閣
(57) 坂詰秀一ほか 1981『八坂前窯跡』入間市教育委員会
(58) 坂詰秀一ほか 1984『八坂前窯跡』八坂前窯跡遺跡調査会・入間市教育委員会
(59) 昼間孝志ほか 1994『桜沢窯跡』埼玉県埋蔵文化財調査事業団報告第143集
(60) 金井塚厚志 1989『境田遺跡』境田遺跡調査会・鳩山町教育委員会
(61) 松本富雄ほか 1981『新開遺跡Ⅰ』三芳町教育委員会
(62) 松本富雄ほか 1982『新開Ⅱ』埼玉県三芳町教育委員会
(63) 松本富雄ほか 1983『町東部遺跡群』埼玉県三芳町教育委員会
(64) 佐々木保俊・田代隆ほか 1979『針ヶ谷遺跡群Ⅰ』富士見市遺跡調査会
(65) 田所真 1989「上総須恵器考 須恵器生産遺跡研究略史」『史館』21 史館同人
(66) 高橋康男ほか 1985『千葉県市原市草刈遺跡』市原市文化財センター
(67) 白井久美子 1994「草刈遺跡出土の赤焼き須恵器」『千草台ニュータウンⅣ』-草刈六之台遺跡- 千葉県文化財センター
(68) 高橋康男 1988『大和田遺跡』(財)市原市文化財センター調査報告書第25集
(69) 大川清ほか 1976『永田・不入須恵窯跡調査報告書』千葉県教育委員会
(70) 奥田正彦ほか 1985『千葉県市原市永田、不入窯跡』市原市文化財センター
(71) 田所真ほか 1989『千葉県市原市永田、不入窯跡』市原市文化財センター
(72) 郷堀英司・小林信一 1993『市原市永田窯跡群発掘調査報告書』千葉県教育委員会
(73) 谷旬・郷堀英司・小林信一ほか 1993「生産遺跡の研究3-須恵器-」『研究紀要』14 千葉県文化財センター
(74) 山口直樹 1988『市原市石川須恵器窯跡確認調査報告書』千葉県教育委員会
(75) 酒井清治 1978「石川窯跡」『千葉・南総中学遺跡』駒沢大学考古学研究室
(76) 佐久間豊 1989『木更津市上名主ヶ谷窯跡確認調査報告書』千葉県教育委員会
(77) 小林信一 1991『富里町吉川窯跡確認調査報告書』千葉県文化財センター
(78) 関口達彦 1990『千葉市中原窯跡確認調査報告書』千葉県教育委員会
(79) 渡邊高弘 1992『千葉市宇津志野窯跡確認調査報告書』千葉県教育委員会
(80) 千葉市土気地区遺跡調査会 1984『南河原坂第4遺跡調査概要』
(81) 村田六郎太 1996「南河原坂窯跡群本調査報告」『土気南遺跡群Ⅶ』千葉市文化財調査協会

(82) 山下歳信 1986『上大屋・樋越地区遺跡群』群馬県勢多郡大胡町教育委員会
(83) 坂詰秀一 1964「上野・上小友窯跡」『立正大学文学部論叢』32
(84) 大川清・戸田有二 1984「群馬県吉井町下五反田・末沢窯跡」『考古学研究室発掘調査報告書』考古学研究室報告甲種第3冊
(85) 大江正行 1984「群馬県における古代窯跡群の背景」『群馬文化』199
(86) 群馬県 1986『群馬県史』資料編2　原始古代2
(87) 倉田芳郎 1972「群馬県太田市菅ノ沢遺跡の窯址群」『日本考古学協会第38回発表要旨』
(88) 佐藤洋 1975「群馬県太田市菅ノ沢遺跡第Ⅷ次調査概報」『先史』9　駒沢大学考古学研究室
(89) 梅沢重昭 1966「群馬県太田市亀山窯跡」『日本考古学年報』18
(90) 倉田芳郎・坂詰秀一 1966「群馬県太田市辻小屋古窯跡の調査」『日本考古学協会第32回総会研究発表要旨』
(91) 酒井清治 1991「須恵器の編年・関東」『古墳時代の研究』6 須恵器と土師器　雄山閣
(92) 井上唯雄 1972『群馬県利根郡月夜野町洞窯跡発掘調査報告書』月夜野町教育委員会
(93) 中沢悟・大江正行ほか 1985『月夜野古窯跡群』月夜野町教育委員会
(94) 梁木誠・田熊清彦 1981「栃木県における歴史時代の須恵器研究ノート－窯跡出土資料の検討とその編年－」『栃木県考古学会誌』6
(95) 梁木誠 1987「南高岡窯跡群採集の須恵器」『真岡市史案内』6　真岡市教育委員会
(96) 大川清・加藤隆昭 1972「犬伏窯跡」『東北縦貫自動車道埋蔵文化財発掘調査報告書』栃木県教育委員会
(97) 大川清ほか 1990『栃木県益子町古代窯業遺跡群Ⅰ』考古学研究室報告甲種第8冊　国士館大学文学部考古学研究室
(98) 大川清 1976『下野の古代窯業遺跡』上・中・下　栃木県教育委員会
(99) 大和久震平 1973『中山窯跡発掘調査概要』栃木県教育委員会
(100) 橋本澄朗・国府紀明 1985「栃木県烏山町中山窯跡の検討（上）」『栃木県立博物館研究紀要』2
(101) 津野仁 1988「三毳山麓窯跡群の須恵器生産」『栃木県考古学会誌』9
(102) 篠原祐一ほか 1993『広表窯跡』栃木県教育委員会
(103) 大金宣亮 1970「倉見沢窯跡」『益子の文化財』下野新聞社
(104) 木下実ほか 1992『銭神窯跡群』南那須町文化財調査報告書第9集　南那須町教育委員会
(105) 茨城県立歴史館 1986『特別陳列茨城の須恵窯跡』
(106) 茂木雅博 1983『常陸馬頭根窯址』東海村教育委員会
(107) 佐藤正好・海老沢稔 1977『幡山遺跡発掘調査報告書』常陸太田市教育委員会
(108) 根本康弘 1983『木葉下遺跡Ⅰ（窯跡）』(財)茨城県教育財団
(109) 小河邦男・川井正一 1984『木葉下遺跡Ⅱ（窯跡）』(財)茨城県教育財団
(110) 外山泰久ほか 1987『笠間大渕窯跡』笠間市史編纂委員会
(111) 高井悌三郎・五十川伸矢ほか 1988『常陸国新治郡上代遺跡の研究Ⅱ』甲陽史学会
(112) 高井悌三郎 1963「茨城県新治郡小野窯跡」『日本考古学年報』6
(113) 川井正一 1993「常陸国における古代窯業遺跡－新治窯跡群と中心として－」『茨城県立歴史館報』20
(114) 三和町史編さん委員会 1992「浜ノ台窯跡調査報告書」『三和町史』資料編 原始・古代・中世
(115) 土生朗治 1993「幡山2号窯跡出土坏身・提瓶・長頸瓶について」『研究ノート』2　茨城県教育財団
(116) 高井悌三郎 1959「常陸堀ノ内古窯址出土の篦書土器について」『西田先生頌寿記念日本古代史論叢』
(117) 浅井哲也 1993「茨城県内における奈良・平安時代の土器（Ⅱ）」『研究ノート』2　茨城県教育財団

(118) 橋本博文 1979「甲斐の須恵器（その1）（その2）」『丘陵』6・7　甲斐丘陵考古学研究会
(119) 末木健ほか 1990『天狗沢瓦窯跡』山梨県敷島町教育委員会

第2節　関東の古墳時代須恵器編年

　関東における須恵器編年は、坂詰秀一の窯跡出土資料による編年があるものの、編年が確立できていないのは、窯跡調査が少なく連続した変遷が不明確であること、消費地出土の須恵器の産地同定の問題などの理由による。そのため明らかに在地産の製品であるにも関わらず、陶邑編年を利用する状況である。

　しかし、最近の発掘調査の増加により在地産須恵器が集成され、分布調査・窯跡調査で、わずかながら変遷あるいは各地域の様相が見えてきた。しかしながら、これはあくまでも消費地での変遷が主体であり、窯跡資料による編年はまだ先のことである。

　本節では各地の須恵器窯の実態と在地産須恵器の変遷を考え、在地産須恵器の特色を述べてみる。

1. 各地の須恵器窯

（1）群馬県

　関東地方で最も須恵器窯の集中している地域は太田市金山で16支群確認され、菅ノ沢窯跡では7基と未焼成窯6基、八幡I窯跡で4基、八幡II窯跡で2基、辻小屋窯跡で4基、亀山窯跡で1基が調査されている。いずれも6世紀中葉から後半であるが、表採資料の中にはやや遡るものもある。利根川を越えた高崎市乗附に同時期の窯跡が想定されている。

　また、安中市秋間窯跡群でも7世紀以降の窯が見つかっている。このほか吉井・藤岡地域にも6世紀初頭に遡る在地産須恵器が確認されている。歴史時代も含めた生産地の資料をもとに花岡紘一による産地同定により、金山・笠懸・吉井・藤岡・乗附・秋間・月夜野などの各窯跡群の分類が可能になってきた。

　しかし、三ツ寺I遺跡の三辻利一の胎土分析によれば、埼玉県南比企窯跡群の製品が12点確認されているが、肉眼観察では明らかに南比企窯跡群の製品はでなく、産地同定の難しさがわかる。

（2）埼玉県

　現在発掘された関東最古の窯が、6世紀前半の東松山市桜山窯跡、6世紀末〜7世紀初頭の東松山市根平窯跡、7世紀初頭の滑川町羽尾窯跡・平谷窯跡、7世紀前半の鳩山町小用窯跡、坂戸市西谷ツ窯跡などがある。南比企丘陵およびその周辺に分布し、時期的にも近接するものの、系譜的に連続するものではない。桜山窯跡は一部上野の影響を受け、根平窯跡は上野系、羽尾窯跡は東海的、小用・西谷ツ窯跡は在地化している。この中で、南比企窯跡群の桜山・根平・小用窯跡と羽尾窯跡群の羽尾・平谷窯跡との産地の識別は容易である。

（3）東京都

　多摩ニュータウン遺跡群のNo.446、No.339で調査されたが、かえり蓋が出土しており、遡っても

7世紀後半から末であろう。No.446は横穴の脇に築造される特徴を持つ。
　(4) 神奈川県
　横浜市熊ケ谷東遺跡窯跡も1基で、横穴群の中につくられる。製品は東海的な要素が見られるものと、伝習品的な稚拙なつくりのものが見られる。時期については6世紀後半と7世紀中葉の製品がある。大磯町稚児ケ墓遺跡でも表採されているが、甕だけなので時期については7世紀頃と推定しておく。ここも横穴の近くである。
　(5) 山梨県
　境川村下向窯跡は表採ながら、7世紀初頭に置けるであろう。また牛居沢窯跡は2基確認されているが、採集資料がかえり蓋であることから、7世紀中葉から後半と推定されている。
　(6) 千葉県
　市原市大和田窯跡は古墳群、横穴群の中に1基だけ確認され、調査により7世紀前半から中葉と考えられる。君津市練木にもかつて窯跡があって7世紀とされているが、実体は不明確である。
　(7) 茨城県
　常陸太田市幡山遺跡の窯跡は3基発掘されたが、坏類は厚く稚拙なつくりであり、7世紀中葉から後半である。古墳群、横穴群に近接する。
　(8) 栃木県
　真岡市南高岡窯跡群に数基が確認されているが、表採資料によって7世紀前半と考えられている。

2. 関東在地産須恵器の画期と製品の類例ー群馬県の例を中心にー

　関東在地産須恵器の諸特徴を見るに、いくつかの画期があるように見受けられる。その諸特徴と画期が連続して見ることのできる群馬県の例を中心に述べていく。
　まだ在地的様相が少ない1期、高坏脚部が長脚化し在地的様相の明確になってくる2期、坏蓋が大きく開くなど在地化が顕在化し大型化する3期、小型化が始まり最も生産が活発化するとともに多様化し、高坏脚部に二方透し、一段透しも出現する4期、小型化がさらに進み、高坏脚部も短くなり、蓋坏の最終末を含むものを5期とする（第35図）。
　以下、在地産須恵器の特徴を現す坏、高坏、甑、提瓶、徳利形平底壺、甕などの類例をあげてみる。
　(1) 坏
　1期は群馬町三ツ寺Ⅰ遺跡2区5号住居跡（第35図-1）、高崎市芦田貝戸Ⅱ遺跡畝状遺構（3）、同市引間32号住居跡、同市御布呂遺跡軽石流下土器群（2）があるが、引間例は身の口唇部に段がある。芦田貝戸、三ツ寺Ⅰ例では口縁部中位で直立する古相を持つものの、口唇部の段がなく、また、御布呂例も蓋の稜部が鈍くなり、1期でも新しい要素を見るとともに、在地化の傾向を見せる。なお、芦田貝戸例は榛名山二ツ岳火山灰ＦＡ直下であり、御布呂例はＦＡの前後である。2期の安中市簗瀬二子塚古墳例（8・9）は、口唇部の段は残存し小型であるなど古相を見せ、陶邑Ⅰ型式5段階の様相も残るものの、身が浅くなり、蓋の稜部の沈線化と口縁の「八」の字状に

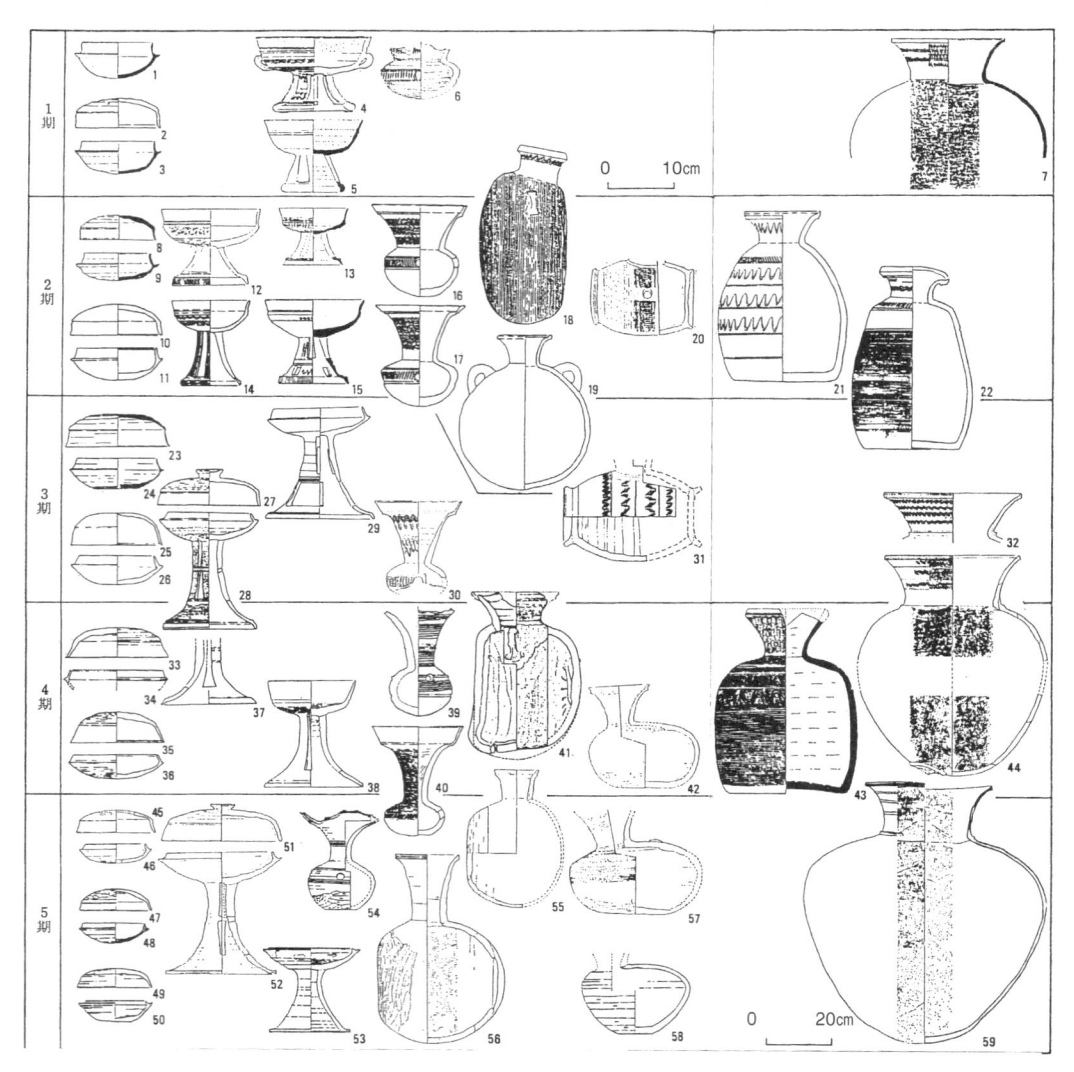

第35図　関東の須恵器編年

1:群馬県三ツ寺Ⅰ2区5号住居跡　2:高崎市御布呂軽石流下土器群　3:高崎市芦田貝戸Ⅱ畝状遺構　4:前橋市荒砥北原7号住居跡　5:三ツ寺Ⅰ西辺第1張出部　6:笠懸村天神山2号墳　7:高崎市堀込前17土坑　8・9・13:安中市簗瀬二子塚古墳　10・11・17・19・22:子持村伊熊古墳　12:尾島町歌舞伎A-67号住居跡　14・21:伊勢崎市権現山Ⅱ号墳　15:富岡市久保遺跡　16・18:前橋市前二子古墳　20:伊勢崎市恵下古墳　23・24:前橋市端気1号住居跡　25・26・32:富岡市富岡5号墳　27・28:北橘村真壁赤城神社蔵　29:境町三ツ木28号住居跡　30:沼田市石墨B区1号住居跡　31:前橋市荒砥天之宮12号住居跡　33・34・37:太田市菅ノ沢窯跡群　35・36・38・40:高崎市綿貫観音山古墳　39・41:太田市入宿遺跡　42:榛名町奥原30号墳　43:赤堀町地蔵山五目牛8号墳　44:奥原45号墳　45・46・51・52・55・57:奥原53号墳　47:三ツ寺Ⅲ35号住居跡　48:高崎市正観寺遺跡群73号住居跡　49・50・58:藤岡市森5号住居跡　53:群馬町上野国分僧寺・尼寺中間地域H区16号住居跡　54:前橋市今井神社古墳　56:奥原3号墳　59:高崎市引間1号墳

開く在地化傾向がここから始まる好例である。この古墳は東国の初期横穴式石室古墳である。2期の中でも新しいものは子持村伊熊古墳（10・11）にあり、身は口縁が短くなり大型化する。これに対して子持村黒井峯7号住居跡例は、蓋の開きが大きくなっている。この頃になると陶邑との並行関係が不明確になってくる。蓋が一般的に大きく開くのは3期の陶邑Ⅱ型式2段階並行期で、前橋市端気着帳遺跡1号住居跡（23・24）、続いて同市南田之口W－7溝、富岡市富岡5号墳（25・26）がある。4期は榛名山二ツ岳火山灰FP降下後の太田市菅ノ沢窯跡群（33・34）をはじめ、子持村中ノ峰古墳など多く見られる。この時期坏蓋の稜部が鈍くなり、沈線化するものも見られる。続いて高崎市綿貫観音山古墳（25・26）が好例で、陶邑Ⅱ型式4～5段階の過渡期の製品と在地産とが共伴する。また、高崎市石原稲荷山古墳も良好な資料である。この時期の坏蓋は扁平化し小型化するが、天井部の稜は沈線化して残り、口唇部の段もまだ残る。5期に入るとやや様相が変わり、今までの蓋の口縁が「八」の字状になるものと、畿内的な半球形の蓋が見られる。前者の例は榛名町奥原53号墳（45）、三ツ寺Ⅲ遺跡35号住居跡（47）、藤岡市森遺跡5号住居跡（49）で、後者は三ツ寺Ⅲ遺跡78・52号住居跡にある。この時期は底部、天井部を手持ちヘラ削りする例が多いが、前代からの在地産須恵器にもよく見られる。榛名町奥原53号墳には、乳頭状つまみの初期のかえり蓋が出土し、二段二方透しの高坏（52）も共伴するが、2時期の可能性もあり検討が必要である。

　群馬県以外の様相を見ると、埼玉県児玉町ミカド遺跡で陶邑Ⅰ型式3～5段階並行の製品が見られるが、在地的な様相はほとんどない。同町後張遺跡の1期から2期前半、陶邑Ⅰ型式4段階～Ⅱ型式1段階並行の在地産須恵器の中でも、Ⅱ型式1段階並行の時期になると厚みを増すなど、在地化傾向が見られる。千葉県では市原市で「草刈型」と名付けられた赤焼土器がある。形態・技法とも陶邑Ⅰ型式5段階並行の須恵器であるが、焼成の違いが大きな問題であると考えられている。

　その後、各地に在地産須恵器が生産されるものの、群馬で見た坏蓋が「八」の字状に開く例は、東松山市舞台遺跡1・5号住居跡から稚拙なつくりが見つかっている。4期である。これよりやや遡る、口径14cm前後の「八」の字状に開き稜部が沈線状になる蓋が、神奈川県熊ケ谷東遺跡の窯跡から出土する。千葉市上ノ台遺跡では2Z－57住居跡、2N－53住居跡から「八」の字状の蓋が出土する。天井部の稜は不明瞭であるが、共伴する坏から3期であろう。栃木県では足利市矢場川小学校保管の坏蓋が、3期から4期にかけての製品であるが、この地域は地理的に太田市金山窯跡群に近く、産地の検討が必要である。真岡市南高岡窯跡では坏蓋が口径約9cmで、身は約8.5cmと小型であるが、蓋が「八」の字状に開く5期の製品が出土する。

　（2）　高坏

　1期に入る群馬県前橋市荒砥北原遺跡7号住居跡の無蓋高坏（4）は、坏部が扁平で、脚部は六方透しで脚端部が丸くつくられ、厚みがある。在地産とする考えもあるが、焼成から疑問である。三ツ寺Ⅰ遺跡西辺第1張出部（5）は胎土から在地産の可能性が高い。いずれもFA降下以前である。2期はまだ短脚である簗瀬二子塚古墳の無蓋高坏（13）があり、脚端が開き在地化している。時期的に近いものとして尾島町歌舞伎遺跡A地区163号住居跡、A－67号住居跡（12）例がある。

後者には脚端部に2本の沈線が見られるのが特徴で、これは続く箕郷町生原・善龍寺前遺跡Ｅ区ＳＢ05、富岡市久保遺跡（15）にも見られ、一部甕の口唇部にも見られるなど、この時期の利根川西岸域の特徴である。やや脚の長くなる2期後半は類例が多く、生産が増大する時期と考えられる。伊勢崎市権現山Ⅱ号墳（14）が好例である。3期は、高崎市船橋遺跡3区1号住居跡、境町三ツ木遺跡28号住居跡の有蓋高坏（29）があるが、前者の脚端は丸くつくられる、類例が少ない例なのに対して、後者は外へ開く在地産の形態である。続いて北橘村真壁赤城神社所蔵遺物（28）が好例である。4期に至っても畿内に見られる小型器種の出現はない代わりに、脚部透し、坏部など多様化し、畿内の型式変遷との違いを見ることができる。菅ノ沢窯跡群では二段三方透し以外に、脚中央部に2本の区画沈線を入れるものの、その沈線を切って一段二方透しにするもの（37）もある。これにつぐ高崎市綿貫観音山古墳（38）でも三方透しであるが一段で、坏部は深くなるとともに畿内に比べ大型で、稜線が沈線化するのが特徴である。しかし、時期的に近い高崎市石原稲荷山古墳では一段二方透しであるが、坏部が扁平である。5期は榛名町奥原53号墳の二段二方透しの有蓋高坏（51・52）が、口径も大きく蓋の稜部も残る古い形態を呈する。最も新しい有蓋高坏は、上野国分僧寺・尼寺中間地域Ｈ区16号住居跡（53）であるが、透しはない。しかし、二段透しは埼玉県上里町八幡太神南遺跡八幡Ａ1号住居跡例のように、一部7世紀中葉まで残る例もある。

（3）甕

1期の例として在地産か問題も残るが、笠懸村天神山2号墳（6）は底部が手持ちヘラ削りで、胴部中位の刺突文区画の上位の突線が明瞭である特徴を持つ。2期は前橋市前二子古墳（16）が古く、続いて伊勢崎市恵下古墳、権現山Ⅱ号墳があるが、権現山Ⅱ号墳例も胴部中位の上の突線が明瞭である。すべてに突線が見られるわけでなく、恵下古墳、続く子持村伊熊古墳（17）のように、肩部の平坦面がのちまで残るのも特徴である。3期は伊勢崎市八寸大道上遺跡031遺構、藤岡市堀ノ内遺跡群ＣＫ－1号墳が好例で、沼田市石墨遺跡Ｂ区1号住居跡（30）が続く。4期になると胴部と口縁などにそれぞれ特徴を持ち、多様化するのは高坏と類似する。太田市入宿遺跡（39）は球胴で、肩部の突線が明瞭である。赤堀町峯岸山漏4号墳では肩が張るのに対して、漏7号墳では球形の胴部である。また、峯岸山12号墳では口縁が内彎気味に立ち上がるなど、陶邑の型式とは明確に対応しない。しかし、綿貫観音山古墳（40）のように新しくなるにつれて、口縁部が高くなる傾向は畿内と同じである。次に5期は数が激減するが、前橋市今井神社2号墳（54）のように口縁が短くなり、底部が手持ちヘラ削りで平底化する例がある。

関東での特徴の一つに俵形甕の残存があるが、2期では伊勢崎市恵下古墳（20）、3期は藤岡市温井12号住居跡、前橋市荒砥天之宮Ｃ区12号住居跡（31）があり、いずれも小型である。胴部の文様はカキ目、櫛歯刺突文、波状文などあるが、焼成は良好で産地の同定は難しい。

（4）提瓶

2期の前橋市前二子古墳（18）、伊勢崎市恵下古墳、子持村伊熊古墳（19）などにあるが、恵下古墳以外は口縁部が細い。この時期の製品は胴部が扁平で環状把手を持つ。3期の例は少なく、4期に至りようやく生産量が増加し、器厚が厚く胴部の膨らみのある大型品が出現する。太田市

入宿遺跡（41）が特徴的で、一方が平坦で厚みのある胴部をつくり、環状把手も存続する。また、製作時胴部の閉塞を絞り込みで行う例がある。このような特徴的な提瓶のほか、胴部が扁平な例も見られ、両者は5期へ小型化しながら存続する。5期では奥原53号墳（55）のように環状把手はほとんど見られなくなるとともに、一部フラスコ状の壺に変化するものの、比較的早く消滅する。

　（5）徳利形平底壺

　群馬から埼玉にかけて分布する特徴的な器形であるが、現在十数例と数は少ない。2期から出現するが、伊勢崎市恵下古墳、権現山Ⅱ号墳（21）とも胴部は沈線で区画するが、その間を前者は櫛歯刺突文、後者は波状文で施文しており、いずれも胴部は丸みを持つ。続く伊熊古墳（22）、富岡市久保遺跡は胴部を区画せず、カキ目が巡り肩部に稜を持つ。4期に至り1例だけ赤堀町地蔵山古墳群五目牛8号墳（43）に見られるが、胴部は太く扁平になり、胴部上位から口縁にかけて波状文が巡る。

　（6）甕

　甕は確認されたうちで最も古い在地産の例は、1期の高崎市堀米前17土坑（7）で、3段の波状文が見られ、胴部内面は擦り消され、器厚は厚い。在地産大甕の特徴である補強帯を持つ例は、現段階では3期の富岡市富岡五号墳（32）が初現で4段の波状文が見られ、口唇部が鋭角の面を持つ。4期に至り奥原45号墳（44）のように波状文は3段になり、口唇部あるいは口縁部内面に波状文施す例や、波状文の代わりに縦ハケを施すものが見られる。この時期以降生産量が増加する。4期までは頸部が太いが5期に至り細くなり、徐々に肩も張り、補強帯を持つ例が少なくなってくる。

　この補強帯を持つ甕は、栃木県足利市周辺、真岡市南高岡窯跡、埼玉県では北半部に数多く見られ、千葉県香取郡多古町坂並白貝18号墳、茨城県真壁郡協和町丑塚Ⅲ号墳、神奈川県横須賀市蓼原遺跡6号址などに見られる。

3．年代について

　編年表を陶邑窯跡群に並行させるならば、1期は陶邑編年Ⅰ型式5段階までと一部Ⅱ型式1段階を含む可能性がある。2期は陶邑Ⅱ型式1段階から2段階の一部を含む時期に並行、3期はⅡ型式2段階の新しいものから3段階並行、4期はⅡ型式4段階並行、5期はⅡ型式5〜6段階並行であるが、今後細分が可能である。

　関東における須恵器の年代については、畿内の須恵器編年を援用したり、土師器との共伴関係、火山灰降下の前後関係から検討されてきた。ここでは群馬県榛名山二ツ岳の火山灰（ＦＡ・ＦＰ）の降下時期から検討してみよう。ＦＡは6世紀第1四半期後半から第2四半期前半とされた時期があった。白石太一郎・都出比呂志は、埼玉県稲荷山古墳鉄剣銘から陶邑ＴＫ23、ＴＫ47型式（陶邑Ⅰ−4・5）を5世紀に入れた。特に白石太一郎は、ＭＴ15（Ⅱ−1）型式前半を鉄剣銘から5世紀末とした。しかし、磐井の墓とされる福岡県八女市岩戸山古墳の須恵器がＴＫ10（Ⅱ−2）型式で、築造が527年に置けるならば、ＭＴ15型式は6世紀の中に納まると考えるべきであろう。

右島和夫はＦＡ降下時期をＴＫ47からＭＴ15型式の間と考えた。ところが近年、ＦＡ降下直前の須恵器の出土例が増加しており、ＭＴ15型式に入った須恵器が見受けられることから、ＦＡ降下時期を500年を上限として、それよりもやや下った時期と考えられる。

ＦＰの降下時期については、ＦＰ降下以前の子持村館野Ｄ地点出土須恵器はＴＫ10型式以降であり、ＦＰ降下以降の太田市菅ノ沢窯跡群、高崎市観音山古墳を考慮すると、6世紀第3四半期と考えられよう。

このようなことから、編年表（第35図）の実年代については、1期と2期の間がおよそ500年かやや下った時期、3期と4期の境が6世紀第3四半期の中で、4期と5期の間がおよそ600年かそれよりもやや新しいと考えられよう。

4．関東の須恵器の特色

筆者は以前から北関東型須恵器と呼称してきたが、資料の増加とともにその広がりは関東全域に及び、あたかも関東型と呼べる状況を呈してきた。しかし、系譜的に不連続な窯が多く、必ずしも関東の在地産須恵器が全て同一の特色を持つものではない。その点では同一の特色を持つものは、大窯跡群を擁する群馬と埼玉県の一部により濃厚に見られる。

以下その特徴を列記してみる。

坏　　　ａ．3期以降明瞭に坏蓋の口縁が「八」の字状に開き、5期の蓋坏の最終末まで残る。
　　　　ｂ．それに伴い天井部の稜あるいは沈線が5期まで残存する。
　　　　ｃ．手持ヘラ削りが一部に見られる。

高坏　　ａ．四方透しが2期前半まで一部残る。
　　　　ｂ．高坏脚端部が外へ開く例が多い。
　　　　ｃ．3期から4期にかけて無蓋高坏の坏部が深い例が見られる。
　　　　ｄ．4期の長脚一段透しと二方透しなどの省略化。
　　　　ｅ．5期の二段透しの残存など多様化した様相が窺える。

甕　　　ａ．一部に見られる胴部上位の明瞭な突線。
　　　　ｂ．4期に見られる口縁の多様化。
　　　　ｃ．樽形甕の3期までの残存。

提瓶　　ａ．2期から5期の一部まで環状把手が存続する。
　　　　ｂ．4期の大型化。
　　　　ｃ．胴部の閉塞部を円盤で塞がず絞り上げて塞ぐ。

徳利形壺　2期に出現し4期まで存在する。

大甕　　ａ．3期以降の頸部補強帯の存在。
　　　　ｂ．4期から5期にかけての、口唇部と口縁内面の波状文。
　　　　ｃ．4期以降一部に斜格子叩きと「の」の字の当て目の存在。

この他2期以降、波状文とカキ目が多用される。

5. 須恵器生産開始時の様相—まとめにかえて—

　群馬に限らず6世紀前半あるいは5世紀に遡る須恵器の中に焼成不良、窯壁付着の製品が見出されてきた。坂本和俊は埼玉県児玉町ミカド遺跡、長沖2号墳、後張遺跡の須恵器が在地産であることを指摘し、金鑚神社古墳、生野山将軍塚古墳の格子叩き円筒埴輪を須恵器工人との関連でとらえている。さらに出土地域から児玉窯跡を想定し、須恵器・埴輪より陶邑TK73型式（I型式1段階）、TK216型式（I型式2段階）には成立していたと考えている。田辺昭三も埼玉県ミカド遺跡、群馬県堀米前遺跡例から、在地生産の開始時期をON46号窯の段階まで遡ると説いた。

　このほか5世紀に入る在地産須恵器は群馬県では高崎市穴池遺跡のカップ形があるが、堀米前遺跡も含め胎土は一様でなく、生産地は太田周辺、高崎周辺が予想できる。埼玉県では熊谷市鎧塚の高坏が加わるが、生産地は不明である。前記したミカド遺跡、後張遺跡の生産地は児玉周辺の可能性は高いが、製品の中に白色針状物質を含む例がある。この製品は当地から約30km隔たる南比企窯跡群製と考えられる。南比企窯跡群には関東最古の桜山窯跡群があるが、すでに在地化していることからも先行する窯跡が予想できる。

　次に6世紀前半代の在地産須恵器の分布を見てみると、群馬県を中心に埼玉、群馬、千葉と広がりを見せる。群馬県では安中市簗瀬二子塚の坏類、富岡市郷土遺跡の坏・鉢、前橋市前二子古墳の器台・高坏類、渋川市伊熊古墳の徳利形壺、伊勢崎市恵下古墳の坏類・甕・徳利形壺、同原之城遺跡の器台、同権現山II号墳の高坏・甕・徳利形壺、同東流通団地遺跡の高坏・坏類、笠懸村天神山2号墳の甕などがある。この製品を含め6世紀代の在地産須恵器は、藤岡、富岡、安中、渋川、高崎、前橋、勢多、伊勢崎、太田に広がる。前橋、勢多、伊勢崎、太田付近の製品は、太田市金山窯跡群系の製品が多い。しかし原之城遺跡の器台、権現山II号墳の徳利形壺、前二子古墳の器台の胎土は異なり、生産地の検討が必要である。利根川西岸については窯跡が僅かで、胎土の類別は今後の課題であるが、製品の集中度から安中、富岡、藤岡周辺に生産地が予測できる。埼玉県では上里町東猿見堂遺跡の器台・高坏があげられるが、器台に片岩を含むことから、藤岡周辺出土須恵器の胎土と類似しており、寄居、児玉、藤岡周辺が候補に上がる。栃木県では佐野市鴻ノ西出土の器台がある。焼け歪みから在地産であろう。しかし栃木県西部には群馬県金山窯跡群系の製品が移入されているため、産地の検討が必要である。千葉県では千葉市上ノ台遺跡の坏類があり、蓋が「八」の字状に開き、群馬の在地産須恵器と共通する特徴を持つ。

　在地産須恵器の特徴は5世紀代では樽形甕、大型甕、高坏四方透しの存続、高坏脚端部の外への開きがある。6世紀では一段透しの存続、甕の口縁の古い形態の残存、甕の口縁の古い形態の残存、甕頸部の補強帯の出現、坏蓋口縁の「八」の字化、口唇の段と天井部稜の残存、甕の胴部上位の明瞭な突線などである。

　ここで生産開始時の工人の動向を推測してみよう。生産開始時の須恵器工人の移動は畿内からだけでなく東海からの移動も考えられる。それは高坏などに類似性が見られることから推測できる。須恵器工人の移動のほか、他の窯業工人との関連も予想できる。若松良一は生産開始時の候補に上げた南比企窯跡群の近くの古墳から、5世紀後半代と考えられるB種横ハケを持つ、硬質還元炎焼成の埴輪を検出したという。このB種横ハケは工具幅10cmで約20cmの間隔で断続し、C

種横ハケに近いことからも回転台（轆轤）を使用したことが考えられ、須恵器工人との関連が予想できる。前記した格子叩き埴輪について、坂本は須恵器との関連でとらえているが、筆者はむしろ高崎市七五三引・中原・堀込前遺跡、渋川市行幸田山遺跡などの叩きを持つ朝鮮半島系土器との関わりを考えている。

次に最近注目される土器に5世紀後半代の轆轤土師器がある。引き上げ、削りに回転を利用し、やや硬質で窯を使用しているが、須恵器の生焼けとは考えられない。現在藤岡市堀ノ内遺跡、群馬町三ッ寺Ⅰ遺跡および周辺、渋川市空沢遺跡など利根川西岸に見られる。三ッ寺Ⅰ遺跡のように土師器に近い形態から、土師器工人の須恵器生産への関与も予想できる。あるいは空沢遺跡小型鉢が、三辻利一の分析で朝鮮半島と推定されていることから、轆轤土師器の系譜が渡来人にあり、彼らが須恵器生産に関わった可能性もある。このように発生期の須恵器生産には渡来人、土師器工人、埴輪工人などが関与していた可能性がある。

関東の須恵器生産は、群馬県を中心とする広い分布圏があり、今後「関東型」としての捉え方も可能であろう。それに対して、各地に見られる系譜の不明な不連続の窯があり、両者がどのように関わるものなのか問題であろう。また、他の埴輪、土師器などの窯業生産との関わりも見られ、関東の須恵器生産をより複雑にしている。さらに生産開始の問題もあるが、最近1期の在地産の製品が増加している。今後、在地産須恵器の蓄積によってさらに詳細な編年が可能であろう。

第3節　北武蔵の古墳時代須恵器生産

はじめに

関東における須恵器生産の開始についてはいくつかの論考があり、筆者もその問題について触れてきたが、それらの論考のいずれもが、須恵器の生産が5世紀に遡ることを認めている。現在、群馬県では高崎市穴池遺跡、堀込前遺跡などから在地産と考えられる製品が出土している。しかし、その多くは在地産と認めうるものでも、生産地は広い範囲でしか限定できないのが実情である。

その中にあって東松山市桜山窯跡群の須恵器（第36図）は、現段階で発掘された須恵器窯跡としては関東最古で、陶邑MT15型式並行の6世紀前半といわれている。

この窯跡群の胎土には粘土中に含有する動物性骨針で、焼成前は半透明で確認するのが困難であるが、焼成することにより白色で針状の形状、すなわち白色針状物質が確認できるため、胎土による生産地の推定が可能である。白色針状物質は千葉県東京湾沿岸の土師器、茨城県の瓦、南武蔵の縄文土器、遠くは仙台市の土器にも入っていることが確認されているが、関東では須恵器に白色針状物質が入る例は数少なく、また焼成・色調にも特徴があり、生産地と消費地を追求する上にも希有な資料といえる。

本節ではこの南比企窯跡群の需給関係を探り、近くの窯跡群とも比較しながら、その成立の背景について触れてみたい。

なお児玉窯については窯も未発見であり、製品の胎土など特徴が判然としないため、その製品の広がりを追えないこともあって、はぶくことにした。

第 3 章　須恵器生産の展開　151

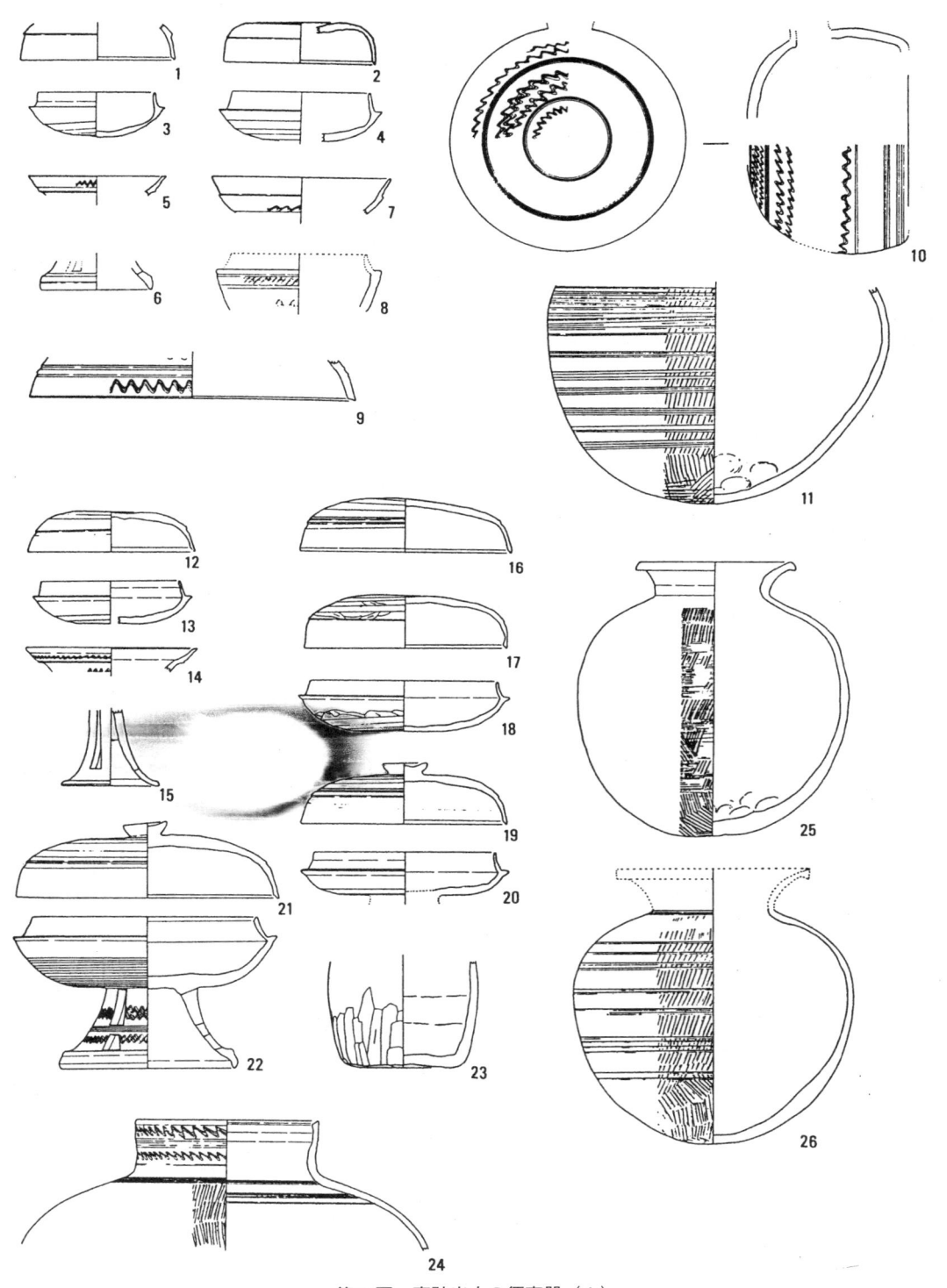

第36図　窯跡出土の須恵器（1）
1〜11:東松山市桜山6号窯　12〜24:同8号窯

1. 埼玉県内の窯跡群について

　埼玉県内には大窯跡群が3か所あり、北から末野、南比企、東金子窯跡群である。このうち古墳時代から操業したのは末野と南比企窯跡群である。

　県内で古墳時代に遡る窯跡群は、発掘など確認されたもので桜山、舞台、根平、羽尾、平谷、小用、西谷ツの各窯跡群である。その中で羽尾窯跡と平谷窯跡が都幾川の北に、西谷ツ窯跡が越辺川の南に位置する。地形は羽尾、平谷窯跡が東松山台地の中でも、下末吉期の羽尾台地に立地している。桜山、根平、舞台窯跡は、比企南丘陵あるいは物見山丘陵と呼ばれる岩殿丘陵に立地する。西谷ツ窯跡は入間台地の中の坂戸台地上に立地する。

　まず、各窯跡群の概要を述べてみる。

（1）羽尾窯跡（第37図10～31）

　滑川町羽尾に所在するが、五厘沼の斜面に南を焚口として築かれている。1979年に発掘され、1基だけであるが、蓋坏・高坏・提瓶・平瓶・こね鉢・壺・甕が出土している。高坏はいずれも二段透しであり、甕は口縁に3段の波状文を施すもののほか、擬波状文のヘラ描斜行文が存在する。坏蓋は天井との境に沈線を入れ、東海的な様相も見られる。

　胎土には白色砂粒を多く含むのが特徴であるが、これは窯の立地する台地が第3紀層の粗粒凝灰岩で構成されていることと関連するであろう。高温焼成されたものは、全体にザラッとして手肌が荒れるものが多い。

（2）平谷窯跡（第37図32～41）

　羽尾窯跡の西北西180mに位置するが、道路断面に検出され、灰原から蓋坏・高坏・提瓶・甕とともに平瓦と1点の軒平瓦が採集され、状況から2基の窯の存在が推定されている。須恵器は羽尾窯跡の製品に近く、やはり坏蓋に沈線がある。しかし、平谷例の方が全体に砂粒が少なく、近接していても粘土の採集地の違いも考えられる。

　軒平瓦は重弧文で、平瓦も桶巻きであることから、北東150mに立地する寺谷廃寺に供給する瓦であろう。寺谷廃寺には関東最古の飛鳥寺系の素弁8葉蓮華文軒丸瓦が出土して、7世紀前半の創建と考えられるが、平谷窯跡の須恵器焼成時とは時期差があるものの、いずれも当地の首長層と密接な関連を持っていたであろう。

（3）桜山窯跡（第36図）

　東松山市田木に所在するが、岩殿丘陵でも最も東端に位置する。1977年に発掘して須恵器窯跡2基と、埴輪窯跡17基、工房跡3軒を検出した。

　須恵器窯跡は6号窯と8号窯であるが、6号窯では蓋坏・高坏・器台・提瓶・鉢・壺・甕（第36図1～11）が、8号窯からは蓋坏・高坏・甑・壺・甕（第36図12～26）が出土し、6号窯の方が遺物量は少ないが甕が多く、8号窯では蓋坏・高坏が多い。特記すべきこととして8号窯の坏・高坏の巨大化がある。一般的な大きさの蓋坏も含むが、坏身の最大径22.9cm、坏蓋の最大径26.1cmを測り、陶邑MT15型式以降の大型化が極端に進行したものであろう。もう一つの特徴として、甕に見られる螺旋状の沈線のすり消しがある。このすり消しは仙台市大蓮寺窯跡にも見られ、東海系の可能性が指摘されている。

第3章 須恵器生産の展開 153

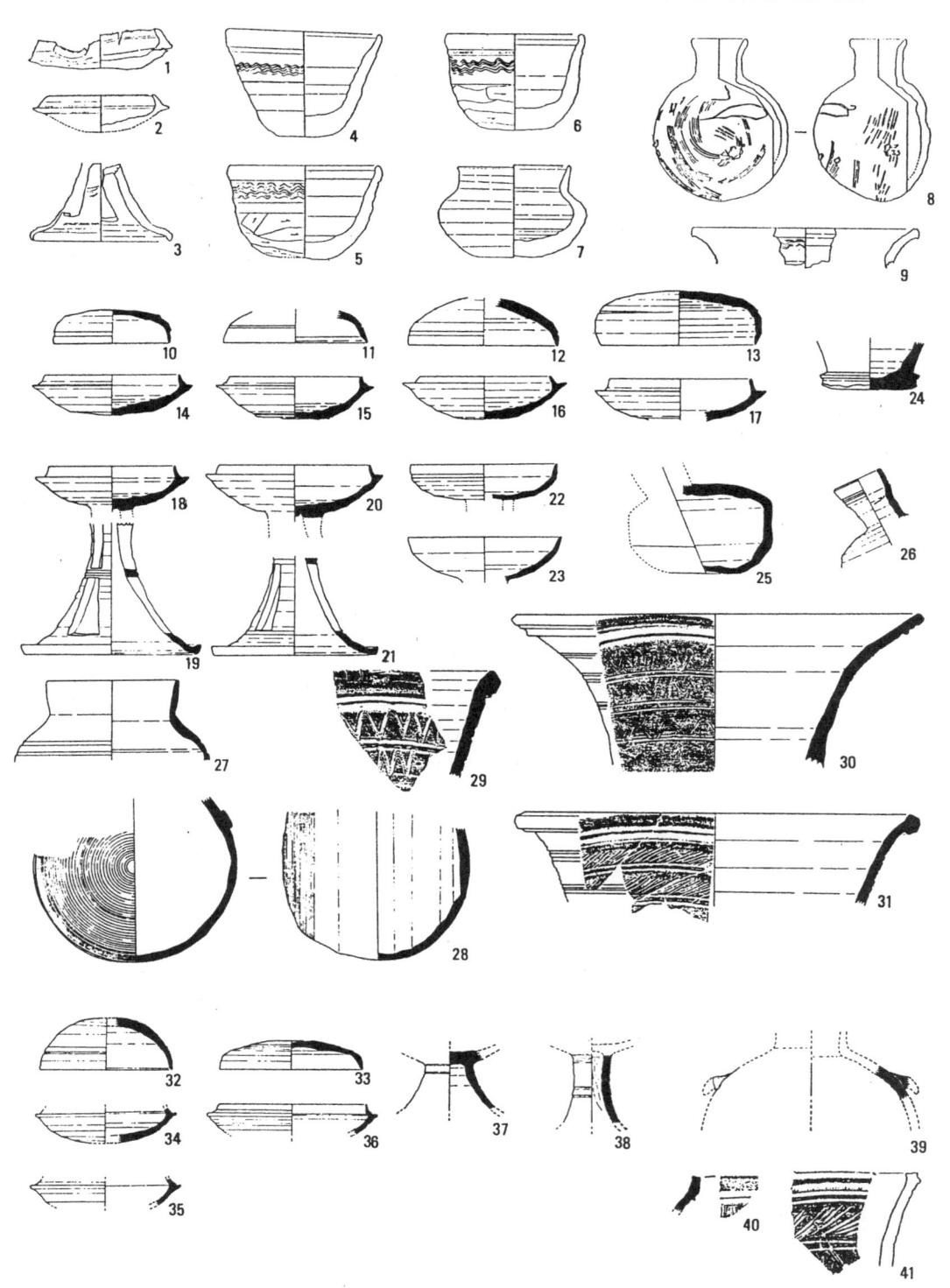

第37図 窯跡出土の須恵器（2）
1〜9:東松山市根平窯跡　10〜31:滑川町羽尾窯跡　32〜41:同平谷窯跡

須恵器の胎土には砂粒が少なく、白色針状物質を含む良質な土である。この粘土は鳩山窯跡群の粘土採掘場に見るように、谷の下に堆積している凝灰質の粘土である。焼成は普通であるものの、器肉は焼締まらず、くすんだ明青灰色を呈する。

(4) 舞台窯跡（第38図6〜13）

東松山市田木の桜山窯跡から北西500mに位置するが、桜山窯跡と同様、岩殿丘陵の東端に立地する。

窯跡の発掘は1975年から76年にかけて行われ、C地区から2基の窯が検出された。C-1号窯はかえりを持つ小形蓋坏と無蓋の坏・盤・甕が、C-2号窯は蓋坏が出土したが、総じて遺物は少ない。出土遺物の特徴として、C-1号窯のかえりの蓋坏は、手持ちヘラ削りを行い、つまみが大きいこと、盤が土師器の形態を模すなど、在地化している。胎土はいずれも白色針状物質を含むが、C-2号窯の方が長石と考えられる白色砂粒が多い。焼成はやや甘く、淡橙褐色と呈する。

C-2号窯で焼成された製品が、台地上のA-34・74号住居跡から出土している。また、この調査以前の1971年に発掘した第2次調査地区では、1号・5号住居跡から、C-2号窯の製品より古い赤褐色の在地産須恵器（第43図21〜30、第44図1〜5）が多く出土しており、付近にC-2号窯より遡る窯があることが確実である。

(5) 根平窯跡（第37図1〜9）

東松山市田木に所在し、舞台遺跡の南西500mの、やはり岩殿丘陵の東端に立地する。窯は標高約55mの尾根上の平坦地に立地し、沖積地との比高差20mを測る高所に築窯している。

窯は1975〜76年にかけて発掘され、1基だけ検出された。出土遺物は蓋坏・高坏・こね鉢・提瓶・短頸壺・甕が出土しているが、いずれも厚く、稚拙なつくりである。窯体内出土のため赤褐色を呈して焼が甘いものが多く、白色針状物質を含む。

(6) 小用窯跡（第38図1〜3）

鳩山町小用に所在し、岩殿丘陵の南端に立地するが、先の桜山窯跡の南西約6kmに位置する。近接して7世紀後半に創建された、小用廃寺が存在する。

窯は個人宅の裏山南斜面に断面が露出しており、そこから採集された須恵器は短頸壺2点と甕である。短頸壺は口縁、肩部、底部にそれぞれ波状文が施され、底部にはさらに波状文が加えられ、1点には底部中央から放射状に、1点は格子状に施される。甕は波状文が一部に見られる小片である。いずれも砂粒と赤褐色粒を含み、明褐色を呈する。

(7) 西谷ツ窯跡（第38図4・5）

坂戸市小坂に所在し、入間台地の北東端で、小畔川に面した小さな支谷に立地する。付近には鬼高期の集落が見られる。

窯は1基、ロームを削って構築され、長さは約7m、床面の傾斜は約6度と緩やかである。出土遺物は坏と甕であるが、甕は胴径約80cmの大形で、口縁には擬波状文であるヘラ斜行文が描かれている。焼成によるためか、器表面が荒れている。

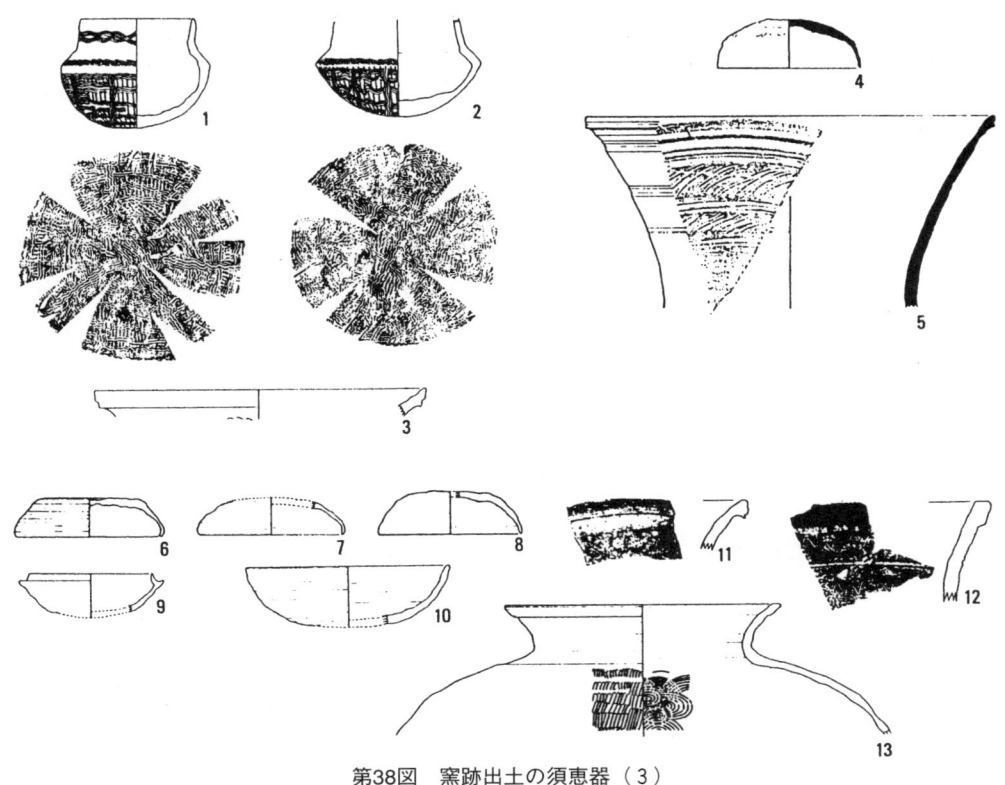

第38図　窯跡出土の須恵器（3）
1～3:鳩山町小用窯跡　4・5:坂戸市西谷ツ窯跡　6～13:東松山市舞台Ｃ－2号窯

2. 各窯跡の年代的位置付けと系譜について

　桜山窯跡は、6号窯では坏の小型品が主体で、口径10.5から12.8cmを測るが、8号窯は12.8cmの小型品が存在するものの、主体は20から23cmを測る大型品である。この巨大化した坏はほかに例はなく、陶邑ＭＴ15型式が大型化する須恵器の変遷の中で捉えられる。報告では6号窯が陶邑Ⅱ型式1～2段階、8号窯がⅡ型式2段階が中心で、一部Ⅱ型式3段階に入る可能性があるとしている。またＭＴ15型式並行という見解も使われている。6号窯は甑、短脚の高坏、坏の口唇形態などからⅡ型式1～2段階への過渡期、8号窯は一段透しの高坏からⅡ型式2段階並行であろう。年代も報告書と同じく6号窯が6世紀第2四半期前半、8号窯が第2四半期後半と考えられるものの、一部重複するであろう。

　この窯跡の出土品の特徴を上げるならば、甕の胴部に見られる螺旋状の浅い沈線を巡らすことである。これは斎藤孝正が指摘している(12)ように陶邑になく、名古屋市東山48号窯、仙台市大蓮寺窯跡など東国に分布することは、東海との関連を考える必要があろう。しかし、この時期の東海の坏には、蓋受け部の下と天井部の稜の上を強くくぼます特徴があり、桜山窯跡にはそれが見られない。

　ほかの特徴として8号窯出土の徳利形と考えられる瓶の下半部（第36図23）がある。これは上野国に分布する形態に類似し注目される。また、6号窯の提瓶は何条もの波状文を巡らし、このような製品が上野国にも見られることは、あるいは桜山窯跡の系譜が上野国にあった可能性が高い。

次に桜山窯跡に近接する根平窯跡は、その近くに位置する舞台遺跡の製品とともに考える必要があろう。まず先に系譜については、舞台遺跡の大甕の頸部補強帯の存在、坏蓋の「八」の字に開く口縁から上野国にその系譜がある。また、根平窯跡も同様で、こね鉢は上野国に多い器形である。

根平窯跡出土の坏身は口径が小さく、稚拙なつくりで、比較するのが難しい。しかし、高坏は一段の透しが見られ、短頸壺の口縁が長いこと、提瓶の形態などから舞台遺跡に後続すると考えられる。舞台遺跡の1号住居跡の高坏は二段透しであるが、坏部の立ち上がりは蓋受け部が明瞭につくり出されず、稚拙なつくりになっている。蓋は天井部が扁平になって、稜部が屈曲しているため古く見える。提瓶はいずれも胴部は厚みがあり、古い様相を保つ。5号住居跡例は口縁が二重口縁のように開き、花園町黒田6号墳と同様に古い形態を持つのに対して、1号住居跡例は口縁に沈線を入れるだけで、新しい様相を見せる。この口縁は5号住居跡の大甕の口縁とも類似しており、6世紀末に始まる新しい様相である。しかし、大甕の口縁の波状文はまだ3段施される。このような特徴を総合するに、年代は6世紀末に置けるであろう。根平窯跡は6世紀末から7世紀初頭であろう。

羽尾窯跡の製品の特徴は、形態的には高坏脚端部面が直立か上方に広がること、甕の口縁に擬波状文であるヘラ斜行文が施され、畿内的要素を持っている。ところが坏蓋に見るように、天井の稜部の沈線が明瞭で、畿内にはこの様相は見られず、東海的といえる。蓋の器高が口径に比べて高いものが存在することも、東海的な新しい要素が加わっているといえる。また、提瓶の胴部の厚みは、在地化の傾向がある。全体的な系譜を考えるならば、より東海的といえるのではなかろうか。その時期については、高坏脚部が縮小化傾向にあることから、7世紀初頭に入るであろう。平谷窯跡も同様な要素が見られ、同時期と考えられる。

小用窯跡については、器種が少なくその系譜は難しいが、波状文を多用することが特徴であることを考慮すると、より関東的といえよう。しかし、製品の広がりが不明確な段階では特定することは困難であるが、舞台遺跡、根平窯跡など南比企窯跡群が上野国と関連することと、なんらかの関わりがあろう。時期については7世紀前半に置けるであろう。

西谷ツ窯跡は器種が少なく年代の判定は難しいが、幸い坏蓋と甕が出土しており、坏蓋は天井部に稜を持つものの、口縁が「八」の字に開く在地化した形態で、口径11.3cmと小型化傾向にあること、甕は口縁が擬波状文のヘラ斜行文が施されることは、羽尾窯跡に続く7世紀前半の年代が与えられる。系譜については器種が少なく限定できないが、甕の文様を羽尾窯跡例から必ずしも畿内直系としないならば、坏蓋の在地化傾向からこの周辺の工人の移動も考えられる。

次項は各窯跡群の生産品と推測される在地産須恵器の諸例を取り上げるが、年代については本項の須恵器の年代を基準に述べていく。

3. 在地産須恵器の諸例

窯以外の遺跡から出土する、県内の在地産と考えられる須恵器は増加しており、児玉あるいは寄居などに窯跡の存在が推定されるものの、未発見の段階では不明確なものが多い。しかし生焼

け、あるいは窯壁の付着する焼成不良や胎土の悪い製品が出土した場合には、案外近い窯場から運ばれている可能性がある。

　現段階では在地産須恵器と考えられる製品の、窯を特定するまでには至っていないが、末野あるいは南比企窯跡群周辺の窯跡については、胎土・形態などから大きく丘陵単位、あるいは河川で区画して窯跡単位群と捉えることが可能である。

　胎土に白色針状物質が入り、群と把握することが可能なのは、岩殿丘陵に立地する桜山・舞台・根平窯跡で、南比企窯跡群とする。これには小用窯跡も入るであろう。この北には都幾川を挟んで羽尾・平谷窯跡が羽尾台地上に存在するが、丘陵の凝灰岩質粘土を使用しているものの白色針状物質は含まず、群として把握でき、羽尾窯跡群とする。西谷ツ窯跡は南比企丘陵の南に、越辺川を挟んでローム台地に立地しているが、単独で存在しているため西谷ツ窯跡としておく。荒川流域の末野窯跡群には窯は発見されていないものの、製品の分布からいずれ発見されることは確実で、従来の末野窯跡群を使用する。

　以上の各窯跡群単位に、それぞれの窯跡群出土と推定される資料について記していく。

（1）末野窯跡群（第41図 1～9）

　末野窯跡群の胎土の特徴は、秩父古生層が変成してできた三波川結晶片岩粒を含むことである。特に 9 世紀以降の須恵器に顕著であるものの、7 世紀以前の製品にはやや少ない傾向がある。また、この時期には結晶片岩に付随する長石と考えられる白色鉱物が含まれる。

　出土遺物は寄居町北塚屋遺跡Ｄ地点（中小前田 6 号墳）、小前田 9・10・13 号墳、美里町塚本山28号墳、上里町臺遺跡26号住居跡、東猿見堂遺跡などに見られる。また花園町黒田 1・6 号墳出土須恵器も断定はできないものの、末野窯跡群の可能性がある。

　中小前田古墳群は大きな小前田古墳群に入るが、この古墳群は荒川左岸に位置し、末野窯跡群から 2～3 kmの距離にある。中小前田 6 号墳からは平瓶、提瓶、有蓋高坏の計 4 点が出土するが、時期は 6 世紀末から 7 世紀初頭である。小前田 9 号墳からは周溝から甕（第41図 5）が出土するが、胴部下半に最大径があり、胴部に螺旋状のナデを巡らす。なお、この古墳羨道部からは頸部に波状文を入れる土師器甑 4 点が出土する。10号墳からは提瓶と考えられる破片、13号墳からは甕の破片が出土している。

　塚本山28号墳は末野窯跡群の北西 9 kmにあり、この古墳群では 7 世紀末以降の末野産の製品も出土している。28号墳の須恵器は平瓶（第41図 4）で、7 世紀前半であろう。

　上里町は末野窯跡群の北へおよそ16kmと離れており、群馬との需給関係も考慮する必要があるかもしれない。臺遺跡26号住居跡では坏身（第41図 3）で、7 世紀前半であろう。東猿見堂遺跡ではⅤ－5 号住居跡から無蓋一段透し高坏（第41図 2）が、土器だまりから臼玉などと器台（第41図 1）が出土するが、前者は 5 世紀末、後者は 6 世紀初頭であろうか。

　黒田古墳群は荒川の左岸に立地し、小前田古墳群の下流で、窯跡群から約 5kmの位置にある。1 号墳からは無蓋高坏と提瓶（第41図 6・8）、6 号墳からは短頸壺と提瓶（第41図 7・9）が出土する。6 号墳の提瓶の口縁の形態は、後述する舞台遺跡 5 号住居跡、牛塚古墳と共通し、口唇に波状文を施す特徴がある。いずれも 6 世紀末の製品であろう。

(2) 羽尾窯跡群（第41図10～14、第42図、第43図1・2）

　羽尾窯跡群では発見された窯は3基であるが、土については羽尾窯跡自体は白色砂粒が入り特徴的であるものの、周辺で出土する、明らかに近辺で製作したと考えられる製品には、砂粒がほとんど含まれていないものがある。これらは時期的には形態などから在地化していることから羽尾に後続すると考えられ、羽尾窯跡群に含めておく。

　羽尾窯跡群の製品の出土遺跡は東松山市番清水遺跡、岩鼻遺跡、柏崎古墳群、古凍根岸裏遺跡、

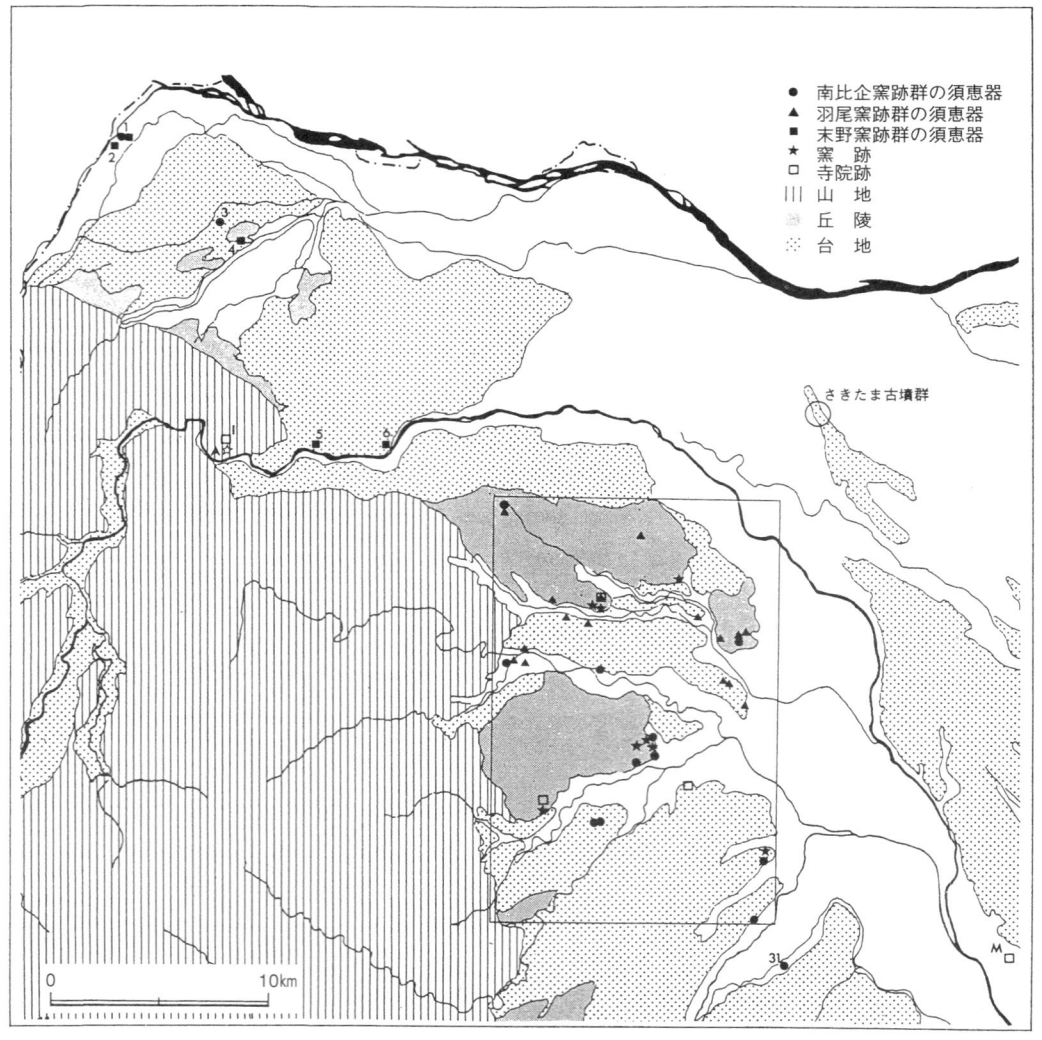

第39図　窯跡・在地産須恵器関連遺跡分布図

1:臺遺跡　2:東猿見堂遺跡　3:後張遺跡　4:塚本山古墳群　5:小山田古墳群　6:黒田古墳群　7:古里古墳群　8:市ノ坪古墳群　9:寺谷遺跡　10:宮ノ前遺跡　11:屋田古墳群　12:寺ノ台遺跡　13:岩鼻遺跡　14:吉見横穴群　15:かぶと塚古墳　16:久米田遺跡　17:柏崎古墳群　18:番清水遺跡　19:古凍根岸裏遺跡　20:青塚古墳　21:寺山遺跡　22:行司免遺跡　23:東落合遺跡　24:舞台遺跡　25:田木山遺跡　26:駒堀遺跡　27:大河原遺跡　28:大河原古墳群　29:西原古墳　30:牛塚古墳　31:南大塚古墳群　A末野窯跡群　B羽尾窯跡　C平谷窯跡　D桜山窯跡　E舞台窯跡　F根平窯跡　G小用窯跡　H西谷ツ窯跡　I馬騎の内廃寺　J寺谷廃寺　K小用廃寺　L勝呂廃寺　M大久保領家廃寺　N大谷瓦窯跡

第3章 須恵器生産の展開 159

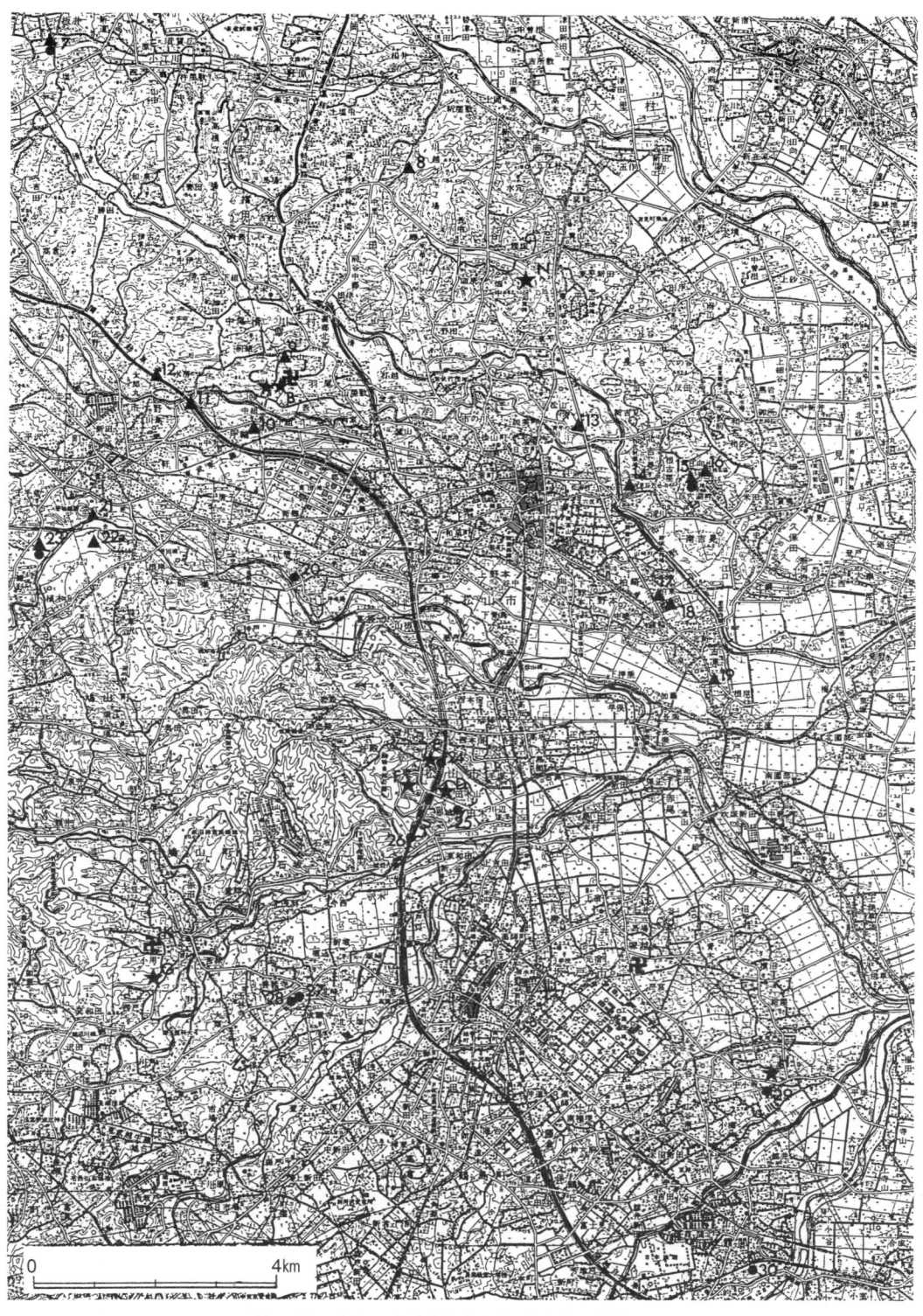

第40図 窯跡・在地産須恵器関連遺跡分布拡大図

第41図　在地産須恵器（1）

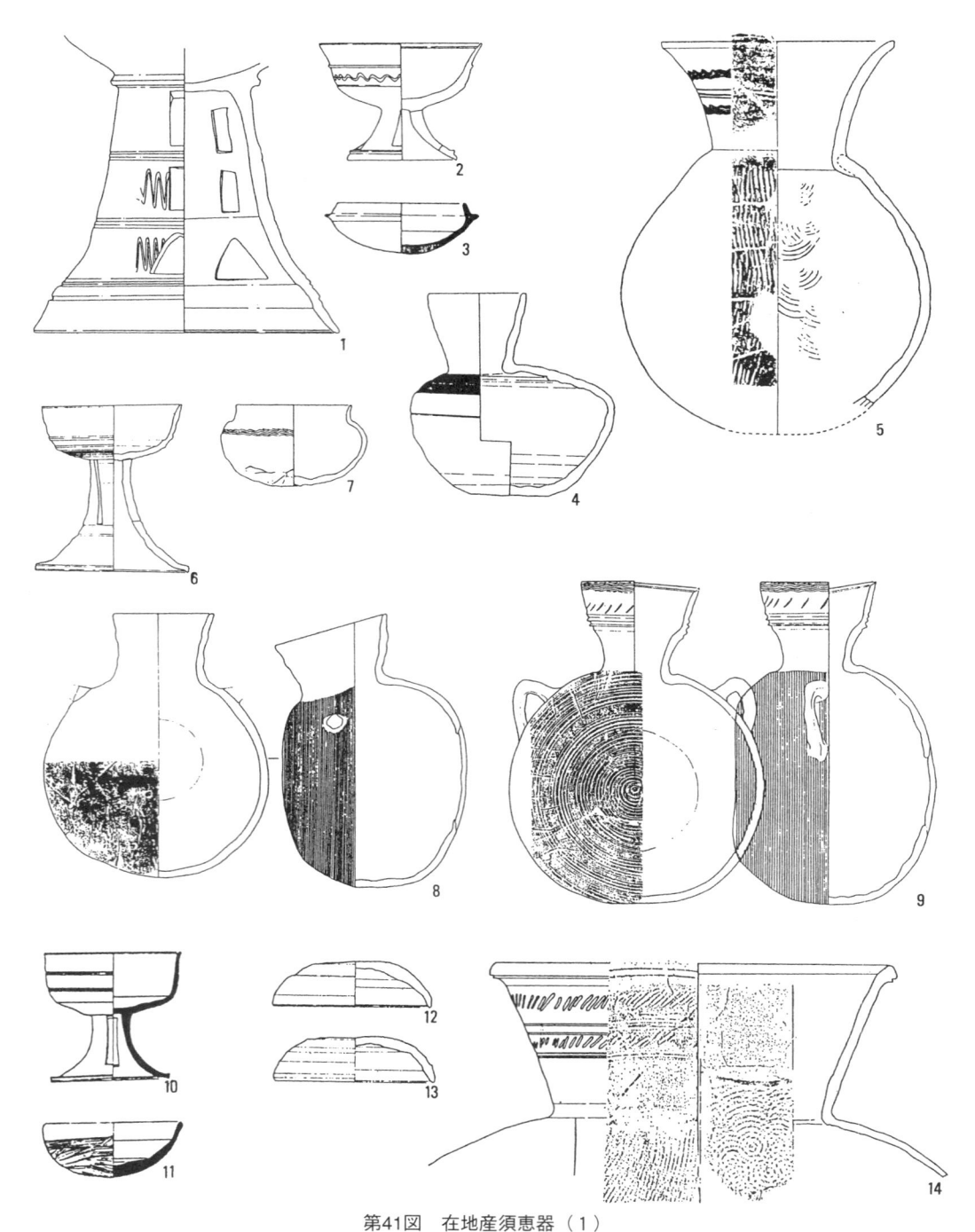

1・2:上里町東猿見堂遺跡　3:同臺遺跡臺26号住居跡　4:美里町塚本山28号墳　5:寄居町小前田9号墳　6・8:花園町黒田1号墳　7・9:同6号墳　10:東松山市番清水遺跡62号遺跡　11:同15号住居跡　12・13:同古凍根岸裏遺跡1号住居跡　14:同3号墳

市の坪古墳群、吉見町かぶと塚古墳、久米田遺跡、吉見百穴横穴群、滑川町寺前遺跡、寺谷遺跡、宮ノ前遺跡、屋田古墳群、寺ノ台遺跡、嵐山町古里古墳群、行司免遺跡、東落合遺跡である。

　まず番清水遺跡62号住居跡[19]出土の一段透し無蓋高坏（第41図10）である。2本の沈線が巡るのが特徴で、坏部が深くなり、群馬と同様の動きを示し、7世紀前半であろう。15号住居跡からはつくりの稚拙な、刷毛を多用した坏（第41図11）が出土する。古凍根岸裏遺跡1号墳周溝[20]から坏蓋が2点（第41図12・13）、3号墳の周溝から大甕（第41図14）が出土する。大甕はヘラによる擬似波状文が施され、7世紀に入ると考えられ、坏蓋は口径の大きいものの、羽尾窯跡の例から6世紀末から7世紀初頭であろう。古凍根岸裏遺跡は現在のところ羽尾窯跡から最も遠く、南東8.5kmに位置する。

　岩鼻遺跡と柏崎5号墳は未発表であるが、前者からは6世紀末の坏が、後者からは同一工人の製作と考えられる無蓋高坏が3点出土しており、7世紀に入るであろう。また市の坪古墳[21]からも羽尾窯に類似する須恵器が出土しているという。

　吉見町のかぶと塚古墳[22]からは有蓋高坏6点、同蓋4点、無蓋高坏5点、𤭯2点、有蓋短頸壺2点、平瓶3点、台付長頸壺と蓋各1点、長頸壺1点（第42図1～16）と合計20点の県内有数の出土量を誇る。この須恵器は胎土が5つに分類でき、1類は白色で焼の甘い1～5・7・12など計15点、2類は灰～暗灰色の6・16、3類は生焼けである淡灰褐色の13～15など計4点、4類が灰色の砂粒をほとんど含まない8・10・11、5類が未発表の釉の掛かる平瓶である。産地は4類の8・11が畿内産、5類は静岡県湖西産である。羽尾窯跡群と考えられるものは3類で、1類と2類は全く焼成は違うものの、羽尾産の可能性は高く、特に1類は15点と多く、技法・焼成などから同一工人の製作と考えられることも、その証左となろう。時期は7世紀初頭と考えられる。

　吉見百穴横穴群[23]から出土したと伝える、焼け歪んだ二段透しの無蓋高坏（第41図17）と平瓶（第41図18）が可能性がある。久米田遺跡は未発表であるが坏蓋が出土し、いずれも6世紀末であろう。

　滑川町では寺谷遺跡一号住居跡[24]から坏蓋が3点（第42図31～33）、2号住居跡からは提瓶（第42図34）が出土した。坏蓋は口径がそれぞれ12・15・16cmで、胎土および稜を持つなど、羽尾に類似する。提瓶は把手が環状でなく、やや新しい傾向が見られ、いずれも6世紀末から7世紀初頭と考えられるが、6世紀末に入る可能性が高い。寺谷遺跡は羽尾窯跡と約300mの距離にある。屋田8号墳[25]からは𤭯（第42図30）が出土するが、埴輪が見られず7世紀初頭であろう。寺ノ台遺跡の1号住居跡から坏身と坏蓋（第42図19・20）、2号住居跡は坏蓋3、坏身1、こね鉢1、提瓶1（第42図24～29）、3号住居跡から坏蓋2、坏身1（第42図21～23）が出土する。坏は1号、3号住居跡の口径が大きいのに対して、2号住居跡の方が小さく、羽尾窯跡の製品により類似する。しかし年代は1・3号が7世紀初頭、2号が7世紀前半であろう。屋田遺跡は羽尾窯跡の西南西1.6kmにある。このほか宮ノ前1号住居跡から坏蓋が出土している。これは久米田遺跡、寺谷遺跡の製品に類似し、口径15cmを測る。6世紀末であろう。

　嵐山町の古里2号墳[26]は羽尾窯跡の北西7kmに位置するが、ここからは甕（第42図35）が出土するが、口縁はタテ刷毛目、内面に波状文を施す。古墳は凝灰岩の胴張り石室で、7世紀前半であ

第42図　在地産須恵器（２）

1〜16:吉見町かぶと塚古墳　17・18:同吉見百穴横穴群　19・20:滑川町寺ノ台遺跡1号住居跡　21〜23:同3号住居跡　24〜29:同2号住居跡　30:同屋田8号墳　31〜33:同寺谷遺跡1号住居跡　34:同2号住居跡　35:嵐山町古里2号墳　36:同行司免遺跡1号墳　37:同2号墳

ろう。共伴して南比企産の提瓶（第43図3）が出土している。行司免遺跡[27]の1号墳から焼の甘い甕（第42図36）と、2号墳から赤褐色の砂粒をほとんど含んでいない、二段透しの有蓋高坏（第42図37）が出土している。いずれも7世紀前半であろう。

このほか未発表の東落合遺跡[28]の6軒ほどの住居跡から、坏蓋・高坏蓋・甕・提瓶が出土する。6世紀末から7世紀前半であろう。

さらに1例だけであるが、羽尾から約27km離れた蓮田市ささら遺跡[29]の1号墳周溝から大甕（第43図1）が出土する。胎土は大変よく似ているのであるが、口縁の形態に違いが見られ、遠距離であることも含めるならば、検討すべき資料である。ただ、この口縁に類似する資料が、羽尾窯跡から3.6km離れる嵐山町寺山遺跡4号墳[30]（第43図2）に出土することから、可能性は残されている。

以上羽尾窯跡群の製品と推定されるものを見ると、未発見の窯がまだ存在するようである。特に嵐山町に見られる砂粒の少ない赤焼の製品は、羽尾窯跡の占地する粗粒凝灰岩の範囲が狭いことを考えるならば、離れた地域で生産されたのであろう。

（3）南比企窯跡群（第43図3〜30、第44・45図）

南比企窯跡群は歴史時代の窯が56支群で数百基に上ると推定されるため、古墳時代の窯も多いようであるが、桜山・舞台・根平・小用窯跡と少ない。しかし各遺跡の南比企丘陵産須恵器を見ると、もっと窯が多いと考えられ、窯自体の製品を見ても在地化しているものが多いことも、それを裏付ける。また生産の初現が出土資料から見るに、5世紀に遡ることが確認できる。

出土遺跡は都幾川を越えて東松山市冑塚、嵐山町古里古墳群、東落合遺跡、窯の周辺で東松山市舞台遺跡、田木山遺跡、駒堀遺跡、越辺川を越えて坂戸市大河原古墳群、川越市西原古墳、牛塚古墳、南大塚古墳である。5世紀代の製品が上里町臺遺跡、児玉町後張遺跡から出土している。

まず嵐山町古里2号墳は前述したように、羽尾窯跡群の製品と共伴する提瓶（第43図3）がある。7世紀前半から中葉であろう。東落合遺跡の住居跡では大甕が出土し、この集落唯一の南比企丘陵産である。

東松山市冑塚古墳[31]からは坏蓋4、有蓋高坏2、無蓋高坏4、高坏脚部3、台付長頸壺1、同蓋1、甕1、やや時代が下がるつまみの付くかえり蓋3、坏身2（第43図4〜20）の17点と、吉見かぶと塚古墳とともに多いほうである。この中で古いグループの胎土を見ると、1類の砂をほとんど含まない堅緻な焼成で明灰褐色を呈するものは、11・12・14など計5点であり、2類は多量の砂粒および白色針状物質を含む4・6〜9・13・15の計8点のほか、新しいグループで19・20が入る。2類は明らかに南比企窯跡群で、1類も可能性は高い。18のほか未発表の高坏1点も、胎土から南比企窯跡群産であろう。時期については7世紀初頭を考えている。

舞台遺跡[32]では第2次調査で5号住居跡から坏蓋2、高坏1、提瓶1、大甕1（第44図1〜5）が、1号住居跡から坏蓋8、坏身7、高坏3、高坏蓋2、提瓶1、甕1（第43図21〜30）が出土した。いずれも赤褐色の生焼けが多く、付近で生産されたことは確かである。注目されるのは5号住居跡の大甕で、群馬産の須恵器に共通する頸部の補強帯の存在で、この製品の系譜を暗示している。時期は6世紀末であろう。その後の隣接する調査で前述したように2基の窯が発掘されたが、古

第43図　在地産須恵器（3）

1:蓮田市ささら遺跡1号墳　2:嵐山町寺山遺跡4号墳　3:同古里2号墳　4～20:東松山市冑塚古墳　21～30:同舞台遺跡1号住居跡

第3章 須恵器生産の展開 165

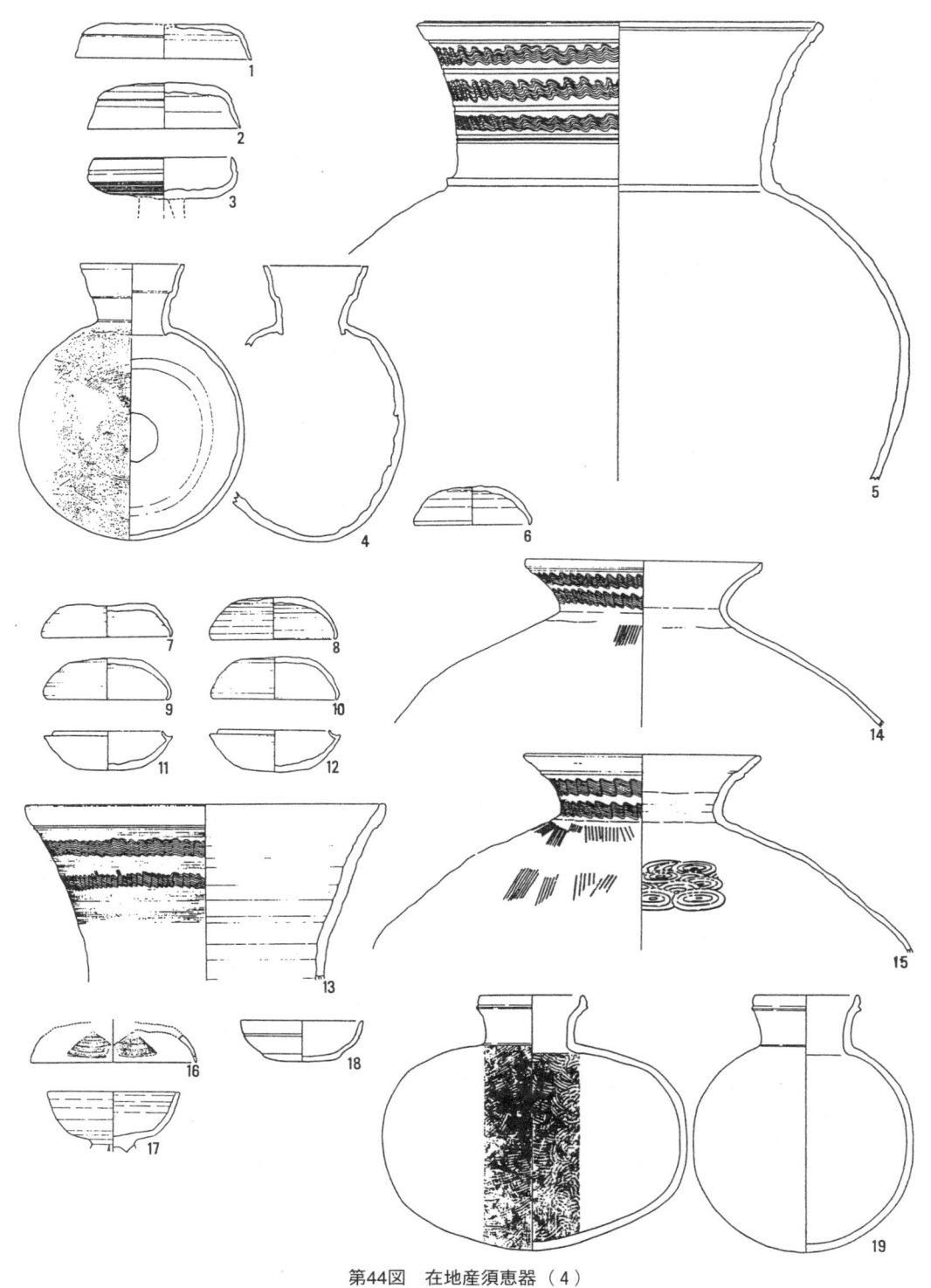

第44図 在地産須恵器（4）

1～5:東松山市舞台遺跡5号住居跡　6:同A－34号住居跡　7～13:同A－74号住居跡　14・15:同A－91号住居跡　16:同田木山遺跡2号墳　17:坂戸市大河原遺跡3号住居跡　18:東松山市駒堀遺跡19号住居跡　19:同15号住居跡

いC−2号窯の製品は台地上の集落から出土している。A−34号住居跡から坏蓋1点（第44図6）、A−74号住居跡から坏蓋4点、坏身2点、甕1点（第44図7〜13）である。特にA−74号住居跡は、出土量から窯となんらかの関連が推測できる。なおA−91号住居跡の甕2点（第44図14・15）は、第2次調査時の須恵器群と同時期であろう。

田木遺跡(33)では2号墳前室から坏蓋（第44図16）とかえりの付く蓋が出土した。小破片であるが、7世紀前半と推測される。駒堀15号住居跡からは横瓶（第44図19）が、19号住居跡からは坏身（第44図18）が出土する。前者は7世紀初頭と考えられ、後者は舞台C−2号窯の製品に類似し、7世紀中葉であろう。

坂戸市の大河原遺跡3号住居跡(34)からは、透しを持つ無蓋高坏（第44図17）が出土するが、7世紀中葉頃であろうか。また隣接する大河原2号墳からは、墳丘出土の坏蓋がある。前庭部から湖西産の瓶類が出土し、凝灰岩切石積みであることを考慮に入れると7世紀中葉以降であろう。

川越市牛塚古墳(35)は南比企窯跡群の南南東9.5kmに位置し、現在確認されている製品の南端にあたる。牛塚古墳は全長42mを測り、後円部の横穴式石室は2回の埋葬が行われ、7世紀初頭の築造と考えられている。また、ここから出土した雲珠、辻金具について、関義則は陶邑ＴＫ43〜ＴＫ209型式期のものとされている(36)。須恵器は提瓶1、器台か脚付壺などの大形脚部1、甕1（第45図1〜3）で、いずれも北側のくびれ部から出土している。提瓶は口縁に縦の櫛目文が巡り、大形脚部は縦方向、甕は螺旋状に等間隔のカキ目を施す特徴を持つ。提瓶の口縁および脚部は、図から受ける印象よりもっと舞台遺跡のものに似ており、花園町黒田6号墳例とともにこの地域に発達した口縁といえる。3点とも胎土に白色針状物質を含み、時期は6世紀後半から7世紀初頭であろう。

このほか川越市では、西原古墳(37)（第45図4〜6）と南大塚4号墳から甕が出土しているが、胎土は確認していないものの、口縁の形態から南比企窯跡群産の可能性がある。

最後になったが、南比企窯跡群の生産開始が5世紀に遡り、地理的にも遠距離に及ぶことの指摘できる資料を上げてみる。

まず児玉町後張遺跡(38)は南比企窯跡群から33km離れるが、32号住居跡で無蓋高坏（第45図7）、大溝出土で2点の甑（第45図8・9）が出土する。高坏は脚端部が外に張り出して在地化しており、類似した資料が近接した長沖2号墳から出土するが、こちらは四方透しである。甑は口縁形態の割に肩が張らず、底部は手持ヘラ削りを施す。この遺跡では報告されただけでも31点の須恵器があり、産地不明であるものの、胎土・焼成などから明らかに在地産と指摘できる製品もある。また、近接したミカド遺跡(39)でも44点にのぼる多量の須恵器が出土し、焼成不良製品などから児玉窯の存在が指摘されている。時期については後張遺跡32号住居跡の高坏は、脚の高さから6世紀初頭で、大溝の甑は5世紀末に置けるであろう。

また、南比企窯跡群から38kmと最も遠距離に位置する5世紀に遡る製品が、上里町臺遺跡53号住居跡から出土する。器形は甑（第45図10）で、後張遺跡例に比べさらに偏平で、底部が大変厚い。これは共伴する土師器から見るに、6世紀に入る可能性もあるが、形態から5世紀末に入れておきたい。

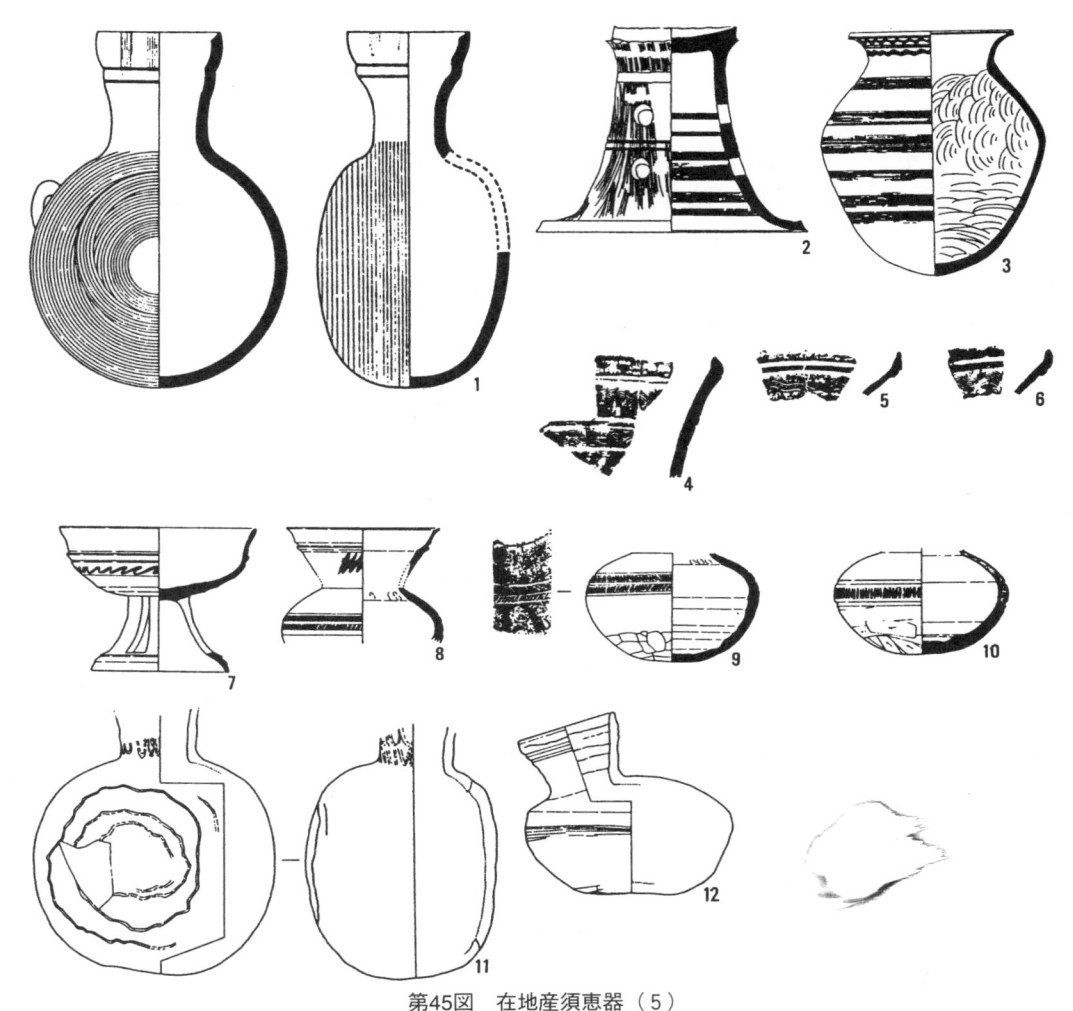

第45図　在地産須恵器（5）
1〜3:川越市牛塚古墳　4〜6:同西原古墳　7:児玉町後張32号住居跡　8・9:同大溝　10:上里町臺遺跡53号住居跡　11・12:東松山市桜山10号墳

　南比企窯跡群の製品として確認はしていないが、桜山窯跡の上の平坦部に立地する桜山10号墳[40]から、稚拙なつくりの提瓶と平瓶（第45図11・12）が出土している。7世紀前半であろう。また日高町の古墳出土と伝える甕[41]は、頸部に補強帯を持ち、上野系譜の須恵器で南比企で生産された可能性が高い。

　（4）西谷ツ窯跡
　この窯の製品については、現段階では不明であるものの、この台地上の高麗川から越辺川に面する縁辺部に築造された古墳群に供給されたのであろう。

4. 窯跡群と在地産須恵器の分布について
　前項で述べたように、各窯跡群の製品の広がりには時代や窯跡群の大きさによって違いが見られるので、その分布のあり方について記してみる。

県内で 5 世紀代に遡る窯跡群の想定できるのは、南比企と末野と児玉である。児玉については胎土に大きな特徴がないため判断が困難で、近くのミカド遺跡があげられるだけである。南比企については最長38kmの供給圏を持っていたこと、それも現段階では群馬との関連の強い地域に供給されることは、その窯跡群の背景に存在する首長層を知る手がかりになろう。

　その後、南比企については 6 世紀、7 世紀と断続的に操業が続けられ、それぞれの窯の製品や分布する須恵器を見ても、その前後の存在を予測させ、未発見の窯の多いことが推測できる。しかし現実には桜山窯跡の製品が消費地で見つからないように、窯が多い割に消費地での発見が少ないといえる。現段階の資料でいえば、北へは都幾川を越えて分布するものの、その数は少ないことが予測できる。特に荒川を越えることがほとんどなくなったと考えられるのは、5 世紀末に末野窯跡群での生産が開始されることも関連するであろうが、荒川以北に供給された上野産の須恵器の影響が大きいと推測される。特に 6 世紀末から 7 世紀初頭の舞台遺跡、根平窯跡、さらには日高町内古墳出土例のように、上野系の影響が見られることは、荒川を挟んでその周辺でお互い製品の供給が競合していないことが推測される。

　南比企窯跡群は 6 世紀末から 7 世紀初頭にかけては南へも広がり、牛塚古墳に見られることは、窯跡群の背景にいた首長層と同一流域での関連があった可能性がある。このように南比企窯跡群は河川を越え、秩父を除く県内西北部の広い地域に供給された大窯跡群といえよう。この窯跡群は歴史時代にも同様に広大な流通圏を持つが、その下地がすでにこの時代からあったといえよう。

　それに対して5世紀に開始されたものの、荒川との関連が強い末野窯跡群は、荒川以北に分布する。おそらくこの窯跡群は、荒川左岸に分布する小前田、あるいは黒田古墳群の築造者となんらかの関わりがあろう。しかし、この窯跡群の製品が 5 世紀に遡ることは、小前田古墳群の築造開始が 6 世紀前半であることからも、必ずしもこの古墳群だけがその背景にあったとは限定できない。末野窯跡群の製品が約16km北上した上野国との国境に分布することは、南比企窯跡群と共通しており、背景については検討が必要である。

　末野窯跡群は 7 世紀末以降荒川および、荒川を下り蓮田市まで及んでいることが確認されており、荒川と無縁ではなかった。また、その分布の主体は荒川以北にあり、古墳時代の分布圏との関連があり、南比企窯跡群と同様、歴史時代の大窯跡群の下地が古墳時代にあったといえよう。

　これに対して 9 km以内と狭い分布圏の羽尾窯跡群は、南比企窯跡群と競合したためか、都幾川を南下することはほとんどなかった。この窯跡群は 6 世紀末から 7 世紀初頭にかけて始まり、7 世紀後半には消滅し、先の二大窯跡群と違い歴史時代まで続いていかない特徴を持つ。その理由は嵐山町古里古墳群、東落合遺跡、東松山市青塚古墳などに見るように、南比企窯跡群の製品が都幾川を越え搬入されたため、弱小である羽尾窯跡群は消滅し、南比企窯跡群の分布圏に完全に入ったのであろう。

　このあり方はさらに弱小である西谷ツ窯跡に顕著で、この窯跡の製品の流通圏はごく限られた範囲の、特定な地域に分布すると予想できる。この分布圏を覆いつくすように、南比企窯跡群の流通圏が広がっているが、これは歴史時代になっても同じである。

5. 窯跡群の成立の背景について

(1) 窯跡群と首長層

　これまで述べてきたことをまとめてみると、それぞれの窯跡群存続のあり方について消費地の製品から推測してみるならば、長期継続して拡大しながら歴史時代まで続いていく南比企窯跡群。突然出現するものの、須恵器生産は古墳時代で終了する短期継続の羽尾窯跡群。羽尾と同様突然出現するものの、その窯だけで終了するワンポイントの西谷ツ窯跡に分けられる。末野窯跡群については窯跡が発見されていないので問題もあろうが、断続的に継続していることが窺え、歴史時代にかけて拡大していくことから、南比企と同様長期継続の窯といえるであろう。

　南比企窯跡群と末野窯跡群については、歴史時代の大窯跡群の隆盛の下地は、古墳時代にすでにあったことが分かった。

　系譜については南比企窯跡群の桜山窯跡が東海系であるものの、上野国との関わりが推測でき、舞台遺跡、根平窯跡も上野系譜である。末野窯跡群については不明であるものの、黒田古墳群が末野産であるならば上野系の可能性が高い。羽尾・平谷窯跡などは東海的な要素が強い。

　分布圏については末野窯跡群が荒川流域およびその以北に、羽尾窯跡群が越辺川以北の狭い地域に、西谷ツ窯跡がごく狭い限られた地域であるのに対して、南比企窯跡群は各窯跡群をカバーするように広く供給されていたことが分かった。

　このように上野国との関わりが想定でき、さらに窯跡群の存続時期の長短、分布圏から、それぞれの窯跡群と古墳群の関係を探ってみよう。

　まず5世紀の南比企、末野窯跡群の製品が、県境である上里町に分布することは注目されることで、これはそれぞれの窯跡群を掌握していた首長層が、上野国と強いつながりを持っていたことが想定できる。その関連から南比企窯跡群に上野系譜の須恵器生産が及んだのであろう。

　末野窯跡群と小前田、黒田古墳群は、需給関係の上で密接な関連があったと考えられ、荒川の流域を勢力圏としたこのような首長層が、末野窯跡群を掌握した可能性は高い。しかし当窯跡群が5世紀に遡ることを考慮すると、小前田古墳群の築造開始が6世紀前半であることから、さらに検討が必要であろう。しかし末野窯跡群の構築された鐘撞堂山の山腹には、7世紀後半に創建された馬騎の内廃寺[43]があり、そこの瓦は末野窯跡群で焼成されており、8世紀初頭の瓦は上野系譜で工人が移動してきたことが推測される。馬騎の内廃寺は上野国との密接な関わりの中で、近辺の首長層の創建した寺院と考えられる。おそらく末野窯跡群を掌握していた古墳築造者が、のちのち寺院を創建したものであろう。特に歴史時代の須恵器の分布を通してみるに、古墳の石材である結晶片岩の運搬など河川交通を発達させ、その流域を掌握した首長層が想定できる。

　羽尾窯跡については6世紀末の様相は不明確であるものの、7世紀初頭には東海系譜によって築窯されることは、この地域の独自性を窺い知ることができる。またこの地域が古墳時代で操業を停止するのは、南比企窯跡群との関連から考える必要があろう。

　まず羽尾窯跡の位置する北東4〜5kmには三千塚古墳群、青山古墳群が分布するが、4世紀末から5世紀初頭に築かれた86mの帆立貝式の雷電山古墳が見られる。その後しばらく大古墳はつくられず、6世紀中葉に至り直径92mの大円墳である冑塚古墳が築造される。続いて6世紀後半以

降74mのとうかん山古墳をはじめ、7世紀初頭までいくつかの前方後円墳が築かれる。これらの古墳群から約1km離れたところには、7世紀後半の棒状子葉の単弁10葉軒丸瓦を焼成した大谷瓦窯跡がある。羽尾窯跡の台地上には飛鳥寺系の素弁8葉軒丸瓦を出土したという、関東最古で7世紀前半に推定されている寺谷廃寺がある。この寺院跡からは、大谷瓦窯跡と同系の棒状子葉軒丸瓦が出土していることを考えあわせるならば、寺谷廃寺と大谷瓦窯跡の距離は4.2kmと近く、需給関係が成り立っていたことが予測できる。このように羽尾窯跡群を考える場合、須恵器が東海系譜であること、飛鳥寺系の瓦などから、近接した地に設置された横渟の屯倉との関連も想定する必要があろう。

　南比企窯跡群の成立が5世紀に遡ることは前述のとおりであるが、成立の背景を考えられる上での参考資料として、同じ岩殿丘陵東端に位置する諏訪山33号墳がある。この古墳は5世紀第3四半期と考えられ、B種横ハケの埴輪が出土するが、焼成は硬質の須恵質で、比企周辺の首長層が東海から工人を呼んだ可能性がある。それが須恵器生産の開始の契機の一つであったと推考したい。

　時代が下り、大谷瓦窯跡、寺谷廃寺に見られた棒状子葉の単弁軒丸瓦の分布は、このほか坂戸市勝呂廃寺、鳩山町小用廃寺にあり、7世紀後半の創建と考えられる。この地域は南比企窯跡群の主要流通圏で、越辺川流域の毛呂山苦林古墳群、坂戸市勝呂古墳群、あるいは高麗川流域の坂戸市入西古墳群など、250基を越える群集墳が分布している。その中で最大なのは6世紀中葉と推定されている、全長63.2mの前方後円墳、雷電山古墳である。おそらくこれらの群集墳の築造者と寺院の関係が強いと考えられる。また苦林古墳群毛呂山109号墳、川越市中小坂古墳群の小堤山古墳のように、群馬県榛名山の爆発によって噴出した岩石を利根川流域から運んでいることは、後述するように北との関わりが強く反映しているからであろう。

　勝呂廃寺と小用廃寺の瓦を焼成した窯は、南比企窯跡群の赤沼あるいは小用に発見されており、前述した大谷瓦窯跡も含めて、比企郡から入間郡北部にかけての地域の中に、棒状子葉の瓦を介して二つの首長層を見ることができる。北には羽尾窯跡群流通県内の大谷瓦窯跡→寺谷廃寺、南には南比企窯跡群主要流通圏内の赤沼（立野）→勝呂廃寺・小用廃寺の需給関係から、それぞれの窯跡群を掌握した首長層は、古墳築造から寺院建立へ移っていったことが分かる。この両地域は寺院建立のあり方から予測するに連係を保ち、南比企を中心とした連合体を形成していたといえる。この動きこそ、律令体制的支配体系に組み込まれる胎動であったと推測される。このような関係が成立したため、羽尾窯跡群の窯業生産は瓦に限られ、須恵器生産はほとんど消滅し、逆に南比企窯跡群の須恵器生産は、拡大を続けたのであろう。

　前述したような大きな動きの中で、西谷ツ窯跡のあり方は、小坂古墳群の中に築造されていることから、7世紀前半以降千葉県大和田窯跡、茨城県幡山窯跡、神奈川県熊ヶ谷東窯跡などと共通しており、築窯の性格が同一墓域内の埋葬者のためで、その供給範囲はごく限られ、南比企窯跡群と流通の上で競合するものではなかろう。

（2）南比企窯跡群と首長層

　ここで古墳時代から歴史時代にかけて再度須恵器生産の連続する南比企窯跡群を取り上げ、そ

の変遷にについて触れてみる。

　前述したように南比企窯跡群は、6世紀から7世紀にかけて上野国との関わりの中で生産が続けられていくが、7世紀後半の立野遺跡に見るように、東海の影響を受けることについては、寺院建立など律令体制に組み込まれていく大きな流れの中で解釈できる。しかし、いぜん上野国との関係が強かったのであろうか、8世紀初頭の鳩山町山下6号窯も上野国の影響が見られる。8世紀初頭以降の製品が、それまであまり供給されていない南多摩へ広がるのは、国府との関連が考えられ、おそらく武蔵国の主要供給窯としての役割を担ったのであろう。国府近くに開窯された八王子市百草1号窯も上野系で、同様な背景が考えられる。

　その後、国分寺造営時に至り、武蔵国分寺は創建当初上野系の瓦が搬入され、同系の瓦が南比企窯跡群で生産されたのは、主要供給窯としての役割を担っていたためだけでなく、南比企窯跡群を掌握していた首長層（郡司層）が、以前からの上野国との関わりの上で国分寺瓦の生産に協力し、開始されたのであろう。

　以前、7世紀後半以降の首長層と窯跡群の関係に触れ、南比企窯跡群と勝呂廃寺の密接な関係と、勝呂廃寺の瓦に上野国あるいは武蔵北部の影響が見られることも含めて、8世紀後半に入間宿祢を与えられた物部直広成など6人が入間郡郡司層と考え、南比企窯跡群との深い関わりを推測し、勝呂廃寺、小用廃寺も彼らの建立した寺院と推定した(48)。前述したように、7世紀後半の棒状子葉単弁軒丸瓦をとおして比企郡、入間郡北部が密接な関係を結ぶと考えたが、8世紀初頭前後には、勝呂、小用廃寺に供給されたと同じ瓦が、浦和市大久保領家廃寺(49)から出土しており、この地域を足立郡衙と見るか、中央で活躍した武蔵宿祢の本貫地と見るか検討を要するが、郡を越えて瓦が供給されることは背景に大きな勢力があったと考え、武蔵宿祢の氏寺の可能性を想定したい。比企丘陵と足立郡の関係は古墳の石室からも探ることができる。荒川本流域のうち、比企丘陵から浦和市周辺までは、石室の石材に凝灰岩が使われた例が多く(50)、この流域が石材をとおして有機的関連があったことが想定できる。

　武蔵宿祢不破麻呂は767年に武蔵国造に任ぜられなるが、武蔵国造は伝承によれば兄多毛比命が国造になって以降、笠原氏、物部氏と交替してきているものの、南比企窯跡群を掌握していた物部直は、国造層と関わりを持ちながら、南比企窯跡群の経営を続けてきたのであろう。その関係は古墳時代の埼玉古墳群築造時まで遡ることが予想される。

（3）南比企窯跡群と埼玉古墳群

　まず、埼玉古墳群出土の須恵器について触れておこう。稲荷山古墳の甕と二子山古墳表採の器台は、いずれも砂粒を含まずやや多孔質であるのが特徴である。これは続く瓦塚古墳の器台でも砂を含むものの多孔質である点、類似している。この須恵器は在地産であると推定されるものの、明確には断言できない。しかし、焼成から見るならば、丘陵ではなく低台地で生産された可能性がある。続く鉄砲山古墳では、頸部に補強帯を持ち、器厚は厚く、砂質で青紫色を呈する大甕の破片が出土する。また、埴輪を持たない中の山古墳では、須恵器工人の製作した底部穿孔の壺形埴輪が検出された。いずれも、焼成・形態などから上野国で生産された可能性があり、6世紀後半以降、埼玉古墳群でも上野国との関わりが強くなったと推測できる。このようなあり方は行田

市の酒巻八号墳、熊谷市の権現山古墳、児玉地域の十二ケ谷、長沖古墳群、本庄市大久保遺跡などに見られ、いずれの地域でも 6 世紀後半以降搬入されるが、これは上野国でも生産の増大する時期にあたっている。

埼玉古墳群の須恵器のあり方を見ると、武蔵国最大である南比企窯跡群からは全く搬入されていない。このような状況に対して 6 世紀後半以降、上野国との関わりが強くなっていくようであり、周辺地域の古墳のあり方と同じような動きが認められる。しかし、埴輪については 6 世紀の段階から、南比企周辺の窯跡あるいは鴻巣市生出塚窯跡の製品が搬入されたようである。その量については新しくなるにつれて南比企の製品が少なくなるという(51)。

このように埴輪に関しては南比企との関連があるのに対して、なぜ須恵器は南比企の製品が搬入されず、上野国産が入ってくるのか問題である。

埼玉古墳群は、安閑天皇紀の武蔵国造の地位継承争いと関わりがあるといわれ、武蔵国造笠原直使主と同族小杵が争い、小杵は上毛野君小熊に助けを求め、使主は朝廷に訴えたため小杵は殺され、国造となった使主は横渟・橘花・多氷・倉樔の屯倉を朝廷に献じたとある。埼玉古墳群の立地する場所は、武蔵国造笠原直使主の本貫地の近くに位置しているといわれ、関連が推定されている。

問題は朝廷側に助けを求め、上野側と争った笠原直の埼玉古墳群になぜ 6 世紀後半以降、上野産の須恵器が入ってくるのであろうか。争いは 6 世紀前半と考えられているが、上野産の須恵器が入る 6 世紀後半には、荒川以北の古墳をはじめ遺物にも上野国の影響が見られる。この影響は歴史時代の瓦にまで見られ、上野国の影響が根強かったことがわかる。おそらく埼玉古墳群築造者もその流れを無視できず、地理的に搬入が容易であったこと、また、上野国との関連を持つ政治的なメリットもあったのであろう。もう一つの考え方として、比企郡周辺が小杵の本拠地と考えられないであろうか。この地が上野国との関連も強く、横渟屯倉を置いたことからも可能性はある。しかし、この地は 6 世紀前半には大古墳はなく、6 世紀中葉の冑塚古墳、後半のとうかん山古墳であり、安閑天皇紀の記事と時間差があること、なぜ南多摩に 3 つの屯倉が置かれたのか解釈できないことなど問題点を残しており、今後の検討課題である。

以上のように埼玉古墳群との関係、あるいは須恵器の分布圏、寺院の建立のあり方から推測するに、武蔵でも最大である南比企窯跡群にしてもその背景にいた首長層は、武蔵国最大の首長層である埼玉古墳群を築造した勢力とは直接的には考えられない。おそらく埼玉古墳群築造者よりも小さな勢力で、比企あるいは入間を統制した勢力と考えられ、5 世紀の製品が上里町など上野国との国境へ向かうこと、須恵器生産が群馬の影響を受けたことを考慮し、南比企地域の埴輪が埼玉古墳群へ運ばれた事実からすると、埼玉古墳群築造者ともより密接な関係を保っていたことが予測できる。

羽尾窯跡群については、埼玉古墳群と関わる笠原氏が、朝廷に献じた横渟屯倉の設置されたと推定されている吉見町と近接しており、そのような関連から武蔵国内としては様相の違う東海系の須恵器生産が始まったのであろう。また、窯の近くに建立された寺谷廃寺に飛鳥寺系の素弁 8 葉軒丸瓦が出土するなど、畿内的であり、横渟屯倉の設置とも関連があると想定したい。

（4）首長層と工人集落

　最後に窯の生産がどのように行われたか、窯と窯に最も近く工人と最も関わりのある集落を取り上げ、生産体制がどのようになっていたのか探ってみたい。

　まず、窯と密接に関連する集落として舞台遺跡（第46図）を取り上げてみよう。2次調査の6世紀末と考えられる1号住居跡では坏身7、坏蓋8、高坏5、同蓋2、甕1、提瓶1の合計24点が、5号住居跡からは坏蓋2、高坏1、提瓶1、大甕1の合計5点が出土しているが、共伴する遺物は土師器坏、甕、壺、甑などであるが、1号住居跡の手づくね土器は注目される。これらの土器群は報告では少し浮いて出土したとあり、この土器群が直接住居跡に伴うかは問題を残すところである。日常什器と共伴することもあり、近接する窯場から運ばれ、いったんは住居の中へ入れられたものであろう。同様のあり方は、後続する7世紀中葉の舞台Ｃ－2号窯の製品が、台地上のＡ地区34・74号住居跡に入っていることからもいえよう。また、隣接する7世紀後半の立野遺跡では2号、3号住居跡、あるいはその周辺から270kgという多量の須恵器が出土し、その製品がいずれも近接したところで生産されたと考えられることから、これは以前推考したように製品の中継点で、窯の管理者が管理し、ここから生産品を搬出したと考えた。[52] おそらく大阪府陶邑窯跡群でいえば規模は違うものの、陶邑深田のような流通形態が考えられるであろう。舞台遺跡でも1号住居跡に見るように工人の住居にしては須恵器の量が多いこと、仮に出土した須恵器がこの住居跡に伴うとすれば、1号、5号住居跡とも大形であり、立野遺跡と同様管理者的な立場の人物との関わりが想定できるであろう。窯業遺跡を復元するならば、窯と工房が並存し、操業時の仮屋もつくられたであろう。近接して工人の集落（小規模であれば舞台遺跡のように一般集落に含まれる場合もある）を形成し、管理者の住居がその集落内、窯場が大規模であればそれを統括する位置につくられたと考えられる。その管理者を動かしたのはこの地域の首長層であり、一応、首長層→管理者→工人の管理体系が想定できよう。

　しかし、窯を掌握した首長層達が、すべて自ら掌握した窯の製品を古墳に入れたとは思えない。それは窯の発見された近くの古墳群がその窯の製品を多量あるいは少量でも副葬するなど、その窯を掌握していたことを示す例がなさすぎる。たとえば同一器種、あるいはセットで同一胎土、同一焼成の須恵器が入る例が少なすぎる。埼玉県では東松山市冑塚古墳、吉見町かぶと塚古墳が該当するが、背後に窯業集団を想定することは難しい。また、群馬県でも高崎市綿貫観音山古墳、あるいは観音塚古墳出土の須恵器には在地産の須恵器は多いものの、ほかに畿内産など搬入製品が共伴している。

　太田市金山窯跡群に近接する厳穴山古墳にしても須恵器は少ない。あるいは窯の付近の古墳築造者よりももっと大きな勢力が、その地に構築させた可能性が考えられる。たとえば太田市金山窯跡群に見られるように、周辺には小古墳群は存在しても、かつて5世紀前半頃のような大古墳が存在していないことからも推考できる。このような上野国の例に対して武蔵では、前述したように窯跡群の背後にはそれほど大きな首長層はいなかったと考えられる。

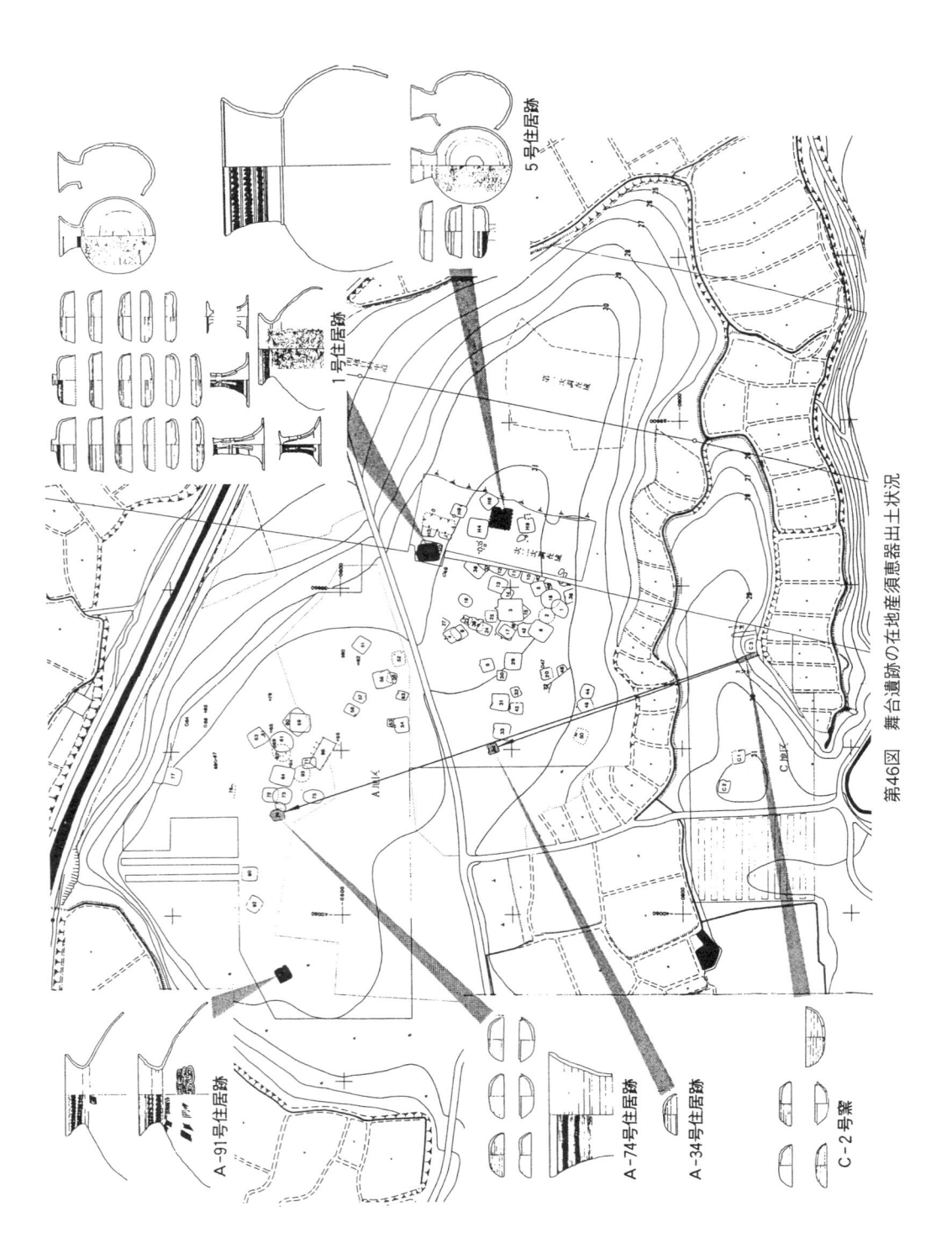

第46図 舞台遺跡の在地産須恵器出土状況

註
(1) a.酒井清治 1986「関東地方における発生期の須恵器窯」『考古学ジャーナル』№260（特集 発生期の須恵器窯）
   b.同 1988「関東における古墳時代の須恵器生産－群馬・埼玉を中心に－」『考古学雑誌』73-3
(2) 水村孝行ほか 1982『桜山窯跡群』(財)埼玉県埋蔵文化財調査事業団報告書第7集
(3) 佐藤洋 1981「土器胎土註における白色針状物質について」『山口遺跡発掘調査報告書』仙台市教育委員会
(4) 高橋一夫 1980『羽尾窯跡発掘調査報告書』滑川村教育委員会
(5) 高柳茂 1978「比企郡滑川村出土の須恵器と布目瓦」『埼玉考古』18　埼玉考古学会
   藤原高志 1982「平谷窯跡」『埼玉県古代寺院跡調査報告書』埼玉県県史編さん室
(6) 註(5)の『埼玉県古代寺院跡調査報告書』
(7) 渡辺一ほか 1985『鳩山窯跡群発掘調査概報』鳩山窯跡群遺跡調査会・鳩山町教育委員会
(8) 井上肇 1978『舞台（資料編）』埼玉県遺跡発掘調査報告書第17集　埼玉県教育委員会
(9) 水村孝行・今井宏 1980『根平』埼玉県遺跡発掘調査報告書第27集　埼玉県教育委員会
(10) 高橋一夫 1977「比企郡鳩山村出土の須恵器」『埼玉考古』16　埼玉考古学会
(11) 埼玉県 1982『新編埼玉県史』資料編2　原始・古代　埼玉県
(12) 斎藤孝正 1984「東海地方」『日本陶磁の源流』柏書房
(13) 寄居町教育委員会 1984『寄居町史』原始・古代・中世編
(14) 瀧瀬芳之 1986『小前田古墳群』(財)埼玉県埋蔵文化財調査事業団報告書第58集
(15) 増田逸朗ほか 1977『塚本山古墳群』埼玉県遺跡発掘調査報告書第10集
(16) 中村倉司 1980『臺遺跡』埼玉県遺跡調査会報告第41集
(17) 上里町教育委員会・外尾常人氏にご教示いただいた。
(18) 小久保徹 1975『黒田古墳群』黒田古墳群発掘調査会
(19) 金井塚良一 1968『番清水遺跡調査概報』考古資料刊行会
(20) 村田健二 1984『古凍根岸裏』(財) 埼玉県埋蔵文化財調査事業団報告書第37集
(21) 註(4)文献10頁
(22) 鈴木敏弘 1976「北武蔵の須恵器概観－後期古墳社会の基礎的研究として－」『北武蔵考古学資料図鑑』校倉書房
(23) 金井塚良一編 1975『吉見百穴横穴群の研究』校倉書房
(24) 註(22)文献
(25) 今井宏ほか 1984『屋田・寺ノ台』(財)埼玉県埋蔵文化財調査事業団報告書第32集
(26) 植木弘 1987『古里古墳群』嵐山町遺跡調査会報告2
(27) 植木弘 1988『行司免遺跡』遺物図版編　嵐山町遺跡調査会
(28) 嵐山町教育委員会・植木弘にご教示いただいた。
(29) 鈴木敏昭ほか 1983『ささら・帆立・馬込新屋敷・馬込大原』(財)埼玉県埋蔵文化財調査事業団報告書第24集
(30) 今泉泰之ほか 1976『寺山』埼玉県遺跡発掘調査報告書第9集
(31) 註(22)文献
(32) 谷井彪 1974「舞台遺跡の発掘調査」『田木山・弁天山・舞台・宿ヶ谷戸・附川』埼玉県遺跡発掘調査報告書第5集

(33) 註(32)文献
(34) 加藤恭朗ほか 1987『古代の坂戸－坂戸市遺跡発掘調査概報Ⅰ－』坂戸市教育委員会
(35) 川越市 1972『川越市史』第1巻 原始・古代編
(36) 関義則・宮代栄一 1987「県内出土の古墳時代の馬具」『埼玉県立博物館紀要』14
(37) 註(35)文献
(38) 立石盛詞ほか 1983『後張』本文編・図版編Ⅱ （財）埼玉県埋蔵文化財調査事業団報告書第26集
(39) 坂本和俊 1981「ミカド遺跡出土の須恵器をめぐる問題」『金屋遺跡群』児玉郡児玉町文化財調査報告書第2集
(40) 小久保徹ほか 1981『桜山古墳群』（財）埼玉県埋蔵文化財調査事業団報告書第2集
(41) 日高町高萩公民館に所蔵
(42) 中島宏・今井宏 1987「集落出土の須恵器と供給窯跡群」『埼玉の古代窯業調査報告書』埼玉県立歴史資料館
(43) 註(6)文献
(44) 若松良一・山川守男・金子彰男 1987『諏訪山33号墳の研究』
(45) 註(6)文献
(46) 酒井清治 1987「窯・郡寺・郡家－勝呂廃寺の歴史的背景の検討－」『埼玉の考古学』新人物往来社
(47) 註(1)文献
(48) 註(46)文献
(49) 青木忠雄 1971「埼玉県鴨川流域の布目瓦出土に関する予察」『浦和考古学会研究調査報告書』4 浦和考古学会
(50) 塩野博・寺社下博・今泉泰之 1987「荒川本流沿岸の古墳」『荒川』人文Ⅰ 荒川総合 調査報告書2 埼玉県
(51) 若松良一氏にご教示いただいた。
(52) 酒井清治 1986「北武蔵における7・8世紀の須恵器の系譜－立野遺跡の再検討を通して－」『埼玉県立歴史資料館紀要』8

補記 埼玉古墳群中の山古墳の底部穿孔の壺形埴輪は、寄居町末野3号窯で焼成されたことが確認された。

第4節　房総の須恵器生産

はじめに

　房総における、古墳時代の須恵器生産の研究は、多量の須恵器の出土にもかかわらず窯跡が未発見のため著しく遅れている。須恵器生産の開始については、窯跡発見によって一挙に解決するだろうが、現時点では製品などから予測する以外にない。製品からの在地産須恵器の解明には、三辻利一により進められている、理化学的方法による胎土分析があるが、この方法は房総においてはまだ少ない。もう一つの方法は、考古学的な地域色を見出し、その分布から在地生産を推定する方法である。本節では後者の方法にもとづき、房総における須恵器生産の有無について論じてみたい。

1. 研究の現状

　君津郡中村練木字寺崎には、窯跡群が存在すると『君津郡誌』中に記されている(1)。これを調査した坂詰秀一によれば、窯は斜面に築かれていたがすでに破壊されており、出土した製品は7世紀代の須恵器であるという(2)。実測図が未発表のため、さらに詳しい時期については不明であるが、1979年に発表された坂詰の「関東地方の須恵器編年表」中で、上総の項の7世紀後半に窯跡の存在が予想されており(3)、練木の窯がこれにあたると思われる。

　次に既報告で最も規模の大きい永田・不入窯跡群について触れておこう。市原市新谷の永田窯跡群1～12号、不入窯跡群1～4号（以下、永田・不入窯）がそれである(4)。1974年に発掘調査され、合計16基の窯跡が確認されている。窯は、地下式・半地下式の登窯で、永田1号窯が3次、5号窯が6次、不入4号窯が4次など、長期にわたり何度も操業されたことが知られる。出土遺物は女瓦小破片が1点、土師器脚部が1点のほかはすべて須恵器である。器種は、平底坏・高台付坏・蓋・高坏・水瓶・壺・甕などで、坏の轆轤切り離しは回転糸切りで、全面箆削り、周辺箆削り、未調整などがある。年代は、報告では8世紀後半から9世紀前半に操業されたと考えられているが、のちに述べるように8世紀中頃が初現であろう。永田・不入窯の製品は、市原市南総中遺跡・坊作遺跡、東金市山田水呑遺跡から発見されており、以下各遺跡の土器に触れ、その時期について考えてみる。

　南総中学遺跡(5)は3例のうち最も距離が近く、永田・不入窯と直線距離で4.3kmの位置にある。8世紀代と考えられる住居跡はJ′－44・K′－43住居跡があり、永田・不入窯の製品は後者から出土している。遺物は平底の坏が3点、高台の坏が1点であり、8世紀中葉の年代が与えられている。

　坊作遺跡(6)は、永田・不入窯から16.5km離れた上総国分尼寺の北に接して存在しており、須田勉は「国分寺を運営していくための一定の役割を持った集落」と解釈している。永田・不入窯に浄瓶・多嘴瓶などの仏器や円面硯が存在することから、永田・不入窯は「国分寺運営上必要な仏器、日常什器を確保するために成立した」と考え、「成立時期の上限を国分寺建立の詔が発布された西暦741年」とした。

　山田水呑遺跡(7)は、永田・不入窯から25.7km離れて位置する奈良・平安時代の大集落であり、山辺郡山田郷に比定されるという。報告者は「山口館」「直」の墨書、鋳帯具の存在から、郡司層級の土豪による開墾のための集落と推定している。松村恵司によって詳細な編年が試みられているので、関係ある部分を略述してみる。出土した土師器坏形土器は第Ⅰ群から第Ⅴ群に分類でき、それぞれに時間的な流れが認められるという。最初に第1段階のⅠ群・Ⅱ群があり、順次2・3・4段階にそれぞれⅢ・Ⅳ・Ⅴ群の土器があてられる。土師器坏形土器第Ⅰ群と共存する須恵器は、粗い長石粒や雲母末を多量に含有する焼成の甘いⅠ群と、極めて精良で青灰色を呈する堅緻なⅣ群がある。須恵器第Ⅰ群は第1段階を特徴づける存在とされており、また須恵器第Ⅳ群は永田・不入窯に同定され、第1段階に集中して存在することが知られるが、両群ともその初現を第1段階の前期（第Ⅰ期）か後期（第Ⅱ期）か、どちらに置くのか明確にされていない。しかし、編年図表では須恵器坏は前期（第Ⅰ期）から編年されている。松村は第Ⅰ期の年代を8世紀前半、第

Ⅱ期を8世紀中葉に求めているので、松村の編年表を採用すれば、8世紀前半に須恵器坏形土器の初現を置くことが可能となる。しかし、松村が述べているように第Ⅰ期と第Ⅱ期の分類は「観念的」であり、編年図表の第Ⅰ期と第Ⅱ期の須恵器坏には、明確な差は見出せない。編年図表第Ⅰ期の須恵器坏が第Ⅳ群（永田・不入窯製品）を含むならば、第Ⅳ群の須恵器は坊作遺跡の成果から、第Ⅱ期を初現とすべきであろう。なお山田友治は、永田・不入窯（第Ⅳ群）について「官衙に関連する窯」とし、年代については「8世紀後半から9世紀にかけて」としている。

次に山田水呑遺跡須恵器坏形土器第Ⅰ群について触れてみる。木下別所廃寺跡第3号住居跡より、灰白色から青灰色を呈し底部を回転篦切り後、手持ち篦削りする須恵器が出土しており、これは雲母を含む例が多い。この土器群は山田水呑遺跡須恵器坏形土器第Ⅰ群と同類である。3号住居跡には轆轤製作の土師器坏が伴うことから、山田水呑遺跡の編年を援用すれば第Ⅱ期（8世紀中葉）に該当する。これは3号住居跡に伴う畿内系土師器である、坏内面上位に斜放射状と下位に螺旋状暗文を持つ高坏と、斜放射状暗文を持つ坏から導かれる年代と同じである。また、雲母末を持つ須恵器が置かれた8世紀中葉という年代は、先に見た永田・不入窯と同時期であるが、その初現については不明である。

雲母末を含む底部篦切り離しの坏は、「轆轤土師器」との関わりで見ていかなければならないが、房総において8世紀初頭から前半の平底化・大型化する坏と、かえりを持つ蓋に連なる可能性がある。また新しくは、土師質須恵器への変遷が考えられる。それに対して、永田・不入窯の底部糸切り離しの坏を含む土器群は、水瓶・多嘴壺の存在、切り離しが糸切りであること、高台の位置が底部外径よりやや内側に付けられることなどから、畿内よりも東海地方の影響が多分に考えられる。

2. 在地産須恵器の検討

以下は消費地出土の製品から、房総における須恵器生産を予測してみる。

現在までの関東各県の窯跡例、消費地例の製品を検討すると、いくつかの特徴が認められるが、房総産須恵器にはそのうち4つの特徴が上げられる。すなわち①かえりを持つ大型坏蓋、②外面に同心円叩きを持つ甕、③頸部に補強帯を持つ甕、④口縁が「八」の字状に開く坏蓋である。以下この4点について、関東各県の類例を見ながら年代を推測し、千葉県における須恵器生産について論じてみたい。

（1）かえりを持つ大型坏蓋

畿内の蓋のかえりは、7世紀末から8世紀初頭の藤原宮の時期まで存在し、平城宮の時期には消滅する。東海地方では、西部に篠岡78号窯で代表される大型坏蓋が、東部に湖西山口西門遺跡があるが、時期は8世紀初頭かあるいは前半まで下がるのか、やや見解が分かれる。

関東における蓋のかえりの終末は、関西の年代観を参考にして、8世紀初頭以前としていた。しかし、栃木県北山窯跡・八幡窯跡、福島県小倉寺窯跡群の調査により、やや修正されつつある。

まず茨城県では鹿島町神宮境内遺跡・ＫＴ13～17遺跡・御園遺跡・厨台遺跡などが上げられる。いずれも大型品であり、かえりも痕跡程度で8世紀前半代と考えられる。絹雲母が入り、つ

くりも悪い在地産である。

　栃木県では、北山窯跡・八幡窯跡(17)・薬師寺南遺跡(18)が上げられ、生産地が判明する点が特徴である。

　北山3・5号窯は、須恵器のみを焼成した窯である。時期は大川清によれば、北山3・5号窯の1次窯が第2期、2次窯が第3期に置かれるという。北山窯は国分寺瓦を焼成した瓦窯より古く、730年代より750年代の操業が考えられている。かえりを持つ蓋が、第2期か第3期のいずれに伴うか不明確であるが、「古い伝統を保っているもの」としているので、北山窯跡群でも古い時期、8世紀前半に置いてよいであろう(19)。

　八幡5号窯は、瓦窯操業の終末期に築窯操業されたと考えられており、760年代前半に置かれている。しかし、かえりを持つ蓋がこの時期まで存続するのはやや疑問であり、のちに述べる群馬県例とともに検討が必要である。

　薬師寺南遺跡では第Ⅰ期に置かれる111号住居跡と、第Ⅱ期に置かれる24号住居跡より、かえり蓋が出土する。第Ⅰ期は8世紀前半代、第Ⅱ期は8世紀中頃に比定されているが、報告者は北山3号・5号の蓋から、8世紀中葉以前に遡る可能性も考えているようである。

　群馬県では、保渡田遺跡、引間遺跡、堀越古墳、大道東遺跡などがある。いずれも伴出遺物からほぼ同時期と考えられるが、報告者によりやや年代の違いがある。

　保渡田遺跡8号住居跡の遺物は、井上唯雄によればⅡ類、8世紀中葉から後半と考えられている(20)。しかし、土師器甕・盤状坏・須恵器坏は、いずれも井上Ⅰ類に含まれる要素を持っており、武蔵国府、山田水呑遺跡を参考にして8世紀前半と考えたい。そして、保渡田遺跡の土師器坏と同類が、井上編年Ⅰ類の国分寺周辺遺跡7号住居跡から出土しており、保渡田遺跡8号住居跡は、井上が考えるよりやや古い年代を与えてよいと思われる。

　引間遺跡(21)では1号墳と2号墳から出土例があり、後者の石室からは和同開珎が出土している。報告では年代に触れていないが、和同開珎が土器の埋納と同時期ならば、8世紀の年代が与えられるであろう。堀越古墳(22)の例は報告では7世紀後半の年代を与えている。引間遺跡、堀越古墳の両者とも、ほぼ同形態のかえり蓋を持つ。引間1号墳と保渡田遺跡8号住居跡の坏がほぼ同形態であることを考え合わせると、両遺跡とも8世紀前半代と考えてよいであろう。

　大道東遺跡(23)の例はかえりがほどんど消滅しており、大型品で無高台の坏を伴う点、同一県内における生産地の違いが考えられる。

　大道東遺跡を除けば、井上がいうようにいずれもつまみが環状になっており、この点を群馬県の地域色に掲げているが、群馬県に限らず関東のかえりを持つ蓋によく見受けられる例である(24)。栃木県の北山窯とともに、在地において継続して操業されたため出現した地域色と考えられる。

　埼玉県では、塚本山7号墳(25)、東の上遺跡(26)、中堀遺跡(27)、水深遺跡(28)、大久保山遺跡(29)、立野遺跡・大塚原遺跡(30)、古川端遺跡(31)、皂樹原遺跡(32)、�神社前遺跡(33)、番清水遺跡(34)、大橋小谷窯跡(35)などがある。

　塚本山7号墳の例は、ほぼ同形で焼きの甘い坏やかえりのない坏蓋とともに出土しており、小久保徹によって8世紀前半の年代が与えられている。

　水深遺跡からは11個体のかえり蓋が出土しているが、年代については明確に記されていない。

11個体のうち、群馬県で触れたような環状つまみが 3 点出土している。白色から灰白色を呈し、胎土・焼成とも良いことから、他地域、特に愛知方面からの移入品とされている。しかし、東海西部には環状つまみのかえり蓋は存在せず、また東海東部においてもほとんど見あたらない。数少ない生産例として湖西市坊瀬 8・9 号窯の例が上げられるが、坊瀬窯跡の例も大きなつまみの中央が窪むだけであり、水深遺跡あるいは中堀遺跡のような環状にはならない。水深遺跡第 2 捨場出土のかえり蓋は、2 点とも灰色で焼成が甘く、セットとなる平底坏も出土している。同形態の坏が荒神脇遺跡16号住居跡より出土しており、これには白色針状物質が含まれていることから、第 2 捨場のかえり蓋も在地産の可能性がある。谷井彪は、荒神脇遺跡の坏を 8 世紀中頃に置いており、高橋一夫も水深・荒神脇遺跡の両者とも第Ⅰ期、8 世紀中頃としている。ところが高橋は水深遺跡第Ⅱ期（8 世紀後半）、第Ⅲ期（9 世紀前半）、第Ⅴ期（9 世紀後半）にかえり蓋を図示しており、かえり蓋の存続について疑問な点が多い。高橋が第Ⅱ期に入れた水深遺跡のかえり蓋のうち、高橋編年のNo.44・45は40号住居跡出土例で、数少ない床面出土資料であり、かつ縦削りの甕と伴出していることから高橋編年第Ⅰ期に入れるべきであろう。

水深遺跡23・30・49号住居跡からは、静岡県湖西の製品である底部が丸底で高台より出る坏が出土する。これとセットとなる蓋は30号住居跡から出土しているが、いずれも覆土出土である。これらの須恵器は、遠江において 8 世紀前葉の年代が与えられており、各住居跡の床直の遺物の年代と大差ない。23・49号住居跡からは、大型かえり蓋が出土しており、湖西産須恵器の年代を用いるならば、8 世紀前葉までかえり蓋が残ることになる。

大久保山遺跡からは17個体のかえり蓋が出土しているが、いずれも覆土中出土である。「分類」の中で橋本博文は須恵器を 3 類に分け、かえりを持つうち口縁端部が屈曲するのをＡ類、同類で屈曲しないのをＣ類、かえりを持たないのをＢ類とした。そして水深遺跡の例からＢ類もＣ類も 9 世紀代を中心に共存するとした。上記の水深遺跡で触れた高橋の編年観と類似するところがあり、かえりの消滅時期が新しすぎる点、問題となろう。

立野遺跡では 2 号住居跡、グリットから出土している。今井宏によりまとめられており、Ⅰ群 1 類に分類された小型で口縁端部と同高のかえり蓋を、7 世紀第 3 四半期に位置づけている。また、Ⅰ群 2 類、Ⅱ群 1 類のやや大型で、かえりが痕跡として見られる蓋を、7 世紀第 4 四半期に置いている。立野遺跡の須恵器は畿内的であるが、畿内の遺物組成と比較すると平底の坏が多い点が注目される。今井が述べる年代でほぼ誤りはないが、平底坏の一部には『飛鳥・藤原宮』の飛鳥Ⅴに比定できる坏があり、7 世紀末から 8 世紀初頭まで下げられる可能性もある。立野遺跡の須恵器は、圧倒的な須恵器の量、瓦塼の出土、焼け歪みのある点から在地産と考えられる。

埼玉県における大型かえり蓋の唯一の生産跡は、大橋小谷窯跡である。山下守昭は、ＯＫ 5 号窯の時期を、かえりを持つ蓋と回転糸切り手持ち箆削りの坏から、7 世紀末と 8 世紀前半の 2 時期と考えているが、地下式の窯でこのような中断はありえない。この蓋は、端部より突出しているにも関わらず17cmと大型品であり、畿内の編年にあてられないことからも、糸切りの坏の時期まで下げて考えた方がよいであろう。この窯は山下が述べているように、断面からの表採資料のため問題を含むが、7 世紀後半のかえり蓋を焼く舞台窯跡が存在することから、今後かえり蓋の

系譜の解明が期待できる。

　以上のように埼玉県のかえり蓋は、8世紀第1四半期まで残るようである。しかし先述したように、水深遺跡第2捨場と荒神脇遺跡16号住居跡の大型坏は、谷井・高橋の年代よりやや遡る可能性があり、特殊なかえり蓋は8世紀第2四半期まで残るものの、7世紀から続くかえり蓋は、8世紀第1四半期には消滅すると考えられる。

　東京都の大型かえり蓋は、武蔵国府関連遺跡に認められ、白糸台地域Ⅴ10区ＳⅠ3とＳⅠ9の住居跡より出土している。前者例は端部とかえりは同高であり、後者例はかえりが痕跡として残り、色は褐色で19.2cmと大型品である。ＳⅠ3・ＳⅠ9の土器群は、いずれも『国府関連遺跡Ⅰ』の土器群の変遷第Ⅱ期に置かれる。第Ⅲ期のⅤ10区ＳⅠ5より出土した須恵器は、南多摩古窯跡群の百草・和田1号窯（Ｍ1号窯式）に対比され、服部らは、8世紀第2四半期を若干遡る時期としている。ＳⅠ5より出土した高台坏は、遠江の湖西産の製品と考えられるので、8世紀前半の年代が与えられる。ＳⅠ5の置かれる第Ⅲ期は8世紀前半に、かえりを持つ蓋が置かれる第Ⅱ期は8世紀初頭の年代が考えられる。

　また、高木ビル建設地のＳⅠ75からは、環状つまみの大型かえり蓋が出土しているが、ＳⅠ75の時期は奈良時代末に置かれている。かえり蓋は、内面が硯として再利用されていることから考え、製作年代はほかの伴出土器より遡ると考えられる。

　大国魂神社参集殿地区Ｍ79区のＳⅠ1では、口径19.2cmと20.2cmの2点が出土しており、前者は灰褐色で柔らかく、後者は灰色で堅い。両者ともかえりは痕跡として残る。ＳⅠ1は、共伴する平底盤状の坏より『国府関連遺跡Ⅰ』の編年の第Ⅲ期とすることができる。しかし「第Ⅲ期はすでにかえり蓋を有する蓋が共伴しない段階」としているので疑問が残る。福田健司は、盤状坏の出現を8世紀第2四半期と考えており、かえり蓋については、南武蔵の地域には「奈良時代以前でかえりを有する蓋は、姿を消す」としている。大国魂神社参集殿地区Ｍ79区ＳⅠ1のかえり蓋と平底盤状坏が明確な共伴とすれば、時期は国府関連遺跡編年表の第Ⅲ期に、また福田のⅡ期（8世紀第2四半期）に置くことが可能である。このように、福田の考えるかえり蓋の消滅時期は、南関東に移入された畿内産・美濃産・遠江産の須恵器にあてはまるが、南武蔵を含む周辺で生産されたと考えられる大型かえり蓋は、8世紀第1四半期まで残ると考えた方がよいであろう。

　ではこのようなかえり蓋についての年代観の違いは、どこに起因するのか検討してみたい。福田は須恵器の変遷を、椚田第Ⅰ遺跡ＳＢ01住居跡（小型かえり蓋、7世紀第3四半期後半から7世紀第4四半期前半）→霞台遺跡2・3号住居跡（高台丸底坏と退化したかえり蓋、7世紀第4四半期後半から8世紀第1四半期前半、710年以前）→下寺田遺跡ＳＢ03住居跡（朝倉窯製品、8世紀第1四半期後半、713年前後から725年前後）と考えた。そしてⅠ期を8世紀第1四半期の中でも後半（713年前後から725年前後）と考え、下寺田遺跡ＳＢ03・05住居跡出土土器を代表例とした。続くⅡ期は、8世紀第2四半期中心（725年前後から750年前後ぐらい）として、土師器、須恵器の盤状坏を主体とする土器群を想定している。盤状坏出現の背景については、大規模な国分寺造営のため、瓦・須恵器の生産に土師の工人を動員したことから、古墳時代より糸切り技法を持つ土師器工人と、轆轤技術を持つ須恵器工人が交流してでき上がったものと考えた。南多摩

窯のM1号窯も、交流によって生まれたと考えている。

　國平健三は、上浜田遺跡前半を美濃須衛窯の製品から、下寺田遺跡ＳＢ03・05住居跡と対比して、8世紀第1四半期前半（福田は後半）に置いている。Ⅰ期後半は8世紀第1四半期のうちでも後半と考え、上浜田遺跡においてはこの時期より盤状坏が出現するという。

　福田と國平の編年基準の一つになっているのが、美濃須衛窯の朝倉窯である。楢崎彰一によって下寺田遺跡ＳＢ03・05住居跡の須恵器は朝倉窯の製品であるとされ、朝倉窯の操業年代は和銅年間、708年から710年と推定されている。

　楢崎は朝倉窯について、『岐阜市史・通史編』では7世紀末から8世紀初頭とした。かえり蓋の存在から老洞窯より早く操業が開始されたものとし、「美濃国」印の存在から8世紀第1四半期のうちに捉えている。一方『岐阜市史・史料編』では、「一つの窯から出土したとはいえないものである。」として、時期を7世紀後半から8世紀前半としている。このように、下寺田・要石遺跡で楢崎が述べた朝倉窯の年代と相違するのである。今後、朝倉窯跡群の遺物が各窯跡に帰納されて検討されない限り、朝倉窯＝708から714年という限定された年代を与えるのは疑問であり、再検討が必要であろう。

　下寺田遺跡ＳＢ03の高台坏は、既報の朝倉窯跡の製品と比較してみると、國平が指摘するように高台に違いが見られる。すなわち、下寺田遺跡例は内彎気味で丸みを持ち、あたかも灰釉の高台を思わせるのに対して、朝倉窯では外へ僅かに開き、断面方形を呈する。また、口縁は下寺田遺跡例がほぼ均一の厚さであるのに対して、朝倉窯では口唇部が薄くつくられる。下寺田遺跡とほぼ同類の須恵器が椚田第Ⅰ遺跡ＳＢ01からも出土しており、楢崎によって美濃産で、8世紀中葉頃あるいはそれ以降の可能性があるとされている。現在のところ、美濃国および東海の窯や集落跡を探してみても見あたらない。國平は、工人によるバラエティーか時間差か定かではないとしながらも、時間差の方を採った。しかし類例のない点から、下寺田遺跡ＳＢ03、椚田第Ⅰ遺跡ＳＢ01のいずれも、美濃須衛産ではないであろう。また、上浜田遺跡第Ⅰ期前半の須恵器坏は、高台の形は美濃須衛窯と類似するが、高台が口径に比べやや小さい点は、美濃須衛窯の同時期の製品に見られず、疑問が残る。

　このように朝倉窯から導き出された下寺田遺跡の年代は、708から714年に限定しなくてもよいであろう。また、霞台遺跡2・3号住居跡の高台坏は8世紀に入ると考えられるので、共伴する退化したかえり蓋も福田の考えよりやや新しくまで存続したと思われる。

　以上のように各県とも大型かえり蓋は、8世紀第2四半期まで存続するようであり、かえり蓋の下限がとらえられる。かえり蓋の編年は難しく、かえりが痕跡となる例でも、埼玉県立野遺跡は下っても7世紀末であり、東京都武蔵国府関連遺跡M79区ＳⅠ1や、水深遺跡第2捨場の例は、8世紀第1四半期と考えられる。一応関東では、関西においてかえり蓋が消滅した後も製作は続けられ、東海の影響なのか一部に環状のつまみをつくり、8世紀第1四半期まで存続すると結論づけておく。

　遠回りになったが、最後に千葉県について検討を行う。かえり蓋の出土遺跡は、大篠塚遺跡13・47号住居跡、中馬場遺跡1・53・78・81・83・86・90号住居跡、神田台遺跡013・溝2、金楠

第3章 須恵器生産の展開 183

凡例：
● 永田・不入窯製須恵器
☆ かえり蓋
★ 同心円叩き甕
― 補強帯甕
▲ 「ハ」の字口縁坏蓋

1 永田・不入窯
2 南総中学遺跡
3 坊作遺跡
4 山田水呑遺跡
5 木下廃寺
6 大篠塚遺跡
7 中馬場遺跡
8 神田台遺跡
9 金楠台遺跡
10 吉高家老地遺跡
11 野尻遺跡
12 千代田遺跡
13 東ノ台古墳
14 八千代村上遺跡
15 林遺跡
16 坂並白貝18号墳
17 上ノ台遺跡

第47図 須恵器出土遺跡

台遺跡3号住居跡、吉高家老地遺跡9号住居跡、野尻遺跡26号住居跡、千代田遺跡Ⅰ区16号住居跡などがある（第47図）。

大篠塚遺跡(56)13号住居跡（第48図2・3）のかえり蓋は、「いわゆる須恵器ではない」としているが、セットとなる坏が共伴している。坏は口縁が外反する丸底気味の須恵器で、『飛鳥・藤原宮』の飛鳥Ⅴ期（7世紀末から8世紀初頭）に比定できる。しかし、土師器甕は、8世紀前半に置かれる。47号住居跡の蓋（第48図1）は黄灰色を呈し、つまみが扁平で大型になる点が特徴であり、共伴する平底坏2点は8世紀前半と考えられる。13号住居跡は8世紀前半でも古い時期、47号住居跡例それに続く時期と考えたい。

中馬場遺跡(57)（第48図4～17）では総数15点のかえり蓋が出土しており、その形態は、いくつかのグループとしてとらえられる。9点には在地産特有の雲母を含み、うち1点は赤褐色を呈する。83・86号住居跡例は、8世紀前半の遠江・湖西産の製品と共伴しており、かえり蓋の年代が推定できる。

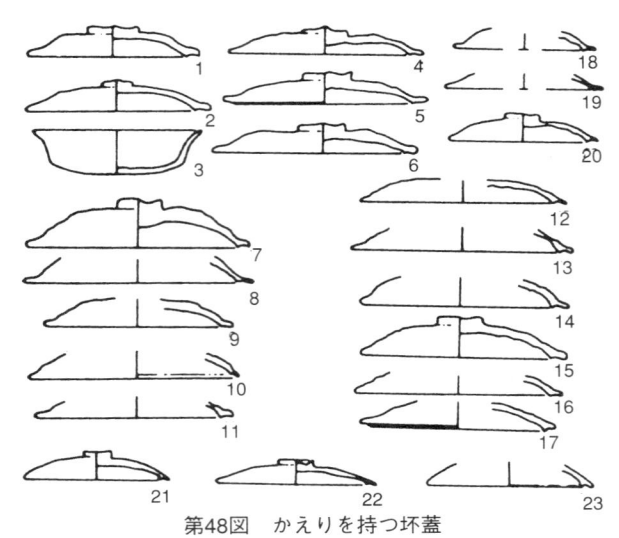

第48図 かえりを持つ坏蓋
1:大篠塚遺跡47号住居跡 2・3:大篠塚遺跡13号住居跡 4・5:中馬場遺跡78号住居跡 6:同1号住居跡 7〜11:同83号住居跡 12・13:同81号住居跡 14・15:同86号住居跡 16・17:同90号住居跡 18・19:神田台遺跡013 20:金楠台遺跡3号住居跡 21:野尻遺跡26号住居跡 22:千代田遺跡Ⅰ区16号住居跡 23:吉高家老地遺跡9号住居跡

神田台遺跡(58)（第48図18・19）では3点出土するが、覆土中より出土するため共伴関係は不明である。天井は丸く口縁が水平に延びる形態で、中馬場遺跡に類例がある。

金楠台3号住居跡(59)例（第48図20）は大型で、かえりは端部と同高である。つまみは扁平で、胎土に大粒の長石が多量に含まれ、色は青灰色で天井部に黒斑がある。報告では7世紀末を前後する時期としている。

吉高家老地(60)（第48図23）・千代田(61)（第48図22）・野尻(62)（第48図21）の各遺跡例は、いずれも天井部から口縁部にかけて丸く、緩やかに変化する形態である。

つまみは、千代田遺跡例が環状になる。大篠塚・中馬場・神田台・金楠台遺跡のかえり蓋の共通する点は、口縁端部とかえりが同高で、口縁端部が水平気味に延びるため、口縁付近で反り返る形態となること、つまみは環状の例はなく、扁平で大型となることである。

他県の類例検討の結果、畿内・東海のかえり蓋と比べ形態に違いがあり、時期差もある点、それぞれの地域にかえり蓋の生産が行われたことが予測できた。千葉県のかえり蓋も、中馬場遺跡に見るように雲母を混入すること、ほぼ共通する形態を持つことから、在地産と考えられる。分布は下総北半部を中心とし、その時期は8世紀初頭であろう。

(2) 外面に同心円を持つ甕

須恵器の甕で外面に同心円叩きを施す例がある。管見によれば他地域での発見はなく、在地産とする一つの傍証となると思われる。千葉県下に、野尻遺跡42号住居跡、東ノ台古墳、村上遺跡110遺構、大篠塚遺跡13号住居跡の4例がある。

野尻遺跡42号住居跡(63)（第49図4）より出土した土器は、報告書では土師器坏3、高坏1となる。いずれも鬼高期後半代の土器である。ほかに未報告の須恵器として甕がある。甕は底径が約15㎝

第49図　同心円叩き甕

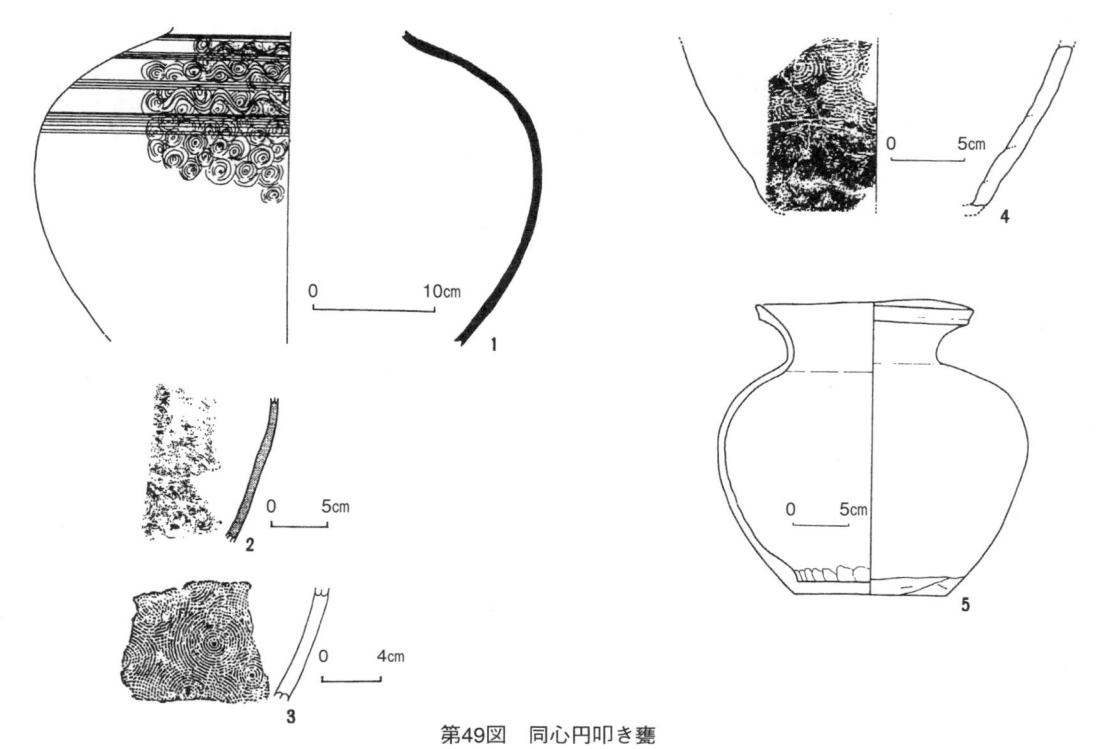

1:千葉・大篠塚遺跡　2:千葉・八千代村上遺跡　3:茨城・厨台遺跡群　4:千葉・野尻遺跡　5:千葉・東ノ台遺跡

の平底で、表には同心円、内面には約2cm幅の紐成形の跡があり、無文の当て目痕が見られる。胴部下位は上から下へ、あるいは右上から左下への篦削りが施される。色は青灰色で、胎土には微粒白色鉱物を多量に含む。多孔質の土器である。15片に割れており、胴部下位のみ残存する。時期は、鬼高期の土師器と共伴するのか不明である。

東ノ台古墳の甕（第49図5）は、方墳と考えられる二重の周溝より出土し、古墳からは直刀、金銅製刀装具が出土したという。甕は器高27cm、胴最大径27.8cm、底径13.1cmの平底で、口縁は大きく外反する。焼成、胎土とも野尻遺跡例に類似する。古墳から出土しているが、報告書未刊のため出土状況は不明確である。

村上遺跡110遺構[64]（第49図2）の竈内より2片出土している。色は灰褐色で、胎土は緻密である。ほかに床面直上の遺物として、土師器甕と糸切り静止篦削りの坏が出土する。

大篠塚遺跡13号住居跡の甕（第49図1）は、外面同心円叩きののち、胴最大径より上位に4本のカキ目を巡らせ、その間に波状文を3段施す。最大径は約42cmである。報告では鬼高期とするが、土師器は胴が大きく張るなど、鬼高期の遺制がうかがわれる。しかし、蓋のセットは前項（1）で見たように、8世紀前半でも古い時期であるので、同心円叩き甕も同時期に置いてよいであろう。

野尻・東ノ台・村上の各遺跡例は、表面に細かな同心円文が施される点が、野尻・東ノ台例は平底で胴部に削りが入る点と、共通点が窺える。ところが、伴出遺物から見る時期は、7世紀代から8世紀中頃と長い。器形のわかる東ノ台古墳例は、胴径の割に器高が低く、現在のところ類

例のない器形である。胎土・焼成は在地産須恵器に類似し、微粒白色鉱物を多量に含み、多孔質である。古墳に伴うことが明確となれば、7世紀代の在地産須恵器甕の事例となる。また、先述した大篠塚13号住居跡例は、時期がほぼ明確にできる例であり、共伴するかえり蓋からも在地産であろう。

このように、同心円叩き甕は8世紀第1四半期を中心に、下総北半部で製作された須恵器と考えられる。

(3) 頸部に補強帯を持つ甕

大甕の胴と口縁の接合部に、破損を防ぐために巡らせた突帯があり、かつて補強帯と呼んで、「北関東型須恵器」の特徴の一つとして上げた。その段階では、群馬県太田市金山窯跡群の菅ノ沢・八幡・入宿・亀山の各窯跡のほか、只上遺跡、大道東遺跡、上野国分僧寺、富岡5号墳、埼玉県舞台遺跡、十二ヶ戸谷古墳群などの例をあげ、関東でも特に北関東を中心とする分布のあることを指摘した。唯一の関東以外の例として陶邑KM28-Ⅱ号窯をあげたが、時期が新しいため、補強帯の出現が関東の土の悪さから、独自に発生した技法であると推測した。その後、橋本博文によりまとめられ、埼玉県大久保山遺跡、群馬県引間1号墳、大島原遺跡D号墳の3例が加えられた。以上のほか、群馬県観音山古墳、下郷遺跡、鳥羽遺跡、新保遺跡、日高遺跡、歌舞伎遺跡、埼玉県長沖古墳群、日高町内出土品があげられる。やはり分布は群馬県と埼玉県にあるが、埼玉県南西部の日高町に発見されたことは、補強帯甕の特色を持つ須恵器生産集団を考える上に、新たな問題を加えることとなった。

このような状況の中で、ここで取り上げる千葉県内出土の須恵器補強帯甕の発見は、北関東を中心に分布していた範囲が広がった点で意義がある。補強帯甕を出土した遺跡

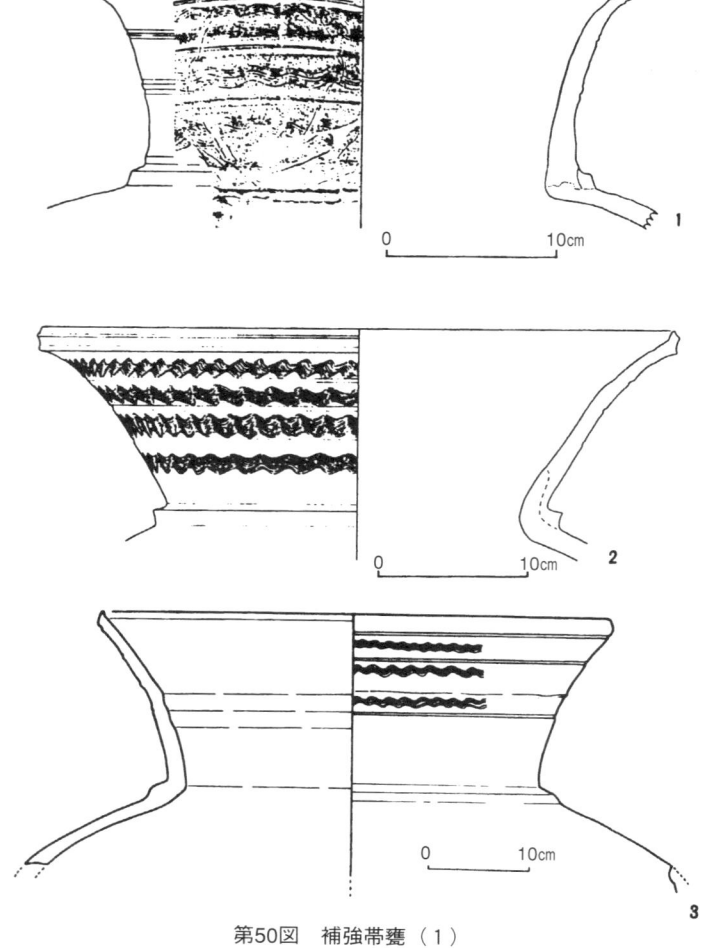

第50図　補強帯甕（１）
1：埼玉・十二ヶ谷戸古墳群　2：群馬・富岡5号墳　3：群馬・入宿窯跡

第 3 章　須恵器生産の展開　187

は、香取郡多古町坂並白貝古墳群18号墳である。多古町の栗山川本流に望む台地には、群集墳があり、総数が10か所以上400基にのぼり、このうち坂並白貝古墳群は約69基で最大であるという。この地は下海上国造の支配下にあり、のちに匝瑳郡が置かれ、郡家は多古町中村付近にあったといわれる。中村は坂並のすぐ南方にあり『和名抄』にある地名という。

　18号墳は墳丘長約30mの前方後円墳であり、重機による削平で墳丘後円部は1/4が現存する。主体部は4基の石棺が検出されたが、いずれも裾部に占地すること、後円部墳長に粘土があったことなどから、ほかに粘土槨の主体部の存在が推定されている。出土遺物は、右棺から直刀・剣・刀子・鉄鏃・耳環などが検出

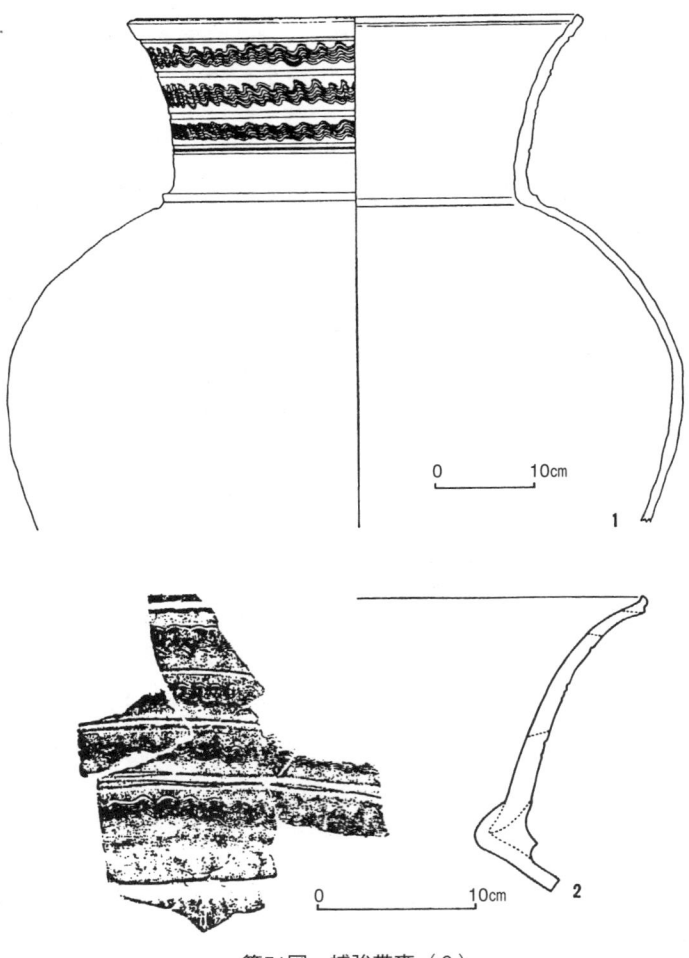

第51図　補強帯甕（2）
1：埼玉・舞台遺跡　2：埼玉・大久保山遺跡

され、土器類は、Aトレンチから須恵器瓶が、F・Gトレンチから土師器が、Hトレンチから須恵器瓶・提瓶・大甕が出土している。

　大甕（第52図）は、周溝底部より約50cmの高さから、50点にのぼる破片で出土したが、肩部から頸部が復元されただけである。頸部は直線的にのび、途中鋭い稜を持つ。胴部と頸部の境には、鋭い稜の補強帯を持ち、胴部外面は平行叩きを行い、その上を櫛状工具による轆轤利用の条痕を施す。内面は同心円当て目が見られる。焼成はよいが、焼け歪みのため肩に約1cm、長さ10cmの亀裂が入る。色は表が青灰色で、器肉は茶褐色である。胴部最大径78.6cmを測り、器厚は1.6～2.1cmと厚い。共伴例として提瓶があり、把手はボタン状となる。肩部にカキ目が巡るが、稚拙なつくりである。しかし部分的に自然釉の付着する点、これを在地産とするには疑問も残る。坂並白貝18号墳の大甕と、他県例の補強帯大甕を比較すると、補強帯は群馬などの在地産と同類であるが、形態や胎土がやや異なる。群馬・埼玉に分布する補強帯甕は、現段階では富岡5号墳が最も古く、6世紀中頃であり、続いて6世紀後半の菅ノ沢窯跡、観音山古墳、最も新しい例は、

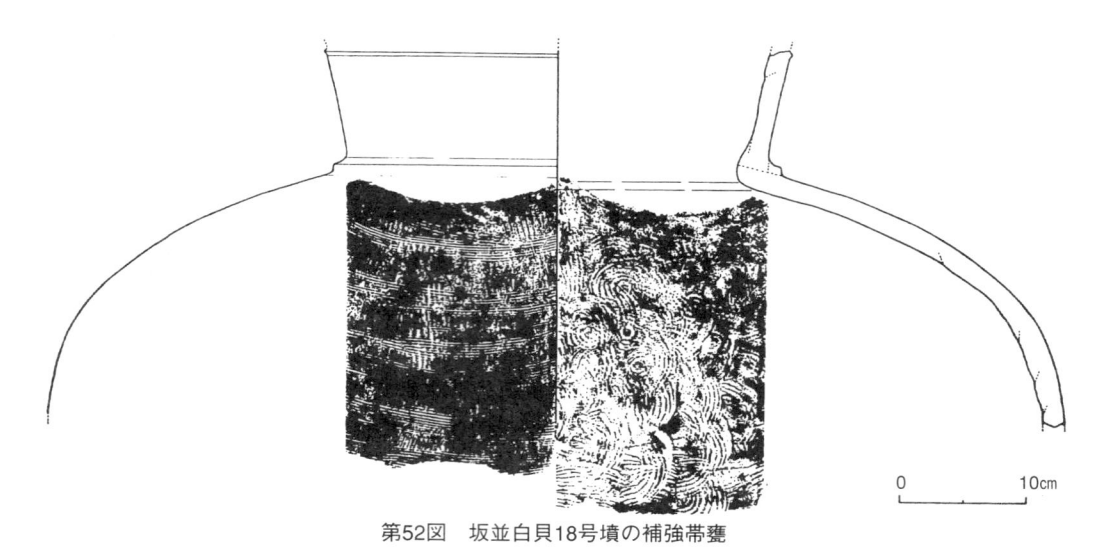

第52図　坂並白貝18号墳の補強帯甕

引間遺跡第2号墳のかえり蓋と伴出した大甕であり、石室出土の和同開珎と同時期ならば、8世紀前半の年代が与えられる。同様に上野国分僧寺トレンチ出土例も、伴出する遺物が真間式土器以降とされており、8世紀代に置いてよいであろう。このように在地産の補強帯甕は、6世紀中頃から8世紀前半まで続いているが、波状文、口縁の形態などに大きな変化が見られない。これは、関東の須恵器生産が形態変化に対して保守的であった好例である。関東以外の唯一の例であるKM28-Ⅱ号窯は、中村浩の編年Ⅲ-2、あるいはⅢ-3にあたり、7世紀後半代である。陶邑では1例、それも7世紀後半代であることを考え合わせると、関東において独自に発生した技法であろう。坂並白貝18号墳例について、村田一男は報告の中で6世紀末頃としている。しかし共伴する提瓶からやや新しくなるであろう。いずれにしても、坂並白貝18号墳の大甕は、6世紀末から7世紀初頭頃つくられた在地産須恵器と考えられる。[82]

(4)　口縁が「八」の字状に開く坏蓋

「八」の字状に開く蓋についても筆者は、群馬県金山窯跡群の調査後、在地産須恵器の特徴にあげ、補強帯甕と同様「北関東型須恵器」とした。現在関東で最も古い須恵器は、6世紀前半の埼玉県桜山窯跡である。桜山窯跡の坏は最大限に大型化する時期で、口径20cm以上の坏が出現する。口縁は僅かであるが外開きである。生産地は不明であるが、桜山窯跡より僅かに遅れる群馬県富岡5号墳の坏蓋（第53図7・8）は、口径に対して器厚が高く、桜山窯跡例に比べ後円部が長く、さらに外に開く。いずれも、蓋の口唇部の段や天井部の稜は、やや不明瞭ながら残存する。しかし、坏の口唇部の段は消失する。桜山窯跡の須恵器は、まだ畿内的な色彩を残すのに対して、富岡5号墳の坏や甕は、在地産須恵器の特色をすでに備えている。[83]

口縁の開く坏蓋は、群馬県金山窯跡群の菅ノ沢（第53図9）・八幡・入宿窯跡などのほか、観音山古墳、笹遺跡、大道東遺跡、埼玉県舞台遺跡（第53図4～6）がある。現段階では、富岡5号墳例の6世紀中頃から、観音山古墳例の6世紀後半まで確認でき、7世紀まで続くようである。同時期の陶邑産の須恵器は、稜部がなくやや扁平な半球形になるのに対して、上記にあげた例は[84]

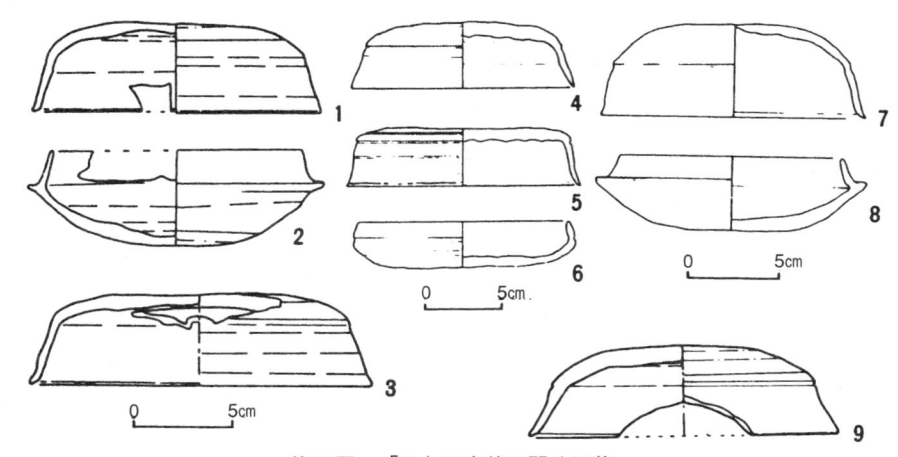

第53図　「八」の字状に開く坏蓋
1～3:千葉・上ノ台遺跡　4～6:埼玉・舞台遺跡　7・8:群馬・富岡5号墳　9:群馬・菅ノ沢窯跡

沈線で稜部をつくり、大きく外に開く点で、明らかに群馬を中心とする在地産の特徴を持つ。口縁の開く蓋の祖型は、古い形態の残存と考えられるが、鬼高式土器の中に類似する形態の坏があり、土師器工人との関わりも推測できる。

千葉県の例としては、上ノ台遺跡2N－53住居跡、2Z－57住居跡[85]より出土する。

2N－53住居跡の例（第53図3）は、口径16.1cm、器高4.5cmで、稜部は鋭い稜がつくられれ、そこからはほぼ直線的に開き、さらに口唇部にて広がる。口唇部には明瞭な段を持つ。天井部は、ほぼ全面篦削りされており、成形・整形とも右轆轤回転である。天井部に「廿」の篦記号がある。胎土は石英など砂粒が多く、色調は灰色である。セットとなる坏は2D－37住居跡例が、胎土・焼成・色調の点から見て可能性がある。

2Z－57住居跡例（第53図1）は、口径14.2cm、器高4.5cmで、2N－53住居跡例よりやや小型である。稜部は沈線により段状につくられる。天井部はほぼ全面に篦削りされ、成形は右轆轤回転、削りは左轆轤回転で製作される。天井部には「廿」の篦記号がある。胎土は多量の砂粒を含み、色調は青灰色を呈する。セットとなる坏は、同住居跡より出土しており、篦記号・胎土・色調とも同じである。

上ノ台遺跡出土の須恵器は、拙稿において8期に編年したが、「八」の字状に開く坏蓋は、2N－53住居跡例が上ノ台遺跡出土須恵器Ⅱ期、2Z－57住居跡例が同Ⅲ期と考えた。そしてⅡ期は6世紀前半、Ⅲ期は6世紀中頃とした[86]。2N－53住居跡例は、前述したように稜が不明瞭でⅢ期に入れてもよいが、胎土・焼成・色調から2D－37住居跡の坏とセットになると考え、Ⅱ期とした。形態は、群馬を中心とする在地産須恵器と共通している。時期は6世紀前半から中頃となり、関東における「八」の字状口縁坏蓋の初現期にあたる。このように上ノ台遺跡の「八」の字状坏蓋が、現段階で房総産須恵器の初現と考えてよいであろう。

補強帯甕や「八」の字状坏蓋のように、群馬あるいは埼玉と共通する製品が見受けられることは、製作工人の移動なのか、このような技法の発生が関東全域どこでもあり得たのか、今後の課題である。

3. まとめ

　関東の古墳時代における須恵器生産の流れには大きく分けて二様あり、国単位の窯と郡単位程度の窯の存在が考えられる。例をあげるなら前者は群馬から埼玉北部に供給された、群馬県太田市・高崎市を中心とする窯。後者は埼玉県北部を中心とする供給範囲の狭い窯がある。

　前者は、群馬県太田市の金山窯跡群のように、数十基におよぶ大窯跡群を形成し、生産の系譜は連綿と続き、須恵器の形態も一国内であまり変わらず、統制された生産体制が考えられる。この体制は、現段階では6世紀前半から始まり（5世紀の窯はいずれ発見されるであろう）、在地特有の形態を生み出し、技術的にも特徴的な技法をつくり出した。それらは一国内で共通する要素であり、高台へ長く受け継がれて、畿内など他地域の影響をあまり受けずに生産が続けられたのであろう。坏蓋の一部や甕など、器種によっては1世紀以上も古い形態を保持しており、保守的な生産体制であったことが窺われる。土師器坏や甕と同形態の須恵器坏蓋・甕あるいは須恵質手づくね土器の存在から、生産の一部に土師器工人が関わっていた可能性もある。

　後者は、桜山2基、根平1基、羽尾1基、平谷1基、舞台2基の窯跡が確認されており、小規模な生産であったことが窺われる。生産は5世紀代から続けられるが、現段階では埼玉北部に集中するにも関わらず、各窯跡間に連続した系譜は認められない。ミカド遺跡の須恵器や羽尾・平谷・舞台の各窯跡は、畿内や東海の須恵器に直結する形態や技術を持っており、生産の開始に際して畿内、東海との直接的な交流が窺われる。ところが、現段階で埼玉県内の最も古い桜山窯跡は、口径20cm以上の坏や短脚二段透しの大型高坏をつくるなど、すでに特徴的な形態を生み出している。また、舞台遺跡や根平窯跡の須恵器は、群馬産の須恵器と共通する技法を持っており、群馬との関連が窺われる。このように、埼玉県では畿内、東海系譜と群馬県の系譜、そして桜山窯跡のように、畿内の流れを組むが他地域に類例を見ない特徴の須恵器がある。各窯跡とも小規模であることから、必要に応じて工人を連れてきてつくらせたと推測できる一時的な窯が多く、在地で連綿と続けてつくられることはなかったと考えられる。その供給範囲も、郡程度の狭い範囲であったと思われる。

　房総の地においては、永田・不入窯以前の製品は下総の地に見られ、その内容は群馬を中心とする「八」の字口縁の坏蓋、補強帯甕や、常総特有の同心円叩き甕、関東に共通する大型かえり蓋（環状つまみの数が少ないことから、地域的な違いもあろうが）など、埼玉と同様連綿と続かない状況である。8世紀中頃の底部糸切り離しには箆切りと糸切りの2種があり、糸切りは国分寺あるいは国府に関連して築窯された東海系であり、雲母末を多量に含む箆切りの坏は、かえり蓋とのつながりが考えられる。また同心円叩き甕のように他地域になく、製作に土師器工人が関わったことを予測させるなど、房総における須恵器生産の系譜は、一系統ではなかったことが窺われる。

　現在まで、房総における古墳時代の須恵器生産についてはほとんど論じられたことはない。現段階で房総における須恵器生産は、6世紀前半、遅くとも中頃には始まっていたと考えられる。続いて6世紀末から7世紀初頭、7世紀末から8世紀第2四半期まで確認でき、房総産須恵器の様相は、関東の他地域と同様な動静が窺える。しかし、前述したようにその規模は小さく、古墳

時代の生産が連綿と続いたとは考えられない。その原因は、土が良質でないこと、他地域に比べ畿内・東海から多量の須恵器が移入されたためであると推測される。

註

(1) 君津郡教育委員会 1927『君津郡誌』
(2) 倉田芳郎・坂詰秀一 1967「古代・中世窯業の地域的特質(東北・関東)」『日本の考古学』Ⅵ　河出書房
(3) 坂詰秀一 1979「関東の須恵器」『世界陶磁全集』2
(4) 大川清 1976「千葉県市原市永田・不入須恵窯跡調査報告書」千葉県教育委員会
(5) 田村俊之 1978「K′-43住居址」『千葉・南総中学遺跡』先史10　駒沢大学考古学研究室
(6) 須田勉 1977「坊作遺跡の調査」『上総国分寺台発掘調査概要』Ⅳ　上総国分寺台発掘調査団
(7) 山田遺跡調査団 1977『山田水呑遺跡』
(8) 調査者の一人である、金子真土も同様な見解であった。
(9) 滝口宏 1979『木下別所廃寺跡第2次調査概報』千葉県教育委員会
(10) 平城宮の溝ＳＤ1900Ａから1例出土するが、701～715年頃までの間に廃棄されたと考えられている。
(11) 中島隆 1979『桃花台ニュータウン遺跡調査報告』Ⅱ　小牧市教育委員会
(12) 嶋竹秋・川江秀孝 1970「山口西門遺跡」『湖西市埋蔵文化財調査概報』湖西市教育委員会
(13) 工藤雅樹 1969「福島市小倉寺高畑遺跡発掘調査報告書」『福島市の文化財』福島市教育委員会
(14) 橋本久雄 1981「鹿島町内No.13～17遺跡」『鹿島町内遺跡発掘調査報告』Ⅱ　鹿島町教育委員会
(15) 前記3遺跡は、遺跡調査会にてご教示いただいた。神宮境内遺跡例については実見した。
(16) 森下松寿ほか 1979『鹿島神宮駅北部埋蔵文化財調査報告』Ⅱ　鹿島町教育委員会
(17) 大川清 1972「犬伏窯跡」『東北縦貫道自動車道埋蔵文化財調査報告書』栃木県教育委員会
(18) 橋本澄夫ほか 1979『薬師寺南遺跡』栃木県教育委員会
(19) 大川1972では、操業年代を8世紀から9世紀中葉に至る間とするが、『下野の古代窯業遺跡』（栃木県教育委員会1976）では修正されている。
(20) 井上唯雄 1978「群馬県下の歴史時代の土器」『群馬県史研究』18
(21) 神戸聖語ほか 1978『引間遺跡』高崎市教育委員会
(22) 田中一郎ほか 1979『正観寺遺跡群』(1)　高崎市教育委員会
(23) 1981年、駒沢大学にて発掘。
(24) 美濃須衛になし。遠江では10cm以上になるとほとんどない。名古屋付近では、春日井市潮見坂4号窯に高台状の大型環状つまみがあるが、やや時期が新しく、関東の環状つまみとの関連はないであろう。東北では小倉寺窯跡にあるが山田稔によってまとめられている。
　　 山田稔 1981「リング状つまみの蓋について」『陸奥国官窯跡群』Ⅳ　古窯跡研究会
(25) 小久保徹 1977『塚本山古墳群』埼玉県遺跡発掘調査報告書16集
(26) 金井塚良一ほか 1976『東ノ上遺跡』所沢市教育委員会
(27) 大和修 1978『中堀遺跡』埼玉県遺跡発掘調査報告書15集
(28) 栗原文蔵ほか 1972『水深』埼玉県遺跡調査会（14・21・23・29・40・49号住居跡、第1捨場、第2捨場、Hグリッドより出土）
(29) 早大本庄校地文化財調査室 1980『大久保山』Ⅰ（大久保山遺跡2・9・15A・17・18・21A・24・27・29B・32・33住居跡、遺構外より出土）
(30) 高橋一夫・今井宏 1980「立野遺跡の発掘調査」『埼玉県遺跡発掘調査報告書』第28集

(31) 小久保徹ほか 1978「古川端遺跡の発掘調査」『埼玉県遺跡発掘調査報告書』第16集
(32) 坂野和信ほか 1980『皀樹原・桧下遺跡試掘報告』神川村遺跡調査会
(33) 中村倉司ほか 1980『瓱甕神社前遺跡』埼玉県遺跡調査会報告第39集
(34) 金井塚良一 1968『番清水遺跡調査概報』考古資料刊行会
(35) 山下守昭 1981「奈良時代須恵器の様相」『シンポジウム盤状坏』東洋大学未来考古学研究会
(36) 中島利治ほか 1974『荒神脇遺跡』埼玉県遺跡調査報告第22集
(37) 横川好富ほか 1978『鶴ケ丘』埼玉県遺跡発掘調査報告書第8集
(38) 高橋一夫 1975「国分期土器の細分・編年試論」『埼玉考古』第13・14号　埼玉考古学会
(39) 川江秀孝 1980「墨書土器の形態分類」『伊場遺跡遺物編』2　浜松市教育委員会
(40) 註(35)文献ではＯＫ5号窯の時期を、かえり蓋と回転糸切り後手持ち箆削りの坏から、7世紀末から8世紀前葉の2時期と考えているが、地下式の窯でのこのような中断はあり得ない。歴史資料館収蔵のかえり蓋を実見したところ、かえりのない形態の蓋にかえりを付けており、このようなかえり蓋が糸切りの坏の時期まで下げられる。
(41) 坂詰秀一ほか 1979『武蔵国府関連遺跡調査報告』Ⅰ　府中市教育委員会
(42) 服部敬史・福田健司 1979「南多摩窯址群出土の須恵器とその編年」『神奈川考古』第6号
(43) 福田は、高台丸底坏を退化したかえり蓋の共伴から、7世紀第4四半期後半から8世紀第1四半期前半(710年以前)に位置づけている。しかし、高台丸底坏は伊場遺跡において、瓶・甕とともに「天平」の木簡と伴出している。また、静岡県石部5号墳では、高台丸底坏と丹彩土師器盤状坏が共伴する。
(44) 雪田孝ほか 1979『武蔵国府の調査』Ⅸ　府中市教育委員会
(45) 雪田孝ほか 1980「大国魂神社参集殿の調査」『武蔵国府関連遺跡調査報告』Ⅱ 府中市教育委員会
(46) 福田健司 1981「南多摩における奈良時代土器編年」註(35)文献
(47) 福田健司 1978「南多摩における奈良時代の土器編年とその史的背景」『考古学雑誌』64-3
(48) 福田は、8世紀前半以前には南多摩に須恵器窯跡はないと考えているが、M1号窯のつまみが、在地産の特徴である環状つまみになることは、それ以前に窯があったことを想定させる。
(49) 國平健三 1981「上浜田遺跡を中心とした奈良時代土器群の様相と年代」註(35)文献
(50) 國平は、上浜田遺跡では出土しないが、Ⅰ期前半に盤状坏の存在を想定している。福田は南多摩では8世紀第2四半期と考え、やや年代差があり、両氏の盤状坏のとらえ方に相違がある。
(51) 加藤晋平・服部敬史 1975『下寺田・要石遺跡』八王子市下寺田遺跡調査会
(52) 楢崎彰一 1980「岐阜市域における窯業生産の実態」『岐阜市史』通史編（原始・古代・中世）
(53) 楢崎彰一 1979「朝倉古窯址群」『岐阜市史』資料編（考古・文化財）
(54) 八王子市椚田遺跡調査会 1976『椚田遺跡群1975年度調査概報』
(55) 各務原の美濃須衛古窯址群の整理をしている渡辺博人氏にご教示いただいた。
(56) 栗本佳弘ほか 1970「佐倉市大篠塚遺跡」『東関東自動車道関係埋蔵文化財調査報告書』千葉県文化財保護協会
(57) 下津谷達男・古宮隆信ほか 1972『中馬場遺跡・妻子原遺跡』日本国有鉄道常磐線複々線工事関係遺跡調査団
(58) 池田大助・奥田正彦 1978『佐倉市神田台遺跡』千葉県教育委員会
(59) 沼沢豊 1974『松戸市金楠台遺跡』財団法人千葉県都市公社
(60) 三浦和信ほか 1976『吉高家老地遺跡』吉高家老地遺跡調査会
(61) 米内邦雄・宮入和博 1972『千代田遺跡』四街道千代田遺跡調査会

(62) 小松繁・牛房茂行 1972『銚子市野尻遺跡発掘調査報告書』
(63) 遺物の実見には、小松繁氏のご配慮を受けた。
(64) 天野努ほか 1974『八千代市村上遺跡群』房総資料刊行会
(65) ほかに香取郡多古町林遺跡中ノ台地区の土壙より、須恵器甕3点とともに出土。銀色の雲母を含み、赤褐色で土師器と同じである。7世紀代と考えられる。遺物の実見には勝又貫行氏のご配慮をいただいた。
(66) 同類と思われる同心円叩き甕が、利根川を挟んで相対する茨城県鹿島町厨台遺跡群より出土している(第49図3)。同地には河川を挟むが同一供給地、あるいは同系の須恵器工人集団が推測できる。利根川下流域には、7世紀から8世紀にかけての格子目叩きを持つ土師器があり、須恵器工人との交流から学んだ技法と考えるならば、案外早く須恵器生産が始まっていたことが推測できる。
(67) 1976年、埼玉考古学会主催でシンポジウム「埼玉の須恵器」が行われ、「関東における地方窯」を発表したが、その際提唱した。
(68) 倉田芳郎 1972「群馬県太田市菅ノ沢遺跡の窯址群」『日本考古学協会第38回総会研究発表要旨』
(69) 駒沢大学考古学研究会 1969『群馬県太田市八幡窯址』
(70) 駒沢大学考古学研究会 1969『群馬県太田市入宿窯址』
(71) 梅沢重昭 1965「群馬県太田市亀山窯址」『日本考古学年報』18
(72) 駒沢大学考古学研究会 1978『大道東遺跡B地点・厳穴山古墳調査概報』
(73) 外山和夫 1972『富岡5号墳』群馬県立博物館
(74) 谷井彪 1974「舞台遺跡の発掘調査」『埼玉県遺跡発掘調査報告書』第5集
(75) 駒宮史郎 1973「十二ヶ谷戸古墳群」『青柳古墳群発掘調査報告書』埼玉県遺跡調査会報告書第19集
(76) 中村浩 1976『陶邑』Ⅰ 大阪府文化財調査報告書第28輯 大阪文化財センター
(77) 桜場一寿ほか 1977『観音塚古墳－環境整備事業第1年度概報－』群馬県教育委員会
(78) 巾隆之ほか 1980『下郷』群馬県教育委員会
(79) 4遺跡は大江正之氏よりご教示いただいた。
(80) 菅谷浩之ほか 1980『長沖古墳群』児玉町教育委員会
(81) 村田一男 1978『千葉県香取郡多古町坂波白貝古墳群発掘調査報告』多古町教育委員会
(82) 同じ関東から搬入された可能性はないと考えられる。それは、肩に幅10cmの長い亀裂を持ち焼け歪む点、遠方から搬入したとは考えられない。
(83) 水村孝行 1979「桜山窯址群」『第12回遺跡調査発表会発表要旨』埼玉考古学会
(84) 群馬県立博物館 1966『笹遺跡』遺物編
(85) 松井孝宗 1975「千葉・上ノ台遺跡第1次調査概報」
　　寺社下博「千葉・上ノ台遺跡第Ⅱ次調査概報」『先史』9 駒沢大学考古学研究室
(86) 酒井清治 1981「千葉上ノ台遺跡出土の須恵器」『先史』13 駒沢大学考古学研究室
補記 新資料が発見されているため改稿すべきであるが、時間的制約でそのまま掲載した。その後、第3章第1節で前述したように、7世紀前半の市原市大和田窯跡が確認された。市原市六之台遺跡では在地産赤焼須恵器から、5世紀後半にはすでに千葉県に須恵器生産が開始されている。永田・不入窯の年代については8世紀前半の見解がある。

第 5 節　北武蔵の歴史時代須恵器の系譜

　東松山市立野遺跡(1)の須恵器の年代は 7 世紀末から 8 世紀初頭の年代が与えられているが、未報告であった遺物を紹介し、遺物の再評価、年代の再検討を行いたい。
　また立野遺跡で出した年代から、埼玉の須恵器の変遷を、荒川以北と以南に分けて行い、それぞれの地域の須恵器について系譜をさぐってみたい。

1．立野遺跡出土遺物の再評価

　立野遺跡には膨大な量の遺物が出土するが、大多数は須恵器であり、一部小陶棺形製品、瓦塼など、注目すべき遺物が含まれている。今回は小陶棺形製品、瓦塼、須恵器について触れてみる。
　(1) 小陶棺形製品について
　小陶棺形製品（第54図 3）は13片に割れ、復元では約1/4残存する。出土位置は他の土器群と同様、2 号住居跡の南から南西部に広がり、一部 3 号住居跡内の床から出土した。形態は入母屋風であり、側面形はやや釣鐘状で、底部の平面形態は胴の張るやや長方形を呈するが、底板が無いのが特徴である。法量は、復元で全高が約46.5㎝、底部は28×32㎝である。破風にあたる部分は不整形の穴が両面に開けられる。屋根の棟と、それに直行する破風上部には突帯状の高まりをつくり出している。胴部中位には幅 3 ㎝の、やや上向きの突帯を巡らす。成形は外面平行叩き、内面青海波当て具で、内外面とも指による撫でが施されている。焼成・胎土は須恵器と同一で、在地産である。
　小陶棺形製品と類似する例は、岡山県邑久郡長船町西須恵宮の尻出土例がある(2)（第54図 2）。立野例と比較すると、天井部の下に半円形の穴が両端に開くこと、底板の無いこと、突帯を巡らすこと、叩き成形などが共通する。底の平面形態は立野例が胴張りで、やや長方形であるのに対して正方形である。大きな違いを上げるならば、西須恵例は80㎝を測ること、突帯が上下 2 段になり、突帯の基部には約4.5㎝間隔に貫通する小孔が巡る。また上下の突帯の間には一辺に 2 つ、計 8 つの突起が付けられる。間壁忠彦は、西須恵例を異形陶棺形品とよび、製作技法が須恵質陶棺と共通していることなどから、底板は無いものの、陶棺製作の伝統に根ざして生まれた蔵骨器の可能性を指摘した。また小陶棺形蔵骨器が初期火葬に使われた蔵骨器である蓋然性が高い(3)ことから、西須恵例を火葬の初期段階と考えた。
　このほか無底陶棺は、多くの集成資料の中に古くから知られる例として、唯一関東に 2 例がある(4)。また可能性の高い例が東北に 1 例ある。関東は、茨城県東茨城郡川根村大字木部と東大理科大学人類学教室所蔵という群馬県藤岡市大字小林出土の 2 例(5)であるが、詳細は不明である。
　東北の 1 例は、福島市宮沢第 1 号窯跡(6)の瓦塔と報告された例である（第54図 1）。小片であるため全体の形状は不明であるが、鍔状の突帯は陶棺と共通する。突帯は底部から 8 ㎝上に幅 4 ㎝で巡る。平面形態は直線的な一辺から120度折れ曲がったところで割れている。整形は、平行叩きののち縦刷毛を施し、突帯を付着する。突帯の側面は篦によって切り取られており、須恵質であ

第3章　須恵器生産の展開　195

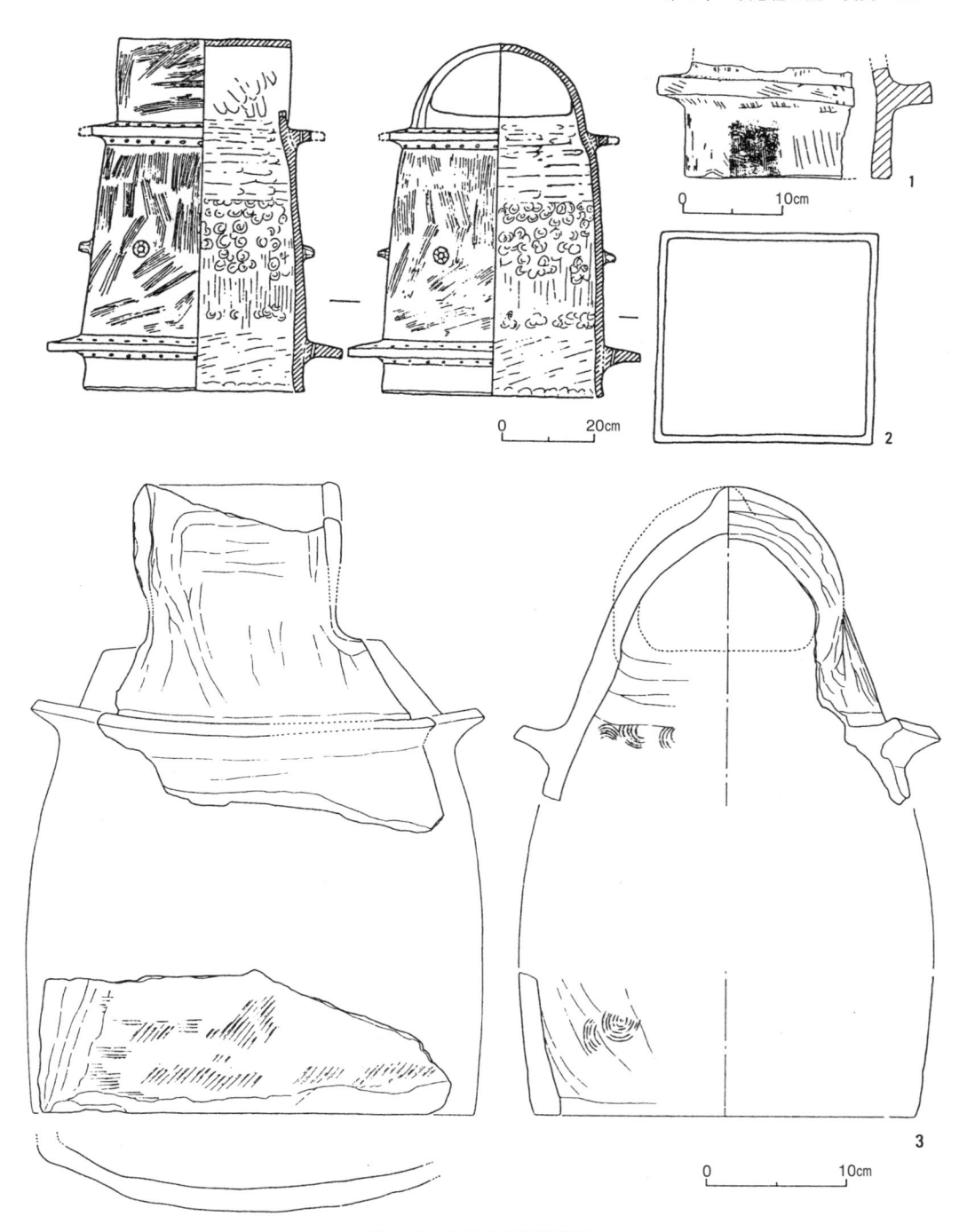

第54図　無底小陶棺形製品
1:宮沢1号窯　2:西須恵宮ノ尻　3:立野遺跡

る。同窯からは瓦、鴟尾なども出土しており、約5km離れる腰浜廃寺[7]の瓦陶併焼の窯と考えられている。

この無底小陶棺形製品のほか、脚を持つ一般的な陶棺は、東海以東では山梨県御坂町井上、群馬県藪塚本町、藤岡市山名西裏、太田市金山、福島県いわき市後田出土例が知られる。また、近年窯跡から発見された愛知県小牧市篠岡78号窯[9]、岐阜県各務原市中屋敷窯[10]例があるが小片である。中でも太田市亀山の小型陶棺は土師質であり、総高29.8cm、棺は29.1×39.4cmで脚は7つある[11]。全国の陶棺の中では最も小さい部類に入り、使用方法の検討が必要である。

立野遺跡の無底小陶棺形製品は、陶棺とはいえないものの、岡山県西須恵例から陶棺の系譜を引くものであると考えてよいであろう。また関東、東北に無底の類例が見られることから、陶棺の終末に出現した地域色かもしれない。

使用方法については推測の域を出ないが、手がかりを求めうる資料に、岡山県小田郡矢掛町東三成谷川内の蔵骨器[12]がある。この墓は土壙内に薄く細長い塼を11枚敷き、塼の上に焼骨を置き大甕をかぶせ、塼との接合部を粘土でふさぎ、甕の周囲に木炭を詰め、赤土で覆う。おそらく岡山県西須恵例や立野例、宮沢窯跡例も類似した方法で使用されたと考えられる。偶然か立野遺跡に薄い長方形塼が出土することも使用方法を暗示させる。しかしここで問題となるのは火葬骨容器と考えた場合、文武天皇4年（700）の道昭の火葬記事[13]との関わりである。立野遺跡例は須恵器から7世紀第4四半期前半には位置づけられ、道昭の火葬開始記事より遡ることとなり、現在の趨勢でいけば本例および宮沢窯跡例は、火葬容器の可能性は低い。火葬記事より遡る6世紀後半から7世紀前半には、須恵器工人、渡来人との関わりで窯葬墓あるいは横穴式木芯粘土室[14]と呼ばれる葬法が出現するが、立野遺跡のような葬法に直接つながるとは考えられない。

小型陶棺の使用方法についていくつかの見解が出されている。近藤義郎、角田茂[15]は、小形陶棺を火葬骨と結びつけず、胎児か幼児の遺体を納めた容器とした。間壁葭子[16]は小陶棺形骨蔵器に分類できる例は16例で、うち4例に火葬骨が認められたことから、長さ80～90cmのものまで含めて火葬骨蔵器と考えている。吉岡博之[17]は陶棺の法量分布から長さ30～50cm前後を陶棺形蔵骨器、70～120cmを須恵質小型陶棺に分類した。小型陶棺について、改葬を目的としてつくられ、改葬の普及により陶棺が小型化したと考えた。このように小型陶棺の使用方法については、まだ定まった見解がないのが実状であるが、陶棺形蔵骨器にたとえ4例であろうと火葬骨が存在したことを重視するならば、小形陶棺の一部は火葬蔵骨器の性格を保持していたと考えてよいであろう。しかし、火葬蔵骨器と考えた場合、現状では道昭の記事を重んじているため、小陶棺形蔵骨器は8世紀以降になる。

ここで小型陶棺と寺院（仏教文化）との関連について触れてみる。陶棺の終末期には瓦当文を付着する例がいくつか見られ、岡山県長船町本坊山古墳、同真庭郡落合町下一色第2号墳、同美作町福手古墳、同備前市瀬戸の山古墳、鳥取県福部村蔵見の横穴式石室などがある[18]。岡山4、鳥取1と中国地方を主体とするが、中でも本坊山古墳は近接する服部廃寺との関連が考えられている[19]。

前述した小陶棺形製品が火葬蔵骨器という見解を重視するならば、仏教との関連はより広がる

ことになる。注目すべきことは立野遺跡、宮沢窯跡では、前者に塼が、後者に瓦、鴟尾が伴う。いずれも寺院との関連が窺える。また篠岡78号窯においても瓦が出土しており、東日本においても陶棺、小陶棺製品と仏教文化との関連が推測できる。

　立野遺跡、宮沢窯跡は寺院に供給する生産物を保持するとはいえ、ただちに火葬と結びつけることはできない。ましてや両遺跡は7世紀代で、道昭の記事を重んずるならばなおさらである。しかし東日本の無底陶棺形製品の分布は特異である。また立野遺跡の塼の供給されたと推考される坂戸市勝呂廃寺や、宮沢窯跡の瓦、鴟尾の供給された腰浜廃寺には特異な瓦が見られる。前者は棒状子葉を持つ単弁8葉軒丸瓦[20]、後者は軒丸瓦を円筒造りでつくり[21]、いずれも朝鮮半島系と推考できる。瓦生産に渡来人が関わっているならば、半島の火葬の風習と結びつけることも可能であろう。

　渡来人あるいは須恵器工人との関わりで考えられている窯葬墓、横穴式木芯粘土室は、仏教と関わりなく行われた葬法であるといわれている。このような葬法を行いえた渡来人ならば、のちに仏教と結びつくこともありえたであろう。最近発掘された静岡県北山遺跡では、焼けていない横穴式木芯粘土室から焼骨片が出土した[22]。別の場所で火葬しており、明らかに火葬を意識している。このような仏教と関わりのない火葬と、仏教の影響で行われた火葬の間を埋めるものがあると推測する。その可能性の高いのが、立野遺跡の小陶棺形製品ではなかろうか。

　今後火葬の起源を道昭の記事に関わりなく、考古学的検討の上で解明すべきであろう。

（2）瓦塼について

　立野遺跡出土の塼は、2号住居跡から竈に転用されて、他は小片となって2号住居跡近辺および住居外南西部から出土した。2号住居跡から3個体（第55図10）、3号土坑から1個体（第56図9）、グリッドから7個体の計11個体が出土するが、グリッド出土の中に同一個体の可能性を示す資料もあるため、実際の個体数はやや少なくなるであろう。

　塼は幅の違いから2種に分類できる。幅の狭い例は17.2、17.5、18.5cmとほぼ18cm前後を測る。広い例は1例で23.8cmを測る。厚さは2.8～3.8cmで、平均3.5cm前後であるが、1例だけ3.8～4.1cmを測る。長さはいずれも折れているため全長は不明であるが、最も長いのは2号住居跡の竈に転用されていた例で、残存長53.5cmを測る。

　成・整形についてはいずれも同じである。まず棒（竹であろうか）を連結した型の上に布を敷き、その上に粘土を手で延すが叩きは使われていない。型の中央がやや高いため、焼成後の形態は裏側が僅かに彎曲してくぼむ。塼の上面は長辺方向に削りを施す。下面は布目の上を丁寧に撫で、一部に削りが施されるために布目は不明瞭になる。側面は一直線に箆切りされ、すべての辺は箆で面取りが行われる。隅には直角に切り込みが入れてあり、塼の製作時の表を表面にして、切り込みを上にした場合、3例中2例は右、1例は左となる。右側に切り込む例は、切り込みの一辺が3.1×3.3cmあるが、左側の例はやや広く3.7×3.8cmである。

　立野遺跡出土瓦塼の特徴は薄手で長方形であること、3個体には一隅に直角の切り込みが入れてある。長方形の塼は管見によれば15例ほどあるが、立野遺跡例のように50cmを越す例は弘福寺[23]の70cm、阿武山古墳[24]の51.5cmがあり、40cm台の大きさは伝山田麿石棺側[25]（現仏陀寺古墳[26]）の43.3

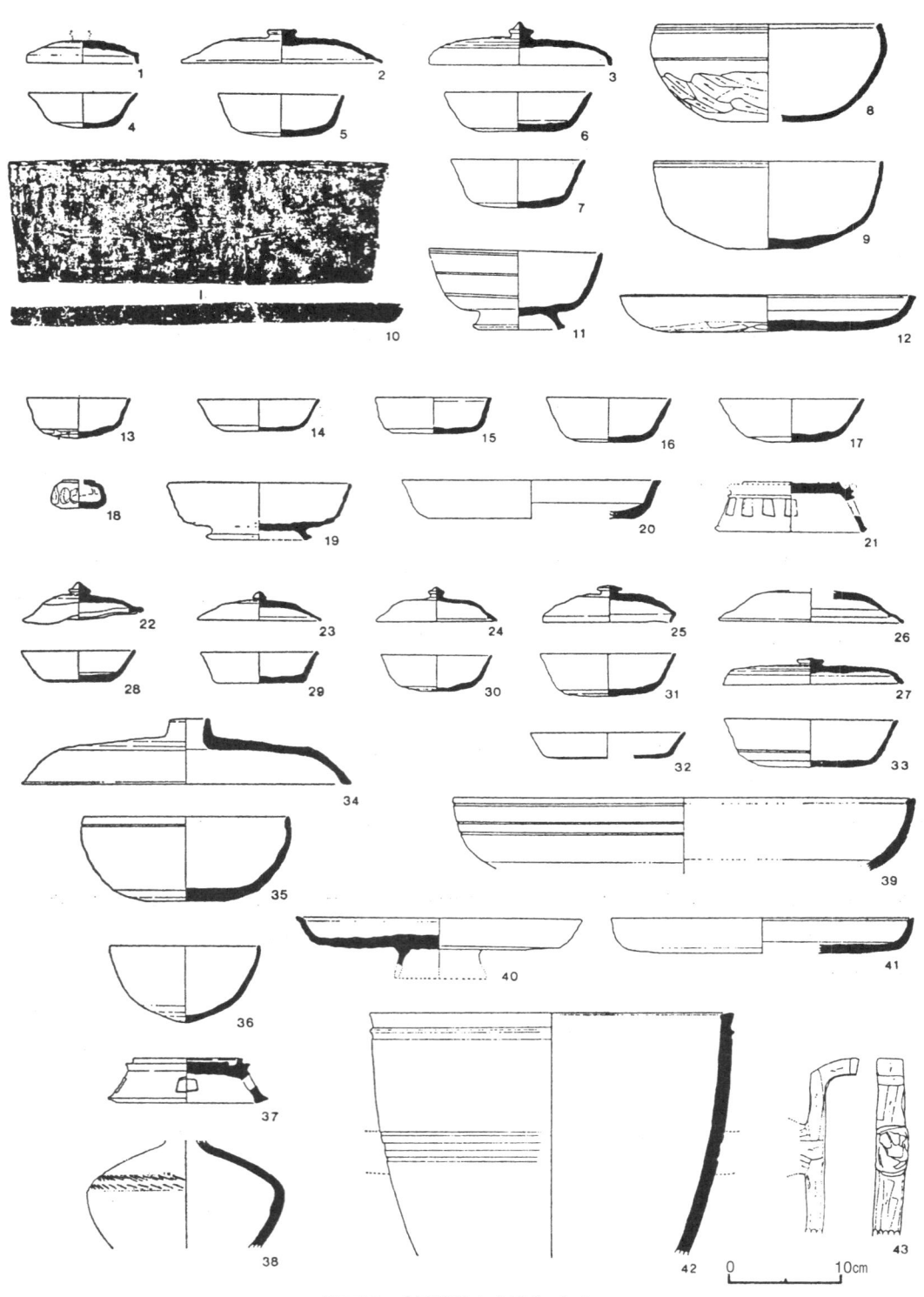

第55図　立野遺跡出土遺物（1）
1～12: 2号住居跡　13～21: 3号住居跡　22～43:住居外

cm、八幡窯跡⁽²⁷⁾の44cm強、鶴舞工房⁽²⁸⁾の42.2cmである。また幅については立野遺跡の幅の狭い例では青竜寺裏山1号墳⁽²⁹⁾、幅の広い例では仏陀寺古墳、阿武山古墳にある。類例の中で立野遺跡に近い例は、長さについて欠けるものの、幅、厚さの点で阿武山古墳、青竜寺裏山1号墳、片山廃寺例⁽³⁰⁾が類似する。阿武山古墳が7世紀後半、青竜寺裏山1号墳も7世紀代、片山廃寺の創建は700年頃と考えられており、この種の塼がおよそ7世紀後半代に使われていたことが知れる。

長方形塼の出土遺跡は古墳あるいは墳墓例が多く、本来は弘福寺、片山廃寺例のように寺院の敷塼に使用されるものであろう。そのため古墳と寺院が有機的な関連を持つ例が多いようである。

塼の使用方法は、古墳では数段積み上げて棺台として使われた阿武山古墳、青竜寺裏山1号墳がある。敷塼として使われた例は牛石13・14号墳、神宮寺塚古墳⁽³¹⁾がある。墓室として積み上げた例は牛石13・14号墳、仏陀寺古墳がある。これと類似した例でお亀石古墳⁽³²⁾では新堂廃寺創建時に用いたと考えられる平瓦を、家形石棺の東西北三方に約0.7m積み上げている。阿武山古墳では棺台のほか側壁、奥壁、天井部の空隙間に塼を詰め、側壁の裏や天井石の上にも積んでいた。墓では小陶棺形製品の項で引用した岡山県矢掛町東三成谷川内例が床に塼を敷きその上に火葬骨を置き、それを大甕で伏せた例がある。

塼の形態は青竜寺山1号墳、片山廃寺が両側面を合欠き状の仕口につくり、2枚が重なるようにできている。八幡窯跡例は一辺に平行してやや内側に、塼の厚さ分の溝をつくる。立野遺跡のような切り込みはないが、おそらく切り込みをうまく組み合わせ、敷塼がずれるのを防いだものと考えられる。

製作技法では同心円の叩き痕を持つ例が仏陀寺古墳、阿武山古墳、神宮寺塚古墳にあり、須恵器の工人が関与したことが分かる。立野例も胎土・焼成から須恵器工人が製作した塼であろう。

立野遺跡の塼は類例から古墳、あるいは寺院との関連が予測できるが、共伴する須恵器に鉄鉢形、硯、盤などが出土することからも想定できる。おそらく最も近い勝呂廃寺に供給された塼だと考えられる。竃に転用されていたものの、先の小陶棺形製品の敷塼に使う可能性は捨て切れない。

（3）須恵器について

立野遺跡出土の須恵器（第55・60図）は遺跡の立地、住居跡の検出数から見たら特異なあり方を示す。遺跡は尾根上の小さな平坦部にあり、住居跡3軒と土坑3基を検出する。須恵器は住居跡のうち大型の3号住居跡南東壁から、2号住居跡の南東壁および南西壁周辺にかけて広がりを見せている。住居内からの出土量は住居外に比べ少なく、住居内外が接合していることから、住居内の須恵器がどれだけ日常に使われたものか疑問である。出土量は膨大で、ある部分では土よりも須恵器の方が多い状況で、須恵器だけで整理箱約20箱、重量は約270kgにのぼる⁽³³⁾。出土遺物の中には窯壁の小片も見られ、焼成・胎土も類似することから、付近の窯跡から運ばれたものであろう。

須恵器の器種は2・3号住居跡、住居外とも共通している。最も器種の多い住居外では、土師器壺のほか、須恵器坏身・蓋・高台付坏・鉢・盤・脚付盤・瓶・壺・甕・甕の蓋・硯・甑などがある。2号住居跡は住居外と比べ瓶・甕の蓋・硯・甑が欠けるが、土師器坏・甕が見られる。3号

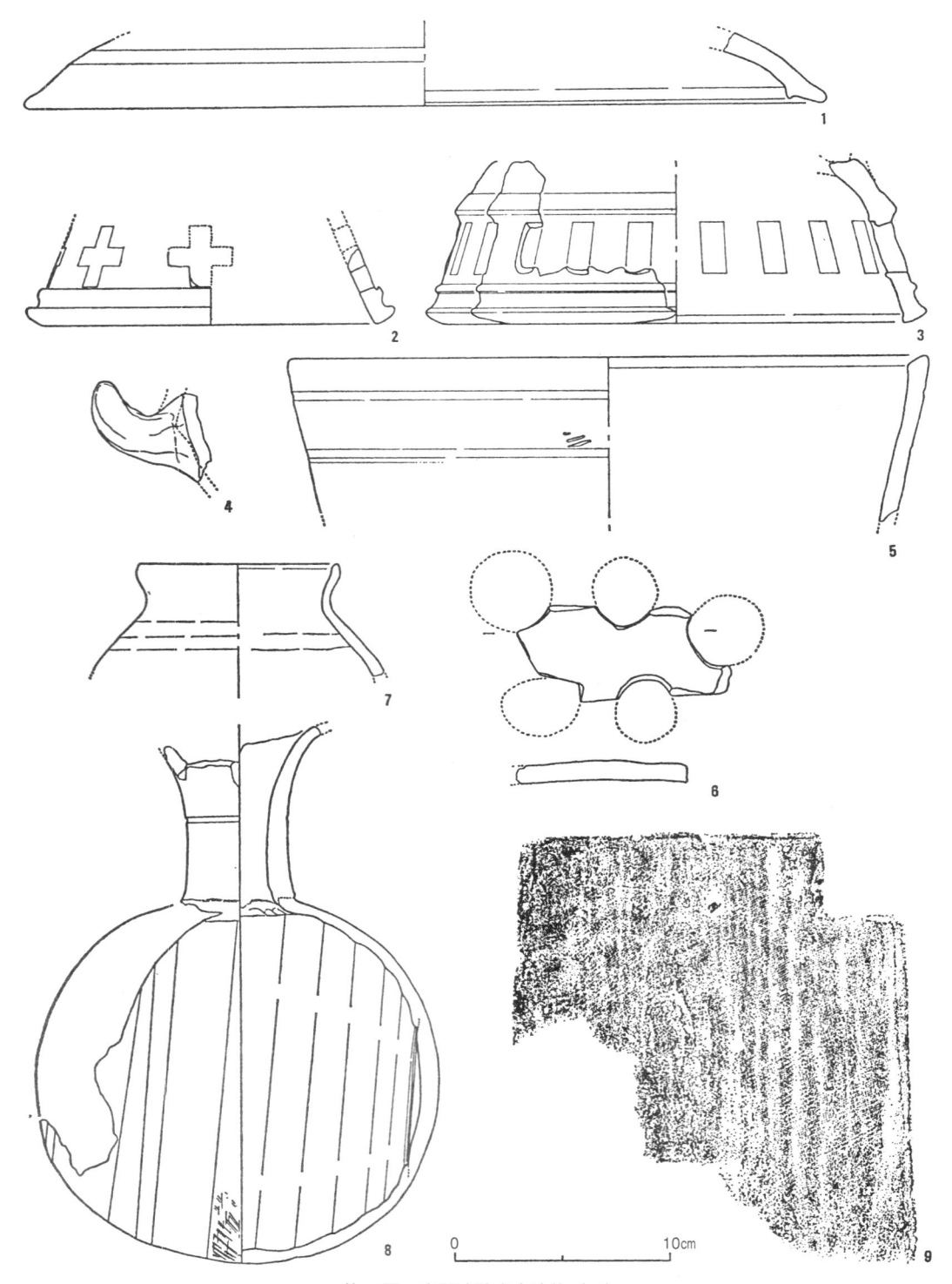

第56図　立野遺跡出土遺物（2）
1〜4・8:住居外　5・7:2号住居跡　6:3号住居跡　9:3号土坑

住居跡では鉢・瓶・甕の蓋・甑が欠けるが、ミニチュア小壺、土師器坏・甕が増える。

　立野遺跡全体の出土須恵器種別の量では、坏類が最も多く、壺・甕類、さらに盤類、やや少なく鉢・瓶と続く。特色としては盤類が多量に見られることや、硯・甕の蓋・フラスコ形長頸壺・甑の存在である。盤は一般集落からの出土例は少なく、本来一般集落で使用する器種ではない。また硯も官衙、寺院からの出土例が多い。甕の蓋について関東ではほとんど見ることがなく、当遺跡でもわずかである。フラスコ形長頸壺は古墳からの出土例が多く、関東以東の在地産としては数の少ないものである。甑はこの時期一般的に土師器を使用しており、須恵器製の類例はほとんどない。

　盤、硯、鉢の存在は立野遺跡の須恵器の運ばれる先を暗示している。塼も考慮に入れるならば寺院、官衙が予測できる。

　さて立野遺跡出土須恵器の年代について、今井宏、笹森健一、金子真土らによって考察されており、筆者もその考えと同じ見解であったが、最近須恵器の流れを追うに、やや遡るのではないかと考えるに至った。改めて項を設けて検討してみたい。

　(4) 須恵器の年代について

　報告書をまとめられた今井は、畿内の編年と比較して蓋Ⅰ群1類を7世紀第3四半期、Ⅰ群2類、Ⅱ群1類を7世紀第4四半期、Ⅰ群3〜5類とⅡ群2・3類を7世紀末から8世紀初頭に位置づけ、年代幅を長く考えている。笹森は、「立野遺跡の2号住、3号住、グリッド出土の遺物は、相互に補完的な関係で、一定の時間の幅で同時代のものと考え」、東松山市舞台遺跡（窯跡）、本庄市久城前遺跡例と比較して7世紀末から8世紀初頭にした。また加須市水深遺跡の須恵器の検討の中で、立野遺跡と共通するものとして第40号住居跡と第2捨場の土器をあげた。そして「第2捨場の須恵器の中に古い様相をとどめる小型坏と大型坏が伴出しているので、むしろ立野遺跡の内容を補完する関係になっているもの」と考えている。しかし両者を比較した場合、立野遺跡にフラスコ形長頸壺が出土するのに対して、第2捨場では胴部と口縁の轆轤軸を同じくする長頸瓶となる。また第2捨場では18.9㎝を測る大型坏や小型の深身のある坏が出土しており、明らかに立野遺跡よりも後出の資料である。

　前二者に対して金子は法量分布表を使い、「3号住居跡出土土器群が総じて小型で、底部調整法においても差異があり、時間差のある土器と理解できる」として、2号住居跡よりも3号住居跡が古いと考えた。3号住居跡の法量分布は陶邑ＴＫ16やＴＫ36－1（陶邑Ⅲ型式－2〜3段階）に近似し、7世紀第4四半期とした。2号住居跡例はＭＴ206－Ⅱ（陶邑Ⅲ型式－2〜3段階）に類似し、平城宮Ⅰ期に近い様相を示すことから700年前後と考えた。2号・3号住居跡に前後があると考えたものの、時間差は大きなものではないとした。

　また金子は立野遺跡グリッド出土の口径15.5㎝の大型坏をⅠ－1期に分類した。そして同期の上里町臺遺跡の坏が「形態は異なるもののその法量は立野遺跡グリッド出土の大型坏に類似している」とした。しかし立野遺跡の大型坏は小型坏と比較して1：20〜30と少ないもので、形態は他の金子Ⅰ－1期の資料と比べても、立上がりが急である。立野遺跡の大型坏は小型坏と相似形であり、たとえ法量分布が同じであろうと、金子が臺遺跡の坏と「形態が異なるものの」と見た

ように、時期の違うものであろう。立野遺跡は小型坏を主体とする土器群であることから、金子のⅠ－1期（7世紀末）より前に置く必要があろう。

立野遺跡の年代を推定する材料として2・3号住居跡、グリッド出土の坏類、フラスコ形長頸壺・硯・鉢・坩・盤などがある。2・3号住居跡から同技法の甕が出土すること、2・3号住居跡の遺物がグリッドの遺物と接合し、厳密に2・3号住居跡の遺物と認定できないこと、2・3号住居跡の未報告の坏類を見ても法量・技法に差異がないこと、住居跡が軸を同じくして存在していることから、これら三者の土器群はほぼ同時期と考えられる。

まず飛鳥・藤原宮との比較から行ってみると、立野遺跡には飛鳥Ⅴ期の藤原宮ＳＤ2300[38]に多く見られる深身の坏はない。Ⅴ期では藤原宮ＳＥ1105[39]以外には蓋のかえりはないのに、立野遺跡は多い。また、立野遺跡では坏の高台の底径に占める割合が小さく、Ⅴ期より遡ると考えられる。

次に飛鳥Ⅳ期と比較してみると、上ノ井遺跡ＳＤ015[40]では坏Ｂのかえりが1点であり、無高台の深身の坏が出現する。また雷丘東方遺跡ＳＤ110[41]にも深身の坏が多く、それが高台を持つようになる。このような点から立野遺跡は二者よりも古く遡ると考えられる。同期の藤原宮ＳＤ1901Ａ[42]は坏Ｂにかえりが多いが、かえりのない例も出現し、鉄鉢形も多くなる。また、坏Ｂの高台が底部周辺よりも内に入る、径の小さい高台も存在しており、立野遺跡の高台坏との比較が可能である。

さらに遡る飛鳥Ⅲ期[43]の資料は、蓋のかえりが口唇部と同じ高さで、立野遺跡よりも先行すると考えられる。立野遺跡はⅣ期、それも前半代に平行すると考えられる。

次に陶邑との比較をすると、無高台が多いことから陶邑Ⅲ型式2段階に近いが、蓋のかえりは浅くⅢ型式3段階と考えた方がよいであろう。類例はＭＴ206－Ⅱ号窯[44]があげられる。

東海地方で類例をさがすならば小牧市篠岡78号窯があげられるが、かえり蓋とかえりのない蓋の割合は、かえり蓋が僅かに多いが、深身の坏が見られる。鉄鉢形は立野例よりも底が丸く新しい傾向が窺える。立野遺跡との大きな違いは多くの高台坏の存在であるが、近接した年代が想定できる。

立野遺跡出土のフラスコ形長頸壺は、東海地方の形態であるが、立野遺跡を始め、福島市宮沢1号窯でも焼成されている。立野遺跡例は首がやや短く、その類例を静岡県下に求めてみると、静岡市井庄段古墳[45]、藤枝市原古墳群高草6・14・18号墳[46]、原古墳群白砂ヶ谷Ｃ－2号墳[47]、志太郡岡部町横添三号墳[48]などにある。共伴する坏は古墳時代の系譜を引く坏の最終段階の製品が伴い、およそ7世紀中葉ととらえられている。

このような点を加味して、立野遺跡の実年代を探ってみよう。

先に導き出した飛鳥Ⅳ期、陶邑Ⅲ型式3段階は、前者が7世紀第3四半期、後者が7世紀末葉、さらに東海地方の篠岡78号窯は7世紀第4四半期後半[49]と考えられている。白石太一郎は陶邑Ⅲ型式3段階の年代を「670年からそれ程下らない時期」とした。また飛鳥Ⅳ期について直接は論及していないが、豊浦寺の創建年代を検討され、従来『日本書紀』の推古11年（603）説を改め、福山敏男の出した舒明朝（629～641年）の年代をとり、飛鳥Ⅱ期を640年から660年とした[50]。これによりⅣ期も押し下げられるであろう。白石の考え方をとり、立野遺跡の年代をおよそ680年前後、

7世紀第4四半期前半ととらえておきたい。フラスコ形長頸壺、および十字の透しを入れる硯が前代に多いことから、それ以降には下らないであろう。

　(5) 立野遺跡の立地と背景
　3種の遺物について述べてきたが、その出土遺物のあり方は寺院との関連が深い。また出土状況は住居外に膨大な量があったこと、当地の生産品で窯壁も出土することから、生産跡と直接結びついた住居であった。以前当住居跡を選別所と考えたが、本来選別は窯場で行っていることから、当住居跡は選別した製品を集めた集積所であり、寺院あるいは官衙への出荷所的な中継点と考えたい。

　谷を挟んで相対する東松山市緑山遺跡では、住居内から多くの瓦が出土しており、勝呂廃寺所用瓦と同一である。この瓦の生産址は鳩山町赤沼窯跡（1－B支群の県指定国分寺瓦窯跡付近）であり、赤沼から勝呂廃寺へ運ばれた。赤沼から勝呂廃寺へ運ぶ場合、大きく二つの方法が考えられる。一つは水路であり、一つは陸路である。水路を使うならば、赤沼の谷から越辺川まで運び出し、船で勝呂の近くまで行き、再び陸路を運ぶ方法である。陸路は二つ考えられ、一つは川沿いに下り勝呂廃寺までたどり着く方法。この場合、人力と車を使う場合が考えられる。もう一つの方法は尾根道を通る方法である。最も多量に運べるのは船、次に車であろうか。

　武蔵国の古代寺院の中には、生産址から遠距離にある場合が見られ、その間を結ぶ川がないことが多く、車か人に頼った場合も多かったであろう。平安時代の『延喜式』木工寮の「人擔（担）」の項に人の背負う瓦の枚数が記され、瓪瓦（平瓦）なら12枚、筒瓦（丸瓦）16枚、鐙瓦（軒丸瓦）9枚、宇瓦（軒平瓦）7枚とある。現在の重量に換算するならば、およそ40～50kgである。この重量を京都洛北の小野瓦屋、栗栖野瓦屋から平安宮まで4～6kmの道のりを運んでいる。赤沼窯跡から勝呂廃寺までは直線距離で約7kmであり、人力で運べない距離ではない。先にあげた尾根道を「人擔（担）」で運ぶルートもあったのではないかと推測したい。その理由は、緑山遺跡で多くの瓦が検出されているが、これをどこから持って来たかである。勝呂廃寺と緑山遺跡は直線で4.3kmあり、この多くの瓦を寺から持ち去って来たとは考えられない。以前緑山遺跡の8号住居跡から粘土塊も検出されていることから、瓦工房を統率していたと考えたが、生産あるいは運搬の中継に直接関わったと考えることができるならば、ここに一つの赤沼－勝呂を結ぶルートが想定できる（第57図）。

　次に埼玉県立歴史資料館で分布調査した5－A支群に赤沼の瓦が出土している。また第7支群とよんでいる、最近ゴルフ場建設に伴い調査した鳩山窯跡群の小谷C遺跡にも、住居跡に転用されて出土している。両遺跡は赤沼窯跡から谷の奥へ1km以上入ったところにあることから、赤沼窯跡から赤沼の谷を奥へ進み尾根に上がり、物見山を経由して南東の尾根を下れば、立野遺跡と緑山遺跡の分岐点に至る（第57図）。そこから川まで下ることは容易である。小谷窯跡など8世紀前半代の窯跡が尾根に近い位置に存在しているのは、尾根道を想定できる。ちなみに赤沼窯跡の標高は52m、物見山は136m、立野・緑山遺跡は64m、68mである。

　立野遺跡、緑山遺跡は近接しており、両者とも粘土塊の存在、多くの窯業生産品の出土などから、官衙、勝呂廃寺、あるいはその建立層と有機的な関連を持っていたと考えられ、瓦、須恵器

第57図 勝呂廃寺と関連遺跡

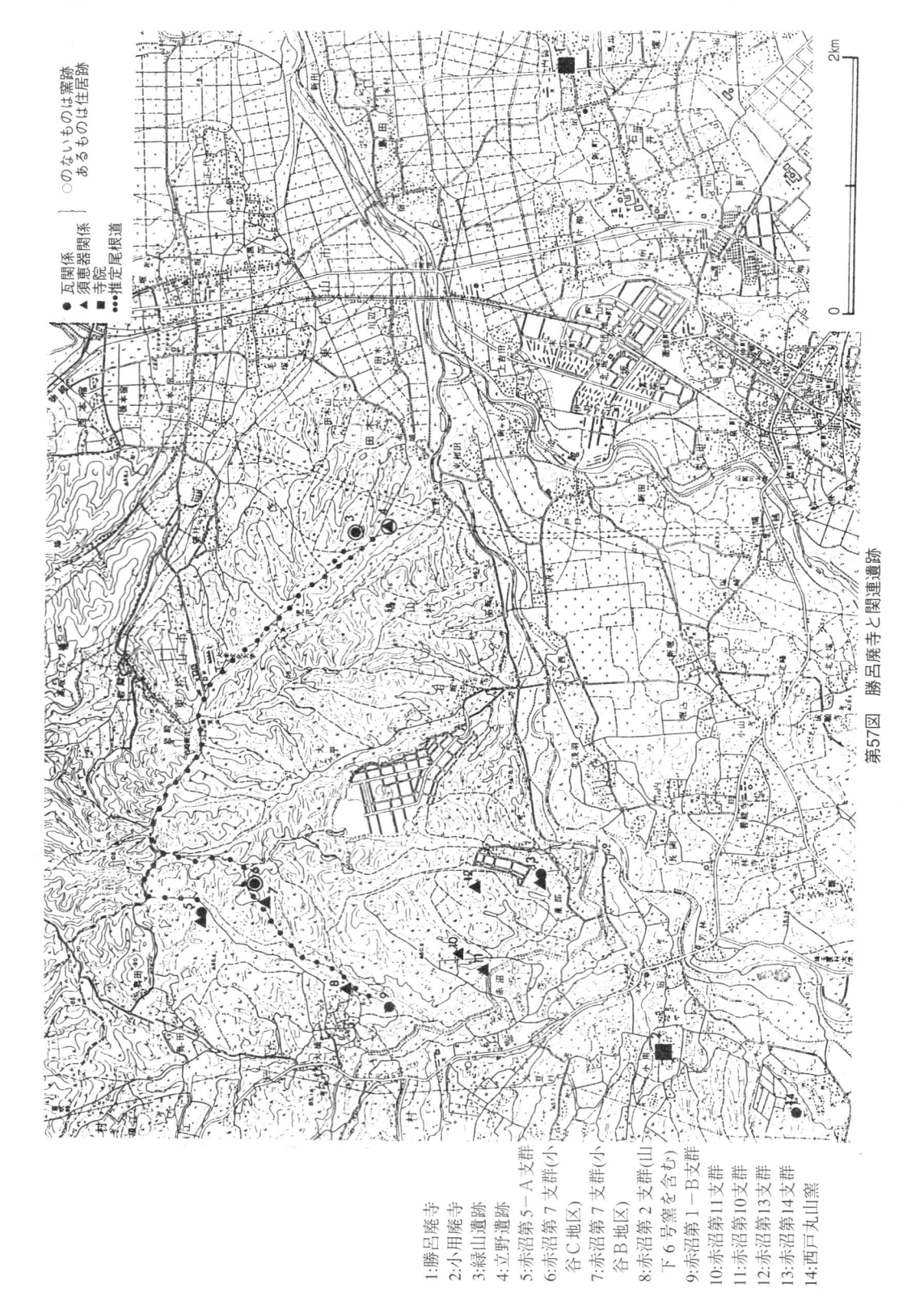

凡例:
● 瓦関係
▲ 須恵器関係
■ 寺院
•••• 推定尾根道

○のないものは窯跡
○のあるものは住居跡

1:勝呂廃寺
2:小用廃寺
3:縁山遺跡
4:立野遺跡
5:赤沼第5-A支群
6:赤沼第7支群(小谷C地区)
7:赤沼第7支群(小谷B地区)
8:赤沼第2支群(山下6号窯第1-B支群を含む)
9:赤沼第1-B支群
10:赤沼第11支群
11:赤沼第10支群
12:赤沼第13支群
13:赤沼第14支群
14:西戸丸山窯

の生産統率者の住居跡で、そこを中継して運ばれたのであろう。

2. 北武蔵における須恵器の系譜

　立野遺跡における年代的位置づけを明確にするため、さらに周辺地域を含めた須恵器の系譜をさぐることを目的として、7世紀後半から8世紀前半までの須恵器の変遷を追ってみたい（第3表）。その場合、立野遺跡の含まれる荒川以南と荒川以北に分けて進める。その理由は、より群馬に近い荒川以北では、群馬から多くの須恵器が流入するとともに、強い影響を受けているためである。そのため埼玉に影響を与えた群馬の須恵器も一部取り上げてみる。年代については細かすぎるきらいはあるが、須恵器の流れと影響を受けた時期を知るため、あえて細分した。
　（1）荒川以南（第58・59図）
　荒川以南のかえりを持つ蓋の初期段階のものは、東松山市舞台遺跡のＣ－1号窯がある。出土するのは坏Ｇ（第58図1・2、小型品でかえり蓋を持つ）ばかりであり、擬宝珠・かえりから飛鳥・藤原地域の坂田寺ＳＧ100出土の須恵器と並行するであろう。両者の大きな違いは、舞台遺跡例が坏に手持ち箆削りを施すことであり、さらに坏Ｈ（古墳時代からの伝統的な合子形）を共伴しないことである。舞台遺跡Ｃ－1号窯に並列してＣ－2号窯がつくられるが、その灰原から坏Ｈ（第58図4・5）が出土し、それを同時期と考えるならば、ＳＧ100並行に矛盾はない。
　ＳＧ100の資料は飛鳥Ⅱ期の基準資料である。先の白石の想定年代を援用するならば、上記の資料は640～660年頃である。およそ7世紀第2四半期、それも中葉に近いと想定したい。
　次に続く資料は川越市霞ヶ関10号住居跡であるが、舞台遺跡に近接するであろう。
　その後、第4四半期前半と考える立野遺跡に連なり、さらに口径の大きなかえり蓋を持つ東松山市大塚原7号住居跡の資料に移るであろう。
　8世紀第1四半期の資料の中に静岡県湖西窯跡群産の、底部が高台より張り出す坏が見られる（第58図13・21・27）。この湖西産の坏は、浜松市伊場遺跡において奈良時代の最下層から干支年号を持った木簡と共伴しており、8世紀初頭の年代が想定されている。また近接する城山遺跡から「竹田里」の墨書土器と共伴しており、竹田里の表記法が霊亀元年（715）以前の里制に基づくもので、やはり8世紀第1四半期に限定できるとしている。千葉県成田ニュータウンLoc14遺跡012号住居跡では、この湖西産の坏と畿内産の暗文土師器が共伴している。畿内産の土師器はｂ3手法を持つ坏ＡⅡで、溝ＳＤ1900Ａ出土土器に対比できるという。これは平城宮Ⅰ期、略年代の1点が710年とする土器で、伊場遺跡、城山遺跡から導き出された年代とほぼ合致する。
　湖西産の坏を出土する遺跡は、蓮田市荒川附5・6号住居跡（第58図13・21）、霞ヶ関16号住居跡（第58図27）がある。荒川附5号住居跡には口径20cmを越す大型坏とかえり蓋と、12cm前後の小型坏とかえり蓋が共伴する。荒川附6号住居跡では18cm前後の大型坏とかえり蓋が共伴するとともに、16cmの環状つまみを持つかえり蓋が伴う。霞ヶ関16号住居跡では湖西産の坏と蓋がセットで出土するが、かえり蓋は大型品が3点あり、最も大きいのは20cmを測る。この16号住居跡とほぼ同時期と考えられるのが、同遺跡92号住居跡で、蓋は3点ともかえり蓋である。92号住居跡からは畿内系土師器が出土するが、時期は平城宮Ⅰ期に並行すると考えられる土器である。共伴

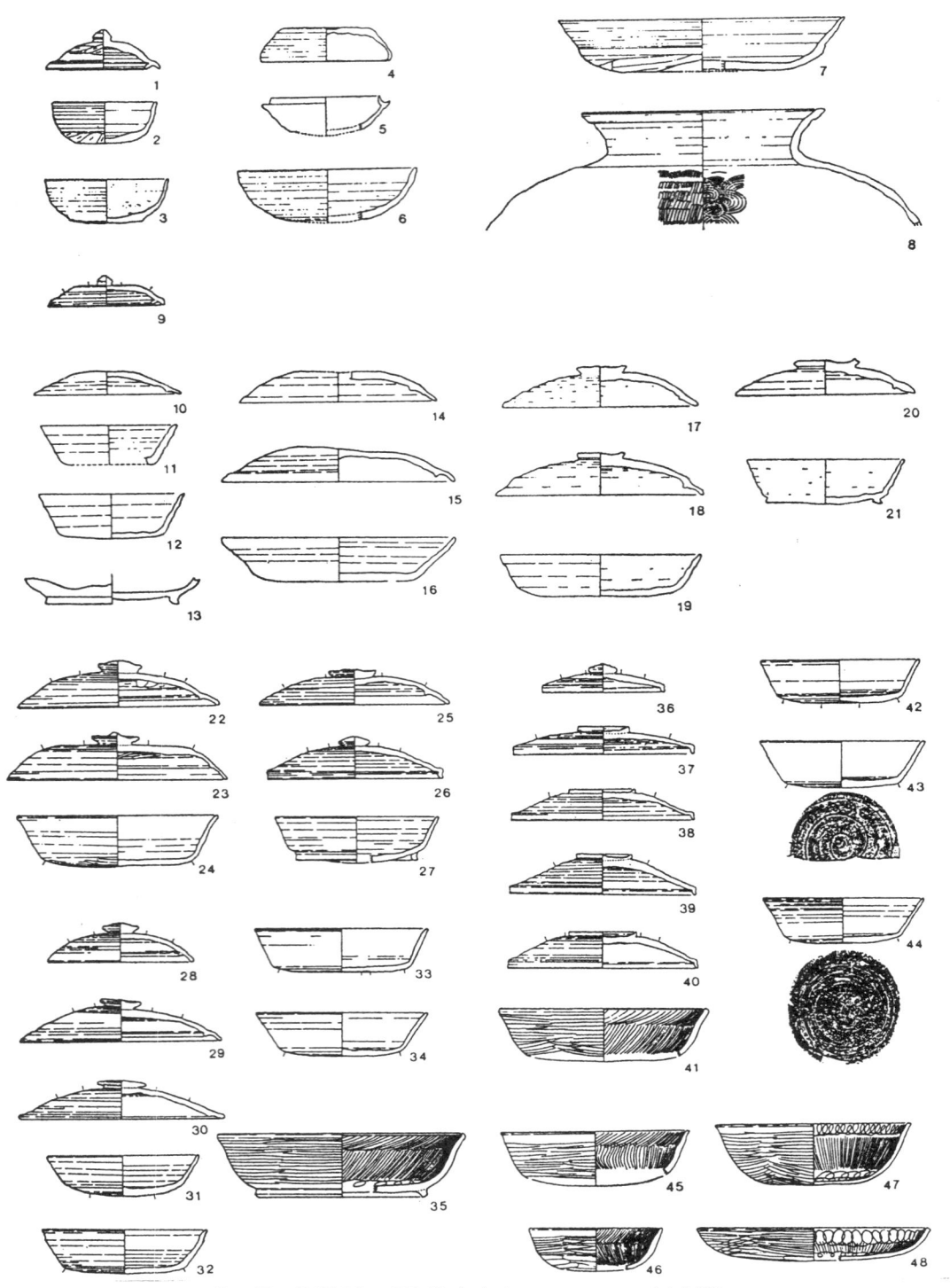

第58図　荒川以南の須恵器（1）（35・41・45〜48は土師器）
1〜3・7・8:舞台Ｃ－1号窯　4〜6:舞台Ｃ－2号窯　9:霞ヶ関10号住居跡　10〜16:荒川附5号住居跡　17〜21:荒川附6号住居跡　22〜27:霞ヶ関16号住居跡　28〜35:霞ヶ関92号住居跡　36〜44:同128号住居跡　45・48:同79号住居跡　46:同75号住居跡　47:同91号住居跡

第59図　荒川以南の須恵器（2）
1～8:山下6号窯　9:荒神脇12号住居跡　10・11:荒神脇16号住居跡　12～15:小谷B4号窯　16～20・22・23・25～27:赤沼14－1号窯　21・24:赤沼14－2号窯

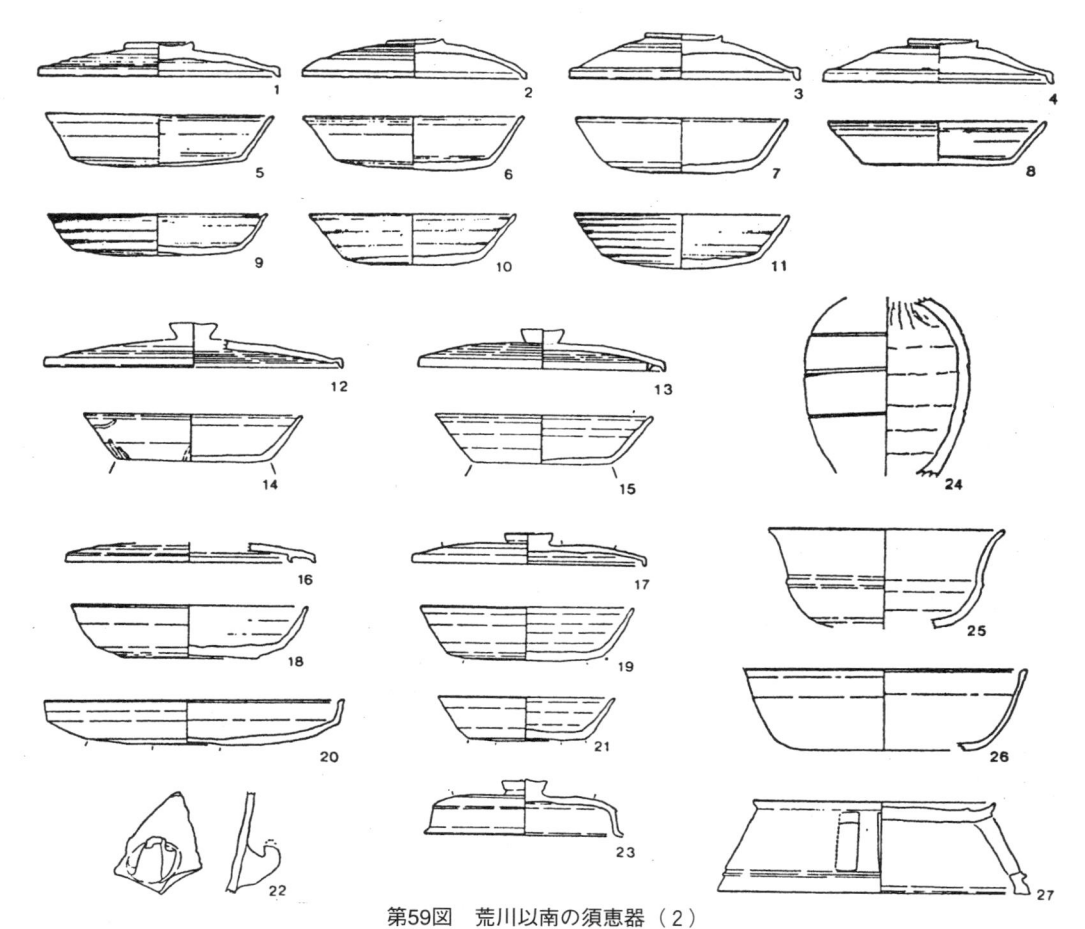

する須恵器坏の1点（第58図33）に回転糸切り痕の一部が見られ、この器形はのちの山下6号窯につながる器形と考えてよい。

　糸切りの坏と平城宮Ⅰ期並行の畿内系土師器の関係は、霞ヶ関128号住居跡でも見られるが（第58図41・44）、こちらにはかえり蓋はなく、環状つまみが4点出土する。坏は霞ヶ関92号住居跡に酷似するが、蓋は後続する山下6号窯に類似している。環状つまみ蓋にかえりはないものの、坏が深いことから山下6号窯より遡ると考えられる。

　これらの土器群は、湖西産の須恵器、あるいは平城宮Ⅰ期並行の畿内系土師器から8世紀第1四半期前半であろう。

　次に鳩山町山下6号窯[68]、江南町荒神脇12・16号住居跡[69]が続く。山下窯ではいずれも蓋は環状つまみで、坏は静止糸切りの痕跡をとどめるものもあり、やや丸底を呈する霞ヶ関92・128号住居跡の土器の系譜を引く例がある。この丸底の坏を霞ヶ関128号住居跡例と比較すると、霞ヶ関例が口径14.4～15.0cm、器高4.2～4.4cmであるのに対して、山下窯では16.4～17.5cm、4.0～4.7cmと大型になり、口径の割に器高が低くやや扁平な形態となる。荒神脇16号住居跡でも丸底の形態が2

点出土するが、山下窯とともに8世紀第1四半期後半と考えている。この時期の大きな特色は器種分化が見られず、大型品だけが生産されることである。このあり方は次の小谷B4号窯にも見られる。

鳩山町小谷B4号窯(70)は山下6号窯と比べ、すべての坏が平底となり、つまみは頂部が扁平となる。地域は異なるが南多摩窯跡群の八王子市百草・和田1号窯(71)（M-1）は、山下窯の系譜を引く環状つまみを持つが平底となる。やはり大型品ばかりであり、小谷B4号窯に並行するであろう。小谷B4号窯には環状つまみはないものの、南比企窯跡群の中で存続していたであろう。小谷B4号窯のもう一つの特徴は、蓋にかえりを持つ例（第59図13）が見られることである。このかえり蓋の系譜は、山下守昭が山下6号窯で採集した(72)ということから、第1四半期まで遡るであろう。のちに触れる水深40号住居跡の蓋(73)（第62図11）も第1四半期に遡る例である。水深40号住居跡例をこのかえり蓋の初現形態とすることができるならば、かえり蓋の盛行期に重なり、7世紀代のかえり蓋の系譜から成立した特殊なかえり蓋と考えられる。おそらく寺院・官衙用の特別な目的のためにつくられた器形であろう。この蓋は次の赤沼14-1号窯（第59図16）まで残るが、国分寺創建時まで続かないようである。(74)

鳩山町赤沼14-1・2号窯(75)は南比企窯跡群の南東、越辺川に近いところに単独で位置している、瓦陶併焼窯である。焼成品は須恵器と平瓦だけで、平瓦の特徴は大きな斜格子叩きで、凹面には桶跡が見られ、その跡を消すため箆削りされている。この瓦は約8km離れた坂戸市勝呂廃寺へ運ばれている。時期は桶巻き造りであることから国分寺創建時の瓦生産より遡ると考えられている。赤沼14-1・2号窯の須恵器は、山下6号窯から大型品だけ生産されていたものが、再び器種分化して大型と小型になる。大型品は15～17cmあり、平底が主体であるが、僅かに丸底を呈するものもあり、底部全面、あるいは周辺箆削りを施す。小型品は13cm強で、糸切り後底部周辺箆削りを行う。小型坏だけを取り上げるならば、国分寺創建以降の須恵器に見えるが、大型坏の共伴、かえり蓋、環状つまみ、勝呂廃寺所用瓦の共伴から、国分寺創建以前、8世紀第2四半期、それも中葉に近い年代と考えられる。ののちは大型坏は消滅し小型坏が残る。

（2）荒川以北（第60～63図）

かえり蓋で古い時期の良好なセットは、上里町八幡太神南A1号住居跡(76)、本庄市今井G2号住居跡(77)がある。両住居跡とも合子形の坏H（第60図1・2・16）が伴うが、後者の方が坏身口縁の立ち上がりは高い。しかし、前者には長脚二段透しの高坏を伴うのに対して、後者は短脚の一段透しになり、盤も伴うことから後者の方が僅かに新しい傾向を持つ。八幡太神南A1号住居跡には畿内系土師器の放射状と螺旋暗文の盤と、放射状暗文の坏が出土する。放射状暗文の坏はその後、8世紀代まで続く器種である。さらに、八幡太神南A1号住居跡で注目できることは、かえり部が肥厚し、乳頭状のつまみを持つ稚拙なかえり蓋（第60図8・9）の存在である。数が多く、焼きも土師質であることから在地産の可能性がある。

八幡太神南A1、今井G2号住居跡出土須恵器は、形態などから飛鳥・藤原地域の坂田寺SG100に近い様相を示す。しかし坏Hが少なく、蓋のかえりが口縁から出ないことから、飛鳥Ⅱ期でも新しいと考えられる。八幡太神南A1号住居跡出土の畿内系土師器盤の類例を探すに、形態

第60図　荒川以北の須恵器（1）（11・12は土師器）

1〜15:八幡太神南A1号住居跡　16〜24:今井G2号住居跡　25〜33:今井G5号住居跡　34・35:若宮台58号住居跡
36:塚本山28号墳　37:同26号墳　38:同27号墳　39・40:同29号墳

からは飛鳥Ⅲ期の大官大寺ＳＫ121[78]（78）以降に見られる。口唇部の内側への折れ方からは、飛鳥Ⅳ期の藤原宮ＳＤ1901Ａ[79]以降に類似するようである。このように須恵器と盤の所属時期には開きがある。坏Ｈの存在、長脚二段の残存から主体は飛鳥Ⅱ期並行に近いと考える。この時期を白石の年代観を援用して7世紀第3四半期、それも前半に置きたい。八幡太神南Ａ1、今井Ｇ2号住居跡の須恵器を荒川以南の舞台遺跡Ｃ－1号窯跡の坏と比較すると、後者の方が蓋の器高があり、かえりも明瞭で、身も丸底を呈することから、Ｃ－1号窯の方がやや古いと考えられる。

続いて今井Ｇ5号住居跡[80]、上里町若宮台58号住居跡[81]、本庄市久城前溝2[82]がある。今井Ｇ5号住居跡では大形かえり蓋が出現し、高坏は脚が極端に低くなる。また盤、フラスコ形長頸壺が伴う。この器種構成を畿内と比較すると、坏が大小に器種分化するなど、飛鳥Ⅲ期の内容に類似する。しかし今井Ｇ5号住居跡の方は、蓋のかえりがやや短くなる例のあることから、新しい傾向を示すが、ほぼ並行すると考えられる。荒川以南の立野遺跡と比較して無かえり蓋が出現していないこと、坏の小型品は約9cmと小さいことから立野遺跡より前と考え、白石編年を考慮するならば660年以降、7世紀第3四半期後半に置けるであろう。

久城前溝2でも、今井Ｇ5号住居跡と同様なかえり蓋とフラスコ形長頸壺が伴う。若宮台58号住居跡は、蓋（第60図34）のつまみが精緻なつくりで、時期的な判断はややむつかしいが、かえりや土師器から今井Ｇ5号住居跡並行と考えた。

若宮台58号住居跡で注目できる遺物は、坏身（第60図35）の静止糸切りであろう。この須恵器は胎土などを見るに、搬入された遺物と考えられるが、群馬産の可能性が高い。

これに続く荒川以北の良好な資料はなく、今井Ｇ2号粘土採掘坑、本庄市古川端48号住居跡[83]、美里町塚本山26～29号墳[84][85]が上げられるものの不明確である。

続いて寄居町城見上Ｂ地点3・5号住居跡[86]、上里町立野南2号住居跡[87]、本庄市夏目5号溝[88]、岡部町白山71号住居跡[89]ある。城見上・立野南遺跡例は良好なセットで、城見上Ｂ3号住居跡では蓋はいずれもかえりを持ち、11.4～20.1cmを測る。身も12.2～17cmあり、蓋から見るに三つに器種分化している。5号住居跡例はやや小型であるが3号住居跡とほぼ同類で、盤も出土する。城見上遺跡例の特徴は、この時期以降に多くなる環状つまみを持たないことと、坏部が僅かに丸底となり、口縁が立ち、高台がないことである。時期は器種分化するものの小型品が12cm前後であることから、荒川以南の立野遺跡と比較して、7世紀第4四半期の中でもより新しい時期と考えたい。

立野南2号住居跡の坏蓋は口径11.5～13.3cmと16.4～19.5cmに二分され、坏身は口径11～12.6cm、13～14cm、16.8～18cmと三分されるが、蓋もおそらく身と同様三分されるであろう。このあり方は城見上遺跡と共通するが、器形は全く違う。両者ともかえり蓋が主体であることは共通するが、立野南遺跡例ではすべてが環状つまみを持つ。また坏はほとんどが大きく外傾して開き、5例であるが高台坏が見られる。この違いは時期的な差でなく、系譜の違いであろう。すなわち当時期に始まる環状つまみは群馬から影響を受けるか、製品が移入されたものである。

立野南2号住居跡例では須恵器のほかに注目できる遺物として、轆轤使用の土師器（第61図18～22）がある[90]。器種は蓋が7点で、うち1点にかえりがあり、坏は高台坏が4点、無高台坏が1点ある。蓋の多くは轆轤撫でを施したのち、内外とも箆磨きを行う例が多い。高台坏の1点（第

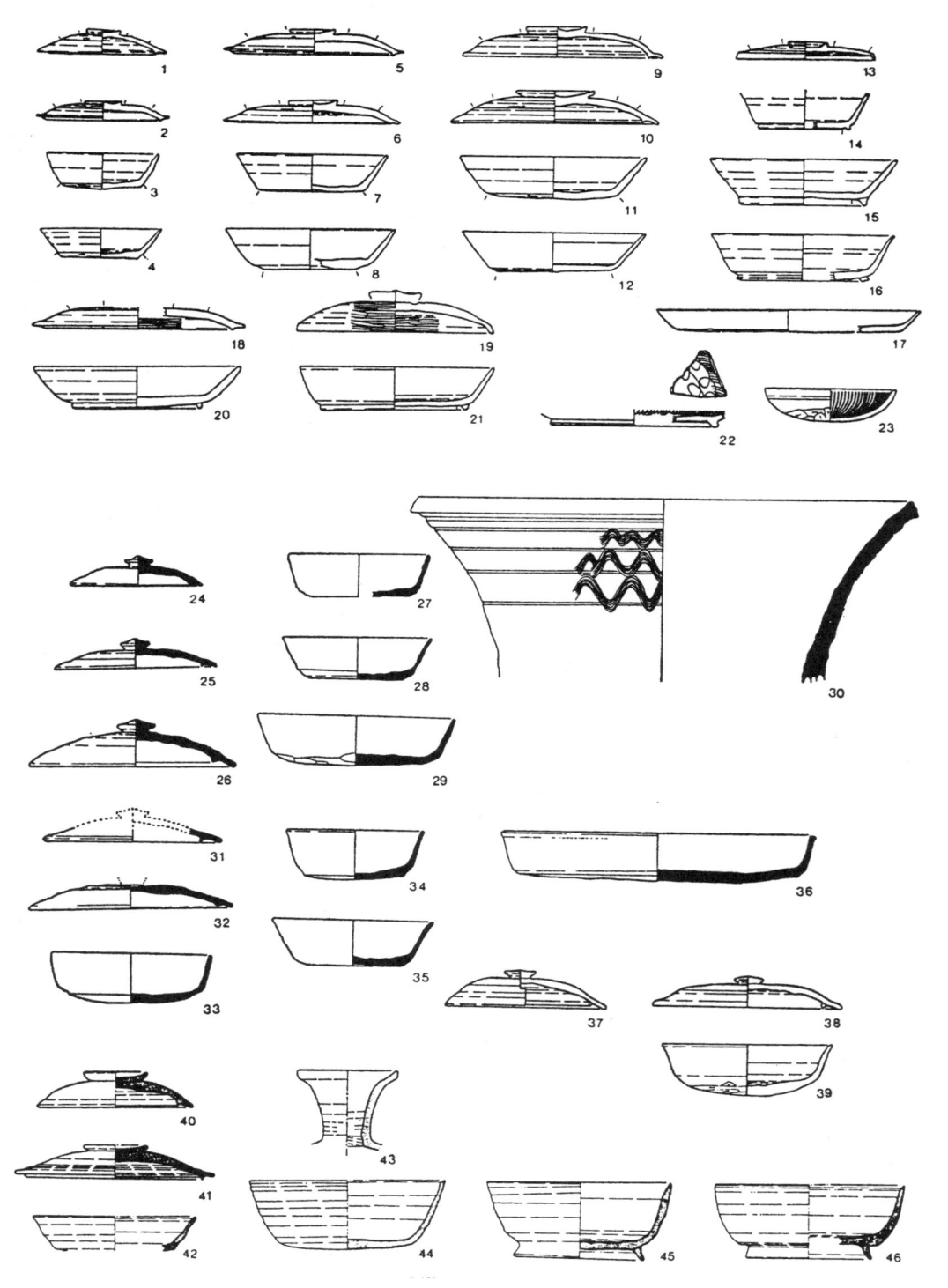

第61図 荒川以北の須恵器（2）（18～23は土師器）
1～23:立野南2号住居跡　24～30:城見上B3号住居跡　31～36:城見上B5号住居跡　37～39:白山71号住居跡
40～46:夏目5号溝

61図22）は畿内系土師器で、放射状と螺旋暗文が見られる。この轆轤土師器は700年前後に搬入する畿内産土師器と関連があり、その系譜の中でとらえる必要のある土器であろう。時期については、畿内系土師器が飛鳥Ⅴ期に類似すること、かえり蓋のかえりが口縁よりも突出する例の多いこと、放射状暗文を持つ坏（第61図23）が、水深遺跡例と比較して口唇部に外反する変化を持たないこと、この時期に初めて伴う削り出し高台（第65図2）を、群馬の8世紀の類例と比べても径が小さいことから、7世紀代に入る可能性が高い。立野南遺跡唯一のかえりを持たない環状つまみの蓋と同形態が、荒川以南の霞ヶ関128号住居跡で出土するが、立野南例（第61図13）は口径12.9cmであるのに対して、霞ヶ関例（第58図37）は16.6cmと大型化している。霞ヶ関128号住居跡では平城宮Ⅰ期の畿内系土師器（第58図41）とともに、環状つまみを持つ、かえりのない蓋が共伴することからも、霞ヶ関128号住居跡より古くなり、8世紀第1四半期よりも遡るであろう。

　夏目遺跡5号溝では多量の土師器とともに須恵器の環状つまみのかえり蓋・坏・瓶・横瓶・甕などが出土する。注目されるのは坏（第61図44～46）で、高台のつくものとつかない器形がある。高台は先端が細長く、外へ開く。坏部は腰から僅かに内彎気味に立ち上がる。かえり蓋から7世紀第4四半期と考えられるが、埼玉では見られない器形で、類例を求めるならば前橋市芳賀東部団地H313号住居跡[91]（第64図38）、中尾D－98住居跡[92]（第64図29）にある。芳賀東部団地H313号住居跡でも環状つまみ・かえり蓋と共伴する。この坏は上位に沈線が2本入ることから、金属器の模倣と考えてよい。

　白山71号住居跡では蓋2、坏1点が出土するが、蓋は大小あり、坏（第61図39）は口径15.6cmを測り丸底であることから、城見上B地点の土器群に近い時期と考えられる。

　8世紀初頭と考えられる資料は、加須市水深遺跡の30・40・49号住居跡と57号窯跡、第2捨場[93]、岡部町内出5・13号住居跡[94]、塚本山7号墳[95]、臺35号住居跡[96]、美里町北谷戸10号住居跡[97]、熊谷市樋ノ上25号住居跡[98]、若宮台60号住居跡[99]など良好な資料が多い。

　まず、荒川以南でも取り上げた湖西産の坏を出土する住居跡は、水深30・49号住居跡である。30号住居跡（第62図1～8）からはやや丸底の口径16.4～18cmの大形坏が3点出土する。49号住居跡（第62図15～17）からは、かえりを持つ環状つまみの蓋と、口唇の外反する放射状暗文の坏が共伴する。また水深遺跡第2捨場（第62図18～25）からは多量の土師器とともに大型・小型のかえり蓋、丸底の大型坏、丸底で深身の小型坏が出土する。深身の小型坏（第62図20）は関東にない器形で、畿内に類例を求めるならば飛鳥Ⅴ期の時期に、東海に求めるならば篠岡78号窯にある。深身の坏からは7世紀第4四半期後半の年代が導き出せるが、大型かえり蓋は他の諸例から8世紀に入ると考えられる。

　水深57号窯跡から出土する環状つまみ・かえり蓋（第62図26）は、臺35号住居跡からも丸底の坏と共伴している（第63図14・15）。立野南2号住居跡例（第61図1～10）、水深49号住居跡例（第62図15）と比べて、つまみ端部の断面が矩形となり古い形態のようでもあるが、先の荒川以南の荒川附6号住居跡では湖西産須恵器と共伴しており（第58図20・21）、8世紀初頭に2形態の環状つまみが共存していたと解釈したい。このあり方はのちに触れる群馬のあり方とも共通する。

　この時期の特徴の一つに、立野南2号住居跡にも見られた削り出し高台が存在する。削り出し

第3章 須恵器生産の展開 213

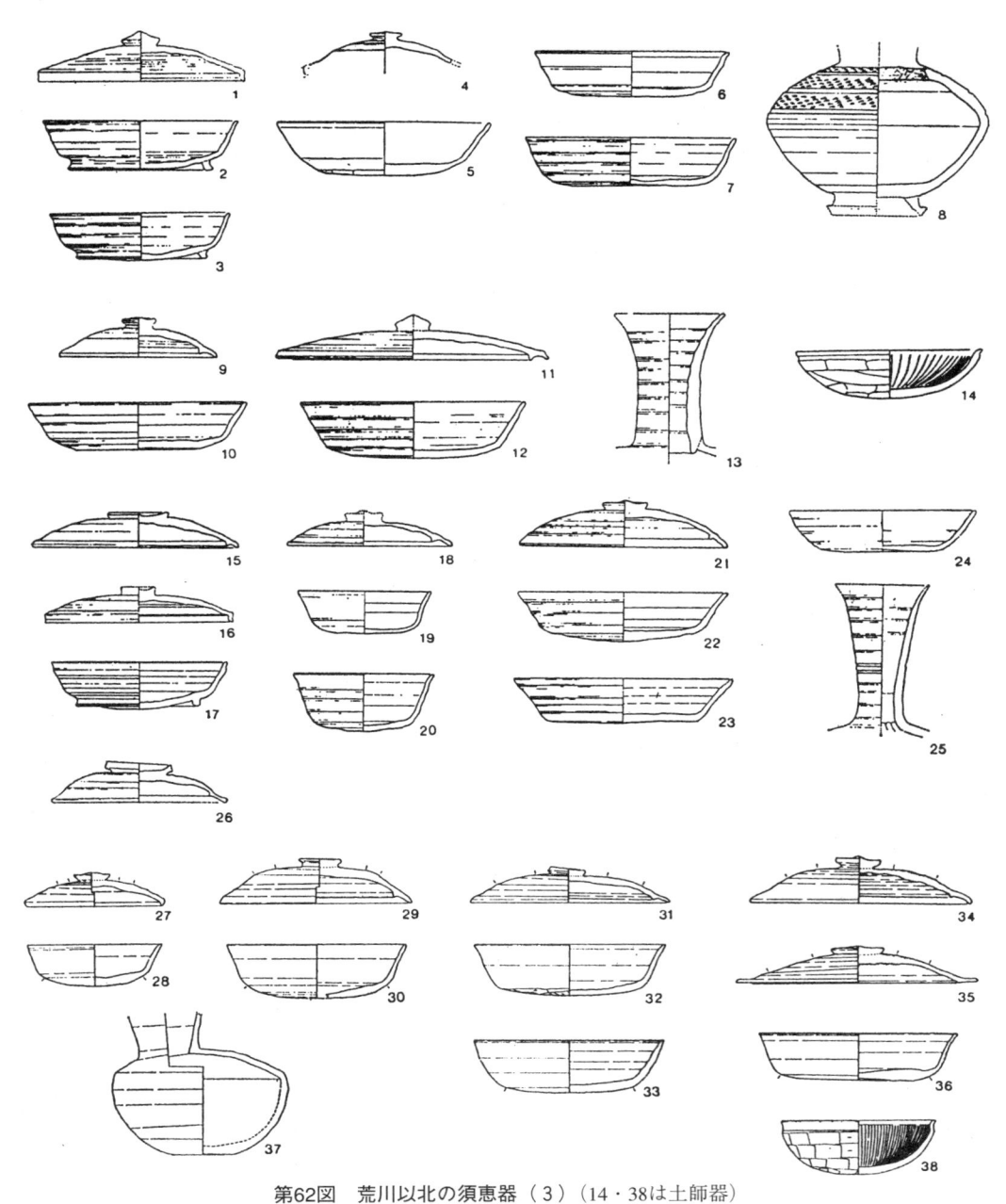

第62図 荒川以北の須恵器（３）（14・38は土師器）
1〜8：水深30号住居跡　9〜14：同40号住居跡　15〜17：同49号住居跡　18〜25：同第2捨場　26：同57号窯跡　27〜38：内出13号住居跡

高台は荒川以北、それも群馬県よりに多く、若宮台60号住居跡（第63図4）に出土する。さらにもう一つの特徴は器種分化の最終段階で、大型坏が最大径となり、丸底風の坏が多くなる時期である。この資料を出土するのは水深30・40号住居跡、第2捨場、内出13号住居跡、塚本山7号墳、北谷戸10号住居跡、樋ノ上25号住居跡などである。それにつれて蓋も大型になり、かえりは短く痕跡となり、8世紀第1四半期前半を最後にほぼ消滅する。しかし荒川以南でも触れたように、

水深40号住居跡の口径23cmの大型かえり蓋（第62図11）は、小谷B4号窯、赤沼14-1号窯へと系譜の追える器形である。おそらくこの器形は一般集落用でなく、官衙・寺院などある程度限定されたところへ供給された器種であろう。

　8世紀第1四半期後半以降の良好な資料が少ないので、荒川以北については今回は触れない。
（3）群馬における700年前後の須恵器（第64図）

　埼玉で荒川以北と以南に分けた理由は、群馬からの須恵器生産への影響と製品の搬入状況を知るためであったが、群馬については埼玉に特に影響を与えた、700年前後の資料を検討してみる。

　埼玉が群馬から最も影響を受けたものは環状つまみであり、続いて坏身が大きく外傾して開く状態、それに伴う削り出し高台（第65図）である。

　まず、環状つまみは現在群馬県下では利根川西岸の吉井町吉井窯跡群[100]、安中市秋間窯跡群[101]などで生産されていることが確認されている。しかし、各地での環状つまみの存続期間は不明確である。

　環状つまみの種類は多く、高崎市引間第1号墳[102]、中尾D-115号住居跡[103]、前橋市芳賀東部団地H299・H359号住居跡[104]、藤岡市中Ⅱ第3号溝[105]、株木M-20号溝状遺構[106]などから出土している。いずれもかえりを持つ例を集めてあるが、その特徴は大型・小型があり、器種分化がうかがえること、つまみに大小があり、つまみ端部の断面形態も略三角形と矩形がある。この断面形の違いはつまみの付け方、整形により違ってくる。接着には轆轤を回しながら中央だけ押すためU字状になる例、中央から周辺への広げ方により中央が緩やかにくぼむもの、平らになるものなどがある。また周辺を押すため、中央が突出する例、端部を整形するため矩形となる例がある。粘土の取り方でも違い、円柱、円盤、あるいは環状の粘土紐付着により形態が違う。

　矩形となる例は株木M-20号溝例（第64図35）があるが、この形態は8世紀第1四半期のかえり消滅とほぼ同じ頃になくなる。しかし他の環状つまみはその後も継続してつくられる。

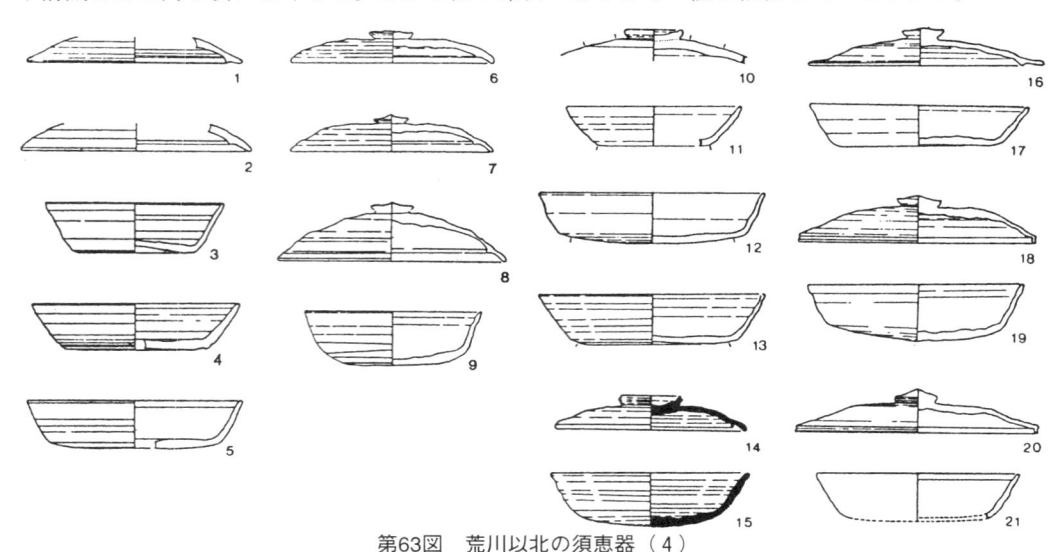

第63図　荒川以北の須恵器（4）
1～5:若宮台60号住居跡　6～9:北谷戸10号住居跡　10～13:樋ノ上25号住居跡
14・15:臺35号住居跡　16～21:塚本山7号墳

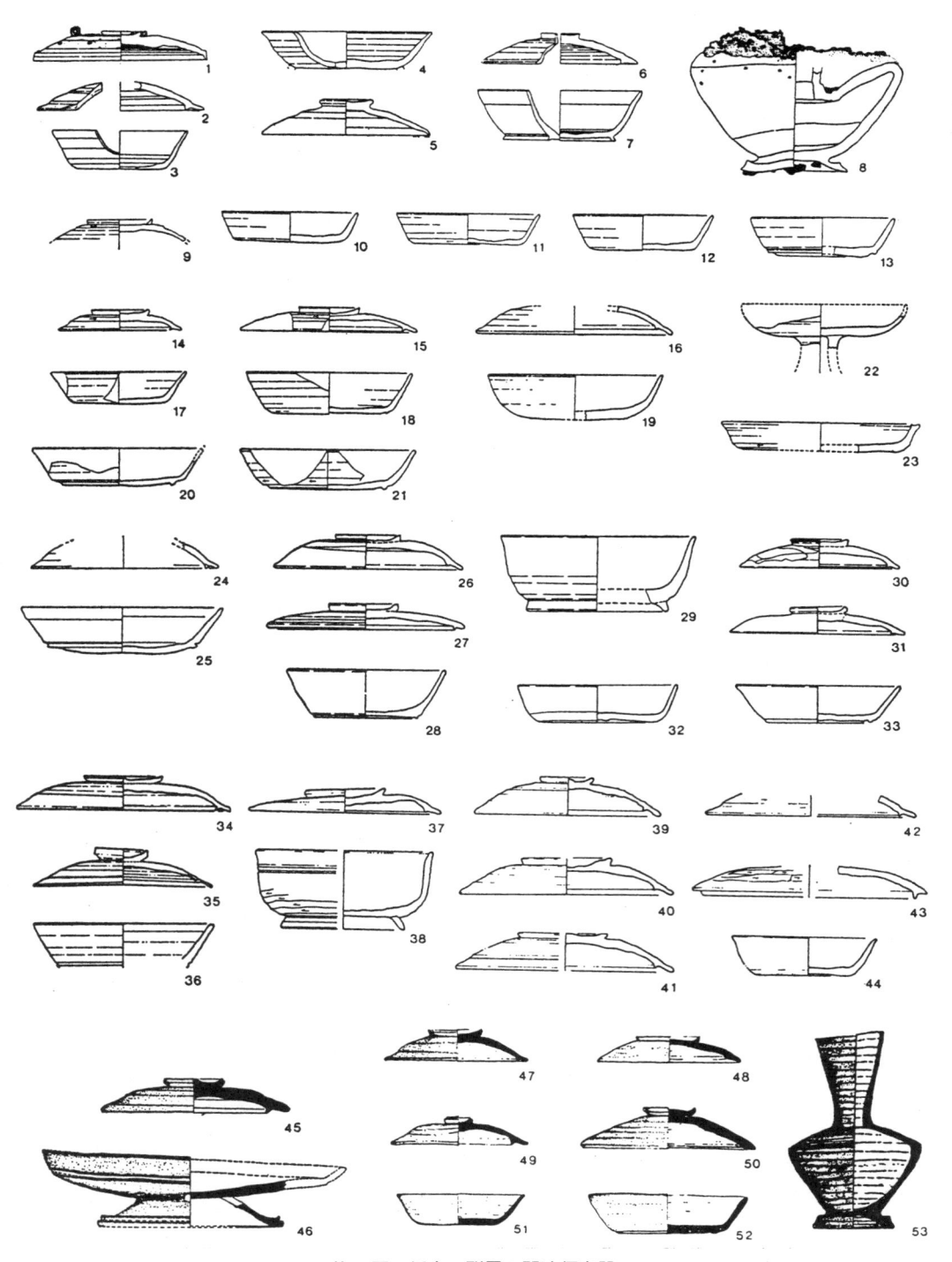

第64図　栃木・群馬の関連須恵器

1〜4:栃木県北山5号窯　5〜8:同北山3号窯　9〜13:群馬県熊野堂32号住居跡　14〜23:中Ⅱ3号溝　24・25:保渡田57号住居跡　26〜29:中尾D－98号住居跡　30〜33:中尾D－115号住居跡　34〜36:株木溝20　37・38:芳賀東部団地H313号住居跡　39〜44:同H359号住居跡　45・46:引間2号墳　47〜53:引間1号墳

例にあげた環状つまみ・かえり蓋の年代は判定する材料に欠けるが、参考となる年代資料は引間第2号墳前庭部から出土した土器群（第64図45・46）である。当古墳の石室から和同開珎が出土するが、同時埋納と考えられるならば8世紀第1四半期の年代が与えられるであろう。この年代は埼玉の水深49号住居跡の湖西産須恵器と環状つまみ・かえり蓋が共伴することからも首肯できる。

次に坏身が大きく外傾して開く形態を取り上げてみよう。埼玉では7世紀末から8世紀初頭にかけて、やや丸底で立ち上がりが内彎あるいは外反しながら、上方に立つ形態が多く見られるのに対して、群馬では平底が多く、口縁は直線的に外傾して大きく開く形態、あるいは高崎市熊野堂32号住居跡[107]（第64図10～13）、中尾D－115号住居跡例（第64図32）のように平底で器高が低く、直線的に上方に立ち上がる箱型の器形となる。

群馬から埼玉北部に分布する削り出し高台は、上記の口縁が直線的に外傾して大きく開く器形に見られ、器種の制約があったと考えられる。おそらくなんらかの必要があり、間に合わせで高台をつくったのであろう。時期についても7世紀末から8世紀初頭と限定されており、注目される。群馬県以外の生産址で唯一削り出し高台を焼成した佐野市北山窯跡[108]では、貼り付け高台と併焼されており、形を似せることから出た技法と考えられる（第65図13・14）。群馬町保渡田57号住居跡[109]の削り出し高台（第65図18）は、丸底の底部のやや上につくられており、据えた状況では

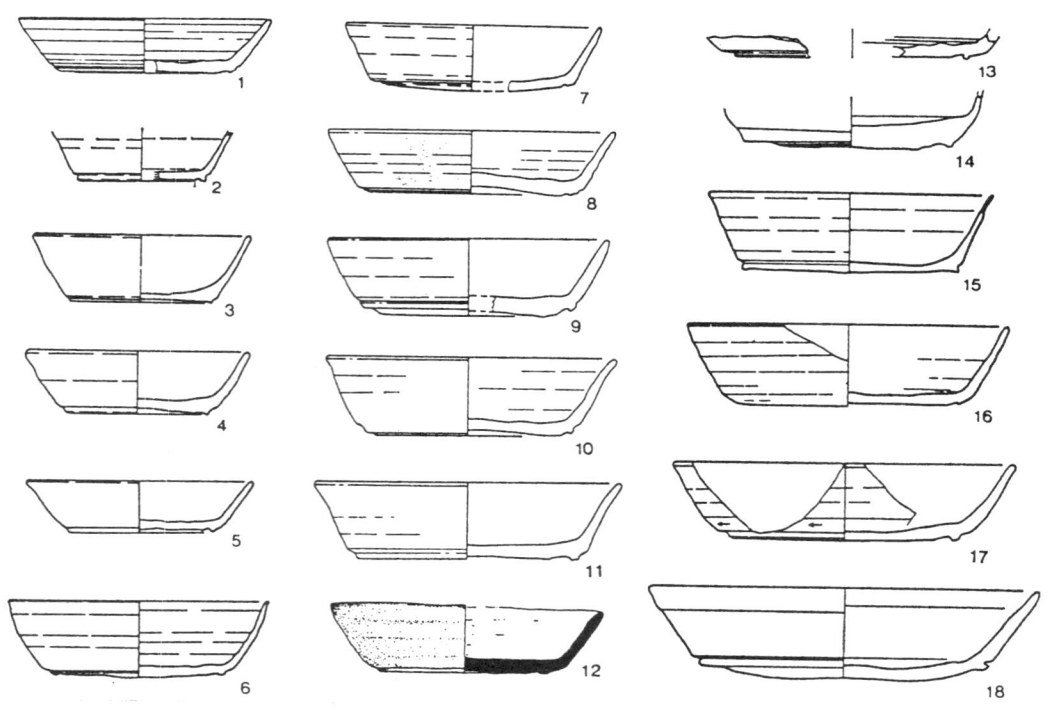

第65図　削り高台集成
1:埼玉県若宮台60号住居跡　2:立野南2号住居跡　3:群馬県中尾D－98号住居跡　4:中尾D－126号住居跡
5:中尾D－115号住居跡　6:中尾C－69号住居跡　7:中尾D－108号住居跡　8・10・11:熊野堂2号特殊井戸
9:熊野堂32号住居跡　12:引間1号墳　13・14:栃木県北山1号窯　15:群馬県三ツ寺Ⅲ74号住居跡　16・17:中尾Ⅱ3号溝　18:保渡田57号住居跡

第3表　埼玉県の須恵器変遷表

四半期		荒　川　以　南	荒　川　以　北
七世紀	2	舞台C-1・C-2窯	―
	3	霞ヶ関10住	八幡A1住，今井G2住
		―	今井G5住，若宮台58住，久城前溝2
	4	立野2・3住	―
		大塚原7住	立野南2住，城見上3・5住，夏目5溝，白山71住
八世紀	1	荒川附5・6住	水深30・40・49住・57窯・第2捨場，樋ノ上25住，臺35住
		霞ヶ関16・92・128住	若宮台60住，内出5・13住，塚本山7墳，北谷戸10住
		山下6窯，荒神脇12・16住	
	2	小谷B4窯	
		赤沼14-1・2窯	

高台は浮いており、高台の用をはたしていない。このあり方は静岡県湖西窯跡群にも見られる。8世紀第1四半期の湖西産の高台坏（第58図21・27など）は、篦切りで切り離し、削りにより緩やかな丸底として、この丸底に高台を貼り付けるため、なんら用をはたさない高台となる。おそらくこの時期に、高台を取り付けることに意味があったと考えられる。7世紀末から8世紀初頭にかけては、各地域で郡衙の建設、寺院の造営が行われた時期で、これによって須恵器生産も発展している。それに伴い畿内的な高台を持つ坏が必要とされたのではなかろうか。埼玉・群馬では伝統的に無高台であるため、削り出し高台が考え出されたが、その消滅も早かったようである。

(4) 埼玉県下の須恵器の系譜

埼玉県下の須恵器は畿内・東海のほか、群馬から大きな影響を受けている。いつからどの地域に及んでいたかをまとめたい（第3表）。

　A　荒川以南

まず、7世紀第2四半期、舞台遺跡C-1号窯跡は畿内の影響で成立したが、すでに手持ち篦削りが行われており、在地化している。

7世紀第4四半期の立野遺跡にフラスコ形長頸壺が出土しており、東海地方との関わりが強いと考えられるが、高台付坏はほとんど見られないことから、武蔵の無高台坏の系譜に連なるであろう。

8世紀に入り第1四半期前半には荒川附遺跡、霞ヶ関遺跡に見られるように、東海産須恵器の搬入、畿内系土師器の出現のほか、群馬産須恵器の搬入および群馬から影響を受けて成立した山下6号窯タイプの坏、および環状つまみを持つかえり蓋が生産される。山下6号窯タイプの坏の糸切り離しは、のちに触れる荒川以北の若宮台遺跡の静止糸切りを持つ坏と同様、群馬との関連が深く、この時期に明確になる糸切りの系譜の源は群馬の可能性がある。霞ヶ関遺跡では各産地の製品の中に末野窯跡群の製品が含まれ、荒川以北からの供給として注目できる。

8世紀第1四半期後半は、山下6号窯タイプの坏と環状つまみの蓋があり、群馬の影響が明瞭に

現われる時期である。

次の第2四半期は南比企窯跡群の生産が増大する時期で、同期後半にも環状つまみが見られ、群馬の系譜を引いていることが分かる。

　　B　荒川以北

7世紀第3四半期の前半には、東海地方の須恵器が搬入されているとともに、畿内の影響を受けた土師器の坏と盤が出現する。八幡太神南A1住居跡の硬質の坏（第60図7）は、胎土から群馬から搬入された可能性もある。これに対して手持ち箆削りの土師質坏蓋（第60図8）は、在地産と考えられ、当地で生産が行われた可能性がある。後半にもやはり東海地方の製品は搬入されており、また群馬からも搬入が続けられていたようで、若宮台58号住居跡の坏身と蓋（第60図34・35）も可能性が高い。この坏身には静止糸切りが見られ、群馬に糸切りの系譜が求められる可能性が高い。

第4四半期には良好な資料はないが、塚本山26から29号墳の長頸瓶、平瓶は在地産で、特に28号墳の平瓶は末野産であり、この時期すでに操業していたことが分かる。第4四半期後半では城見上遺跡出土須恵器から、末野窯跡群で生産は継続されていることが知れる。また立野南2号住居跡例から、群馬産の須恵器が搬入されているとともに、7世紀第3四半期以降不明確であった畿内系土師器が再び出現する。この畿内系土師器は轆轤で製作されており、のちの南武蔵の盤状坏とも深い関わりがあると考えられている。これについては地理的な隔りもあり、今後慎重な検討が必要であろう。

8世紀第1四半期前半では東海地方の製品が見られるほか、群馬産、南比企産、末野産と各地の窯跡群から搬入しているようである。群馬からの搬入品は環状つまみのかえり蓋、それとセットになる直線的に外傾する坏、削り出し高台を持つ坏である。この時期すでに児玉窯跡群が操業を始めており、当地域の瓦生産が群馬の影響下にあることからも、あるいは環状つまみ蓋が生産されている可能性はある。しかし瓦生産が群馬の影響下にある末野窯跡群で環状つまみが出土しないことは、荒川以北に入る多くの群馬系の須恵器のうち、大多数は地理的環境により群馬からの搬入品が多いと考え、荒川以南の山下6号窯に環状つまみが採用されたことを問題にする必要があろう。

3. まとめ

前半では立野遺跡の再評価ということで小陶棺形製品、瓦塼、須恵器を取り上げ、小陶棺形製品が火葬容器の可能性のあることを述べ、塼は本来寺院に使用されるべきもので、その寺院は勝呂廃寺の可能性を指摘した。また住居跡周辺から出土する多量の須恵器のあり方から、生産址と密接に結びつく製品の集積所（中継点）と考え、盤・硯・鉄鉢形の存在から寺院あるいは官衙へ運ばれるべき製品であると推測した。

後半では立野遺跡の須恵器の年代を基準に、荒川以南、以北に分けて須恵器の変遷を追い、その系譜を探ってみた。一部畿内系土師器も含めて考えてみると、荒川以北も以南も畿内の影響はほぼ等しく入って来るが、放射状暗文を施す坏は、荒川以北では7世紀第3四半期前半に出現す

るが、それ以降も在地産として存続していく。それに対して荒川以南では8世紀第1四半期まで見られない。東海地方の製品の流入は荒川以北の方が圧倒的に多く、7世紀第3四半期から8世紀第1四半期まで長く見られ、東山道に近いためか、特に東海地方西部（名古屋周辺）の製品が多い。それに対して荒川以南では、7世紀第4四半期に影響を受けるものの製品は少なく、8世紀第1四半期に東海東部（湖西周辺）産の須恵器が入ってくる。

群馬の製品の搬入は特に荒川以北で顕著で、すでに7世紀第3四半期前半に見られ、8世紀第1四半期までは明確である。しかし群馬の影響を受けたと考えられる在地産須恵器は不明確である。荒川以北では古墳時代から多くの群馬産の須恵器が搬入されており、7世紀第3四半期以降の搬入も同じ流れと解釈できる。

これに対して荒川以南では、8世紀第1四半期に至り、やっと群馬の製品の搬入と、その影響を受けた製品がつくられ始める。その系譜は南比企の大窯跡群に取り入れられ第2四半期まで続くが、群馬産の須恵器は大窯跡群を控えた当地域には、ほとんど入って来なかったようである。

ここで横道にそれるが群馬と埼玉の瓦の関係について触れてみる。

群馬の瓦は大きく利根川によって二分され、西岸は前橋市山王廃寺、安中市秋間窯跡群から「山王・秋間系」、東岸は伊勢崎市上植木廃寺、勢多郡新里村雷電山窯跡から「上植木・雷電山系」とよばれている。西岸の瓦当文は複弁7葉軒丸瓦に代表され、東岸は単弁8葉軒丸瓦、あるいは瓦当背面に布絞りを持つ一本造りの単弁16葉軒丸瓦を指標に置いている。この系譜を引く瓦は埼玉県下でも荒川以北に限定される。西岸系の瓦は8世紀初頭に群馬に接する旧加美郡と、末野窯跡群に接する寄居町馬騎の内廃寺に入る。東岸の瓦は8世紀第2四半期、特に加美郡に多く、同時期児玉町飯倉金草窯跡で生産された単弁8葉軒丸瓦は、荒川以北と群馬の西岸に及んでいる。分布から分るように群馬の西岸と東岸の瓦が荒川以北で複雑に交錯している。このような地域に群馬産の須恵器が搬入するのは当然であるが、南比企窯跡群で群馬系譜の須恵器を生産したのはなぜであろうか。

やや時代は降る8世紀第2四半期、勝呂廃寺の特徴的な周縁に交差波状文を持つ複弁8葉軒丸瓦は、荒川以北の岡部町寺山遺跡にその系譜をたどることができる。勝呂廃寺の同系文様の瓦が4回変遷していることから、寺山遺跡の瓦は、あるいは8世紀第1四半期まで遡るかもしれない。また武蔵国分寺創建時の瓦は最初上野の系譜を引く文様と技法であった。その多くは加美郡内と共通する瓦であるが、武蔵国分寺に運ばれた上野系の瓦は、胎土から南比企窯跡群でも生産されたようである。

このように南比企周辺と荒川以北が密接に関連していたことが推測できる。おそらくこの関係は、南比企窯跡群で上野の須恵器の影響を受ける8世紀第1四半期にもあったと考えたい。

埼玉の須恵器の系譜で画期がうかがえるのは8世紀初頭であり、その画期は荒川以北に顕著である。一部にこの萌芽は7世紀末葉に遡るが、その傾向はやはり荒川以北に見られる。700年前後には畿内、東海西部、東海東部、群馬の須恵器の搬入、あるいはその影響を受けた製品や、削り出し高台の出現、坏の大型化と器種分化の発達、大型品に見られる特殊なかえり蓋がつくられ始めている。特に霞ヶ関遺跡、立野南遺跡のような畿内系暗文土器は関東各地に見られ、律令体

制の整備に伴い出現するようである。また霞ヶ関遺跡では南比企の大窯跡群があるにもかかわらず、末野窯跡群から搬入されている。と同時に南比企窯跡群の製品も荒川以北に及ぶようになる。

　このようなあり方は7世紀第4四半期から8世紀第1四半期にかけて、各地域で評・郡衙が建設され始めている[119]ことと軌を同じくして、当地域にもそのような動きがあったと考えたい。評・郡衙などの建設に際し、各地域で互いに協力し合っていたことが予測でき、荒川以南に例をとるならば、荒川以北、あるいは群馬の協力を得たと思われる。この協力体制がのちの国分寺建設にも発揮されたのであろう。武蔵に協力した上野の勢力は、利根川東岸か西岸であったのか、あるいは両者であったのか、今後検討が必要であろう。

　立野遺跡の窯業生産物を運んだと想定する勝呂廃寺は、規模・時期からいっても郡寺の可能性[120]が高い。7世紀第4四半期にはすでに造営に着手していたようなので、8世紀第1四半期の画期以前に遡ることになる。勝呂廃寺は評・郡衙建設に先行する郡寺の1例ではないかと想定する[121]。このような寺院、評・郡衙建設に伴って、南比企窯跡群は発達するが、立野遺跡、緑山遺跡の居住者は、このような動向の中で活動した、窯業生産に関わる末端組織を統率すべき性格を保持していたのであろう。

註

(1)　今井宏ほか 1980『児沢・立野・大塚原』埼玉県遺跡発掘調査報告書第28集
(2)　間壁忠彦 1981「邑久郡西須恵出土の異形陶棺形品」『倉敷考古館研究集報』16号
(3)　間壁葭子 1964「火葬骨を蔵した小陶棺二例」『古代学』11-3 (財)古代学協会
(4)　村上幸雄 1980『粳山遺跡群Ⅱ』久米開発事業に伴う埋蔵文化財発掘調査報告
　　　斉藤和夫・森浩一 1949「日本陶棺地名表」『古代学研究』1
(5)　滑川広之 1913「陶棺発見の東北の一古墳」『考古学雑誌』4-3
(6)　伊藤信雄ほか 1965『腰浜廃寺』福島市史編纂準備委員会
(7)　註(6)文献
(8)　註(4)文献
(9)　中島隆 1979『桃花台ニュータウン遺跡調査報告』Ⅱ　小牧市教育委員会
(10)　渡辺博人氏にご教示いただくとともに、実見させていただいた。記して謝意を表する。これはやや大形の陶棺と想定できる。
(11)　東京国立博物館 1983『東京国立博物館図版図録』古墳時代遺物編(関東Ⅱ)
(12)　角田文衛 1944「備中国下道氏塋域における一火葬墓」『考古学雑誌』34-3　日本考古学会
(13)　『続日本紀』文武天皇四年条
(14)　柴田稔 1983「横穴式木芯粘土室の基礎研究」『考古学雑誌』68-4　日本考古学会
(15)　近藤義郎・角田茂 1956「備前津高村の小形陶棺」『私たちの考古学』10　考古学研究会
(16)　註(3)文献
(17)　吉岡博之ほか 1979『長岡京跡発掘調査研究所調査報告書』第1集　長岡京跡発掘調査研究所
(18)　註(4)文献
(19)　間壁葭子 1970「宮寺と私寺」『古代の日本』(中国・四国)　角川書店
(20)　酒井清治 1982「緑山遺跡出土の瓦－勝呂廃寺の系譜の中で－」『緑山遺跡』(財)埼玉県埋蔵文化財調査

事業団報告書第19集（これと同系の瓦は大谷瓦窯跡、小用廃寺にあり、比企周辺の限られた地域に分布する）

(21) 辻秀人　1984「陸奥南部の造瓦技法－腰浜廃寺・関和久遺跡出土瓦の検討」『太平臺史窻』3号　史窻会
(22) 柴田稔　1986「考古ニュース　6世紀の古墳から火葬の頭蓋骨片」『考古学ジャーナル』No.259　ニュー・サイエンス社
(23) 奈良国立文化財研究所　1960『弘福寺』奈良国立文化財研究所学報第9冊
(24) 梅原末治ほか　1926「摂津阿武山古墓調査報告」『大阪府史蹟名勝天然記念物調査報告』7
(25) 高橋健自　1913「河内における一種の古墳」『考古学雑誌』4-4　日本考古学会
(26) 猪熊兼勝ほか　1979『飛鳥時代の古墳』飛鳥資料館
(27) 大川清　1972「犬伏窯跡」『東北自動車道埋蔵文化財発掘調査報告書』栃木県埋蔵文化財発掘調査報告5
(28) 註(27)文献
(29) 太田陸郎　1932「摂北特殊構造古墳二例」『考古学雑誌』22-8　日本考古学会
(30) 柏原市教育委員会　1983『片山廃寺塔跡調査概報』
(31) 中村浩ほか　1977『陶邑Ⅱ』大阪府文化財調査報告書29　大阪府教育委員会
(32) 註(25)文献
(33) ちなみに小型坏は100g前後、鉢は700g前後、盤は1～1.5kgである。これほど膨大な量でありながら各器種とも完形品がないことから、常に運搬するなど移動による破損が多いためであろう。
(34) 陶邑ＴＫ321に類例がある。
　　野上丈助ほか　1982『陶邑Ⅴ』大阪府文化財調査報告書33　大阪府教育委員会
(35) 註(1)文献
(36) 笹森健一　1981「埼玉県における奈良時代の土器の変遷とその様相」『シンポジウム盤状坏』東洋大学未来考古学研究会
(37) 金子真土　1982「北武蔵の須恵器－7・8世紀の様相について－」『研究紀要』4　埼玉県立歴史資料館
(38) 奈良国立文化財研究所　1976『飛鳥・藤原宮発掘調査概報』9
(39) 奈良国立文化財研究所　1978『飛鳥・藤原宮発掘調査報告』Ⅱ　奈良国立文化財研究所学報第31冊
(40) 「飛鳥・藤原地域出土土器基準資料」による。
(41) 奈良国立文化財研究所　1980『飛鳥・藤原宮発掘調査報告』Ⅲ　奈良国立文化財研究所学報第37冊
(42) 奈良国立文化財研究所　1978『飛鳥・藤原宮発掘調査概報』8
(43) 註(39)文献
(44) 中村浩ほか　1979『陶邑Ⅳ』大阪府文化財調査報告書31
(45) 中野宥ほか　1979『駿河井庄段古墳』静岡市教育委員会
(46) 藤枝市教育委員会・静岡県教育委員会　1981『原古墳群谷稲葉支群高草地区』
(47) 藤枝市教育委員会・静岡県教育委員会　1980『原古墳群白砂ヶ谷支群』
(48) 村松冨美夫ほか　1982『横添古墳群板沢支群発掘調査報告書』静岡県岡部町教育委員会
(49) 荻野繁春　1981「7・8世紀の須恵器編年－美濃・尾張国－」『老洞古窯跡群発掘調査報告書』岐阜市教育委員会
(50) 白石太一郎　1982「畿内における古墳の終末」『国立歴史民俗博物館研究報告』1
(51) 陶邑ではＴＧ64号窯(『陶邑』Ⅱ)、福島市宮沢1号窯(註6文献)、宮城県日の出山窯跡(宮城県教育委員会1970『日の出山窯跡群』)などにある。
(52) 註(20)文献

(53) 柴田常恵拓本資料に赤沼窯跡出土の棒状子葉を持つ単弁8葉軒丸瓦がある。勝呂廃寺では、この瓦と同時期と考えられる、平行叩きの平瓦と類似するものが、国分寺瓦窯下の灰原から出土する。
　　 金子真土 1984「埼玉における古代窯業の発達(6)」『研究紀要』6　埼玉県立歴史資料館

(54) 武蔵国分寺を例にあげるならばその瓦窯跡はＪＲ八高線沿い、すなわち丘陵沿いにあり、最も遠距離は児玉町飯倉の65kmであるという。大川清によれば一窯の窯詰は約500枚という。仮に一窯すべてが製品として使えた場合、平瓦であるならば40人強いれば「人擔(担)」で一度に運ぶことは可能であろう。
　　 大川清 1966『かわらの美』現代教養文庫566　社会思想社

(55) 註(20)文献

(56) 註(53)文献

(57) 渡辺一ほか 1985『鳩山窯跡群発掘調査概報』鳩山町教育委員会

(58) 井上肇ほか 1978『舞台(資料編)』埼玉県遺跡発掘調査報告書17　埼玉県教育委員会

(59) 奈良国立文化財研究所 1973『飛鳥・藤原宮発掘調査概報』3

(60) 埼玉県 1984『新編埼玉県史』資料編3 古代1 奈良・平安

(61) 註(1)文献

(62) 後藤健一ほか 1983『東笠子遺跡発掘調査概報』湖西市教育委員会

(63) 川江秀孝ほか 1980『伊場遺跡遺物編』2　浜松市教育委員会

(64) 向坂鋼二ほか 1982『城山遺跡調査報告書』静岡県可美村文化協会

(65) 天野努ほか 1981『公津原』Ⅱ　千葉県教育委員会

(66) 奈良国立文化財研究所 1978『平城宮発掘調査報告』Ⅸ 奈良国立文化財研究所学報第34冊

(67) 大塚孝司 1984『江ヶ崎貝塚・荒川附遺跡』蓮田市教育委員会

(68) 註(60)文献

(69) 栗原文蔵ほか 1974『下新田遺跡・荒神脇遺跡・熊野遺跡』埼玉県遺跡調査会報告22

(70) 註(57)文献

(71) 服部敬史・福田健司 1979「南多摩窯址群出土の須恵器とその編年」『神奈川考古』6

(72) 山下守昭氏にご教示いただいた。記して謝意を表する。

(73) 栗原文蔵ほか 1972『水深』埼玉県遺跡調査会報告13

(74) 酒井清治 1981「房総における須恵器生産の予察(Ⅰ)」『史館』13において、かえり蓋は一部に8世紀第2四半期まで存続すると考えたが、埼玉の場合8世紀第1四半期で終焉を迎えるようで、特殊なかえりだけが第2四半期まで残るようである。

(75) 谷井彪・今井宏 1985「赤沼地区第14支群の発掘」『研究紀要』7　埼玉県立歴史資料館

(76) 富田和夫・赤熊浩一ほか 1985『立野南・八幡太神南・熊野太神南・今井遺跡群・一丁田・川越田・梅沢』(財)埼玉県埋蔵文化財調査事業団報告46

(77) 註(76)文献

(78) 奈良国立文化財研究所 1976『飛鳥・藤原宮発掘調査概報』6

(79) 註(42)文献

(80) 註(76)文献

(81) 大和修ほか 1983『若宮台』(財)埼玉県埋蔵文化財調査事業団報告書28

(82) 宮崎朝雄ほか 1987『中堀・耕安地・久城前』埼玉県遺跡発掘調査報告書15

(83) 註(76)文献

(84) 小久保徹ほか 1978『東谷・前山2号墳・古川端』埼玉県遺跡発掘調査報告書16

第3章　須恵器生産の展開　223

(85)　増田逸朗ほか　1977『塚本山古墳群』埼玉県遺跡発掘調査報告書10
(86)　高橋一夫　1985「城見上Ｂ地点遺跡」『寄居町史』原史古代中世資料編　寄居町教育委員会
(87)　註(76)文献
(88)　長谷川勇・石橋桂一ほか　1985『夏目遺跡発掘調査報告書』本庄市教育委員会
(89)　註(60)文献
(90)　つまみのはずれた部分に轆轤回転利用の刻み目が見られる。巽淳一郎は「『巻き上げロクロ成形法』による土師器は8世紀初頭に出現し、8世紀中頃まで生産されるが、それ以降畿内では見られない」とし、「生産は須恵器工人の手による」とした。
　　　巽淳一郎　1983「古代窯業生産の展開」『文化財論叢』奈良国立文化財研究所創立30周年記念論文集　同朋舎
(91)　中澤充裕・唐澤保之ほか　1984『芳賀東部団地遺跡』Ⅰ　前橋市教育委員会
(92)　松本浩一ほか　1984『中尾(遺物編)』(財)群馬県埋蔵文化財調査事業団
(93)　註(76)文献
(94)　註(60)文献
(95)　註(85)文献
(96)　中村倉司ほか　1980『臺遺跡』埼玉県遺跡調査会報告41
(97)　註(60)文献
(98)　註(60)文献
(99)　註(81)文献
(100)　大江正行　1984「群馬県における古代窯業群の背景」『群馬文化』199　群馬県地域文化研究協議会
(101)　註(100)文献
(102)　神戸聖語ほか　1979『引間遺跡』高崎市教育委員会
(103)　註(92)文献
(104)　註(91)文献
(105)　長谷川達雄ほか　1983『森遺跡・中Ⅰ遺跡・中Ⅱ遺跡』(財)群馬県埋蔵文化財調査事業団
(106)　奥平一比古ほか　1983『株木遺跡』藤岡市教育委員会
(107)　坂井隆ほか　1984『熊野堂遺跡(1)』(財)群馬県埋蔵文化財調査事業団
(108)　註(27)文献
(109)　井川達雄ほか　1985『三ツ寺Ⅲ遺跡・保渡田遺跡・中里天神塚古墳』(財)群馬県埋蔵文化財調査事業団
(110)　高台の削り出しは両方から削る例が多いが、第64図16のように内側だけ削る例もある。また削る位置、削る幅も一定していない。
(111)　註(76)文献　富田和夫「結語　須恵器」
(112)　児玉町飯倉出土のかえり蓋を、鈴木徳雄氏に実見させていただいた。記して謝意を表する。
(113)　大江正行ほか　1982『天代瓦窯遺跡』中之条町教育委員会
(114)　昼間孝志　1982「国を越える同笵瓦に関する一考察」『研究紀要』　(財)埼玉県埋蔵文化財調査事業団
(115)　石岡憲雄・高橋一夫・梅沢太久夫　1979「埼玉における古代窯業の発達(1)」『研究紀要』1　埼玉県立歴史資料館
(116)　昼間孝志　1982「金草窯跡」『埼玉県古代寺院跡調査報告書』埼玉県県史編さん室
(117)　註(116)文献
　　　高橋一夫　1982「古代寺院成立の背景と性格」第107図

(118) 有吉重蔵ほか 1984「シンポジウム北武蔵の古代寺院と瓦」『埼玉考古』22　埼玉考古学会
(119) 註(90)文献　山中敏史 1983「評・郡衙の成立とその意義」
(120) 田中一郎は方二町の寺域と四天王寺式伽藍配置を考えている。
　　　田中一郎 1961「勝呂廃寺跡考」『埼玉史談』8-1
(121) 註(119)で山中は「評・郡衙周辺の寺院跡は、本拠地型・非本拠地型郡衙遺跡のいずれにもみられるという事実に注目し、評・郡衙周辺には在地有力氏族の本拠地・非本拠地を問わず、寺院の営まれた例が多いと考えるべきであろう」とした。また「本拠地型郡衙の周辺に存在する寺院や、前述したような評・郡衙に先行して創建された寺院は、有力氏族の氏寺として造営が開始されたことを考えるべきであろう。しかし、そうした氏寺も、評・郡衙の建設に伴って、郡寺としての性格を合わせ持つことになったのではなかろうか」と考えている。

補記　埼玉県岡部町熊野遺跡にも立野遺跡と同類の小型陶棺形製品が出土した。行田市築道下遺跡では、末野産の環状つまみを持つかえり蓋が出土していることから、末野窯跡群でも環状つまみの蓋を生産していることが確認された。今後、荒川以北の環状つまみの生産地の検討が必要となった。また、埼玉古墳群をはじめ周辺地域へ末野産須恵器が多く供給されていることが判明してきた。今後上野系須恵器と埼玉古墳群の関係が問題となろう。

第6節　北武蔵の須恵器の変遷

1. 問題点の所在と検討の方向

（1）はじめに

　武蔵国の歴史時代の須恵器編年は多くの人により編まれてきた。特に最近の服部敬史・福田健司による南多摩窯跡群の須恵器編年は、発掘資料によっていないものが多いものの、窯跡・灰原からの採集品であるため窯式ととらえられ、ほぼその変遷については首肯できる部分が多い。この一連の研究による編年観は、南多摩窯跡群だけでなく関東各地の土器年代決定に大きな影響を与えてきた。武蔵の土器年代を考える上に基準となる唯一の定点は、武蔵国分寺七重塔再建のための窯と考えられる、八坂前・新久窯跡群の須恵器だけであった。南多摩窯跡群の編年を作成するにあたっても、八坂前・新久窯跡群との対比を坏の法量と形態の比較をもって行い、年代を付与した。新しい時期については、灰釉陶器と共伴する須恵器に灰釉陶器の年代観を援用した。

　その際、灰釉陶器の年代は平城宮に代表されるものと、楢崎彰一の二つの大きな考え方のうち後者をとっている。その理由は平城宮の編年を援用すれば、1世紀半近くの「無土器」時代ができてしまうことからである。1986年2月、神奈川考古のシンポジウムの席上において、前川要によって灰釉陶器の年代観が発表され、福田健司も灰釉の年代から南多摩窯跡群の須恵器編年修正案が出された。

　このようなさなか、南比企丘陵の中ではゴルフ場建設に伴う鳩山窯跡群が発掘され、赤沼の谷奥の小谷支群、虫草山支群など50基近い窯が調査された。窯は8世紀前半から9世紀にわたるが、特に国分寺創建時の須恵器を知る上で、興味深い資料を提供した。

　以下、武蔵国における須恵器年代を再検討し、武蔵国の中でも埼玉県に位置する末野・南比

企・東金子窯跡群の、8世紀前半から9世紀の土器変遷を検討してみよう。

特にここで主眼とするところは、国分寺創建期の土器年代の設定であり、塔再建期の新久窯跡の間を埋めることにある。また、各窯跡群にはそれぞれの特色が見受けられるので、各窯跡群ごとの変遷を追うことにして、各窯跡群の違いを見出したい。

(2) 資料について

資料については、本来窯跡出土の良好な資料を使うべきであるが、分布調査の採集資料は窯を限定できる資料が少なく、また末野窯跡群のように発掘調査の少ない地域もあるため、おのずと集落跡出土資料が多くなることは否めない。集落跡出土資料は混入の危険性を含んでいることは確かであるものの、良好な資料の抽出により検討材料とすることは可能であろう。たとえば窯跡出土の資料を見ても、各器種とも大きさ、形態、手法にバラエティーがあるが、これを工人差と見るか時間差と見るかは各々検討が必要であるものの、現在では一窯式として捉えられている。住居跡出土資料の中でも出土量が多く、同一形態、同一産地の製品が出土しているならば、窯跡出土例から見ても近接した時期と考えられる。特に今回の場合生産地により近く、そこの製品を主体とする住居跡を選んでいることから、窯跡に近い資料のあり方を示していると考える。

今回検討した中で国分寺創建頃に限ってみれば、窯の操業期間は5年前後と短いことが想定される。ここで注意しなければならない点は、窯の操業自体の存続年代は短いものの、前の窯でA・B形態の坏を焼成し、次の窯でB・Cの坏を焼成した可能性があり、B形態の坏だけを取り上げた場合は前後の窯の時期にわたると想定できることである。このようなことから、一つの土器の年代は、一窯の存続年代の中だけに納まるものではなく、窯式＝型式設定の場合、どの窯を取り上げるか充分注意を払う必要があろう。

「窯式編年」については田辺昭三らの陶邑編年[10]の確立によってほぼ承認されているといってよい。これに対して、中村浩は「窯の調査によって得られた資料の分析によるものでないことに、一定の限界が内包されている」として、窯番号を型式名とすることについて「同一窯の同型式存続期間内にあっても、窯そのものの操業期間の異なる窯間、あるいは同一窯体内での型式変化については、あまり注意が払われていなかった」として、「床式編年」をとられた[11]。田辺はそれに反論して、「遺跡と遺物に対する層位学と型式学の統一的把握の正しい実践のみが、型式編年の唯一の方法」と説く[12]。

このような精緻な「窯式編年」あるいは「床式編年」は、本来直接調査に携わっていない限り報告された窯資料からの分析は不可能である。今回は各窯跡群の変遷を知るため、住居跡資料も加えており、窯資料の制約からも型式まで高めうるものではなく、須恵器の変遷を探るのを目的としている。

(3) 前内出窯について

武蔵国分寺創建で問題となってくるのは前内出1・2号窯跡の時期設定である。今日まで前内出窯は高橋一夫の2号窯が8世紀後半、1号窯が9世紀前半という提言[13]以来その年代はほぼ容認されてきた。金子真土は法量分布などの検討から2号窯を国分寺創建期まで引き上げた[14]。筆者も7世紀の須恵器から追う限り、前内出窯期は遡る結果となった。この結果はのちに鳩山窯跡群、

国分寺の発掘によっても確かめられることとなった。ここで前内出窯期としたのは1・2号窯に認められる年代差はほとんどないと考えるからである。2号、1号それぞれの中に新古が認められるものの、1号に認められる古式の形態は、2号の古式の形態と技法・胎土の上からも変わらないからである。

　ここで胎土について触れておくならば、前内出窯跡は東金子窯跡群の中では特異で、八坂前・新久窯跡群が大きな砂粒はないものの砂っぽいのに対して、大変きめが細かく精良な土である。焼きによっては南比企産と間違えることもあるが、白色針状物質は入っていない。1・2号窯に築窯の前後はあったかもしれないが、発掘途中の所見によれば2号窯は坏を、1号窯は甕を専用とした可能性があり、周辺にある窯跡群から見るならば両窯は地理的にも接近しており、極めて時期的にも近接した一群と考えられる。このことから前内出1・2号窯の中にある古式の形態を前内出窯古式、新しい形態を前内出窯新式とする。古式の坏は口径・底径の広いもので1号窯の第72図1・2、2号窯の第72図23・24などがより古い例であろう。

　鳩山窯跡群での連続して切り合っている窯の変化を見るに、ある窯では坏の口径が大・小あるのに、次の窯では大は消滅して小だけが生産され、この小は前の窯と法量・技法的には全く同一である。このような大の消滅の変化を見るならば、前内出窯古式はその前から続く古い形態であり、新式は次に続く形態である。両者共存する前内出窯期は埼玉県内を見るに一住居跡から多量に出土する例が多い。このあり方は国分寺創建期に生産の画期があったためと推測される。

2. 武蔵における須恵器年代の検討資料について

　武蔵に限らず須恵器編年にはいくつかの年代基準が設けられている。しかし、関東においては畿内と違い紀年銘の見られる遺物は少なく、数少ない基準資料に頼らざるを得ないのが現状である。武蔵を見れば最も信頼できる定点は、武蔵国分寺塔再建の瓦を焼成したとされる八坂前・新久窯跡である。これについては疑問も出されている(16)ものの、大勢では承認されているといえよう。本稿では特に国分寺創建期の土器年代を求めることを目的としている。8世紀中葉における土器年代の定点を決めることは、今後の年代推定の上には参考になるものと考える。また、国分寺創建期以外にもいくつかの年代推定資料をあげるが、他地域の土器資料からの年代援用のため準資料であるが、参考のため取り上げる。

　(1) 静岡市神明原・元宮川遺跡出土の木簡に伴う須恵器（第66図）

　古墳時代以降、武蔵をはじめ関東には多くの遠江、特に湖西産の須恵器がもたらされた。

　元宮川遺跡出土の須恵器(17)は、年代をある程度推測しうる木簡とともに共伴した。遺構は旧大谷川河道内流路6の最下層の祭祀遺物群と推測され、古墳時代後期の須恵器・土師器など約二百数十点と、斎串・人形木製品・馬形木製品・杵・編錘・横櫛・耳環・石製紡錘車・砥石などとともに問題の5号木簡が出土したという。

　共伴する須恵器について、報告者である栗野克巳はA～Eの5群に分け、その年代は6世紀中葉から7世紀中葉に比定されるという。最も新しいE群は口径10.5～11cmで、古墳時代の蓋坏の最終末の小型品で、これが木簡に共伴すると考えられている。

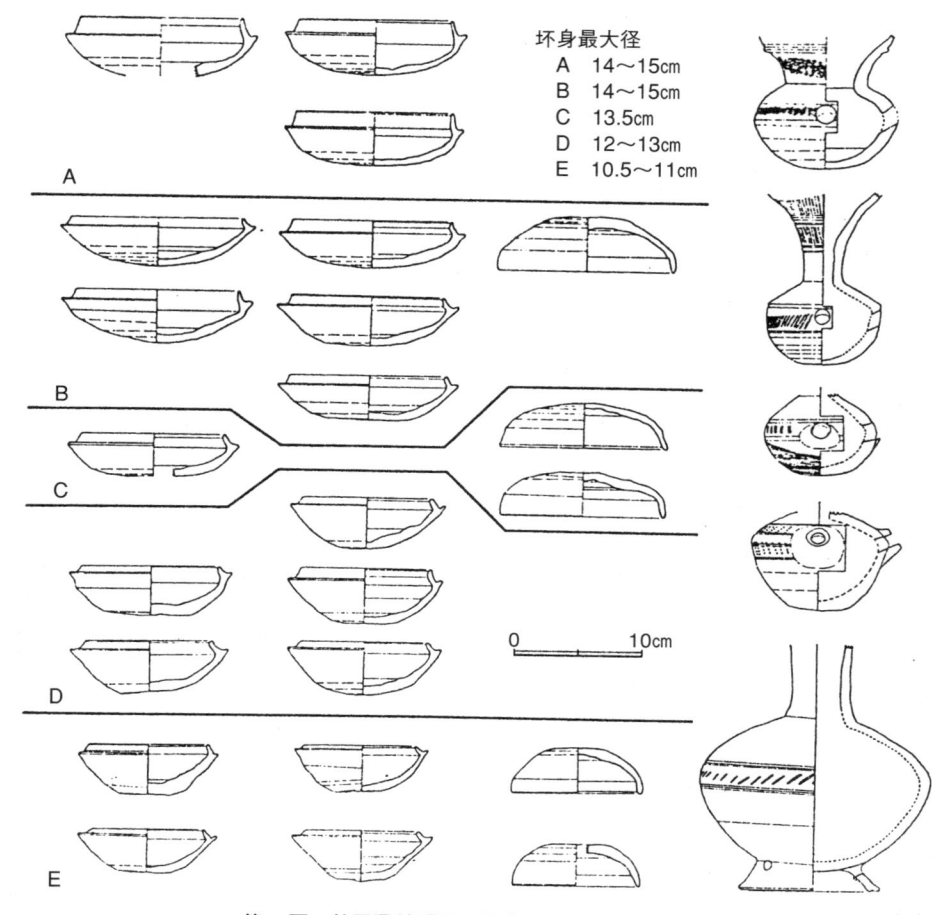

坏身最大径
A 14〜15cm
B 14〜15cm
C 13.5cm
D 12〜13cm
E 10.5〜11cm

第66図　静岡県神明原・元宮川遺跡出土須恵器

　5号木簡の表には「相星五十戸」と書かれ、裏には2文字書かれている。この「相星」は『和名類聚抄』駿河国有度郡の項に記載される「會星」（アフホシ）に該当すると推測されている。
　まず須恵器について検討してみよう。特に遠江を中心に須恵器の編年を行っている川江秀孝は、古墳時代最終末の蓋坏をⅢ期末として陶邑窯跡群の中村編年Ⅱ－6、田辺編年ＴＫ217型式に並行されている[18]。古墳出土の須恵器を検討した大塚淑夫は、同類の須恵器を第Ⅲ期6として板沢Ｃ類に分類され、同じく中村編年Ⅱ－6に近似するとした[19]。年代観については両者とも畿内の年代を拠り所に、7世紀前半代に比定している。ちなみに、筆者はこの土器群とほぼ並行する上里町八幡太神南Ａ1号住居跡、本庄市今井Ｇ2号住居跡出土例を取り上げて、7世紀第3四半期前半の年代を与えた[20]。
　次に木簡「五十戸」についてみよう。現在までに検出されている「五十戸」と記された木簡は以下のごとくである。
　①「白髪部五十戸」　　（飛鳥京）[21]
　②「□□（辛巳ヵ）年□（正ヵ）月生十日柴江五十戸人　若□□」
　　「□□□三百卅束　□□部□□」　（伊場遺跡）[22]

③「　　　　　竹田□□□□（五十戸人ヵ）」
　「□□□□　□□」　　　　（伊場遺跡）[23]
④「欠　□□（三方）評耳五十戸土師安倍　欠」　　（藤原宮）[24]

　①については岸俊男が詳細な検討をして、大化5年（649）2月～天智天皇3年（664）2月の間に書かれたと結論づけた。②については出土層位が奈良時代層（Ⅴ層）下であることから、7世紀後半代と考えられている。木簡の年紀「辛巳」についてはやや問題も多いとされている。これが「辛巳」ならば天武天皇10年（681）に比定できる。③は残念ながら年紀は不明である。④については藤原宮出土である点、年紀はないものの天武13年（684）～和銅3年（710）の間と推測できる。

　なお、「五十戸家」の墨書土器が平城宮溝ＳＤ1900Ａから出土する[25]が、この溝は朱雀門造営で埋められていること、国郡里制を示す「過所」木簡を出すことから、701～715年頃の間に廃棄されたと考えられており、「五十戸」木簡の最終年次とほぼ同年代である。

　「五十戸」の制定・施行については中田興吉によってまとめられている[26]が、それによれば「五十戸」の施行開始時期について大化2年以降、天智7年の近江令以降、持統4年の浄御原令以降などをはじめ多くの見解がある。いずれも木簡の表記年代と同様7世紀後半代であるものの、「五十戸」の性格のとらえ方はさまざまである。今回は性格検討を意図するものではなく、「五十戸」の年代だけ取り上げ検討してみる。

　元宮川遺跡出土の5号木簡には「相星五十戸」と記されるが、その年紀は不明である。しかし、既出の「五十戸」木簡が7世紀後半代であることから、当資料もこの頃に置けるであろう。また、出土須恵器が今日まで7世紀前半代に置かれていた資料であることを考えると、木簡の年代を7世紀後半でも新しい時期まで下げることはできない。これについては、かえりを持つ坏の蓋が出土していないことからも首肯できる。おそらく木簡の上限年代7世紀第3四半期以降で、第4四半期まで下らない時期が須恵器の年代と考えるのが妥当であろう。すなわち、畿内で古墳時代の坏蓋（飛鳥・藤原宮では杯Ｈ）の最終末である飛鳥Ⅱ期よりも明らかに年代的に新しいが、これは飛鳥・藤原宮編年の年代観の相違に起因していると推測する。この編年観に対して白石太一郎が疑義を提出している[27]が、一つには白石編年を援用して新しくすることによって、解決できる問題であろう。もう一つ、遠江・関東の古墳時代最終末の蓋坏に伴うかえり蓋があまりに少なく、特に窯について顕著なようである。一つの見通しとしては生産に限っていえば、古墳時代蓋坏が遅くまで残り、かえり蓋の生産が畿内よりも遅れ、さらに少なかったのではなかろうか。また、導入時において埼玉県東松山市舞台窯跡[28]例のように、別々の窯で焼かれた可能性もある。このような状況は律令体制の遅れあるいは弱い地域での、「律令的土器様式」[29]の成立が遅れたことが原因であろう。

（2）静岡県湖西市湖西窯跡群産の須恵器

　前節[30]の中で8世紀第1四半期の年代推定資料として湖西窯跡群の丸底の底部が高台に近いか、高台より出るいわゆる「出っ尻」の高台付坏須恵器を使用したが、その須恵器は伊場遺跡出土の木簡の干支年代などから推定された年代、8世紀初頭が根拠になっていた[31]。

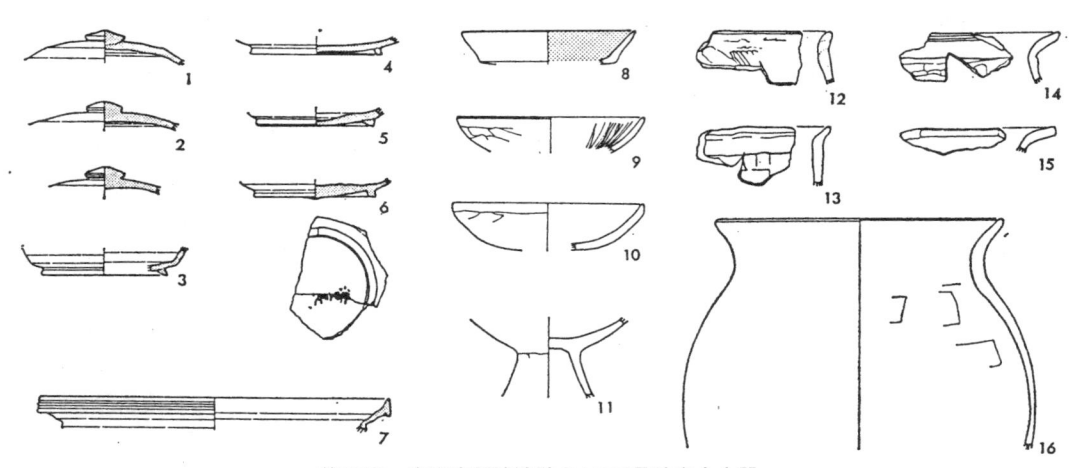

第67図　市原市門脇遺跡ＳＩ005号跡出土土器

　湖西産の高台付坏の消費地での年代を決定づけることのできる資料が報告され、小林清隆によってまとめられている。その資料は市原市門脇遺跡の住居跡ＳＩ005号跡から出土した高台付坏の底部に、「□（海）里長」と墨書された湖西産の須恵器である（第67図 6）。小林によれば「□（海）里」は上総国市原郡海部の可能性が高いという。海部郷は、現在遺跡の北西4kmの「海士」の地名に比定されているものの、里の下に複数の集落が存在した可能性から、海部里に含まれていたと解釈されている。問題はこの須恵器に書かれた「里長」である。律令制下の行政単位は五十戸一里制で施行されていたが、『出雲国風土記』の中の「依霊亀元年式改里為郷」という記事に見られるように、霊亀元年（715）、里を郷に改め、その下に郷戸内房戸を置いてそれを里とした。これを郷里制という。五十戸一里制のときは里長が置かれていたが、郷里制に改編されてからは郷長となり、さらに下には里正を置いた。このような事実から墨書土器「□（海）里長」を見るならば、土器に書かれた時期は霊亀元年以前とすることができる。報告されたＳＩ005号跡の須恵器を見るに、ほとんどが湖西産のものであり、時期的にも同一時期と考えてよい。このような点からこの「□（海）里長」の墨書須恵器は、使用開始時期の下限が霊亀元年にあったといえよう。

　このように湖西産の高台付坏の須恵器は、年代の補強材料が出土したことにより以前考えた年代が妥当であることが証明された。

　（3）内出遺跡銙帯出土13号住居跡、和同開珎出土14号住居跡（第68図）

　内出遺跡には住居跡22軒が検出されているが、7世紀から9世紀にわたって営まれている。和同開珎を出土した14号住居跡は、11、12号住居跡に切られているが、重複関係は13→14→12→11号住居跡の順である。まず、13号住居跡からは須恵器坏類が出土するが、坏身はやや丸底で体部は直線的に外傾するものと外反する例がある。それらは口径から二分され、小型品の1例は口径12.1cmで、大型品は覆土のものを除けば16.6〜17.6cmである。蓋は口径12.3cmの小型品を除けば、ほかの5点はかえりを持っており、口径17.2〜21.5cmと大型である。ほかに須恵器平瓶、土師器坏・台付甕・甕、鉄鏃および年代の推定できる銅製銙帯の鉈尾が出土している。

230

第68図　岡部町内出遺跡13・14号住居跡出土遺物
1〜26:13号住居跡　27〜40:14号住居跡

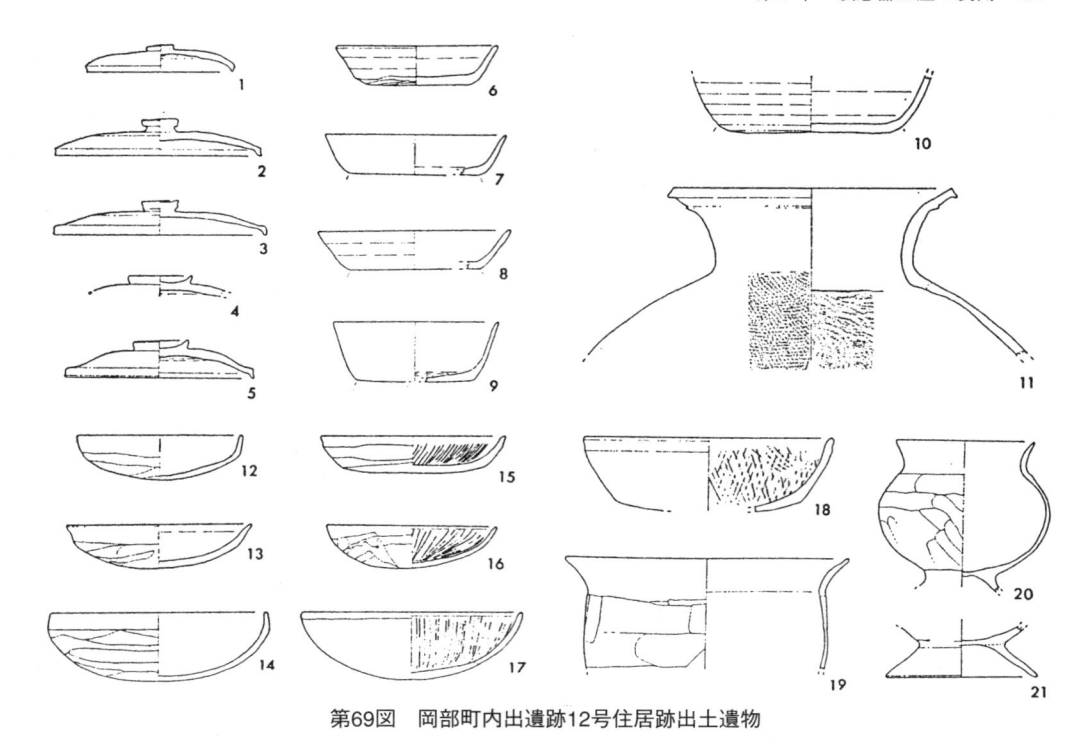

第69図　岡部町内出遺跡12号住居跡出土遺物

　13号を切る14号住居跡は和同開珎が床上5cm（観察表では10cmにする）、土器類も床直上ではないものの、ほぼ床あるいは床面上から出土している土器と、覆土と註記される土器には年代差は見られない。また、14号住居跡は時期的に続く12号住居跡に切られていることからも、床と覆土のものとはほぼ同時期あるいは近接する土器群と考えられる。須恵器は口径10cmの坏の小型品がほぼ床から出土し、覆土から丸底の大型品の底部が出土する。蓋は覆土から口径13cmの小型かえり蓋が、床面付近から口径19cmの退化したかえりを持つ大型品が出土する。ほかに土師器坏・鉢・甕、覆土から単弁16葉と考えられる軒丸瓦片が出土している。[34]

　続く12号住居跡からは床直の土器は少なく、床に近い須恵器として環状つまみを持つ蓋の破片が出土するが、覆土からも同形態で口径15cmの例が見られる。ほかに床に近い例として口径11.7cmの小型の蓋のほか、南比企窯跡群赤沼14支群に特徴的な円盤状のつまみで、つまみの側面が垂直あるいは中窪みの面を持つ、口径17.4cmの大型の蓋が出土する。坏身に関してはいずれも覆土からであるが、蓋が覆土と床に近いものが同形態であることから、坏身も同時期の可能性がある。その坏は口径12.7cmの小型坏が手持ちヘラ削りを施し、13～15.2cmの一群は回転ヘラ削りを行う。埦は底径12.8cmと大型である（第69図）。

　内出遺跡の13→14→12号住居跡の重複関係は、土器の変遷にも明瞭に見られる。その年代推定資料として13号住居跡の銅製銙帯と、14号住居跡の和同開珎がある。まず13号住居跡の銅製銙帯は鉈尾である。銙帯については伊藤玄三[35]、佐藤興治[36]、阿部義平[37]らによって論考されている。使用開始年代については、各氏とも『扶桑略記』の「天下始用_革帯_」から慶雲4年（707）を上限としておさえている。その後、延暦15年（796）に石製銙帯に変更し、のちに再び金属製銙帯が復

活する時期もあるものの、住居の切り合い関係から見るに、鍔帯の上限の年代だけが関わりを持つ。

　13号住居跡の鍔帯は残念ながら覆土出土であるが、14号住居跡に切られ、14号住居跡にはかえり蓋を含むことから、伝世期間は短かったと考えられる。このような点から13号住居跡は鍔帯から上限のある1点が707年にあったと推定できる。

　14号住居跡出土の土器群も、和同開珎が床よりやや上から出土しているものの、覆土を含めた土器群に年代差が認められないことから、和同開珎初鋳年代708年が上限である。しかし、13号住居跡との関連からやや下ると考えられる。

　14号住居跡を切る12号住居跡の土器群の総体は、いくつかの特徴から赤沼14支群1・2号窯[38]（第70図）に近接する時期であろう。赤沼14支群1・2号窯出土の平瓦は桶巻造りで、枠板痕をヘラ削りする特徴を持ち、叩き文様からも坂戸市勝呂廃寺の瓦と同じである。勝呂廃寺では武蔵国分寺創建瓦である上野系一本造り軒丸瓦が出土しており、これに伴う平瓦は一枚造りと考えられること、武蔵国分寺においても創建瓦は一枚造りであることから、赤沼14支群1・2号窯は国分寺創建以前[39]と考えられることなどから、12号住居跡に切られる13・14号住居跡の下限は8世紀第

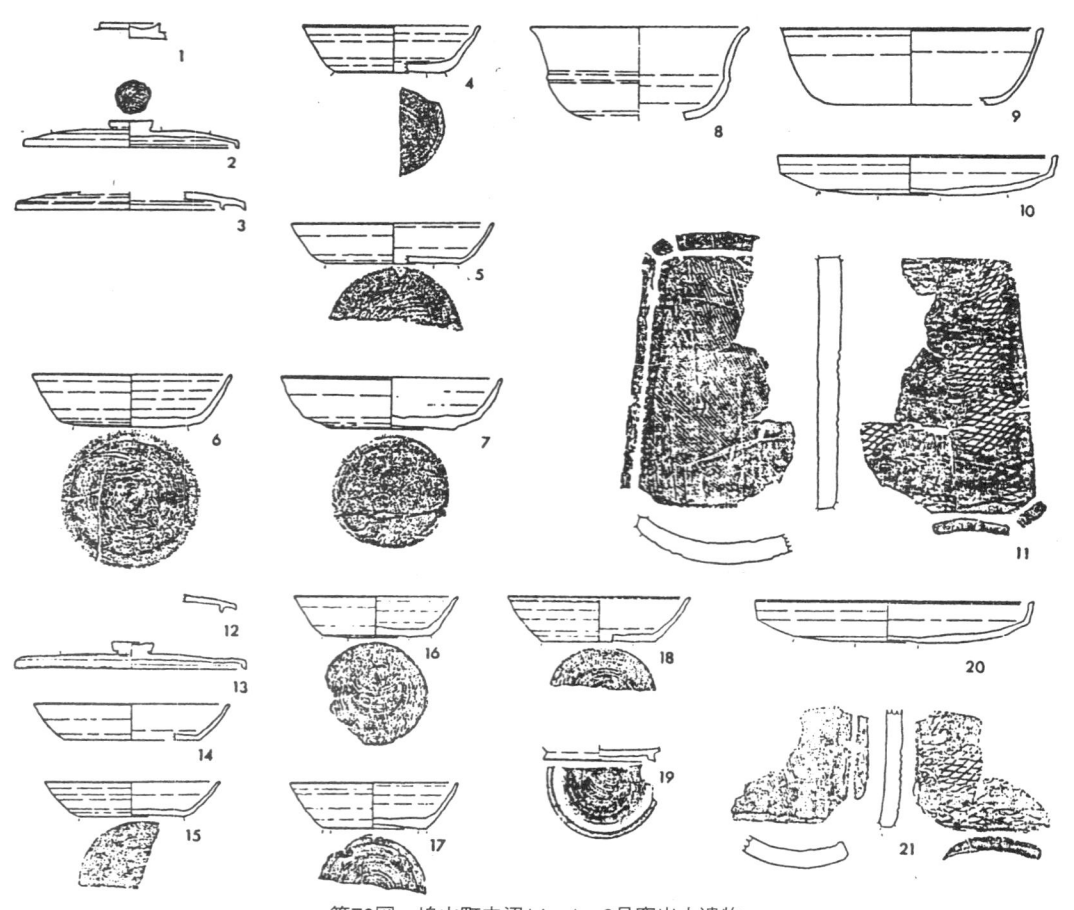

第70図　鳩山町赤沼14－1・2号窯出土遺物
1～11：1号窯　　12～21：2号窯

2四半期後半におさえられる。13・14号住居跡ともかえりを持つことからも第1四半期の中に置けると考え、13号住居跡を8世紀第1四半期前半に、14号住居跡を8世紀第1四半期前半から後半にわずかに入る時期と想定したい。

　（4）武蔵国分寺溝ＳＤ72出土須恵器と国分寺創建時期（第71図1・2）

　国分寺創建期の土器は、土器年代を検討する場合大きな問題であるものの、国分寺塔再建時の土器年代の検討に比べて、ほとんど手が付けられていないのが実状である。その大きな理由は国分寺の発掘による詳細な報告の少なかったこと、創建瓦を焼成した窯および国分寺からの出土瓦の分析が立ち遅れていたために、創建時期の年代確定が困難であったことから、土器年代への援用が不安定であったためであろう。

　近年の国分寺の調査成果の蓄積による有吉重蔵の一連の研究(40)、生産遺跡である大丸瓦窯跡、南比企窯跡群内の鳩山窯跡群の調査などは、今日まで不明確であった国分寺建立およびそれに関わる瓦・須恵器の変遷を知る上で大きな成果をあげている。

　武蔵国分寺の創建年代については原田良雄(41)、宮崎糺(42)の論考に代表され、前者は天平宝字元年(757)、後者は天平宝字2年(758)を考えている。その理由については、原田は多種多様の間に合わせ的な縄文、格子文、無文の瓦を含むことは、天平勝宝8年(756)の聖武太上天皇一周忌斎会を期限とする、造営督促の詔を反映したものとして、天平宝字元年頃までに造営が完了したと解釈された。宮崎は、武蔵国20郡の瓦は存在するのに、天平宝字2年(758)に設置された新羅郡の郡名瓦だけが存在していないことから、この頃までに造営が完了したと解釈された。

　有吉は両説を検討し、宮崎説については新羅郡の設置時の構成員74人は僧・尼が半数近くを占め、そののちの新羅郡の記事からも、藤原仲麻呂政権による新羅征討に伴う政治的背景によるものと考えた。このような新羅郡の設置理由から、国分寺造営に伴う諸負担は免除されたと推察して、宮崎説の新羅郡のあつかい方は問題が残るとした。また原田説については、縄文、格子文、無文の宇瓦は七重塔再建期に使用されたと判断されることから否定した。

　そして「平城宮系の瓦の導入が中央政権との密接な関係を前提としたものであったことを考慮すると、①高麗郡出身高麗朝臣福信が、天平勝宝8年6月の詔が出された直後に武蔵守を兼任していること、②国分寺造営の指導権を有する武蔵守の官位が、高麗朝臣福信を頂点に下位に変化している（従四位上→従四位下→正五位上→従五位下）こと、③平城宮系の瓦の祖型が、平城宮第Ⅳ期の瓦の中で、天平宝字3年創建と考えられる唐招提寺創建期使用瓦に求められることなどから、平城宮系の瓦が天平勝宝8年の造営督促の詔を背景に導入された」と推考した。そして造営年代は天平宝字元年5月の一周忌斎会までに主要建物はほぼ完成したものの、その完了は天平宝字年間中（757～764年）と考えた(43)。

　創建開始時期については諸説あるものの、井上薫はそれぞれの説を詳細に検討している(44)。その中で井上は天平9年3月3日詔で国分寺（僧寺）創建が令され、その理由に鎮護国家を祈った事情としては飢疫と対新羅関係の険悪による来攻の恐れをあげられた。続いて、天平13年2月14日勅で国毎に僧寺と尼寺を建てよと令され、その理由は藤原広嗣の乱によって鎮護国家の願望が高まったためと解した。天平9年詔を国分寺創建令と解する一つの論拠に、天平13年正月15日条の

藤原から返された封戸三千戸を「施┴入諸国国分寺┘」と記されていることをあげた。しかし、一般には国分寺建立の詔の発布された天平13年（741）が採られている。

近年の武蔵国分寺の第202・226次調査において、創建年代を検討する材料が提出された[45]。調査により検出された溝ＳＤ72は僧寺南辺溝に先行することが明らかになり、さらに中門中央から西へ伸びる塀ＳＡ10によって切られていることが分かってきた。このように溝ＳＤ72は中門、金堂、講堂、北方建物を中軸とする寺地区画以前のもう一つの区画であったことが判明した。この区画の中軸付近に塔があることから、有吉は塔を中心とする区画を国分寺草創期と考え第1期とし、新しい中門などを中軸とする区画を国分二寺創建期と考え第2期とした。その年代については第2期を天平13年以降と考え、第1期はそれを遡る時期と推定した[46]。

しかしその後、溝ＳＤ72の延長部分を調査した際、溝に埋め戻された粘土層中から前内出窯式の須恵器（第71図2）が出土するに至り、第1期は天平13年を遡ることが無理であることが分かってきた。これによって有吉は、創建期の変遷をⅠa、Ⅰb、Ⅰcの3期に分けられた[47]。

Ⅰa期（第71図1、区画1）は先の第1期で、塔および塔南方で検出された布掘り地業が属し、塔からは創建期の瓦の中で最古の一群である、一本造りの上野系および武蔵国府系軒丸瓦が出土している。布掘り地業を切る土坑ＳＫ603からは須恵器坏が出土していることから、当期に上野系・武蔵国府系軒丸瓦と前内出2号窯式の須恵器が伴うと考えた。そして、この時期は国分寺造営詔発布直後に、国司と一部有力豪族との協力関係による体制がつくられ造営が始められたと考え、年代を天平13～20年（741～748）とした。

Ⅰb期（第71図1、区画2）は先述した第2期で、国分二寺の伽藍を中心とする造営計画に変更して進められた時期で、Ⅰa期の寺域西辺溝ＳＤ72を埋め戻したものの、ほかのⅠa期の寺域および塔をそのまま取り込んだと考えた。この時期の須恵器は前内出2号窯式よりも、法量が小さくなる傾向があるという。そして、この時期は多種の文字瓦に代表されるように、国内郡司層の協力関係による在地型の広範な造営体制が整い、国分寺造営が大いに進展した段階として、年代は天平感宝元年～天平勝宝7年（749～755）とした。

Ⅰc期は国分二寺の造営が完了した段階で、平城宮系の文様が取り入れられた時期という。その背景は、天平勝宝8年（756）の聖武太上天皇一周忌斎会を期限とした、国分寺造営督促に伴う政府のてこ入れによる官主導型の造営体制に移ったためだと考え、年代は天平勝宝8年～天平宝字8年（756～764）とした。

このような3段階の変遷については須田勉も、上総・武蔵国分寺などの検討から近い見解を発表した[48]。

須田は第Ⅰ期について、上総の例から建物が偶数柱になるなど官衙的であることから、官衙的建物になったのは国司の責任で官が関与したためだと考えた。そしてこの時期の建物は瓦葺きではないとした。天平16年に国毎の僧寺、尼寺に各二万束を割き、出挙させてその利を造営の用に充てるとあることについて、須田は造営の基盤としてはこれでは少なすぎるとして、まだ未完の時期と考え、その年代を有吉とほぼ同じ天平13～19年とした。

第Ⅱ期は有吉と同様、上総・武蔵とも初めて地方豪族が関与した時期と考えた。そしてこの時

第3章 須恵器生産の展開 235

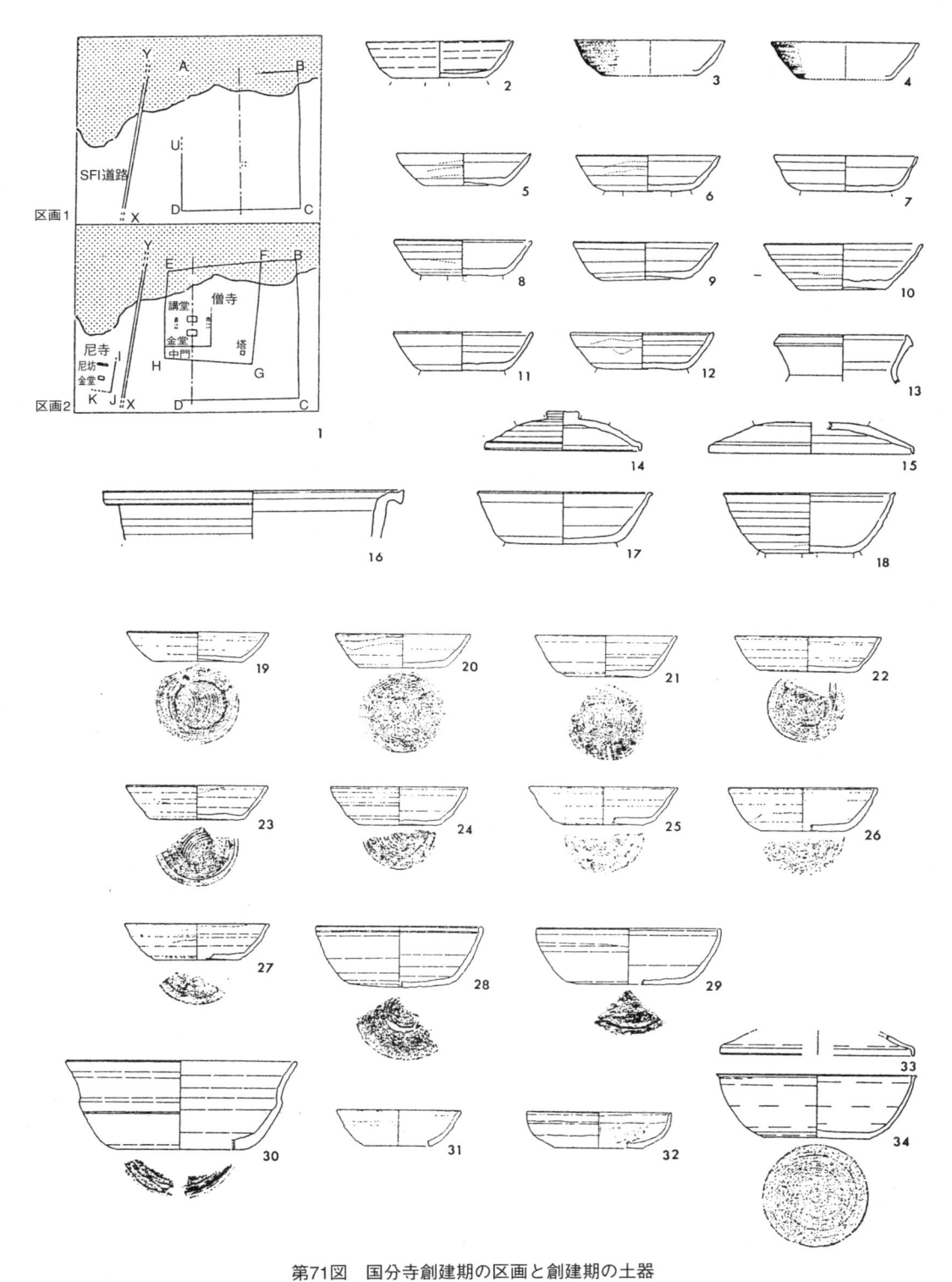

第71図 国分寺創建期の区画と創建期の土器
1:武蔵国分寺創建期区画変遷図　2:武蔵国分寺ＳＤ72　3・4:大丸2号瓦窯跡　5〜18:宮地遺跡16号住居跡
19〜32:武蔵国分寺ＳＩ24住居跡　33・34:多摩蘭坂遺跡

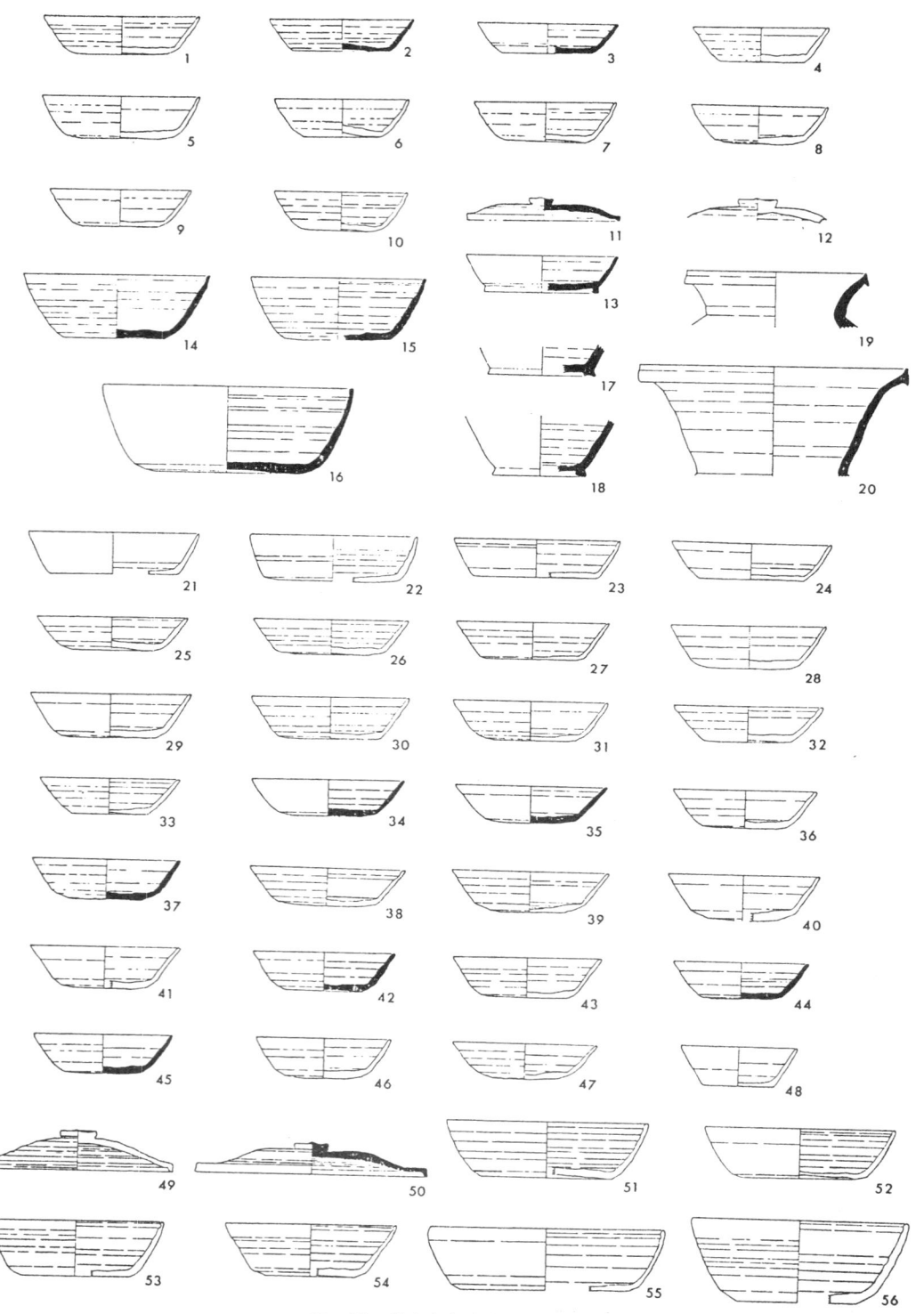

第72図　前内出窯跡出土須恵器
1〜20：1号窯跡　21〜56：2号窯跡

期以降瓦葺きとなり、平瓦に一枚造りが導入され、上総では本格的造営を契機に永田・不入窯跡群で須恵器の生産も始まったと考えた。天平19年の国分二寺の造営を国司・郡司に督励し、3年を限っていることから、譜第を決定する3年後までの間にどのように動いたかによって、第Ⅱ期の開始が天平19年を上限として動くことになる。

　第Ⅲ期は上総国分尼寺の増大する尼寺BⅡ期で、武蔵国分尼寺の造営された時期でもあったと考え、これには道鏡政権が大きく関わっているとした。上総・武蔵には道鏡に近い人物が多く、道鏡の重要視した地域であり、道鏡が称徳天皇に近いことから尼寺を重視したと推考した。その理由の最大のものは、上総国分尼寺がBⅡ期に至りほぼ倍の大きさになること、武蔵国分尼寺も近い大きさであることから、天平神護2年（766）の太政官符にある、尼が10人から20人になる時期に対応すると考えた。さらに僧寺と方向が違うこと、有吉がⅠc期の基準にした平城宮系瓦が、平城宮Ⅳ期（天平宝字～神護景雲）であることからも、妥当であるとした。年代は恵美押勝の乱後の天平神護（765～）以降、神護景雲年間（767～770）とした。

　有吉と須田の考え方は、Ⅰa（Ⅰ）、Ⅰb（Ⅱ）期の時期設定はほぼ同じであるものの、有吉はⅠa期にはすでに瓦を葺いたと考え、須田はその時期まだ瓦は使われず、第Ⅱ期に至り初めて瓦葺きになったとしている。また、最後の時期については、平城宮瓦の導入背景の違いによる年代のとらえ方の違い、さらに尼寺の建立時期のとらえ方により、有吉は天平勝宝8年～天平宝字8年（756～764）、須田は天平神護年間～神護景雲年間（765～770）とした。

　瓦の導入時期について武蔵に限ってみるならば、塔周辺から出土する一本造りの上野系軒丸瓦は、瓦当背面が布絞りであるなど明らかに古い技法でつくられ、上野国分寺でも主体となる瓦は背面無絞りの一本造りであり、武蔵国荒川以北に分布する一本造りの軒丸瓦から見ても、瓦当背面布絞りの方が古く、それに伴う米印叩きの平瓦も武蔵国分寺に見られることから、これらの上野系軒丸瓦が有吉Ⅰa期から使われたと想定できる。武蔵国分寺の一本造りの軒丸瓦のほとんどは、南比企窯跡群で生産されていたと考えられるが、南比企窯跡群は7世紀代からの一大窯跡群であり、郡衙・郡寺あるいは国府などへ須恵器・瓦を供給した、武蔵国の官窯的な窯跡群という基盤があったため、国分寺の瓦生産も早くに行われたのであろう。

　また、天平12年7月19日に、
　　令₋天諸国毎₋国□（写）₋法華経十部₋。并建₋七重塔₋焉。（『続日本紀』）
と国ごとに七重塔を建てさせようとしていること、天平13年の詔で、
　　宜₋令₋天下諸国各「令」敬₋造七重塔一区₋。并写₋金光明最勝王経妙法蓮華経各十部₋。朕又別擬写₋金光明最勝王経₋。毎₋塔各令₋置₋一部₋。（『類従三代格』）
と七重塔をつくり、聖武天皇の写した金字の金光明最勝王経を塔ごとに各一部を置こうとしたこと、塔と他の建物が並記される場合、たとえば天平19年11月7日条の詔には、「造₋塔金堂僧房₋」（『続日本紀』）と、天平神護2年8月18日の太政官符には「塔金堂等」（『類従三代格』）と、塔が最初に記される場合があり、この時期に至っても、それ以前の寺では塔が中心となっていた考え方がまだ残っているようである。武蔵国分寺では塔だけが中門・金堂などの中軸線から220m離れていることからも、塔周辺で最初に上野系軒丸瓦を使う事業が始まっていたと想定したい。

しかし、有吉がⅠa期に入れた布掘り地業（幅1.5〜1.8m、深さ2m、東西28.5m以上）を切る土坑ＳＫ603出土須恵器坏を、前内出2号窯式と解釈しているのは疑問が残る。坏2点は口径16.3、14.9㎝と大型で、前者は全面ヘラ削り、後者は中央にわずか回転糸切り痕が残る南比企産の製品である。(56)この坏類には「爪先技法」はなく大型であるが、小谷Ｂ4号窯と比較すると前者は体部に丸みを持ち、後者は底径が小さくなる形態から小谷Ｂ4号窯より新しいと考えられる。次の赤沼14－1・2号窯と比べて、大型品と類似する点もあるが形態に違いを見る。続く前内出窯（第72図）と比べて底径の小さいほうは形態の上では類似するが、大型品はやや古い様相を見せることからも、前内出窯に先行するものと考える。ここで問題は、有吉の述べるように布掘り地業がⅠa期に属するならば、ＳＫ603はそれ以降になり、遡っても天平13年を越えないということになる。小谷Ｂ4号窯と前内出窯との間のどこに置けるか問題であるものの、ここでは一応有吉のⅠa期に入る時期との報告から、天平13年に近い年代を考えておきたい。しかし、今後布掘り地業の詳細な報告がなされ、Ⅰa期を遡る遺構である可能性も充分残されており、今後検討を必要とする土器である。続く溝ＳＤ72出土の須恵器は前内出窯期でも古式で、前内出窯期の1点が天平19年頃にあると想定したい。

　有吉のⅠb期、須田の第Ⅱ期の始まりは、天平19年11月7日条から導き出されている。そこでは、

　　而諸国司等怠緩不行。或處寺便。或猶未開基。（『続日本紀』）

と国分寺の未完成あるいは手の付けられていない所もあることから、石川朝臣年足、阿部朝臣小嶋、布勢朝臣宅主等を諸国につかわして、寺地を検定し、進行状況を視察させている。そして、

　　又任郡司勇幹堪済諸事。専令主當。限来三年以前。造塔金堂僧坊悉皆令了。若能契勅。如理修造之。子孫無絶任郡領司。其僧寺尼寺水田者除前入数已外。更加田地。僧寺九十町。尼寺四十町。更仰所司墾開応施。普告国郡知朕意焉。（『続日本紀』）

と造営を仕事のできる郡司にあたらせ、3年を限って完成するようにさせた。そして、もしつくり終えたならば、郡司の職を子孫にまで保障するとした。

　天平21年2月27日の条は、それを保障するように、

　　勅曰。頃年之間。補任郡領。国司先擇譜第優劣。身才能不。舅甥之列。長幼之序。擬申於省。式部更問口状。比校勝否。然後選任。或譜第雖軽。以労薦之。或家門雖重。以拙却之。是以其緒非一。其族多門。苗裔尚繁。濫訴無次。各迷所欲。不顧礼義。孝悌之道既衰。風俗之化漸薄。朕窃思量。理不可然。自今已後。宜改前例簡定立郡以来譜第。重大之家。嫡々相継。莫用傍親。終塞争訟之源。永息窺窬之望。若嫡子有罪疾及不堪時務者。立替如令。（『続日本紀』）

とある。これは前例、すなわち大宝令以来の才用主義に基づく郡司の任用をやめ、「立郡以来譜第。重大之家」を選んで、その家系から郡司を任用する。また「嫡々相継。莫用傍親」と嫡子相続し、傍系の親族を用いることを禁止した。

　このような天平19年に始まる郡司に対しての働きかけは、天平勝寶元年に見られる地方豪族の

国分寺への知識物の貢献として表れ、近くにおいては上野国分寺への碓氷郡人外従七位上石上部君諸弟が見られる。国分寺建立のための地方豪族の協力は天平19年11月7日条を契機に、より強まったといえるであろう。

　有吉・須田の考えている最後の時期についての検討材料は少ないものの、南比企窯跡群で平城宮系瓦に伴う須恵器は、小谷B1号窯と同時期か後続する時期と考えられることが、今後検討する材料となろう。文献に見るならばやはり天平勝寶8年6月3日条で、

　　勅遣使_於七道諸国_。催‐撿所_造国分丈六仏像_。（『続日本紀』）

と使いを七道諸国に遣わして、国分寺の丈六仏像を検閲催促させている。それを受けて同月10日には、

　　詔曰。頃者。分‐遣使工撿‐催諸国仏像_。宜_来年忌日必令_造了_。其仏殿兼使_造備_。
　　如有_仏像并殿已造畢_者。亦造_塔令_会_忌日_。－以下略－（『続日本紀』）

と各国国分寺で丈六仏の未完のものは来年の聖武太上天皇一周忌斎会までに間に合わせ、仏殿もつくり、すでにそれらがつくり終えているところは塔をつくって忌日に間に合わせよとある。

　しかし、天平勝寶8年12月20日条に、

　　越後（中略）日向等廿六国。々別頒‐下灌頂幡一具。道場幡卅九首。緋綱二條一_。以_充
　　周忌御斎荘飭_。用了収‐置金光明寺_。永為_寺物_。随_事用之。（『続日本紀』）

とあるように、越後をはじめ26国に幡一具、道場の幡49首、緋綱2条を頒下して聖武太上天皇の一周忌に充て、用いたのち国分僧寺に納め寺物となすようにあり、おそらくこの頃には国分寺はほぼ完成していたと考え、平城宮系瓦の採用に限っていえば有吉のⅠc期の頃と想定したい。

　また、天平神護2年8月18日の太政官符の中の一条に、

　　一　国分寺先経造・畢塔金堂等。或已朽損将_致_傾落_。如_是等類宜_以_造寺断稲_且加_
　　修理_之。（類従三代格）

と朽ちて傾き始めた国分寺を修理するようにあることからも、国分寺は堂塔すべてが完成するのは遅れたものの、手が付けられ始めた時期は、天平13年の詔からそれ程遅れた時期ではないと考える。

（5）稲城市大丸2号瓦窯跡出土須恵器（第71図3・4）

　大丸瓦窯跡は軸を違えながら2基が前後して構築されている。最初2号窯を築いたのち、その上方に2号窯の煙道部を壊すように1号窯を構築する。両者とも有階有段で平面形態が方形となるのが特徴である。この形態は最近発掘された多摩ニュータウンNo.513・大丸瓦窯跡の国分寺創建時の窯と類似する。2号瓦窯跡は国分寺瓦を、1号瓦窯跡は塼を焼成したが、塼は国府へ供給された可能性があるという。

　須恵器は坏破片が「1号瓦窯跡の作業面南東端下30〜50cmから出土したもので、2号跡に近い時期に属するものと考えられる」とある。この須恵器は口径約14.2cmであるが、底の技法は不明である。口縁部は前内出窯跡と同様「つまみ手法」が見られる。須恵器の生産地は不明であるものの、形態・口径から見るに、前内出窯例に類似する。

　1985年に発掘された多摩ニュータウンNo.513・大丸瓦窯跡群は、国分寺以前の瓦・須恵器窯を

始め、国分寺創建期の瓦窯跡群が検出されている。窯跡群は東・北・西の3群に分かれているが、国分寺創建期の窯は西側に集中している。西の窯跡群は上下二段に分かれていて、6・7号と8号の切り合いから5・13・8・9号の下段の方が、6・7号よりも古いことが判明して、国分寺創建期に位置づけられるという。この8号窯の灰層下に4号住居跡があり、住居跡内に灰混じりの土が入っているという。土層の堆積状態から古い窯の一群と同時期か、それよりも遡ると考えられる。この4号住居跡から口径約20cmの環状つまみを持つ、南比企産の大型の須恵器蓋が出土している。このつまみは高く直立し、つまみ端部が矩形になる。

類例は鶴ヶ島町若葉台C地区複合住居・B地区6号・8号住居跡[60]、坂戸市花影2号住居跡[61][62]にある。花影2号住居跡例はつまみは似ているものの、口唇部が折れず反り返っている。類例の中でも最も似るのは若葉台C地区複合住居跡例であるが、若葉台例の方が口径が15.5cmと小さい。各住居跡に伴う坏はいずれも全面あるいは周辺ヘラ削りで、形態的にも前内出窯並行時期と考えられる。このようなつまみは、つまみ中央が浅い皿状にくぼむ古い形態の環状つまみが、赤沼14支群にまだ見られることから、その後の国分寺創建期頃に出現した形態であろう。

(6) 狭山市宮地遺跡16号住居跡出土須恵器（第71図5〜18）

宮地遺跡16号住居跡[63]には、胎土が前内出窯跡に類似し、同窯跡並行期と考えられる坏6点、埦2点、蓋2点などとともに、常陸産の須恵器（第71図10）が共伴している。

まず前内出窯並行期の須恵器坏は底部全面ヘラ削り3点、周辺ヘラ削り2点、糸切り離し後未調整2点と、全面ヘラ削りと周辺ヘラ削りの埦がそれぞれ1点ずつ出土する。坏の口径は12.8〜13.8cmで、高橋一夫のいう口縁「つまみ手法」、体部内面屈曲部「爪先手法」[64]も含んでいる。前内出窯跡との違いは糸切り離し後未調整を含みやや新しい様相を持つものの、蓋のつまみの近似することや埦の形態からも、前内出窯の時期と考えて大過ないであろう。

さて、共伴する常陸型の須恵器坏であるが、轆轤右回転成形で体部の轆轤目は顕著である。その大きな特徴は底部が回転によるヘラ切り離し後、底部と体部下端に手持ちヘラ削りを施し、胎土に銀雲母（風化した雲母で銀色を呈する）を含むことである。この須恵器は口径約15cm、底径8.3cm、器高4.6cmのやや大型の深い坏である。

この坏の類例で年代を探ることのできる資料を常陸国内で探すならば、常陸国分寺書院新築に伴い発掘した3号住居跡例[65]がある。黒沢彰哉によれば発掘に伴って検出された住居跡は3軒で、1〜3号住居跡とも土器・瓦が廃棄されているが、1・2号住居跡は土師器が主体であるのに対して、3号住居跡からは須恵器20点、土師器5点が出土している。土師器は1・2号住居跡が回転ヘラ切り後、回転ヘラ削りあるいは糸切り離しを含むのに対して、3号住居跡は底部手持ちヘラ磨きを行う。須恵器は1・2号住居跡の方は口径が広がり、器肉が均等であるのに対して、3号住居跡は口径と底径の差があまりなく、器肉は底部がかなり厚く、体部から口縁にかけて次第に薄くなる。瓦は1・2号住居跡が後出的な軒丸瓦を含むのに対して、3号住居跡は初出的なもので占められる。また、3号住居跡からは鉄釘・壁土も一緒に廃棄され、底部に「佛」と刻線された黒色土器が出土している。このことから、国分僧寺の建立時に廃棄処分のため、住居内に一括投棄された遺物で、上限が天平13年を遡らない時期と考えられている。

宮地遺跡の常陸産の須恵器に与えられた年代から、前内出窯期年代はほぼ国分寺創建時と推考できる。(66)

(7) 国分寺市武蔵国分寺SI24住居跡出土瓦・須恵器（第71図19～32）

昭和49年、水道本管埋設工事に伴う発掘調査によって発見された14軒のうち、第一地点に存在するものの工事に伴うため完掘されていない。(67) この住居跡を取り上げた理由は前内出窯跡と同時期の製品がまとまって出土したためである。

坏9点は口径12.8～14cmで回転糸切り後、全面あるいは周辺ヘラ削りが施され、白色針状物質を含む製品が5点ある。埦2点は復元径15.3cm・17.1cmで底部全面ヘラ削り、口唇端部下の内側にくぼみを持ち、前内出2号窯の製品に酷似している。台付鉢は類例が鶴ケ島町若葉台B地点6号・8号住居跡にあるが、前内出窯並行およびわずかに新しい様相を持つ。

ちなみにこの台付鉢の遡る例が若葉台B地点7号住居跡にあり、大きく開く台が付いて体部中位の外反の始まる位置に隆線が巡っている。これに伴う坏は扁平な大型坏で、8世紀第2四半期前半の鳩山窯跡群B4号窯に近似する形態である。(68) 続く第2四半期後半とした赤沼14支群1号窯からも出土するが、体部中位屈曲部には低い隆帯が残る。SI24住居跡例は他の諸例に比べ口縁部が短いものの、屈曲部のやや下には隆帯の痕跡を留める沈線が入り、新しい様相を示す。

SI24号住居跡では覆土中から瓦が出土しており、その中には郡名瓦「埼」「大(里)」「豊」「荏」などが含まれるが、いずれも国分寺創建期の瓦である。この国分寺瓦は郡名が多いことから上限が天平19年（747）に置けると考えられるので、共伴関係にあるならば須恵器の時期はこの頃で、瓦が覆土出土であることを考慮するならば、それ以前に遡るであろう。確かに瓦を再利用する例は多く、生産時期との年代差が問題となるものの、ほかの前内出窯期の年代推定時期からも瓦の廃棄は生産後短期間に行われたと考えられ、国分寺創建頃に置けると推定している。

(8) 国分寺市多摩蘭坂遺跡出土銭貨と須恵器（第71図33・34）

出土した埦は銭貨を入れ川砂を充填して直径1m前後の土坑に埋納されていたようで、のちに発見された萬年通寶1枚を含めて、和同開珎5枚、萬年通寶2枚の計7枚入っていた。(69) 埦の底には井桁状に組まれた23～27字の墨痕が見られたが、直接書かれたものでなく反転プリントと考えられている。埦は復元口径18.6、器高6.2、底径10.1cmで体部は丸みを持ち、口唇端部は内傾する平坦面をつくり、その面は外に張り出す。底部は右回転の全面ヘラ削りが施され、体部下端にも及ぶ。埦には蓋が乗せられていたようで、破片が出土している。いずれも南比企産である。

銭貨は埦内面に円形の錆痕が残っていることから共伴することは明らかであるが、和同開珎（初鋳708年）、萬年通寶（初鋳760年）の出土は埦の年代を探るのに参考となる。それは萬年通寶に続く神功開寶（初鋳765年）が共伴していないことから、埋納年代の上限を760年と設定できる。下限については765年の可能性はあるものの、銭貨が伝世することから不明とせざるを得ない。

しかし、埦の類例が一天狗J－9－2住居跡にあり、そこに共伴する須恵器は前内出窯期であることから、銭貨から設定できる上限に近い年代が想定でき、また前内出窯の下限の年代を推測する材料にもなろう。

(9) いわゆる壺Gの年代について（第73・74図）

平城宮土器分類による「壺G」は、細身で長頸のラッパ状に開く素口縁で、底部は回転糸切りをしたままの未調整の須恵器である。

　現在壺Gの初現は平城宮ＳＫ870（第73図1）に見られるが、肩部の最大径は約10㎝と大型である。この壺Gの特色は、のちの長岡京例が2段構成になっているのに対して、轆轤上で器体から口頸部までを一気に挽いてつくっている。ＳＫ870からは「左衛士府」の木簡が出土しており、天平宝字2年（758）以降に限定できるというが、出土する土器群は平城宮Ⅴ期の代表例であり、宝亀年間（770～780）を中心とした年代が想定されている。平城宮Ⅴ期の終末は6ＡＤＣ区井戸ＳＥ6166の「主馬」の墨書土師器から、天応元年（781）から延暦3年（784）と考えられている。これは左・右馬寮が統合して主馬寮になるのが天応元年で、大同元年（806）まで存続するものの、井戸ＳＥ6166は長岡京遷都によって廃絶したという理解による[70]。

　続く長岡京は壺Gの盛行期である。左京三条二坊ＳＤ51からも出土するが、この溝は延暦14年（795）の太政官符で「勅旨藍圃」にされた地域であり、花粉分析の結果から長岡京廃都時（延暦14年）に埋められたようである[71]。このような壺Gは、長岡京期の東二坊第一小路ＳＦ1201の東側溝ＳＤ12013（第73図3～6）・西側溝ＳＤ12032、二条大路ＳＦ1200の南側溝ＳＤ12028（第73図2）などから多く出土している[72]。

　また長岡京では条坊造営時期を検討できる層として、東二坊坊間小路西側溝に推定できる溝ＳＤ12075の掘削に先立って堆積した遺物包含層がある。この層からは「(延暦)6年」銘の木簡が出土し、ＳＤ12075を含め条坊の造営時期が延暦6年（787）以降であったと考えられている。この遺物包含層からも壺G（第73図9）が出土するが、前記した長岡京期の溝出土の壺Gと比較して、底径・口径が小さい傾向が見受けられるものの、時期差とするには問題がある[73]。

　長岡京の土器を分類した秋山浩三は、壺G（第73図2～9）を形態・色調・胎土からＡ～Ｄの4群に分けられ、産地の違いと考えた。

　Ａ群（第73図2～4）は長岡京で最も出土例の多いもので、体部は細長く肩部に向かって直線的に開くが、体部下位はやや細くなる。色調に大きな特色があり、表面は青味の強い灰青～黒灰青色系、断面は赤茶色系を呈する。器高は18.9㎝、20.1㎝の例がある。Ｂ群（第73図5～7）はＡ群に次ぐ量であり、胴部が太くＡ群に比べ大型である。器表面は平滑で灰白～淡灰白色を呈し、自然釉のかかる例がある。これは東海産の可能性が指摘されている。器高は残存高22.5㎝と大型である。Ｃ群（第73図8）は出土量が少なく、胎土は素地自体がやや粗く、白色粒子や黒色粒子を多く含むものの、特に前者が多い。器高20.0㎝の例がある。Ｄ群（第73図9）は前述の「(延暦)六年」の木簡を出土した遺物包含層の1例だけである。他の3群に比べ底径・口径が小さく、胎土の素地は緻密で白色粒子・黒色粒子を含むが、こちらは後者が多い。器高20.4㎝の例がある[74]。

　4群に分けられた壺Gは、Ａ～Ｃ群が長岡京期の溝から出土しており、延暦3年（784）～延暦13年（794）の約11年間に限定できる資料である。しかし、Ｄ群については生産地の違いとともに、古い様相も見られるものの、時期的には長岡京期に含めて考えられる。

　平安京では壺Gの出土は初期に限定され、消滅時期がこの頃にあることがうかがえる。平安宮左兵衛府跡からは長岡京壺GのＡ群に類似した器高19.2㎝のもの（第73図10）が、「主馬」の墨

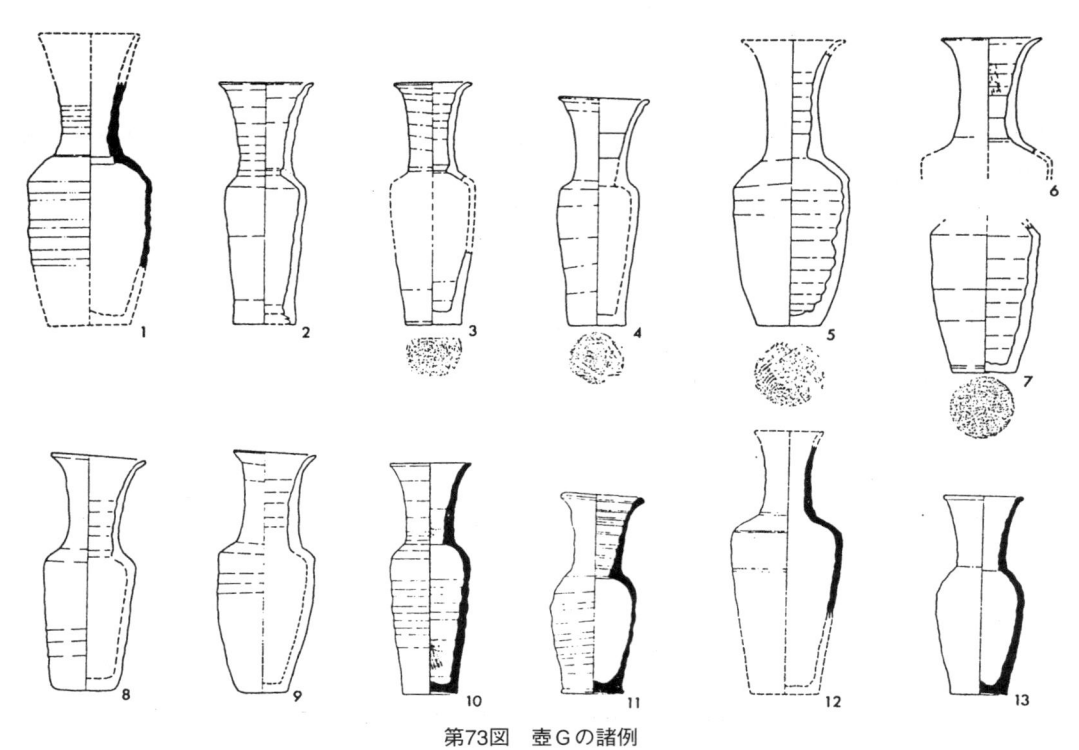

第73図　壺Gの諸例
1:平城宮ＳＫ870　2〜9:長岡京（2〜4:A群　5〜7:B群　8:C群　9:D群）10:平安宮左兵衛府跡
11:平城宮ＳＥ311－Ｂ　12・13:平城宮ＳＤ650Ａ

書のある土師器坏と共伴している。主馬は前にも触れたように、天応元年（781）から大同3年（808）まで存続した官司で、長岡京に典型的な壺Gが平安初期の8世紀末葉から9世紀初頭にかけて残ることがわかる。この左兵衛府跡の土器群は長岡京と同一の内容であるという。こののち、平安京で壺G消滅時期の明確な年代を探る資料はない。

　消滅時期を知る好例として平城宮の例を取り上げてみる。平城宮ＳＥ311－Ｂ出土の壺G（第73図11）は、器高が約16cmと小型になって体部に丸味をもつ。この遺構は、天長元年（824）平城上皇の崩御によって生じた平城宮の完全な放棄によって埋められた井戸で、出土土器群に824年頃を下限の年代として与えることができる。また、平城宮東三坊大路東側側溝ＳＤ650Ａからは器高16.9cmの小型品（第73図13）と、体部最大径9.2cmの大型品の破片（第73図12）が出土する。この溝からは和同開珎から貞観永寳に至る9種の銭貨を検出しており、貞観永寳の初鋳年代870年から溝の下限年代の1点が求められている。上限は共伴する告知札の年紀によって、天長5年（828）を一つのよりどころとしている。また、銭貨の出土量が和同開珎から隆平永寳までが少なく、富壽神寳から承和昌寳にかけての銭貨が多いことから、堆積開始が富壽神寳の初鋳年代の818年頃と考えられている。さらにＳＤ650Ａ様式の土器は、ＳＥ272Ｂ様式に後続することから遺物堆積の盛時が835年以降という。

　このように消滅時期の壺Gは16cm前後の小型品で、その消滅年代はＳＥ311－ＢとＳＤ650Ａの形態が類似することから9世紀前半、820〜840年頃と考えられる。

壺Ｇは８世紀後半から９世紀前半にかけて製作され、盛期は長岡京期にあり、その変遷は大型から小型に移る。製作地はいくつかあるようで、形態・胎土に違いが見られる。製作技法については、平城宮では体部から口頸部まで一気に挽くと考えられているが、体部と口頸部を接合する例が多く、粘土紐の見られる例も多い。

埼玉県下では、花園町台耕地[78]・鶴ケ島町一天狗[79]・岡部町白山[80]・行田市愛宕通[81]・行田市原[82]の各遺跡から出土しているので、各遺跡の壺Ｇの特徴と共伴遺物について触れてみる。なお、一天狗例については破片であるため一項は設けず、のちに参考例として取り上げる。

　Ａ　花園町台耕地遺跡48号住居跡（第74図１～10）

器高21、胴径6.1、底径５㎝と細味で、体部は直線的に立ち上がる。体部から口頸部への屈曲部に接合痕が見られ、口頸部にも粘土接合痕がある。轆轤右回転で成形したのち、口頸部を左回転で撫でる。体部には細かな轆轤撫でが見られる。色調は灰色で、下半部は焼成不良のため底部の糸切り痕が摩滅している。胎土は白色砂粒を多く含む。

共伴遺物は、須恵器坏・埦・蓋・甕、土師器甕がある。須恵器は南比企産（第74図２～４・９）と末野産（第74図５～８）で、後者が僅かに多い。坏は口径が推定できるもので12.0㎝から13.1㎝である。坏９点のうち、底部周辺ヘラ削りを持つものは４点で、いずれも南比企産である。

　Ｂ　岡部町白山遺跡57号住居跡（第74図11～25）

器高20.1、胴径7.8、底径4.2㎝で台耕地例よりも太く、底部にかけてすぼまる不安定な形態である。体部から口頸部の屈曲部に明瞭な接合痕が見られる。轆轤左回転で成形ののち、口頸部を右回転で撫でる。底部切り離しは静止に近い左回転糸切りである。色調は灰色、焼成は良好で堅緻である。砂粒は少なく表面は滑らかであり、肩の一部には斑点状の白色釉がかかる。

共伴遺物は須恵器坏・蓋・薬壺形小壺・甕、土師器坏・台付甕・甕である。須恵器坏は13点あり、坏と同法量で高台の付く小型高台付埦が２点出土するが、いずれも末野産であり、胎土・形態から３群に分かれるようである。口径は11.5～13.3㎝で、平均12.5㎝である。坏のうち４点は底部周辺手持ちヘラ削りを、２点は一部分に手持ちヘラ削りを施す。

　Ｃ　行田市愛宕通遺跡13号住居跡（第74図26～31）

器高18.2、胴径7.4、底径5.2㎝で白山例と同じく太いが器高は低くなり、口唇が玉縁状に折れて開く。体部と口頸部の接合は内側に明瞭である。轆轤右回転で成形し、底部糸切り離しも右回転である。色調は灰色から黝黒色を呈し、焼成良好であるが表面が荒れている。胎土は黒色粒など砂粒が多い。

共伴遺物は須恵器坏・横瓶、土師器甕がある。坏は南比企産と末野産があるが、破片が多く復元径12㎝から13㎝である。底部の分かるものは糸切り離し後未調整である。

　Ｄ　行田市原遺跡大溝SD001（第73図）

器高16.7、胴径6.8、底径4.8㎝と４例のうちで最も小さく、体部の肩は張らず丸味を持つ。体部と口頸部の屈曲部に接合痕が見られ、口頸部には粘土紐痕が４段ある。体部最下位には削りが施される。轆轤左回転で成形し、底部切り離しも左回転糸切りである。色調は灰青色で、焼成良好であるが表面が荒れている。胎土は0.5㎝以下の白色・黒色砂粒が多く含まれている。

第 3 章 須恵器生産の展開 245

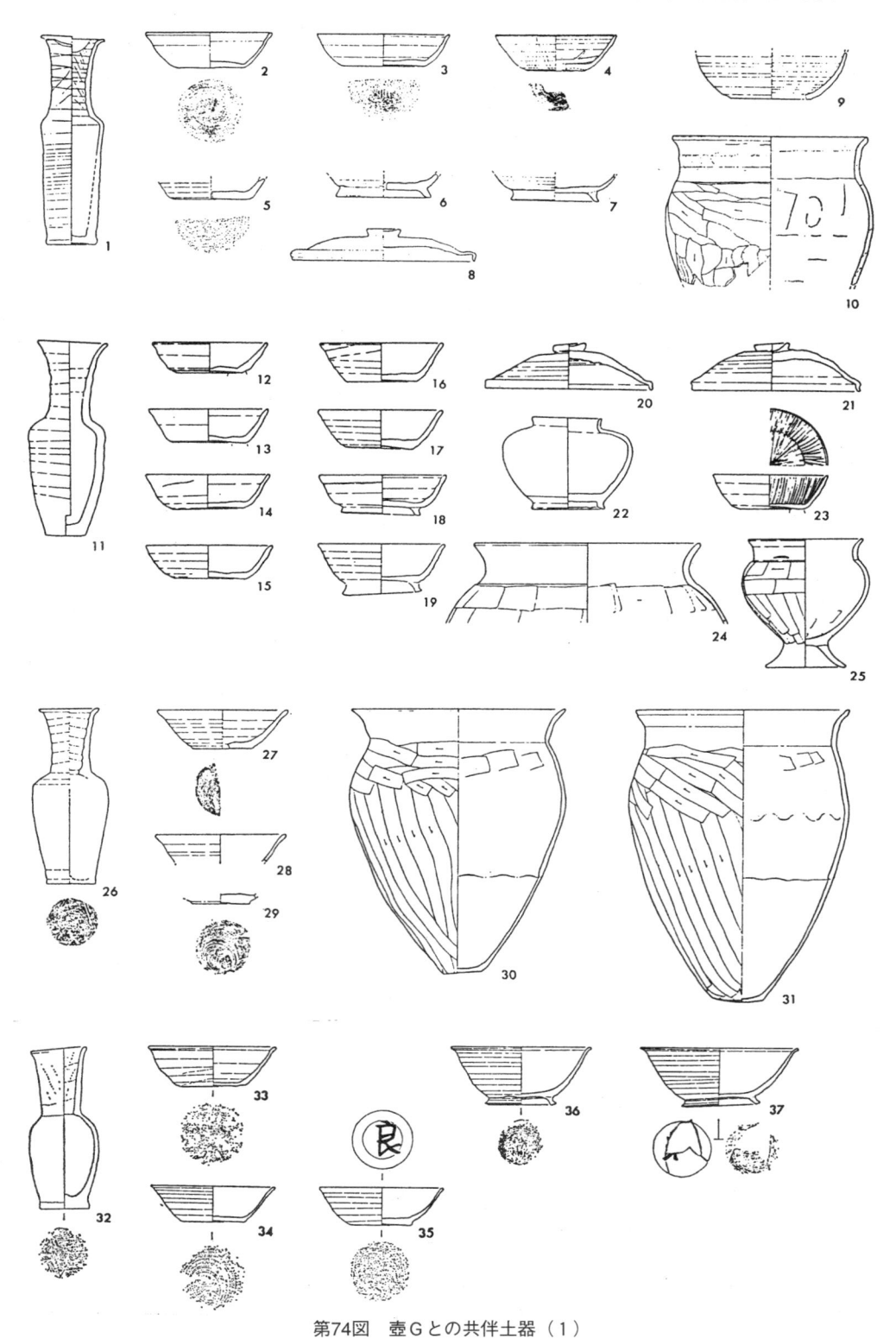

第74図 壺Gとの共伴土器（1）
1〜10:台耕地遺跡48住居跡　11〜25:白山遺跡57号住居跡　26〜31:愛宕通遺跡13号住居跡　32〜37:原遺跡SD001

共伴遺物は須恵器坏3点、高台付坧2点のうち、坏は口径12.5～12.6cmで南比企産、高台付坧は14.0cm、15.6cmで末野産である。坏の底部は糸切り離し後未調整である。溝からの出土のため問題も残るが、出土須恵器の形態が酷似しており同時期と考えられる。

　県下出土の壺Gを、年代の推測できる畿内の壺Gと比較して、年代の位置づけを行ってみよう。まず、形態・器高から古く位置づけることができるのは台耕地例・白山例である。器高は20cmを越え長岡京例と同じであり、形態も台耕地例は長岡京例の秋山分類のA群、あるいはC群に近いが、白色砂粒を多く含むことからもC群により近いようである。白山例は形態・整形からD群に類似する。この二者は長岡京期並行と考えて間違いないであろう。

　愛宕例については器高18.2cmと長岡京期のものよりやや低いものの、長岡京にも18.9cmがあり、平安京でも19.2cmであることから、長岡京期に続くものと考えられる。

　原例は胎土・色調が秋山分類A群に似ており、生産地が同一である可能性がある。16.7cmと小型で、平城宮SE311－Bに類似することから、824年頃とすることができる。

　壺Gに与えられた年代から、共伴遺物の年代を検討してみよう。まず、台耕地・白山例は、上限が長岡京期784～794年に置けるが、共伴遺物は遅くとも800年以前の年代を与えてよいであろう。しかし、両者の須恵器坏はやや内容に違いが見られる。台耕地例では床面出土のもの2例は南比企産で、底部全面回転ヘラ削りである。覆土出土8点のうち3点は南比企産で5点は末野産であるが、底部周辺回転ヘラ削りを施すのは南比企産の1例だけである。このあり方は一天狗J－9－5号住居跡と共通しており、J－9－5号住居跡で壺Gと共伴する坏は南比企産の口径12.0cmと12.9cmで、底部全面ヘラ削りである。それに対して白山例は、坏13点はいずれも末野産で、6点（2点は一部分）には周辺手持ちヘラ削りが施される。このように台耕地では南比企産が全面回転ヘラ削り、白山では末野産が周辺手持ちヘラ削りである。台耕地の覆土出土の末野産がいずれも糸切り後未調整であることを考えるならば、台耕地と白山は坏の形態、糸切り後の調整に違いがあるものの、近接する時期と考えられる。

　このように台耕地例と白山例から784～794年を上限とする南比企産と末野産の坏を比較するに、両者とも口径は同じものの、前者はやや器高が低く、全体に薄く、体部は丸みをもって立ち上がる。それに対して後者はやや深くて厚みがあり、体部は直線的に立ち上がるそれぞれの特徴がある。

　愛宕通例は壺Gから上限を9世紀第1四半期に置くことができるものの、坏は竈の覆土から復元口径12～13cmのものが出土する。他に底部の破片で底径5.7cmのものがあるが、この坏群は9世紀第1四半期に置くには底径がやや小さいようである。

　原例の壺Gは上限は不明確であるものの、下限が824年に置くことができることから、共伴遺物も824年頃の土器群といえよう。南比企の坏（第73図2～4）は台耕地例と比べると口径・底径が減少し、器高が高くなり深みを増している。底部は糸切り後未調整に変わっている。末野産の高台付坧（第73図5～6）は、台耕地例よりも体部の腰に丸みをもつ。また高台は「ハ」の字状に直線的に開いていたものが、「八」の字状に大きく外反して開く。

（10）上里町若宮台44号住居跡出土天安二年銘紡錘車（第75図）

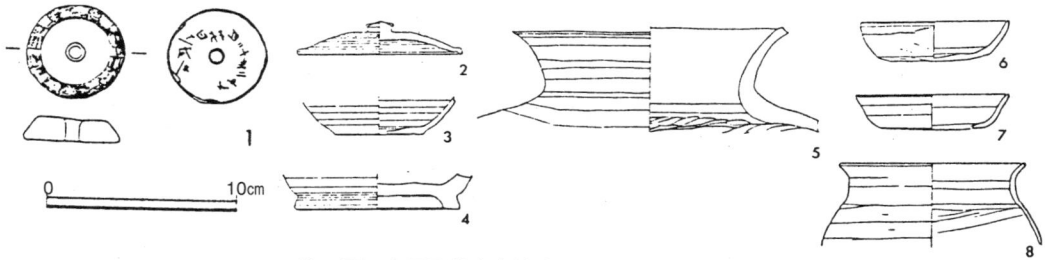

第75図　上里町若宮台遺跡44号住居跡出土遺物

　44号住居跡から出土する紡錘車は滑石製で57gを計るが、広い面には一周するように「天安二年十二月廿八日□（黒ヵ里ヵ）成人」、面取りされた傾斜面には「黒成」と線刻されている。天安2年は856年である。

　共伴する遺物は須恵器の坏・蓋・甕、土師器坏・甕が出土している。須恵器の蓋は口径13cmで、数少ない小型高台付坏の蓋の例である。つまみに特徴があるが、類例は南比企窯跡群将軍沢6－E－2あるいは毛呂山町伴六3号住居跡にある。44号住居跡の蓋は天井部が口縁に向かって緩やかに反り、口唇部が短い点で将軍沢6－E－2に後続する土器と考えられる。44号住居跡の土師器は甕が「コ」の字状口縁に移った頃で、土師器坏の1点は底部のみヘラ削りを行い口縁は外傾するが、外面を見るに丸みをもつ。ほかの1点は体部中位でくびれてから外反する。北武蔵系の土師器を検討した鈴木徳雄の類別による、甕11類期の児玉町阿知越6号住居跡に類似する。阿知越6号住居跡に伴う須恵器は、台耕地第Ⅱ期に共通している。台耕地第Ⅱ期にはIG－78の灰釉陶器が伴うこと、台耕地第Ⅱ期および阿知越6号住居跡の高台付坏は、壺Gと共伴する原遺跡例より後出することから、9世紀第2四半期でも新しい時期に置けると考える。このようなことから若宮台44号住居跡出土土器は、天安2年銘の年代に近いと考えられる。

3. 須恵器の変遷について

（1）国分寺以前

　国分寺創建は詔の出た天平13年（741）を上限と考えておくが、東金子窯跡群には窯跡が発見されていないため、末野・南比企窯跡群の製品を検討する。

　　A　末野窯跡群

　窯についてはかえりを持つ蓋が第1支群1A号窯から採集されている。そのかえり蓋は第3章第5節で8世紀第1四半期前半とした蓋と同類である。この製品は集落出土の須恵器産地検討を行った際にも、各地に分布していることが判明した。

　第1支群と同類のかえり蓋を出土する岡部町内出遺跡14号住居跡には和同開珎が伴い、それに切られる13号住居跡には鍔帯が伴う。このようなことから年代検討資料(3)(231頁)のように、13号住居跡を8世紀第1四半期前半に、14号住居跡を8世紀第1四半期前半から後半に僅かに入ると考えた。

　ここで内出遺跡のかえり蓋の前後の変遷を、かえり蓋とそれに伴う坏身について検討してみる。ここに取り上げるかえり蓋は末野産と考えられるものが主体であるが、坏身についてはほかの産

地が一部含まれていることを断っておく。

　まず、内出13号住居跡より遡る城見上Ｂ３住居跡[91]（第76図１～６）は、かえり蓋が11.5、14.0、17.9あるいは20.7㎝と３～４つに口径分化するが、つまみも丁寧につくられ、かえりは口唇端部と同じかやや内側に入る。

　内出13号住居跡に至っては、蓋の口径が最大21.5㎝も出現するなど大型化して、かえりはさらに内側に入り、かえりを強調するためかかえり部分の外面がくぼむ。つまみは扁平になり大型化する。坏は丸底の口唇の外反する古い形態が主体であるものの、１点だけ平底で、体部全体が外反する坏（第68図８）が出現する。内出13号住居跡に並行する例として、塚本山７号墳[92]（第76図14～19）がある。

　続いて内出14号住居跡に並行する住居跡は多く、加須市水深第２捨て場[93]（第76図37～43）、美里町北谷戸10号[94]（第76図20～22）、蓮田市荒川附５・６号[95]（第76図44～54）、川越市霞ケ関16・92号住居跡[96]（第76図24～36）が該当するが、いずれのかえり蓋もかえりが痕跡程度しか残っていない。蓋は大小の器種分化はまだ存続するが、つまみはさらに大型化して全体に器高の高いものが多い。坏は平底の形態が増えて扁平さを増す傾向にあり、かえり消滅後の坏へ連なっていく。

　かえり蓋は城見上Ｂ３→内出13→内出14と三つの段階を経て消滅するが、城見上Ｂ３号住居跡を７世紀第４四半期後半に置くならば、内出13号、14号の段階へうまく変遷する。特に内出14号住居跡の段階は、霞ケ関16住居跡、荒川附５・６住居跡に年代検討資料(2)(230頁)の湖西産の坏（第76図28・29・49・54）が、霞ケ関92号住居跡には平城宮Ⅰ期の土師器（第76図36）が共伴することから、８世紀第１四半期前半から一部後半に入る例も多いと考えられる[97]。

　その後の末野窯跡群の製品については、現在のところ不明確である。

　　Ｂ　南比企窯跡群

　８世紀第１四半期の鳩山町山下６号窯[98]（第77図１～６）から第２四半期に入り前半の鳩山町小谷Ｂ４[99]（第77図７～10）、後半の赤沼14－１・２号窯（第70図１～21）へ続くと考えている。小谷Ｂ４号窯に並行する資料として鶴ケ島町一天狗Ｊ－４－５住居跡[100]（第77図11・12）、坂戸市山田27号住居跡[101]（第77図13～15）などがあるものの、いずれも大型坏ばかりで小型坏は出現していない。次の赤沼14支群は鶴ケ島町若葉台Ｂ７[102]、山田２号住居跡[103]（第77図16～19）などが類似しており、小型坏の出現を見る。時期については赤沼14－１・２号窯の年代検討資料(3)から国分寺創建以前と考えている。

　(2) 国分寺創建期

　武蔵国分寺ＳＤ72、大丸２号瓦窯跡、宮地16号住居跡、武蔵国分寺ＳⅠ24などから見るに、前内出窯跡は国分寺創建期に含まれることは動かしがたい事実であろう。前内出窯期には古い様相と新しい様相があり、前者を古式、後者を新式とすることができるものの、時間的には重複する部分が多いであろう。古式と新式の大きな違いは古式の方がより口径が大きく扁平な感じがする。新式になると口径を減じ、やや器高が高くなる傾向にある。この傾向は、口径・底径の縮小したことから、前内出窯跡に続く鳩山窯跡群Ｂ１号窯により顕著である。このように前内出古→前内出新→小谷Ｂ１の流れが考えられるものの時間的に近接しており、国分寺創建期に含まれるであ

第3章　須恵器生産の展開　249

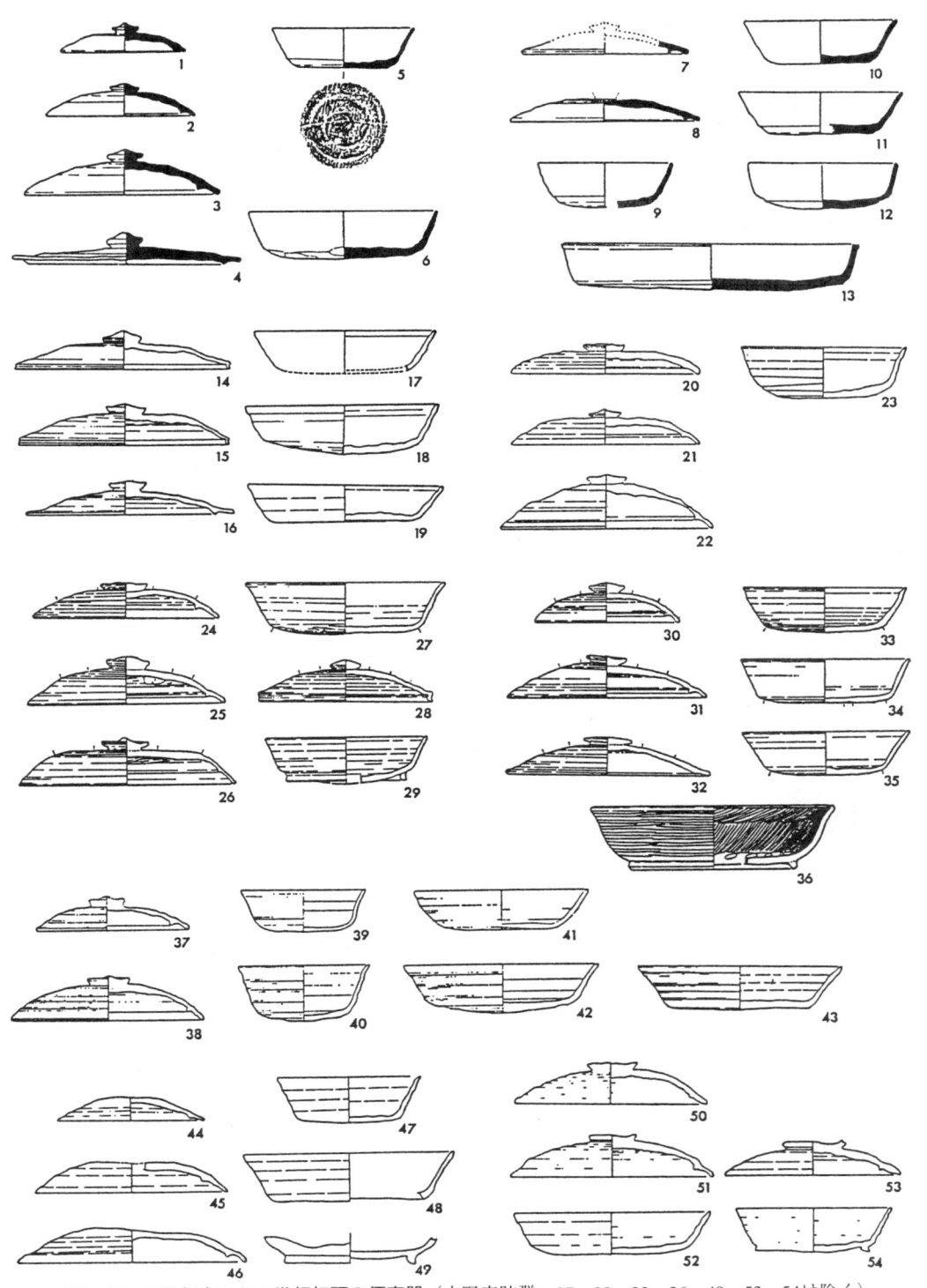

第76図　7世紀末から8世紀初頭の須恵器（末野窯跡群、27〜29、33〜36、49・53・54は除く）
1〜6:城見上Ｂ3号住居跡　7〜13:城見上Ｂ5号住居跡　14〜19:塚本山7号墳　20〜23:北谷戸10号住居跡　24〜29:霞ヶ関16号住居跡　30〜36:霞ヶ関92号住居跡　37〜43:水深第2捨場　44〜49:荒川附5号住居跡　50〜54:同6号住居跡

250

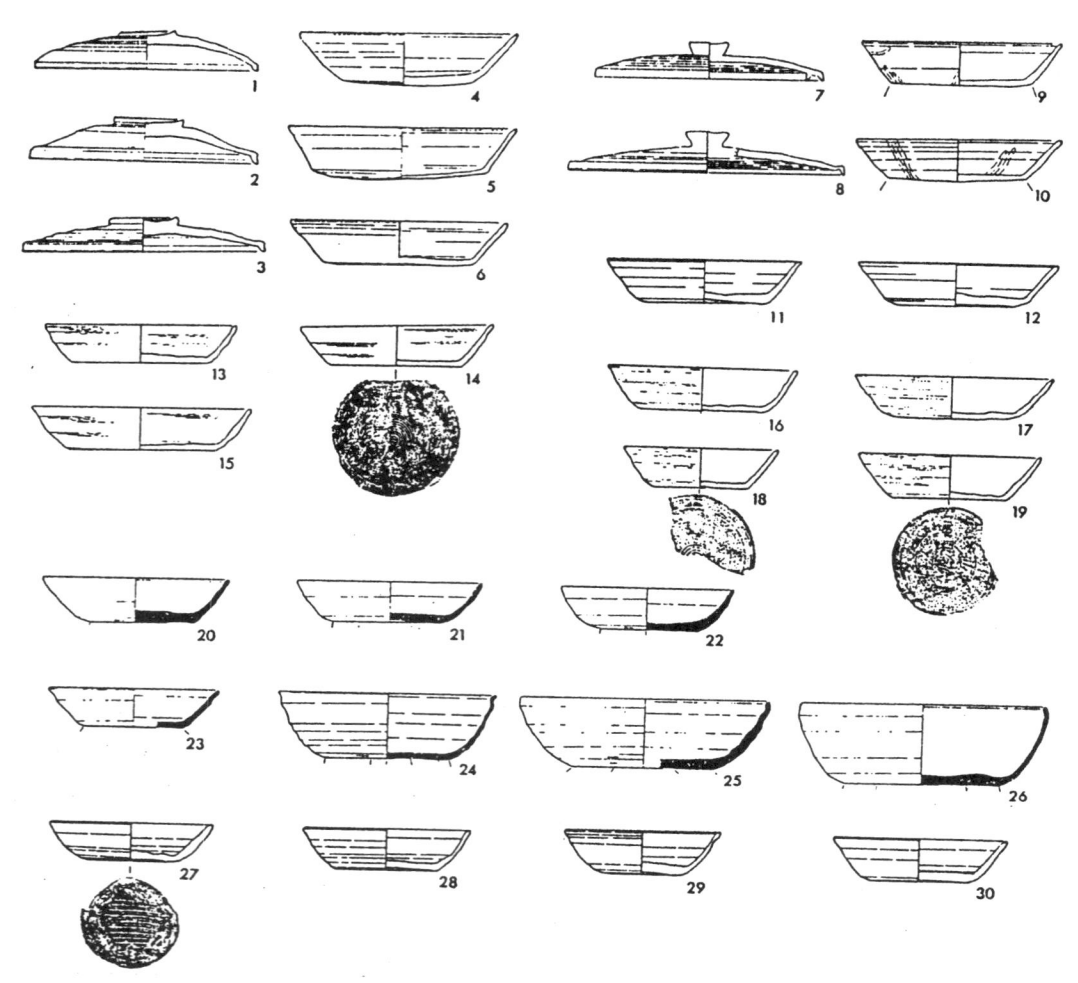

第77図　8世紀前半から国分寺創建期にかけての須恵器（南比企窯跡群）
1～6:山下6号窯　7～10:小谷B4号窯　11・12:一天狗遺跡J－4－5号住居跡　13～15:山田27号住居跡　16～19:同2号窯　20～22:宮ノ越56号住居跡　23～26:同31号住居跡　27～30:虫草山窯跡群粘土層

ろう。

　この時期になると各地に多量の須恵器を出土する住居跡が増加するのは、国分寺造営にからむ窯業生産の発展が要因であろう。

　この時期、末野窯跡群は不明であるので、南比企・東金子窯跡群について述べておく。

　　A　南比企窯跡群
　　　a　前内出窯古式並行期

　窯跡としては赤沼9－B窯[104]、鳩山町虫草山粘土溜め[105]（第77図27～30）出土例がある。集落としては、狭山市宮ノ越31号（第77図23～26）・56号（第77図20～22）住居跡[106]などがある。口径12.5～14㎝のものが多く底径の割に口径が大きいため、大きく開き扁平な感じがする。底部のヘラ削りは水平に削られ、前内出窯とは違いを見せる。坏については前内出窯と同様全体が内彎するものと、口唇部だけがわずかに反り返る例がある。蓋は環状つまみが残る。高台付坏は坏と同様大

第 3 章　須恵器生産の展開　251

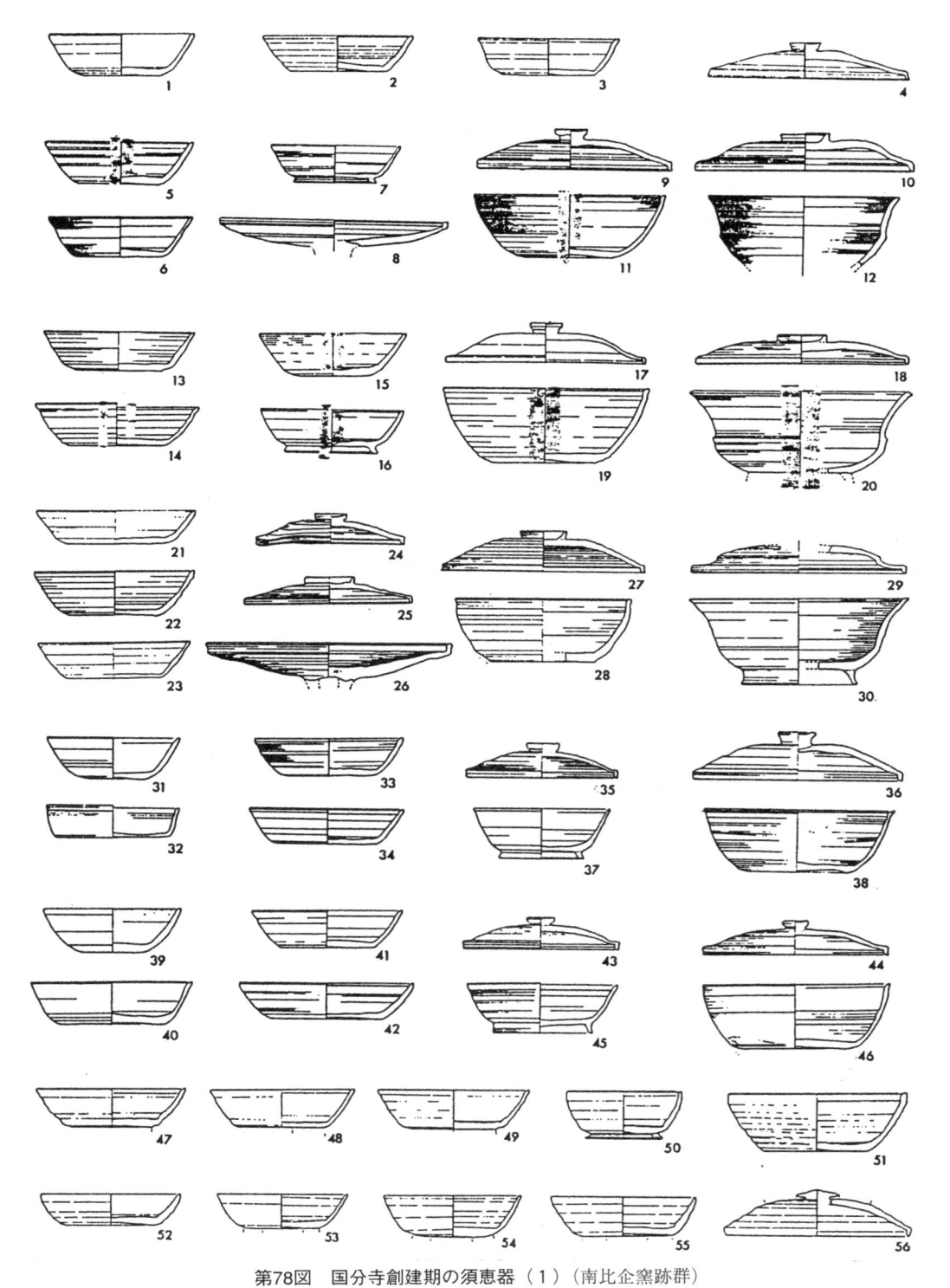

第78図　国分寺創建期の須恵器（1）（南比企窯跡群）
1～4:虫草山 8 号窯　5～12:若葉台遺跡 B 地区 6 号住居跡　13～20:同 B 地区 8 号住居跡　21～30:同 C 地区複合住居跡　31～38:一天狗遺跡 J－9－2 号住居跡　39～46:同 J－9－4 号住居跡　47～51:滝遺跡 5 号住居跡　52～56:附島遺跡22号住居跡

b　前内出窯新式並行期

　窯跡としては虫草山8号窯（第78図1〜4）が、集落としては若葉台B6（第78図5〜12）・B8（第78図13〜20）・C地点複合住居跡[107]、一天狗J－4－4・J－9－2[108]（第78図31〜38）・J－9－4（第78図39〜46）住居跡[109]、上福岡市滝5号住居跡[110]（第78図47〜51）、坂戸市附島22号住居跡[111]（第78図52〜56）、武蔵国分寺SI24（第71図19〜32）などがある。

　坏の口径は古式と比べやや減少するため、体部の立ち上がりはわずかに立ってくるとともに丸みを持つものが多くなる。器高は4㎝を越えるものが増えてくるため、深身を呈する。また、坏内面屈曲部の「爪先技法」が顕著である。底部は周辺ヘラ削りが多くなる。蓋は若葉台B6号住居跡のように、底部が矩形の環状つまみ（第78図10）が見られるのが特徴である。小型高台付埦は高台がやや高くなるがまだ開きは少なく、埦部は坏と同様体部がやや立ち上がり深身を増す。埦は口径が小さくなるが器種の分化は続き、大小が存在する。底部も大きく縮小するため、体部に丸みを持つ形態となる。口唇部は肥厚しはじめ、特に内側あるいは外側にふくらみ、口唇端部が内傾する面をつくる例が多い。

　c　前内出窯期直後

　窯跡では鳩山町奥田6－A－1（第79図1〜4）・2[112]、小谷B1号窯[113]（第79図5〜11）が上げられるが、近接する虫草山17号（第79図12〜18）・23号（第79図19〜22）住居跡[114]も該当するであろう。さらに宮ノ越29号・58号住居跡[115]の白色針状物質を含む例も同時期であろう。

　坏は口径が大きく減少しないものの、底径はさらに縮小し6.5㎝前後が多く、器高は4㎝を越える深い坏が顕著になってくる。底部は周辺ヘラ削りが主体で未調整も現れ、底部と体部の屈曲部の外面は丸くつくられ、内面の「爪先技法」は減少する。小型高台付埦の大きな変化は体部に丸みを持つことと、高台が高くなり外に張り出すことである。無高台の埦はさらに小型になり体部の丸みが顕著で、底部が周辺ヘラ削りあるいは未調整のものが見られる。

　B　東金子窯跡群

　a　前内出窯古式

　前内出窯の中でも、より古い傾向の口径・底径の大きいものが該当する。すべてが底部全面か周辺ヘラ削りで、削り方に大きな特色がある。それは底部周辺を斜めに削るため、丸底風になることであり、また、口縁上方をつまみ上げる「つまみ手法」が顕著であることが南比企窯跡群の製品との大きな違いである。さらに蓋は口唇部が略三角形になり、南比企産に比べ内側の段差が短くなる。埦は口唇部内側が沈線状になり、底径が広く扁平な例が多い。

　胎土については、前内出窯跡は東金子窯跡群中では特異で、砂分が少なく精選されたようにきめ細かい。

　b　前内出窯新式

　集落例として滝5号住居跡の白色針状物質を含まない例、狭山市宮地32号住居跡[116]（第79図23〜32）の例がある。

　坏は前内出窯の底部の小さい例が入るものの、諸特徴は古式と変わらない。埦は前内出1号窯

第3章 須恵器生産の展開 253

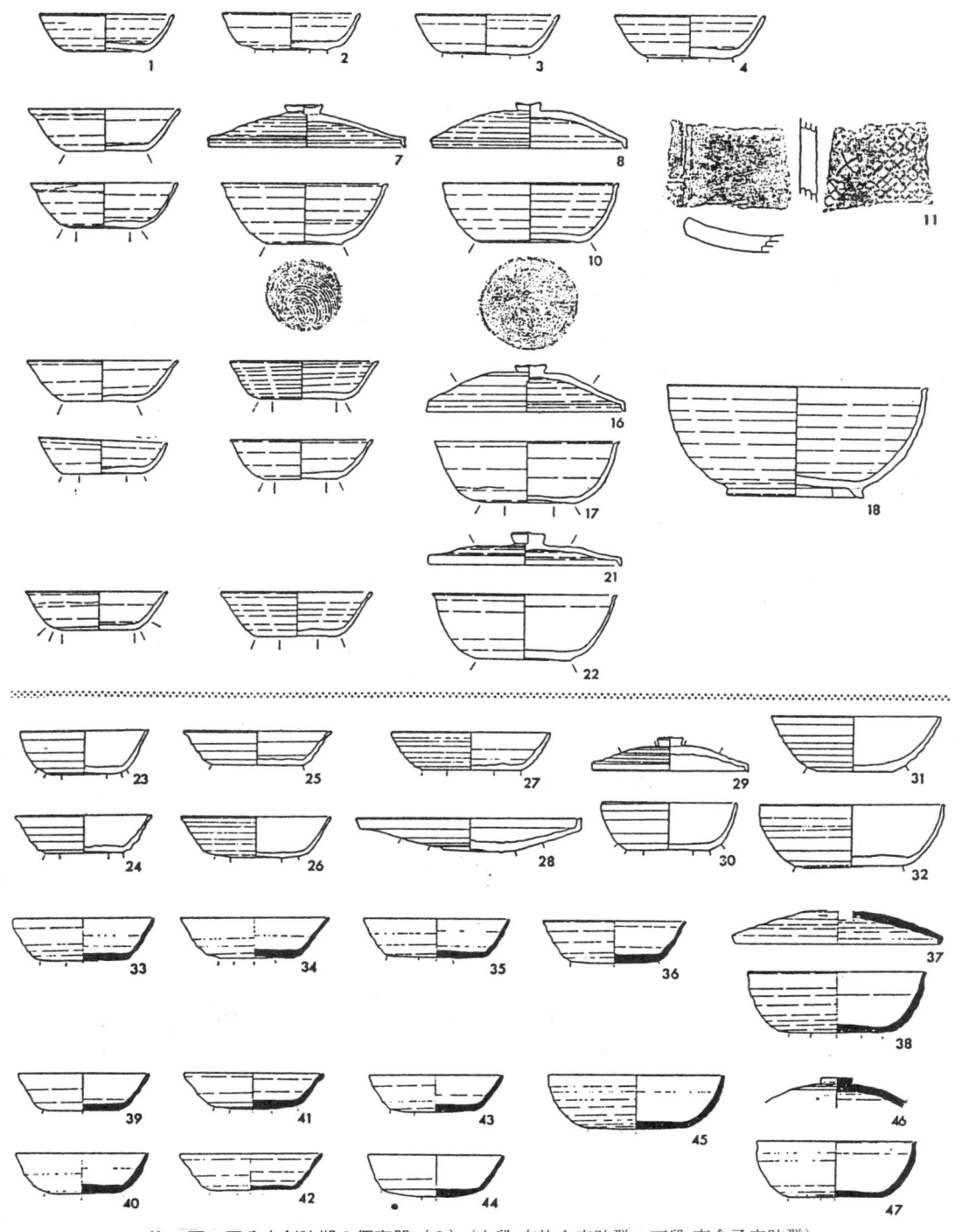

第79図 国分寺創建期の須恵器（2）（上段:南比企窯跡群、下段:東金子窯跡群）
1～4:奥田6－A－1　5～11:小谷B1号窯　12～18:虫草山17号住居跡　19～22:同23号住居跡　23～32:宮地遺跡32号住居跡　33～38:宮ノ越遺跡29号住居跡　39～47:同58号住居跡

に見られるように口径・底径が縮小して深身を呈し、口唇部の内側に沈線の目立たない例が該当するであろう。

　　c　前内出窯期直後

　窯は前内出窯跡以降8世紀代は不明であるので集落例を取り上げるならば、宮ノ越29号（第79図33～38）・58号（第79図39～47）住居跡[117]の白色針状物質を含まない例が該当するであろうが、狭山市揚櫨木遺跡[118]を見ても土は前内出窯と違い、いわゆる東金子窯跡群の砂っぽい土になる。坏の形態は南比企窯跡群と同じ動きをしているが、底部の削りは前内出窯期と同様な特徴を持つ。

　ここで年代について検討してみよう。まず前内出窯古式・新式と分けたものの、その内容について明確に分けうるものではなく、それぞれ相対的に古い様相、新しい様相を持つだけで時期的にも重複する部分の多い土器群と考えられるため、前内出窯期としての年代を考えたい。年代検討資料(4)(235頁)から天平19年以降3年を限る時期、747～749年までには前内出窯期は存在していたと考えられる。さて、前内出窯期がいつまで続いたか問題となるところであるが、参考になる資料は年代検討資料(8)(243頁)である。この埦は760年を上限とするが、類例が一天狗J－9－2にあり、そこに共伴する土器群の総体は前内出窯期であることから、前内出窯期は760年頃まで続いたと推考できる。このように前内出窯期は747～760年頃を中心とする土器群と考えられる。前内出窯跡自体に限ってみるならば、新式の様相が多く見られることから750年代を想定したい。前内出窯期直後の小谷B1号窯は国分寺創建瓦（父瓦）（第79図11）を焼成し、それを焼台に使っていること[119]や、窯の存続期間からも創建期の中に含まれ、年代検討資料(8)の埦との比較からも760年以降を中心とする土器群であろう。

（3）8世紀後半

　8世紀後半の須恵器といえば大勢の見解として前内出2号窯が知られ、それに続いて8世紀末から9世紀初頭にかけて前内出1号窯が置かれていたが、今回、1・2号窯いずれも国分寺創建時まで引き上げたことによって、どの須恵器が該当するのか問題となってくる。前述した前内出窯期直後の須恵器を受けて並べてみたい。

　この時期は東金子窯跡群について不明確であるので、末野窯跡群・南比企窯跡群について扱う。

　　A　末野窯跡群

　この時期定点となるのは、年代検討資料(9)(244頁)の岡部町白山57号住居跡（第74図11～25）である。須恵器は18点中17点が末野産で、坏は13例あり、最も小型で口径11.5、底径6.7、器高3.3cm、大型で口径13.3、底径7.8、器高4.6cmと開きがあるが、口径11.5、12.5、13.3cm前後に三分化している。形態は特に大型は深身で体部が直線的に立ち上がる。4例は底部周辺手持ちヘラ削りで、2例はわずかに手持ちヘラ削りを施す。小型高台付埦は高台が高く大きく開いている。この土器群は壺G（第74図11）と共伴しており、長岡京並行と考え784年を上限と考えたい。

　これに先行するものとして、花園町台耕地73号住居跡[120]（第80図1～4）が置かれるが、口径11.3、12.0、13.3cmの3例があり、前二者（第80図1・2）は南比企産で回転ヘラ削り、後者（第80図3）は末野産で、手持ちヘラ削りである。末野窯跡群の実体は不明であるものの、口径13.3cmの末野産は器高3.4cmと扁平であり、このような扁平な形態が存在し、その特徴として手持ちヘラ削り

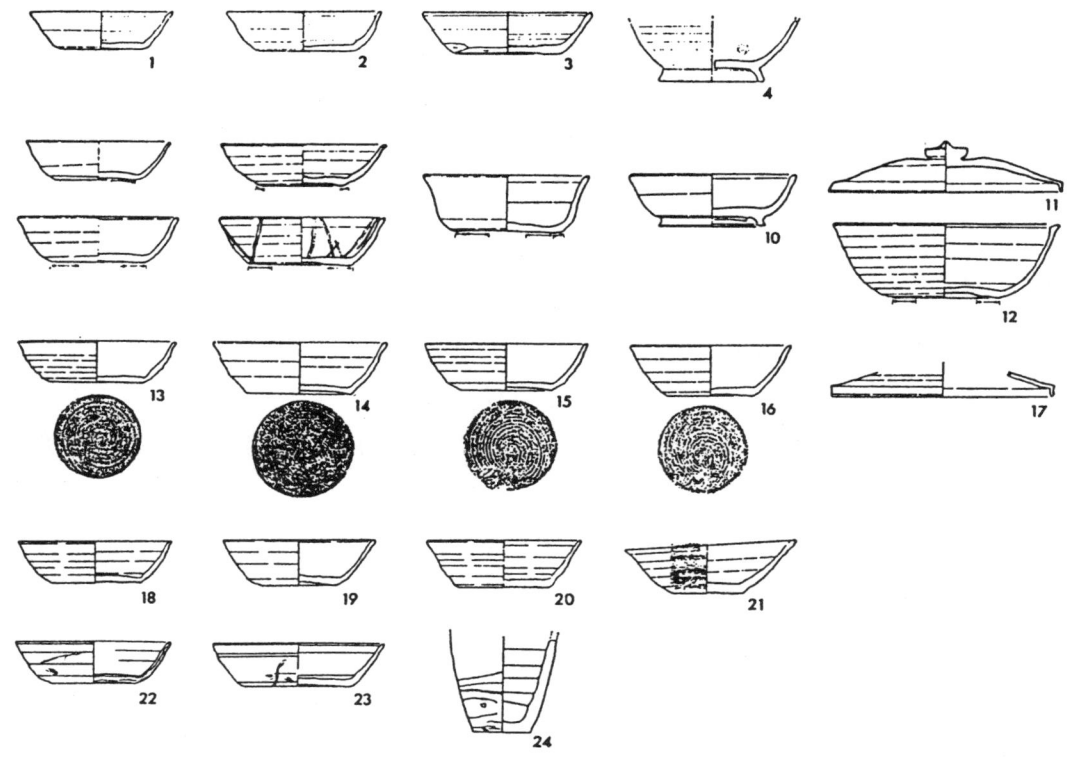

第80図　8世紀後半の須恵器（3・4は末野窯跡群、他は南比企窯跡群）
1～4:台耕地遺跡73号住居跡　5～12:小谷窯跡　13～17:将軍沢2－B－2　18～21:同C－3号窯　22～24:一天狗遺跡J－9－5号住居跡

が上げられる。共伴する南比企産の須恵器から考えるに、時間的にはそれほど遡るものではなく、白山57号住居跡の少し前と考えたい。

　B　南比企窯跡群

　前内出窯期に続く土器はどのようなものであろうか。小谷B1号窯と年代検討資料(8)の多摩蘭坂遺跡例（第71図2）と比較して考えてみたい。小谷窯[121]の坏は底径がやや小さく周辺ヘラ削りになっており（第80図12）、これが多摩蘭坂に続くものと考えられる。小谷窯の坏を小谷B1号窯と比較すると、口径11.3～13.2cm代が主体を占めて全体に小型化しており、底部周辺ヘラ削りが主体で未調整も出現していることから、小谷B1号窯に後続する窯であることが明らかである。ここでも深い坏と浅い坏が共存する。

　小谷B1号窯に続く窯として嵐山町将軍沢2－B－2[122]（第80図13～17）、あるいは将軍沢C－3号窯[123]（第80図18～21）があるが、坏はさらに口径が縮小するものの、底径・器高は変わらないため深身の坏が目立つようになり、底部は糸切り離し後未調整がさらに増えてくる。

　8世紀後半代の定点としておける土器は、年代検討資料(9)の台耕地48号住居跡（第74図1～10）であるが、壺G（第74図1）を共伴するため長岡京並行（784～794年）が上限と考えられる。床面出土の坏は口径12.6、器高3.6cmの深身（第74図2）と、口径13.1、器高3.3cmの扁平な形態（第74図3）が出土するが、いずれも底部全面ヘラ削りである。住居跡覆土から末野産に特徴の逆台

形で底部未調整の坏（第74図 5）が出土することからも、台耕地48号・白山57号住居跡が並行するか、わずかに前者の方が先行するであろう。なお、台耕地例と共通する内容を持つ一天狗Ｊ－9－5号住居跡（第80図22～24）では、壺Ｇに伴い口径12.5、器高3.5㎝と口径12.9、器高3.5㎝の底部全面ヘラ削りが出土することからも、このような土器群が当期に置ける１例として加わるであろう。

年代検討資料(9)と前述した小谷窯、将軍沢２－Ｂ－２・Ｃ－３号窯を比較した場合、ほぼ並行する時期と考えられる。特に小谷窯の製品は９世紀前半に置く将軍沢６－Ｅ－１に連なるようである。

８世紀後半代においては、このように末野・南比企窯跡群ではともに深身と扁平な坏が共伴しており、後者の方が量的に少ない。

(4) ９世紀前半

ここでは国分寺塔再建に関わる須恵器生産を行った東金子窯跡群の八坂前・新久窯跡も含めておく。

　　Ａ　末野窯跡群

９世紀前半でも第１四半期に置くことができるのは台耕地50号（第81図１～５）・52号（第81図６～８）住居跡である。

白山57号住居跡にあった大型で逆台形の器形は消滅するようであるが、台耕地50号住居跡の体部が直立して開く逆台形の器形を呈するものは、白山57号住居跡と比べた場合、底径が小さくなる。この傾向は坏全体に見受けられ、口径は変化ないのに底径・器高が減少するため扁平になる。また、この時期以降の末野産の特徴として体部下位がふくらみ、上位が外反する傾向があり、南比企窯跡群では体部中位がふくらみ、口唇部が外反してやや趣を異にする。

この時期には体部下位がふくらむ形態の割合はまだ逆台形と半々であるが、これ以降の末野の主流の形態となっていく。この形態は白山57号住居跡のような逆台形でやや外反するものから変化したようで、口唇部が反り返ることにより南比企よりやや口径が大きいようである。

壺Ｇの共伴から年代検討資料(9)によって824年頃に置ける行田市原遺跡例では、これ以降小型高台付埦に変わって多量に生産される大型高台付埦が見られるが、体部は丸く口唇部が大きく反り高台も強く外反する（第74図36・37）。

９世紀前半の中でも第２四半期としてとらえられる土器群に、末野８－Ａ－５[124]（第81図９～16）がある。坏は11.6～13.6㎝と分散して逆台形となるものと、体部下位に丸みを持ち口唇部の反り返る両者がある。埦の蓋は、天井部が高く口縁の反りの範囲はまだ狭く、口唇部の折れもまだ長い。つまみは扁平なものがあり、天井部の接着面が広い。

これに続くものとして台耕地遺跡土器編年第Ⅲ期、末野８－Ｂ－２[125]（第81図17～21）、阿知越６号住居跡（第81図22～30）が該当するであろう。台耕地第Ⅱ期の44・61号住居跡にはＩＧ－78窯式の灰釉陶器が伴うことからも妥当であろう。この台耕地第Ⅱ期には原遺跡例から続く高台付埦が見られる。高台は高台付皿と同様「八」の字に開き、先端が矩形あるいは端面が中窪みになる。体部下位の腰はやや張り、口唇部は外反する。埦の蓋のつまみが扁平で天井部に広く接着し、口唇部は折りが短く８－Ｂ－２のように痕跡として残る例がある。

第3章 須恵器生産の展開 257

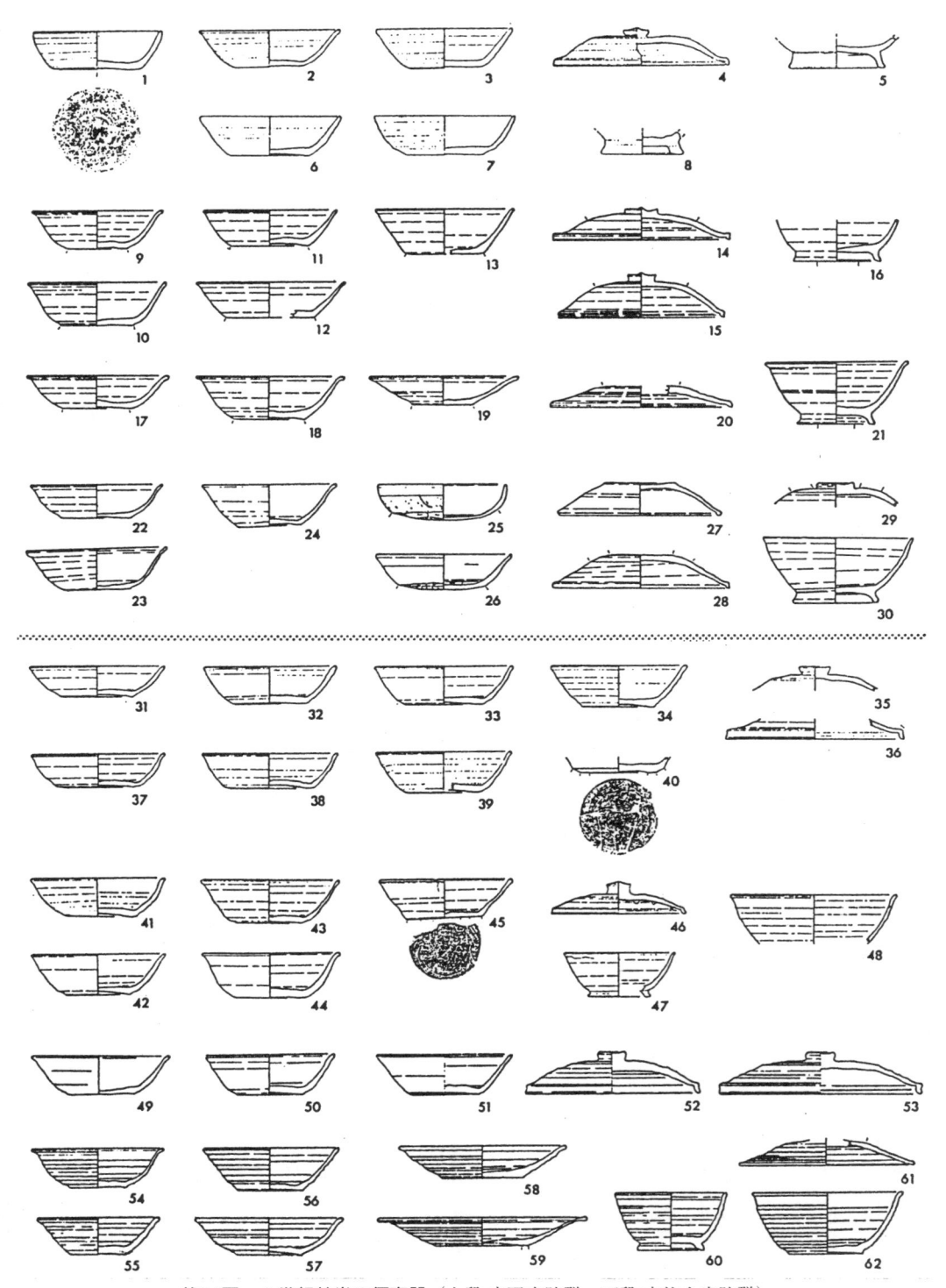

第81図 9世紀前半の須恵器（上段:末野窯跡群、下段:南比企窯跡群）
1～5:台耕地遺跡50号住居跡 6～8:同52号住居跡 9～16:末野窯跡群8－A－5 17～21 同8－B－2 22～30:阿知越遺跡6号住居跡 31～36:将軍沢支群6－E－1 37～40:同6－E－3 41～48:同6－E－2 49～53:山下2号窯 54～62:伴六遺跡5号住居跡

時期的には末野8－A－5がより古く、台耕地遺跡第Ⅱ期のグループの方がより新しい形態が多く、末野8－A－5は第2四半期でも前半に置けると考え、台耕地遺跡第Ⅱ期および阿知越6号住居跡は東金子窯跡群の新久A－1・2号窯にほぼ並行すると推測する。

末野窯跡群ではこの時期以降、小型品は器肉の薄いつくりが多くなり、体部に著しい轆轤目が見られる。また蓋のつまみは扁平で接着面が広く、口唇部の折れは短く、丸くなる例も多い。

　B　南比企窯跡群

第1四半期に入るのは将軍沢6－E－1(126)（第81図31～36）・3（第81図37～40）がある。

将軍沢6－E－1の坏は11.7～13cmあるものの、12～12.5cmに集中するが、6－E－3も同様である。両窯とも深身と扁平な坏が共存するが、底部は6－E－3の1例を除いて糸切り離し後未調整である。周辺ヘラ削りの坏は底部が厚く、器厚を薄くするための例外的な削りであろう。

続く年代基準資料(9)原遺跡溝SD001の坏は、壺Gと共伴することから824年頃に年代の1点が置ける。口径12.5と12.6cm、器高4.0と4.3cmの深身の坏である。底部は糸切り離し後未調整である。

このころから深身の坏がより多くなる時期であることから、SD001を第2四半期でも前半と考え、続く第2四半期後半の例は将軍沢6－E－2(127)（第81図41～48）、山下2号窯(128)（第81図49～53）が該当しよう。また集落では毛呂山町伴六5号住居跡(129)（第81図54～62）が含まれよう。

山下2号窯の坏は口径11.4～12.8cmであるものの12～12.5cmに集中しており、第1四半期に置いた将軍沢6－E－1と同じであるが、6－E－1の底径が6.5cm前後であったものが、山下2号窯では6cm前後に縮小する。また、6－E－1は器高が3.2～3.7cmに集中するものの、やや分散気味であったものが6－E－2では3.6～4cmに集中して高くなり、全体に法量的にまとまりができる。おそらく窯によっても違いはあるであろうが、第1四半期から第2四半期へ移る頃、深身の坏が扁平な坏を量的に上回り、そののち深身の坏が主体となり底径の縮小化が進むと考えられる。器形の特徴として体部がふくらむため底部がすぼまり、口唇部が大きく外反するようになる。将軍沢6－E－2には周辺ヘラ削りを含む例があるが、深い特異な坏に限られる。口径は11.8～12.8cmで、底径の小さくなる点からも山下2号窯に近いものの、やや先行するであろう。しかし将軍沢6－E－2、山下2号窯ともほぼ新久A－1・2号窯に近い時期だと想定したい。

集落の伴六5号住居跡は一括投棄された遺物と考えられ、この土器群は坏の口径が11.8～12.6cmに集中しており、埦・皿も含め、ほぼ山下2号窯に並行すると考えられる。

　C　東金子窯跡群

8世紀後半以降の製品は、土が前内出窯よりも八坂前・新久窯跡群に近いことから、生産地の移動が考えられる。製品は狭山周辺の集落から出土するものの、明確な器種の把握をしていないため、この時期は八坂前・新久窯跡群などの既存資料の年代の位置付けを行っておく。

前にも述べたように承和2年（835）に武蔵国分寺七重塔が焼失した後、承和12年に壬生吉志福正が再建を願い出るが、その瓦を焼成した瓦窯が八坂前窯跡あるいは新久窯跡といわれている。(130)国分寺塔跡発掘による軒丸瓦・軒平瓦の割合は、これら瓦窯跡の出土量とほぼ対応していることが分かってきたことから、塔再建瓦窯跡として須恵器年代を考えるのに重要な定点となってきた。(131)

しかし、窯の中での瓦と須恵器の操業段階およびその操業時間のとらえ方によって、8世紀中

葉、あるいは第3四半期に置くなど見解の相違が見られた。

　ここで窯跡出土の文様瓦について検討してみよう（第82図）。軒丸瓦について八坂前では范種は10種類見られるが、新久ではそのうち2種類（八坂前Ⅳ＝新久Ⅰ、八坂前Ⅶ＝新久Ⅲ）が同范であり、別に八坂前未見のものが2種類（新久Ⅱ・Ⅳ）ある。谷久保窯跡では八坂前未見の内の新久Ⅳ類と同范である。次に軒平瓦は八坂前では9種類あるが、新久ではそのうち2種類（八坂前Ⅰ－1＝新久Ⅰ，八坂前Ⅵ＝新久Ⅱ）が同范であり、ほかに八坂前未見のものが2種類（新久Ⅲ・Ⅳ）ある。谷久保では八坂前・新久で同范の2種と同范である。

　ここで同范関係について注目するならば、軒丸瓦で八坂前に主体の3種（Ⅲ－1・2、Ⅶ）のうち、国分寺塔跡で主体を占めるⅢ－1・2類と新久は同范でないものの、Ⅶ類とは同范である。また軒平瓦は八坂前あるいは国分寺塔跡で主体の2種（Ⅰ－1、Ⅴ）のうちⅠ－1類と新久は同范であること、さらに新久にしかない種類があることなどから、范が八坂前から新久へ移動した可能性があるものの、両窯に補完関係が成り立ち、時間的には近接していたと考えられる。

　このように八坂前→新久の関係が想定できるが、まず八坂前の須恵器について考えてみよう。八坂前の須恵器の変遷は4号→6号→5号とされているが、このうち5号窯が新久A－1・2号窯に並行するという。しかし5号窯は坏の口径11.6～12.6cmまでに集中し、新久に比べやや小型化している。6号窯については底部周辺ヘラ削りを持つ坏があることから、時期的に古く遡らせる傾向にあるが、4号窯まで遡らないと考えている。この技法は体部下端にも施される例が多い。詳細に観察するに、南比企窯跡群に比べ東金子窯跡群の製品は体部が直線的に外傾する器形が多く、体部下位および底部が厚い傾向にあるため削りを施したと考えられる。また南比企窯跡群が轆轤上で切り離し位置に指をやや深く差し込み、差し込んだ上位で切るのに対して、東金子窯跡群は浅い差し込みで、しかも差し込み位置のやや下で切るため底部が厚くなるとともに、体部下端に指を入れた段ができる。これを削り落とすため体部下端をヘラ削りする例が多いようである。

　ところで周辺ヘラ削りを施す坏を出す八坂前4号窯と谷久保窯（第83図52～60）を比較した場合、口径は谷久保が11.2～12cmに集中するのに対して、八坂前4号は12～13cmに多く見られ、底径は谷久保が6～6.6cm、八坂前4号が7～7.2cmに最も多く、器高についても谷久保が3.2～3.5cmに対して3.6cmがピークと、明らかに八坂前4号窯の方が全体に大振りで先行するものであろう。

　八坂前4号窯と新久A－1・2号窯と比較するに、坏の口径については同じであるものの、底径については新久の方がやや小さく新しいようである。このことは埦・蓋を見てもいえる。まず埦は新久などが底部に削りを持たないのが主体で、体部に張りはなくわずかに丸みを持って外傾するのに対して、八坂前4号窯は周辺ヘラ削りで体部は内彎気味に丸みを持ち、口唇部は肥厚し外反する。蓋は新久例が天井部やや下位に強い稜を持つ例が多いのに対して、八坂前4号窯例は削りを施すため、丸みを持って口唇部へ移行する例が主体でより古い様相を見せる。

　次に瓦について見よう。八坂前窯において主体となる軒丸瓦Ⅲ－1・Ⅲ－2・Ⅶ類と軒平瓦Ⅰ－1・Ⅴ類の灰原での分布状況は重複している。この主体となる瓦は特に1・5・6号の灰原に集中する。ところが種類は多いものの量的に少ない軒丸瓦7種、軒平瓦7種は、1号の灰原にはほとんど見られず瓦生産時の時間的な差が予想できる。

遺跡名（上段は八坂前分類／下段は新久分類）		八坂前(90)	新久	谷久保	霞川	国分寺(1272)	遺跡名（上段は八坂前分類／下段は新久分類）		八坂前(175)	新久	谷久保	霞川	国分寺(1126)
I	(文様)	○ 3 (3.3)				7	I-1	(文様)	■▲ 73 (41.7)	●	●		312
							I						
II	(文様)	○ 4 (4.4)					I-2	(文様)	▲○ 4 (2.3)				
III-1	(文様)	■▲○ 40 (44.4)				131	I-3	(文様)	■○ 3 (1.7)				
III-2	(文様)	■▲○ 13 (14.4)				97	I-4	(文様)	●▲○ 13 (7.4)				
IV	(文様)	○ 3 (3.3)	●▲			65	II	(文様)	○ 1 (1.2)				
I													
V	(文様)	○ 3 (3.3)					III	(文様)	○ 2 (2.2)				
VI	(文様)	○ 5 (5.6)				37	IV	(文様)	▲○ 5 (5.6)				3
VII	(文様)	▲○ 17 (18.9)	●▲			103	V	(文様)	▲○ 73 (41.7)				140
III							VI	(文様)	○ 1	●■▲○	●		21
VIII	(文様)	○ 1 (1.1)					II						
IX	(文様)	○ 1 (1.1)				1	III	(文様)		●■			9
II	(文様)		■				IV	(文様)		●			
IV	(文様)		●■▲	●	●		V	(文様)		□			

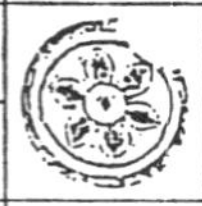

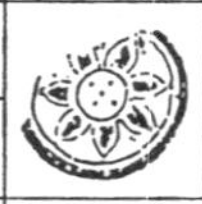

第82図　武蔵国分寺塔再建期の瓦

八坂前で主体となる瓦のうち軒丸瓦ではⅦ類が、軒平瓦ではⅠ－1類が新久窯と同笵であるが、軒丸瓦Ⅶ類は6号窯の灰原周辺に最も多く、軒平瓦Ⅰ－1類は1・5・6号窯に多いことから、八坂前1・5・6号窯と新久A－1号窯が同時期かあるいは極めて近接する時期であり、主体となる瓦全体から見ても、これらの窯が国分寺塔再建期の最盛期の窯であったと考えられる。

瓦の出土状況から見ても八坂前4号窯は文様瓦が極端に少なく、瓦を焼成していないか丸・平瓦だけの焼成で終了している可能性もある。その平瓦についても格子・斜格子がやや多く、八坂前5・6号窯が縄叩き主体であることと相違する。

さらに窯の中軸方向を見るに、八坂前3・4・6号窯が類似するとともに、構築方法はともに地下式であり窯の形態からも古い様相を見せ、操業の変遷として4号→6号→5号が推測できる。このことから4号窯でも周辺ヘラ削りをもつ須恵器は、6あるいは5号窯の国分寺塔再建の最盛期より遡ると考えられるものの、須恵器の形態・技法はつながるものも多く、8世紀第2四半期の中に置きたい。

ここで注意すべきは南比企窯跡群と比較した場合、近い時期と考える将軍沢6－E－2あるいは原遺跡SD001はすでに深身の坏が主体になる時期である。4号窯の周辺ヘラ削りを施す例は扁平な坏で全体も丸く、時期的により古い様相を持つため、はたして第2四半期の中で納まるのかあるいは第1四半期まで入るのか、今後検討が必要である。

最後に新久A－1・2号窯と谷久保窯の関係について触れてみよう。谷久保の文様瓦がいずれも新久窯と同笵であり、「我」あるいは「木田」など同一筆跡と推定できるヘラ書きがあり、工人の移動が推測され、ほぼ同時期と考えてよいであろう。しかし、坏の口径を見ると谷久保の方が11.2～12.4㎝に集中し、やや小さい点で後続するであろう。次に八坂前未見の軒丸瓦である新久Ⅳ類を出土することから、新久・谷久保と関連する入間市霞川1号住居跡（第83図61～65）を比較した場合、須恵器は新久窯に共通する。このように新久窯と同笵瓦を出土する中でも、新久A－1・2号窯、霞川1号住→谷久保窯の変遷が考えられる。

集落資料としてこの時期に該当するものは多いが、宮ノ越10・44号住居跡(134)（第83図66～71）を取り上げてみよう。まず10号住居跡例を新久A－1・2号窯と比べてみると、法量的には口径12㎝を越えるものが多く新久と類似するが、底径は10号住居跡の方がやや大きく先行する可能性がある。しかし、八坂前4号窯の周辺ヘラ削りをもつものと比較するに、八坂前の方がやや口径が大きいため扁平見えるが、それよりも遅れるであろう。新久と同笵瓦を出土する霞川1号住居跡と比べるに、坏や土師器の甕から見ても霞川1号住居跡・新久窯にわずか先行するかほぼ同時期であろう。また44号住居跡の高台付坏は霞川1号住居跡に類似し、蓋の天井部で削りを行った段や、坏の1例に全面ヘラ削りを含むことからも、ほぼ新久窯の時期であろう。

なおこの時期の東金子窯跡群の器形の特徴として、蓋の口唇端部の折り返しが短いが、これは前内出窯からの系譜を引いている形態である。やや新しく新久A－1・2号窯の段階になって、端部が長くなり内傾する例が主体となる。また、天井の高くなる傾向は南比企窯跡群とも同様であるが、東金子窯跡群では天井部に稜が明瞭に見られるものが多い特徴がある。坏では技法的なものから底部周辺ヘラ削りが遅くまで残り、体部ヘラ削りを施す例も見られる。

第83図　9世紀前半代の須恵器（東金子窯跡群）

1〜10:八坂前4号窯　　11〜24:同6号窯　　25〜33:同5号窯　　34〜42:新久A－1号窯　　43〜51:新久A－2号窯
52〜60:谷久保遺跡(窯跡)　　61〜65:霞川遺跡1号住居跡　　66〜71:宮ノ越遺跡44号住居跡

(5) 9世紀後半

ここでは10世紀まで触れないつもりであるが、関連資料で一部触れるところがある。この時期になると埼玉県下の三大窯跡群以外に、新開窯跡群が出現してくる。

A　末野窯跡群

この時期を代表する良好な窯跡資料はないため、台耕地77号住居跡（第84図1〜5）を中心とする台耕地第Ⅲ期あるいは寄居町沼下7号住居跡(135)（第84図6〜16）を取り上げる。台耕地第Ⅲ期については、報告書において最も新しい灰釉陶器は77号住居跡のK－90窯式であることから、10世紀前半にした。しかし、近年の灰釉陶器の年代検討から、K－90が9世紀に入ることが予想されてきた(136)。須恵器が台耕地第Ⅱ期に続くものと考えるならば、やはり第Ⅲ期は9世紀後半代に置けるであろう。また、年代検討資料(10)(249頁)の若宮台44号住居跡出土「天安二年十二月廿八日□(黒カ里カ)成人」と線刻された紡錘車から、この土器群が858年を上限として考えられる。共伴する須恵器の蓋は口径13cmで小型高台付坏用の蓋で、特異なつまみを持つ。このつまみは新久A－1・2号窯に近い時期と考えた将軍沢6－E－2（第81図46）に見られる。両者を比較するに若宮台44号住居跡の方が天井部の口縁が反り、6－E－2に後出する形態である。また、若宮台44号住居跡の土師器は児玉町阿知越6号住居跡(137)（第81図25・26）に似ており、阿知越6号住居跡の須恵器は新久窯跡並行とした台耕地第Ⅱ期の坏と似ていることから、9世紀中頃と考える。ここでは一応若宮台44号住居跡は紡錘車の年代から9世紀第3四半期に置いておく。

台耕地第Ⅲ期を第Ⅱ期と比べると、坏は底径がさらに小さくなる傾向にあり、口唇部は大きく外反する例が主体となる。高台付坏は小型になり、第Ⅱ期の口径は14〜15cmが主体であったものが14cm近くなり、高台幅も狭くまた低くなる。高台付坏の蓋はこの期には極端に少なくなり、この時期以降消滅する。皿は大型・小型品が前期から続くが、いずれも大きく外反して小型になる。高台付皿は高台が低く、高台径が狭くなる。この台耕地第Ⅲ期に並行する時期としてほかに、上里町中堀遺跡1・2・7号住居跡などが該当するであろう。この時期はおよそ9世紀第3四半期でも新しい時期が中心と考えている。

これに続く9世紀第4四半期あるいは10世紀に入る可能性のあるものとして、台耕地78号住居跡（第84図26〜29）、あるいは岡部町西浦北4号住居跡(138)（第84図30〜33）がある。坏類はさらに底径が小さくなり、口唇部は大きく反り返る。高台付坏はさらに小型で浅くなり、坏と比べやや深いものの、形態は類似して高台付坏とよべるものである。高台は低く外へ張り出し、不定形を呈する。西浦北4号住居跡には住居下のピットから出土したK－90窯式の灰釉（第84図32）・緑釉陶器（第84図33）が見られるが、やや伝世している可能性はあるものの、年代を考える一つの目安となろう。

この高台付坏とよべるような坏は、前段階の台耕地77号住居跡に続く沼下8号(139)（第84図17・18）、寄居町中山1号(140)（第84図22〜24）、中堀3号(141)、沼下19号などの各住居跡例を経て、このような小型品となる。ここまでの変化は口径13〜14cmが主体で変わりがないものの底径が縮小し、器高も6cm以下になってくる。さらに台耕地78住居跡に後続するものとして、児玉町十二天5b（第84図34〜36）、7a住居跡(142)など口径13cm以下と、より口径の縮小する形態に移り変わる。このころか

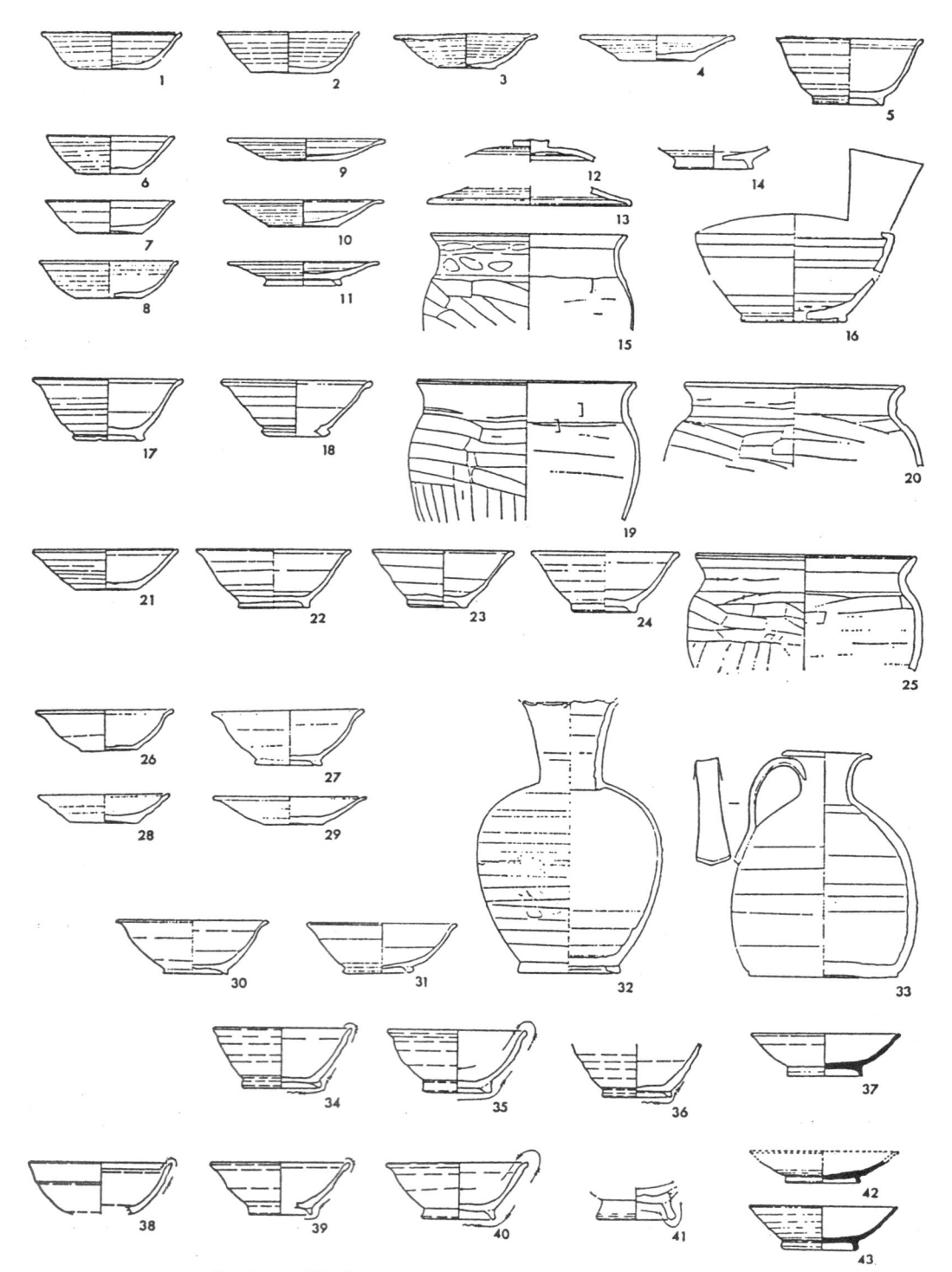

第84図　9世紀後半から10世紀にかけての須恵器（末野窯跡群）
1～5:台耕地遺跡77号住居跡　6～16:沼下遺跡7号住居跡　17～20:同8号住居跡　21～25:中山遺跡1号住居跡　26～29:台耕地遺跡78号住居跡　30～33:西浦北遺跡4号住居跡　34～37:阿知越遺跡5b住居跡　38～43:同7a住居跡

ら足高高台が出現するようである。これに伴う灰釉陶器は大原－2窯式と考えられることから、これらの土器群は10世紀前半代であろう。

このような坏、高台付坏などの変遷から見るに、台耕地78号住居跡など9世紀末の土師器は「コ」の字状口縁甕が残り、10世紀に入るとほとんど消滅するようである。

なおこの時期の数少ない窯跡調査例として折原窯[143]がある。窯は1号窯が3.5m、2号窯が4mと短く、傾斜も20度と緩やかで、多量の遺物が残存していた1号窯では坏と高台付坏が主体で赤色化している。高台付坏は体部最下位で強く屈曲して立ち上がったのち外反する形態で、中山1号住居跡に類似する。当時このような小型品焼成用の小型窯が主体であったようで、その出現が9世紀後半代にあったと考えられる。

この時期の末野産須恵器の大きな特徴としては、高台付坏の発達とその小型化で、他地域に見られる無高台の坏は見られない。皿は台耕地78号住居跡例のように口径が縮小して、浅い坏のような形態を呈する。

　B　南比企窯跡群

先の9世紀第2四半期に入れた山下2号窯と比較して、窯では鳩山町上鳴井1号窯[144]（第85図1～10）、山下5号窯[145]（第85図11～20）があげられる。集落では嵐山町金平13号住居跡[146]（第85図21～28）がある。

まず窯跡を見るならば、形態から山下2→上鳴井1→山下5の変遷が想定できる。器高は新しくなるにつれわずかに高くなるものの、山下2号窯が3.8㎝、上鳴井1号窯が3.9㎝、山下5号窯が3.9～4.0㎝に集中していてほとんど変わりがない。次に口径は山下2号窯が12～12.5㎝に、上鳴井1号窯が12.2～12.8㎝に、山下5号窯が12.1～13.3㎝に集まる。これを見るに全体にまとまりがあったものがばらつき、口径の大きなものが増えてくる傾向が窺える。さらに底径は山下2号窯と上鳴井1号窯が6㎝付近に集中するのに対して、山下5号窯では5.2～6.1㎝と広がりをもって分布する特色があり、全体に縮小する傾向にある。このような法量の変化は糸切り離し部を狭めるために指を深く入れるためと、口唇部を大きく外反させるために起因しており、末野窯跡群の形態変化と共通している。

坏については上鳴井1号窯が底径は小さくなるものの、体部は丸みを持ち大きく内彎して口唇部が強く外反する。山下5号窯に至っては、体部の丸みは少なくなってくる。皿については末野窯跡群と同じ変化をして、口唇部が大きく反り返る。また、高台については山下5号窯では低く、大きく「八」の字状に開く。

集落の金平13号住居跡は焼失家屋と考えられ、坏が2点と4点がそれぞれ重なって出土しているが、ほぼ山下5号窯に並行するであろう。金平13号住居跡にはほかの坏と器高は変わらないものの口径10㎝前後の、一見深身の坏に共通する小型坏が見られ注目される。これは伴六5号住居跡、山下5号窯にも見られ、系譜については今後検討が必要である。

時期については、上鳴井1号窯が9世紀第3四半期、山下5号窯が9世紀第4四半期に入るであろう。

山下5号窯に続く例として、毛呂山町伴六12号住居跡[147]（第85図29～34）があげられるが、山下

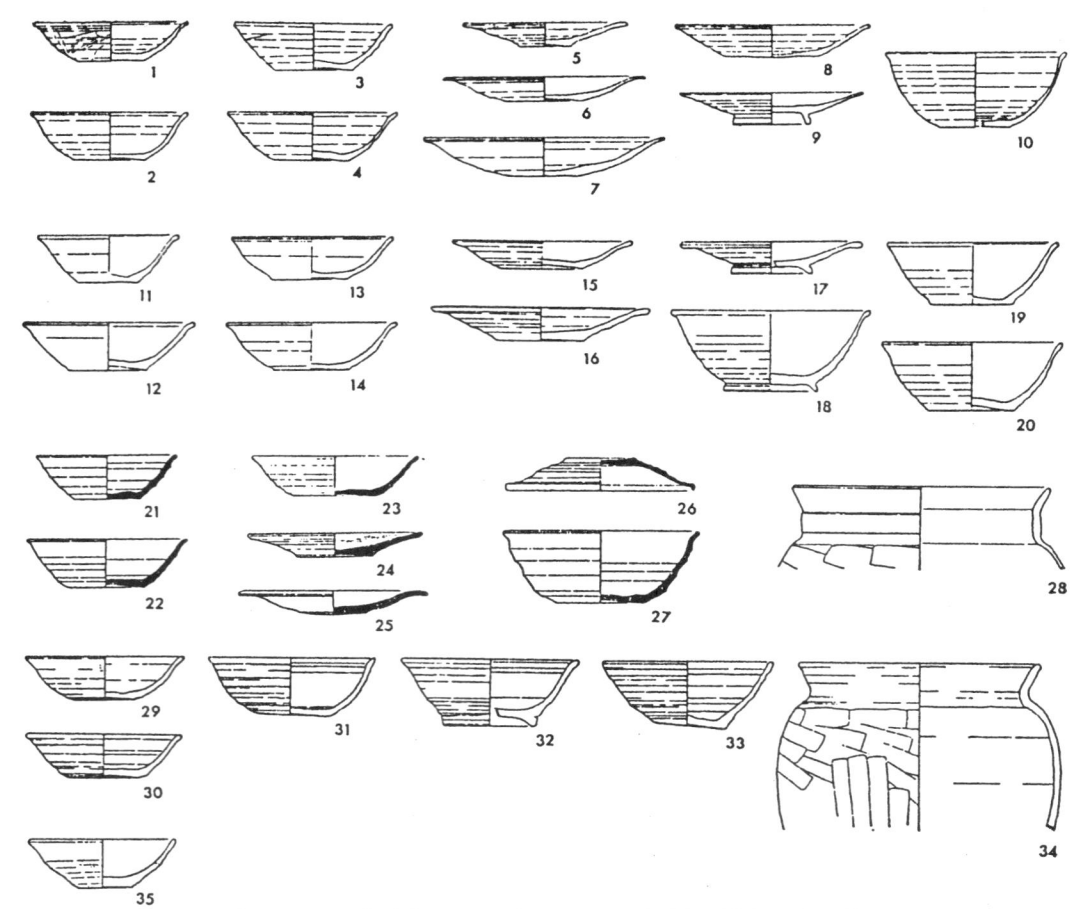

第85図　9世紀後半から10世紀にかけての須恵器（南比企窯跡群）
1～10:上鳴井1号窯　11～20:山下5号窯　21～28:金平遺跡13号住居跡　29～34:伴六遺跡12号住居跡　35:須江・竹本地区3－B－1

　5号窯に至って一旦大きくなった口径が再び縮小して11.5～12.4cmになるとともに、底径も小さくなる。埦については、底径が5.5cmと小さく不安定になる。これに伴う土師器甕は、すでに厚手の甕に移行している。時期については9世紀末から10世紀に入ると考える。
　その後の土器の変遷を追うのは窯の数が少ないため不明確であるが、10世紀に入る窯として鳩山町須江・竹本地区3－B－1[148]（第85図35）がある。これは白色針状物質がほとんど見られず、つくりも悪くなる。口径は11.2、底径は4.3cmとさらに小型で、不安定な形態になる。現段階では明確な時期決定はできないものの、10世紀にも南比企窯跡群では白色針状物質をほとんど含まない製品が製作されている実例となる。集落から出土する南比企タイプの軟質の坏から見るに、おそらくこの時期、低台地へ降りた工人が生産した製品が多いと考える。
　この時期、南比企窯跡群と末野窯跡群を比べた場合の違いは、末野では埦の主体は高台が付くことで、南比企では無高台がほとんどである。これに対して東金子では両者がつくられるものの、無高台がやや多い。

　　C　東金子窯跡群

新久窯跡群の変遷については、A－1・2→D－1・3→E－1号住と考えられている。E－1号住居跡については10世紀に入るので、D－1（第86図19～26）・3号窯（第86図27～35）について検討してみる。

坏についてD－1・3号窯の口径はA－1・2号窯とほとんど変わらないものの、底径は大きく減少し、器高がわずかに高くなる。形態の大きな変化として、A－1・2号窯の段階で体部が直線的に立ち上がるため逆台形に近いものが、底径の減少により体部にふくらみを持ち、口唇部が大きく外反する形態が主体となり、末野・南比企窯跡群の形態と共通した変化をする。両窯と違う点を強いて上げるならば、いわゆる「爪先技法」の残存であろう。内面底部と体部の屈曲部の段がやや明瞭に見られる点で、八坂前・新久窯から連なる特徴である。

埦は無高台については底径が大きく減少し、口唇部が大きく外反することは南比企窯跡群と共通するものの、体部のふくらみが南比企窯跡群では中位にあるものが、東金子窯跡群では上位にある特徴を持つ。高台付埦あるいは高台付皿も口唇部は大きく外反するとともに高台径は狭まる。また、埦の蓋は報告中には見られず消滅していると考えられ、末野・南比企窯跡群と同一な動きをする。しかし、報告の状況であろうか瓶が多いようである。瓶の変化として、A－1・2号窯まで口唇端部先端がわずかに上へ伸びるだけであったのが、D－1・3号窯に至って高くとがってくる。

このように東金子窯跡群でも南比企窯跡群と同様な変化をしているようで、両窯と比較するならば9世紀第4四半期でもやや新しい年代があてられよう。

次に集落資料の中から宮ノ越遺跡例を取り上げてみるに、4→26→6・7・21・55号住居跡の変遷が見られる。まず4号住居跡（第86図1～11）を新久A－1・2号と比べると、口径だけが減少傾向にある。また、高台付の小型埦を比較するに、宮ノ越4号住居跡の方が深身が増して高台の崩れが見られる。26号住居跡（第86図12～18）は口径がほとんど12cmを越すものの、底径は小さく器高がやや高くなる。坏は外反するものが少ないものの高台付皿など似ており、南比企窯跡群の山下5号窯に類似する。6・7・21・55号住居跡は坏の底径が窄まり5cm以下のものも出てきて、口縁が外反するものが多くなり、埦・皿の形態が新久D－1・2号窯に共通する点が多く、ほぼ並行する時期と考えられる。いずれもまだ土師器甕が「コ」の字状口縁であること、灰釉陶器K－14窯式が4号住居跡（第86図5）に、K－90窯式が7・55号住居跡に共伴することからも、4号住居跡を第3四半期に、26号住居跡を第4四半期の前半、6・7・21・55号住居跡を第4四半期の後半に置けると考えている。

ここで第4四半期と考えられる坏を南比企産と比べてみると、東金子産は底部が特に厚いのを始め全体に厚みがある。また、体部はそれ程はらず、口唇部もやや外反するだけである。このため底径が小さく見える感じがあり、より新しく見られがちである。

  D 新開窯跡群

Pb区L.N.08(151)（工房跡）（第87図1～8）を取り上げてみる。須恵器坏・高台付埦が主体で、坏は東金子窯跡群と比較して新久D－1・3号窯と形態は大変似ている。ところが全体に一回り大きく、口径は13～14.4cmに集まる。また新開窯跡群の中で見ても、Gc区L.N.01工房跡(152)（第87

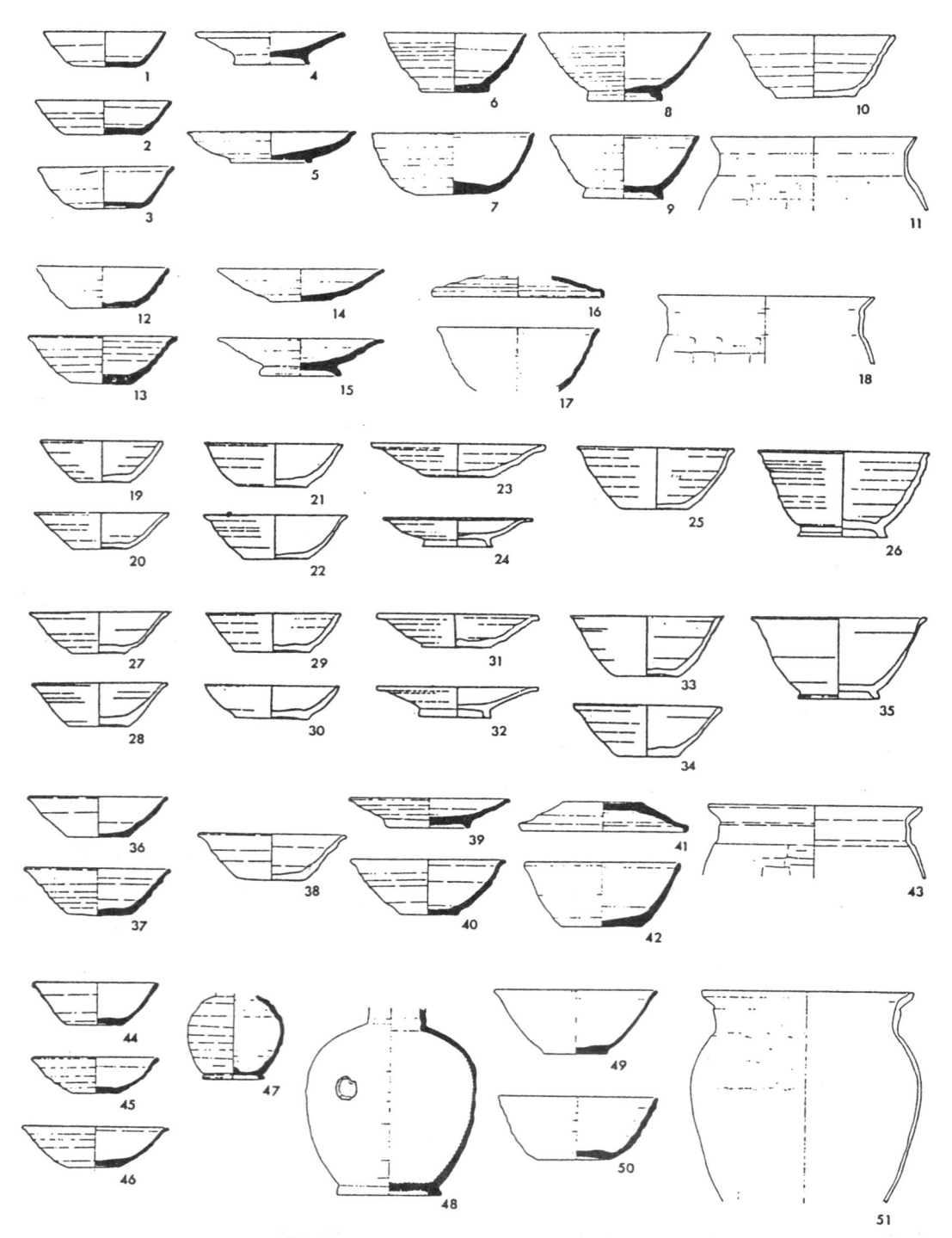

第86図 9世紀後半の須恵器（東金子窯跡群）
1～11:宮ノ越遺跡4号住居跡　12～18:同26号住居跡　19～26:新久D－1号窯　27～35:同D－3号窯　36～43:宮ノ越遺跡21号住居跡　44～51:同55号住居跡

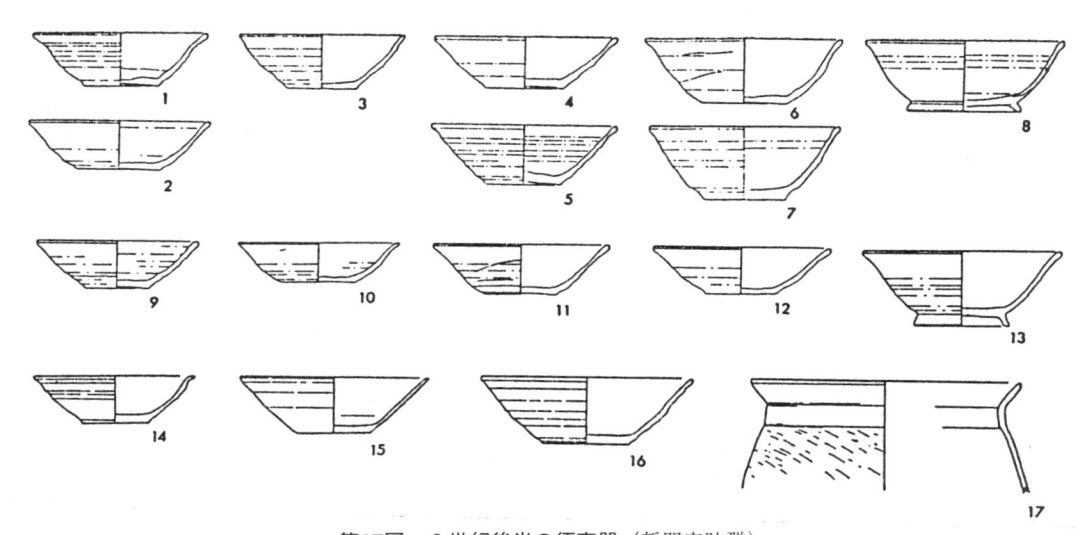

第87図　9世紀後半の須恵器（新開窯跡群）
1～8:新開遺跡Ｐｂ区Ｌ.Ｎ.08工房跡　9～13:同Ｇｃ区Ｌ.Ｎ.01工房跡　14～17:北別所遺跡3号住居跡

図 9～13）は口径、底径がＬ.Ｎ.08工房跡と比べてほとんど変化ないのに、器高が低くなり体部の丸みが消え直線的になってくる。この両工房跡はＧｃ区Ｌ.Ｎ.01の方が新しい傾向にある。

　時期についてはＬ.Ｎ.08にＫ－90窯式の灰釉陶器の瓶が伴うこと、また摸骨文字「大」の瓦が伴うことから考えてみよう。摸骨文字「大」は国分寺に3点程出土するが[153]、同型はない。しかし、国分寺出土の「大」の摸骨文字瓦は塔再建期の文様と類似すること、共伴する緑釉陶器、「コ」の字状口縁の土師器甕から九世紀に入るものであろう。国分寺の「大」に伴う土器は、大変新開窯に似ていること、新開の工房跡にＫ－90窯式の灰釉陶器が伴うなど古くする要素は残っているものの、瓦の側面が化粧削りをしていないこと、薄く小型の瓦であり、土師器の甕はすでに「コ」の字状口縁でないことなど新しい要素が見られる。しかし、国分寺に使われた瓦と考えられることからも、9世紀末から10世紀にかかる時期と考えたい。

　新開窯の製品と考える赤焼きの土器が、富士見市北別所3号住居跡[154]（第87図14～17）から出土するが、共伴する風字硯、竈に使われる「入」の刻印のある平瓦は注目される。風字硯は新開窯よりやや長いようであるが、周縁が高く類似している。また平瓦は端部の化粧削りもなく、新しい要素もあるものの、「入」の刻印は新開窯の「大」の摸骨文字同様、国分寺と関連あると考えられる。共伴する土師器甕は「コ」の字状口縁を呈することからも、新開窯の時期にも「コ」の字状口縁の伴う1例となろう。

4. まとめ

　須恵器自体の編年をまとめてみるならば、7世紀末から8世紀初頭にかけては、末野・南比企窯跡群の生産が盛行するが、これは同時期に搬入された畿内産土師器、東海産・群馬産の須恵器とともに、郡衙成立期あるいは国府と関連した地方官衙成立期の窯業生産品のあり方と考えられる。8世紀前半には群馬の影響を多分に受けて、環状つまみが出現する。この環状つまみは国分

寺創建までが多く、8世紀後半に至り消滅する。山下6号窯は小型化し、8世紀第2四半期に至り大小器種分化して、小型品だけが第3四半期へ連なるようである。蓋は第2四半期には原則として坏に伴わず、埦・高台付埦・佐波理模倣付埦に伴うようである。佐波理模倣付埦は国分寺創建期に盛行するが、その出現はやや遡るようである。

　国分寺創建頃の南比企窯跡群と東金子窯跡群の違いは、坏底部外周の削り方が前者は水平に削るのに、後者は斜めに削り丸底気味になる例が多いこと、蓋は口唇端部が前者は長いのに対して、後者は第79図37のように断面三角形のように短くなる。埦の口唇も前者は外へ張り出す例（第79図22）が多いのに、後者は口唇下を外から押さえてくぼめる。このような特徴はその後、9世紀まで続くようである。8世紀後半の坏については深身の坏が偏平な坏にとって変わり、底部周辺ヘラ削り未調整も混在している。

　9世紀に至り東金子窯跡群を除いて坏底部ヘラ削りはほとんど消滅すると考えられる。坏は末野・南比企窯跡群で類似した変化をする。それは底径の縮小化と体部のふくらみ、口唇の外反、内面の「爪先技法」の消滅であるが、東金子窯跡群は体部が直線的に立ち上がる逆台形の形態と「爪先技法」が長く残る。埦については小型高台付埦は末野・南比企窯跡群とも口縁が大きく開き、器高が高くなるのに対して東金子窯跡群は八坂前6号窯（第83図19）に見るように、体部に腰をつくり偏平になる。これだけを取り上げるならば、八坂前6号窯例は8世紀の形態を保っているようである。大型の埦は無高台については南比企窯跡群が主体で、東金子窯跡群は両者あり、末野窯跡群が高台付が主体である。形態の特徴としては東金子窯跡群は体部が直線的に立ち上がる例（第83図50）などがある。蓋はつまみを持つものと持たない例があり、末野窯跡群は両者、東金子窯跡群は前者が主体で、南比企窯跡群はほとんど前者で占められる。つまみの特徴として、末野窯跡群は偏平になり、口唇端部が末野窯跡群が短く丸く折り返される例もあり、東金子窯跡群は内側へ折れて短い例が多い。天井部は東金子窯跡群では高く、削りによって天井部途中に段を形成する。

　9世紀後半に至ると、坏の底部はさらに縮小化するが、これは皿、埦も同様である。皿は無高台に加えて高台付が増加するが、新しくなるにつれて高台が開き高くなる傾向にある。いずれの器種も同一窯内でも形態変化を示し、器制の崩壊は急速に進んだようである。それと呼応するように第86図10・38など土師質の土器が出現して、大窯跡群を保持する武蔵においても、土器生産の解体が案外早く進んだことが分かる。

　武蔵においてはすでに繰り返し述べてきたように、須恵器生産の画期は古くは律令的土器生産の成立期にあり、かえり蓋などの導入がはかられ、続いて律令体制に組み込まれるうち、氏寺あるいは郡寺など寺院建築に伴う瓦・須恵器生産により、畿内・東海からの技術導入が行われた。さらに7世紀末から8世紀初頭にかけて、評・郡衙の成立・整備に伴い、畿内・東海だけでなく群馬からも導入され、いくつかの系譜が考えられる。一つは山下6号窯、百草1号窯のような群馬の影響、大丸1号窯のような東海の影響である。

　その後国分寺創建に至り、前内出窯期の成立が考えられるが、ここに至り統一された武蔵土器生産体制をむかえることになり、各窯跡群である程度安定した生産が始まったと考えられる。し

かし、その崩壊は早く、それぞれの窯跡群で独自の形態を生み出し発展していったと考えられる。このような独自の形態の発展は、各系譜を統合した律令的窯業体制の中にあっては常に内包しており、規制が弱まればより分化する傾向にあったようである。

　国分寺塔再建により再び統一的な動きはあるものの、再建が終了した後、須恵器工人に対する規制は弱まっていったようである。それと呼応するように工人は切り尽くした薪を求めて山を降り、各低台地へ拡散していったと考えられる。その傾向は10世紀に至ってさらに進み、8・9世紀に大窯跡群を形成した南比企窯跡群さえ衰退していった。9世紀から10世紀にかけての須恵器生産の動向は、律令制下において、特に郡司層に掌握されていた生産体制が、律令制の衰退によって支配機構が崩れるとともに崩壊し始め、窯の小型化、製品の劣悪化が進んだようである。このような律令的土器生産体制の崩壊により、工人は自立化あるいは各地の小領主層の支配を受けていったと考えられる。かかる窯業生産体制の分散化・縮小化は生産品の多系化を生み出していった。しかし、これはまだ中世的な窯業生産に至るものではなく、古代の律令的土器生産の解体に伴う窯業体制の細分化で、「山の須恵器から里の須恵器」への転化であり、中世窯業への過渡期と考えられる。

註

(1) 服部敬史・福田健司 1979「南多摩窯址群出土の須恵器とその編年」『神奈川考古』第6号　神奈川考古同人会
    服部敬史・福田健司 1981「南多摩窯址群における須恵器編年再考」『神奈川考古』第12号 神奈川考古同人会
(2) 坂詰秀一ほか 1984『八坂前窯跡』八坂前窯跡調査会・入間市教育委員会
(3) 坂詰秀一ほか 1971『武蔵新久窯跡』雄山閣
(4) 服部敬史 1981「南武蔵における古代末期の土器様相」『東京考古』1　東京考古談話会同人
(5) 高島忠平 1971「平城京東三坊東側溝出土の施釉陶器」『考古学雑誌』57-1　日本考古学会
(6) 楢崎彰一ほか 1983『愛知県古窯跡群分布調査報告』(Ⅲ)　愛知県教育委員会
(7) 福田健司 1986「南武蔵における平安時代後期の土器群」『シンポジウム古代末期～中世における在地系土器の諸問題』神奈川考古同人会（前川は口頭発表）
(8) 渡辺一ほか 1985『鳩山窯跡群発掘調査概報』鳩山窯跡群遺跡調査会・鳩山町教育委員会
(9) 酒井清治 1987「武蔵国における須恵器年代の再検討」『研究紀要』9号　埼玉県立歴史資料館
(10) 田辺昭三 1966『陶邑古窯跡群』Ⅰ　平安学園考古学クラブ
(11) 中村浩 1980「出土遺物の分類と編年」『陶邑』Ⅱ　大阪府文化財調査報告書第29輯　(財)大阪文化財センター
(12) 田辺昭三 1974『須恵器大成』角川書店
(13) 高橋一夫ほか 1974『前内出窯址発掘調査報告書』埼玉県遺跡調査会報告第24集
(14) 金子真土 1984「埼玉における古代窯業の発達(6)」『研究紀要』6号　埼玉県立歴史資料館
(15) 鳩山窯跡群遺跡調査会の方々にご教示いただくとともに、実見させていただいた。
(16) 星野達雄 1977「いわゆる『国分式土器』について－土器の様相から見た律令制下の相・武・下総三国－」『原始古代社会研究』3　校倉書房（星野は再建申請者前男衾郡大領壬生吉士福正と最も深かるべき男衾

郡銘瓦が出土していないこと、前男衾郡大領の発願で始まったとされている再建事業に武蔵国内の多くの郡衙が関与したのはなぜかということから、新久窯が承和年間頃の操業を疑問とした。そして、弘仁9年の地震によって七重塔の倒壊焼失の可能性を説いた）

(17) 栗野克巳 1987「古墳時代の土器を伴う木簡」『季刊考古学』18　雄山閣
(18) 川江秀孝 1979「静岡県下の須恵器について」『須恵器－古代陶質土器－の編年』静岡県考古学会シンポジューム2　静岡県考古学会
(19) 大塚淑夫 1982「志太地方を中心とした須恵器編年試案」『横添古墳群板沢支群発掘調査報告書』岡部町教育委員会・東海大学工業高等学校考古学研究部・静岡鉄道株式会社
(20) 酒井清治 1986「北武蔵における7・8世紀の須恵器の系譜－立野遺跡の再検討を通して－」『研究紀要』8　埼玉県立歴史資料館
(21) 岸俊男 1977「口絵 飛鳥出土木簡（解説）」『日本歴史』335　吉川弘文館
(22) 向坂鋼二ほか 1976『伊場木簡』伊場遺跡発掘調査報告書第1冊　浜松市教育委員会
(23) 註(22)文献
(24) 岸俊男ほか 1968『藤原宮跡出土木簡概報』大和歴史館友史会
(25) 稲田孝司 1978「土器」『平城宮発掘調査報告』Ⅸ　奈良国立文化財研究所学報第34冊
(26) 中田興吉 1987「五十戸一里制の制定と施行」『歴史評論』No.442　校倉書房（なお、「五十戸」については八木充がほかに左堂遺跡、法隆寺幡（天智二年）をあげられている。八木充 1985「国家の成立と地方支配」『日本学』6　名著刊行会）
(27) 白石太一郎 1982「畿内における古墳の終末」『国立歴史民俗博物館研究報告』第1集
(28) 井上肇ほか 1978『舞台（資料編）』埼玉県遺跡発掘調査報告書第17集　埼玉県教育委員会
(29) 西弘海 1982「土器様相の成立とその背景」『考古学論考』小林行雄博士古稀記念論文集
(30) 註(20)文献
(31) 浜松市教育委員会 1980『伊場遺跡遺物編』2　伊場遺跡発掘調査報告書第4冊
(32) 小林清隆ほか 1985『市原市門脇遺跡』(財)千葉県文化財センター
(33) 鬼形芳夫 1986『内出遺跡』内出遺跡調査会
(34) 鳥羽政之のご好意で実見させていただいたが、末野窯あるいは児玉窯と考えられ、瓦当文様は彫りが悪く笵作成時の刃の面が残っており、美里町大仏（駒衣）廃寺の単弁16葉に似ている。
　　藤原高志 1982「美里村大仏廃寺」『埼玉県古代寺院跡調査報告書』埼玉県史編さん室
(35) 伊藤玄三 1968「末期古墳の年代について」『古代学』14巻3の4
(36) 佐藤興治 1974「金属器」『平城宮発掘調査報告』Ⅵ　奈良国立文化財研究所学報第23冊
(37) 阿部義平 1976「銙帯と官位制について」『東北考古学の諸問題』東北考古学会
(38) 谷井彪・今井宏 1985「赤沼14支群の発掘」『研究紀要』7　埼玉県立歴史資料館
(39) 註(20)文献
(40) a. 有吉重蔵 1982「武蔵国分寺跡出土の平城宮系瓦について」『東京考古』1　東京考古談話会同人
　　b. 滝口宏・有吉重蔵 1986「武蔵国分寺址」『東京都遺跡調査・研究発表会Ⅺ発表要旨』武蔵野文化協会考古学部会・東京都教育委員会・杉並区教育委員会
　　c. 有吉重蔵 1986「遺瓦からみた国分寺」『国分寺市史』上巻
　　d. 有吉重蔵 1986「武蔵国分寺創建期の造営過程について」『東京の遺跡』No.13　東京考古談話会
(41) 原田良雄 1954「塔址より見たる国分寺創建年代」『西郊文化』第7輯
(42) 宮崎糺 1938「武蔵国分寺」『国分寺の研究』上巻　京都考古学研究会

(43) 註(40) c 文献
(44) 井上薫 1966『奈良朝仏教史研究』吉川弘文館
(45) 註(40) b 文献
(46) 註(40) b 文献
(47) 註(40) d 文献
(48) 須田勉 1986「国分寺造営の諸段階－武蔵と上総を中心に－」『房総歴史考古学研究会第3回公開講演会』にて口頭発表
(49) 有吉重蔵ほか 1984「シンポジウム 北武蔵の古代寺院と瓦」『埼玉考古』22 埼玉考古学会
(50) 群馬県教育委員会 1979『上野国分寺隣接地域発掘調査報告』
　　大江正行・川原嘉久治 1982「天代瓦窯跡存在の意義をめぐって」『天代瓦窯跡』中之条町教育委員会
(51) 瓦当背面布絞りと米印叩き、あるいは細かな格子叩きが伴う遺跡は、上里町五明廃寺、神川町城戸野廃寺および群馬県伊勢崎市上植木廃寺などにある。
　　埼玉県史編さん室 1982『埼玉県古代寺院跡調査報告書』
(52) 白色針状物質が入っているものが多く、最近鳩山窯跡群からも出土した。渡辺一氏にご教示いただいた。
(53) 註(20)文献
(54) 『続日本紀』では「各一部」とする。
(55) 『続日本紀』天平19年11月7日条では「安_-置塔裏_」とある。
(56) 有吉重蔵氏にご教示いただくとともに、実見させていただいた。
(57) 渡辺一氏にご教示いただいた。
(58) 東京都教育委員会 1979『多摩丘陵窯跡群調査報告』東京都埋蔵文化財調査報告第6集
(59) 石井則孝・栗城譲一 1986「多摩ニュータウンNo.513遺跡」『東京都遺跡調査・研究発表会XI 発表要旨』武蔵野文化協会考古学部会・東京都教育委員会・杉並区教育委員会（加藤修・竹花宏之・比田井克仁各氏にご教示いただいた）
(60) 鶴ケ島町教育委員会 1983『若葉台遺跡群C～I地点発掘調査報告書』第26図7
(61) 鶴ケ島町教育委員会 1984『若葉台遺跡群A・B・B地点南発掘調査報告書』第118図15・第148図2・5
(62) 埼玉県教育委員会 1974『南大塚・中組・上組・鶴ケ丘・花影』埼玉県遺跡発掘調査報告書第3集
(63) 狭山市 1986『狭山市史』原始古代資料編
(64) 高橋一夫ほか 1974『前内出窯址発掘調査報告書』埼玉県遺跡調査会報告第24集
(65) 石岡市教育委員会 1978『常陸国分寺書院新築予定地発掘調査報告』
(66) 黒沢彰哉氏にも宮地遺跡16号住居跡の常陸型土器を見ていただいき、常陸国分寺3号住居跡と類似するとのご教示を得た。
(67) 武蔵国分寺遺跡調査会・国分寺市教育委員会 1977『武蔵国分寺遺跡発掘調査概報』III
(68) 渡辺一ほか 1985『鳩山窯跡群発掘調査概報』鳩山窯跡遺跡調査会・鳩山町教育委員会
(69) 永峯光一ほか 1980『多摩蘭坂遺跡』国分寺市教育委員会・恋ケ窪遺跡調査会
(70) 小笠原好彦・西弘海 1976「土器」『平城宮発掘調査報告』VII 奈良国立文化財研究所学報第26冊
(71) 徳丸始朗・百瀬正恒 1976「長岡京跡昭和53年度発掘調査概報」『埋蔵文化財発掘概報1976』京都府教育委員会
　　百瀬正恒 1986「長岡京の土器」『長岡京古文化論叢』同朋舎
(72) 秋山浩三ほか 1986「長岡京跡左京第120次」『向日市埋蔵文化財調査報告書』第18集
(73) 註(71)文献

(74) 註(71)文献
(75) 平尾正幸 1978「平安宮左兵衛」『平安京跡発掘調査概報』京都市埋蔵文化財研究所
(76) 田中琢 1962「遺物」『平城宮発掘調査報告』Ⅳ 奈良国立文化財研究所学報第17冊
(77) 吉田恵二 1975「土器」『平城宮発掘調査報告』Ⅵ 奈良国立文化財研究所学報第23冊
(78) 酒井清治 1984「平安時代の遺構と遺物」『台耕地(Ⅱ)』(財)埼玉県埋蔵文化財調査事業団報告書第33集
(79) 斎藤稔ほか 1981『脚折遺跡群発掘調査報告書』鶴ケ島町教育委員会
(80) 埼玉県 1984『新編埼玉県史』資料編3 古代1 奈良・平安
(81) 瀧瀬芳之ほか 1985『愛宕通』(財)埼玉県埋蔵文化財調査事業団報告書第51集
(82) 栗原文蔵・杉崎茂樹 1984『原遺跡発掘調査報告書』埼玉県遺跡調査会報告第34集
(83) 註(79)文献
(84) 大和修 1983『若宮台』(財)埼玉県埋蔵文化財調査事業団報告書第28集
(85) 平川南・鈴木仁子両氏にご教示いただいた。
(86) 石岡憲雄・金子真土 1982『日野原遺跡』玉川村日野原遺跡調査会
(87) 鈴木秀雄・富田和夫 1982『伴六』(財)埼玉県埋蔵文化財調査事業団報告書第11集
(88) 鈴木徳雄 1984「いわゆる北武蔵系土師器坏の動態－古代武蔵国における土師器生産と交易－」『土曜考古』第9号 土曜考古学研究会
(89) 鈴木徳雄ほか 1983『阿知越遺跡』Ⅰ 児玉町教育委員会
(90) 石岡憲雄・高橋一夫・梅沢太久夫 1979「埼玉における古代窯業の発達(1)」『研究紀要』1号 埼玉県立歴史資料館
(91) 高橋一夫 1985「城見上B地点遺跡」『寄居町史』原始古代中世資料編 寄居町教育委員会
(92) 増田逸朗ほか 1977『塚本山古墳群』埼玉県遺跡発掘調査報告書10
(93) 栗原文蔵ほか 1972『水深』埼玉県遺跡調査会報告第13
(94) 註(80)文献460-462頁
(95) 大塚孝司 1984『江ケ崎貝塚・荒川附遺跡』蓮田市教育委員会
(96) 註(80)文献67-73頁
(97) 所沢市東の上遺跡住居跡例では、山下6号窯の製品に群馬産の消滅期のかえり蓋が2点共伴することから、山下6号窯期、すなわち8世紀第1四半期後半がかえり蓋の消滅期と考える。
(98) 註(80)文献808頁
(99) 註(8)文献
(100) 斎藤稔ほか 1980『脚折遺跡群第4次発掘調査概報』鶴ケ島町教育委員会
(101) 谷井彪 1973『山田遺跡・相撲場遺跡発掘調査報告』埼玉県遺跡調査会報告第18集
(102) 田中一郎ほか 1984『若葉台遺跡群A・B・B地点南発掘調査報告書』鶴ケ島町教育委員会・若葉台遺跡発掘調査団
(103) 註(101)文献
(104) 註(14)文献63頁
(105) 坂詰秀一 1977「武蔵虫草山窯跡」『立正大学考古学研究室彙報』第18号
(106) 小渕良樹ほか 1982『宮ノ越遺跡』埼玉県遺跡調査会報告第44集
(107) 斎藤稔ほか 1983『若葉台遺跡群C～Ⅰ地点発掘調査報告書』鶴ケ島町教育委員会
(108) 註(100)文献
(109) 斎藤稔ほか 1981『脚折遺跡群発掘調査報告書』鶴ケ島町教育委員会

第3章　須恵器生産の展開　275

(110)　笹森健一ほか　1980『埋蔵文化財の調査』(Ⅱ)上福岡市教育委員会
(111)　註(80)文献206頁
(112)　註(14)文献
(113)　註(8)文献
(114)　註(8)文献
(115)　註(106)文献
(116)　註(63)文献
(117)　註(106)文献
(118)　小渕良樹ほか　1986『揚櫨木遺跡』狭山市埋蔵文化財調査報告書4　狭山市教育委員会
(119)　小谷B1号窯は最終的に瓦を焼台に使っているが、この瓦は別の場所から運んだものではなく、この窯で焼かれたと考えられる。それは近くに瓦窯がないこと、灰原にも瓦が多く見られることからである。また、同窯跡群からほぼB1号窯の製品に並行する坏の底部にヘラ描きで「父瓦」と記されていることも一つの傍証となろう。
(120)　註(78)文献
(121)　註(80)文献783-789頁
(122)　浅野晴樹・石岡憲雄・梅沢太久夫　1981「埼玉における古代窯業の発達(3)」『研究紀要』3号　埼玉県立歴史資料館
(123)　註(80)文献777頁
(124)　今井宏　1986「埼玉における古代窯業の発達(8)」『研究紀要』8号　埼玉県立歴史資料館
(125)　註(124)文献
(126)　石岡憲雄・金子真土　1982『日野原遺跡』玉川村日野原遺跡調査会
(127)　註(126)文献
(128)　註(80)文献806頁
(129)　鈴木秀雄・富田和夫　1982『伴六』(財)埼玉県埋蔵文化財調査事業団報告書第11集
(130)　『続日本後紀』承和十二年三月廿三日条
(131)　有吉重蔵　1986「遺瓦からみた国分寺」『国分寺市史』上巻
(132)　斎藤祐司　1984『谷久保遺跡』入間市埋蔵文化財調査報告第4集
(133)　註(80)文献148-158頁
(134)　註(106)文献
(135)　大和修ほか　1982『沼下・平原・新堀・中山・お金塚・中井丘・鶴巻・水久保・狢久保遺跡』(財)埼玉県埋蔵文化財調査事業団報告書第16集
(136)　註(7)文献など。
(137)　鈴木徳雄ほか　1983『阿知越遺跡』Ⅰ　児玉町教育委員会
(138)　註(80)文献600頁
(139)　註(135)文献
(140)　註(135)文献
(141)　横川好富ほか　1978『中堀・耕安地・久城前』埼玉県遺跡発掘調査報告書第15集　埼玉県教育委員会
(142)　鈴木徳雄ほか　1981『金屋遺跡群』Ⅰ　児玉町教育委員会
(143)　今関久夫　1984「寄居町折原窯跡の調査」『第17回遺跡調査報告会発表要旨』埼玉考古学会・埼玉県遺跡調査会・埼玉県教育委員会・埼玉会館

(144) 註(8)文献
(145) 註(80)文献807頁
(146) 金井塚良一 1980『金平遺跡発掘調査報告書』嵐山町教育委員会
(147) 註(129)文献
(148) 浅野晴樹・金子真土・石岡憲雄・梅沢太久夫 1982「埼玉における古代窯業の発達(4)」『研究紀要』4号　埼玉県立歴史資料館
(149) 註(3)文献
(150) 註(106)文献
(151) 松本富雄ほか 1981『新開遺跡』Ⅰ　三芳町教育委員会
(152) 松本富雄ほか 1982『新開遺跡』Ⅱ　三芳町教育委員会
(153) 有吉重蔵ほか 1981『武蔵国分寺遺跡発掘調査概報』Ⅴ　武蔵国分寺遺跡調査会・国分寺市教育委員会 89頁など。
(154) 註(80)文献163-165頁

第7節　武蔵の歴史時代須恵器編年の問題点

1. 研究抄史と問題点

　武蔵国における須恵器編年研究は、服部敬史、福田健司の一連の南多摩窯跡群を中心とした編年を軸に、「シンポジウム盤状坏」(1981)、「シンポジウム奈良・平安時代の諸問題」(1983)を経て進展してきた。中でも後者のシンポジウムでは、南武蔵と北武蔵の須恵器編年が併記された点で画期的であった。そこでの年代の根拠は、坂詰秀一によって調査された新久窯跡A-1・2号窯出土瓦が、『続日本紀』の承和2年（835）に焼失した武蔵国分寺七重塔を、承和12年に前の男衾郡大領壬生吉士福正が再建を願い出て許された記事と符合するとしたことである。また、高橋一夫、宮昌之は、後に問題になる前内出窯跡の2号窯を8世紀第3四半期後半ないし第4四半期前半、1号窯を8世紀第4四半期後半から9世紀第1四半期前半に位置づけ、年代指標に使ってきた。

　その後、服部、福田は南多摩の須恵器編年について、灰釉陶器との共伴資料が増えていくに従い、年代の補強を灰釉陶器の年代に求めた。このため、灰釉陶器の年代観によって須恵器年代は微妙に動くこととなり、1986年、福田が修正案を出した。

　一方、国分寺創建時の土器について、金子真土、河野喜映は、前内出窯跡の製品が該当するという見解を出した。その後、武蔵国分寺の調査においても証明されることとなり、『討論「奈良時代前半の須恵器編年とその背景－前内出窯跡その後…－」』(1987)では、前内出1・2号窯とも国分寺創建時であると、渡辺一、筆者により埼玉側の意見として出した。続いて、渡辺は『鳩山窯跡群』[1]をまとめ、南比企窯跡群の編年を提示した。

　このような研究の中でほぼ須恵器編年も確定してきた感があるが、武蔵国を代表する南多摩と南比企の須恵器編年を比較すると、年代等を含め不整合な点が見られる。この点について比較検討を行う[2]（第88図）。

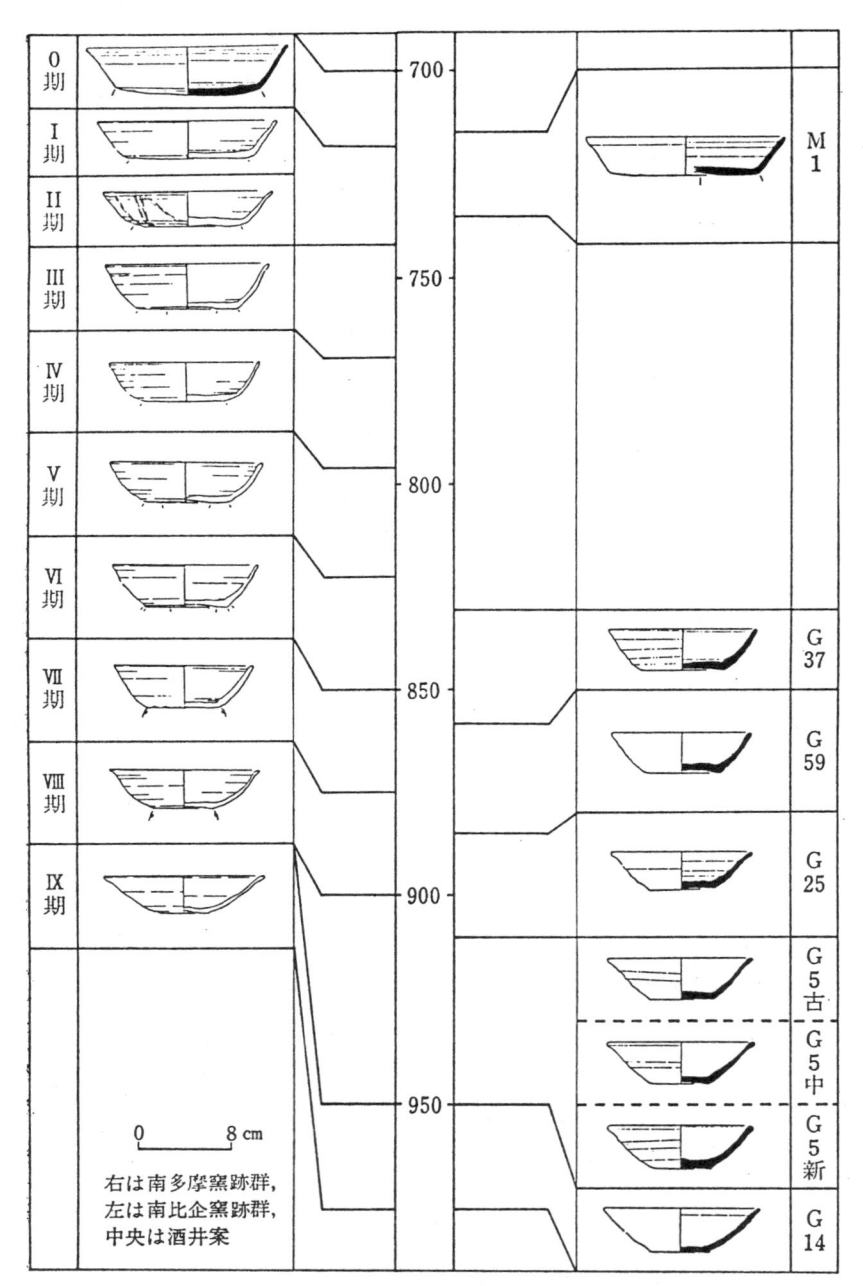

第88図　南比企窯跡群・南多摩窯跡群須恵器編年対照図
（渡辺一1990,福田健司1986を引用改編）

2. 南比企窯跡群の編年について

　南比企窯跡群における歴史時代の窯跡については赤沼・熊瀬ヶ沢・亀の原・新沼・鶴巻・山田・虫草山・宮の前・金沢・小谷・山下・日野原など40基程調査されてきたが、多くは未発表あるいは図面の少ないこともあり、窯跡群を通観した編年は作成されなかった。埼玉県立歴史資料館が行った分布調査においては7地区56支群が確認され、東日本最大級の窯跡群であることが再

確認された。1984年から始まった鳩山窯跡群では44基が調査され、渡辺一によって、8・9世紀の須恵器編年が作成された。その特徴は窯式編年を取らず、時期区分することである。

渡辺によって作成された編年[3]は、支群をまとまりとして、通して作成されている点で有効であり、この編年を使って述べていきたい。渡辺編年は、700年前後から900年前後の間を0期からⅨ期に分けられており、0期からⅡ期までは20年弱、Ⅲ期を20年、それ以降を25年とする。

まず、0期から検討してみよう。渡辺は霞ケ関16・92・128号住居跡を検討して、湖西産の底部が高台より出る「出っ尻」の高台付坏と畿内産暗文土器から、16・92号住居跡を8世紀前後とした。渡辺は後藤健一の湖西編年を援用し、霞ケ関16号住居跡の湖西産須恵器を後藤編年Ⅳ期第1小期から第2小期に置かれたが、蓋の湾曲、坏部の腰のつくりからも、第2小期から第3小期の間に置くべきであろう。やはり、渡辺編年0期は700年以降とすべきであろう。

渡辺Ⅰ・Ⅱ期の年代の検討材料は少ないので、Ⅲ期から検討してみよう。この時期、国分寺創建期の土器については、①武蔵国分寺創建期の3段階のうち、最初の1a期に属する溝SD72から口径13.8cmの南比企窯跡群産の坏が出土した。この溝は塔を囲む西辺の溝と判断され、溝および塔付近から、上野系の一本造り軒丸瓦が出土し、創建初期の遺構であることが判明した。また、溝SD72は次の1b期の中門、金堂、講堂の造営時に埋め戻されていることからも、初期の遺構と判断できた。②武蔵国分寺の造営に関連したと想定される武蔵台遺跡23号住居跡から、口径13.7、13.6cmの坏とともに天平宝字元年（757）と判明した具注暦の漆紙文書が出土した。暦の性格から短期間で廃棄され、漆紙として再利用されたと考えられる。③同じく武蔵台遺跡33号住居跡から出土した須恵器坏は15.5cmを測る。

国分寺の造営が詔が出されたのち、いつから造営が開始されたのか問題である。すぐに造営が開始されたとすれば、741年近くに③がおかれ、①は有吉重蔵が述べるように1b期の開始が天平感宝元年（749）とすればそれ以前、②は758年頃と想定できよう。造営が遅れたとすれば、早川泉が述べるように③が750年前後ともできよう。筆者は、上野系一本造り軒丸瓦を通して、上野国との関わりから造営が早く行われたと考えている。この時期が渡辺編年Ⅲ期である。

渡辺0期を700年開始とし、Ⅲ期を741年直後に開始とすると、その間に渡辺Ⅱ・Ⅲ期の2時期を入れるのは困難で、合わせて1時期とすることも一案であろう。

『続日本紀』による承和12年（845）の武蔵国分寺七重塔再建記事から、渡辺はⅥ期が塔再建前の須恵器のみを焼成した段階である八坂前4号窯並行、Ⅶ期の中に新久A-1・2号窯が含まれるとした。八坂前4号窯から新久A-1・2号窯は連続した段階と考えられることから、渡辺Ⅶ期の開始は9世紀第2四半期後半とするよりも、845年＋αを上限とすべきであろう。とすれば、渡辺Ⅲ期以降をⅥ期まで約25年強の幅で考えられよう。

渡辺Ⅷ期の須恵器の特徴は、体部がそれ以前には直線的に立ち上がるものがふくらみを持ち、口縁部が外反する点である。

渡辺Ⅸ期には鳩山窯跡群には資料がないため、境田1号窯を載せるが、小さな底部から直線的に広がる特徴を持ち、口径も大きいことから、Ⅷ期の体部がふくらみ、口唇部が外反する特徴とは連続せず、赤く焼けることからも南多摩G14窯式に並行する時期であろう。

3. 南多摩窯跡群の編年について

　南武蔵においては、7世紀第4四半期の多摩ニュータウンNo.446遺跡の窯跡、8世紀第1四半期後半と考えられるNo.513遺跡の窯跡があり、両者とも東海地方との関わりがあろう。特に後者は比田井克仁が検討したように国府へ供給された窯であろう。しかし、これらは窯式としてまだ設定されていない。服部、福田によって設定された南多摩窯跡群の編年は、M1窯式（百草・和田地区）→G37窯式（御殿場地区）→G59窯式→G25窯式→G5窯式→G14窯式である。

　まず、M1窯式であるが、特徴は坏身の口径は17cmを測り、底部静止糸切り離しを持ち、周辺篦削りする。蓋のつまみは環状になり、鳩山窯跡群広町9号窯に類似した内容で、渡辺Ⅰ期に該当しよう。その後、時期は離れるがG37窯式、G59窯式がある。この二つの窯式は国分寺塔再建瓦を焼成した東金子窯跡群の八坂前4号窯と新久A-4号窯と比較されてきた。すなわち東金子窯跡群では当初須恵器生産窯であった第Ⅰ段階、瓦塼生産窯の第Ⅱ段階、再度須恵器生産窯の第Ⅲ段階が設定でき、八坂前4号窯が第Ⅰ段階、新久A-1号窯が第Ⅱ・Ⅲ段階に該当するという。

　G37窯式は八坂前4号窯に並行することについては、各氏の見解は一致しているものの、G59窯式については見解が分かれるところであった。1981年段階では服部、福田はG59窯式＝新久A-1号窯であったが、服部は1983年ではG59窯式を新久A-1号窯よりも1窯式あとに持ってきた。1986年福田は再度新久A-1号窯に並行させた。G37窯式と八坂前4号窯には焼台の中に底部周辺篦削りを含み、口径に対する底径の比が1/2線よりも大きい点で同時期とするが、G37窯式の方が口径がおよそ1cm近く小さく、G59窯式も同様であることは、南多摩窯跡群が東金子、南比企窯跡群と比較して口径が小さいと考えるよりも、時期的にやや後出するとすべきではないか。すなわち、G37窯式は八坂前4号窯から新久A-1号窯にかけてで、G59窯式は新久A-1号窯と一部重なるものの、G59窯式から高台付皿が出土することからも後出するであろう。高台付皿は鳩山窯跡群広町5号窯からも出土することから、G59窯式は渡辺Ⅷ期と一部重複するであろう。

　G25窯式では、渡辺Ⅷ期の特徴であった体部がふくらみ、口縁部が外反する特徴が見られ、G5窯式まで連なっていくようである。G5窯式は他窯式と比較しても変化は少なく、服部・福田の考えよりも短いであろう。

　武蔵国の須恵器は基本的に、700年頃にはすでに底部切り離しには糸切りを用い、右轆轤回転で、無高台の坏が主体を占める特徴を持ち変遷している。8世紀第1四半期に南比企窯跡群と南多摩窯跡群大丸窯は国府へ供給し、中葉には国分寺瓦を焼成したが、国分寺瓦の焼成を大丸窯では有段の瓦窯塼用で行ったが、南比企窯跡群では須恵器窯をそのまま使用した。すなわち南比企窯跡群では須恵器生産の体制を保ちながら、瓦の生産を受注したため、それを終えたのちも続けて須恵器生産を継続でき、一大窯跡群に発展したのであろう。

註

(1) 渡辺一ほか　1988・1989『鳩山窯跡群』Ⅰ・Ⅱ　鳩山窯跡群遺跡調査会

(2) 文献は第 3 章第 1 節、第 6 節
(3) 渡辺一 1990「南比企窯跡群の須恵器の年代〜鳩山窯跡の年代を中心に〜」『埼玉考古』27 号　埼玉考古学会

第4章　瓦生産と寺院跡

第1節　武蔵・勝呂廃寺と緑山遺跡

　住居跡出土の瓦について検討される機会は少なかったが、緑山遺跡では武蔵国でも最大規模の坂戸市勝呂廃寺と同一の瓦である、検討に価する丸瓦・平瓦が出土しているので、技法を中心に述べ勝呂廃寺との関連する問題について触れてみる。

1. 出土状況

　瓦の総破片数は55点で個体数は丸瓦3個体、平瓦6個体以上が確認できた。瓦の出土した遺構は4号・6号・8号・9号住居跡とF－6区の1号土壙である。4号住居跡は縄文時代であることから除外できる。F－6区1号土壙の1点は6号住居跡の5点と接合しており、9号住居跡の2点が6号住居跡6点、9点とそれぞれ接合したことから、瓦は6号と8号住居跡に伴うと思われる（第93図）。

　瓦の総破片数をグリッド別に分けてみるとE－5・F－7・E－8区に多いが、F－7・E－8区出土の瓦も、6号住居跡から散乱した瓦と考えられる。同様に須恵器の総破片をグリッド別にすると、D－5・6・7、E－6・7、H－5区など瓦の出土していない地区にも多いが、これは糸切りを持つ新しい時期が含まれるためである。

　住居跡内での瓦のあり方は、6号住居跡では平瓦7（以下丸瓦・平瓦の後に付く番号は第89～92図の瓦の番号を表わす）あるいは平瓦8、丸瓦1・3が竈付辺に集中する傾向が見られ、竈の袖などに使用されたのであろう。8号住居跡では西隅の焼土近くに集中しているが、竈のない住居跡であり、使用方法については不明である。

2. 瓦の特徴

　当遺跡出土の丸瓦・平瓦について、製作順序に従って述べることとするが、平瓦については厚手をA類、薄手をB類に分けた。胎土分析については瓦とともに土師器・須恵器・塼・粘土を分析に出したので、比較しながら述べる。

　（1）胎土

　肉眼での表面観察によれば、ほとんどの瓦に動物遺体と考えられている白色針状物質が含まれているのが特徴である。1cm²で1から8個が確認できた。このことは母体となった粘土が同一であった可能性を示唆している。また、黒色に見える0.05cm以下の角閃石を含んでいるほか、0.2～0.3cm以下の石英など砂粒を含むが、平瓦6・7・9のように砂粒がやや少なく、粘性を持つ例もある。

282

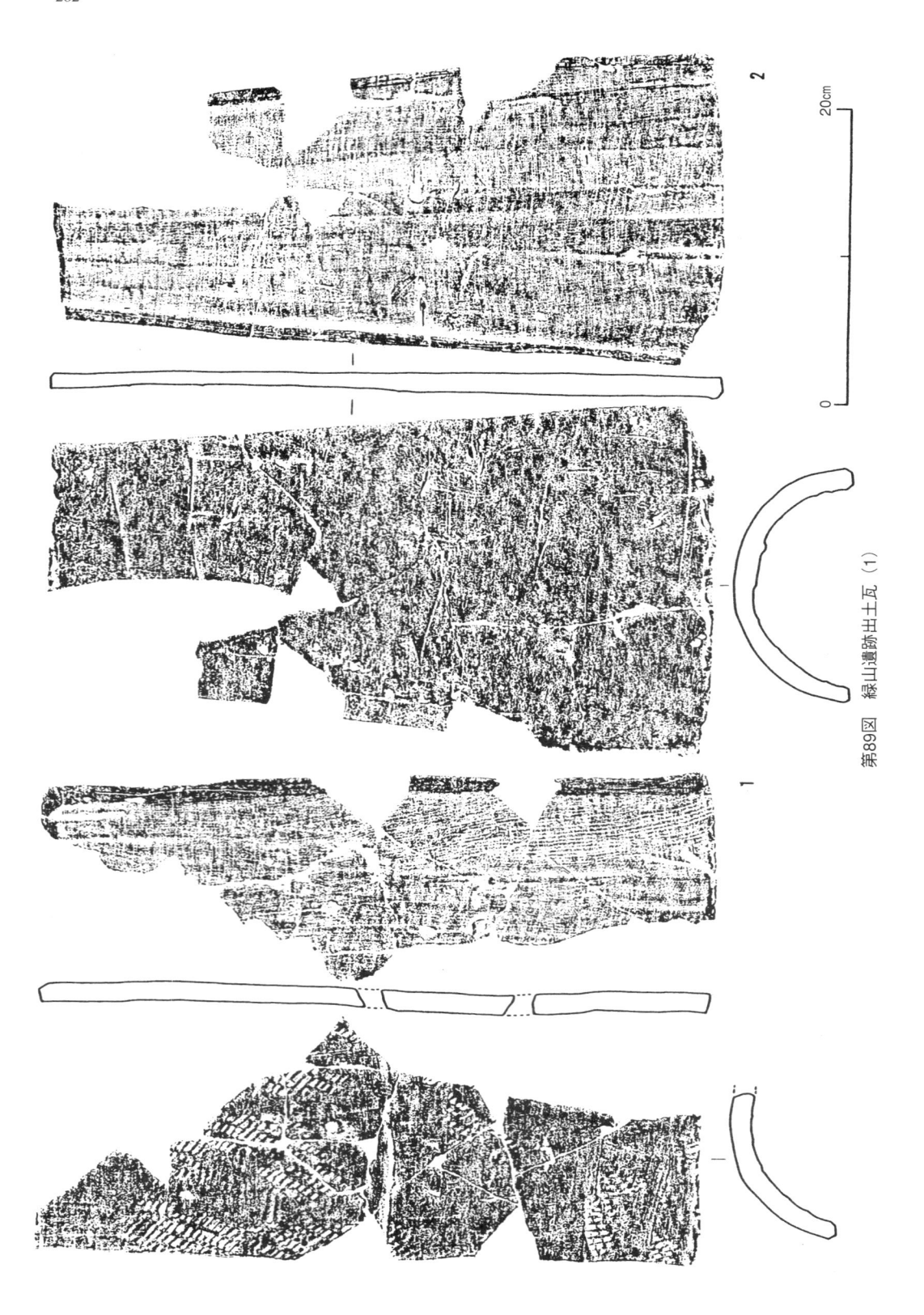

第89図　緑山遺跡出土瓦 (1)

第4章 瓦生産と寺院跡 283

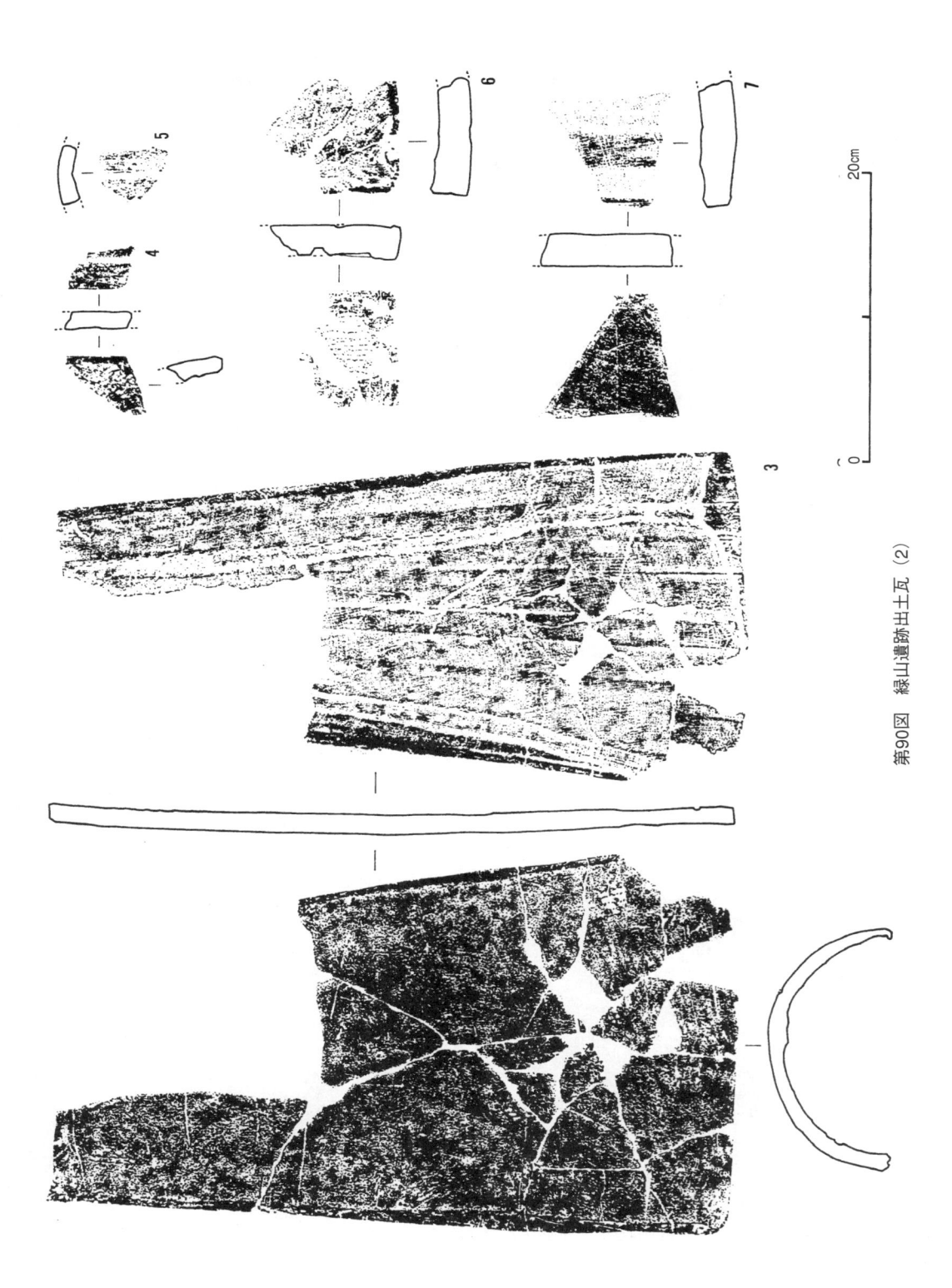

第90図 緑山遺跡出土瓦 (2)

284

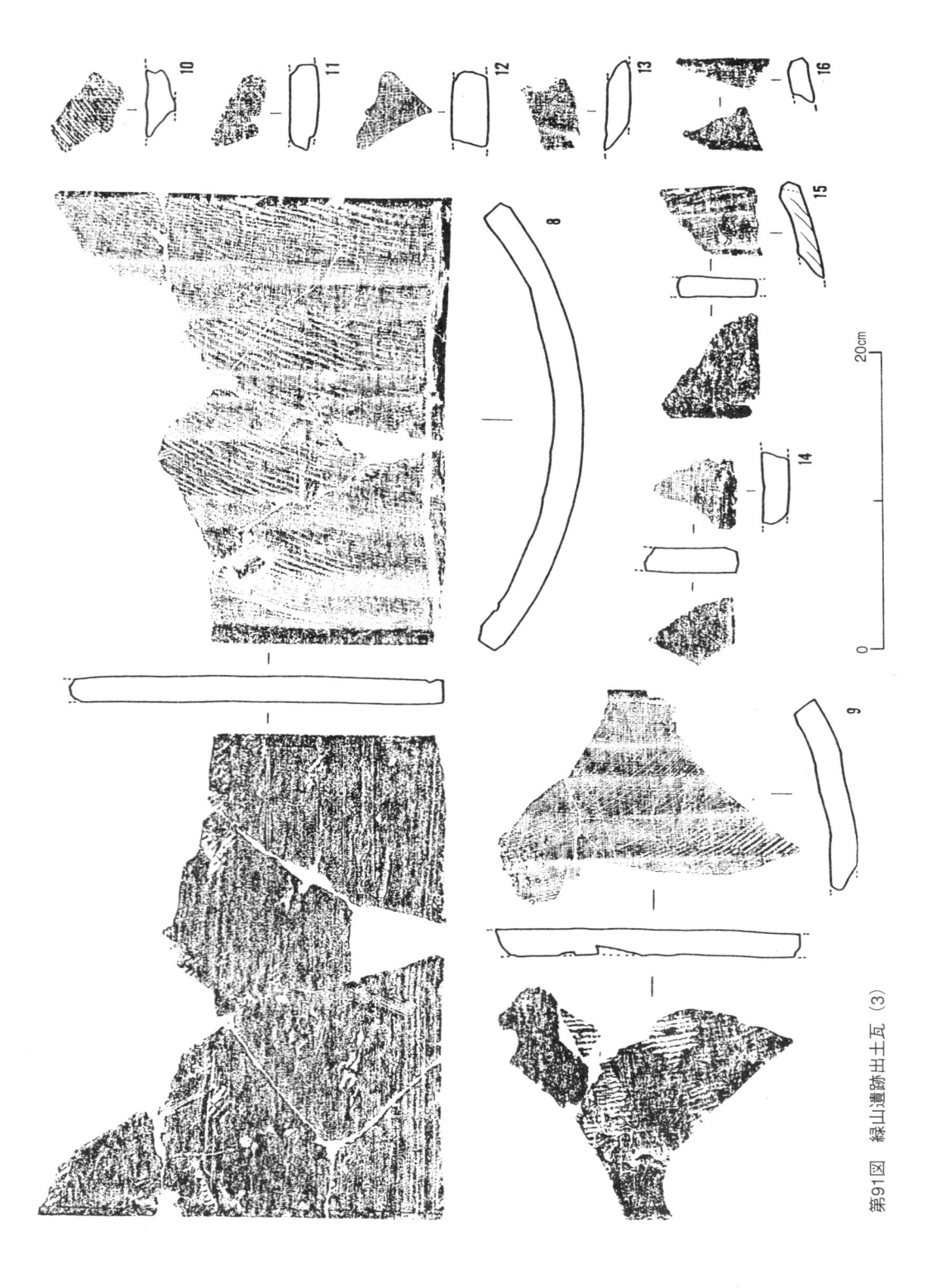

第91図 緑山遺跡出土瓦 (3)

第92図　緑山遺跡出土瓦（4）

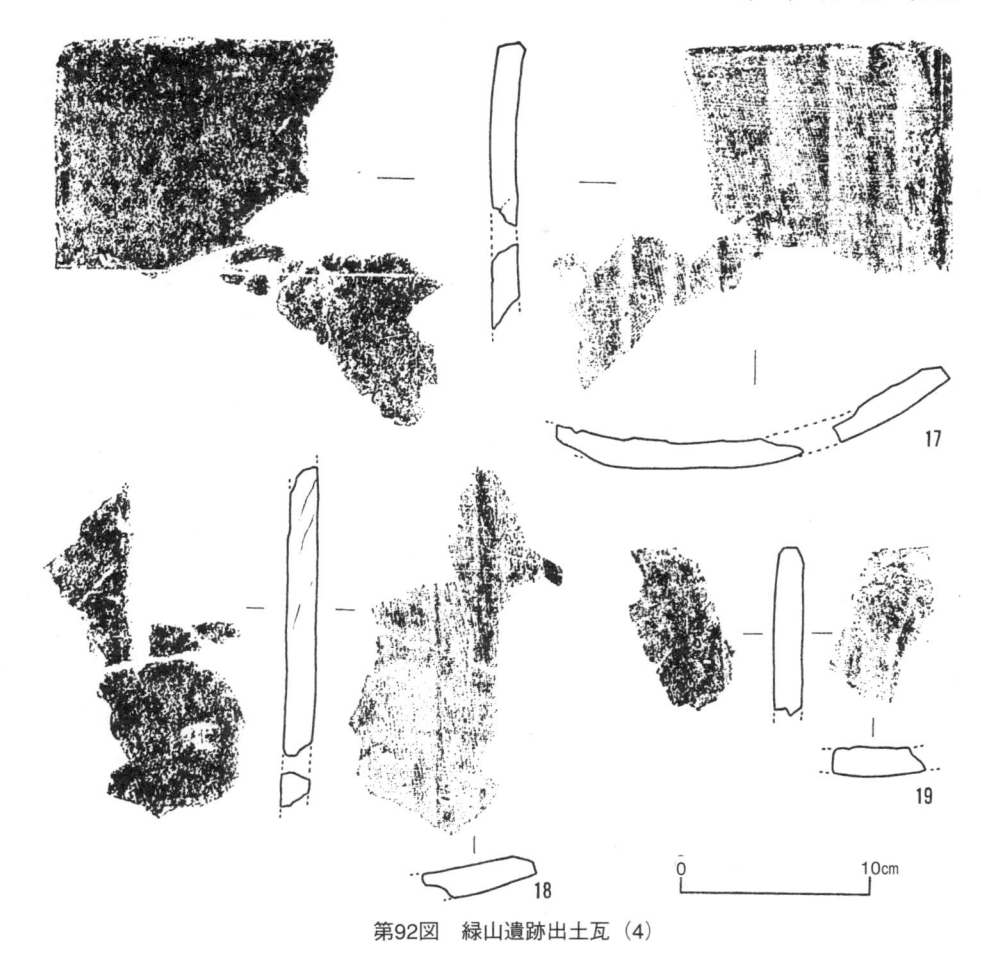

　重鉱物分析の結果では、須恵器に不透明鉱物が多く瓦・土師器の順で少なくなる傾向が見られる。これは分析資料№15の緑山遺跡8号住居跡粘土が、土師器と同様な値を示していることや、須恵器の中でも器肉の薄い坏類に多いことから、焼成温度の差による融解鉱物の増減と考えられる。№15の粘土を1,200℃で2時間焼成して分析した結果、斜方輝石と緑色普通角閃石が激減するのに対して、確認できなかった不透明鉱物が多量に検出できることは、上記のことを裏付けている。

　また須恵器に角閃石族が少なく、土師器に多い特徴が指摘され、瓦は土師器・須恵器それぞれに近い例が見られた。角閃石族の中でも特に緑色普通角閃石に差が見られ、緑山・立野・桜山遺跡の須恵器はいずれも少ない傾向にあった。それに対して瓦・土師器・立野遺跡の塼には多く認められた。この傾向は緑レン石についてもうかがえる。

　今回の鉱物分析では今後の課題が多く、結論の出せる段階まで至っていないが、白色針状物質を含むことから、瓦・須恵器・土師器などいずれも岩殿丘陵付近で製作されたであろう。緑山遺跡8号住居跡で多量の粘土が検出されているが、このような状況は立野遺跡でも見られたため、須恵器か瓦製作用の粘土の可能性を考えた。しかし、肉眼では白色針状物質は確認されず、珪藻

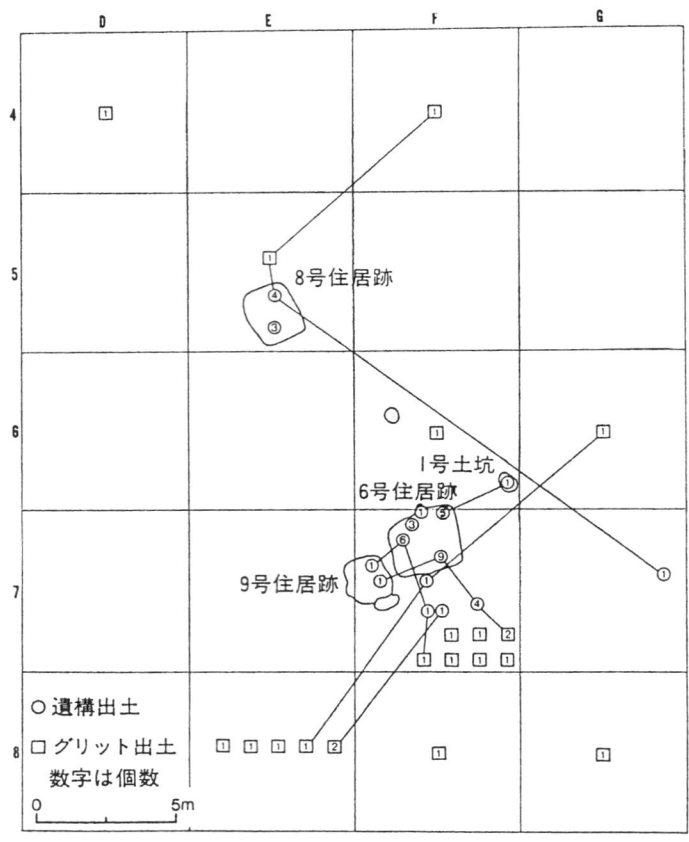

第93図　緑山遺跡の瓦出土地点と接合関係

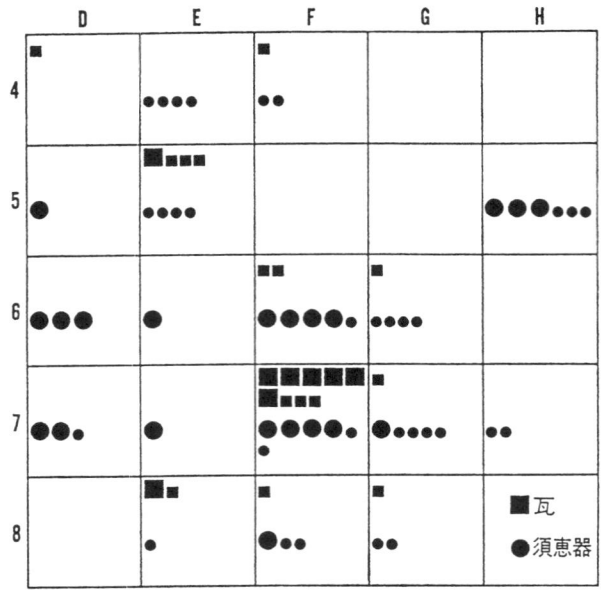

第94図　瓦・須恵器グリッド別出土量（大は5個、小は1個）

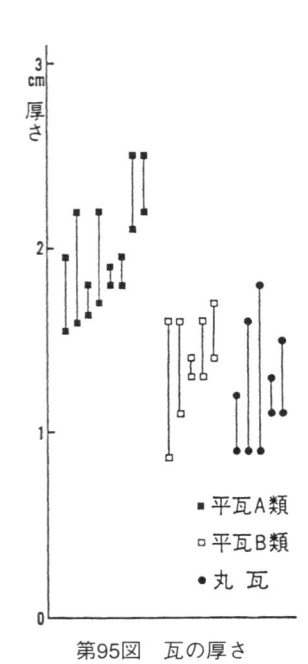

第95図　瓦の厚さ

も検出されなかった。このことは、直接土器の母体となった粘土ではないと考えられるが、粘土の検出状況、竈のない住居跡から出土したことを考え合わせると、瓦・須恵器製作用の粘土の可能性も捨て去ることはできない。緑色・普通角閃石、緑レン石の割合から、瓦は須恵器よりも土師器に近いことが指摘できる。立野遺跡の塼は、須恵器と同一の窯で焼かれているが、胎土は緑山遺跡の瓦に類似している。このように須恵器と瓦は別の粘土採取地が考えられる。

(2) 模骨への粘土の巻き付け方法

粘土塊からの切り離し痕と考えられる糸切りの確認できるのは、平瓦7・8・9・10と丸瓦1であるが、平瓦は厚手のA類にのみ見られる。

糸切りの方向と弧について検討するが、糸で切り離す前は瓦の糸切りの残っている凹面が、粘土塊の上面になっていること、そこには前の瓦製作のために切り離した糸切り痕が残っていることが条件となる。平瓦8は広端部から入り右側縁部へと抜ける、左手を支点にした弧を描く。平瓦9も右側縁部から狭端部へ抜ける左手支点の弧を描く。同様に、丸瓦1も広端部から狭端部へ左手支点の僅かな弧を描く。このように、いずれも粘土塊から切り離した粘土板の上面を模骨に接着したと推測できる。しかし平瓦8と9の糸切り導入部が90°違っていることから、模骨に粘土板1枚を1周巻き付けたのではなく、小さな粘土板を2～3枚継ぎながら巻き付けたと考えられる。仮に平瓦8が1枚の粘土板桶巻造りで4枚割りとした場合、糸切りが広端部から入っているため、広端部幅31cmの4倍、124cm幅を糸切りの導入部としなくてはならない。埼玉県の桶巻造りの瓦の場合、弧を描く糸切りが多く、粘土板継ぎ合わせ桶巻造りが主流であったと考えられる。

次に丸瓦1は僅かな弧を描くが側縁部に並行しており、仮に1枚の粘土板を巻き付けたとするならば、広端部幅23.5cmの2倍の47cm幅となり、糸切りの導入部として可能な幅であろう。事実平瓦の糸切りが導入後すぐ曲線を描き、それも滑らかな曲線であるのに対して、丸瓦の糸切りはほぼ直線であるが、力の配分のためか細かな蛇行を描く点で、1枚粘土板の巻き付けと考えられる。

次に平瓦Bの巻き付け方法について検討しておく。この瓦の割れ方は狭端部から見るにZ型に、側縁部から見るに凹面上部から凸面下方へ斜めに割れている。短い粘土紐あるいは小さな粘土板を下方から上方、左から右へ積み上げたと考えられる。

平瓦AとBの厚さを比較するとAは1.55cmが最も薄く、最大厚2.5cmある。Bは0.85cmから1.7cmと、Aよりも薄いつくりであることがわかるが、これは模骨への粘土巻きつけ方法が、糸切り離し粘土板であるのか否かに原因があると考えられる（第95図）。

(3) 枠板痕

平瓦8では枠板痕が12枚確認でき、4分割と考えられるので1周48枚前後の板が使われたであろう。丸瓦では2・3とも枠板痕は9枚確認できるので、18枚前後の板が使われたであろう。

枠板の幅は平瓦8で1.7cmから3.3cm、丸瓦2で2.1cmから2.7cm、丸瓦3で2.1cmから3.2cmであった。それぞれの瓦の枠板幅の平均をとると、平瓦Aは2.4cmから2.6cmの間に、平瓦Bは2.8cm付近にある。また丸瓦は平瓦よりも幅が狭い傾向にある。

瓦の厚さと桶枠幅には相関関係があるのではないかと作成したのが第96図であるが、結局厚さと桶枠幅に関連は見られないようである。県内でも初期の7世紀後半の平谷窯跡・大谷窯跡の平瓦は枠板幅が4cmを越え、一部に5cm以上の例がある。しかし700年前後から国分寺創建頃までの馬騎の内・荷鞍ヶ谷戸・岡・寺山・五明の各廃寺等の平瓦は枠板幅が2.4cmから3cm前後と狭く、緑山遺跡例もこの中に含まれるようである。

(4) 布糸目数（第97図）

布糸目数の縦・横の計測を行ったが、緑山遺跡平瓦A・B類に僅かな差が見られ、後者の方が側縁に並行する糸の数が多い傾向にある。丸瓦は平瓦よりも側縁に並行する糸の数が多く、端縁・側縁の数が31以上となりほぼ同数に近づく。

(5) 布の綴じ合わせ（第98図）

綴じ合わせの見られるのは、平瓦9と丸瓦3である。平瓦9の綴じ合わせ方法は糸が現われていないため不明確であるが、丸瓦3は2か所に見られる。2か所とも同様な綴じ方で、布の両端を片方は折り曲げ、片方は延ばしたまま、その両端をとめるため一端から縫い、また戻って同一のところを前の糸をからめながら縫う、返し縫いを行っている。この縫い方だと、往復した糸が右回りの螺旋状になる。2ヵ所のうち一方は、折り曲げた布の幅が広いため、中央を縫い付けている。

(6) 凸面の叩きと撫で

凸面の叩きの文様には、長方形斜格子（第101図2）の丸瓦1・2・3・4と、平行（第101図6）の平瓦6・9および平行に大きな斜格子を重ねた叩き（以下平行斜行格子組合わせ文・第101図4）の平瓦8・17・18の3種が確認できた。長方形格子は丸瓦のみに、平行は平瓦A類の一部に見られたが、平行組合わせ文は平瓦A類・B類それぞれに1例ずつある。叩きの円弧については撫でられているため不明である。撫では幅約7cmの篦状工具で、横位に撫でている。方向は狭端部を上にした場合平瓦が右・左両方あるが、丸瓦は左から右である。

(7) 分割と側面・端面の面取り

平瓦で側面の凸面に対する分割角度を見るに、右側面は90°以下、左側面は90°以上ある（第99図）。このことは円筒から分割する際に、凸面側から右利きの人が切ることにより、刃先がやや左へ寄ったためと考えられる。これはすなわち、円筒から分割するとき、切れ込みを入れて割ってから整形したのではなく、短時間の乾燥後、円筒に直接刃物を入れて分割したためだと思われる。実際平瓦の面取り部分は砂粒が走るのに対して、側面は光沢を持つ平滑な面を成している。また側面は直線に切られていることから、当て木を使って切断したと考えられる。

側面の残るうち面取りの見られない例は、平瓦6・9だけである。また凹面側だけに見られる例は平瓦17であり、ほかは凹凸両面に見られる。方向は狭端部から広端部へ削られている例が多いが統一されてはいないようである。

3. 勝呂廃寺出土瓦との比較

坂戸市勝呂廃寺は緑山遺跡の南東4.3kmに位置するが、同廃寺については林織善[2]・田中一郎[3]・

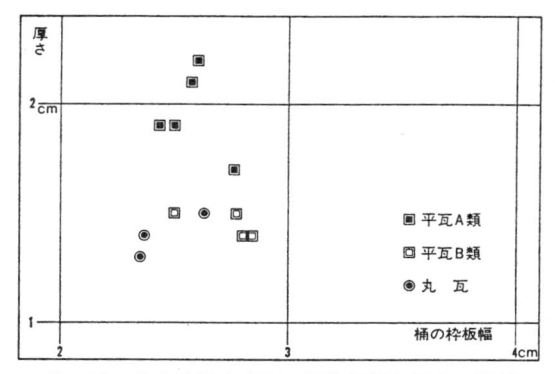

第96図　緑山遺跡出土瓦の桶枠板幅と厚さの関係

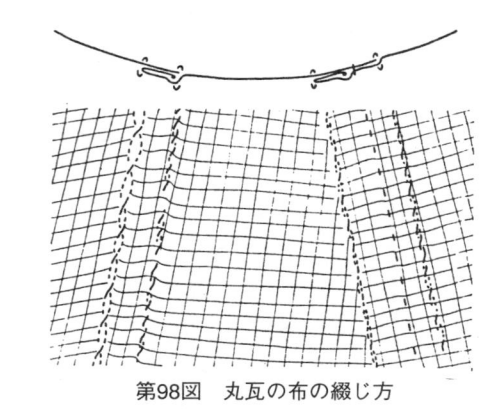

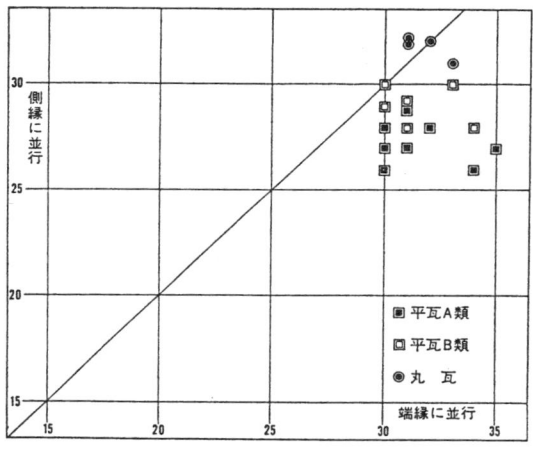

第98図　丸瓦の布の綴じ方

第97図　緑山遺跡出土瓦の布目数

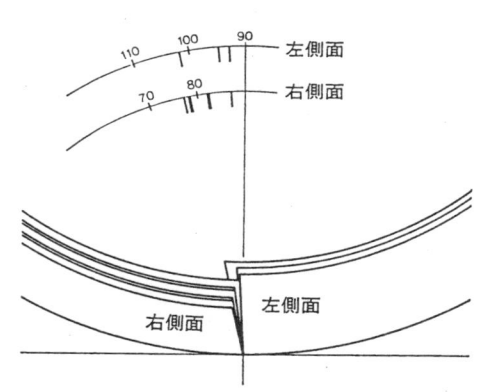

第99図　平瓦側面の凸面に対する分割角度

織戸市郎などの紹介・論考がある。1978年に勝呂廃寺へ供給したと考えられている上宿瓦窯跡が発掘され、1979年以降の範囲確認調査では基壇の一部・溝・回廊状遺構が発見された。また遺物は多量の瓦のほか、銅製と考えられる塔相輪が出土している。緑山遺跡の瓦と比較すると類似する例があり、両者の有機的関連を追求する材料とするため検討する。

(1) 勝呂廃寺の瓦（第104図）

勝呂廃寺には各種の軒丸・軒平・丸・平瓦が出土しているが、それぞれ類別して時期区分を行ってみる。丸・平瓦については叩き文様と整形技法によって分類する。現段階ではまだすべての瓦当文様・叩き文が出土していないと考えるので、時期区分については時期早尚と考えるが、あえて行ったのは、緑山遺跡出土瓦との関連を知るためである。なお類別番号は第104図と同じである。

A　軒丸瓦（第100・104図）

第1類（第100図4～5）

棒状の子葉を持つ単弁蓮華文で、8葉・10葉・12葉が見られる。花弁は中央に稜を持ち、弁端は尖形の反転がある。周縁は直立縁であろう。類例は東松山市大谷瓦窯跡にあるが、10葉で花弁

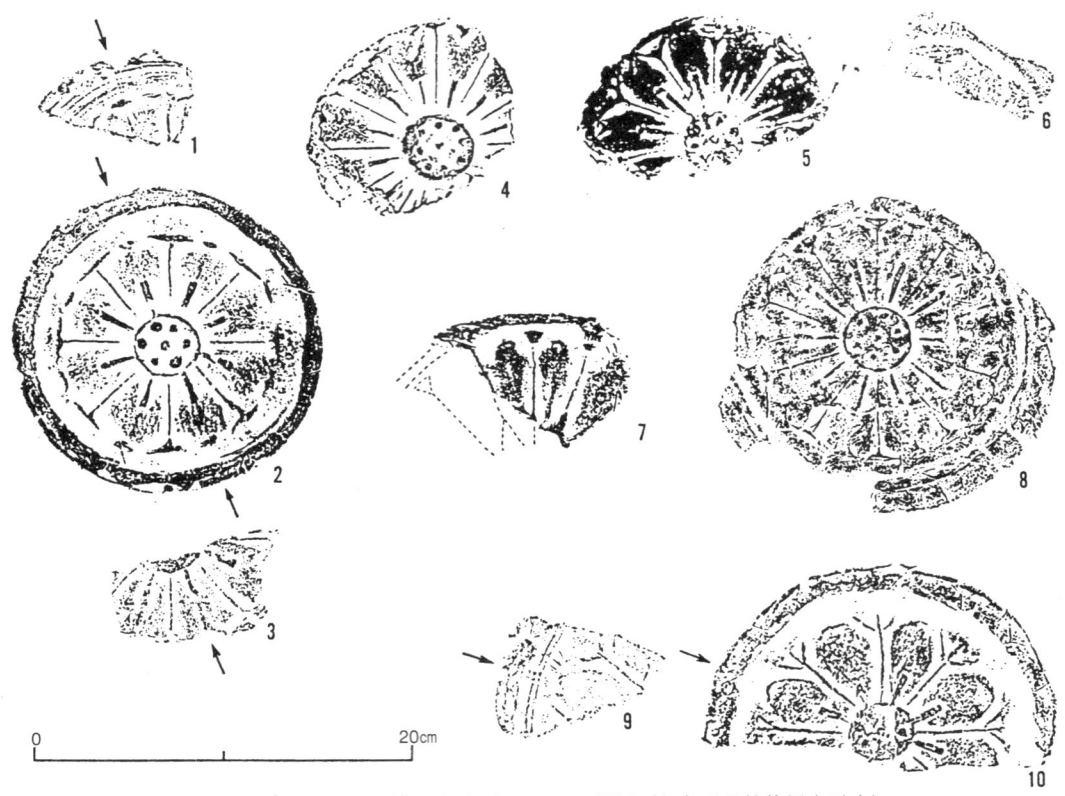

第100図　勝呂廃寺第Ⅰ期の軒丸瓦とその類例（矢印は同笵位置を示す）
1・3～7・9:勝呂廃寺　2・10:赤沼窯跡　8:大谷瓦窯跡

は僅かに丸みを持ち扁平となる（第100図8）。この類は子葉を取ると花弁の反転・周縁の直立縁・中房の小さい点など、飛鳥寺系の瓦に類似しており、注目される瓦である。この類はいずれも白色針状物質が入る。

第2類（第100図1・3）

単弁8葉であり、子葉を持つこと、花弁に稜があることなどが第1類と共通する。しかし花弁の端部の反転が楕円形で表現され、周縁が三角縁となる点で相違している。この瓦も第1類と同様、飛鳥寺系の変形種と考えられる。類例は鳩山町赤沼窯跡[8]（第100図2）に見られるが同笵と考えられ、製作地を赤沼窯と推考できる。いずれも丸瓦部は桶巻造りである。

第3類（第100図9）

花弁は扁平で棒状の子葉を持つ単弁8葉の瓦であるが、大形となる。弁間の界線先端部は鳥足状に三叉に分かれる。周縁は三角縁状になり、胎土に白色針状物質が含まれる。類例が鳩山町赤沼窯跡（第100図10）から出土しており同笵と考えられ、第2類と同様製作地のわかる瓦である。

第4類（第100図7・104図4）

単弁の15葉と考えられていた瓦であるが、1つ置きの弁の間に変形した子葉と思われる三角形の突起がある。すなわちこの瓦は複弁8葉と考えられ、複弁の間に子葉状の突起を持つ変形な瓦である[9]。花弁は中央に鋭い稜を持ち、弁端は反転気味である。白色針状物質を含む。瓦当部径が

丸瓦径より大きく、接合部が瓦当部周縁の内側にある。丸瓦部の凸面は全面に撫でているが、僅かに斜格子叩きが確認できる。凹面は桶の枠板痕が明瞭に見られる。以上の点と胎土から、のちに述べる丸・平瓦第2類と同時期生産の瓦であろう。

第5類（第104図5）
周縁の傾斜部に交叉波状文を巡らす瓦で、単弁は14・15・16葉が、複弁は8葉がある。瓦当面が大きく、厚手となる。類例は岡部町寺山遺跡から小型の複弁8葉が出土している。白色針状物質が入らず須恵質が多い。

第6類（第104図6）
単弁8葉で、弁には界線が巡り、間弁は先端で弁に沿って大きく広がり、楔状となる。類例は武蔵国分寺に見られる。白色針状物質が入らず須恵質である。

第7類（第104図7）
宝相華文の変形文と考えられ、花弁は4葉で、子葉の変化したと思われる線が中房まで達し、十字線をつくる。弁間には葉状の間弁が入る。この瓦の類例も武蔵国分寺に見られる。

　B　軒平瓦（第104図）

第1類（第104図1）
三重弧で型挽きの瓦である。顎の深さは瓦当厚と同じくらいの中顎である。

第2類（第101図3・104図2）
瓦当文様を長方形斜格子叩きで施した深顎の軒平瓦である。顎部は平行斜格子組合わせ叩きが施される。この平行斜格子組合わせ文は緑山の平瓦にある。

第3類（第104図3）
顎はやや深い段顎の三重弧で、范型と考えられる。三重弧文の出土例はやや少ない。

第4類（第104図4）
浅顎の五重弧で、范型である。枠板痕が明瞭につく。同類が大仏廃寺にあるが、縄叩きが施されている。

第5類（第104図5）
重廓文の軒平瓦で、曲線顎を持つ。凸面には文様としての小さな正格子叩きが部分的に施される。

第6類（第104図6）
縦に四つ並ぶ長方形格子文で、同一文様が赤沼窯から発見されているのを見ると顎の深い段顎となっている。織戸市郎は重弧文系としている[10]。

第7類（第104図7）
左から出る扁行唐草文で、文様の間には珠文が散る。顎は浅い段顎である。

第8類（第104図8）
唐草文の変形と考えられる蕨文が上と下から出ている。顎はやや浅い段顎となる。

第9類（第104図9）
篦で外区との界線を描き、内区に×を横に連続する刻線文様で、顎は段顎である。類例は武蔵

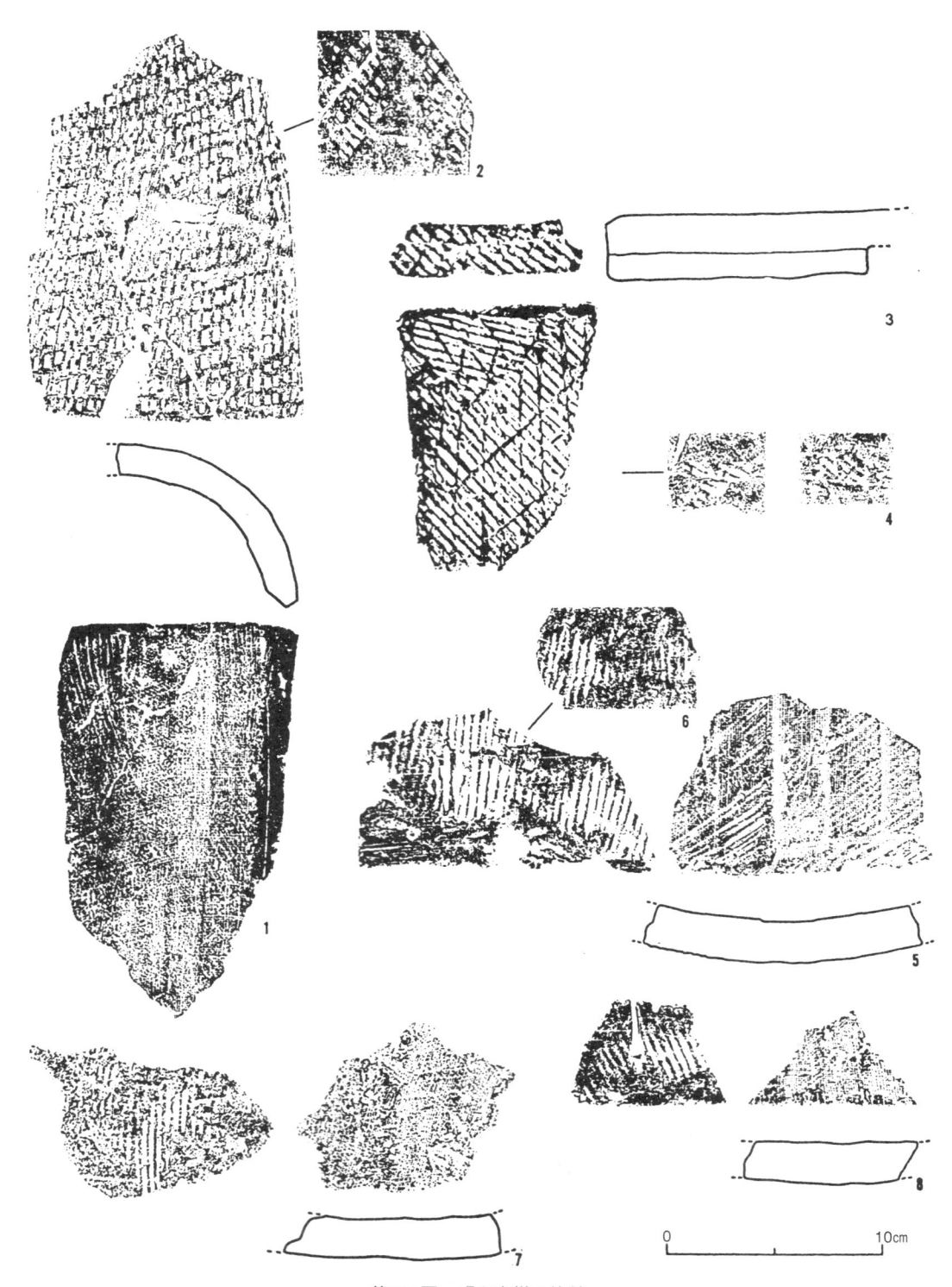

第101図　叩き文様の比較
1・3・5:勝呂廃寺　2・4・6:緑山遺跡　7・8:赤沼窯跡

国分寺と谷津池第3号窯にある。

第10類（第104図10）

小さく反転する均整唐草文で、脇区に2本の横線が入る。武蔵国分寺に同范がある。

第11類（第104図11）

反転する波状の文様が連続するが、類例は新久窯跡に見られる。

C　丸・平瓦（第104図）

第1a類（第104図1a）

糸切り痕と枠板痕が明瞭に残り、平行叩き文が施される。平行叩きは荒く5本で2cmの幅があり、叩きの上に横位の撫でを施す。同型叩きは緑山遺跡の平瓦A類とした中にあり、両遺跡例とも枠板幅は2.5～3cmで、勝呂廃寺出土瓦のうちでは狭い方である。また布糸目数は3cm幅で30×26本以上で最も細かい部類にある（第103図）。生産跡として赤沼窯跡から同類の叩きが出土している（第101図7・8）。

第1b類（第104図1b）

5本で1.3cmを測り、第1a類より細かな平行叩きである。叩き板には細かな木目が入り、目の走る方向に対して右下がりに彫られている。枠板痕も明瞭で、糸切りは端部に並行に走る。枠板幅は2.3cmと2.8cmがあり、第1a類の緑山遺跡平瓦などとほぼ同じであるが、布糸目数は少なくなる。

第1c類（第104図1c）

5本で0.9cmのさらに細かい平行叩きである。これもb類と同様糸切り痕が端部に並行する。

第2類（第104図2）

丸瓦であるが、糸切り痕と枠板痕が認められ、細かな斜格子文が施される。同型叩きは緑山遺跡の丸瓦にある。枠幅は2.3～2.4cm強あるが、緑山・勝呂の平瓦類より狭い。

第3類（第104図3）

平行・斜格子組合わせ文である。勝呂では軒平瓦第2類に見られるが、緑山の例から平瓦にも存在すると仮定して類別した。

第4類（第104図4）

長方形格子で縦横3単位が4.3×3.2cmと荒い。枠板痕があり、その上を撫で消す例がある。また叩きの上も同様に撫でられている。

第5類（第104図5）

凸面は木目の浮き出た平行叩き文が、凹面は青海波文が施された、須恵器と同一技法の瓦と考えられる。小破片のため問題は残るが、一面が直線で片面が〇状になること、馬騎の内廃寺にも同類の瓦があるので平瓦と考えた。焼成・胎土は、軒丸瓦第5類に類似する例がある。

第6類（第104図6）

5本で1.9cmの荒い縄叩きを消した後、4.5×4.3cmに5個ずつ入る格子叩きを施す。格子叩きはまばらに打たれていることから、文様的な叩きと考えられる。

第7類（第104図7）

5本で1.2cmの細かい縄叩きを不定方向に施し、その上を撫でている。凹面は枠板痕の上を縦方

向に撫でている例がある。

　第8類（第104図8）

　大きな斜格子叩きで、1個が菱形となる。3個の単位で2.8cmとなる。叩きの上は撫でが施され、凹面は縦方向に削られている。

　第9類（第104図9）

　枠板痕がなく、叩きの弧から一枚造りと考えられる。叩き板は幅約11cmで、5×4個の荒い格子が刻まれている。

　第10類（第104図10）

　5本で1.6cmの縄叩きを全面に施す。一部に糸切り痕も残るが、一枚造りである。

　(2) 緑山遺跡と勝呂廃寺の出土瓦の類似点

　勝呂廃寺の叩き文様は平行（第104図1a・1b・1c）、平行・斜格子組合わせ文（3）、格子（9）、斜格子（2・8）、長方形格子（4）、縄＋格子（6）、縄（7・10）など各種が見られる（第104図）。第1a・2・3類は緑山遺跡と同一で、同型叩き板を使用していると考えられる（第101図）。

　次に勝呂廃寺の瓦の枠板幅と厚さを計測して、緑山遺跡例と比較すると、平行叩き文系（1a・1b）が緑山遺跡平瓦A類と近い値を示す。軒平瓦第4類と平瓦第6・7類は、枠板幅が3.2cm以上となり、明らかに差が認められる（第102図）。

　布糸目数は、緑山遺跡と同型叩き文である第1a類が緑山遺跡A類と同一の範囲に含まれた。また第4類も同様であった。枠板幅と厚さで第1a類と同様な位置にあった第1b類は、糸目数では全く違う範囲を形成している。また第1c類は枠板幅では3cmとなり第1a・1b類に近い範囲にあったが、糸目数では最も荒い布を使用している。軒平瓦第4類と平瓦第6・7類は糸目数でもほぼ同一のグループとなるようである。第2類の叩きは勝呂・緑山とも丸瓦のみに使われ、両者とも糸目数は近似する値である（第103図）。また第2類と同一の叩きが勝呂廃寺軒丸瓦第4類に見られ、布目数も第2類とほぼ同一である。

　枠板幅から3cm以下の第1a・1b・1c・7類のグループと、3.2cm以上の軒平瓦第4類、平瓦第6・7類のグループに分けられた。また側縁に並行する糸の数で31以上の第2類（丸瓦）、26～30の第1a・4類、22～24の第1b類、16～20の軒平瓦第4類・平瓦第1c・6・7類に分けられる（第102・103図）。

　このように勝呂廃寺と緑山遺跡の瓦は、上記の事例から同一グループに含まれることがわかった。また白色針状物質を含み赤褐色である点からも、同一工房において製作されたと考えられる。

　第1a類と同類の平行叩きの平瓦が赤沼窯跡から出土しているが（第101図7・8）、叩きの上に箆撫でを施すこと、糸目数が第1a類と同一グループに含まれること[11]、白色針状物質を含むことなどから、赤沼窯跡が勝呂廃寺の瓦窯跡の一つと考えられる。

　ではこの種の瓦は、勝呂廃寺出土瓦の系譜の中でどの位置に置かれるのか検討してみよう。

　(3) 時期区分

　類別した瓦で、軒丸瓦を主体とした時期区分を行ってみる（第104図）。

　　A　第Ⅰ期

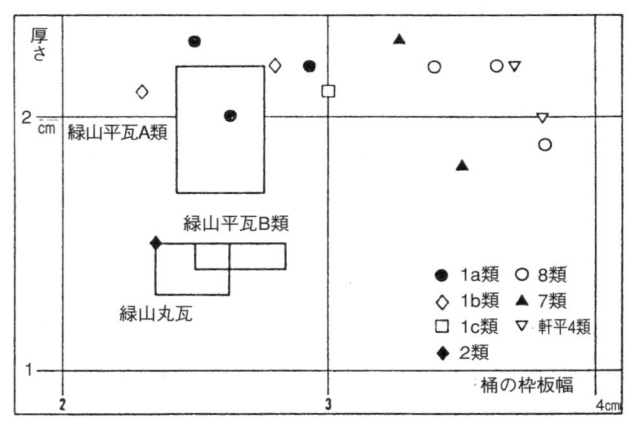

第102図　勝呂廃寺出土瓦の桶枠板幅と厚さの関係

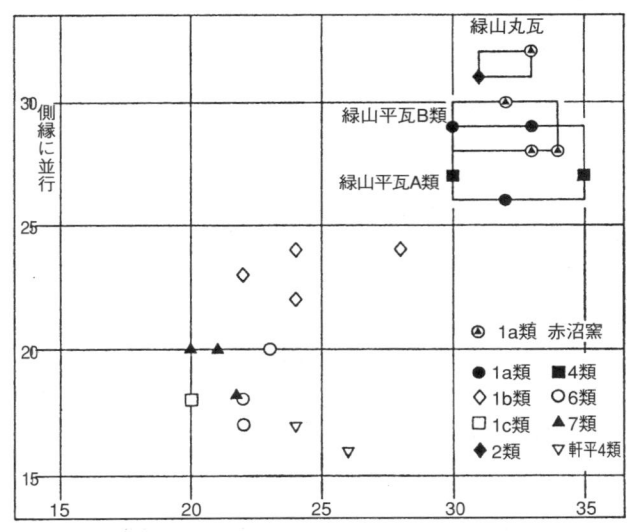

第103図　勝呂廃寺赤沼窯跡出土瓦の布目数

　軒丸瓦では第1類から第3類が含まれるが、中でも第1類は瓦当部が薄く、瓦当部と丸瓦部の接合部分の粘土が少なく、古式であろう。第1類には8葉・12葉のほか10葉も見られる（第100図5）。第3類は瓦当部が厚く、弁が扁平であるなど新しい傾向を示す。軒平瓦は型挽きの第1類が伴うと考えられるが、やや顎の浅い中顎であるため今後の検討が必要である。時期について、軒丸瓦の系譜から推考してみる。第1類の子葉を取ると飛鳥寺系の瓦（石田茂作第3類）[12]に類似することは、すでに高橋一夫も述べている[13]。この考え方が支持できるのは、第2類の軒丸瓦も弁端が反転を表わす楕円形の脹らみを持ち、飛鳥寺系に類似するからである（石田茂作第6類）。第1・第2類の瓦を他系譜の中でとらえようとするならば、はたしてこのような瓦当文は出現しうるであろうか。第1・第2類および大谷瓦窯跡・赤沼窯跡のこの種の瓦のいずれもが、飛鳥寺系の素弁の瓦を母体としながらも、棒状の子葉を加えた点が大きな特徴といえる。
　子葉の流行は奈良県山田寺系瓦の地方伝播に始まるが、関東では千葉県竜角寺跡、群馬県上植木廃寺が知られている。竜角寺の創建は天智朝以後、下っても天武朝と考えられている[14]が、上植

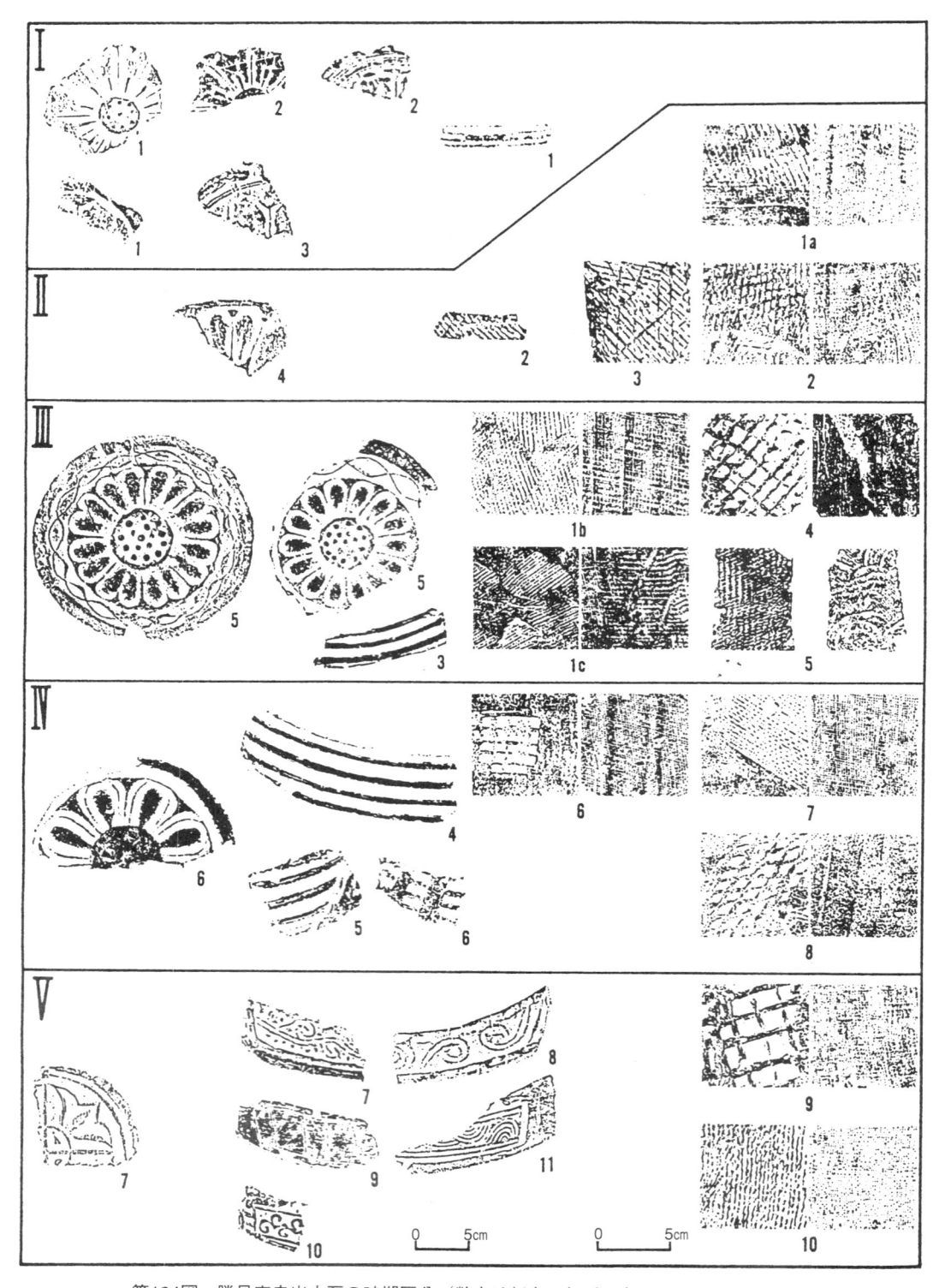

第104図　勝呂廃寺出土瓦の時期区分（数字は軒丸、軒平、丸・平瓦別の類別番号）

木廃寺について大江正行は、山田寺系譜と考えるよりも中国意匠の影響を考え、創建年代を 7 世紀中頃としている。[15] 筆者は上植木廃寺例について、山田寺直接系譜でなく、南滋賀廃寺の単弁軒丸瓦[16]などにその系譜が求められ、伝播した時期は大津宮以降と考えたい。そのようなルートがあったからこそ、のちに南滋賀廃寺にあった瓦当背部に布目の付く一本造りが伝播したのであろう。

このように関東への子葉を持つ瓦の伝播は天智朝以降と推定できるならば、勝呂廃寺の軒丸瓦第 1 類は飛鳥寺系の瓦（寺谷廃寺の瓦など）[17]を母体に 7 世紀第 3 四半期につくられた瓦と推考できる。しかしその出目については、のちに述べるように渡来人との関連が指摘できる。

この時期の瓦生産は、瓦に白色針状物質が含まれていることから、赤沼窯跡をはじめ南比企丘陵で行われたであろう。

　B　第Ⅱ期

軒丸瓦の第 4 類が基準となる。前にも触れたようにこの瓦の叩き、桶枠板、布目数が緑山・勝呂出土の丸・平瓦第 2 類に類似する。その時期は緑山遺跡から 8 世紀第 1 四半期に 1 点を置くことができる。

緑山遺跡に隣接する立野遺跡には、住居跡から竈に転用された瓦塼が数点出土しており、[18] 7 世紀第 4 四半期の時期であることを考慮すれば、その塼は勝呂廃寺へ供給されるべきものであったと考えられる。

軒平瓦は丸・平瓦第 2 類の長方形斜格子を叩いて瓦当文の代用としている。丸・平瓦は1a・2類であるが、緑山遺跡のいずれの瓦もこの時期に入る。第Ⅰ期と同類の大谷瓦窯跡の瓦と緑山遺跡の瓦を比較すると、丸・平瓦とも前者の方が厚い傾向にあるが、寸法はほぼ同じである。

この期の丸瓦は粘土板桶巻造りである点が特徴であり、瓦のほとんどに白色針状物質を含んでいる。

　C　第Ⅲ期

交叉波状文を持つ単弁あるいは複弁瓦（第 5 類）に代表されるが、この瓦を国分寺創建期並行に置く見解もある。[19] しかし第Ⅳ期に代表される武蔵国分寺創建期の単弁瓦（第 6 類）と交叉波状文を持つ瓦が、勝呂において最も多く出土する型式である点からも、同時に存在したとは考えられず、また国分寺創建・再建瓦と深い関わりのあった勝呂廃寺から、なぜ一方の交叉波状文軒丸瓦だけが国分寺に行かなかったのか疑問である。以上のことから軒丸瓦第 6 類の前段階に置くことが妥当であろう。

交叉波状文の系譜を引く瓦で小型品が岡部町寺山遺跡[20]にある。この瓦に伴うと考えられる平瓦も小型であるが、板目に斜行する斜格子叩き（5 単位が3.7cm幅で、1 単位が菱形を呈する）が施され、叩きを板状工具により撫で消したり、凹面の桶枠板痕を撫で消す例がある。この技法は勝呂廃寺の第 4 類に類似している。また糸切りが端縁に並行している点も、勝呂廃寺平瓦第1b・1c類に類似している。

ここで岡部町寺山遺跡例も含めた、交叉波状文軒丸瓦の系譜について触れてみたい（第105図）。勝呂廃寺の複弁 8 葉軒丸瓦（B類）は蓮子が1＋5＋10で、交叉波状文の単位数は16である。寺山遺跡の瓦（A類）は波状文が同数であるが、蓮子が 1＋6＋6 となり、面径も小型である。また複

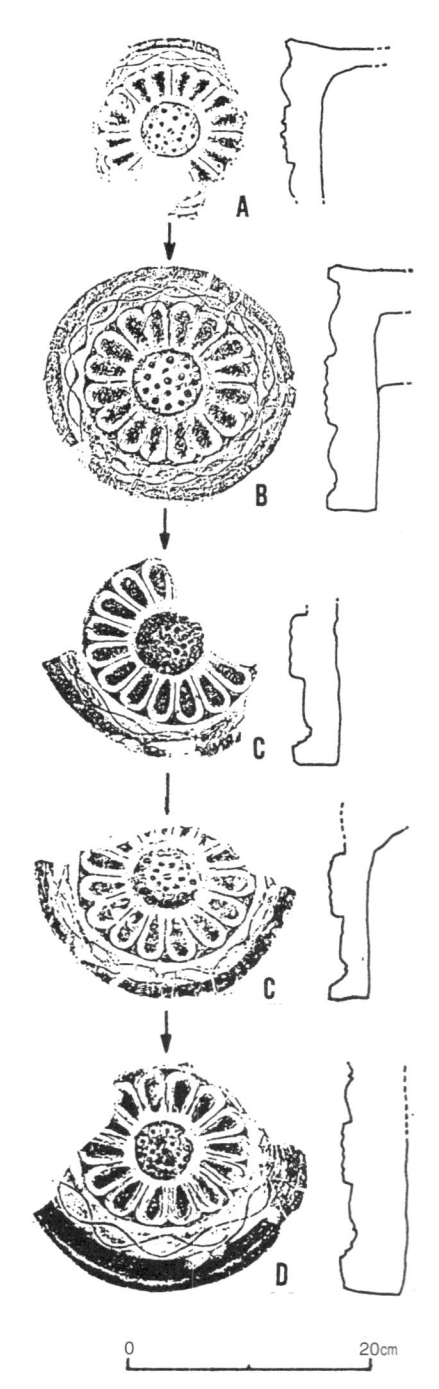

第105図　勝呂廃寺交叉波状文軒丸瓦の変遷図（Aは岡部町寺山遺跡）

弁の弁端それぞれに反転が表現されている点も違う。寺山遺跡の瓦は精緻なつくりであり、弁の高さも中房や外区よりも高く、蓮子も立体的なつくりであることから、勝呂廃寺の複弁8葉軒丸瓦よりも先行すると考えられる。寺山遺跡複弁8葉軒丸瓦の先行形態については不明確であるが、弁の反転については勝呂廃寺第Ⅰ期に見られるように、当地域では案外容易に模倣できたかもしれない。

交叉波状文軒丸瓦A類からB類へ面径が大きくなったのちは、勝呂廃寺内で面径の大きなまま単弁に変化し、C類となる。C類は弁数が15葉になり、波状文の単位も16から13に減少し、蓮子も1＋9＋9に変化する。B類までは立体的なつくりであったが、C類に至って弁と蓮子は低くなり、弁の割り付けが歪むとともに、つくりが悪くなる。このような変化が段階的につかめることは、時期差と考えられる。

D類に至っては弁が単弁14葉とさらに少なくなり、蓮子が1＋6＋11と変化する。波状文は12となり、波状文の振幅が大きくなる特徴を持つ。また中房と内区の径が僅かに縮小する。

先にも触れたように、交叉波状文系軒丸瓦が国分寺創建瓦より遡ると考えられ、その最終様式がE類とすることができる。交叉波状文の変遷を5段階と数えるならば、寺山遺跡や勝呂廃寺のA類とB類の瓦は、第Ⅱ期の初頭、8世紀第2四半期初頭と考えたい。

交叉波状文軒丸瓦には、軒平瓦第3類の笵型三重弧文が伴うと考えられる。平瓦は第1b・1c類の平行叩きや第4類の長方形叩きが伴い、第5類の須恵器と同技法の叩きは、軒丸瓦第5類に同様の焼成・色調が見られることから、この時期に入れてよいと考える。

この期の瓦の胎土を見ると、軒丸瓦第5類は白色針状物質を全く含まず、平瓦第4類も同様である。それに対して第1b・1c・5類は白色針状物質を含むので、生産地の違いが考えられる。

　　D　第Ⅳ期

軒丸瓦第6類に代表されるが、軒平瓦は第4・5・6類

が、平瓦は第6・7・8類がある。多くは武蔵国分寺に見られ、軒丸瓦第6類は有吉重蔵が上野系（Ⅰ）あるいは上野系の文様意匠を継承した国分寺系とした瓦（Ⅱ）に類似している。国分寺では三重弧が伴うと考えられているが、勝呂廃寺では三重弧は2点が紹介されているだけである。ほかに五重弧（第4類）、重廓文（第5類）があり、前者の同類が大仏廃寺から出土して、荒い縄叩きが施されている。国分寺系の瓦とセットになるとは断言できないが、ほぼ同時期の所産と考える。軒平瓦第6類が赤沼窯跡から出土しており、生産地の1か所がわかるが、軒丸瓦第6類には白色針状物質を含まず、軒丸・平瓦にも含まない例が多い。この時期までが平瓦に桶枠板痕が見られる。

　　E　第Ⅴ期

　第7類の軒丸瓦を代表とするが、軒平瓦は第7・8・9・10・11類と多種にのぼり、平瓦は第9・10類がある。多くは武蔵国分寺に見られ、平瓦第10類は新久窯跡に類例がある。軒丸瓦第7類は、武蔵国分寺の宝相華文軒丸瓦の系譜を引いていると考えるが、軒丸瓦第7類の類似例は上植木廃寺にも見られる。また第9類の箆描き軒平瓦も上野国にあり、この種の瓦が上野国との関わりの中から生まれたと考えられる。

　当期は承和12年の国分寺塔再建以降と考えられる。この期の瓦は白色針状物質を含まず、須恵質に焼成された例が多いが、鳩山町を中心とする南比企丘陵が生産地であろう。

　勝呂廃寺の発掘によれば、寺域を区画する溝の上に住居跡がつくられており、10世紀後半にはすでに廃寺となっていた可能性が考えられている。

4. 勝呂廃寺の歴史的背景

　勝呂廃寺の創建期の瓦に飛鳥寺系の変形種と考えられる軒丸瓦が使用され、その供給先の一つとして赤沼窯跡が、類例として大谷瓦窯跡が見られることは注目される。また大谷瓦窯跡の西南4kmには飛鳥寺系の素弁軒丸瓦を出土する寺谷廃寺がある。勝呂・寺谷両廃寺とも、周辺の古墳群築造者である首長層の系譜を引く者が建立したと考えられるが、古墳築造時には須恵窯跡を保有しており、前者は桜山・根平・舞台が、後者は羽尾・平谷が知られる。このような勝呂・寺谷廃寺を含む地域は、古墳時代から西方の文物を受け入れるだけの背景があったと考えられる。一つの推測は、金井塚良一が想定されている武蔵型胴張り古墳を墓制とした壬生吉士氏との関連である。金井塚によれば武蔵型胴張り古墳は70例にのぼり、その分布地域は東松山市とその周辺地域、荒川中流域右岸段丘地域の二つが中心とされている。この広がりは大谷－赤沼－勝呂を結ぶ地域と一部重複しており、勝呂廃寺周辺では坂戸市新町古墳、立野遺跡付近の田木山2号墳が知られる。

　金井塚は「壬生吉士氏を橘樹郡の飛鳥部吉士氏とともに、それぞれ横渟屯倉と橘花屯倉の二つの屯倉管掌者として、屯倉の設置とともに武蔵に移住した、渡来集団と考え」られている。これについては原島礼二も同様な見解を示されている。しかし、武蔵型胴張り古墳が壬生吉士と関連する考え方は、最近では否定的である。

　岸俊男は、古代の「べ」の称呼を表示する用字として「部」と「戸」があり、「戸」は渡来氏

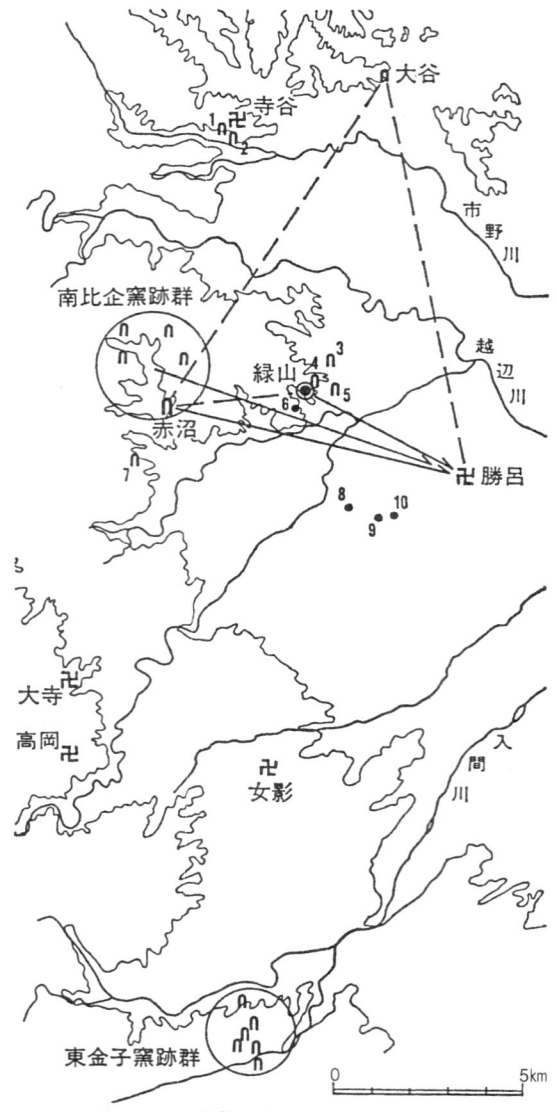

第106図　寺院・古墳・窯跡関連概念図
1：平谷窯跡　2：羽尾窯跡　3：舞台窯跡　4：根平窯跡　5：桜山窯跡　6：立野遺跡　7：小用窯跡　8：脚折遺跡　9：山田遺跡　10：若葉台遺跡

族に対して6世紀代に中央権力が編戸して支配することによって生まれた称呼であり、飛鳥戸、橘戸、八戸等は日本における「戸」の源流としての意義をもつとされた。この中で武蔵の飛鳥部をとり上げているが、武蔵の飛鳥部氏は景雲2年（768）、白雉を獲て献じた橘樹郡の飛鳥部吉志五百国と、天平6年（734）・11年(739)の正倉院調布に見える、男衾郡鵜倉郷の飛鳥部虫麻呂の2人が知られる。前者は金井塚・原島の屯倉管掌者と考える飛鳥部吉士氏であり、後者は壬生吉士氏と同じ男衾郡に居住していた。両地域に渡来集団がいたと推定できうるならば、それぞれに分布する注目できる瓦が存在する。

一つは先に述べてきた飛鳥寺系の軒丸瓦に子葉を加えた、大谷・赤沼瓦窯跡、勝呂廃寺に分布する単弁軒丸瓦であり、もう一つはかつての橘樹郡であった、川崎市高津区影向寺出土の2種の単弁8葉軒丸瓦である。影向寺出土の1種は勝呂廃寺とほぼ類似するが、子葉が僅かに太く弁端が反転しない。ほかの1種は、弁と外区の間に線鋸歯文を配している。

子葉を持つこの種の瓦の系譜は、先に飛鳥寺系と記してきたが、導入には男衾郡・橘樹郡に居住した渡来人がかかわっていたと推考したい。特に勝呂廃寺例のように、弁端が反転して子葉を持つ軒丸瓦は百済の故地の扶余に見られ、百済系の瓦と考えられる。しかし、勝呂廃寺例などの単弁軒丸瓦が直接朝鮮半島から来たのか、寺谷廃寺のような素弁軒丸瓦からつくり出したものか断言できない。

のちに述べるように壬生吉士氏は武蔵国分寺塔再建を願い出ており、その主要窯跡の一つが勝呂廃寺創建時の窯跡とほぼ同一地域にあること、塔再建時の瓦が勝呂廃寺からも多量に出土することから、壬生吉士氏が勝呂廃寺に関わっていた可能性も想定できる。

勝呂廃寺第Ⅱ期には、立野遺跡の塼と緑山遺跡の瓦との有機的な関連がうかがえる。両遺跡とも南比企丘陵産の須恵器を検出しており、特に前者は須恵器選別場と推考できるほど多量に出土

している。また立野遺跡では小型陶棺が出土しており、寺院との関連が推測できる。立野遺跡の第2・3号住居跡は7.8×6.9m・7.25×6.2mと、同時期の住居跡と比較しても大型である。両跡は主軸を同じくするが1.2mしか離れておらず、須恵器から見るに2号住居跡の方が新しい傾向を示す。立野遺跡の塼は完存に近い例で幅17.2㎝、残存長52.5㎝、厚さ2.7～3.4㎝を測り、ほかに角欠きをする例もあることから、須弥壇などに使用された可能性もある。このように立野遺跡の居住者は、窯跡で製作された須恵器、塼、陶棺などの製品管理者であり、製作工房の統率者であったと考えられる。この地からさらに勝呂廃寺あるいはその建立層へ供給されたと推考される。立野遺跡の近くの田木山第2号墳(29)は、立野遺跡と同類のかえり蓋を出土することから、須恵器生産統率者あるいはその掌握層の墳墓の可能性も考えられる。

　緑山遺跡6号住居跡は5m弱であるが、この時期としてはやや大形であり、8号住居跡からは粘土塊を検出しており、立野遺跡に続いてこちらは主に瓦工房を統率していたと想定したい。現在まで立野・緑山遺跡付近には同時期の窯跡は検出されてはいないが、立野遺跡における多量の須恵器を見ると近距離にあろう。

　第Ⅲ期には勝呂廃寺独自の瓦当文が生まれ、軒丸瓦の胎土・技法が第Ⅰ・Ⅱ期と違っており、変革期と考えられる。祖型となる瓦が榛沢郡寺山遺跡にあり、この時点で勝呂廃寺が武蔵北部と関連を持っていたことが推測できる。同じ榛沢郡内の馬騎の内廃寺からは、平行叩きと同心円を持つ須恵器の技法でつくられた瓦が存在しているが、同類は勝呂廃寺の第Ⅲ期にもあり、平行叩きの盛行するのもこの時期である。馬騎の内例の方がやや先行すると考えられるが、いずれにしろ8世紀前半代に瓦生産に須恵器工人の参画があったことが推測できる。

　第Ⅳ期は勝呂廃寺と関連を持つ有力氏族が国分寺創建に協力したようで、創建時の上野系瓦の採用は、このような武蔵北部と強い関係を持った有力氏族によってなされたのであろう。

　国分寺創建時の瓦窯は、南比企窯跡群の新沼・金沢（以下泉井）・堺田（以下赤沼）、南多摩窯跡群の大丸、東金子窯跡群の水排・柿ノ木、末野窯跡群の赤岩などの各窯跡が知られているが、各窯跡から出土している郡名瓦について検討してみる。

　武蔵国府へ供給されたと考えられる塼を焼成した窯は、国分寺瓦窯跡を破壊しているという。塼の郡名は高麗郡を除き19郡出土しており、瓦窯からは14郡が発見されている。このように郡名瓦が多いのは、国分寺に近い地理的条件によるのであろう。やや離れる東金子窯跡群の水排・柿ノ木窯跡では10郡が発見されている。さらに北の南比企窯跡群の泉井窯では、久良岐・橘樹郡を除いて18郡、赤沼窯では13郡がみられる。最も北の末野窯跡群では、多摩・秩父・那珂・榛沢の4郡である(30)。このように見ると泉井・赤沼窯は、国分寺瓦窯として中心的役割を担っていたといえる。東金子窯跡群の位置する入間郡名は、泉井窯から発見されているが、泉井・赤沼窯の位置する比企郡の名は東金子から発見されていないことからも、泉井窯がより中心的位置にあったと推測できる。

　この南比企窯跡群を掌握していたのが、当初からこの地で窯業生産を掌握していた勝呂廃寺と関連を持つ有力氏族であろう。このような武蔵北部の有力氏族の協力で、国分寺は創建が開始されたと考えられる。有吉重蔵は国分寺の創建瓦が上野系から平城宮系に変わること、その瓦が南

武蔵に集中分布することは、当初の北武蔵主導型から南武蔵主導型の造営体制に変化したと考えられた(31)。平城宮系の瓦は主に東金子窯跡群で焼成されたようで、南比企窯跡群や勝呂廃寺にほとんど見られないことは、南比企・勝呂が平城宮系の瓦に関与する系譜からはずれていたことを示す。

　北武蔵の有力氏族として、高麗郡では国分寺建立前後から従三位までのぼった高麗福信が活躍を始め、建立以後は遣高麗大使の高麗朝臣大山、入間郡では入間宿禰で造東大寺次官になった物部広成、西大寺に財物を施入し、のちに従五位下を追贈された大伴部赤男がいた。足立郡では上総員外介になり、武蔵国造でもあった丈部直不破麻呂、采女掌侍兼典掃従四位下となった武蔵宿禰家刀自、従五位下で武蔵国造となった足立郡大領武蔵宿禰弟総、従五位下の多米連福雄などがいた。

　勝呂廃寺第Ⅴ期には埼玉郡壬生氏出身で天台座主となった円澄や、男衾郡大領で2人の子の調庸前納を請うた壬生吉士福正がいた。この福正が焼亡後10年を経た国分寺塔再建を行っているが、瓦の生産には東金子・南比企窯跡群を使っている。この時期の南比企窯跡群の瓦は国分寺とともに、勝呂廃寺へも供給されていることは、この時期の南比企窯跡群と壬生吉士氏の財力と関係が想定できる。

　白色針状物質の入った南比企丘陵産の須恵器は、武蔵国のほぼ全域に広がっていることが確かめられている。特に平安時代には商品としての須恵器が河川などを使って運ばれ、市などで売買されたと考えられる。それらの生産組織を掌握していたのが郡司層である有力者であったろう。彼らは以前からの地縁的なつながりを保ち、郡を越える関係も続いていたと考えられる。

5. まとめ

　赤沼・緑山遺跡などのあった高坂丘陵は比企郡都家郷、勝呂廃寺は入間郡麻羽郷あるいは余戸郷と考えられ、大谷瓦窯跡を金井塚は横見郡御坂郷、原島は大里郡内としている。また壬生吉士氏居住の男衾郡の郡家郷は小川町付近にあてられている。このような先学の郷名比定が正しいとすれば、今まで問題にしてきた各遺跡は、各郡・各郷に亘っていることになる。

　高橋一夫は勝呂廃寺を入間郡において有力氏族により建立された寺と考えられ、付近の瓦・奈良三彩を出土した山田遺跡や、倉庫群などを検出した郡衙的性格、豪族の館と目される若葉台遺跡との関連を推測されている。そして8世紀第2四半期に至り、氏寺から郡寺的なものへと性格を変えていったと考えられている(32)。

　勝呂廃寺第Ⅰ期に代表される単弁の同范同系瓦が地域を越えて存在しており、7世紀後半代におけるこのようなあり方は、瓦当文様の導入に関与した渡来系氏族の同族的性格が起因していると考えられる。中心となる勝呂廃寺は同族的意識のもとに建立された氏寺的性格の寺院と推考したい。しかし、この建立に在地氏族がどのように関与したかは次節でふれる。

　第Ⅲ期に瓦当文と技法・胎土の上から変革があったようであるが、高橋が述べるように郡寺的なものへと性格を変えていったかどうか、今後の検討が必要である。また勝呂廃寺の所在地は入間郡であることは定説となっているが、郡衙的性格と目される若葉台遺跡も同郡の北端に位置す

ることから、男衾・比企・入間郡の郡境の再検討が必要であろうと考えている。

　勝呂廃寺の第Ⅱ期に関わる緑山・立野遺跡などは製品管理者であり、製作工房の統率者の居住地と考えたが、窯と工房を含めた製作工房群を数単位掌握する統率者であったと想定したい。彼らのような中間層を通して、須恵器・瓦が郡司層・寺院に納入されたのであろう。

註

(1)　宇津川徹・上条朝宏　1980「土器胎土中の動物珪酸体について」『考古学ジャーナル』181・184
(2)　林織善　1930「勝呂廃寺址」『埼玉史談』133号
(3)　田中一郎　1961「勝呂廃寺跡考」『埼玉史談』811号
(4)　織戸市郎　1978「勝呂廃寺の古瓦」『坂戸風土記』第2号　坂戸市史編纂室
(5)　田中一郎ほか　1981「勝呂廃寺」坂戸市教育委員会
(6)　註(4)文献図20
(7)　高橋一夫　1981「大谷瓦窯跡」『東松山市史』資料編第1巻
(8)　柴田常恵拓本資料に「比企、今宿、赤沼、水穴前御林裾」とある。同一地名の記された国分寺瓦もあり、県史跡である「赤沼国分寺瓦窯跡」(稲村坦元ほか　1955「埼玉県比企郡今宿瓦窯址」『日本考古学年報』3　誠文堂新光社)と同一窯跡か不明である。赤沼国分寺瓦窯跡から山下守昭によって、緑山遺跡と同技法、類似胎土の平瓦が採集されており、同窯の操業開始が国分寺創建時以前に遡るうる可能性がある。
(9)　高橋一夫ほか　1982『埼玉県古代寺院跡調査報告書』(埼玉県史編纂室で単弁15葉と報告されたが、訂正するとともに時期も創建瓦でなく、のちに述べるようにやや新しいと考えられる)
(10)　註(4)文献図14
(11)　山下守昭氏より資料の提供を受けた。
(12)　石田茂作　1936「飛鳥・白鳳の寺院」『飛鳥時代寺院址の研究』第一書店　103頁
(13)　高橋一夫　1982「埼玉県古代廃寺跡発掘の現状」『歴史手帖』10巻10号　名著出版
(14)　多宇邦雄　1980「下総竜角寺について」『古代探叢』早稲田大学出版部　484頁
(15)　大江正行　1979「金井廃寺の意義」『金井廃寺跡』吾妻町教育委員会
(16)　林博通ほか　1975『檜木原遺跡発掘調査報告書』図版69　滋賀県教育委員会
(17)　註(9)文献第47図
(18)　今井宏ほか　1980『児沢・立野・大塚原』埼玉県遺跡発掘調査報告書第28集　埼玉県教育委員会
(19)　坂野和信　1982「北武蔵における古代瓦の変遷」註(9)文献169頁（また国分寺創建以降、8世紀後半代に置く見解もあるが、単弁系の発達した武蔵国において、しかも国分寺に単弁が採用されてからのちに複弁は出現しなかったと考えたい）
(20)　高橋一彦　1975「岡部町岡より出土する布目瓦」『いぶき』8・9合併号　県立本庄高等学校考古部
(21)　有吉重蔵　1982「東京都古代廃寺跡発掘の現状」註(13)文献
(22)　宝相華文軒丸瓦に「珂」の箆書きがある（大川清　1958『武蔵国分寺古瓦文字考』小宮山書店）。宇野信四郎によれば、那珂郡名の瓦は、泉井・赤沼・末野窯跡から(宇野信四郎　1968「武蔵国分寺の文字瓦－窯跡出土例を中心として－」『日本歴史考古学論叢』2　雄山閣)、大川によれば東金子・大丸・本部窯跡からも発見されている。しかし多くは刻印で、箆書きは泉井から発見されており、「珂」の軒丸瓦も武蔵北部でつくられたと考えられる。
(23)　金井塚良一　1976「北武蔵の古墳群と渡来氏族吉士氏の動向」『武蔵考古学資料図鑑』校倉書房

(24) 原島礼二 1971「関東地方と帰化人」『台地研究』No19 台地研究会
(25) 岸俊男 1954「日本における『戸』の源流」『日本歴史』197
(26) 県史編集室編 1979『神奈川県史』資料編20
(27) 朴容塡(泊勝美訳) 1978「百済瓦当の体系的分類－軒丸瓦を中心として－」『百済文化と飛鳥文化』吉川弘文館
(28) 勝呂(スグロ)は渡来氏族の姓「村主(スグリ)」の転化だといわれ、坂戸市内にほかに2ヵ所の勝呂があることは、渡来系氏族との関連を考えるに一つの材料となろう。
(29) 野部徳秋ほか 1974『田木山・弁天山・舞台・宿ヶ谷戸・附川』埼玉県発掘調査報告書第5集 埼玉県教育委員会
(30) 註(22)の両文献のほか、坂詰秀一 1964「武蔵・谷津池窯跡」『台地研究』15 台地研究会 同 1971「武蔵国分寺瓦窯跡の性格」『考古学ノート』
(31) 註(22)文献。このような動きは宝亀2年(771)、東海道に転属した背景にもうかがえる。
(32) 註(13)文献190頁

補記 本節3.(3)時期区分、第Ⅲ期の勝呂廃寺交叉波状文軒丸瓦は、旧稿でD類としたものがC類と同笵であった。そのため旧稿E類を本稿ではD類と改めた。

第2節　勝呂廃寺と入間郡家

はじめに

　第3章の中で立野遺跡の再検討を行ったが、立野遺跡は瓦塼の出土など、寺院と関わる重要な遺跡であることが再確認できた。その時期も7世紀第4四半期まで遡り、周辺の調査から勝呂廃寺との関連が最も高いと推測できた。

　坂戸市勝呂廃寺は現在調査が断片的ながら継続されており、その内容も順次明確になりつつある。過去の採集資料も含め勝呂廃寺の遺物量、遺構の規模は、武蔵国内では最大規模の寺院であることが判明してきた。

　また、勝呂廃寺の西北に位置する南比企窯跡群は、勝呂廃寺の窯場でもあったことがわかってきた。このような需給関係を発展させて、周辺の関連遺跡も含め一地方における窯と郡家について、歴史的背景を検討してみる。

1. 勝呂廃寺をめぐる窯業生産

　第3章第5節において勝呂廃寺と多大な関連を持つ立野遺跡の性格、埼玉の須恵器の系譜について検討し、またそれと関連する瓦についてふれたので、ここに要約してみる。

　立野遺跡出土の小陶棺形製品は火葬容器の可能性のあること、瓦塼は寺院との関連が推測でき、住居跡縁辺の多量の須恵器は出土状況から、集積所(中継点)である住居跡周辺に置かれた須恵器と考えられ、盤、硯、鉄鉢形の存在から寺院、あるいは官衙へ運ばれる製品と推測した。

　また埼玉を荒川の南北で二分して、須恵器の変遷を追い系譜を探ってみると、荒川以北では東海地方の製品は7世紀第3四半期から8世紀第1四半期まで、主に東海西部の製品が見られる。

第4章　瓦生産と寺院跡　305

　これに対して荒川以南では、7世紀第4四半期の生産品に東海の影響を受けるものの、搬入品は少なく、8世紀第1四半期に東海東部の製品が増加する。
　群馬の製品の搬入は荒川以北に顕著で、古墳時代から続く現象である。しかし、生産址への影響は不明確である。それに対して以南では群馬の製品はほとんど見られないが、8世紀第1四半期に至り群馬系譜の須恵器が生産され始める[2]。
　畿内系の土器は暗文土師器が注目され、荒川以北では7世紀第3四半期から、以南では遅れ8世紀第1四半期に出現する。
　このようないくつかの須恵器の系譜のあり方と、県内の須恵器の拡大と製品の拡散を見るに、画期がうかがえるのは7世紀末から8世紀初頭であり、この時期の畿内系暗文土器の増加[3]と考え合わせ、当期に各地域で評・郡衙が建設され始めていることと、軌を同じくしていると考える。
　次に瓦であるが、埼玉の瓦は荒川を境に大きく二分される。特に荒川以北は須恵器のあり方と同様群馬の影響が強いが、群馬の瓦も利根川によって大きく二分されている（第107図）。
　利根川西岸は前橋市山王廃寺、安中市秋間窯跡群から「山王・秋間系」、東岸は伊勢崎市上植木廃寺、勢多郡新里村雷電山窯跡から「上植木・雷電山系」とよばれている[4]。西岸の瓦当文は複弁7葉軒丸瓦に代表され、東岸は単弁8葉軒丸瓦、あるいは瓦当背面に布絞りを持つ一本造りの単弁16葉軒丸瓦が見られる。埼玉県下では両系譜の瓦が出土するものの、荒川以北に限られる。複弁7葉の西岸系の瓦が8世紀初頭に旧加美郡および寄居町末野窯跡群に接する馬騎の内廃寺に入る。続いて8世紀第2四半期には東岸系の瓦が入り、特に加美郡に多く見られる。同時期には児玉町飯倉の金草窯で生産された単弁8葉軒丸瓦[5]は、逆に上野の利根川西岸に及んでいる（第107図）。
　このように荒川以北では両勢力下の瓦が複雑に交錯している。この地域と荒川以南を結ぶ瓦を探すならば勝呂廃寺にある。勝呂廃寺で8世紀第2四半期と考えている、周縁に交差波状文を持つ複弁8葉軒丸瓦の祖型が、岡部町寺山遺跡にある。また勝呂廃寺と密接な関連を持つ毛呂山町西戸丸山窯にも、先の金草窯、あるいは勝呂廃寺の交差波状文軒丸瓦と関わりが考えられている複弁8葉軒丸瓦があり[6]、注目すべきことに足立郡の郡寺と推測されている浦和市大久保領家遺跡と同笵である[7]。
　国分寺創建当時の瓦生産は、有吉重蔵によれば当初上野系の瓦が使われ、そののち平城宮系の文様が取り入れられるが、その導入には天平勝宝8歳（756）頃、武蔵守を兼任した高麗福信が深く関わっていたという[8]。
　国分寺創建当初の上野系瓦の導入には上野あるいは荒川以北の協力を得たようで、背面に布目を持つ上野利根川東岸系の単弁軒丸瓦が生産されるが、その生産地は勝呂廃寺と深い関わりのある南比企窯跡群にある[9]。ここにおいて初めて荒川以南に利根川東岸と関連する製品が入って来たのである。
　窯業生産品から見た上野との関わりをまとめてみるならば、8世紀第1四半期前半には川越市霞ヶ関遺跡へ多くの末野産須恵器が搬入されるが、末野窯跡群、馬騎の内廃寺は上野利根川西岸勢力と関わりを持つ地域である。続いて第1四半期後半には鳩山町山下6号窯が操業を開始する

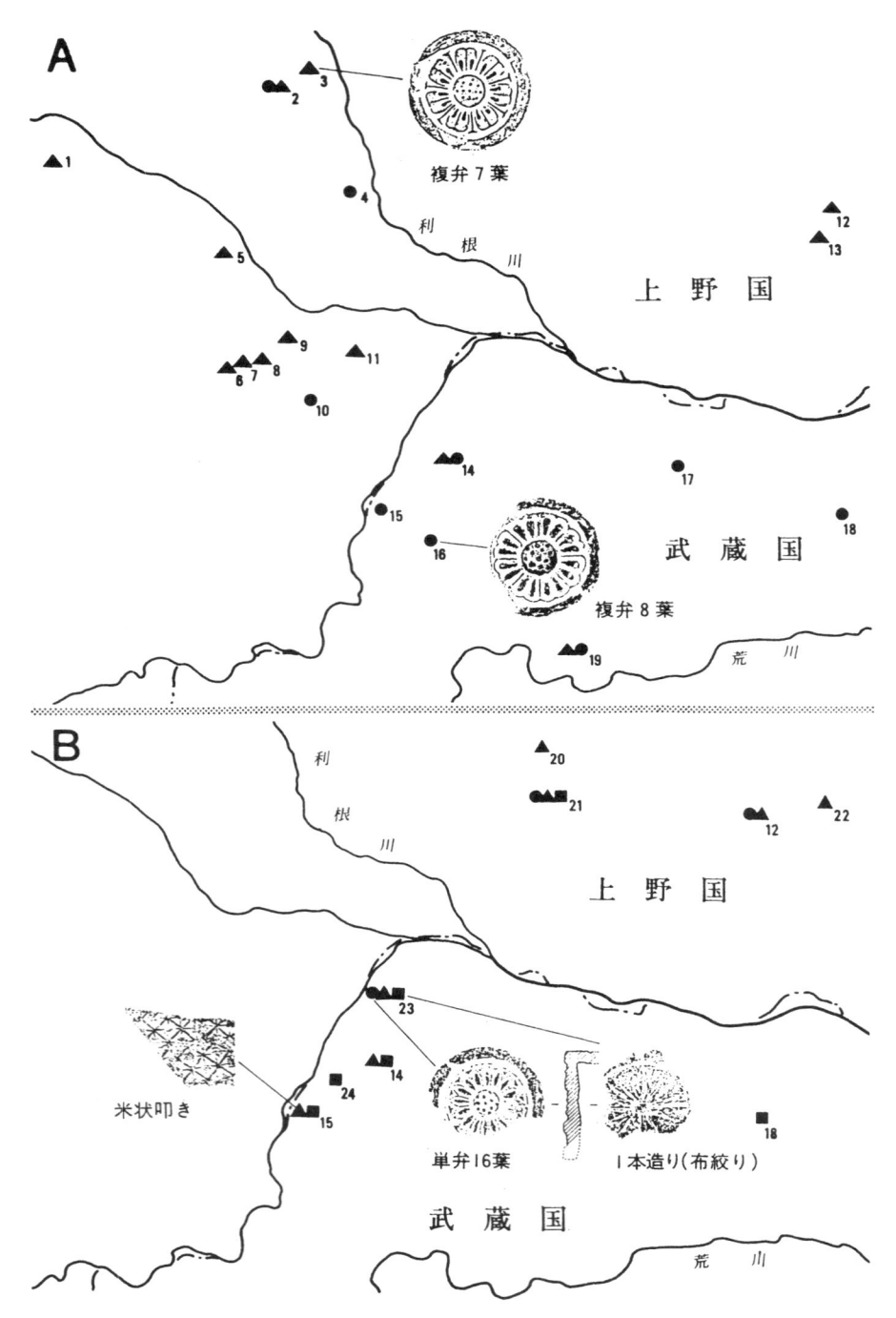

第107図　上野・北武蔵における利根川西岸系(A)・東岸系(B)瓦の分布
1:八重巻窯跡　2:上野国分寺　3:山王廃寺　4:浄土ヶ原遺跡　5:護国神社　6:雑木味遺跡　7:岡遺跡　8:馬庭東遺跡　9:でえせいじ遺跡　10:山王久保遺跡　11:水窪遺跡　12:寺井廃寺　13:入谷遺跡　14:皂樹原遺跡　15:城土野廃寺　16:金草窯跡　17:岡遺跡　18:西別府寺　19:馬騎の内廃寺　20:川上遺跡　21:上植木廃寺　22:萩原窯跡　23:五明廃寺

が、蓋の環状つまみはやはり利根川西岸地域と共通点を持つ。製品を見るに山下窯の系譜を引く須恵器は8世紀第1四半期前半に出現していることから、8世紀初頭に上野利根川西岸の影響が裏付けられる。8世紀第2四半期の勝呂廃寺交差波状文軒丸瓦および鳩山町小用廃寺の複弁軒丸瓦は、児玉町金草窯と共通点を持つが、金草窯の製品は荒川以北のほか利根川西岸に分布しており、荒川以南の複弁軒丸瓦が金草窯の製品を通して、わずかながら上野利根川西岸地域と関連を持つと推測できる。ところが国分寺創建時に至り、上野東岸勢力あるいは荒川以北（加美郡）の協力で瓦が焼造されたが、その生産地は勝呂廃寺の窯業生産地である南比企丘陵が選ばれた。上野系の瓦が勝呂廃寺に多く見られる事実は、この関係をよく表している。

8世紀前半代を通して上野利根川西岸勢力と関わりを持ってきた勝呂廃寺造立者は、国家的事業に協力するため上野利根川東岸勢力と関わりのある工人等を受け入れ、国分寺瓦を焼造させたと推測したい。

2. 郡寺について

次に勝呂廃寺が郡寺[10]である可能性について述べてみたい。

勝呂廃寺については林織善が「勝呂廃寺址」[11]、田中一郎が「勝呂廃寺考」[12]、織戸市郎が「勝呂廃寺の古瓦」[13]を記されている。その中で田中一郎は、条里の坪に方二町で勝呂廃寺が入っているらしいこと、塔・金堂が南北線上に並び回廊がそれを取り囲む四天王寺式伽藍配置でないかと考えた。

近年範囲確認調査が行われ、AからDの4地区に及んだ（第108図）。A地区では基壇の一部が確認され、多数の瓦とともに鉄釘、推定直径約49.8cmの銅製の塔相輪片が出土した。B地区では幅1.8mの南北に走る参道が確認されたが、時期は新しい可能性もある。C地区ではN-82°-Wの幅2.5～3.1mの大溝が確認されたが、鬼高期の住居跡を切っている。この大溝と直行するN-10°-Wで、幅1.6mの溝は大溝を切り込んでおり、北側では鬼高期の住居を切るが、国分期の住居に切られる。この溝は寺域を画する溝と考えられている[14]。その後発掘されたE地区は、大型掘立柱跡1.0×0.7mが7本つき固められた土壇上に検出され、柱は0.6～0.7mの太さで建物は確認されただけでも3列で6本ある。1984年の調査でE区の南部を発掘したが、大きな瓦溜めが検出され、膨大な瓦片が出土した。またA地区西方の出土遺物の中に「寺」の墨書土器があることは注目される[15]。

勝呂廃寺の発掘調査によって、A地区付近では塔、E地区付近では金堂の可能性が出てきた。田中一郎は発掘成果に基づいて、やはり四天王寺式と再考している。またその存続時期は7世紀中葉から9世紀前半までと考えられた[16]。寺域については、台地の平坦部の南北幅が約100mであることから、寺域の南北辺が平坦部をそれほど越えないと想定されるが、ここでは別の考えを持たないため、田中の考えを紹介するに留め、今後の発掘成果に期待したい。

ここで田中の検討した存続時期について考えてみる。まず創建年代であるが、須恵器と瓦の両方から見てみよう。先に立野遺跡の瓦塼は周辺の遺跡のあり方から、勝呂廃寺と関わりがあると推測したが、共伴する多量の須恵器は7世紀第4四半期である[17]。次に瓦については、以前赤沼窯

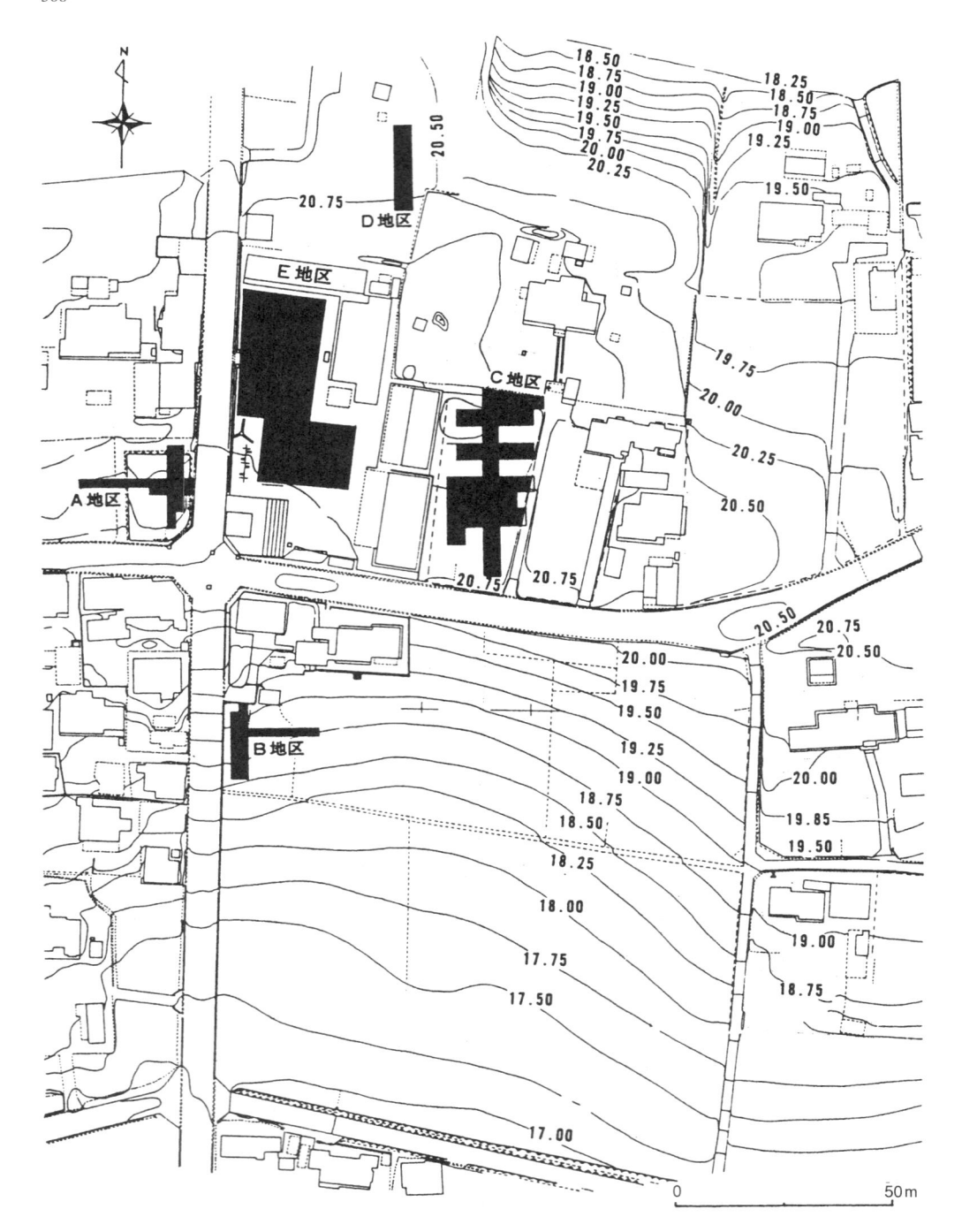

第108図　勝呂廃寺地形図および発掘区（『勝呂廃寺』1981に加筆）

跡と同笵の棒状子葉の瓦を基準に勝呂廃寺第Ⅰ期と考え、7世紀第3四半期に想定した[18]。しかし第Ⅰ期に含めた棒状子葉を持つ瓦は、詳細に見るならば形態・技法に違いがあり、時期的な差を反映していることが確認できた。

　大谷瓦窯跡の棒状子葉単弁10葉軒丸瓦（第109図1）と勝呂廃寺第Ⅰ期を代表する赤沼窯跡の同系単弁8葉軒丸瓦（第109図5）を比較すると、前者の弁がわずかに丸味を持ってふくらむのに対して、後者は弁の中央に稜を持つ山切りとなる。また棒状子葉は前者が細く、後者はやや太い。さらに技法で大きな違いは、前者の丸瓦は製作時、一般的な丸木状の型に巻くつくりであるのに対して、後者は桶巻技法を使うことである。この違いは勝呂第Ⅰ期に分類した中にも確認でき、桶巻技法を持つ軒丸瓦を、勝呂第Ⅱ期の桶巻技法と同一技法であることから、第Ⅱ期に含めることが妥当と考えられる。勝呂第Ⅱ期の時期は、同期の瓦が緑山遺跡の住居跡に伴うことから8世紀第1四半期に置いたが、住居跡に共伴する須恵器は口径17.7cm、器高2.8cmを測る盤状の大型坏であることからも妥当な年代と考えている。これに対して勝呂廃寺創建期の勝呂第Ⅰ期、すなわち大谷瓦窯跡例に類似する一群は、第Ⅱ期との連続性、立野遺跡の瓦塼とも考え合わせ、7世紀第4四半期前半が妥当で、寺の着手は一部第3四半期に遡る可能性もある。

　大谷瓦窯跡例に並行すると考えられる棒状子葉の軒丸瓦は3種（第109図1・2・3・4）あることが確認できたが、勝呂廃寺には2種（第109図3・4）見られ、大谷瓦窯跡例と同笵は見られない。現段階では大谷瓦窯跡の供給先は不明であるが、現在棒状子葉の見られる消費地遺跡が、勝呂廃寺周辺に限られることから、勝呂廃寺第Ⅰ期の所用瓦の可能性は高い。となると、大谷瓦窯跡出土の箆書「奈你寺」[19]（第109図6）は勝呂廃寺の寺名であることになる。今後検討が必要となろう。

　棒状子葉3種のうち第109図4は小用廃寺と同笵であることが確認できた[20]。小用廃寺には勝呂廃寺第Ⅱ期に見られる桶巻造り丸瓦が存在しており、勝呂廃寺との関連が強く考えられる。またのちにふれるが、小用廃寺出土の周縁に交差鋸歯文を持つ複弁軒丸瓦と同笵瓦が、足立郡郡寺と推測する大久保領家遺跡から出土することは注目できる。

　勝呂廃寺の終焉は、寺域を画する溝を国分期の住居跡が切ることから、平安期である。住居跡出土の土器は新久D－1号窯跡、南多摩G－25号窯式に並行すると考えられ9世紀末、あるいは10世紀まで下がるのであろう。

　勝呂廃寺に大谷瓦窯跡と並行期の軒丸瓦が確認できたことから、大谷瓦窯跡の供給先は勝呂廃寺の可能性もある。しかし、現在のところ勝呂廃寺第Ⅰ期の棒状子葉軒丸瓦（第109図3）は、南比企窯跡群産である。棒状子葉軒丸瓦が、勝呂廃寺と密接な関わりでつくられていることが想定できるならば、郡を超えた瓦の供給など勝呂廃寺の性格が問題となってくる[21]。

　山中敏史は、現在までに確認された評・郡衙周辺寺院の20例中14例が7世紀第4四半期から8世紀第1四半期頃までの間に造営が始められたと推定した。評・郡衙周辺の寺院は、評・郡衙の公の寺（郡寺）としての性格を有していたと考え、評・郡衙に先行して創建された寺院は、有力氏族の氏寺として造営が開始されたとした。そうした氏寺も評・郡衙の建設に伴って、郡寺としての性格を合わせ持つことになったとした[22]。

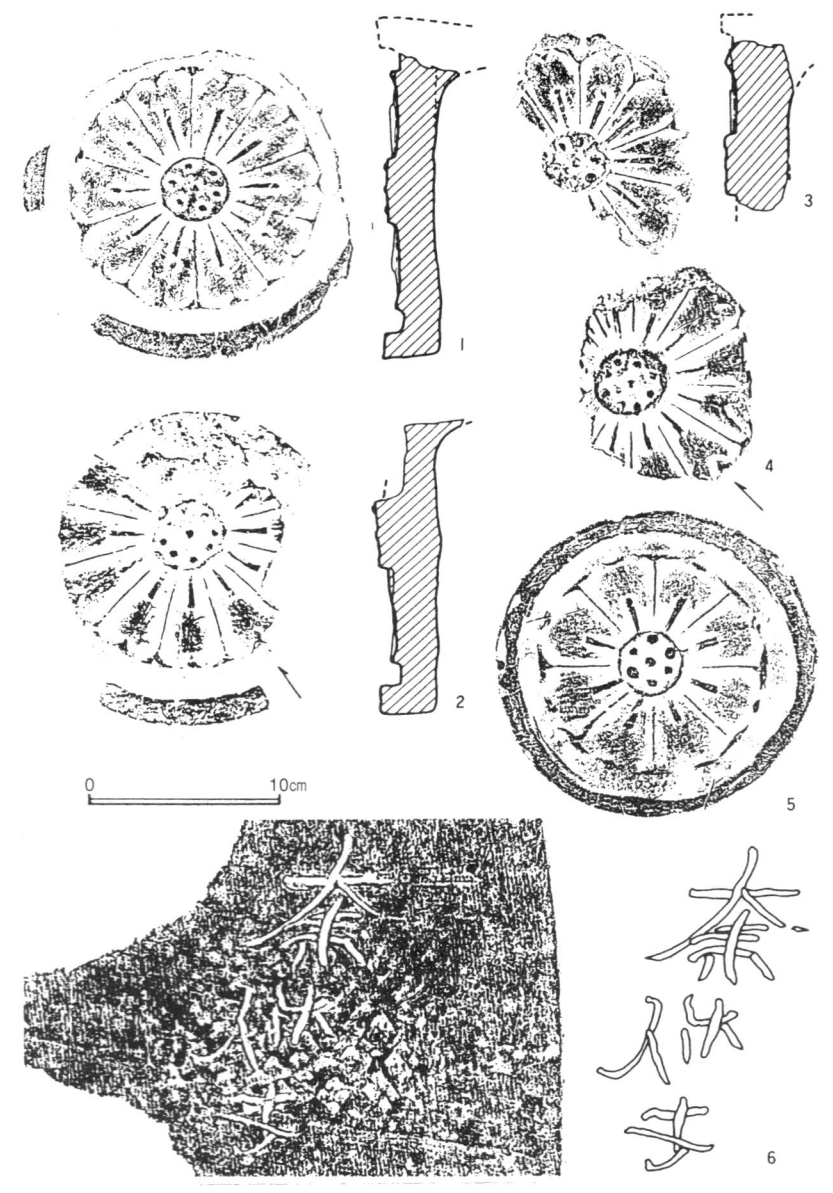

第109図　棒状子葉軒丸瓦と箆書き平瓦
1・6:大谷瓦窯跡　2:小用廃寺　3・4:勝呂廃寺　5:赤沼窯跡

　勝呂廃寺は、勝呂廃寺第Ⅰ期の段階では棒状子葉の採用など氏寺の可能性は高い。しかし、第Ⅱ期には、おそらく郡寺としての性格が付加されたと考えられる。評・郡衙の位置は不明確であるものの、武蔵国の中でも最大規模の寺院であることから、有力氏族の建立にかかるものであろう。

3. 入間郡家について

　卜部吉田家旧蔵の宝亀3年（772）12月19日の太政官符[23]は、神護景雲3年（769）9月17日、入間郡の正倉4棟が雷火により焼け落ち、糒穀10,513斛を焼き、百姓10人が重病、2人が頓死した。

第4章 瓦生産と寺院跡　311

第110図　勝呂廃寺と関連遺跡
1:勝呂廃寺　2:小用廃寺　3:大谷瓦窯跡　4:緑山遺跡　5:立野遺跡　6:赤沼第5－A支群　7:赤沼第7支群(小谷C区)　8:同(小谷B区)　9:赤沼第2支群(山下6号窯を含む)　10:赤沼第1－B支群　11:赤沼第11支群　12:赤沼第10支群　13:赤沼第13支群　14:赤沼第14支群　15:西戸丸山窯跡　16:出雲伊波比神社　17:粟生田　18:若葉台遺跡

> 太政官符神祇官
> 應奉幣帛神社事　（天理大学附属図書館所蔵文書
> 　　　　　　　　　『新編埼玉県史』資料編4、古代2より）
> 　　　　　　　　　　　　　　　　　　　神護景雲三年九月
> 右、得武藏國司去年九月廿五日解偁、以今月十七日、入間郡
> 正倉四宇着火所焼糯穀惣壹萬伍佰壹拾參斛、亦滅□(失力)
> 忽臥重病頓死二人、仍卜占、在郡家西北角神□□出雲伊波比
> 神崇云、我常受給　朝廷幣帛而頃年之間□(不力)給、因茲引率
> 郡家内外所有雷神發此火災者、仍勘□外大初位下小長谷部
> 廣麻呂申云、實常班奉　朝廷幣帛神也、而頃年之間不為給下
> 者、仍検案内太政官去天平勝宝七年十一月二日符偁、武藏國
> 預幣帛神社四處、多磨郡□(小力)野社、加美郡今城青八尺稲實社、横
> 見郡高負比古乃社、□(入)間郡出雲伊波比社者、官符灼然而時々
> 班奉幣帛漏落□(者)、右大臣宣、奉　勅依例施行者、官宣承知、
> 准　勅施□(行)、符到奉行、
> 　参議正四位下行右大辨兼右兵衛督越前守藤原朝臣「百川」
> 　　　　　左大史正六位上會賁臣「眞綱」
> 宝亀三年十二月十九日

　これを占ったところ、郡家の西北の角にある出雲伊波比神社の神が、今まで受けていた朝廷からの官幣がなくなったために、郡家の内外の雷神を率いて火災を起こしたとおつげがあった。これを調べたところ、天平勝宝7年（755）の符に官幣をたまう神社は武蔵国で4社あり、多摩郡□(小)野社、加美郡今城青八尺稲實社、横見郡高負比古乃社、□(入)間郡出雲伊波比社であったことが分かり、朝廷では規定どおり官幣を続けることになったというものである。この太政官符は当時頻繁に起こっていた神火の、初期のものとして著名である。

　宝亀3年の太政官符の中に、郡衙の位置を推測できる一文が含まれている。すなわち「在郡家西北角神□□出雲伊波比神」である。出雲伊波比神社は県内には2か所見られ、入間市宮寺1番地と毛呂山町前久保にあるが、現在後者が比定されている。また出雲乃比波比神社も2か所あり、寄居町大字赤浜、江南町大字板井にある。伊波比神社は吉見町黒岩にあるが、これら伊波比と称する神社がどれだけ式内社と合致するか今後検討が必要である。[24]

　近年発掘調査の続けられている若葉台遺跡（第110図№18）は、郡衙あるいは豪族の居館の可能性が指摘されている。昭和58年に行われた「若葉台遺跡シンポジウム」は掘立柱建物跡や三彩、青銅製品、墨書土器などの出土から、官衙的施設の可能性を検討した。その中で藤倉寛三は、出雲伊波比神社が安部五郎のあらわした『入間郡誌』で、江戸時代には「飛来神社」といわれており、明治初年に権田直助という実力者によって「出雲伊波比神社に改められた」と記されていることから、出雲伊波比神社がはたして毛呂山町の現在の地にあったのか疑問を提示している。原島礼二も同様に比定地の検討が必要であることを述べている。[25]

　しかし藤倉の指摘した明治初年に出雲伊波比神社への改名以前にも、2例だけ出雲伊波比神社

と記される例がある。それは文政 8 年 9 月の棟札であるが、その14年前の文化 8 年 2 月にも国学者斉藤義彦が『臥龍山宮伝記』をあらわし、出雲伊波比神社の由来を記している。その中で初めて出雲伊波比神社を用いるが、おそらく国学者の学識からでたものであろう。

　現出雲伊波比神社は中・近世には「茂呂大明神」「毛呂明神」「飛来神社」「八幡社」などと称されており、はたして古代の同名神社とつながるのか問題である。おそらく斉藤義彦が『臥龍山宮伝記』をあらわすにあたって、式内社と結びつけた可能性が高い。現出雲伊波比神社を式内社と結びつけるわずかな材料は、中世に「大明神」と呼ばれ格式のあったこと、字名が「古宮」であり、立地も独立丘陵上に位置するなど、古式の神社の立地条件として申し分ないことぐらいである。

　ここで太政官符の郡家と出雲伊波比神社の位置関係について検討してみたい。「在郡家西北角神□□出雲伊波比神崇云」、あるいは「引率郡家内外所有雷神」とあることから、「郡家」が入間郡をさすのか、郡家郷なのか、あるいは郡衙であるのか、そして神社が西北の「角」にあるのか、西北方向にあるのか問題となる。

　郡家の用法を見るに『日本書紀』5 例、『続日本後紀』2 例の多くは郡の家、すなわち郡衙の建物をさすが、霊亀元年10月条、天平 2 年正月条、天平勝宝 7 年 5 月条（以上『続日本紀』。以下『続紀』と略す）では「造建郡家」、「欲建郡家」など建郡の記事であることから、郡と解することができる。これはいずれも陸奥・大隅など遠隔の地であり、権郡と考えられる。このほか新郡（評）の設置として『常陸風土記』行方郡に「（略）割茨城地八里、那珂地七里、合七百余戸、別置郡家」とあるものの、一般的には『出雲風土記』のように郡衙の意味に使われている。

　宝亀 3 年太政官符の入間郡家は、のちの「引率郡家内外所有雷神」から考えるに、郡の意味に解することができる。仮に郡衙とした場合、郡衙の角にある、郡衙の内外の雷神に影響を及ぼす程度の神が、はたして朝廷から官幣を賜うことができたであろうか。それよりも入間郡の西北角に出雲伊波比神社があり、入間郡内・郡外の雷神を率いたと考えたほうが、官幣社として妥当であろう。そうすると現出雲伊波比神社（第110図№16）も郡の西北角にあたることから式内社の可能性も出てくる。このように考えるならば、郡家と出雲伊波比神社の位置関係は方位からは探れない。いずれにしろ出雲伊波比神社の位置は限定できないものの、郡家（郡）の西北角、現出雲伊波比神社周辺の可能性が高い。

　郡衙遺跡あるいは豪族の館の可能性を指摘されている若葉台遺跡では、シンポジウム段階で確認された掘立柱建物跡は鶴ヶ島、坂戸地区を合せて63棟ある。しかしその方位は一定せず、倉庫跡も少なく貧弱である。最も問題なのは郡家の建物が発見されていないことである。唯一B地区には 4×5 間の四面廂付掘立柱建物跡、その西には方位を90°違えて 2×6 間の長方形の棟が、その北には 2×3 間の建物がある。この 3 棟は方位を同じく、近接することから、同時期の建物群であろう。しかし、この建物付近には掘立柱建物が少なく、規模から郡役所ではないであろう。

　若葉台遺跡の掘立柱建物跡、住居跡出土の土器群は、最も遡るもので 8 世紀第 2 四半期である。その数も少なく、主体は 8 世紀後半である。

　山中敏史によれば、郡衙遺跡の初現期は 7 世紀末から 8 世紀初頭であるという。霊亀 2 年（716）

に入間郡を割いて高麗郡を設置していることから、それ以前には入間郡は成立していたはずである。このような点を含めて考えるならば、唐三彩を出土した近接する山田遺跡を含め、若葉台遺跡は現段階では郡衙の一部を構成する可能性はあるものの、郡衙の中心部分ではない。

　もし若葉台遺跡が郡衙でなかったならば、どのような性格であろうか。山下守昭は西大寺領の榛原庄を想定された。その理由は以下のようである。入間郡の大伴部直赤男が西大寺に商布1,500段、稲74,000束、墾田40町、林60町を献じて、のちに外従五位下を追贈された。この墾田と林は宝亀11年（780）の「西大寺資材流記帳」にも、宝亀9年（778）銘の「武蔵国墾田文図」および「同国林地帳」として記されている。また「同資材流記帳」には「武蔵国入間郡榛原庄と記されている。その後、建久2年（1191）の「西大寺所領庄園注文」に「注進　西大寺領諸庄薗現在日記事（中略）一　顚倒庄々（中略）武蔵国入間郡安堵郷栗生村田四十町林六十町」とあり、赤男の寄進したものが顚倒したことが分かる。山下はまた、西岡虎之助の考えを引用して安堵郷を安刀郷に、栗生村は粟生村、すなわち粟生田村（現坂戸市、第110図№17）と推定され、若葉台遺跡がそれにあたると考えた。そして赤男が寄進する前後の西大寺封戸250戸の関連から、「封戸を背景に計画設計されたいわゆる計画村落的な要素が多分に内包されている」と考えている。これに対して原島礼二は、榛原庄は「報恩寺年譜」に見える中世の春原広瀬郷あるいは春原庄に通じることから、榛原庄を狭山市広瀬村付近の考え方を出されたものの、前述した山下と同様の見解を示された。

　ここで改めて周辺に7世紀末から8世紀初頭の遺跡を追ってみるに、川越市霞ヶ関遺跡がある。霞ヶ関遺跡は未報告であるため詳細は不明であるが、一部概要が発表されている。それによれば住居跡は1・2次で116軒、3次で225軒の合計341軒であった。弥生時代以降の大集落であるが、歴史時代の住居跡数は明確にされていないものの、「奈良～平安時代にかけての集落は、黒色土層中にあって検出は難しく、大半はブルによって除かれてしまった」とあるように、遺物の多さから奈良・平安時代も大集落であったと予想できる。

　この遺跡で注目されるのは、畿内系土師器の多さと、東海産須恵器、末野産須恵器、上野系須恵器が、多量の南比企窯跡群産の須恵器とともに存在することである。この点は別稿でふれたように、7世紀末から8世紀初頭にかけての郡衙など、官衙設立時の土器搬入のあり方と考えられる。しかし、ここでは肝心な掘立柱建物跡は不明であり、黒色土中の住居の削平とともに消滅した可能性が高い。

　霞ヶ関遺跡は7世紀末から8世紀初頭に集落を形成していることから、郡寺と想定する勝呂廃寺と密接に関連して成立したと考えられる。その距離は5.5kmとやや離れている。これについては山中の「非本拠地型郡衙遺跡」を想定するならば、旧来の本拠地から離れて立地する場合もあり得たと考えられる。『出雲風土記』によれば郡家から離れる寺の例として、大領出雲臣大田の造営した楯縫郡の寺は3.5km、旧大領日置部臣布祢の造営した出雲郡の寺は7.1kmを測る例のあることからも、首肯できよう。

4. 入間の豪族

　入間郡には8世紀後半に正史に登場する2人の豪族がいた。1人は大伴部直赤男、1人は物部直広成である。以下この2人について検討してみる。

(1) 大伴部直赤男

　赤男は前章でも触れたように宝亀8年6月「武蔵国入間郡人大伴部直赤男、以_神護景雲三年_、献_西大寺商布一千五百段、稲七万四千束、墾田卌町、林六十町_、至_是其身己亡、追贈_外従五位下_、」(『続紀』)と私財を西大寺に献じて外従五位下を追贈された。寄進した土地は大図口承、山下守昭によって、坂戸市粟生田(おうだ)(第110図№17)と想定されている。また粟生田はかつての安戸(あと)郷と考えられているが、粟生田は低湿地であり、赤男は低湿地の開発を進めて富を蓄積したのであろう。

　原島礼二は、比企郡に大連大伴氏とつながりを持つ勢力が野本将軍塚を築造するなど、5世紀後半に強大となったと考え、入間郡の大伴部直もその勢力で、赤男の祖先がかつて大伴氏と結びついていたため、大伴部直を名のることができたとした[34]。

(2) 物部直広成

　広成が正史に登場するのは天平宝字2年(758)であるが、同8年(764)には授刀として恵美押勝の兵を愛発関で退却させている。神護景雲二年(768)「武蔵国入間郡人正六位上勲五等物部直広成等六人賜_姓入間宿祢_」(『続紀』)と広成ら6人が入間宿祢を賜うが、広成の勲五等は先の愛発関の一件であろう。天応元年(781)「入間宿祢広成外従五位下、並賞_従夷之労_也」(『続紀』)と征夷の労によって外従五位下になった。延暦元年(782)「外従五位下入間宿祢広成為介」(『続紀』)と、この頃から陸奥にて大伴宿祢家持とともに活動する。延暦3年(784)「外従五位下入間宿祢広成、(略)並為_軍監_」(『続紀』)と陸奥での征東のため軍監となる。延暦7年(788)2月「外従五位下入間宿祢広成為_近衛将監_」(『続紀』)と近衛将監になる。同年3月「従五位下入間宿祢広成並為_征東副使_」(『続紀』)、延暦8年(789)6月「征東将軍奏、副将軍外従五位下入間宿祢広成、(略)」(『続紀』)と副将軍として蝦夷討伐に参戦するが、征東将軍紀古佐美に副将軍入間宿祢らの誤策が原因で敗退したと奏言される。延暦8年9月「勘_問征東将軍等逗留敗軍之状_、大将軍正四位下紀朝臣古佐美・副将軍外従五位下入間宿祢広成・(略)各申_其由_、並皆承伏」(『続紀』)と帰京し、太政官にて逗留敗軍の状を勘問されて、皆承伏した。延暦8年9月2日「授_(略)外従五位下入間宿祢広成、(略)従五位下_」と従五位下となり、同年3月「入間宿祢広成為_常陸介_」(『続紀』)とすぐに常陸介となった。延暦18年(799)3月「従五位下入間宿祢広成為_東大寺次官_」(『日本後紀』)とあり、これ以降広成は正史から姿を消す。

　物部広成は正史に登場してから35年間、中央で活躍した。その活動は前半の征東に関与する武官として、後半の文官として分けられる。この広成の本貫地はどこであろうか。

　原島礼二は入間郡安刀郷を想定した。その理由は安刀は物部の一派にあることからである。安刀郷は先に大図・山下が推定したように坂戸市の粟生田で、勝呂廃寺北側の低地の川は、鎌倉時代の文書で「あと川」と呼ばれていたという[35]。玉利秀雄も物部氏の分布について検討するが、その中で坂戸市大塚の前方後円墳上に石上(いしがみ)神社があり、その祭神は布留御魂神で、奈良県山辺郡石

上神宮の御分霊であるという。また坂戸市石井の勝呂神社の中に布留大神があるという。布留大神は石上神宮の主祭神であり、近接する地域に両神社が存在すること、安刀郷推定地は両者の間にあることから、この周辺に物部氏の本貫地が存在した可能性がある。

物部直は『新撰姓氏録』左京神別条によれば「入間宿祢　同神十七世孫天日古曽乃己呂（日）之後也」とあり、同神（天穂日命）の後裔であり、出雲族であることがわかる。『国造本紀』では、旡邪志国造は「志賀高穴穂朝御世、以_出雲臣祖、名二井之宇迦諸忍之神狭命十世孫・兄多毛比命_、定_-賜国造_」と、同じく出雲族である。また同族と考えられている物部連兄麻呂は、舒明天皇5年（633）「舎人物部連兄麻呂、性有道心、常以斎食、後為優婆塞、常侍左右、癸巳年賜武蔵国造、而退賜小仁位」（『聖徳太子傳暦』）と武蔵国造となる。西角井系図によれば旡邪志国造兄多毛比命の曽孫八背直を祖とする丈部直は、神護景雲元年（767）12月「武蔵国足立郡人外従五位下丈部直不破麻呂等六人賜_姓武蔵宿祢_、」「甲申、外従五位下武蔵宿祢不破麻呂為武蔵国国造」（『続紀』）と武蔵国造になっている。

物部連兄麻呂の後裔が物部直広成と考えられており、西角井系図によれば旡邪志国造兄多毛比命の曽孫筑麿、すなわち丈部直祖の八背直の兄が物部直祖であり、武蔵国造家の祭神が天穂日命であることからも、国造家であった物部氏と、同じく国造家であった丈部氏は同族と考えられる。

原島は入間郡の「出雲伊波比神社の存在は、入間郡の物部直と出雲臣の丈部直との同祖関係と対応」するとしている。

この問題を青木忠男は瓦の検討から追求した。青木は大宮・浦和の瓦散布地を検討し、浦和市大久保領家の出土瓦が鳩山町旧興長寺（小用廃寺、第110図№2）と同一瓦窯の瓦、あるいは同一文様の瓦であることを突き止めた。また旧興長寺の西南約1kmの毛呂山町西戸丸山遺跡（瓦窯跡か、第110図№15）からも同一の瓦が出土するが、ここから出土する軒丸瓦は大久保領家遺跡出土例と同笵である。青木はこの大久保領家とそれに対する旧興長寺をそれぞれ武蔵宿祢と入間宿祢の氏寺ではないかと想定した。この考え方は卓見であり、勝呂廃寺周辺しか見られない桶巻造りの丸瓦が大久保領家遺跡から出土することも、両者の関係が濃厚であることを補強するとともに、その関係が桶巻造り丸瓦から8世紀第1四半期まで遡ると考えられる。しかし、青木は物部直の氏寺は小用廃寺とされたが、勝呂廃寺が妥当と考え、小用廃寺はその一族の入間宿祢の氏寺と考えたい。大久保領家遺跡と約27km隔てて成立する瓦の需給関係は、物部氏と丈部氏が出雲族という同族関係にあったため成り立ったのであろう。

（3）入間郡と郡司

以上のように入間郡で知られた人物は、上記の2人であったが、物部直広成については神護景雲2年（768）に一族6名が入間宿祢になっていることから、入間郡には物部直の同族が多かったことが分かる。

さて入間郡では宝亀4年（773）2月、先の神護景雲3年に出雲伊波比神社の祟りによって「糒穀一万五百十三斛五斗正倉四字」を焼いたことで、入間郡司が解却されている。この人物はだれであるのか、神火に重きが置かれるために詳細に検討された方は少ない。

矢野建一はこの問題にふれ、入間に関する記事の中で赤男が私財を西大寺に施入した年と、入

間郡で神火が起きた年が同じこと、赤男が寄進を行っているにもかかわらず、生存中に進位が行われなかったことから、彼が入間郡の神火に何らかのかかわりを持っていたと考えた。すなわち広成の出征によって空白となったポストは、赤男らがそれにとってかわっていた。それに対して入間宿祢一族が、終身官である郡司を解任させるため、郡家の正倉に放火し見任郡司の落度をつくり、新興有力家父層の赤男らの更迭をはかったというものである。赤男の寄進はこのような動きを察知して、中央との結び付きを強めることによって、こうした動きを封じようとする窮余の策と考えた。[41]

　神火に対する政府の対応は、天平宝字7年（763）9月には「国郡司等不恭於神之咎也」（『続紀』）と、神火が起こり官物に損害を与えたのは、国郡司の神に対しての恭しからざる行いに対する神の咎と、神の祟と考えていた。神護景雲3年（769）の入間郡の神火の扱いもこの考え方によっていた。しかしこの時期の神火の増加により宝亀4年（773）に政府は、官物を焼いた場合に主帳以上の郡司を解任することにした。そして放火の賊に「譜第之徒」（『続紀』）が含まれる場合があり、郡司職を奪うために焼いたと考えた。宝亀4年の入間郡司の解却は、この考えによっている。そののち宝亀10年（779）にも「奸桀之輩」（『類聚三代格』）が郡任をうばおうと神火にことよせて、多くの官物に損害を与えているとした。

　このような神火に対する政府の対応から、神火の一つの性格は、「譜第之徒」が郡司職を奪うために焼いたことが考えられる。「譜第之徒」は、天平7年（735）5月に「難波朝廷以還」（『続紀』）と基準を設けていたものが、天平10年（738）には「労効二世已上」（『類聚三代格』）を譜第とし、さらに天平21年（749）には「立郡以来譜第重大之家」を簡定して、「嫡々相継」（『続紀』）とした。

　先の矢野の想定した入間郡司の解却の背景は、神火と譜第に対する政府の対応から導き出されているため、首肯できる部分が多いものの、いくつかの問題も残る。

　神護景雲2年（768）に物部直広成等6人に入間宿祢を賜うことから、武蔵宿祢同様郡司職であった可能性は高いものの、天平21年の「嫡々相続」で傍系親族の任用を排したことから、広成とともに賜わった他の入間宿祢が、神火に関わった可能性は考えられないだろうか。矢野の考えるように、大伴部直赤男が財物を寄進した時点で郡司であったならば、位が記されていないことも気になるところである。[42] いずれにしろ入間郡司は物部直であった可能性は高く、入間宿祢が「譜第之徒」で「難波朝廷以還」あるいは「立郡以来譜第重大之家」の系譜を引いていると考えたい。

5. まとめ

　勝呂廃寺は第Ⅰ期（7世紀第4四半期）の段階には氏寺の可能性は高いものの、第Ⅱ期（8世紀第1四半期）に至り郡寺としてあつかわれた可能性がある。この寺と関わりを持った氏族は、入間郡司と推測できる物部直の可能性が考えられる。物部直の拠点は勝呂廃寺に近接した西南方向と推測できるが、郡衙についは勝呂廃寺の東南5.5kmの霞ヶ関遺跡の可能性が高く、物部直の拠点とも離れ、問題は残る。しかし、ほかに有力な大伴部直赤男がいたこともあって、本拠地から離れる「非本拠地型郡衙遺跡」をつくったと考えるならば、山中敏史による「在地有力氏族の首

長が『立評（郡）之人』となって評督・大領に任用されたが、評・郡衙は旧来の本拠地を離れて造営されたもの」に該当するのではなかろうか。

　物部直（入間宿祢）と丈部直（武蔵宿祢）を考古学的に見るならば、毛呂山町西戸丸山遺跡と浦和市大久保領家遺跡に同笵瓦が見られることから、需給関係が成り立っていたと考えられるが、これは両宿祢が同じ出雲族という同族関係であったためであろう。特に物部直と関連すると想定した郡寺勝呂廃寺、郡家霞ヶ関遺跡の窯業生産品から見るに、物部直は上野利根川西岸勢力（物部君、石上部君）と関連を持っていたが、国分寺創建時、利根川東岸勢力（上毛野君）の瓦工人を受け入れ、物部直の勢力下にある南比企窯跡群にて焼造させるなど、国家的事業に協力したと考えられる。武蔵国分寺において上野系の瓦は、短期間で平城宮系にとってかわられるが、それには高麗福信が深く関わり、南武蔵の豪族も協力したためであろう。平城宮系瓦が南武蔵に分布する状況は、それを反映していると考えられている。

　物部直広成は同族と考えられる丈部直不破麻呂とともに、8世紀後半に中央官人として活躍するが、その頃すでに武蔵出身の高麗氏一族が活躍しており、国分寺造営にも関わりを見せていたことから、物部直、丈部直らが中央官人になるきっかけは、高麗福信が国分寺造営に協力した彼らを登用したためと考えられる。

　ところで物部直と関わりがあると考えられる勝呂廃寺、小用廃寺の棒状子葉単弁軒丸瓦は、比企郡に行政区分される鳩山町で生産されている。また同じく比企郡に含まれる東松山市大谷瓦窯の同系瓦も深い関わりを持っている。このような郡を越えての供給はなぜ起こりえたのであろうか。一つの考え方は、南比企丘陵の南半が物部直の強い影響下にあったためであろう。勝呂廃寺と同笵瓦を出土する小用廃寺も南比企丘陵の南縁に位置しており、物部直との強い関係がうかがえる。さらに、入間郡西北角にある出雲伊波比神社は、郡の内外の雷神を率いて神火を起したとあるように、おそらく郡を越えて比企郡へも影響を与えうる勢力が背後にいたためであろう。これが出雲伊波比神社を奉賛する、出雲族の物部直であろう。

　以前、大谷瓦窯跡、赤沼窯跡、勝呂廃寺の棒状子葉単弁軒丸瓦について、出自は渡来人との関わりを考えたが、基本的にはその考え方はかわっていない。おそらく瓦当文様は渡来系氏族の関わりで出現したもので、造立層と造瓦層の重層的なあり方を考える必要があろう。また「奈你宇」が勝呂廃寺なのか、今後大谷瓦窯跡の供給先が問題となってこよう。勝呂廃寺の調査が進み、郡衙遺跡の探求されることを期待したい。

註

(1) 酒井清治 1986「北武蔵における7・8世紀の須恵器の系譜－立野遺跡の再検討を通して－」『研究紀要』8　埼玉県立歴史資料館
(2) 南比企窯跡群山下6号窯に見られる環状つまみは、上野利根川以西の須恵器の系譜を引くと考える。
(3) 県内では川越市霞ヶ関遺跡に多い。
　　西山克己 1984「東国出土の暗文を有する土器(上)　－資料紹介－」『史館』17　史館同人
(4) 大江正行 1984「群馬県における古代窯跡群の背景」『群馬文化』199　群馬県地域文化研究協議会

第 4 章　瓦生産と寺院跡　319

(5) 金草窯と同笵の単弁 8 葉軒丸瓦は、胎土分析を経ていない現在、笵の動きの可能性はあるものの、明らかな生産址は金草窯のみであることから、金草窯から供給したと考えておく。

(6) 高橋一夫ほか 1982『埼玉県古代寺院跡調査報告書』埼玉県史編さん室（註(7)によれば、西戸丸山窯の供給先である小用廃寺にもある）

(7) 青木忠雄 1971「埼玉県鴨川流域の布目瓦出土遺跡に関する予察」『浦和考古学会調査報告書』4　14頁

(8) 有吉重蔵 1982「武蔵国分寺跡出土の平城宮系瓦について」『東京考古』1　東京考古談話会同人

(9) 鳩山窯跡群にある。鳩山窯跡調査会の方々にご教示いただいた。また林茂美蔵の勝呂寺出土品にもある。

(10) 郡寺は郡名寺院のことであるが、最初に郡寺を使用されたのは田中重久である。米沢康は文献から25か所の郡名寺院を取り上げられた。井上薫は、「郡衙に近接した寺であるならば当然に郡衙との関係が深く、もともと郡衙は郡司の本拠地に置かれる場合が多いから、そのような条件を含めた意味でその寺を郡寺と呼ぶならば問題はないとした」（井上薫 1972「郡寺と国分寺」『続日本古代史論集 上巻』吉川弘文館 595頁）。郡寺遺跡について検討された吉田晶は、「郡衙の縁辺に、郡領の氏寺が郡寺の性格をも持ちながら建設されるという事実をも指摘することができる」として、郡衙と密接な関連を持つ寺として「郡寺」を想定した。同じく郡衙遺跡を検討した山中敏史は、評・郡衙に先行して創建された有力氏族の氏寺も、「評・郡衙の建設に伴って、郡寺としての性格を合せ持つことになった」と考えた。この中で文字の記された瓦・土器に郡名の見られる茨城県新治寺（新治寺）、同台渡廃寺（仲寺）、大阪府円明廃寺（安宿寺）を取り上げた（奈良国立文化財研究所編 1983『文化財論叢』330頁）が、最近茨城県茨城廃寺（茨木寺・茨寺）、千葉県真行寺廃寺（武射寺）も発見されており、各郡に郡と密接な関連を持つ郡名寺院の存在した可能性が高い。この郡名寺院をここでは郡寺と呼ぶ。

(11) 林織善 1930「勝呂廃寺址」『埼玉史談』1-3

(12) 田中一郎 1961「勝呂廃寺考－埼玉県入間郡坂戸町石井－」『埼玉史談』8-1

(13) 織戸市郎 1978「勝呂廃寺の古瓦」『坂戸風土記』2　坂戸市教育委員会

(14) 伊藤研志・加藤恭朗 1981『勝呂廃寺』坂戸市教育委員会

(15) 加藤恭朗氏にご教示いただいた。

(16) 田中一郎 1984「勝呂廃寺」（『新編埼玉県史だより』）埼玉県史編さん室

(17) 註(1)文献

(18) 酒井清治 1982「緑山遺跡出土の瓦－勝呂廃寺の系譜の中で－」『緑山遺跡』(財)埼玉県埋蔵文化財調査事業団報告書』第19集

(19) 平川南氏に解読していただいたが、「寺」については検討が必要であるという。

(20) 第110図で勝呂第Ⅰ期の棒状子葉単弁軒丸瓦を出土する遺跡は 1・2・3 で、1 と 2 は同笵関係にある。第Ⅱ期の棒状子葉単弁軒丸瓦は 1・7・10 にあり、いずれも同笵である。また第Ⅱ期の丸瓦(桶巻き)、平瓦(平行叩きが主体で桶巻き)は 1・2・4・6・7・10 から出土し、1・2・4 と生産址 6・7・10 の需給関係が成り立っていた。国分寺直前には 1 と14の平瓦が同じであるが、これも14からもたらされている。さらに 8 世紀第 2 四半期の複弁系軒丸瓦は 1・2・15 に見られ、2 と15は同笵である。

(21) 大谷瓦窯跡の西方4.3kmには滑川町寺谷廃寺があり、1 点であるが飛鳥寺系の素弁 8 葉軒丸瓦片が出土する。大谷瓦窯跡の供給先は寺谷廃寺を含めた比企郡内に存在する可能性もあるが、いずれにしても郡を越えて同一文様の存在することは注目できる。

(22) 山中敏史 1983「評・郡衙の成立とその意義」『文化財論叢』奈良国立文化財研究所創立30周年記念論文集　同朋舎

(23) 天理大学附属天理図書館所蔵。

　　　　埼玉県　1983『新編埼玉県史』資料編4　古代2
(24)　式内社研究会　1976『式内社調査報告』11　東海道6　皇学館大学出版部
(25)　鶴ヶ島町教育委員会　1983『若葉台遺跡シンポジウム』3・39頁
(26)　斉藤義彦　1974『臥龍山宮傳記』『埼玉叢書』第3巻　国書刊行会
(27)　神社には口碑で「光仁天皇の御代、官幣の社であった」と伝えられるという。斉藤義彦はそれらの口碑をもとに著わしたと考えられる。昭和32年に「宝亀三年太政官符」が発見されたが、宝亀3年は光仁天皇3年であり、口碑の年代と合致したという。出雲伊波比神社宮司紫藤啓治氏よりご教示いただいた。
(28)　田中一郎ほか　1984『若葉台遺跡群A・B・B地点南』　鶴ヶ島町教育委員会
(29)　註(25)文献　山下守昭　1983「若葉台遺跡について」
(30)　原島礼二　1985「武蔵国造の争乱と比企地方」『東松山市の歴史』上巻　東松山市
(31)　柳田敏司・昼間孝次　1974「川越市霞ヶ関遺跡第3次発掘調査概要」『第7回遺跡発掘調査報告会発表要旨』埼玉考古学会
(33)　註(22)文献
(34)　註(30)文献
(35)　註(25)文献38-43頁
(36)　玉利秀雄　1985「若葉台遺跡とその周辺」『鶴ヶ島研究』2　鶴ヶ島町史編さん室
(37)　佐伯有清　1963『新撰姓氏録の研究』本文編　吉川弘文館
(38)　「西角井従五位物部忠正家系」『武蔵国一宮氷川神社書上』　註(26)に所収。
(39)　原島礼二　1976「8世紀の武蔵国造」『北武蔵考古学資料図鑑』校倉書房　133頁
(40)　註(7)文献
(41)　矢野建一　1977「『神火』の再検討」『史苑』38-1・2　立教大学史学会
(42)　米田雄介　1976「財物貢献者一覧」『郡司の研究』法政大学出版局（一覧表によれば、位階を記していないものは135名中10名であるが、のちに贈位されたものは大伴部直赤男だけである）
(43)　註(22)文献331頁
(44)　いずれも物部系であるが姓は君姓で、入間の物部直とどのような関係を持ったか検討が必要である。
(45)　註(8)文献
(46)　註(18)文献170頁

補記　寺谷廃寺でも、素弁や棒状子葉の軒丸瓦が採集され、大谷瓦窯跡の棒状子葉の軒丸瓦の供給先は勝呂廃寺だけでなく、寺谷廃寺もその候補にあがる。距離的にもその可能性は高いが、現段階では大谷瓦窯跡との同范関係は確認されていない。近年の川越市の調査で、霞ヶ関遺跡から「厨」の墨書が出土し、官衙的な遺跡の傍証資料が増えた。

第3節　高麗郡の寺院跡

　埼玉県下における古代寺院の検討は、『埼玉県古代寺院調査報告書』[1]の刊行以来順次資料も増加し高まりつつある。今回取り上げる旧高麗郡内の女影・高岡・大寺廃寺も、部分的ながら発掘調査を経て、郡寺あるいは氏寺の性格づけがなされてきている。しかし出土瓦の分析、瓦窯の追求も遅れているため、その性格づけは慎重を期す必要があろう。
　1972年に発掘調査を行った入間市前内出窯跡[2]に2片の平瓦片が出土していたが、1片の叩きを

観察するに、女影廃寺出土瓦と共通性を持つことが判明した。これを手がかりに旧高麗郡所在の郡寺、氏寺と推定されている3か寺について、瓦の検討を行ってみたい。

1. 前内出窯跡出土の瓦について

　前内出窯跡は東金子窯跡群の北端に位置するが、東金子窯跡群を代表する新久[3]・八坂前窯跡群[4]などが、加治丘陵上、それも南斜面にあるのに対して、北斜面裾部からやや離れた入間台地上に立地する点で違いを見せている。これは東金子窯跡群の主体的な成立要因が、武蔵国分寺塔再建と関わりを持つ瓦窯であるのに対して、前内出窯跡は同国分寺創建期頃の須恵器窯だという、年代の違いがある。その成立は後述するように高麗郡の至近距離にあり、また瓦の需給関係から高麗郡と無縁ではないと考えられる。

　出土瓦は1号窯から丸瓦片1点、2号窯から平瓦2点見られるが、今回紹介するのは未報告分の2号窯の2点である[5]。

　第111図1は撚りの強い縄叩きで、縄は3cmに12本ある。凹面は3cm四方17×23本の布目が見られ、桶枠痕は見られず、一枚造りであろう。側端面は凹面、凸面からの化粧削りを行い、断面三角形になる。胎土には白色砂粒を多く含み、焼成は堅緻であるもののやや多孔質である。色調は青灰色を呈する。

　第111図2は平行組合わせ文の叩きが施され、凹面は3cm四方21×14本の布目が見られ、一部指ナデが施されるものの、枠板痕はなく一枚造りであろう。側端面は指ナデで平滑になり、狭端面は砂粒痕が付着する。胎土には挟雑物を含まず堅緻で、練り込み状の縞模様が見える。色は一部赤褐色を呈する青灰色である。

　第111図2の叩き文様は複雑な平行組合わせ文であり、何度かの敲打のため、その単位が不明確である。しかし、同一叩きと考えられる女影廃寺の平瓦から復元した叩き文様（第111図4）と合わせてみると合致することから、同一叩き工具を使用したと判断できる。布目については女影例の方が23×25本と細かい。

　この瓦の叩き方は、一枚造り用の製作台の上に粘土板を置き、側縁の一方から円弧を描きながら叩き締め、台を180°反転して叩く方法であるが、国分寺出土例では奥側の半分ずつを叩くのに対して、女影例の叩きは奥側を主体に叩くことは同じであるものの、手前にかけて間隔を置きながら弧を描いて叩いている（第111図3）。

　この瓦の時期は一枚造りであることから、国分寺創建期を遡ることはないであろう。技法的・形態的に、国分寺出土瓦の中に見出せそうであるが、明確な年代を決定することはできない。前内出2号窯は出土状況から須恵器窯であることは明らかで、2片の瓦の出土状態が不明確な現在、焼台か、のちの廃窯後の混入と考えられる。2号窯は天井がつぶれて廃窯になったこと、近接して瓦窯が存在しないことから焼台などに使われていた可能性が高く、出土須恵器と同時期かそれ以前であろう。

　2号窯の須恵器については、すでに何度か述べてきたように、前内出窯出土須恵器の中には古式と新式があり[6]、武蔵国分寺SD72の溝から出土した坏（第112図6）と共通性を持つことから[7]、

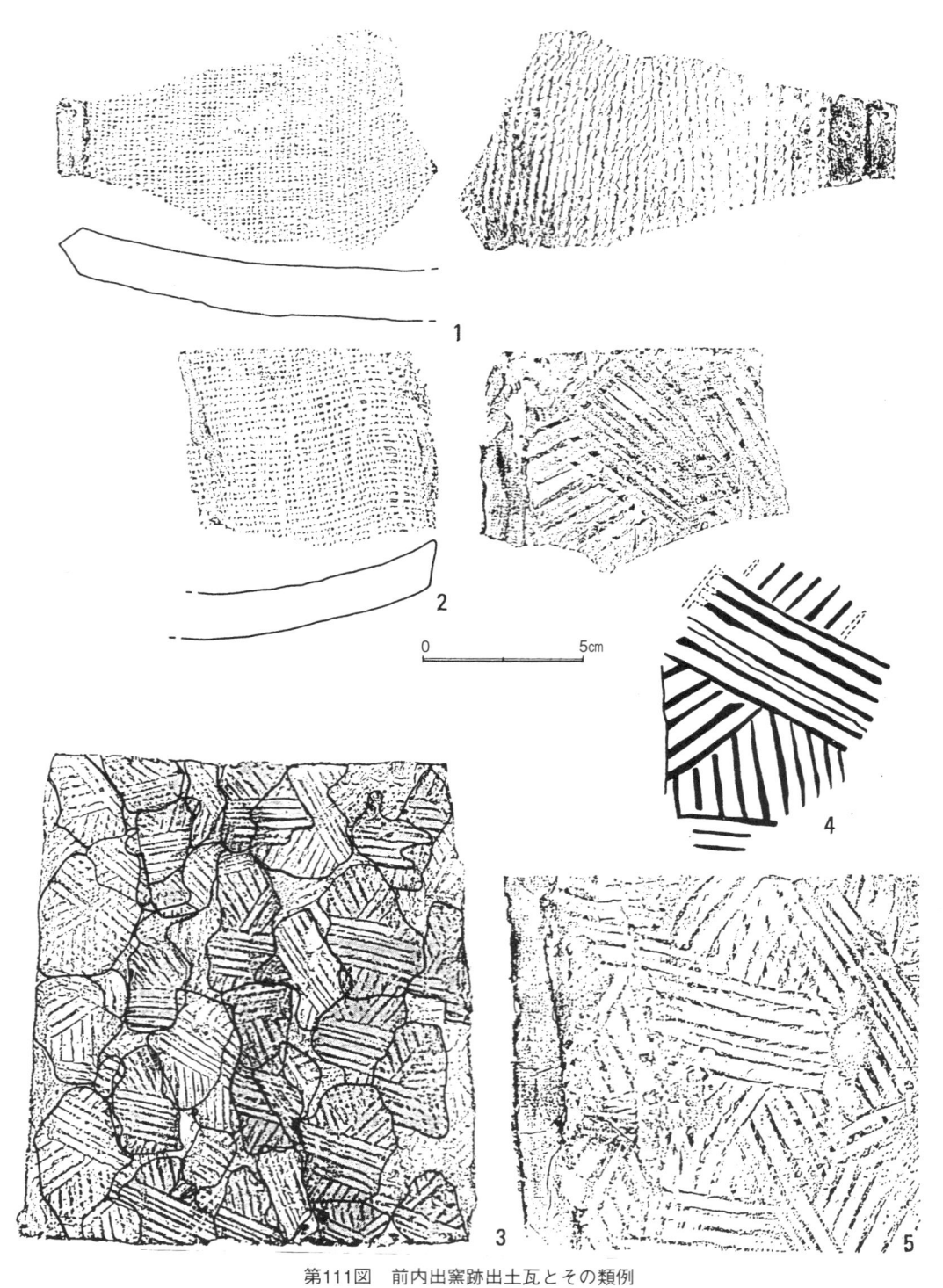

第111図　前内出窯跡出土瓦とその類例
1・2:前内出窯跡2号窯出土瓦　3:女影廃寺平瓦1類叩き締め単位図　4:叩き工具復元図　5 女影廃寺平瓦1類

第4章 瓦生産と寺院跡 323

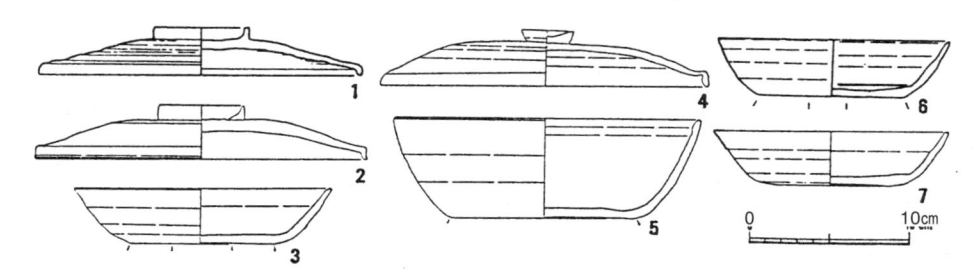

第112図 国分寺創建期の須恵器
1:多摩ニュータウンNo.513大丸4号住居跡　2〜5:武蔵台遺跡33号住居跡
6:武蔵国分寺SD72溝　7:前内出窯跡2号窯

天平19年（747）が古式の下限の1点と想定した。しかし、これは窯式としての年代の推定であり、2号窯の操業年代は750年前後と考えている。

この考えに対して早川泉、河内公夫は、別の考え方を示された。両氏は武蔵台遺跡を僧尼寺全体を見渡せる地理的位置、創建期の住居の軒数、掘立柱建物跡の存在などから、創建期の中心的役割を担った住居群と考えられた。そして、33号住居跡出土遺物（第112図2〜5）が筆者の創建期の土器として取り上げた武蔵国分寺SD72溝、SI24住居跡よりも先行し、現在武蔵国分寺跡で発見された最も古い土器群として、武蔵国分寺創建期、750年を中心とするその前後の時期とされた。

武蔵国分寺、武蔵台遺跡で問題とする土器群はいずれも南比企窯跡群の製品であるため、埼玉考古学会シンポジウムで公表された鳩山窯跡群小谷支群の編年と比較すべきであるが、これについては別稿で述べることとして、ここではそれ以前に公表された資料を基に簡単に触れておきたい。

武蔵台33号住居跡の坏は口径15.5cmを測り、SD72溝、SI24住居跡よりも遡ることは確かであるものの、時間的にはそれほど上がらないと考えている。すでに公表された南比企窯跡群の土器の変遷は、山下6号窯→小谷B4号窯→赤沼14－1・2号窯→小谷B1号窯であり、赤沼14－1・2号窯と小谷B1号窯の間には、時間的な開きが認められる。武蔵台33号住居跡の坏は赤沼14－1・2号窯の大型坏と比較すると、底径が小さくなり、周辺ヘラ削りになる。また、坏は口唇内側の沈線を残す古い様相は見られるものの、底径が減じる新しい傾向が見える。環状つまみを持つ蓋は、つまみが粘土板からつくり出されるものではなく粘土紐からつくり、つまみ側縁部が垂直に立つが、類例は若葉台C地点複合住居跡に見られる。このように見てくると武蔵台33号住居跡の土器群は、赤沼14－1・2号窯と小谷B1号窯の間に置けるであろう。33号住居跡の坏に類する例は狭山市今宿8号住居跡、鶴ヶ島町一天狗O－2号住居跡にあるが、後者には口径19.1cmの蓋が伴い、環状つまみも33号住居跡例にやや似ている。両住居跡には15〜16cmの坏とともに、14〜14.5cmの坏で周辺ヘラ削りのものが伴う。

次に稲城市多摩ニュータウンNo.513大丸4号住居跡例（第112図1）と比較してみる。この住居跡内には武蔵国分寺創建期の瓦窯の灰層が流入しており、創建期以前でも極めて創建期に近接した時期と考えられる。ここから出土した南比企窯跡群産の環状つまみの蓋は、口径は33号住居跡

と同じであるが、つまみの断面形態が矩形で違いを見せる。つまみ径も33号住居跡例が5.2cm、一天狗O-2号住居跡が4.8cmであるのに対して、6.8cmを測り、新しくなるにつれてつまみの径が減ずる傾向がうかがえることから、33号住居跡は大丸4号住居跡に後続するものと考えられる。この点は大丸4号住居跡例の口唇端部が丸く納められ、古相を呈することからも首肯できよう。

　筆者は国分寺創建開始年代は、武蔵国分寺に限っていえば、天平13年（741）の国分寺建立の詔の発布された直後にはなんらかの準備が行われたと考えている。また井上薫の説く天平9年（737）の国ごとに釈迦仏像、挟侍菩薩をつくらせたこと、天平12年（740）に国ごとに七重塔を建てさせたことから、国分寺建立の詔以前になんらかの造立活動があった可能性がある。その時期は740年前後であり、武蔵台遺跡がそのような役割を担った遺跡ならば、集落の開始はその年代近くまで遡るであろう。武蔵台33号住居跡出土須恵器は有吉重蔵の創建期Ⅰa期、すなわち天平13年以降、天平19年以前であろう。

　前内出2号窯の操業年代はそれ以降、750年代にその1点があると考えている。

2. 高麗郡の寺院跡と出土瓦

　高麗郡の初見は『続日本紀』霊亀二年五月条で、「以駿河・甲斐・相模・上総・下総・常陸・下野七国高麗人千七百九十九人、遷于武蔵国、始置高麗郡焉」とあり、入間郡を割いて建郡したようである。『和名抄』には高麗・上総の2郷が記載され、現在前者は日高市を中心とする地域、後者は飯能市と推定されている。

　中世には郡境の変動があったようで、明治29年には郡制施行によって高麗郡は廃止され、入間郡に編入された。

　旧高麗郡域で現在確認されている寺院は、いずれも日高市に所在しており、女影、高岡、大寺の3か寺である。以下、各寺院跡の遺構と出土瓦について記述する。

（1）女影廃寺（第114・115図）

　JR川越線武蔵高萩駅の南西400mの日高市大字高萩宿東、字八郎関、大字女影字若宮にかけて位置するが、その想定範囲は250×450mと広く、何次かの発掘調査においても遺構は不明確であったが、若宮遺跡第3次調査では主要地方道川越秩父線が屈曲する南側を発掘して、溝と土坑が検出され、多くの瓦とともに「寺」の墨書土器が出土した[19]。ここは想定範囲の西端部にあたる。この付近は通称三十三間堂といい、伝承によれば大宝3年7月に引田朝臣祖父が武蔵守に任ぜられたとき、三十三間堂を建立したという。県史には直径1.2mの安山岩製の礎石が数個報告されているが[20]、清水嘉作は礎石とともに出土瓦の写真も載せている[21]。

　以下の出土瓦は、発掘調査とそれ以前に採集されたものがある。

　　A　瓦の分類
　　a　軒丸瓦
1類（第114図1）
　面違い鋸歯文縁複弁8葉軒丸瓦で、弁は2本の線で表わされ、丸瓦部には間隔の広い平行叩き文が見える。同笵瓦は茨城県新治廃寺、上野原瓦窯跡に見られるが、距離も離れ、同一叩き工具

第4章　瓦生産と寺院跡　325

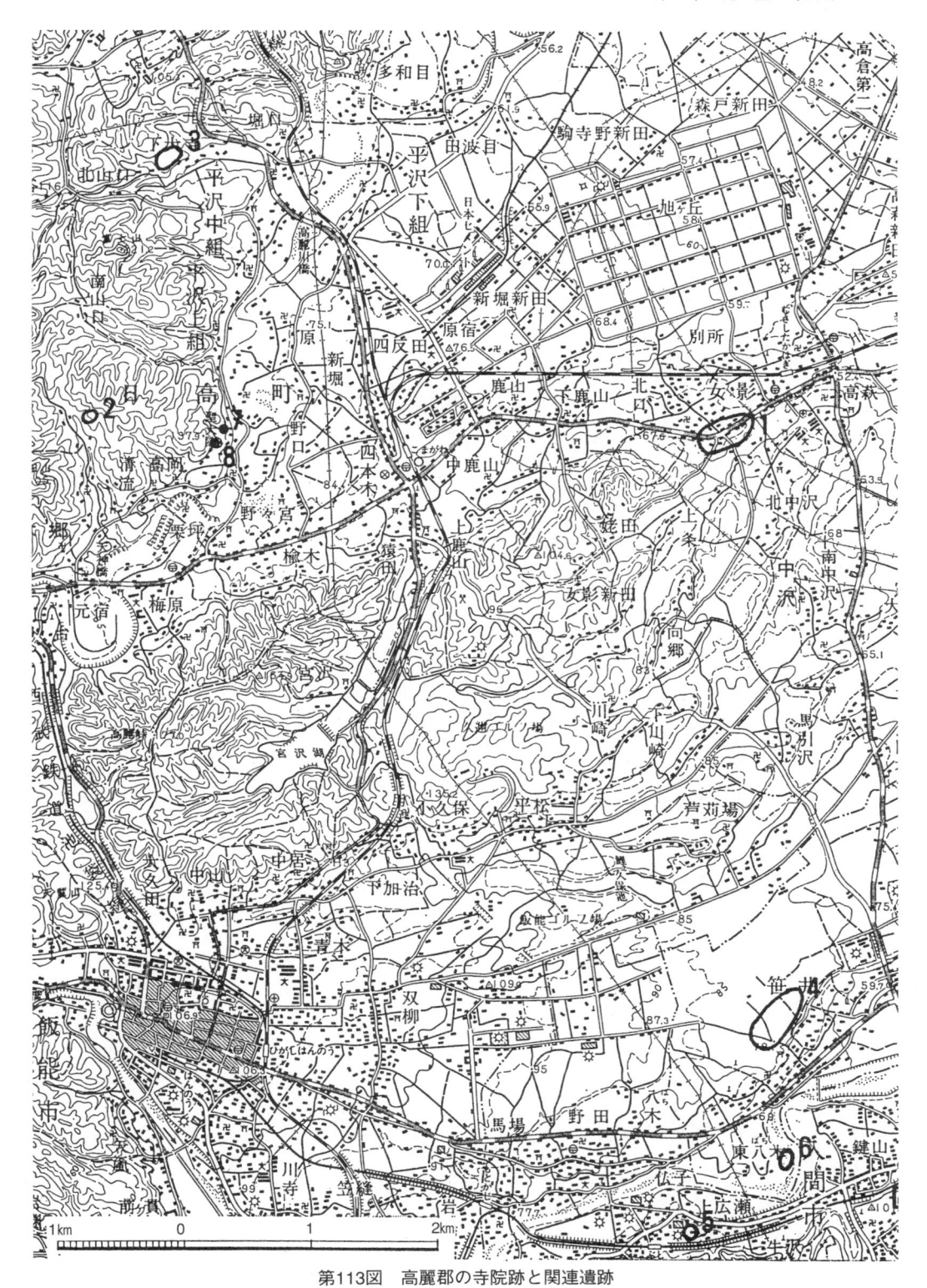

第113図　高麗郡の寺院跡と関連遺跡
1:女影廃寺　2:高岡廃寺　3:大寺廃寺　4:宮地遺跡　5:前内出窯跡　6:東八木窯跡群　7:高麗神社　8:聖天院

と推測できる点で、笵だけでなく工人の移動や製品の搬入が予測できる。

　2類（第114図2）

　単弁6葉軒丸瓦で外区には珠文が巡り、弁は広く先が尖り長い間弁が入る。裏面には布痕が見られるものの、丸瓦との接合部にナデが多く入り、一本造りではない可能性がある。

　3類（第114図3）

　単弁6葉で、2類と同様珠文が巡るものの、弁は小さくなる。中房の蓮子は推定1+4であろう。

　4類（第114図4）

　単弁8葉軒丸瓦で、武蔵国分寺に同笵の可能性のある例が見られる。

　5類（第114図5）

　単弁6葉軒丸瓦で深い彫りである。笵型が外区より大きいため、外区の外側に一段低い周縁が巡る。瓦当部製作の特徴は、粘土を瓦当笵に入れたまま、轆轤上で回転して瓦当背面を回転ナデすることである。瓦当背面には回転ナデが見られ、平坦となる。

　　　b　軒平瓦

　1類（第114図6）

　唐草文は3本を1単位として、上に巻いているが、同笵が八坂前窯跡（Ⅳ類）、武蔵国分寺にある。類例はいずれも縄叩きである。

　2類（第114図7）

　扁行唐草文で、主葉、子葉の先端が珠文状になる。同笵は八坂前窯跡（Ⅴ類）、武蔵国分寺、多摩市下落合瓦窯にある。類例から見るに瓦当部右上隅に「多」が刻まれており、八坂前の例から斜格子叩きであるが、国分寺出土の中に縄叩きも見られる。

　3類（第114図8）

　左から右への扁行唐草文であるが、蕨手となり、間に珠文が付される。顎は曲線顎である。同系文が武蔵国分寺にある。

　4類（第114図9）

　3類と同系文であるものの、右から左へ巻くが巻き方が少ない。顎は曲線顎である。

　　　c　丸瓦

　1類（第114図10）

　平行組合わせ文叩きで、前述した前内出2号窯と同一叩き具である。焼きは須恵質で明灰色。行基瓦。

　2類（第114図11）

　格子叩きで、その間隔は不揃いである。粗砂粒を含み、土師質で茶褐色。行基瓦。

　3類（第114図12）

　出土量が多いものの、叩きは横位のナデで消されている。玉縁付き瓦。

　　　d　平瓦

　1類（第114図13）

　平行組合わせ文叩きで糸切り痕が見え、丸瓦1類や前内出2号窯と同一叩き具で、須恵質。

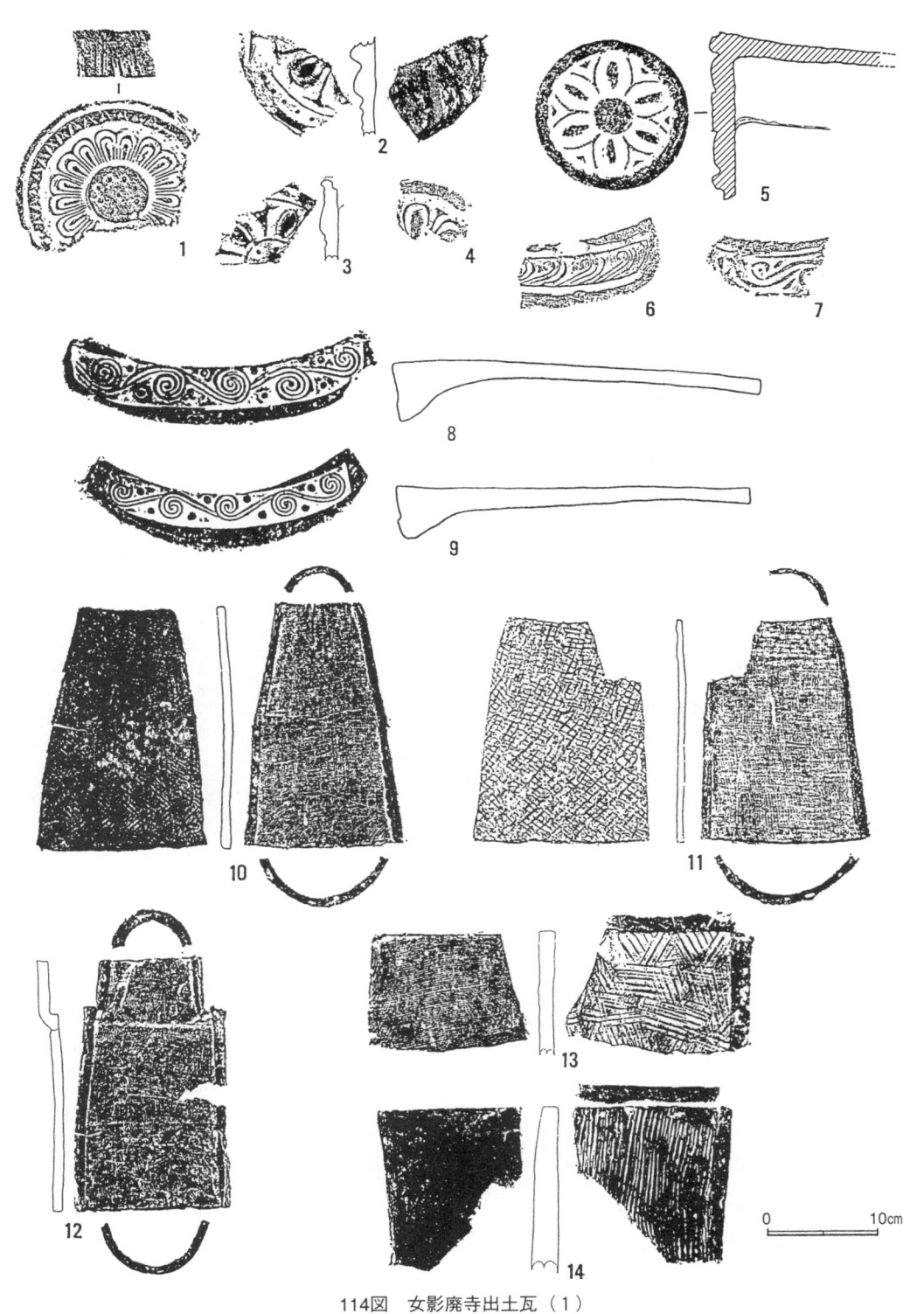

114図　女影廃寺出土瓦（1）
1:軒丸瓦1類　2:同2類　3:同3類　4:同4類　5:同5類　6:軒平瓦1類　7:同2類
8:同3類　9:同4類　10:丸瓦1類　11:同2類　12:同3類　13:平瓦1類　14:同2類

2類（第114図14）

平行叩きであるが、不揃いな平行線が刻まれる。凹面にナデを施すものや、土師質・須恵質の両者がある。

3類（第115図1）

平行叩きであるものの、叩く間隔が荒い。叩きの下には全面に布目が見られ、凹面側には布目の下に糸切りが見える。

4類（第115図2）

格子叩きであるが間隔が一定しない。土師質でもあり、おそらく丸瓦2類と同一叩きであろう。凹面と凸面の一部には糸切りが見られる。

5類（第115図3）

大きな斜格子叩きで凹面、凸面に糸切り痕が見える。同一叩きと考えられるものが、軒平瓦2類と同范の八坂前窯跡例に見られる。

6類（第115図4）

細かな斜格子叩きで、凹面には糸切り痕が見える。須恵質である。

7類（第115図5）

縄叩きの上に斜格子叩きを施すが、斜格子叩きは平瓦6類に近似する。凹面には糸切り痕が見え、須恵質である。

8類（第115図6）

縄叩きの上に、□の中に高の刻印が打たれている。

9類（第115図7）

太目の縄叩きであり、8類に似る。凹面には糸切り痕が見え、土師質である。

10類（第115図8）

やや細かな縄叩きで撚りが弱い。狭端面にも叩きが施され、凹面はナデられ須恵質である。類似した叩きが八坂前窯跡にある。

  B 時期

次に時期変遷について述べてみたい。

Ⅰ期 8世紀第1四半期

軒丸瓦1類が新治廃寺と同范であること、叩きも同類であることから、それ程の時間経過しないうちと考えられる。年代は高麗郡設置時、常陸からも高麗人が移動していることから、建郡年代の霊亀2年（716）が考えられる。これに伴うほかの瓦は不明である。

Ⅱ期 8世紀中葉～後半

軒丸瓦2類が一本造りか疑問は残るが、仮に一本造りであるならば無絞りであることから、国分寺創建以降である。軒丸瓦4類は、上野系であることから武蔵国分寺創建期でも初期の段階に置けるであろう。

丸瓦1類と平瓦1類は、前内出2号窯から8世紀中葉頃と想定できる。ほかの平瓦については不明確である。

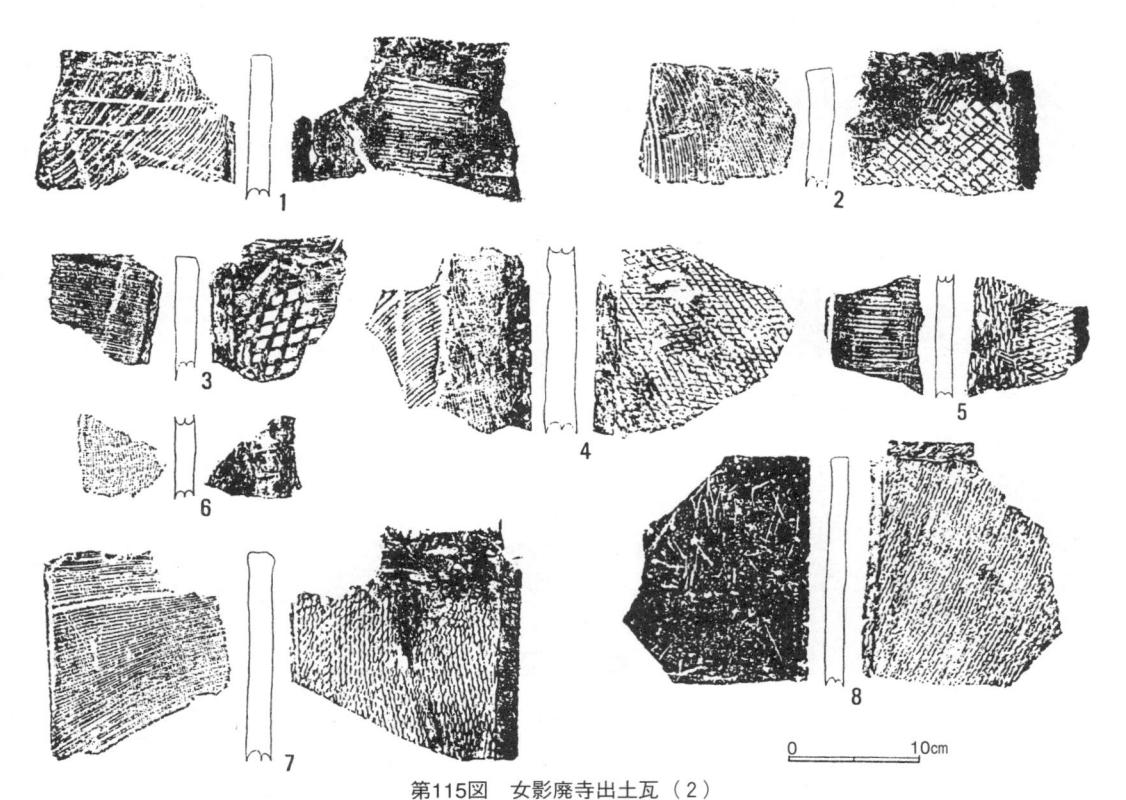

第115図　女影廃寺出土瓦（2）
1:平瓦3類　2:同4類　3:同5類　4:同6類　5:同7類　6:同8類　7:同9類　8:同10類

Ⅲ期　9世紀中葉

　軒平瓦1類と2類が八坂前窯跡群にあること、平瓦5・6・10類も可能性があることから、武蔵国分寺塔再建の承和12年（845）以降であろう。このほか丸瓦2類、平瓦4・7類も同時期であろうか。

Ⅳ期　9世紀後半

　軒丸瓦5類と軒平瓦4類は須恵質で、整形も似ており同時期であろう。軒平瓦3類も時期的に4類より先行するものの近いと考える。年代は国分寺の同系統の変遷から推測して、唐草の反転数の少ないこと、珠文の少ないことから国分寺塔再建より遅れるであろう。これに伴う平瓦は、2類、3類の可能性がある。

（2）高岡廃寺

　JR川越線高麗川駅の西方2.5kmの、日高市字清流小字ケシ坊主にあり、南から入る深い谷の中程の南向き斜面、標高約170mに位置する。

　発掘調査によって、建物跡が四つと竈などが検出されている。中心建物である第1建物遺構は一部残存する礎石から桁行5間、梁行4間と想定されている。第1建物遺構の南から塑像が出土している。

　第2建物遺構は第1建物遺構の西方15mにあり4間×2間で、中央に須弥壇が置かれたと想定されている。第3建物遺構は第1建物遺構の南方10mにある。3×2間で、3回改築されており、

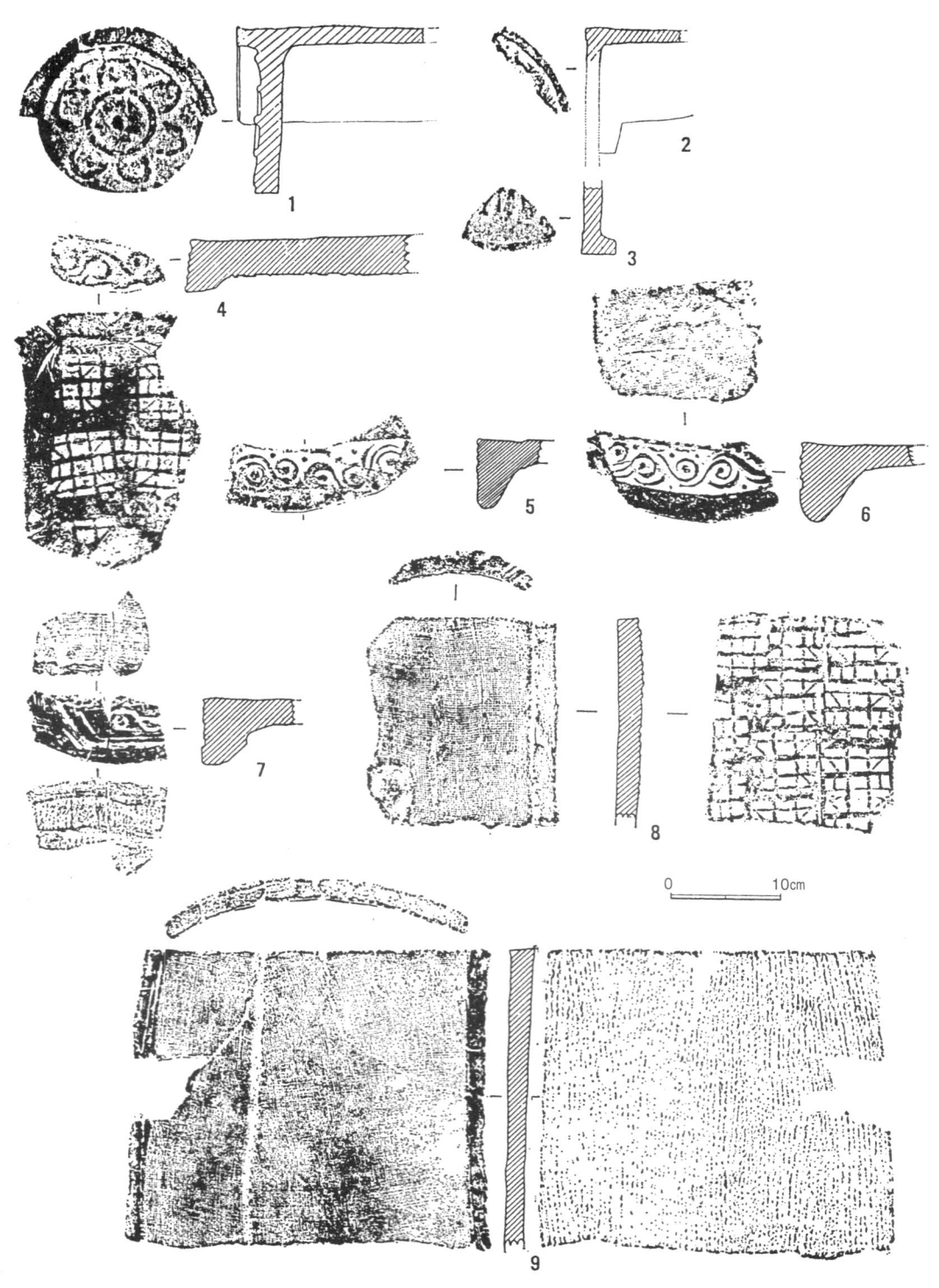

第116図　高岡廃寺出土瓦
1:軒丸瓦1類　2・3:同2類　4〜6:軒平瓦1類　7:同2類　8:平瓦1類　9:同2類

僧坊と推定されている。第4建物跡は第2建物跡のさらに西5mにあり、3×2間でこれも僧坊と推定されている。

　高橋一夫はこの寺院の変遷を、遺構と出土遺物から4期に分けられた。第Ⅰ期は創建期、8世紀後半、第Ⅱ期9世紀中頃、第Ⅲ期10世紀前半、第Ⅳ期10世紀後半として、瓦は第Ⅲ期に第1建物に葺かれたとして、この時期が最も盛期であったと推測した[23]。

　以下出土瓦について分類してみる。

　　A　瓦の分類
　　a　軒丸瓦

1類（第116図1）

　単弁6葉で中房は隆帯で区画され、中央に1個の連子が配される。この瓦の大きな特徴は、「高岡技法」と呼ぶ製作技法である[24]。内区だけの瓦当笵から型抜きした瓦当を、丸瓦広端部のやや内側に、懸垂状に接着して内側からナデる。正面から見た場合、上半部は丸瓦端面が外区になるが、下半部には外区はない。丸瓦部の叩きは縄叩き、焼成は硬質であるもののクリーム色を呈する。

2類（第116図2・3）

　複弁であるが弁数不明で、弁は大変浅く一本造りである。焼成は軟質である。

　　b　軒平瓦

1類（第116図4〜6）

　左からの扁行唐草文で、上下に珠文を配する。大きな格子の間に斜線、平行線を入れる変形格子叩きが1点と、叩きがナデ消されるものが3点ある。いずれも土師質で赤橙色を呈する。同笵が武蔵国分寺と東金子窯跡群№20地点[25]に見られるが、ほかに柿の木窯跡[26]にも出土している。武蔵国分寺例は叩きが見られないが、東金子窯跡群№20地点と柿の木窯跡の生産址側では縄叩きである。高岡例では瓦当右上と左端に笵割れが見られるが、国分寺例では左端の笵割れが目立たず、高岡例の方が新しいと考えられる。

2類（第116図7）

　陰刻された唐草文で縄叩きが施され、須恵質である。武蔵国分寺に同笵がある。

　　c　丸瓦

　いずれも行基瓦で、出土量は重量比で平瓦と100：4、枚数比で100：7であり、極く少量であることが分かり、運び出されたと考えるだけでは解決できない問題を含んでいるようである。

1類

　縄叩きで、その上に横位のナデを施す。ほとんど須恵質で、一部淡茶褐色を呈するが硬質である。

2類

　平行叩きのままでナデは見られない。須恵質である。

　　d　平瓦

1類（第116図8）

　軒平瓦1類に見られる変形格子叩きで、土師質である。量は重量比で平瓦全体の59.5％という。

2類（第116図9）

縄叩きで、やや荒いもの。須恵質が主体。出土量は40％。

3類

縄叩きで、やや細かいもの。須恵質が主体で出土量は0.5％。

　　B　時期

以下出土瓦の時期について述べてみる。

Ⅰ期　9世紀中葉〜後半

軒平瓦1類は叩きの分かるものが変形格子叩きであり、同一叩きを持ち、焼成も赤燈色で類似する平瓦1類がある。軒丸瓦1類は縄叩きであり、焼成はクリーム色を呈するものの硬質である。軒丸瓦1類と同一の焼き・叩きのものが丸瓦1類の中にあり、丸瓦1類の主体が須恵質であること、変形格子叩きが丸瓦に見られないことから、軒丸瓦1類と丸瓦1類、軒平瓦1類と平瓦1類は、それぞれ別々の窯で焼成された可能性がある。

しかし、軒平瓦1類は東金子窯跡群No20地点と柿の木窯跡例では縄叩きであり須恵質であることから、軒丸瓦1類と軒平瓦1類は組み合うと考え、Ⅰ期とする。

時期については軒平瓦1類から、国分寺塔再建以降と考えられる。

Ⅱ期　9世紀後半

軒丸瓦2類は一本造りであるものの笵が浅く、行田市旧盛徳寺例[27]と同様、丸瓦部の内型があるうちに笵を押し付けて瓦当文をつくったと考えられる。旧盛徳寺にも段顎を持ち、顎部にも縄叩きを施す例があり、軒平瓦2類に似ており、時期的に近いと考える。

Ⅰ期は高橋一夫の高岡廃寺変遷Ⅱ期の、瓦出現期にあたる。Ⅱ期についても、高橋のⅡ期に包括される可能性がある。

(3)　大寺廃寺

JR川越線高麗川駅の北北西3kmの、宿谷川左岸の南面する緩やかな傾斜面に位置し、標高95m前後を測る。日高市山根字下大寺から、一部毛呂山町にかかる。

遺構は数次の発掘調査で、3×3間、4×5間の礎石建物跡と、雨だれ石列を伴う礎石建物跡の、計3棟が確認されているが、それぞれの建物は60mの間隔を置いて建っている[28]。

出土瓦は広い範囲に散布するものの、量は多くない。

　　A　瓦の分類

　　a　軒丸瓦

1類（第117図1）

複弁8葉と考えられるが、弁間には細いY字状の間弁が見える。外区には線鋸歯文が巡る。この祖型は平城宮6225A型式[29]で、6225A型式は内区と外区の界線が2本であり、外区の鋸歯文が面である点で、大寺例と違いを見ることができる。

2類（第117図2〜4）

単弁4葉で間に大きな間弁が入り、中房は1+4である。この瓦の大きな特徴は、高岡廃寺軒丸瓦1類と同様「高岡技法」でつくられていることである。丸瓦部には縄叩きが見られ、須恵質

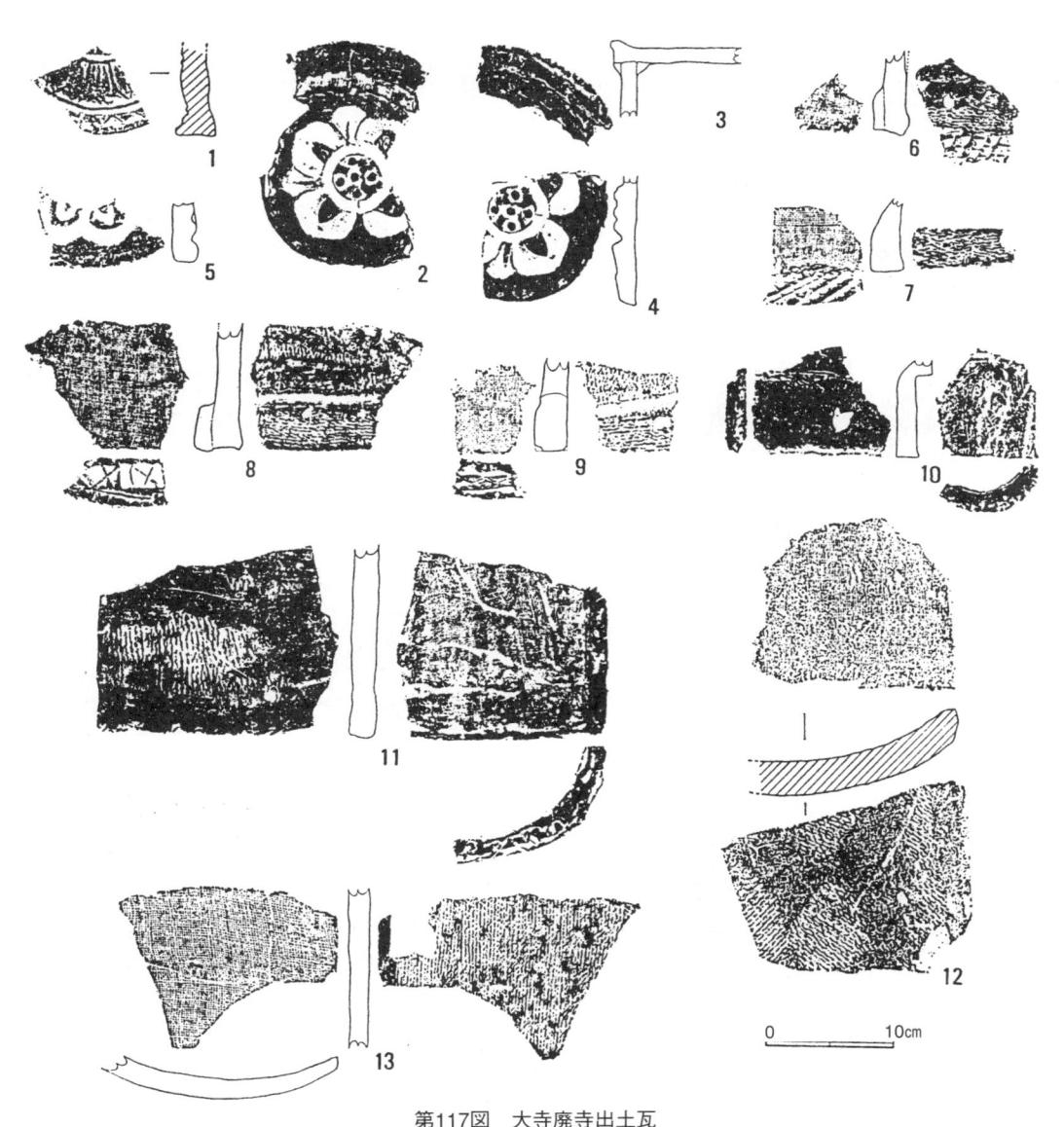

第117図　大寺廃寺出土瓦
1:軒丸瓦1類　2〜4:同2類(2は拓本から復元)　5:同3類　6:軒平瓦1類　7:同2類
8:同3類　9:同4類　10:丸瓦2類　11:同1類　12:平瓦1類　13:同2類

である。

　3類（第117図5）
　報告書では単弁10から12葉としているが、小破片のため不明確である。須恵質。
　　b　軒平瓦
　1類（第117図6）
　格子文を瓦当文とする。平瓦部、顎部に縄叩きを施す。須恵質である。
　2類（第117図7）
　瓦当の格子文はやや細かく、1類と同様縄叩きで、須恵質である。

3類（第117図8）

陽刻された「×」の連続文で、顎が発達し段顎となる。縄叩きは他と同様で、須恵質である。

4類（第117図9）

瓦当文はヘラによる刻線の「×」の連続文で、平瓦部、顎部に縄叩きが施され、焼成良好。

　c　丸瓦

1類（第117図11）

多くが横位のナデで消されているが、確認できるのは縄叩きだけである。玉縁付き瓦がある（第117図10）。

　d）平瓦

確認できるすべてが縄叩きで、縄の間隔などで分類できるものの、細分不可能。須恵質が主体。

1類（第117図12）

細かな縄叩きで、間隔を置いて乱雑な叩き方をする。4.5～5cmの模骨痕らしき痕跡があり、桶巻造りの可能性がある。

2類（第117図13）

縄叩きのほとんどは一枚造りで、須恵質である。

　B　時期

続いて時期について見てみる。

Ⅰ期　8世紀第2四半期

軒丸瓦1類は、祖型が平城宮の6225A型式であるが、これは軒丸瓦6663型式と朝堂院に用いた組合わせであり、天平初年（元年＝729年）まで遡る可能性が大きいという[30]。藤原高志、坂野和信の述べるように、8世紀第2四半期に置けるであろう[31]。

ほかに組み合う瓦は、平瓦1類が桶巻きの可能性があり、この時期に置けるかもしれない。また玉縁付瓦も可能性がある。

Ⅱ期　9世紀中葉～後半

軒丸瓦2類、軒平瓦1～4類が該当するが、軒丸瓦3類については文様から後続する可能性がある。

3. 高麗郡の寺院成立の背景について

高橋一夫は、女影廃寺について、茨城県新治廃寺と同笵関係にある複弁8葉軒丸瓦を8世紀第1四半期と考え、その成立を霊亀2年（716）に7ヵ国から高麗人1799人を移動して高麗郡を設置した記事と関連づけて、郡寺的性格の寺と位置づけた。

高岡廃寺については、高麗氏系図の巻頭にある「天平勝寳三辛卯僧勝楽寂弘仁與其弟子聖雲同納遺骨一宇草創云勝楽寺」から、天平勝寳3年（751）と高岡廃寺の創建期が合うことから、高岡廃寺を勝楽寺と考え高麗氏の氏寺とした。しかしその後、僧勝楽の菩提寺と改め私寺としている。

大寺廃寺については創建が8世紀第2四半期で女影廃寺に続くこと、創建瓦が平城宮系である

ことから、高麗氏一族の氏寺とした[32]。

まず女影廃寺から検討してみたい。創建期については軒丸瓦1点だけで、のちの発掘でもその時期に該当する資料は未検出である。叩きも新治廃寺と共通する点で、工人が直接移動して製作した可能性が高いことを考え合わせると、1点の出土例は少なすぎ、疑問の残るところである。また7か国の高麗人を移動する国家的政策の中で、なぜ常陸の瓦を採用する必要があったのであろうか。創建瓦かどうかは今後の調査が解決してくれるが、量的な問題から搬入された可能性も考える必要があろう。それは鶴ヶ島町あるいは狭山市、飯能市から常陸産の須恵器が出土していることからも、常陸とのなんらかの交流が想定できるからである[33]。

女影廃寺Ⅱ期には軒丸瓦2類のような、この周辺に系譜の見出せない瓦の出現は注目できる。また丸瓦1類、平瓦1類のように、南方6.5kmの前内出窯出土の瓦との関連は、前内出窯成立の背景を考える上で重要である。女影Ⅱ期には多くの瓦が入っていると思われ、その窯場は前内出窯跡周辺の東金子窯跡群と考えられる。

女影廃寺Ⅲ期はⅡ期に続き東金子窯跡群内の八坂前窯跡の製品が多く搬入されたようで、高麗郡の主要寺院と官窯的な東金子窯跡群の関連は、女影廃寺が官寺に近い性格と想定することができる。

しかしⅣ期には軒平瓦3・4類は国分寺と同系文であるものの、軒丸瓦5類は轆轤で製作するなど、独自の動きが想定できる。

高岡廃寺については、瓦の出現は9世紀中葉頃で、出土須恵器から見た創建開始年代8世紀中葉と大きな年代的開きがある。高橋は創建期に瓦を葺いていないのは、私寺であったためだと想定した。しかし高岡廃寺は最初に瓦を葺くとき、官窯的性格を持つ八坂前窯跡の瓦范を譲り受け、独自の叩きを用いて製作したようで、さらに軒丸瓦1類の高岡技法が生み出せる背景は、私寺以外に考える必要があろう。

また軒丸瓦1類の一本造りの製作技法は、国分寺創建以前では、上野から武蔵北部の荒川以北を中心に使用されていた瓦[34]で、国分寺創建段階では南比企窯跡群で製作されていたものの[35]、9世紀代では行田市旧盛徳寺が南限で、一本造りを私寺でどのように受け入れたか考察する必要があろう。

大寺廃寺は女影Ⅰ期と同様、Ⅰ期の軒丸瓦1類は1点しか見つかっていないため、問題が多いものの、丸瓦・平瓦にⅠ期の可能性がある例があり、高岡廃寺よりも先に瓦が葺かれたことが分かる。また、平城宮系の瓦を使うほか、高岡廃寺に見られなかった玉縁付き丸瓦があることも大きな違いである。

Ⅱ期に至って大寺廃寺においても高岡技法が使われるものの、高岡廃寺でさえ関連を持った東金子窯跡群との関係は見出せない。

高岡技法の採用は高岡、大寺両寺が高麗郡に所在することから、高麗人との関連が想定できる。おそらく一本造りから創作した可能性があるが、高岡技法＝高麗人との考え方は、検討が必要であろう。同一技法が南多摩窯跡群内の八王子市御殿山62号窯址第Ⅱ地区住居址ＳＢ01から2点出土している[36]。時期はG5新窯式で10世紀後半である。これについては地域も時期も離れており、

別に考える必要があろう。
　以上検討してきたように女影廃寺は、第Ⅰ期の新治廃寺同笵の軒丸瓦から郡寺的性格が考えられてきたが、これを1点しかないことから除外したとしても、8世紀中葉に東金子窯跡群成立と深い関わりを持ち、郡寺の可能性が大きいと考える。
　高岡廃寺と大寺廃寺は、一時期高岡技法を共有するなど有機的な関連があり、氏寺的性格を考えたい。高橋は高岡廃寺を私寺としたが、官窯的性格の八坂前窯跡群と同笵関係にあること、一本造りを採用していることから、私寺から氏寺への発展の可能性を考えたい。
　このように考えた場合、霊亀2年に1799人もの高麗人を移して開発した地はどこで、郡衙はどこに置かれたのであろうか。
　高橋は慶長2年の検地帳に記載される、高麗本郷近くの清流地区を中心とする谷津田を最初の開発地と考えられている。この地は谷津田で狭く、多人数を移住させて建郡してまで開発する地でないこと、郡寺と推定する女影廃寺と4.5kmも離れること、氏寺と考えられる大寺廃寺が女影廃寺の北2.5kmにあることからも、もっと広い地域に拡散して開発したと考えられる。特に日高町で実施した分布調査では、古墳時代の遺跡は見られないのに歴史時代に至り急増する。その地域は小畔川にそそぐ支流域に多く、流域に沿って開発が行われたと推測できる。
　次に高麗郡の郡衙の位置はどこであろうか。一般に高麗本郷付近とされているが、地勢として妥当だと思えず、郡寺とする女影廃寺と離れすぎる。近年の調査で狭山市宮地遺跡第212号土壙から、「郡厨」の墨書土器が出土した。墨書土器は時期を限定するのはむつかしいが、共伴する坏は9世紀後半である。「郡厨」の出土が必ずしも郡衙を特定しないが、郡寺と推定する女影廃寺と、そこに瓦を供給した東金子窯跡群を結ぶほぼ線上にあり、この線上のどこかにあった可能性がある。
　高麗郡出身で、地方豪族としては異例の従三位の極位まで登った高麗朝臣福信は、天平勝宝8年（756）、宝亀元年（770）、延暦元年（782）の三度武蔵守になっている。
　有吉重蔵は武蔵国分寺出土の創建期で上野系に続いて出現する平城宮系瓦について、「天平勝宝8年（756）6月の聖武太上天皇一周忌斎会を期限とする造営督促の詔を背景に、武蔵国高麗朝臣福信との深い係わりのもとで新たな文様意匠として導入されたもの」とした。
　高麗朝臣福信は高麗郡出身の高麗一族であるものの、その本貫地は不明である。福信は宝亀10年（779）高倉朝臣を賜るが、高倉の地が入間市と鶴ヶ島町にある。おそらく入間市高倉の可能性が高い。この高倉は先の宮地遺跡とも2.5kmの距離にあり、その延長上に女影廃寺がある。また西2kmに前内出窯跡が存在する（第113図）。
　前内出窯跡群の製品は武蔵台遺跡、武蔵国府を始め県内でも上福岡、所沢などにも分布する。東金子窯跡群の製品は日高市新宿、若宮遺跡では2/3、狭山市宮ノ越、宮地、楊櫨木遺跡でもほかの窯跡群の製品を圧倒している。
　先の瓦とともに須恵器の高麗郡への供給は、東金子窯跡群と高麗郡の関係をうかがわせ、その窯跡群の成立には高麗氏、特に高倉に本貫地を置いたと推定される、福信に近い一族が関与していた可能性がある。その背景があったために、郡寺と考える女影廃寺の瓦はここから運ばれ、須

恵器も高麗郡内だけでなく、国府、国分寺までももたらされたと推測する。さらに推測するならば、国分寺創建期のこのような関係があったからこそ、武蔵国分寺塔再建期に東金子窯跡群は再利用され、瓦を国分寺へ運ぶとともに女影廃寺へも供給し、さらに氏寺と推測する高岡廃寺へも瓦笵を借すことが可能だったのではなかろうか。

註

(1) 埼玉県県史編さん室 1982『埼玉県古代寺院跡調査報告書』
(2) 高橋一夫ほか 1974『前内出窯址発掘調査報告書』埼玉県遺跡調査会報告第24集
(3) 坂詰秀一ほか 1971『武蔵新久窯跡』雄山閣
(4) 坂詰秀一ほか 1984『八坂前窯跡』八坂前窯跡調査会・入間市教育委員会
(5) 金子真土氏が整理中に見つけられたのを紹介させていただいた。
(6) 酒井清治 1987「武蔵国における須恵器年代の再検討」『研究紀要』第9号 埼玉県立歴史資料館
　　同 1987「埼玉県の須恵器の変遷について」『埼玉の古代窯業調査報告書』埼玉県立歴史資料館
(7) 有吉重蔵 1986「武蔵国分寺創建期の造営過程について」『東京の遺跡』No13 東京考古談話会
(8) 早川泉・河内公夫 1988「武蔵国分寺創建期の遺跡」『季刊考古学』第22号 雄山閣
(9) 武蔵国分寺遺跡調査会・国分寺市教育委員会 1977『武蔵国分寺遺跡発掘調査概報』Ⅲ
(10) 1987年12月13日、埼玉県立博物館で行われた。
　　埼玉考古学会 1987『埼玉考古』「討論奈良時代前半の須恵器編年とその背景－前内出窯跡その後…－」資料
(11) 筆者は法量比だけで時期的前後を判定することに疑問を持っている。必ずしも全面的に否定するわけではなく、窯式間であれば有効な手段である。しかし時間的に近接する土器群、あるいは国分寺創建前後の急激な動きを示す時期には、ほかの技法・形態も含めて検討すべきであろう。
(12) 斉藤稔ほか 1983『若葉台遺跡群C～Ⅰ地点発掘調査報告書』鶴ヶ島町教育委員会
(13) 谷井彪・今井宏 1985「赤沼14支群の発掘」『研究紀要』7 埼玉県立歴史資料館
(14) 渡辺一ほか 1985『鳩山窯跡群発掘調査概報』鳩山窯跡群遺跡調査会・鳩山町教育委員会
(15) 狭山市教育委員会 1987『今宿遺跡』
(16) 斉藤稔ほか 1984『鶴ヶ島北部遺跡群一天狗遺跡O・P・Q地点発掘調査概報』鶴ヶ島町教育委員会
(17) 加藤修ほか 1987「No.513遺跡」『多摩ニュータウン遺跡 昭和60年度』(財)東京都埋蔵文化財センター
(18) 井上薫 1966『奈良朝仏教史研究』吉川弘文館
(19) 中平薫ほか 1983『若宮－第3次発掘調査概報』日高町教育委員会
(20) 埼玉県 1931『埼玉県史』第2巻
(21) 清水嘉作 1933「高萩村三十三間堂の古瓦」『埼玉史談』4-3 埼玉郷土文化会
(22) 高橋一夫ほか 1978『高岡寺院跡発掘調査報告書』高岡寺院跡発掘調査会
(23) 註(1)文献 60頁
(24) 註(1)文献 174頁
(25) 註(4)文献 第6図 8
(26) 註(22)文献 44頁
(27) 栗原文蔵 1975『旧盛徳寺址の発掘調査』行田市教育委員会
(28) 中平薫ほか 1984『大寺廃寺』日高町教育委員会

(29) 奈良国立文化財研究所　1978『平城宮出土瓦型式一覧』
(30) 奈良国立文化財研究所　1976『平城宮発掘調査報告』Ⅶ　138頁
(31) 註(1)文献 31・152頁
(32) 註(1)文献 191-192頁
(33) 銀雲母を含む新治窯の製品で甕・坏・蓋などである。
(34) 酒井清治　1987「窯・郡寺・郡家－勝呂廃寺の歴史的背景の検討－」『埼玉の考古学』新人物往来社
(35) 有吉重蔵ほか　1984「シンポジウム北武蔵の古代寺院と瓦」『埼玉考古』第22号（有吉はこの中で、武蔵国分寺出土の一本造りの上野系鐙瓦の中に、白色針状物質を含む南比企窯跡群産の製品が多いと指摘している）
(36) 服部敬史　1981『南多摩窯址群』八王子市バイパス鑓水遺跡調査会
(37) 註(22)文献 4-5・105頁
(38) 狭山市　1986『狭山市史』原史古代資料編
(39) 有吉重蔵 1982「武蔵国分寺跡出土の平城宮系瓦について」『東京考古』1　東京考古談話会同人
(40) 前内出窯跡と東金子窯跡群と分けたのは、前者の土は精良であるものの、焼きが甘いためか白燈褐色になるのに対して、後者は均質な砂質で高温焼成で堅緻に焼上がり、青灰色から暗灰色になる違いから区別した。
(41) 中島宏・今井宏　1987「集落出土の須恵器と供給窯跡群」『埼玉の古代窯業調査報告書』埼玉県立歴史資料館　128-137頁

第4節　幡羅郡の寺院跡

はじめに

　西別府廃寺は篭原駅の北1.8kmに位置し、畑地と住宅があり、中核と思われる部分は杉林となっていた。この杉林を中心とする、道路に区画された東西約150m、南北約150～200mの範囲で瓦が採集され、おおよその寺域が推定された（第118図）。しかし、熊谷市のトレンチ調査ののち破壊された。その際、多量の瓦が採集され、再調査が行われた結果、寺域の西辺と推定していた道路の脇に、南北に走る区画溝が確認された。1992年に行われた調査では、東辺の区画溝が確認されたが、西辺の溝に比べやや細く検討の余地もあるが、この両溝間の距離は約113mを測る。また、両溝のほぼ中間では基壇が1か所確認された。

　西別府廃寺についてはすでに検討した部分もあるが、出土瓦のうち注目される瓦を取り上げ検討し、また出土瓦の変遷から見た西別府廃寺の位置づけおよび瓦の需給関係を検討してみたい。

1. 西別府廃寺とその瓦の変遷

　西別府廃寺の瓦の変遷については、すでにふれてきたが、1992年の調査で新たに確認された軒丸瓦があるので、それを含めてまとめてみたい。

（1）軒丸瓦

　軒丸瓦1類は新たに確認された複弁9葉軒丸瓦である。中房は小さく蓮子が1＋4であり、周縁は素文である。文様から軒丸瓦2類より古い可能性があろう。出土量はわずかである。

第4章 瓦生産と寺院跡 339

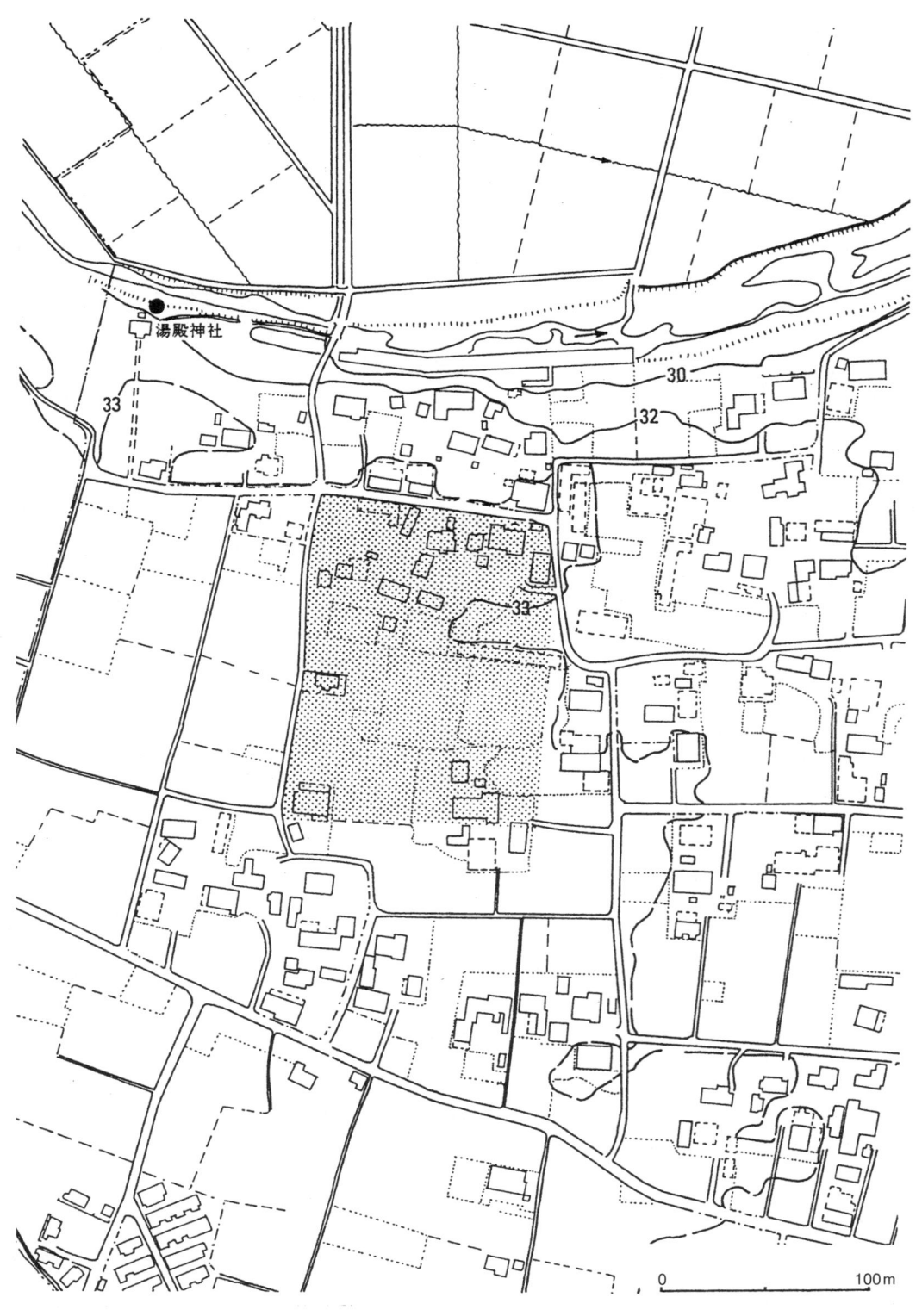

第118図 西別府廃寺寺域推定図 （●は西別府祭祀遺跡）

軒丸瓦2類（第119図1）は1例だけで、中房は小さく蓮子は1＋4と推測できる。複弁の間の中房寄りに珠文を配すのが特徴で、複弁8葉軒丸瓦であろう[2]。

軒丸瓦3類は、新たに確認された複弁8葉軒丸瓦であり、周縁は斜縁で交叉鋸歯文が巡る。この軒丸瓦の特徴は、中房の蓮子14個は不規則に配されるが、軒丸瓦4類の金草系と同一の配置で、複弁も損傷していないことから、後述するように内区に関しては軒丸瓦4類と同笵で周縁を彫り直したものと想定でき、軒丸瓦4類よりも先行しよう。なお、胎土も類似している。出土量は1点である。

軒丸瓦4類（第119図2）は児玉町金草窯と同笵の複弁8葉軒丸瓦であり、大きめの中房に不規則に14個の蓮子を配し、周縁は素文であるが、周縁内側の端面には交叉鋸歯文が施される。この交叉鋸歯文を施文するため、周縁および外周には指頭痕やナデが見られ歪つになる例が多く、周縁部分は笵型のない可能性がある。出土量は軒丸瓦5類に次いで多い。

軒丸瓦5類（第119図4）は瓦当背面に布絞り痕が見られ一本造りである。蓮子が1＋6＋10単弁12葉であるが、間弁が欠落したところや弁が接するところがある。外周には細かな格子叩きが施され、上植木系である。出土量は最も多い。

軒丸瓦6類（第119図3）は単弁9葉で、中房には小さな蓮子が1＋8＋11（12か）配され、間弁はV字状なり瓦当部が大変厚い。弁の形は群馬県の平遺跡や武蔵国分寺例に似ているものの、中房の蓮子の数など違いがある[3]。出土量は多い方で軒丸瓦4類に次ぐ。

軒丸瓦7類（前稿5類）（第119図6）は単弁8葉で、中房は蓮子が1＋4である。外区に珠文が巡る。武蔵国分寺に同笵があるが[4]、南比企窯跡群内の鳩山窯跡群広町B第3号窯跡にも同笵があり[5]、胎土からも南比企窯跡群で生産されたものである。出土量は少ない。

軒丸瓦8類（第119図5）は、武蔵国分寺に同笵がある。高句麗系ともいわれ、弁が鏃の形の鏃状蓮弁6葉軒丸瓦である。中房は線で十字に区画され、それぞれの区画に蓮子が一つずつ配される。出土量は少ない。

（2）軒平瓦

軒平瓦1類（第119図7）は無顎の重弧文であり、重弧を浅い型で挽くが歪んでいる。桶巻造りであり、斜格子叩きの格子は大形である。出土量は少ない。

軒平瓦2類（第119図8）は三重弧文であるが、良好な曲面を描く型挽きである。段顎であるが顎は長い。叩きは細かな格子文で、軒丸瓦5類と同一である。凹面は指による横位のナデが見られることからも上植木系であろう。出土量は最も多い。

軒平瓦3類（第119図9）は牛角形中心飾りの均正唐草文で、外区には珠文が巡り、瓦当面は厚く8cmを測る。顎は斜行し段顎である。出土量は少ない。同系の文様は武蔵国分寺、武蔵国府、川崎市寺尾台廃寺など南武蔵に分布する。

以上、西別府廃寺の瓦については、時期および特徴から大きく1・2・3期に分けられよう。

1期は中房が小さいなど古い様相を持つ軒丸瓦1・2類が該当するが、軒平瓦については不明確である。時期は北武蔵での複弁の展開が国分寺創建前を主体とし、金草系・勝呂系など外区に交叉鋸歯文や交叉波状文を施文する以前と想定でき、8世紀前半代と考えられる。

2期は軒丸瓦3類・4類の金草系と5類の上植木系が該当する。金草系は群馬県上野国分寺、

第4章 瓦生産と寺院跡 341

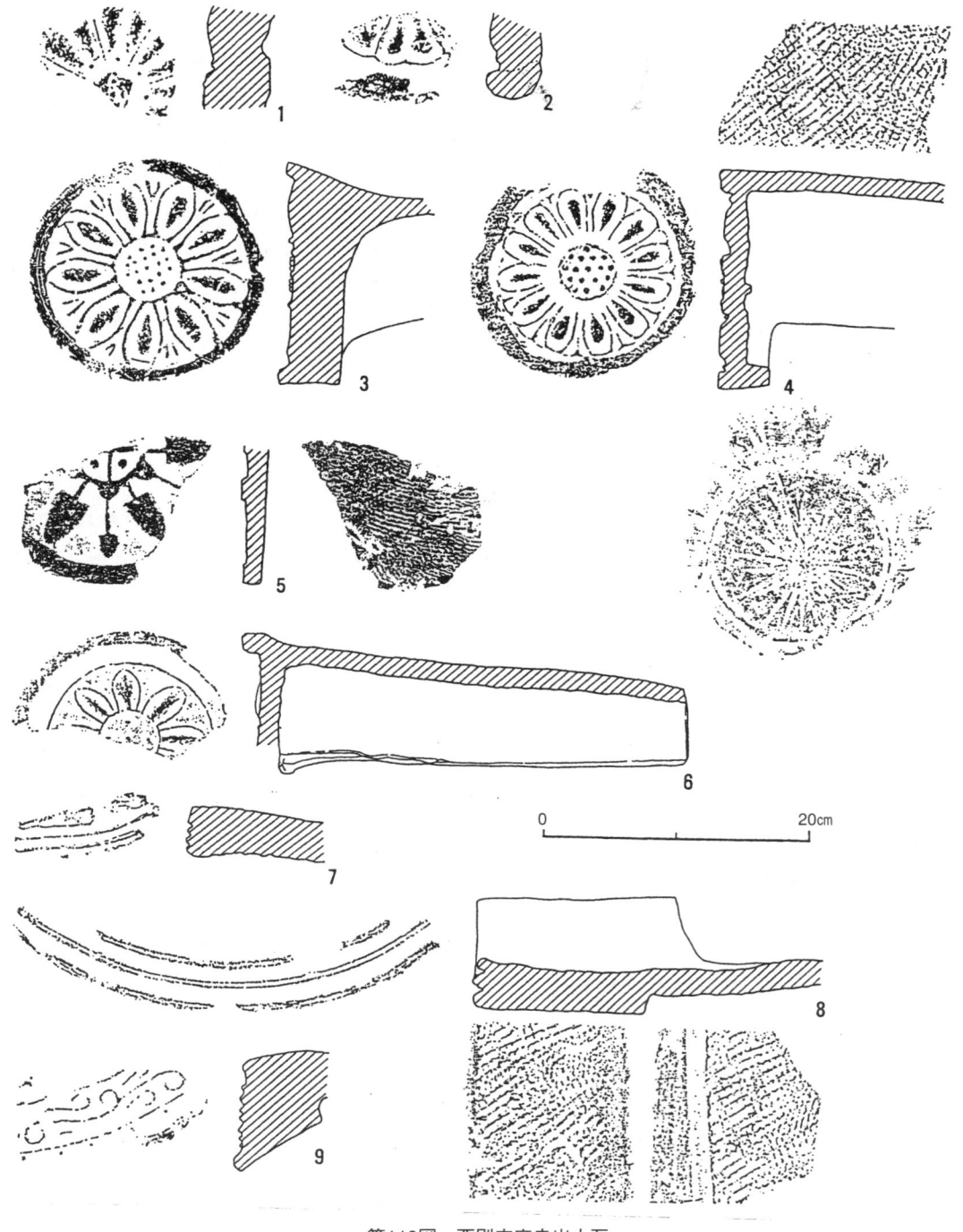

第119図 西別府廃寺出土瓦
1:軒丸瓦2類 2:同4類 3:同6類 4:同5類 5:同8類
6:同7類 7:軒平瓦1類 8:同2類 9:同3類

浄土ケ原遺跡、山王久保遺跡で出土するほか、県内では金草窯跡、城戸野廃寺、皂樹原遺跡、岡遺跡、馬騎の内廃寺など6か所の出土遺跡のうち、金草系と上植木系が同一遺跡で出土する例は、西別府廃寺を含めて城戸野廃寺、皂樹原遺跡の3か所で、金草系と上植木系は時期的に近いと想定できる。軒丸瓦3・4類の金草系に伴うと考えられる軒平瓦は、金草窯跡を含めて、ほかの遺跡でも不明確である。平瓦で縄叩きが施される例は桶巻きであることから、金草系に伴うであろう。上植木系軒丸瓦5類は、細かな格子叩きが施されている。軒平瓦の中には荒い格子と細かな格子を同一の瓦に使用した例があることから、軒丸瓦5類には、軒平瓦1・2類が共伴するであろう。時期は、桶巻造りであり従来からの見解の国分寺創建以前であろう。

　3期は軒丸瓦6・7・8類が該当する。

　軒丸瓦6類は中房の周縁が高く、類例が武蔵国分寺にあり、前述したように弁と間弁の類似した例も武蔵国分寺にあることから、国分寺瓦の系譜と想定したい。これに伴う軒平瓦は、胎土と削り整形から軒平瓦3類の可能性が高い。後述するように、西別府廃寺の軒丸瓦6類と軒平瓦3類は武蔵国分寺との関わりの中でとらえられよう。

　続いて軒丸瓦7類について、有吉は平城宮系瓦として、相対するC字状中心飾りを持つ均正唐草文軒平瓦と組み合うとした。時期について平城宮第Ⅳ期（天平宝字元年～神護景雲年間）に並行し、天平宝字3年（759）創建の唐招提寺創建期使用瓦にその祖型を求めた。また、この珠文縁素弁8葉軒丸瓦は、国分寺所用瓦の中心的文様意匠となり、塔再建期瓦の祖型になったとした[6]。一方、この瓦は、生産地である南比企窯跡群広町B第3号窯および広町B灰原から出土するが、時期については排水溝に転用されているため不明確である。西別府廃寺においては、これに伴う軒平瓦は不明である。

　軒丸瓦8類は、武蔵国分寺においては金堂、講堂、塔から出土する。時期については、6葉で瓦当が薄いこと、瓦当裏面に縄叩きが施されるなど、国分寺塔再建瓦に共通する特徴を持っている。しかし大型であり、中房を十字に区画しそれぞれに蓮子を配する例が、精神場遺跡の布絞り痕を持つ一本造りの軒丸瓦に見られること、西別府廃寺では9世紀代の資料が出土していないことから、国分寺創建期に近いと想定したい。この軒丸瓦についても、伴う軒平瓦は不明である。

　西別府廃寺の1期から3期までの変遷を見ると、1期の出土量はわずかで、2期が最も多く、この廃寺の整備された段階といえよう。3期は量的に少ないものの継続して補修されたことが想定できる。

2. 武蔵国における複弁8葉軒丸瓦の展開について

　西別府廃寺出土の中に注目される軒丸瓦3類とした複弁8葉軒丸瓦がある。この複弁8葉軒丸瓦は、従来から知られている金草窯跡で焼成された軒丸瓦4類と比較して、軒丸瓦3類は周縁が斜縁でそこに交叉鋸歯文が彫られるのに対して、軒丸瓦4類は周縁が平坦で素文であるが、その内側の垂直の端面部分に交叉鋸歯文が彫られる違いがある。ところが中房の蓮子は両者とも14個が不規則に配されるものの、その配置が同一である。また蓮子の配置を同一にすると、複弁の弁端が1か所直線的になり弧を描かない部分が同じ位置にくることから、内区に関して同笵である可能性が高い。軒丸瓦3類と軒丸瓦4類の前後関係については、軒丸瓦4類の中房が磨耗して平

行の木目が浮き出ていること、軒丸瓦3類の蓮子は小さく、複弁も整うことから、軒丸瓦3類が最初に彫られた范であろう。その范を用い、新たに蓮子を大きくし、周縁を彫り直し素文にし、その内側の端面に再度交叉鋸歯文を彫り直したものが軒丸瓦4類であろう。ここでは軒丸瓦3類を金草A類、軒丸瓦4類を金草B類として述べていく。

さて、この軒丸瓦3類の金草A類と同類が毛呂山町西戸丸山窯跡（第120図1）と浦和市大久保領家廃寺（第120図2）から出土するが、両者とも完形でないため問題も多いが、金草A類と同范の可能性が高いと考えている。金草窯跡と西戸丸山窯跡は約32km、大久保領家廃寺とは約56kmを測ることから、製品の供給よりも范の移動が想定できる。すなわち西戸丸山窯跡から金草窯跡への移動である。

複弁8葉軒丸瓦の展開についてはすでに高橋一夫が検討している[7]。高橋は下野薬師寺→常陸新治廃寺→女影廃寺の系譜から、新治廃寺と同范の女影廃寺の軒丸瓦を女影廃寺系として、北武蔵における複弁8葉軒丸瓦の始まりと考え、それからA系統の西戸丸山窯跡、大久保領家廃寺、B系統の勝呂廃寺、寺山遺跡、C系統の金草窯跡、城戸野廃寺、岡遺跡の3系統に分かれるとした。

しかし、前述したように高橋A系統とC系統は前後関係でとらえられる可能性が出てきた。筆者はかつて勝呂廃寺の交叉波状文をもつ軒丸瓦の変遷を、高橋と異なる寺山遺跡→勝呂廃寺複弁8葉軒丸瓦→同単弁15葉→同単弁14葉と考えた[8]。寺山例が先行すると想定したのは、複弁それぞれの弁端が桜花状になり、蓮子が小さく配置も整い、弁も肉厚で精緻であるためである（第120図3）。寺山遺跡例は周縁が金草系A類と同様斜縁となり、交叉波状文は交叉鋸歯文からの変化と考え、金草A→寺山の変遷が想定できよう。これらの前後関係をまとめると、

　　西戸丸山⇒金草A⇒金草B
　　　　└→寺山→勝呂複弁系→勝呂単弁系

の変遷が想定できよう（第120図）。高橋が述べるように、これら複弁系が女影廃寺の新治廃寺と同范の複弁から始まった可能性もあるが、これら複弁系のいずれもが中房の蓮子が二重となっており、女影廃寺の一重と違いを見ることから、別の系譜を想定することも必要であろう。

この複弁系と類似した複弁6葉軒丸瓦が福島県夏井廃寺、借宿廃寺、大岡窯跡、関和久遺跡、関和久上町遺跡、清水台遺跡、開成山窯跡に見られ、外縁は斜縁で交叉鋸歯文が巡る。類例は宮城県角田郡山遺跡、茨城県大津馬頭観音遺跡にもあり、大きな特徴はいずれも6弁であり間弁を持つことで、武蔵との違いが見られる。辻秀人は第1群を7世紀末葉から8世紀初頭として、下野・常陸に分布する複弁蓮花文軒丸瓦の系譜を引くと想定されている。また、同類のうち蓮弁外側に珠文帯を巡らす2群を平城宮跡などに見られる奈良時代の様式とした[9]。福島県における複弁6葉軒丸瓦の出土遺跡は、郡衙または郡衙に付属する寺と考えられており、高橋も同様に女影廃寺系瓦が寺院とともに郡寺にも使われたとしているが、出土遺跡から見るならばその可能性は高いと見てよいであろう。

3. 牛角状中心飾り均正唐草文軒平瓦について

軒平瓦3類は牛角状中心飾りを持つ特徴的な唐草文軒平瓦で、最初に武蔵国分寺に取り入れら

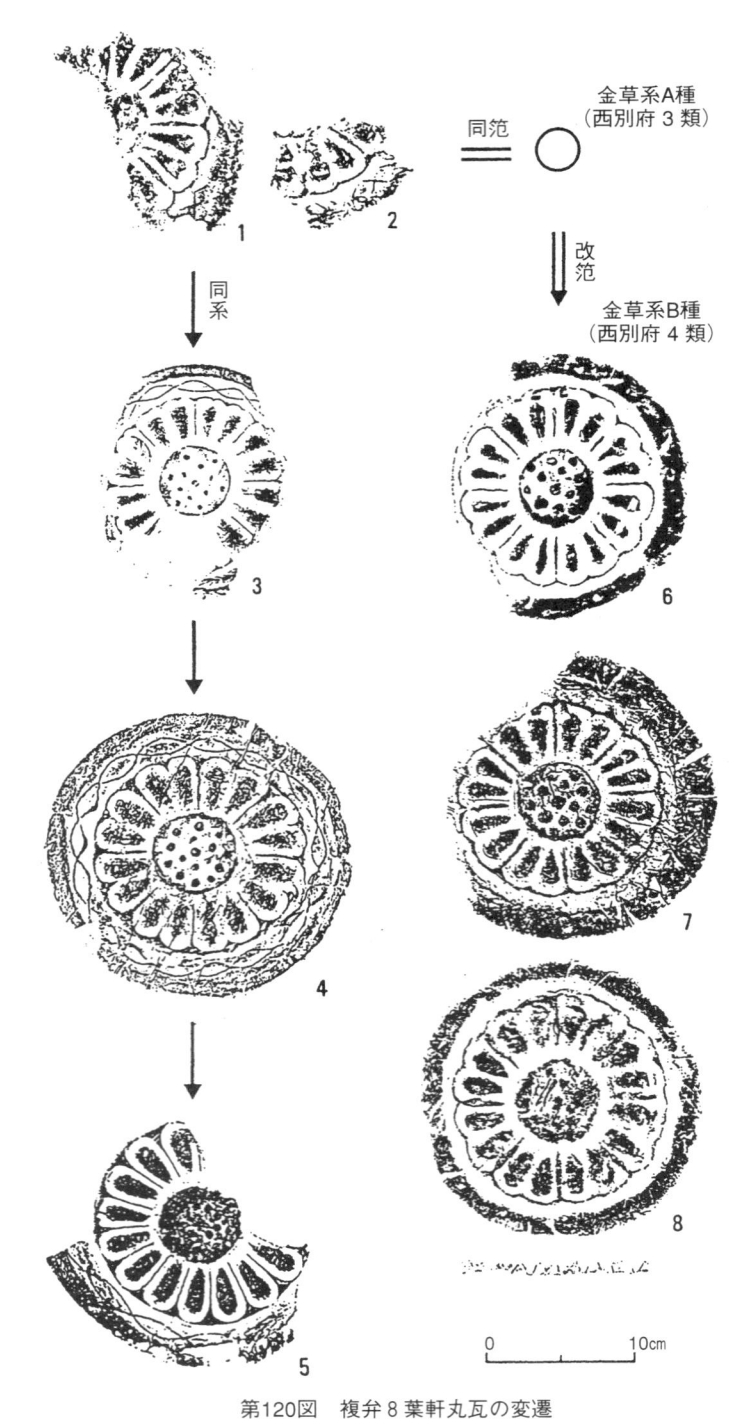

第120図　複弁8葉軒丸瓦の変遷
1:西戸丸山窯跡　2:大久保領家廃寺　3:寺山遺跡　4:勝呂廃寺複弁系
5:勝呂廃寺単弁系　6:金草廃寺　7:皂樹原遺跡　8:岡遺跡

金草系A種（西別府3類）
同笵
改笵
金草系B種（西別府4類）
同系

れた。有吉重蔵は国分寺創建期の中でも3期目のⅠc期の平城宮系瓦出現期以後のものと考えている。この軒平瓦（A1類）は外区に連珠文を配するが、これに伴う軒丸瓦は国分寺においては不明確である。後続種である外区に連珠文を配さない軒平瓦（B1類）には、この地域に分布する剣菱文軒丸瓦1a類が伴うようで、国府付属寺院と推測する京所廃寺において初めて両者が組み合った。このように当初国分寺に採用された牛角状中心飾り均正唐草文軒平瓦は、すぐに国府付属寺院にも使用されているが、それらは外区の連珠文のある国分寺系（A類）と珠文のない国府系（B類）とに分けられる。この牛角状中心飾り均正唐草文軒平瓦の後続種は、国分寺、国府周辺の南武蔵に分布しているが、国分寺系は、国分寺以外、寺尾台廃寺と西別府廃寺に見られ、国府系は寺尾台廃寺、落川遺跡、岡上遺跡に分布する。西別府廃寺例はA類の国分寺系で、その分布域からすればきわめて北端に位置し、国分寺からの距離約59kmを測ることは、この寺院の性格が郡寺の可能性以外に、征夷のために祈願した奈良神社とともに東山道武蔵路の武蔵の北の出入口に位置するという、武蔵国の重要な位置に置かれた寺院ではなかろうか。

4. 出土瓦から見た需給関係

1期の段階の軒丸瓦1類には多量の角閃石と河原砂を含むが、軒丸瓦2類とともに生産地は不明である。胎土から強いて推測するならば、埼玉の中でも北部でも山中でないようである。

2期の段階は、金草系と上植木系が量的にも多く出土するものの、丸瓦・平瓦を含めると、圧倒的に上植木系が主体を占める。上植木廃寺からは約19km測り、その瓦窯跡と想定される雷電山窯跡、萩原窯跡、間野谷窯跡などのうち、最も遠距離の雷電山窯跡からでも約25kmである。金草窯跡からは約22kmを測る。このように金草系と上植木系一本造り瓦当背面布絞りの分布は、荒川以北の限られた範囲であるが、西別府廃寺はその中でも東端に位置する。

3期の段階は、軒丸瓦7・8類が南比企窯跡群でつくられている。軒丸瓦6類は武蔵国分寺系の中で考えられるものの、生産地については明確ではないが、これに伴うと想定される軒平瓦3類の牛角状中心飾り均正唐草文軒平瓦はいずれも国分寺周辺に分布しており、この地域から運ばれた可能性も捨てきれない。南比企窯跡群からは約24kmと前述した上植木系・金草系とほぼ等距離から運ばれたといえようが、武蔵国分寺からは約59kmを測る。このように武蔵国分寺系の瓦の分布範囲からすれば、最も北端に位置する（第121図）。

さて、これらの瓦はどのようなルートで運ばれたのであろうか。

外尾常人は、五明廃寺建立の背景を考える中で、瓦の分布について道路との関わりを説いた。すなわち東山道本道新田駅から分かれ、武蔵国府へ向かう武蔵支路を「北回り」、上野国府から直接南下し、児玉、美里、寄居、小川を経て武蔵国府へ向かう道を「南回り」と想定し、さらに佐位駅から上植木廃寺を経て五明廃寺、皁樹原遺跡、城戸野廃寺に至り、南回り東山道に接合する間道を考えた。

井上尚明は、特定の出土遺物と遺構の検討から、主要生活道を復元した。井上は従来推定されていた武蔵国府、国分寺から、所沢市東の上遺跡、熊谷、妻沼を経て上野国に入る東山道武蔵路を官道として、生活道は東の上遺跡から丘陵沿いに鳩山、江南、美里、上里に抜ける道と、児玉、

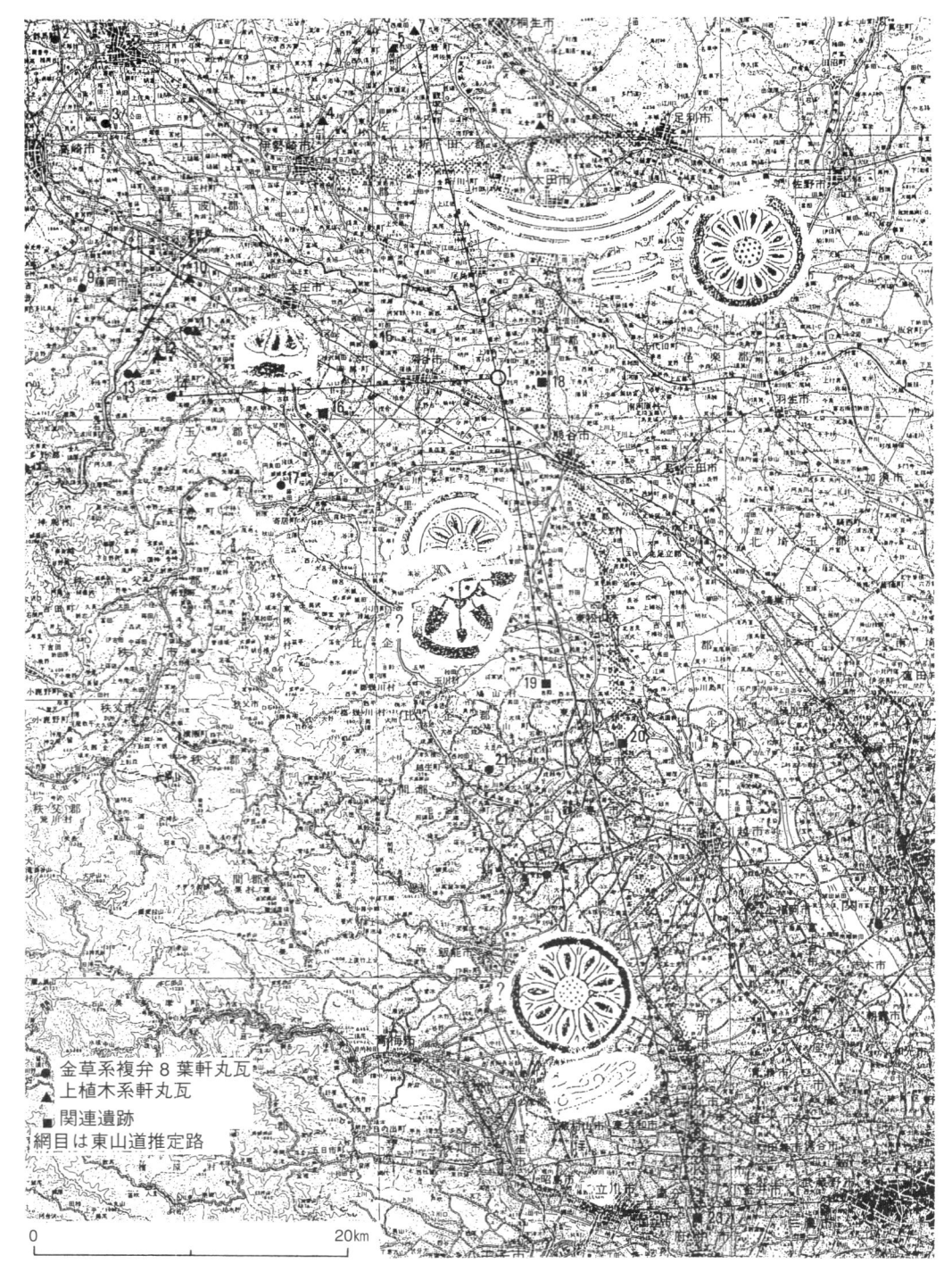

第121図　西別府廃寺関連遺跡と瓦の需給関係
1:西別府廃寺　2:上野国分寺　3:浄土ヶ原遺跡　4:上植木廃寺　5:間野谷窯跡　6:雷電山窯跡　7:山際窯跡
8:萩原窯跡　9:山王久保遺跡　10:五明廃寺　11:皂樹原遺跡　12:精神場遺跡　13:浄土野廃寺　14:金草窯跡
15:岡遺跡　16:寺山遺跡　17:馬騎の内廃寺　18:奈良神社　19:南比企窯跡群　20:勝呂廃寺　21:西戸丸山窯跡
22:大久保領家廃寺　23:武蔵国分寺　24:女影廃寺

岡部、深谷、西別府付近を経て、行田に向かう道を復元した[13]。

古代においては駅馬のほか、郡衙と郡衙を結ぶ伝馬もあり、当然井上の述べるような自然発生的な生活道や、外尾の述べる寺院などを結ぶ道は必要不可欠であったであろう。西別府廃寺出土の金草系瓦はおそらく櫛挽台地末端に沿って走る道で運ばれたものであろうが、上植木系と武蔵国分寺系の瓦は官道である東山道武蔵路を運ばれたものであり、それがこの寺院の建立の背景を知る手がかりとなろう。

5. 地方寺院の瓦の調達について

西別府廃寺に限らず、武蔵国の地方寺院の多くは専用の窯場を持つことは少なく、いくつかの窯場から調達する場合が多い。武蔵国分寺の窯場は、最も近い瓦専用窯である大丸窯跡群でさえ5km離れ、その多くは遠く離れた南武蔵、東金子、南比企、末野窯跡群のように従来の須恵器の窯場に発注して瓦生産を行っている。その瓦は「税制の負担体系そのものにより、戸主の負担によって成就したもので、そのことは、ひとり武蔵のみに限られたものでなく、諸国においても同様であったと考えられる」とされている[14]が、はたして窯場の工人たちはどのような生産構造による生産体制のもとに、税としての瓦をつくり出したのであろうか。また、地方寺院の瓦の製作については各窯場でどのような受入体制で生産が行われたのであろうか。

武蔵国分寺瓦を生産した窯場のうち、国府の窯場であった大丸瓦窯跡には国分寺瓦生産を契機に築窯された瓦専用窯があり、国府、国分寺との距離も近く、官営工房とする条件は整っている。しかし、ここから出土した瓦に、模骨文字「多」（多摩郡）、スタンプ文字「兒？」（児玉郡）、「都」（都筑郡）、「高？」（高麗郡）、「㤥？」（榛沢郡）、「珂？」（那珂郡）、「白？」（白方郷）、「川口」（川口郷）、「㫪？」（湯島郷？）、「田」（多摩郡？）、「多」（多摩郡）など、複数の郡名・郷名瓦が出土しており[15]、ほかの須恵器窯を転用した窯場と類似した状況を示している。武蔵国における四大窯跡群は、国分寺瓦の生産開始以前から須恵器生産を行っていた。特に南比企窯跡群はその規模も大きい。その窯場の生産は当然生産者自身による自立的経営は行われておらず、当地の古墳時代から続く土地支配に基づく支配体系の中に包括されており、国分寺瓦生産時の窯の経営は、郡司層などの富豪層が行っていた可能性が高い。須恵器窯を転用した国分寺瓦の生産も、彼ら郡司層の協力があって初めてなし得たものであろう。

浅香年木は武蔵国分寺瓦屋が、官窯的性格を有していたことは否定し難いことにしても、その官営工房としての性格が質的に異なっており、それは多分に東国という地方的な特色だとした[16]。しかし、須恵器窯を転用して国分寺瓦を焼造する瓦生産体制について、たとえ国家的事業の国分寺建立の一貫であろうと、官営工房とするには疑問である。

有吉重蔵は武蔵国分寺の造瓦組織について、

```
                                    ┌─ 瓦工
国（造瓦所）－各郡（瓦長）－瓦窯（瓦屋）─┤
                                    └─ 仕丁
```

と考えられている[17]。

しかし、南比企窯跡群などでは、国分寺瓦生産以前の須恵器生産の組織をそのままに、瓦生産を行ったようで、

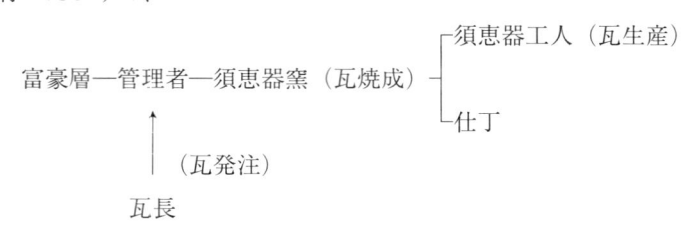

```
                              ┌─須恵器工人（瓦生産）
富豪層―管理者―須恵器窯（瓦焼成）─┤
         ↑                    └─仕丁
      （瓦発注）
         瓦長
```

のような生産構造が想定できよう。一つの窯から複数の郡名が出土し、一つの瓦に二つの郡名が記される場合があることから、各郡の瓦長は各郡の税に見合う瓦の発注を須恵器窯を掌握した管理者などに行い、その数量の確認をするという、従来の須恵器窯の体制と瓦生産の発注・管理という、以下のような二重構造の組織が考えられよう(18)。

　唯一官営工房の可能性のある大丸瓦窯跡も、複数の郡名が出土しているが、模骨文字は「多」のみであることから、多摩郡の瓦窯と考えられ、ほかの窯跡群と同様、各郡の瓦の発注を受け生産を行っていたのであろう。

　下野国では国分寺所用瓦の焼造に須恵器工人が動員され、瓦生産が不必要になったときに瓦工人が須恵器生産へと移っていったというが(19)、武蔵・上野では多くは須恵器窯をそのまま使う生産体制の違いが想定できよう。

　さて、このような生産体制の場合、その工人たちの生産構造はどのようであろうか。吉田晶は、8世紀中葉以降における国家の徭役の義務に基づいて、手工業生産者の労働に対する有償化が行われたとする。国家的事業であった国分寺造営に伴う瓦生産を、須恵器窯管理者に発注する場合、当然国ではその代価を保障することはないが、工人集団に対して税の優遇措置を講じた可能性はあろう。おそらく郡司層を含む富豪層は、隷属関係にある工人集団のそれを利用して、国分寺瓦を生産することにより、国分寺造営に協力し、官職を得るなどその見返りをも得たものであろう。

　では、西別府廃寺のような地方寺院では、いかがであろうか。

　吉田晶は、8世紀の辺境の富豪の手工業に対する関係として、第1に富豪自体の所有する生産手段を利用して直接的な隷属労働力によって生産する場合、第2に彼自身となんらかの隷属関係を持つ農民労働力によって生産されたものを取得する場合の二つの生産類型を想定された。また、直接所有工房での生産は、高度の技術を要するもの、または特殊的な需要を満たすため行われるものとした。そして吉田は、寺院の場合にも封戸からの調庸収取と寺院所属工房での生産であるという、同様の生産類型としている(20)。

　西別府廃寺では、専用の瓦生産の窯場を持たないことから、吉田が述べるように封戸からの調庸による収取が行われたのであろうか。当時の地方寺院の寺封の実体は不明であるが、調庸により瓦を調達するような寺封は存在してはいないであろう。西別府廃寺から出土する瓦は、時期が違うものの上植木系、金草系、南比企系ともほぼ同距離から運ばれている。西別府廃寺の建立時の性格は、幡羅郡の郡寺であった可能性が高く、この地域の郡司層と関わりのある地域に瓦を発注したことが想定される。おそらく、各窯場の経営者に対して瓦の代価を支払うことになろうが、

このような各寺院から窯場に対しての能動的な瓦取得方法が、瓦の分布圏の形成につながり、その需給関係は経済活動の活発化や須恵器などの広がりをももたらしたようである[21]。

　西別府廃寺出土瓦の特色は、国分寺創建以前は、上野東岸系の上植木廃寺系、上野西岸系と関わりのある金草系の、地域を違える瓦がもたらされていること、武蔵国分寺と同笵の瓦が出土すること、中でも軒平瓦3類の牛角状中心飾り均正唐草文軒平瓦の出土は、従来の分布圏からあまりにも遠距離であることから、瓦の発注という単純な取得方法でなく、前述したようにこの寺院が郡寺としてだけの性格でなく、武蔵国にとっても重要な意味合いを持っていたのではなかろうか。

註
(1)　a．酒井清治　1990「剣菱文軒丸瓦から見た武蔵国京所廃寺の性格－国府付属寺院の可能性について－」『研究紀要』12号　埼玉県立歴史資料館
　　　b．酒井清治　1993「武蔵国内の東山道について」『国立歴史民俗博物館研究報告』50
(2)　註(1)文献b
(3)　国分寺市教育委員会　1987『武蔵国分寺跡調査報告－昭和39年～40年度－』25図71
(4)　有吉重蔵　1986「武蔵国分寺」『国分寺市史』上巻
(5)　渡辺一ほか　1990『鳩山窯跡群』Ⅱ　鳩山窯跡群遺跡調査会・鳩山町教育委員会
(6)　有吉重蔵　1982「武蔵国分寺跡出土の平城宮瓦について」『東京考古』1　東京考古談話会同人
(7)　高橋一夫　1987「北武蔵における古代寺院の成立と展開」『埼玉の考古学』新人物往来社
(8)　酒井清治　1983「緑山遺跡出土の瓦－勝呂廃寺の系譜の中で－」『緑山遺跡』(財)埼玉県埋蔵文化財調査事業団報告書第19（旧稿では「同単弁15葉」の前に「同単弁16葉」があったが、両者が同笵で15葉であることが判明したので、「同単弁16葉」は削除した）
(9)　辻秀人　1992「陸奥の古瓦の系譜」『福島県立博物館紀要』6
(10)　註(6)文献
(11)　酒井清治　1987「窯・郡寺・郡家－勝呂廃寺の歴史的背景の検討－」『埼玉の考古学』新人物往来社
(12)　外尾常人　1987「五明廃寺建立の背景」『五明廃寺発掘調査報告書』上里町教育委員会
(13)　井上尚明　1993「北武蔵の古代交通路について」『研究紀要』10　(財)埼玉県埋蔵文化財調査事業団
(14)　大川清　1972『日本の古代瓦窯』雄山閣
(15)　加藤修ほか　1987『多摩ニュータウン遺跡』(財)東京都埋蔵文化財センター調査報告書8集
(16)　浅香年木　1971『日本古代手工業史の研究』法政大学出版局　344頁
(17)　註(4)文献
(18)　酒井清治　1993「土器と瓦の生産と交易－利根川流域の事例から－」『河川をめぐる歴史像』雄山閣
(19)　清水信行　1993「古代東国における瓦生産と工人の動向－下野国－」『青山考古』11　青山考古学会
(20)　吉田晶「8・9世紀の手工業生産をめぐる諸問題」『ヒストリア』31　大阪歴史学会
(21)　各窯場を掌握した富豪層が特定地域だけを対象にするという、寺から見れば受動的な需給関係ではないであろう。

補記　大久保領家廃寺の発掘調査で、複弁8葉軒丸瓦（第120図2）の完形品が3点出土し、金草系A類と同笵であったことが確認できた。また、西別府廃寺の平成4年発掘調査で、新たに複弁9葉軒丸瓦が出土した（熊谷市教育委員会　1994『西別府廃寺(第2次)』）。

第5節　南武蔵の寺院跡

はじめに

　南多摩においては鋸歯文縁剣菱状単弁8葉軒丸瓦（以下、剣菱文軒丸瓦）と、それに伴うと考えられる牛角状中心飾り唐草文軒平瓦が分布している。この瓦は最初、内藤政恒らによって調査された川崎市菅寺尾台廃寺（菅は地名であるので、以下寺尾台廃寺とする）で確認され、おおまかな変遷も明らかにされている。年代については文様の上から平安時代初期と考えられている。

　この考え方についていくつかの見解が出されているので、その評価と歴史的背景について検討してみたい。また、府中市京所廃寺の性格についてもふれてみたい。

1. 研究史

　寺尾台廃寺は地元で基壇を「瓦塚」と称していたが、1951年に第1次調査、1952年に第2次調査が行われた。発掘調査により高さ1.5mの略円形の基壇で、礎石はないものの基壇周縁の葺石から、直径約8.3mの円形の建物で、小型の八角円堂が想定された。出土遺物は多くの瓦と釘である。軒丸瓦は剣菱文軒丸瓦が主体で、1点だけ異種の文様がある。剣菱文軒丸瓦は中房が1+4で、一つの蓮子から外へ延びる笵傷が見られる特徴がある。また外区には18の鋸歯文が巡るが、粗密があり特徴が捉え易く、いずれも同笵という。

　それに対して軒平瓦は唐草文系と重弧文系の2種があり、前者はさらに4類に分けられているが、その中で唐草文系第一類（第130図3）（以下、内藤の寺尾台分類は第一類～第四類と漢字で記す）の、線に弾力があるものが最も多いという。この類は左端の唐草の差異によりさらに2種に細分できるという。第二類（第130図4）は出土量が極めて少なく、ほかの類と違い上下の外区に珠文が巡り、瓦当の幅が広い特徴がある。また唐草も硬直している。この類も2種あるという。第三類（第130図5）の出土量もあまり多くなく、牛角状中心飾りの上に三角文が配される特徴がある。唐草はさらに崩れ、直線的で扁平化する。第四類は小破片で全体は不明であるが、界線を欠いたものをいう。出土量は4片で類似のものが2片あるという。

　内藤政恒は考察の中で、剣菱文軒丸瓦の出土量が軒平瓦5種に匹敵する程多量に出土することから、前後を通じてこの1種に限られたと推察された。また武蔵国分寺仁王門東方斜面と多摩市中和田出土例と比較して、国分寺出土の独立した菱形蓮弁とその間に丁字形間弁を配するものが母型となり、中和田例のように間弁は取られ、菱形蓮弁は離れたままで外区の鋸歯文を欠くものと、寺尾台例のように弁が接し外区の鋸歯文は残るものの、二つに変化推移していったと考えられた。

　軒平瓦については、外区に珠文を持つ第二類の母型が武蔵国分寺に出土しており（第127図3）、第二類はこれから変化しているとした。第一類は武蔵国分寺の母型に唐草文の共通点があることから、第二類に変化する以前に、母型から早期に変化したと考えられた。第三類、第四類は第一類から変化したと想定された。さらに第三類から変化したと想定された川崎市岡上遺跡の軒平瓦

第4章 瓦生産と寺院跡　351

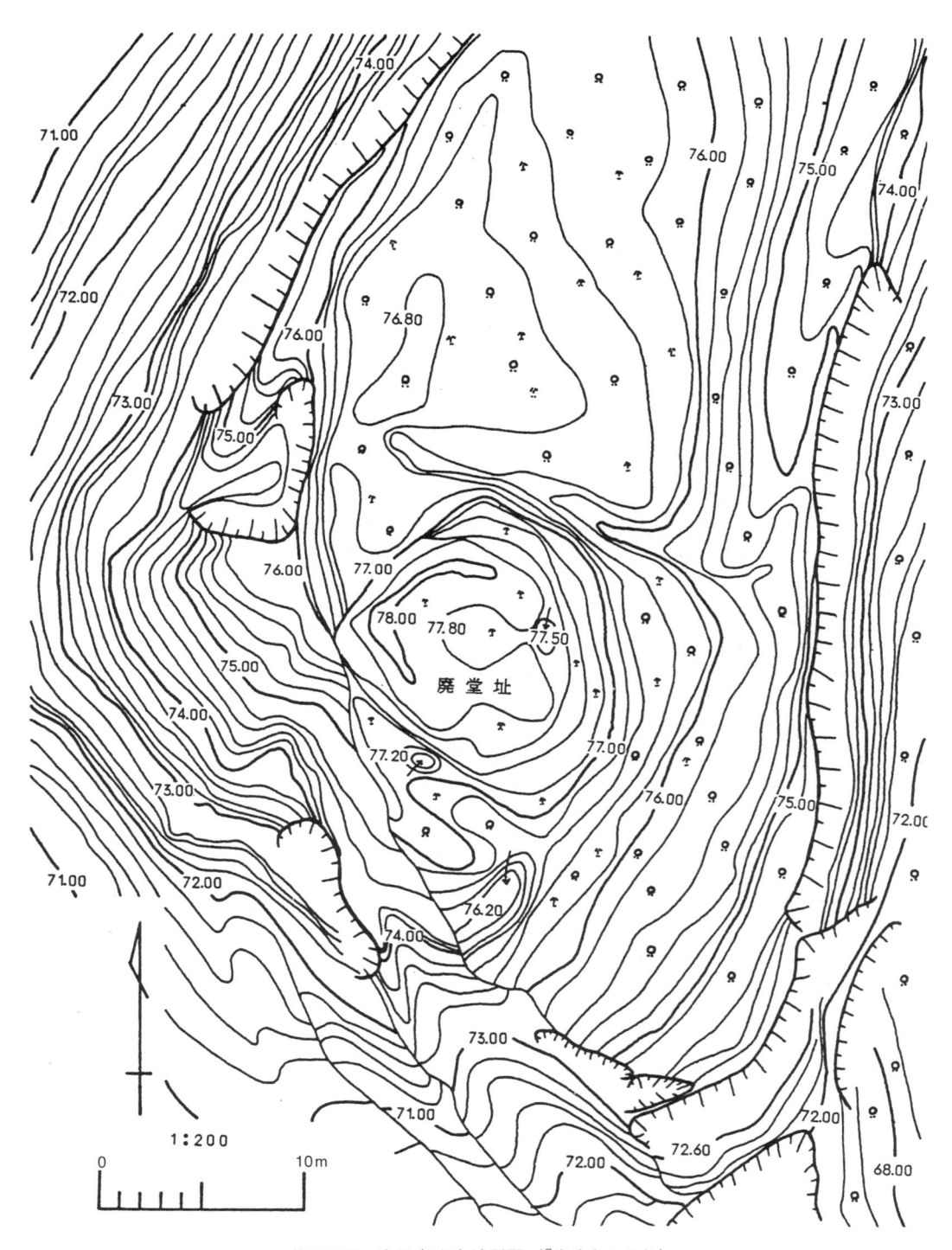

第122図　寺尾台廃寺地形図（『先史』5より）

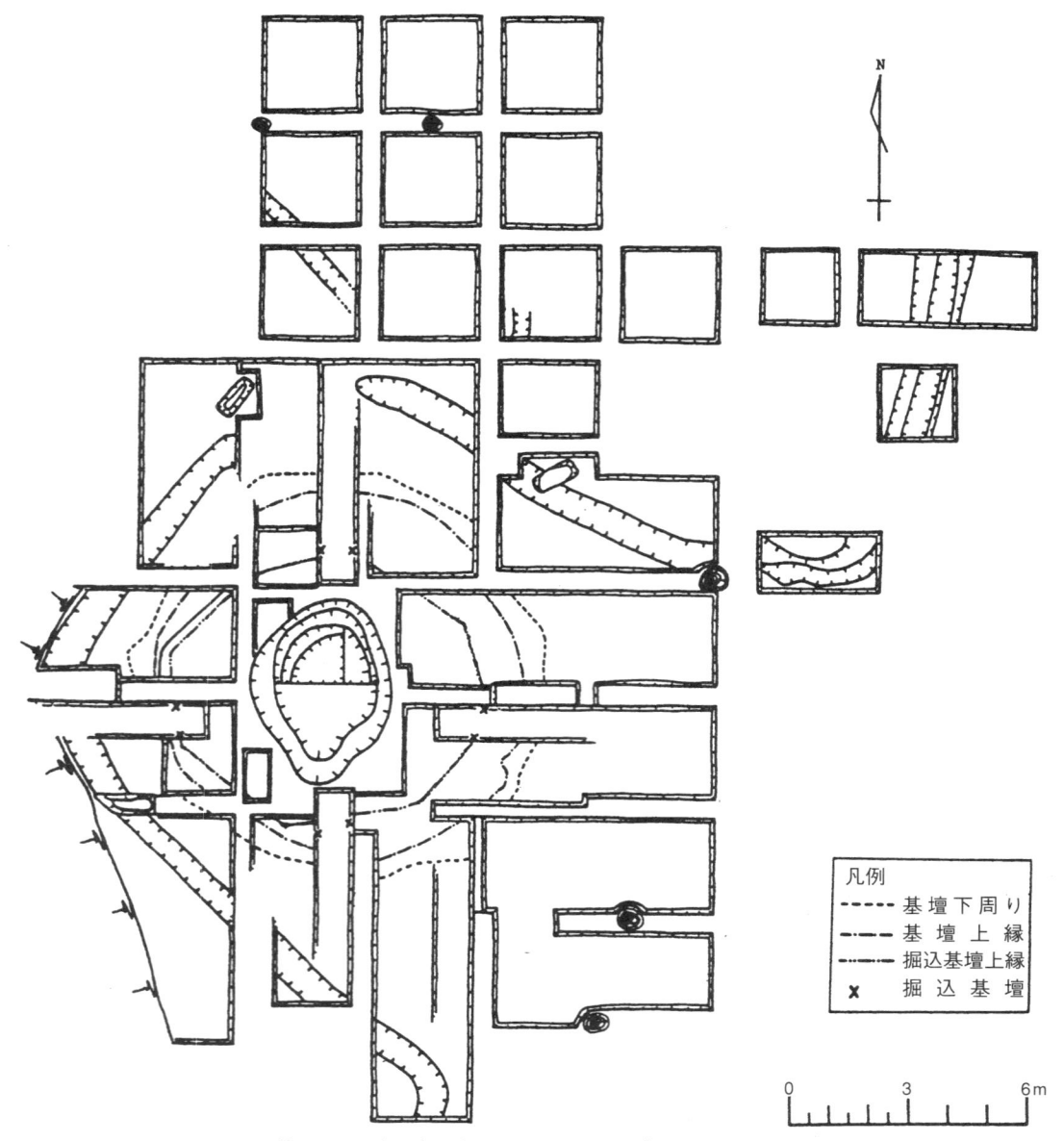

第123図　寺尾台廃寺八画円堂基壇跡（『先史』5より）

凡例
- - - - - 基壇下周り
- ・- ・- 基壇上縁
- ‥- ‥- 掘込基壇上縁
× 掘込基壇

を取り上げられた。

　これらの瓦の生産地は、軒丸瓦については大丸瓦窯跡で生産され、京所廃寺と寺尾台廃寺へ運ばれたと考えられ、軒平瓦については、寺尾台第一類と同笵が京所廃寺から出土し、第二類Bと同一文が大丸瓦窯跡から出土している。また武蔵国分寺からも第二類の母型が出土することから、大丸瓦窯跡と武蔵国分寺、京所廃寺、寺尾台廃寺は製作所と供給地という関係が成り立つと考えられた。

　創建年代については、瓦の文様から奈良末から平安初期のうち、平安初期が妥当と考えられた。また、武蔵国分寺の瓦を焼いた瓦窯のうち、埼玉県内のものは古く、それに対して多摩川南岸の

第4表　剣菱文軒丸瓦、牛角状中心飾り軒平瓦分類対照表

	軒 丸 瓦						
酒井	1a	1b	1c	1d	2	3	4
内藤							
福田	B		A		C	E	D
有吉	C$_1$		C$_2$		A	B	
	B$_1$		B$_2$		祖形	A	

	軒 平 瓦														
酒井	A$_1$	A$_2$	A$_3$	A$_4$	A$_5$	A$_6$	A$_7$	A$_8$	B$_1$	B$_2$	B$_3$	B$_4$	B$_5$	B$_6$	C$_1$	C$_2$
内藤				2					1		3					
有吉	K3 －A								K3 －B							
									A							

ものは新しく、大丸の窯も平安初期とされた。

1968年、寺尾台廃寺は駒沢大学考古学研究会によって再び発掘され、上面縁直径約8.8m、下部立ち上がりが約10mの八角形の土壇が検出でき、八角円堂であることが再度確認された[(2)]（第122・123図）。この土壇は旧地表を約0.6m堀込み地業して、高さ約0.8mの版築を行っている。しかし、版築は相当削平されているようである。この発掘においても、剣菱文軒丸瓦など出土したものの、新しい見解は出されていない。

1978年には福田健司が、南武蔵における奈良時代の土器編年を行い、国分寺造営の意義などを検討され、その中で剣菱文軒丸瓦を取り上げられた[(3)]。ほぼ寺尾台廃寺の報告と同様の見解であるが、新たに調布市染地遺跡第Ⅷ地区出土例を類例として上げられた。そして、これらの瓦は、国分寺造営に深く参画した郡司・郷長クラスが、その見返りとしての私寺造営を許された結果の現れだとした。

また、1979年に染地遺跡の報告の中で、「多摩郡内でも府中近辺の密接な関係にあった有力豪族が同一の笵型ないし、同一系統の笵型で注文し製作させ、それぞれの私寺へ運ばせたものと推測」された[(4)]。そしてA・B・C型笵型に分類され、分布図を作成されたが、府中を中心に約6km四方に点在することから、この間隔が郷と郷の間隔の可能性を指摘された。

1982年、有吉重蔵は、武蔵国分寺出土の牛角状中心飾り唐草文を平城宮系として、内藤が寺尾台第二類軒平瓦の母型としたものをK3－A型式とした（第127図3）。また、剣菱文軒丸瓦は、武蔵国分寺のものをA型式、中和田のものをB型式、京所廃寺の中房に笵傷の見られないC1型式、笵傷の見られる染地遺跡・寺尾台廃寺・大丸のものをC2型式とした。そして蓮華文の系統的な変化から、A→B→C1・C2の順に変遷したと考えられた。剣菱文軒丸瓦との共伴関係については、軒丸瓦A型式と軒平瓦K3－A型式が、続いて軒丸瓦C2型式と軒平瓦K3－B型式（K3－A型式の後続型で、内藤の寺尾台第二類）が胎土・焼成・色調が同一であることから組み合うと推測した（型式名は第4表　対照表参照）。

さらに、武蔵国分寺の主体となる平城宮系軒平瓦K1－A・B型式と珠文帯を持つ単弁6葉軒丸瓦、およびもう一方の平城宮系の牛角状中心飾りの軒平瓦K3－A型式と剣菱文軒丸瓦A型式の2種類の組合わせが存在し、後者の後出型式であるK3－B型式軒平瓦と剣菱文軒丸瓦C1・C2型式

第124図　剣菱文軒丸瓦出土遺跡と関連寺院（点線は古代の郡域）
1:府中市京所廃寺　2:国分寺市武蔵国分寺　3:稲城市大丸瓦窯跡　4:川崎市寺尾台廃寺　5:調布市染地遺跡
6:日野市落川遺跡　7:多摩市中和田遺跡　8:川崎市岡上廃寺　9:川崎市影向廃寺

が組み合わさって南武蔵を中心に分布していることは、武蔵国分寺の造営後、南武蔵において国分寺系（平城宮系）の瓦を導入した造寺活動が行われたことを物語っているとされた。このことは、森郁夫の中央政権の仏教政策による地方豪族層の掌握を具現しているとされた。[5]

続いて有吉は1986年にも軒丸瓦の変遷についてふれ、これらの瓦が武蔵国分寺後期の国府系B群の後続種と考え、武蔵国分寺国府系B群→中和田遺跡・京所廃寺（武蔵国府）・落川遺跡のAタイプ→武蔵国府の蓮子に笵傷のないB1タイプと、寺尾台廃寺・染地遺跡・多摩ニュータウンNo.513遺跡の蓮子に笵傷のあるB2タイプを考えた。[6]また後続種の年代については8世紀後半から9世紀前半とした。その背景は、福田と同様、武蔵国分寺建立に協力した南多摩の豪族たちが、見返りとして寺院を建立したと解釈された。

同じ年に福田は剣菱文軒丸瓦をA～E型笵型の5種に分類された。[7]A型笵型は蓮子に傷のある有吉B2タイプ、B型笵型は蓮子に傷のない有吉B1タイプ、C型笵型は有吉の武蔵国分寺国府系B群、D型笵型は外区に鋸歯文を持ち、剣菱文が離れているものを呼んでいる。しかし、D型笵型

については京所廃寺にあるというものの、確認できない。E型笵型は鋸歯文を持たない、有吉Aタイプに該当する。

　これらの考え方に対して、剣菱文軒丸瓦に代表される瓦群は国分寺創建以前、という見解が、大丸瓦窯跡発掘調査から提示された。その主な根拠は、剣菱文軒丸瓦を出土する10・12号窯の平瓦に桶巻造りが見られ、国分寺創建瓦より古い技法で製作されている。12号窯で生産されたと考えられる軒平瓦が11号窯から出土していること、11号窯で生産されたと考えられる平瓦が国分寺創建期の5号窯最終床面から出土していることから、11号窯も国分寺創建期であり、その変遷については10→12→11＝西側斜面の窯跡群（国分寺創建期）と考えられている。

　このように剣菱文軒丸瓦とそれに伴う牛角状中心飾り均整唐草文軒平瓦が、国分寺創建以前か以後か二つの見解に分かれている。これについて検討してみよう。

2. 軒丸瓦と軒平瓦の分類と変遷

(1) 分類（第125図）

　A　軒丸瓦

　外区に鋸歯文が入るもの（1・2類）と入らないもの（3類）、弁の間に間弁が入るもの（2類）と入らないもの（1・3類）がある。剣菱文軒丸瓦の主体をなすものは1類であるが、以前から知られているように笵の磨耗状況により、さらにa～dに細分した。岡上廃寺出土例は、今まで剣菱文軒丸瓦の分類に入れられていないが、弁・中房の形態、牛角状中心飾りの軒平瓦の共伴、分布地域から後続種と考え4類とした。

　1a類

　中房の蓮子から延びる傷がない、笵としては新品に近いものであるが、詳細に見れば小さな傷が確認できる。製作方法は笵に薄い粘土を入れ、丸瓦を設置してから瓦当全体に粘土を入れ、丸瓦凸面にも粘土をかぶせている。胎土は粘性を持つ砂粒の少ない土である。現在、出土地点は京所廃寺および国府域だけであるが、出土点数は多い（第126図3～9）。

　1b類

　1a類と同様、中房に笵傷はなく同笵であるものの、三つの違いが見られる。一つは製作技法で、笵に薄く粘土を入れるまでは1a、1d類と同じであるが、続いて瓦当全面に粘土を入れ厚い瓦当部をつくったのち、そこに丸瓦を設置し、少し丸瓦凹面に支持土を足して接合しているため剥がれ易く、発見されたものは瓦当部が剥落している。二つ目は面径が1㎝以上小さくなっている。三つ目は特に中房の線が太くなっている。以上から同笵であるものの原笵から陶笵を起こして作成した可能性もあり、今後検討が必要である。出土遺跡は大丸10号窯だけである（第129図1～4）。

　1c類

　笵傷が少し見られ、中房の蓮子から延びる傷が特徴である。多摩ニュータウンNo.513遺跡大丸窯跡群例と同窯跡群12号窯例、染地遺跡例がある（第129図8・14～16、130図8）。

　1d類

　中房の蓮子から延びる傷が見られるとともに、1c類に見られた瓦当面の笵傷がさらに深くなっ

分類	京所	国分寺	大丸	染地	寺尾台	中和田	落川	岡上	西別府
1a 	●								
1b 			●						
1c 			●	●					
1d 						●			
2 			●						
3 	●						●	●	
4 								●	
A1 		●							
A2 		●							
A3 		●							

分類	京所	国分寺	大丸	染地	寺尾台	中和田	落川	岡上	西別府
A4 		●			●				
A5 									●
A6 					●				
A7 					●				
A8 					●				
B1 		●	●		●				
B2 			●						
B3 		●	●		●				
B4 		●							
B5 		●				●			
B6 								●	
C1 		●							
C2 		●							

第125図　剣菱文軒丸瓦と牛角状中心飾り唐草文軒平瓦の分類と出土遺跡

て木目が明瞭に見られ、1類の中でも製作時期が最も新しい。寺尾台廃寺から出土するが、点数は多い[13]（第130図1・2）。

2類

外区に鋸歯文があり、弁の間にT字形の間弁が入るが、彫りは弱い。武蔵国分寺に1例のみ出土する[14]（第127図1）。

3類

弁がそれぞれ離れており、鋸歯文が見られないため面径が小さくなる。出土遺跡は中和田遺跡、落川遺跡[15]、京所廃寺であるが、それぞれの出土点数は少ない（第126図11、130図9・10）。

4類

4弁となるが、弁はまだ剣菱状を呈する。V字形の間弁が入り、その間に珠文を施す。鋸歯文はない。岡上廃寺から出土するが点数は少ない（第130図11）。

このほか1類と同類であるものの、鋸歯文が内区との界線まで達していない別笵が、国府域から出土している（第126図10）。

　B　軒平瓦

この瓦の特徴は、中心飾りが牛角状になることで、それぞれの点数は少ないものの、細かな変化をしている。大きく分けて外区に連珠文を巡らすものをA類、外区が無文のものをB類、外区のないC類に分類した。

A1類

中心から左右に2回反転するが、反転も大きく巻きも強く、この種の唐草文の祖型である。曲線顎。国分寺出土（第127図2～4）。

A2類

一つ目の反転が直線的になり、段顎、曲線顎両者がある。国分寺出土（第127図5～8）。

A3類

全体に反転が弱く、扁平になり、一つ目の反転から二つ目の反転までが短くなる。顎の形態は不明確。国分寺出土（第127図9・10）。

A4類

寺尾台二類。一つ目から二つ目の反転までさらに直線的になる。顎は曲線顎。国分寺と寺尾台廃寺から出土（第127図11・12、130図4）。

A5類

唐草にやや曲線を残すものの、一つ目の反転部分を基部として次の主葉が出る特徴を持つため、扁平な文様となる。顎はB類に特徴的な瓦当部から直線的に薄くなる、顎の斜行する段顎である。西別府廃寺出土（第130図7）。

A6類

A5類と同じく一つ目の反転部分から次の主葉が出るが、さらに直線的になる。顎は曲線顎。国分寺出土（第127図13）。

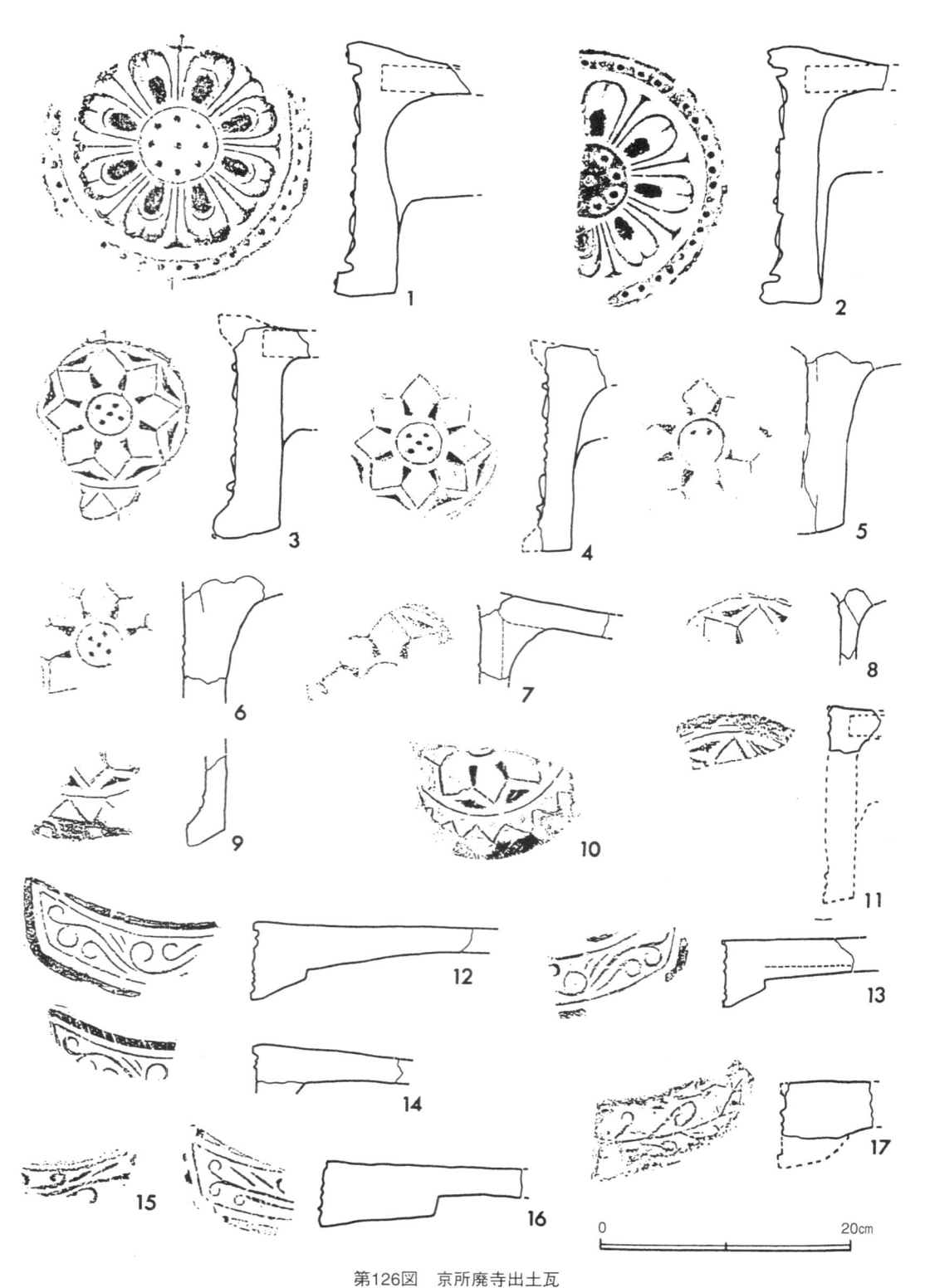

第126図　京所廃寺出土瓦
1・2:創建瓦　3〜9:1a類　10:1種異范　11:3類　12〜14:B1類　15:B3類　16:B4類　17:B5類

A7類

A6類に類似するが、脇の界線が斜めになり、二つ目の巻きと支葉もそれに沿う。顎は曲線顎。国分寺と寺尾台廃寺から出土（第127図14、130図6）。

A8類

やはりA5類と同様、二つ目の反転部分から主葉が出て直線的に延びるが、二つ目の巻きはA7類と比べて脇の界線よりも内側に入る。また、一つ目の反転の上の支葉が水平に近くなる。顎は曲線顎。国分寺出土（第127図15・16）。

B1類

寺尾台一類。大きく反転しているものの界線など雑に彫られ、内藤が述べるようにA1類に後続するものであろう。顎は瓦当部から奥へ斜行して薄くなる特徴的な段顎である。寺尾台廃寺と京所廃寺に最も多い形態で、大丸12号窯からも出土する（第126図12〜14、129図10・11、130図3）。

B2類

文様は扁平で直線的になり、A5類と同様巻きの部分から次の反転が出ており、新しい傾向は示すものの、段顎のうちでも深顎で瓦当部周縁が高く、文様もシャープである。大丸10号窯のみ出土し、点数は少ない（第129図5〜7）。

B3類

寺尾台三類。牛角状の中心飾りの上に小さな逆三角文が彫り加えられ、中心から延びる唐草文は反転することなく脇区近くまで延びて扁平な文様となる。顎は奥へ斜行する段顎である。寺尾台廃寺、大丸12号窯、京所廃寺から出土（第126図15、129図9・12、130図5）。

B4類

B3類に類似するが、一つ目の反転から延びる下の支葉が直線的になる。顎は段顎のうちでも深顎である。京所廃寺から出土し、点数が多い（第126図16）。

B5類

唐草文が直線的になり、反転する支葉の間に珠文が配され、唐草の末端が鳥足状になる。京所廃寺と落川遺跡[16]出土（第126図17）。

B6類

中心から延びる唐草は直線的で、巻きも小さいが、牛角状中心飾りの上に逆三角文が彫り加えられることから、B3類の後続種である。また、B5類と同様、支葉の間にいくつかの珠文が配される。岡上廃寺出土（第130図12・13）。

C1類

文様は扁平で、中心から分かれる支葉と本来一つ目の反転から出る下の支葉が接合している。顎は段顎。国分寺出土（第128図1）。

C2類

唐草の反転は緩やかで、扁平な文様となる。特徴は支葉と主葉の間をつなぐ線が見られる。国分寺出土。同類が二つあるが、一つは胎土に白色針状物質を多く含み、南比企窯跡群で生産されたと考えられる（第128図7・8）。

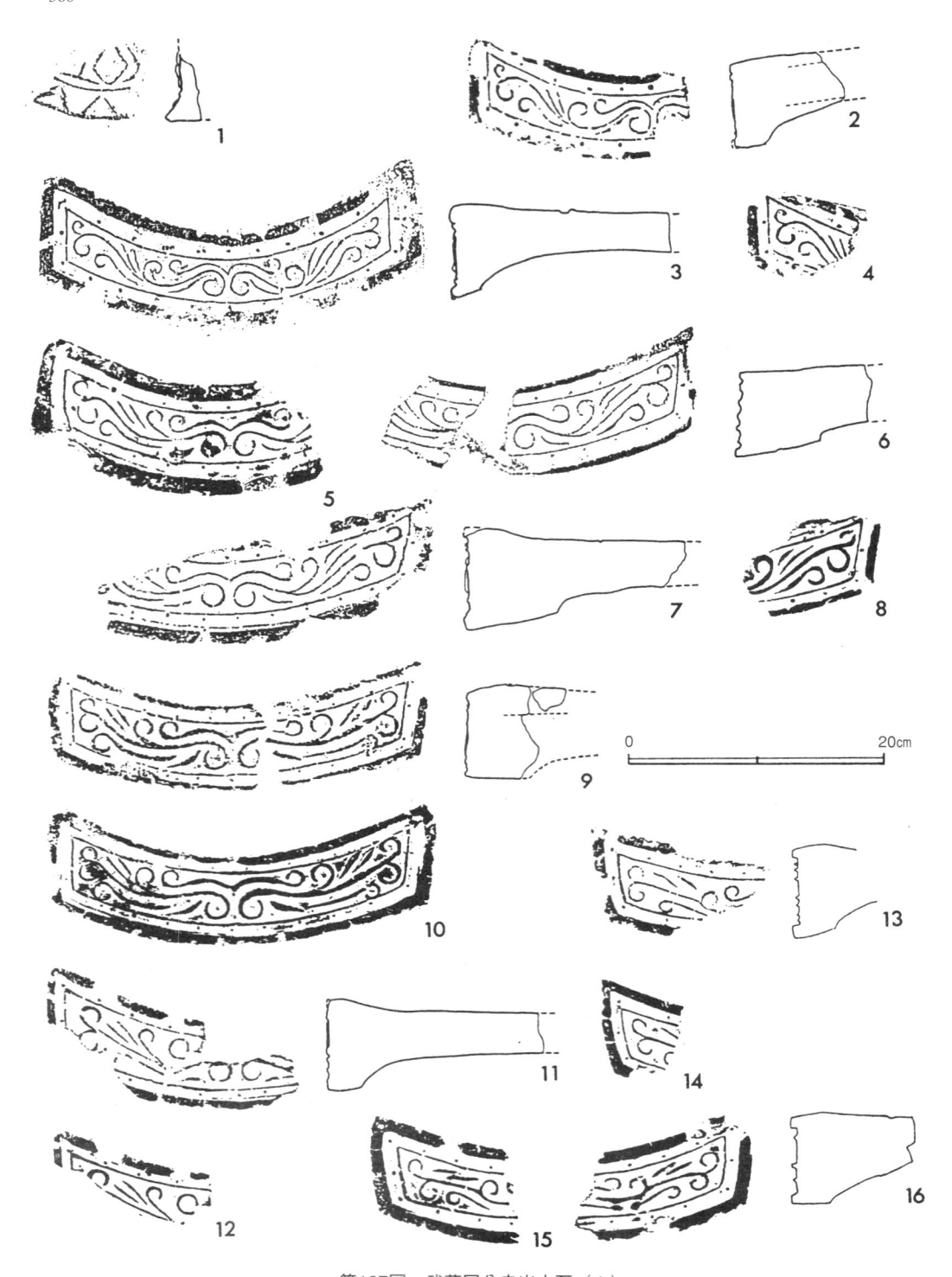

第127図　武蔵国分寺出土瓦（1）
1:2類　2〜4:A1類　5〜8:A2類　9・10:A3類　11・12:A4類　13:A6類　14:A7類　15・16:A8類

第128図　武蔵国分寺出土瓦（2）
1：C 1類　2・3：C 2類

　このほかC類に分類できるものの、小破片で文様不明確のものが大丸4・11号窯から出土している（第129図13）。

（2）変遷

　軒丸瓦の変遷については、京所廃寺・寺尾台廃寺（1類）→国分寺（2類）→中和田・落川遺跡（3類）→岡上廃寺（4類）の順で、京所廃寺例が祖形だと考えている。しかし、1類の中でも1d類と2類、3類の時間的な前後関係については明確ではない。

　有吉は国分寺（2類）→中和田・落川（3類）→京所・寺尾台（1類）の変遷を考えている[17]が、その大きな根拠は、剣菱文軒丸瓦と国分寺出土の牛角状中心飾りの軒平瓦を国府系B群に分類し、この国分寺出土の軒平瓦（A1類）がこの種の初現形態であることから、同じ国分寺出土の剣菱文軒丸瓦（2類）も軒平瓦（A1類）とともに、最も古い形態だと考えられたことである。しかし、国分寺では剣菱文軒丸瓦は1例だけで、軒平瓦が前述のようにA類が7種、C類が2種の合計9種あることを考えると、軒丸瓦があまりにも少なすぎることから、国分寺出土の軒平瓦A1類と剣菱文軒丸瓦2類はセットにならず、改めてこの剣菱文軒丸瓦の位置付けを考えなくてはならない。

　有吉は国分寺例の間弁が外れ、中和田のような弁の開くものに変遷したとするが、国分寺例の彫りは弱く、弁が不整形で必ずしも京所廃寺・寺尾台廃寺より古いといえない。また、中和田・落川遺跡例は彫りが大変浅く、同一幅の線で描かれ、斜縁であるが鋸歯文を持たず、直径は京所・寺尾台廃寺例が18cm前後あるのに対して約15cmと小型になっている。さらに中和田タイプが京所廃寺から出土しているものの1点のみで、剣菱文軒丸瓦の生産が京所廃寺のために開始されたと推考されることからも、京所廃寺・寺尾台廃寺よりも古くならないであろう。

　岡上廃寺の軒丸瓦4類（第130図11）は、4弁であるものの中房が1+4で、弁が剣菱になるなど、剣菱文軒丸瓦の系譜を引くものである。これも同一幅の線で描かれ、それぞれの弁が離れ、鋸歯文を持たないことを考慮すると、中和田タイプの後続種と考えられ、剣菱文の変遷過程の傍証資料となる。すなわち、弁の接続したものから、間弁をつくり、さらにそれが脱落し離れたままに変遷する。また、径が小さくなる傾向と鋸歯文の消滅が新しい動きであろう。

　次に軒平瓦であるが、A1類→A8類へ順次新しくなるものの、そこにはA4類とA5類の間に、唐草文の二つ目の反転が出る位置の違いから、文様差としてとらえられる。しかし、A5類は文様のふくらみがありやや古く、一つ目の反転から次の主葉が出る特徴から、A3類の系譜を考えることができる。A6〜A8類については文様差はそれほどなく、年代差としては短く、同時期のものもあろう。

　B類はB1類→B6類の変遷を考えているが、B1類は内藤が述べるようにA1類の後続種で、時間

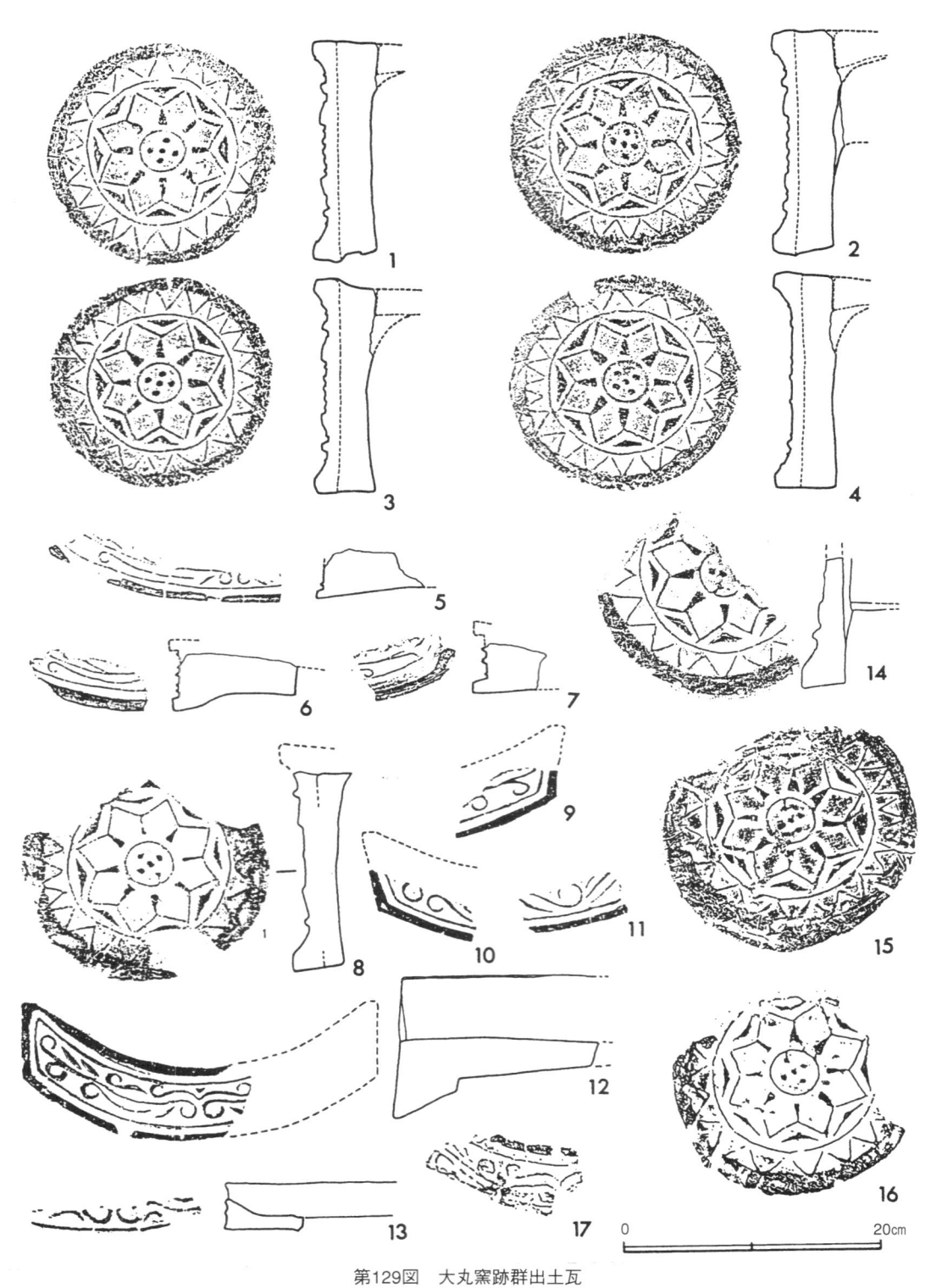

第129図　大丸窯跡群出土瓦
1〜7:10号窯　8〜12:4号窯　13:4号窯付近　14:No.513谷下　15〜17:表採（1〜4:1b類
5〜7:B2類　8・14〜16:1c類　9・12:B3類　10・11:B1類　13:C類　17:A類）

的にも近接するであろう。B類はA類のように順次変遷することなく、それぞれの間に大きな型式的な隔たりがある。しかし、B1類とB3類が大丸瓦窯跡12号窯で構築材として同じ場所から出土すること、寺尾台廃寺で同一技法でつくられたものが存在していることから、時間的に近接するであろう。B5類についてはB6類とともに直線化した文様となるが、B3→B4→B6類の変遷は首肯できるものの、B5類はやや文様に違いが見られる。顎のつくり、軒丸瓦との共伴からB6類よりもB5類のほうが先行するであろう。

C類については、C1類、C2類とも時間的に近接しているであろう。

3. 各遺跡の出土状況と特徴

剣菱文軒丸瓦については、国分寺で2類が1点出土する以外は、国分寺での出土は見られず、この剣菱文軒丸瓦が国分寺を主体とするものでないことが分かる。1類の中でも、京所廃寺には笵傷のほとんどない1a類が主体的に出土し、大丸瓦窯跡にも10号窯から笵傷のない1b類が、12号窯、染地遺跡から笵傷の少しある1c類が出土する。また、笵傷の多い1d類が寺尾台廃寺から多く出土することは、剣菱文軒丸瓦は本来国府に付随する京所廃寺に供給されたもので、大丸瓦窯跡との需給関係が確認でき、続いて寺尾台廃寺にも供給されたと推定できる。後続種と考える3類が国府をはじめ中和田、落川遺跡に出土し、さらに4類も岡上廃寺に出土することは、この瓦が国府との関わりから国府周辺に広がったことがうかがえる。

軒平瓦はA・B・C類のうち、A類については主体的に国分寺から出土し、僅かに寺尾台廃寺、西別府廃寺から確認されている。しかし、この生産地については現段階では不明確である。[18] これに対してB類は、京所廃寺と寺尾台廃寺および生産地である大丸瓦窯跡から出土し、国分寺からは出土していない。また、岡上廃寺からも出土することは、B類と剣菱文軒丸瓦の分布が共通しているといえる。C類は国分寺と大丸瓦窯跡から出土しているものの、胎土から南比企窯跡群産もあり、系譜を考えるに問題の多い瓦である。このような出土状況から見るに、A類とC類は国分寺を主体に供給され、B類は京所廃寺と寺尾台廃寺に、それぞれ供給先を異にしていることが分かる。

これを軒丸瓦、軒平瓦の出土状況と照らして考えて見ると、京所廃寺において軒丸瓦1a類と軒平瓦B1類が主体であるが、寺尾台廃寺においても、軒丸瓦1d類に軒丸瓦B1類が主体的に伴う。しかし、寺尾台廃寺には、後続する軒平瓦B3類が多いのに対して、京所廃寺には僅かであり、軒丸瓦の笵傷だけでなく、軒平瓦の量からも前後が明らかである。京所廃寺から軒丸瓦1a類と軒平瓦B1類が、寺尾台廃寺から軒丸瓦1d類と軒平瓦B1・B3類が組み合うであろう。また、国分寺に主体的な軒平瓦A類は、2類の剣菱文軒丸瓦が1例しか出土していないことから、おそらく軒平瓦A類には剣菱文軒丸瓦は組み合わないことが推測でき、現段階では軒丸瓦2類に伴う軒平瓦は不明確である。続く軒丸瓦3類は、京所廃寺・落川遺跡で軒平瓦B5類が出土しており、両者の絶対数が少ない上に2遺跡で出土していることを考慮すれば、組み合う可能性が高い。この系譜の最も新しいものが岡上廃寺の軒丸瓦4類で、文様中に珠文を持つことから軒平瓦B6類が伴うと推定できる。

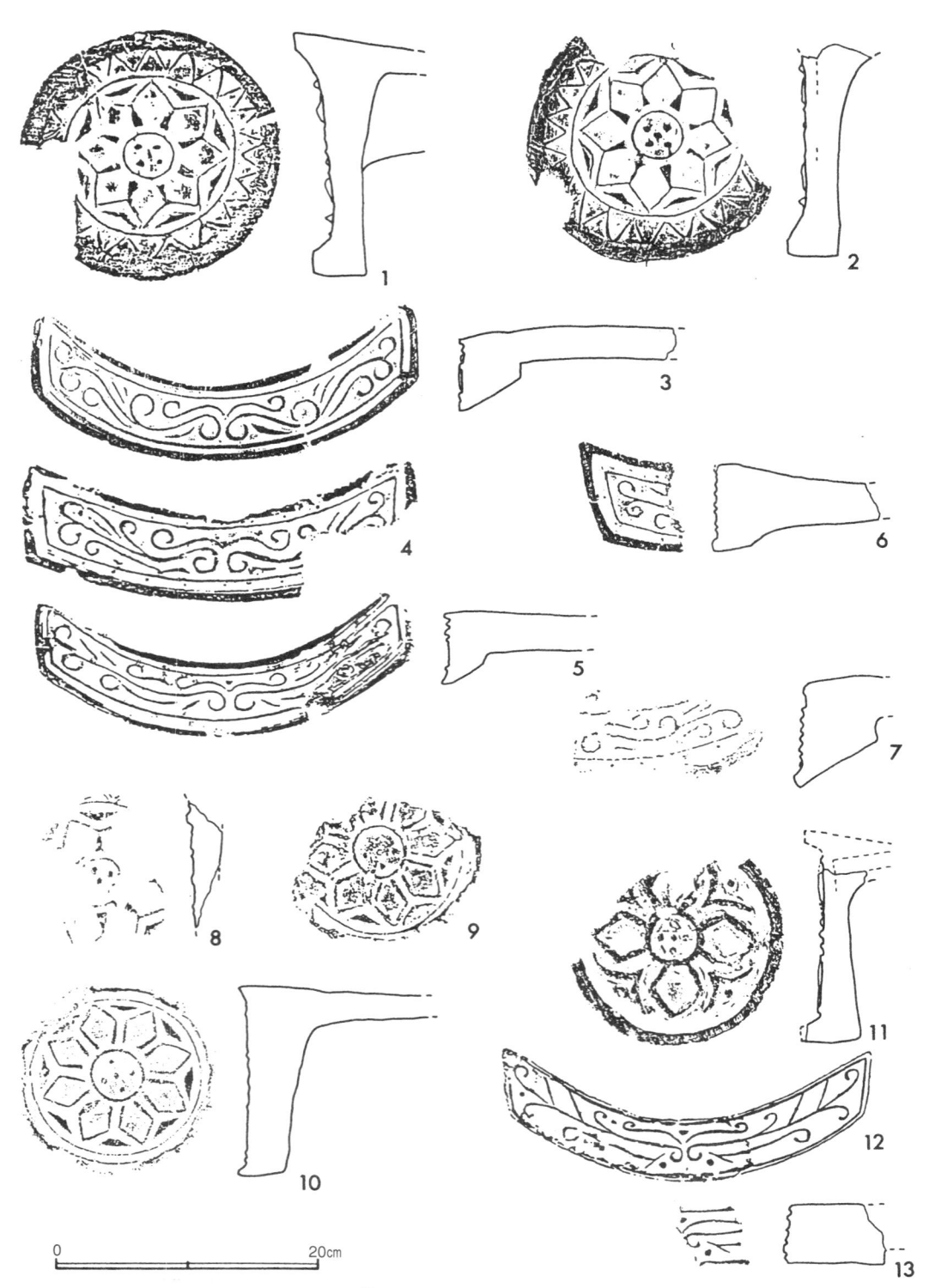

第130図　関連遺跡出土瓦

1〜6:寺尾台廃寺　7:西別府廃寺　8:染地遺跡　9:中和田遺跡　10:落川遺跡　11〜13:岡上遺跡（1・2:1d類　3:B1類　4:A4類　5:B3類　6:A7類　7:A5類　8:1c類　9・10:3類　11:4類　12・13:B6類）

第4章　瓦生産と寺院跡　365

4．時期の検討

　1類の剣菱文軒丸瓦の年代については研究史でふれたように、一つは寺尾台廃寺発掘調査による内藤らの平安時代初頭である。内藤の年代の根拠は瓦の様式からであるが、軒丸瓦の変遷については国分寺から一つは中和田へ、一つは寺尾台廃寺へと変遷したと考えられた[19]。

　この国分寺出土の軒丸瓦が祖形だという考え方を踏襲されたのは、福田と有吉である。福田の年代的根拠は不明確であるが、有吉は「武蔵国分寺造営の見返りに活発化した造寺活動に採用された文様意匠であることを考慮した場合、8世紀後半が妥当」[20]と考えられ、内藤よりもやや古くした。有吉の年代的根拠の背景には、剣菱文軒丸瓦の変遷について国分寺例が初現形態で、次に中和田が続き、さらに京所廃寺（国府）・寺尾台廃寺という流れがあり、内藤の国分寺例から、中和田と京所廃寺・寺尾台廃寺の二つに分かれたという考え方を改められた。また、国分寺には牛角状中心飾りの唐草文の祖形があり、京所廃寺・寺尾台廃寺にはそれより新しい唐草文が伴うことからも、これらの初現年代は国分寺以降であると考えられた。

　これらの国分寺以降という考え方に対して、それ以前という大丸瓦窯跡の発掘調査結果がある。瓦窯跡について報告された加藤修・栗城譲一・比田井克仁・竹花宏之らは、大丸瓦窯跡の変遷が大きく三つのグループに分かれ、8世紀前半の東斜面→北斜面→国分寺創建期の西斜面と考えられた。北斜面のうち、10・12号窯が鋸歯文軒丸瓦を出土するグループで、11号窯は西斜面と同様国分寺創建期と考えられた。その根拠は、①11号窯で生産された「多」叩き平瓦が西斜面の5号窯最終床面出土の破片と接合したことから、西斜面の窯群とほぼ同時期に操業された。②12号窯で生産された軒平瓦（燃焼部1次面出土）が、11号窯第1次焼成面から出土することから、12号窯より11号窯の方が新しい。③10・12号窯で生産された桶巻平瓦が11号窯に混入する。11号窯は新しい技法である一枚造りでつくられる[21]。

　まず、①について検討してみよう。①について栗城は小結で11号窯の「焼成部段部の構築材として、明らかに西側斜面の窯で焼かれていたと考えられる瓦（凹面「多」の模骨文字瓦）が使われており、また、11号窯で焼かれたと考えられる瓦（斜格子叩き痕をもち、凸面「多」の文字瓦）が西側斜面の5号窯焼成部最終焼成面から出土し、しかもこの破片が11号窯出土の破片と接合している」[22]と述べており、西側で焼かれた凹面「多」瓦が構築材として、11号窯で焼かれた凸面「多」叩きが5号窯から出土することから、両者の窯で行き来があったと考えられた。

　しかし、これについて報告の各遺構・遺物の説明で、竹花は模骨文字である凹面「多」は最終床面から出土しており、構築材として使われたのは凸面「多」であると、逆に報告されている[23]。報告文を読む限り、段・階補強材の瓦はすべてが格子系叩きとあり、最終焼成面（4次焼成面）に縄叩き36％が見られる[24]ことから、竹花の報告が矛盾ないようである。竹花の報告から述べていけば、11号窯の構築材に使われている凸面「多」瓦と5号窯の最終床面出土例が接合しており、また逆に5号窯などで生産された凹面「多」瓦が11号窯の最終床面から出土しており、それぞれが古いものを持っていることから、時間的な前後関係が問題となる。仮に11号窯が早い場合は、11号窯の凸面「多」叩きは下層に埋もれ、調査でも11号窯最終床面に確認できていないことからも、それが5号窯に入る可能性は少ないと考えられる。両窯とも操業している時点を想定するならば、

11号窯初期段階で焼成されたものが、5号窯最終床面に入ったと考えるのが妥当であろう。ところが、5号窯をはじめ、西側の窯跡群で製作された凹面「多」瓦が、11号窯最終床面から出土することから、5号窯と11号窯の操業時期はより近く、一時期併焼しているであろう（5号窯→11号窯）。

次に②について検討してみよう。11号窯からは2点の軒平瓦が出土するが、いずれも焼成面4面のうち、第1次焼成面から出土しており、古い段階に存在していたことは確かである。軒平瓦のうち1点は②のように12号窯と同笵である（B1類）。ところがもう1点については同一系譜の唐草文であるものの、小片であり同笵関係は不明である。しかし、この瓦の叩きは斜格子であり、牛角状唐草文の系譜の軒平瓦がいずれも縄叩きで製作されていること、11号窯の段・階補強材など古い段階には格子系叩きであることを考慮すると、11号窯でつくられた可能性もあり、今後類例を待って検討すべき瓦である。

12号窯と同笵の軒平瓦（B1類）については、12号窯からの混入の可能性が高いが、まず12号窯でのあり方を検討してみよう。12号窯の焼成面は4面である。焼成部第2段の下から2層目に構築材として寺尾台一類（B1類）が、焼成部第1段の裏込め粘土中から寺尾台一類（B1類）・三類（B3類）が、焼成部第1段の下から2層目の瓦敷きのすき間を埋めるように寺尾台三類（B3類）が出土している。報告ではこれらがどの焼成面に対応するか記されていないが、構築材に使用されていること、寺尾台一類（B1類）の平瓦部は一枚造りで、叩きは縄細A類であることを考慮して考えてみる。12号窯は第1次焼成面では掘り込み面そのままを使用し、第2次焼成面でも暗褐色土を貼り、この上に桶巻造りである縄太A類叩きの平瓦を積み第3次焼成面としている。さらにこの上に縄細A・B類叩きの平瓦を積んで、第4次焼成面としている。この縄細A類叩きは、寺尾台一類（B1類）の叩きであることから、寺尾台一類（B1類）の焼成が第4次焼成面以前で、2層目に構築材として使われていたことから、この窯の操業の中頃以前には焼成されていたと推考されるが、第1・2次焼成面まで遡るか不明確である。

いずれにしろ、12号窯操業時には11号窯も操業されていたことは確かで、12号窯中頃以前に焼成されたものが、11号窯操業初期に混入したと想定できよう（12≧11）。この段階は、段・階補強材の凸面「多」瓦の存在から、国分寺瓦がすでに焼成されていたことが分かり、国分寺創建以降である。仮にそれ程時間差のない操業ならば、同一系譜の唐草文軒平瓦が、12号窯では縄細A類叩き、11号窯では斜格子叩きで製作されたことになる。

最後に③について検討してみよう。10・12号窯出土の平瓦はいずれも構築材と考えられ、すべて縄叩きである。10号窯では一枚造りが69％、桶巻きは2枚で3％という。12号窯は桶巻造りは29％もあり、これを4面の焼成面のうち、主に第2次焼成面上に瓦積みして第3次焼成面を構築しており、12号窯でも古い段階に使われたことが分かる。11号窯では段・階補強材はいずれも格子叩きであり、4面のうち第4次焼成面に至り縄叩きが36％になってくる。この中に1点だけ10号・12号窯に見られた桶巻きの縄叩きが見られる。このように12号窯では桶巻き縄叩き平瓦が29％、10号窯では2枚、11号窯では1枚であり、いずれの縄叩きも12号窯で縄太A①と分類されたもので、同一窯で焼成されたと考えられ、それが10・12号窯に入り、10・12号窯で初期段階に

使用されたことが明確である。

　ここで、桶巻平瓦と軒平瓦の関係についてふれてみる。12号窯では桶巻平瓦は第2次焼成面上に構築材として使われ第3次焼成面をつくるが、軒平瓦寺尾台一類（B1類）・三類（B3類）とも同じ場所の構築材、裏込めとして使われており、どちらが古いとはいえない。ところが10号窯では軒丸瓦・軒平瓦は6面の焼成面のうち最終床面上にあり、下層の構築材の中に2枚だけ桶巻平瓦が見られる。ここの軒丸瓦は范傷がほとんどないことから12号窯より古い時期のものであるが、桶巻平瓦はそれを遡る面の構築材に使われている。10号窯の構築材の69％は一枚造りであり、軒平瓦B2類が縄叩きで一枚造りであることを考えると、構築材の桶巻造りは、10号窯の初期范の軒丸瓦（1b類）以前に製作されたものであろう。桶巻造りが10号窯からは2枚しか出土していないことを考えると、10号窯では焼成していない可能性が高い。12号窯では范傷のある軒丸瓦（1c類）が存在しており、B1類・B3類の軒平瓦と桶巻きの平瓦が構築材として使われ、共伴するといえるものの、軒丸瓦（1c類）は10号窯の最終床面のものより遅れるものであることを考えると、桶巻平瓦の焼成は12号窯でも行っていない可能性が高い。

　以上①〜③を検討してきたが、①と②の検討から11号窯と5号窯は11号窯の方がやや新しいか同時期で、報告と逆の結果がでた。②の検討から11号窯と12号窯は12号窯の方が古いか、ほぼ同時期の可能性がある。③の検討から10号窯と12号窯の関係は、報告で述べられているように10号窯の方が古い。また、その年代については報告では、10号窯→12号窯→11号窯←→西側斜面の窯群、であったが、検討から11号窯よりも5号窯の方が古い可能性があり、また、③の検討から桶巻平瓦が12号窯あるいはそれより古い10号窯で焼成されていない可能性が高く、国分寺創建以前に置く必然性が一つ消えたことになる。

　このようなことから、$\begin{smallmatrix}10\to12\geqq11\\5\to11\end{smallmatrix}$ となり、10号窯最終床に存在する剣菱文軒丸瓦は、国分寺瓦窯5号窯が生産開始されたのちのものであろうが、その時間幅については今後検討を要しよう。

　このことをほかの遺跡で見てみると、剣菱文軒丸瓦で京所廃寺の1a類、寺尾台廃寺の1d類に伴う軒平瓦はB1類と考えられ、軒平瓦B1類は国分寺出土の軒平瓦A1類の後続種であることからも、剣菱文軒丸瓦は国分寺を遡るものではあり得ない。

　駒沢大学考古学研究会の発掘した寺尾台廃寺の調査では、瓦とともに須恵器、土師器が出土している。この廃寺の創建瓦は、剣菱文軒丸瓦1d類、軒平瓦B1類であるが、出土する須恵器の多くは前内出窯跡の製品に類似している[26]ということから、筆者の年代観8世紀中葉が寺尾台廃寺の創建年代の1点であると推測できる。

　この剣菱文軒丸瓦がいつまで続くか良好な検討材料はないが、落川遺跡の442号住居跡から軒丸瓦3類が、平・丸瓦とともに出土した[27]。出土状況はカーボンを多く含む覆土からで、住居廃絶後の比較的早い時期に、焼土ブロックや泥岩切石などとともに投棄されたようである。住居跡に伴う土器は8世紀前半であることから、瓦の年代はそれ以降の可能性があるものの、覆土から出土する土器も8世紀中葉かそれ以降で、軒丸瓦1類と3類が年代的にそれほどの時間差がないと推考できる。

5. 剣菱文軒丸瓦と軒平瓦B類出現の歴史的背景について

剣菱文軒丸瓦の出現の背景については福田健司が、国分寺造営に深く参画した郡司、郷長クラスが、その見返りとして私寺造営を許可されたとし、有吉も国分寺に出土する間弁を持つ剣菱文軒丸瓦（2類）が祖形と考え、ほぼ同様の見解をとられた。この背景の一つには、内藤が設定された年代が影響している。すなわち内藤の年代観は8世紀末〜9世紀初頭という、国分寺創建以降のやや年代を経たことを考慮されていることから、創建終了後分布するという解釈となったわけである。

先に述べたように、軒平瓦A1類が国分寺創建期の中でも3期目のIc期の平城宮系出現期のものと考えられ、その後続種である軒丸瓦B1類には剣菱文軒丸瓦1a、1c、1d類が伴うと推考されることから、その焼成時期は国分寺創建期、それも後半の中にある。また、その瓦の供給は当初国府付属寺院と想定される京所廃寺に、続いて橘樹郡の寺尾台廃寺、多摩郡の染地遺跡、その系譜をひく軒丸瓦2類は国分寺、3類は京所廃寺や多摩郡の中和田遺跡、落川遺跡へ、4類は都筑郡の岡上廃寺に分布しており（第124図）、分布が国府周辺に限られていることが分かり、剣菱文軒丸瓦と軒平瓦B類の瓦に関しては国分寺との関わりは直接的ではないと考えられる。

これに対して軒平瓦A類は国分寺へ供給され、同じ牛角状中心飾り軒平瓦でも供給先の違うことが分かる。

このように剣菱文軒丸瓦と軒平瓦B類は京所廃寺を中心に分布しており、国府との関わりの中で考えるべきであろう。また、年代もまだ国分寺の造営中であり、福田・有吉両が考える国分寺造営協力の見返りとするには疑問も残る。おそらく、国府と深く関わりのある南多摩の地方豪族の寺などに供給されたものであろう。

6. 京所廃寺の性格について

（1）国府付属寺院と郡寺

武蔵国府跡と推定されている府中市大国魂神社の東方には、瓦の出土する地域があり、そこを京所廃寺と呼んでいる。瓦の出土する範囲は、大国魂神社の東端から東へ約450mの範囲である（第132図）。ここには大国魂神社宮司猿渡家の墓所があり、ここに1.8mの中央に円孔が穿たれた塔心礎と考えられる大石があり、付近にも10個以上の礎石と推定される石がある。出土する瓦は国分寺と同じものがあること、「多寺」の左文字が陽出された平瓦（第132図）が知られ、鎌倉時代の剣頭文軒平瓦も見られる。

このようなことから、京所廃寺は国府の一部、国分尼寺、あるいは神宮寺という見解も出されてきた。しかし、塔心礎を持つことから尼寺ではなく、大場磐雄は「多寺」から「多摩寺」と解釈し、郡寺が存在したという考えを出された。宇野信四郎も「この遺跡は多摩郡家の跡ではないだろうか、多摩郡の寺を中心にはさんで東側に多摩郡衙があり、その西に武蔵国庁が並んで官庁街をなしていたと思う」とされた。木下良は国府と密接に関連する付属寺院を「国府寺」として、京所廃寺も郡寺から国府の整備に伴って国府付属寺院としての機能をはたすようになったと考えられた。

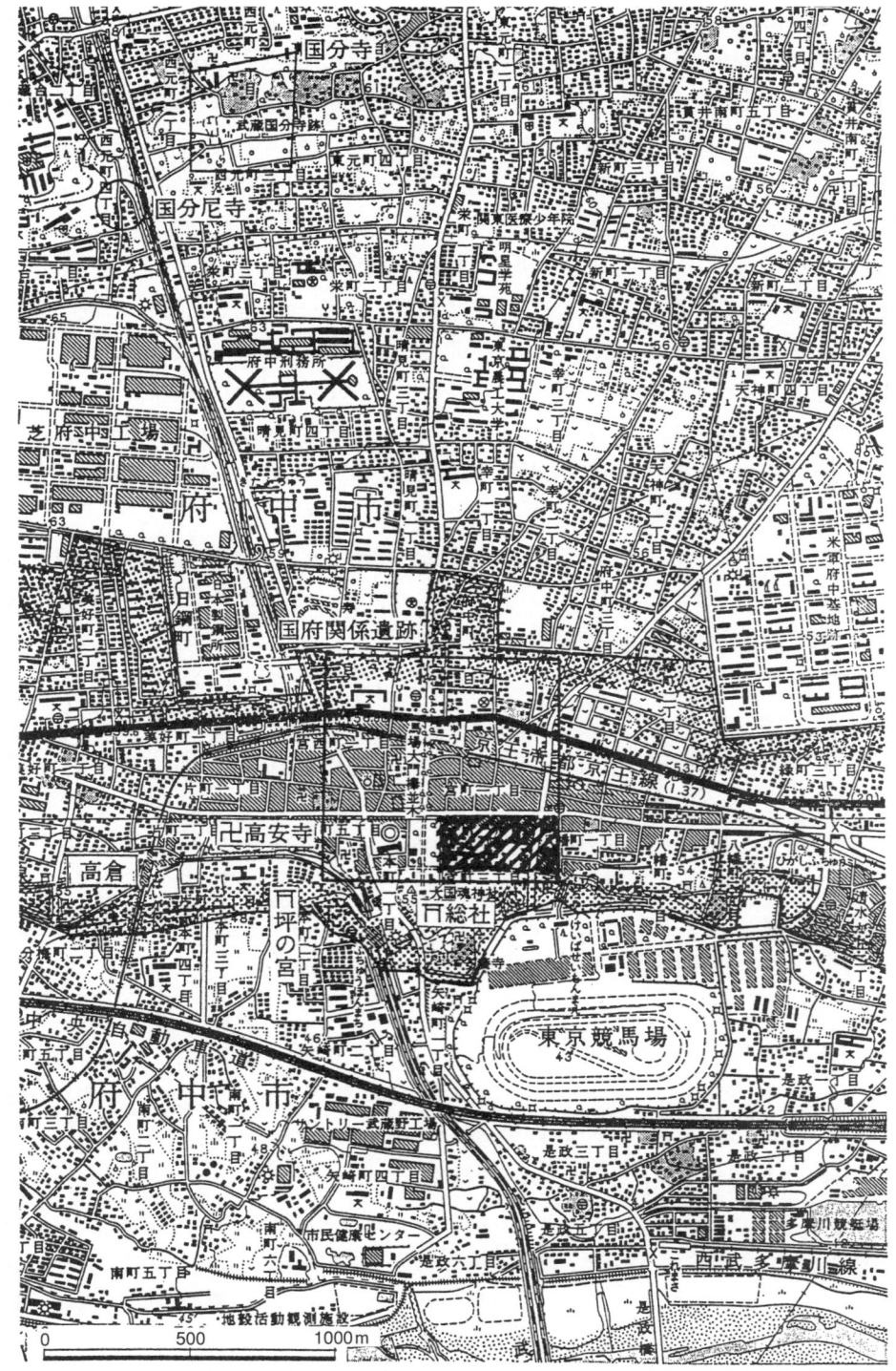

第131図　武蔵国府推定地と京所廃寺（『国立歴史民俗博物館研究紀要第10集』を一部改編。斜線範囲は瓦出土範囲で京所廃寺推定地）

このように京所廃寺の性格について、いくつかの考え方が出されているものの、発掘の進展していない現状では問題も多いが、出土瓦から検討を行ってみる。

京所廃寺の出土瓦を国府の報告書では4期に分けている⁽³²⁾が、国府で第Ⅰ期と考えている単弁8葉軒丸瓦（第126図1・2）は面径が20.8cm、21cmと大型で、中房は1＋8、弁は桜花状で、子葉も立体感があり、外区には44個の連珠が巡る精良な瓦である。この瓦は文様の上から国分寺創建を遡ることは確実であるものの、詳細な年代については検討を要する。一応珠文の入り方などから8世紀前半代としておく。おそらくこれが京所廃寺の創建瓦であろう。

国府で第Ⅱ期としているものは、前述してきた剣菱文軒丸瓦が該当し、ほかに国分寺創建瓦も含めている。第Ⅲ期は国分僧寺塔再建期ないしはそれ以降、第Ⅳ期は中世としている。

第Ⅰ期の軒丸瓦は精良であることから、郡寺クラスの寺院に葺かれたと考えるよりも、国府付属寺院の可能性を強調するものである。国府との関わりを想定するならば、国府の整備された8世紀前半代と見るのが妥当であろう。ところが「多寺」＝「多摩寺」の解釈から、この瓦から郡寺の可能性が指摘されている。現在「多寺」瓦は所在が明らかでなく、実見していないが叩き、あるいは「多寺」の押印から国分寺創建期かそれ以降であろう。とすると京所廃寺の性格を瓦の上から想定すると、8世紀前半は国府付属寺院、8世紀中葉かそれ以降は郡寺となる。しかし、京所廃寺Ⅱ期の剣菱文軒丸瓦が国府用の塼や国分寺瓦を焼成した大丸瓦窯跡で焼成され、さらに京所廃寺を中心に周辺に分布すること、京所廃寺に国分寺と同じ郡名の文字瓦が多く出土することから、8世紀中葉から後半にかけて郡寺と考えるには疑問な点が多い。

このように木下の考える郡寺→国府付属寺院へ、国府の整備に伴って転用されたという解釈は首肯できない。宇野信四郎が想定するように、国府、郡家、郡寺の官庁街と考え、瓦が東西450mの広きに渡って出土する⁽³³⁾（第132図）ことは、国府付属寺院、郡寺の並存を考えることも可能であろう。これについては、発掘の進展を待つしかない。

現段階で京所廃寺は、「多寺」の瓦を除けば8世紀前半から後半にかけて、国府付属寺院を想定する材料が多いことが指摘できることから、以下国府付属寺院として話を進めていきたい。

（2）国府付属寺院と国師

国府とそれに付属する寺院から想定できるのは国師であるが、国師は大宝2年に「任＿諸国国師＿」⁽³⁴⁾とあり、中央で任命し、地方へ派遣し、地方仏教の管轄と指導にあたらせ、僧尼の統轄や教典の講説を行わせた。天平16年（744）の勅⁽³⁵⁾には国司に負わせた国分寺造営が進展しないことから、「国分寺造営を督促するため、勅は、国師が親臨検校し、早くつくりあげ、用糧造物の子細を勘録して僧綱所へ申告すること、なお、一切の諸寺に関しても同様であることを令した⁽³⁶⁾」ようで、国分寺造営の指導権を国司と国師に分有したようである。また、天平19年（747）にも国司は検定使や国師とともに勝地をえらび、営繕を加えよ⁽³⁷⁾とあり、この段階で郡司に協力を求めていることは注目される。天平宝字8年（764）の官符⁽³⁸⁾について井上薫は、造寺料稲などが国司によってほかの目的に消費されるのを禁じ、造寺に熱意のない国司をいましめ、寺と僧とを国郡司の非法から保護し、封戸収入や佃稲地子などの管理権を国司から寺家に回収し、その支出に国司の関与を認めるが、国司の処分を聞いてから行わせ、仏教保護に力をいれ、国郡司の非法を禁圧

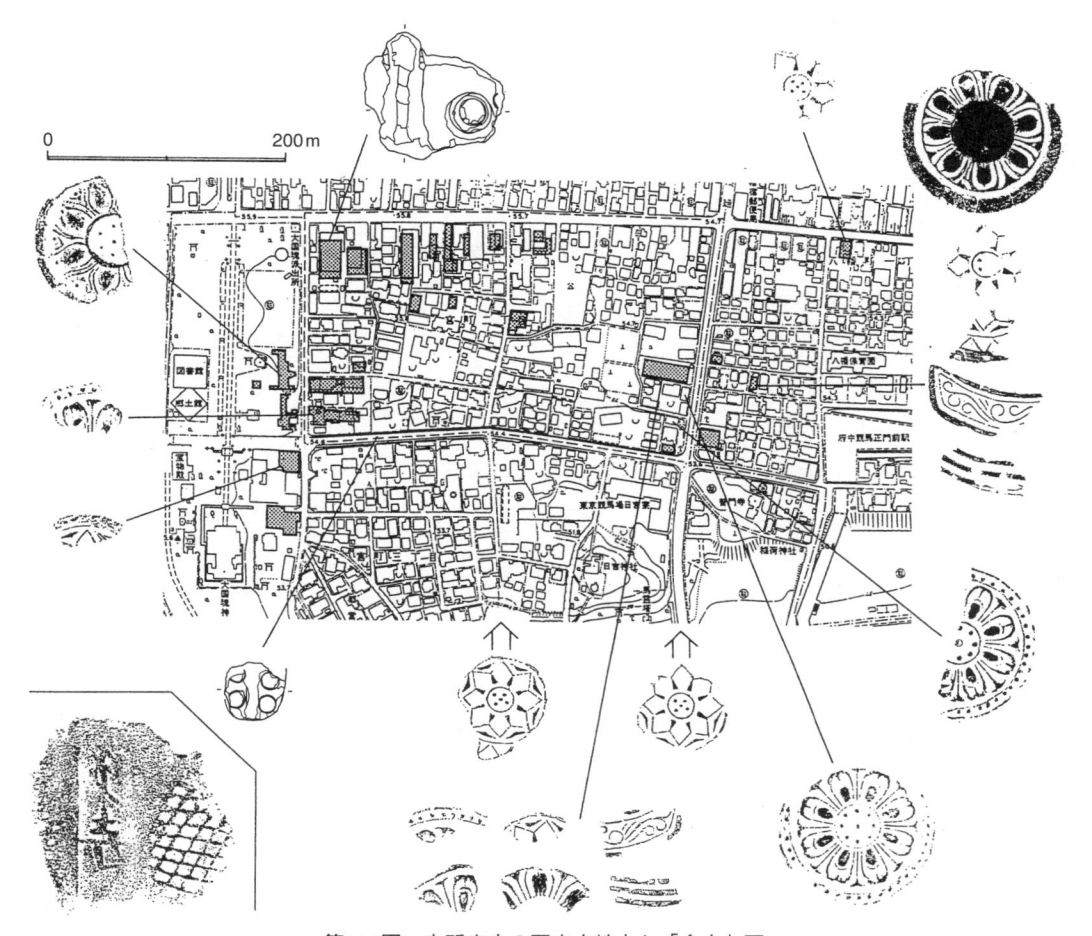

第132図　京所廃寺の瓦出土地点と「多寺」瓦

する、とあることから、道鏡が国分寺造営や経営の主導権を国師の手に回収しようとする意図が読み取れるという(39)。道鏡はまた、宝亀元年（770）、国師を国ごとに4人か3人に増員し優遇している(40)。

ところで井上薫は、国師の居処について、「国師所」「国師務所」から国分寺建立以前は国衙、建立以後は国分寺に国師の居処がおかれたであろうとした(41)。同様に八木充も、「近江国府から国分寺国師所に牒を発したことが知られる(42)」と、国分寺にあったと考えられている。

国師の役所については正倉院文書に3例ある。大宰府から「国師所」へ出された大宰府下の観世音寺、国分僧尼寺、定額寺に規定の墾田開発の許可について承知せよというもの(43)、出雲国員外掾大宅朝臣船人が「国師務所」へ出した、東大寺へ家地を寄進したことを届けたもの(44)、さらに近江国府から「国師所」へ出された、死去した国分寺僧最寂に変わり、三津首廣野を得度させることについて承知せよ、という例があるが(45)、それぞれ天平勝宝元年（749）、宝亀3年（772）、宝亀11年（780）で、いずれも国分寺創建以降である。大宰府については「国師所」は各国分寺ではなく大宰府に置かれたと考えられ、大和についても総国分寺である東大寺にあったか疑問である。近江国文書からは不明確であることから、その他の各国の国師（務）所の所在地は文献から探る

ことは困難である。
　これに対して木下良は、遺跡から見るに国分寺設置後も国府付属寺院は修復を加えつつ存続していることから、国師は国分寺完成後もここに居住したと考えた。そして「国師の活動の場として成立した国府付属寺院は、鎮護国家の祈念の場であると同時に、国内の寺院・僧尼を監督する行政機関という二面の機能を本来持っていた」が、国分寺建立以後は「国分寺はより宗教的な側面を分担し、国府付属寺院はもっぱら行政的な部分を専当するようになった」ことが、国府付属寺院が存続する理由であると考えられた。
　確かに武蔵国分寺で平城宮系瓦を導入した直後（有吉Ⅰｃ期）の国分寺創建後半期に、京所廃寺でも剣菱文軒丸瓦、軒平瓦Ｂ類を葺くことは、寺の存続を意図することであり、ここが国師の居所であった可能性が大きい。
　さらに京所廃寺に国分寺に見られる郡名瓦が多数発見されること、国分寺瓦窯でもあった大丸瓦窯跡で京所廃寺第Ⅱ期の剣菱文軒丸瓦と軒平瓦Ｂ類を焼成したことは、国分寺造営を進める国師と京所廃寺を結びつけるものであろう。
　天平19年（747）の詔には、国司が国師とともに造営を進めること、造営には仕事のできる郡司にあたらせ、3年を限って完成させようとした。そして、もしつくり終えたならば、郡司の職を子孫まで保障するとした。おそらく、これ以降郡司の協力は得られたようで、武蔵国分寺にも各郡の郡名瓦が見られる理由であろう。京所廃寺第Ⅱ期の剣菱文軒丸瓦、軒平瓦Ｂ類の国府周辺への分布は、天平19年の詔の郡司への協力要請と関わりがあろう。しかし、福田が述べるように、「国分寺造営に深く参画した郡司、郷長クラスが、その見返りとして私寺造営を許可された」と考えた場合、剣菱文軒丸瓦の生産開始が国分寺の完成に至っていない段階であり、見返りの瓦と見るには生産開始時期が早すぎよう。また、仮に見返りと見た場合、剣菱文軒丸瓦、軒平瓦Ｂ類などが変遷しており、どの瓦を見返りの瓦とするか問題である。すなわち、剣菱文軒丸瓦は当初国府付属寺院と推考される京所廃寺に使用されていること、その後国府周辺部に広がったという変遷を考える必要があるため、国分寺と直接結びつけることはやはりできなくなる。
　剣菱文軒丸瓦が、国府付属寺院から剣菱文軒丸瓦出土遺跡へ広がるという関係は、前述したようにそこに国司が介在し、郡司・郷長クラスが私寺造営を許可されたと考えるよりも、出土瓦から国分寺と国府付属寺院の関係が強く、さらに国府付属寺院から剣菱文軒丸瓦出土遺跡へと広がったという、「国分寺・国府付属寺院→剣菱文軒丸瓦出土遺跡」の関係が強調できよう。そして、そこに介在するのは国司とともに、国府付属寺院が居所と推測される国師の存在が大きく浮かび上がり、国師と郡司層、京所廃寺（＝国府付属寺院）と剣菱文軒丸瓦分布遺跡（郡寺？）の関わりがより強いと考えられよう。また、この時期このような関わりが持てたこと、軒平瓦Ｂ類が国分寺の軒平瓦Ａ類の祖形を模倣できたこと、新しく軒丸瓦を創出できたことなど、この時期国師が国分寺、地方寺院に対して指導的役割を行使できていたことが指摘できる。それは、天平宝字8年（764）、国師の権限強化、宝亀元年（770）の国師増員という、道鏡政権による政策とも関わりを持っていよう。
　最後になったが、先に疑問とした国府付属寺院の性格を想定できる京所廃寺に、なぜ郡寺を推

第 4 章　瓦生産と寺院跡　373

1. 京所廃寺（創建期・第126図 2）
2. 京所廃寺（1a類） 
3. 京所廃寺（1a類・第126図 4） 
4. 京所廃寺（1類異笵・第126図10） 
5. 大丸瓦窯跡10号窯（1b類・第129図 3） 
5. 大丸瓦窯跡 4 号窯（1c類・第129図 8） 

第133図　京所廃寺および関連遺跡出土瓦（1）

7. 寺尾台廃寺（1d類・第130図2） 　　　8. 武蔵国分寺（2類・第127図1）

9. 落川遺跡（3類・第130図10） 　　　10. 岡上廃寺（4類・第130図11）

2の部分拡大　　　　5の部分拡大　　　　7の部分拡大（三角は同笵位置）

第134図　京所廃寺および関連遺跡出土瓦（2）

定しうる「多寺」瓦が出土するかであるが、憶測するに、この国師と郡司層の関わりの中からもたらされたと考えられよう。「多磨寺」自体、案外近い場所にあった可能性があろう。今後、東西450mの広い瓦出土地のうち、どこが京所廃寺の範囲であるのか検討の待たれるところである。

7. まとめ

① 剣菱文軒丸瓦は、国分寺創建後半期に出現した瓦である。
② 剣菱文軒丸瓦、軒平瓦B類は、国府付属寺院と考えられる京所廃寺の差し替え瓦としてつくられた。
③ 剣菱文軒丸瓦の系譜は、後に寺尾台・染地→中和田・落合→岡上など、多摩川流域を中心とした国府周辺に分布する。
④ 一方、軒平瓦A類とC類は国分寺所用瓦としてつくられ、それには剣菱文軒丸瓦はセットにならない。
⑤ 京所廃寺の性格は、出土瓦から国府付属寺院の可能性が指摘でき、8世紀後半にも存続したことが想定できることから、国師は国分寺建立後もここに居住したと考えられる。
⑥ ②・③から、剣菱文軒丸瓦は、国府と関わりの深い郡司など地方豪族の寺などへ供給された瓦と考えられ、その開始時期から国分寺造営参画の見返りというよりも、国府に対する国府付属寺院と同様、各地の役所、あるいは郡司層クラスの豪族と結びついた寺などであろう。その契機については国分寺で平城宮系軒平瓦を導入した造営後半期であることから、国分寺との関わりも否定できないが、直接的には国府付属寺院との関わりが強いと考えられる。

註
(1) 内藤政恒 1954『川崎市菅寺尾台瓦塚廃堂址調査報告』川崎市文化財調査報告第1冊　川崎市
(2) 駒沢大学考古学研究会 1968「川崎市菅寺尾台廃堂址発掘調査概報」『先史』5
(3) 福田健司 1978「南武蔵における奈良時代の土器編年とその史的背景」『考古学雑誌』64-3　日本考古学会　33-34頁
(4) 福田健司ほか 1979『調布市染地遺跡－第Ⅷ地区A・B地点－』調布市埋蔵文化財調査報告7　調布市教育委員会　39-40頁
(5) 有吉重蔵 1982「武蔵国分寺跡出土の平城宮系瓦について」『東京考古』1　東京考古談話会同人　92-94頁
(6) 有吉重蔵 1986「遺瓦からみた国分寺」『国分寺市史』上巻　539頁
(7) 福田健司ほか 1986『日野市落川遺跡調査略報－59年度－』日野市落川遺跡調査会　23頁
福田健司 1988「日野市落川遺跡」『多摩のあゆみ』52号　多摩中央信用金庫101頁に分布図掲載
(8) 加藤修ほか 1987「№513」『多摩ニュータウン遺跡　昭和60年度第4分冊』(財)東京都埋蔵文化財センター　119-122頁
(9) 内藤は註(1)の46頁で、岡上廃寺の瓦は剣菱文軒丸瓦の系譜を引いていると述べられている。
(10) 京所廃寺、国府域の瓦については府中市遺跡調査会荒井健治、塚原二郎の両氏、府中市博物館深澤靖幸氏にご教示いただくとともに、実見させていただいた。
(11) 大丸瓦窯跡群の資料は、加藤修氏にご教示いただくとともに実見させていただいた。

(12) 加藤修ほか 1982『多摩ニュータウン遺跡－No.513遺跡Ⅰ－』(財)東京都埋蔵文化財センター調査報告第3集
(13) 寺尾台廃寺、岡上廃寺の資料は、川崎市市民ミュージアム増子章二氏にご教示いただくともに実見させていただいた。
(14) 国分寺の資料は有吉重蔵氏の案内で、国分寺資料館にて実見した。
(15) 落川遺跡の資料は、福田健司氏にご教示いただくとともに実見させていただいた。
(16) 落川遺跡例は未発表であるにもかかわらず、ご教示および実見させていただくとともに、引用の許可をいただいた。
(17) 註(6)文献
(18) 胎土および国分寺、寺尾台廃寺から出土することから、大丸瓦窯跡群の可能性が高い。採集地不明であるものの、以前大丸窯跡群で採集されている(第129図17)。しかし、この同笵は国分寺には出土していない。
(19) 註(1)文献46-48頁
(20) 註(6)文献
(21) 註(8)文献
(22) 註(8)文献120頁の8-11行
(23) 註(8)文献102頁の23-24行
(24) 註(8)文献101頁の19-21行
(25) 註(8)文献104頁の9-12行で、第1・第2焼成面には構築材としての瓦は用いられていないとあることから、第2次焼成面の瓦の層位であろうか。
(26) 国平健三氏にご教示いただいた。
(27) 福田健司ほか 1988『日野市落川遺跡調査概報』Ⅵ 日野市落川遺跡調査会
(28) 有吉は、創建瓦をⅠa期、Ⅰb期、Ⅰc期の3期に分けられたが、Ⅰa期は天平13～20年(741～748)、Ⅰb期は天平感宝元年～天平勝宝7年(749～755)、Ⅰc期は天平勝宝8～天平宝字8年(756～764)と考えられた。Ⅰc期は平城宮系の文様が取り入れられた時期とされる。
(29) 大場磐雄 1942「武蔵国分尼寺跡について」『武蔵野』32－34（同 1975『大場磐雄著作集』第4巻(歴史考古学論考)雄山閣に集録)
(30) 宇野信四郎 1968「武蔵国分寺の文字瓦－窯跡出土例を中心に－」『日本歴史考古学論叢』2 雄山閣 237頁
(31) 木下良 1988『国府 その変遷を主にして』(教育社新書)教育社 168頁（鬼頭清明は、国司の行う仏教行事を国府付属寺院で行うという固定した制度はないとしながらも、「国府・国庁に近い国府付属寺院といわれるものが国司の行う仏教行事のにない手として選定され利用された可能性は高いのではないだろうか」とされた。鬼頭清明 1989「国府・国庁と仏教」『国立歴史民俗博物館研究報告』20集《共同研究「古代の国府の研究」続》125頁)
(32) 園村維敏 1981「瓦・塼」『武蔵国府関連遺跡調査報告』Ⅳ 府中市埋蔵文化財調査報告第4集
(33) 瓦の出土範囲は、国府推定地の中でも東南にあたるが（第131図）、その面積が広く寺域については今後検討が必要である。
(34) 『続日本紀』大宝2年2月20日条（『国史大系』14頁)
(35) 『類聚三代格』天平16年10月17日勅（『国史大系』111頁)
(36) 井上薫 1966『奈良朝仏教史の研究』吉川弘文館 280頁

(37) 『続日本紀』天平19年11月7日条（『国史大系』193頁）
(38) 『類聚三代格』天平宝字8年11月11日官符（『国史大系』109頁）
(39) 註(36)文献302頁
(40) 註(36)文献325頁
(41) 註(36)文献324頁
(42) 八木充 1986「国府の成立と構造－文献史料からみた－」『国立歴史民俗博物館研究報告』10集(共同研究「古代の国府の研究」) 330頁
(43) 「大宰府牒符案」『大日本古文書』24 603頁
(44) 「出雲国員外掾大宅朝臣船人牒」『大日本古文書』6 389頁
(45) 「近江国府牒」『大日本古文書』6 604頁
(46) 註(31)鬼頭論文170-172頁
(47) 郡名瓦の見られる20郡（武蔵国は21郡）のうち13郡が確認されている。また、塼は国分寺が長方形で、押印の郡名がほとんどないのに対して、国府では方形塼で陽刻押印、陰刻押印などの郡名が15郡あるという。
(48) 福田が考えるように、この時期武蔵国で郷長クラスが私寺を建てられたか疑問である。確かに多摩郡など複数の寺が存在することになるが、『出雲国風土記』を見るに、寺院11か寺のうち、郡司層が建てた寺は7か寺ある。1郡の中に郡司層の建てた寺が2か寺あるのは、神門郡では朝山郷新造院を大領神門臣等が、古志郷新造院を主帳刑部臣達が建てた例があり、また、大原郡でも斐伊郷新造院を大領勝部臣虫麻呂が、屋裏郷新造院を現少領伊去美の従父兄前少領額田部臣押嶋が建てた例がある（宇佐美正利 1984「郡司と寺院建立」『歴史公論』第10巻7号 雄山閣）。一郡複数寺の存在から、剣菱文軒丸瓦などの分布遺跡から寺院と確定した場合、郡司層の建てた寺としても問題はないであろう。

南武蔵で最大規模の橘樹郡影向寺跡は、創建瓦が北武蔵の勝呂廃寺に見られる棒状子葉を持つ単弁8葉軒丸瓦と同類であるが、外区に線鋸歯文を持つ特徴的な瓦である。また、ここからは凸面布目を持つ平瓦も出土していることから、7世紀末から8世紀初頭には建立されていたと考えられる。

橘樹郡には影向寺跡のほか寺尾台廃寺も存在するが、規模の点からどちらも郡司層の建てた寺院と考えられ、影向寺跡を核としたグループを考える必要があろう。

ところで、大丸瓦窯跡1～3号窯は、有階有段の瓦窯跡で、1号窯は瓦窯の階段を埋めるように砂を入れ、無段の登窯として須恵器を焼成している。この須恵器は8世紀第1四半期に置けることから、瓦窯はそれ以前、8世紀第1四半期かそれ以前と考えられる。瓦の供給先は不明であるものの、筆者は影向寺跡が最有力と推測している。とすると、8世紀中葉以降、国府、国分寺の官窯的窯跡群であった大丸窯跡群が、それ以前は南多摩で最古、最大規模を誇る影向寺跡と関わりを持つとすれば、あるいは、影向寺跡を中心とするグループも、8世紀前半に界外国府との関わりを持っていたかもしれない。その傍証として、寺尾台廃寺に1例であるが、影向寺跡の外区に鋸歯文が巡る細弁子葉単弁軒丸瓦の鋸歯文部分が出土すること、また、岡上廃寺と影向寺跡でも同笵の8葉軒丸瓦が出土することからも、寺尾台・岡上廃寺を介して影向寺跡と国府が関わりを持っていたであろう。

補記 深澤靖幸は「多寺」銘平瓦、塔心礎から多磨寺＝郡寺を想定し、国府付属寺院の存在を否定した。また、「多研」銘陶硯から多磨郡家も国府内にあったとする（1996「国府の中の多磨寺と多磨郡家」『国史学』156 シンポジウム古代東国の国府と景観）。その後、「多磨寺」銘瓦が出土したことからも、国府内に存在したことは確かであろう。創建記の単弁8葉軒丸瓦（第126図1・2）がどこで使われたのか、国府付属寺院が存在しなかったのか、今後の課題としたい。

第6節　北武蔵の寺院と交叉鋸歯文縁軒丸瓦

はじめに

　武蔵国の複弁8葉軒丸瓦は、児玉町飯倉金草窯跡に代表される直立縁の内壁に交叉鋸歯文を持つ複弁8葉軒丸瓦と、毛呂山町西戸丸山窯跡・浦和市大久保領家廃寺出土の傾斜縁に交叉鋸歯文を持つ複弁8葉軒丸瓦、坂戸市勝呂廃寺・岡部町寺山遺跡出土の傾斜縁に交叉波状文縁を持つ複弁8葉軒丸瓦の大きく分けて3種が知られている。

　この複弁8葉軒丸瓦の変遷については、すでに高橋一夫が検討を行い、下野薬師寺→常陸新治廃寺→女影廃寺の系譜から、茨城県協和町新治廃寺と同笵の日高市女影廃寺例を女影廃寺系とし、北関東における複弁8葉軒丸瓦の初現とした。そこからA系統の西戸丸山窯跡・大久保領家廃寺、B系統の勝呂廃寺・寺山遺跡、C系統の金草窯跡などの3系統に分かれるとした。

　この複弁8葉軒丸瓦のうち、高橋のA系統、B系統が同笵で、周縁の改笵が行われたものであることが判明した。笵が移動したため同笵の広がりは武蔵・上野の二国にまたがり、総延長78kmにおよぶことになった。本節ではこの瓦の再検討と笵の移動した意義について検討を試みようとするのが目的である。

1. 西戸丸山系交叉鋸歯文縁複弁8葉軒丸瓦

　これは高橋のA系統と同じであり、以下これを西戸丸山系軒丸瓦とする。この瓦の特徴は、斜縁に交叉鋸歯文が巡ることである。

　西戸丸山窯跡出土例（3、以下（）内の数字は第136図から第138図の番号に対応する）と、同笵は小用廃寺、大久保領家廃寺（1）、熊谷市西別府廃寺（2）にある。完形である大久保領家廃寺例と西別府廃寺西戸丸山系を比較すると、大久保領家廃寺例は中房に笵傷がないのに対して、西別府廃寺西戸丸山系は数条の細く浅い木目状の笵傷が見られる。また、弁8b（第139図）の弁端には、西別府廃寺西戸丸山系、大久保領家廃寺例ともに木目状の笵傷が見られることから、確認できたうち最古段階の大久保領家廃寺例も、生産の経過した笵が使用されたようである。いずれにしても大久保領家→西別府廃寺西戸丸山系の前後が判明した。

　さて、西戸丸山窯跡と大久保領家廃寺は26km、同じく西別府廃寺とは25kmをとほぼ等距離であるが、これらの瓦はどこで生産されたのであろうか。

　まず、大久保領家廃寺と西別府廃寺西戸丸山系の胎土と技法を比較すると、前者は白色粒を多量に含み砂っぽく、瓦当背面をヘラ削り整形を行うが、後者は前者に比べ粘性が強く、瓦当背面は指頭痕によるナデ整形しており、生産地の違いが想定できる。すなわち、大久保領家廃寺例は西戸丸山窯例の瓦当背面と同様ヘラ削り整形されていることから、西戸丸山窯跡から供給された可能性が高い。大久保領家廃寺の位置する鴨川下流域の一帯、大宮北西部から浦和市北西部にかけては、南比企丘陵で生産された瓦が分布することからも首肯できよう。それに対して西別府廃寺西戸丸山系は瓦当背面をナデ整形することから、その類例を探すならば後述する金草系交叉鋸

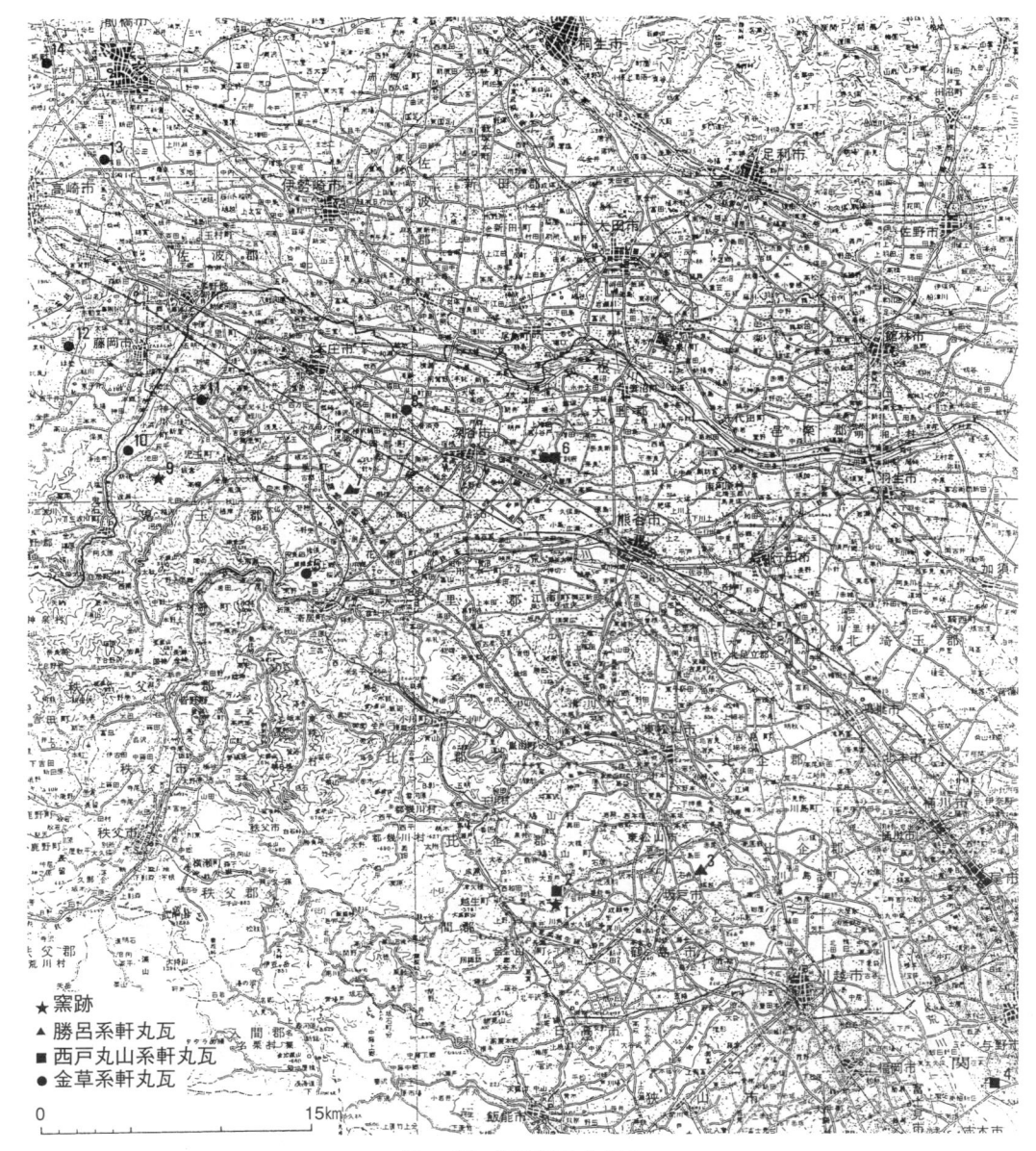

第135図　関連遺跡分布図
1:西戸丸山窯跡　2:小用廃寺　3:勝呂廃寺　4:大久保領家廃寺　5:馬騎の内廃寺　6:西別府廃寺　7:寺山遺跡
8:岡廃寺　9:金草窯跡　10:城戸野廃寺　11:皂樹原廃寺　12:山王久保廃寺　13:浄土ヶ原遺跡　14:上野国分寺

歯文縁複弁8葉軒丸瓦が同一技法で、西別府廃寺出土の金草系交叉鋸歯文縁軒丸瓦と胎土が類似していることからも、金草窯跡を含めた北武蔵で生産された可能性が高い。西別府廃寺では金草系交叉鋸歯文縁軒丸瓦が多く出土することからも首肯できよう。

2. 金草系交叉鋸歯文縁複弁8葉軒丸瓦

これは高橋のC系統と同じであり、以下金草系軒丸瓦とする。この瓦の特徴は、素文の直立縁

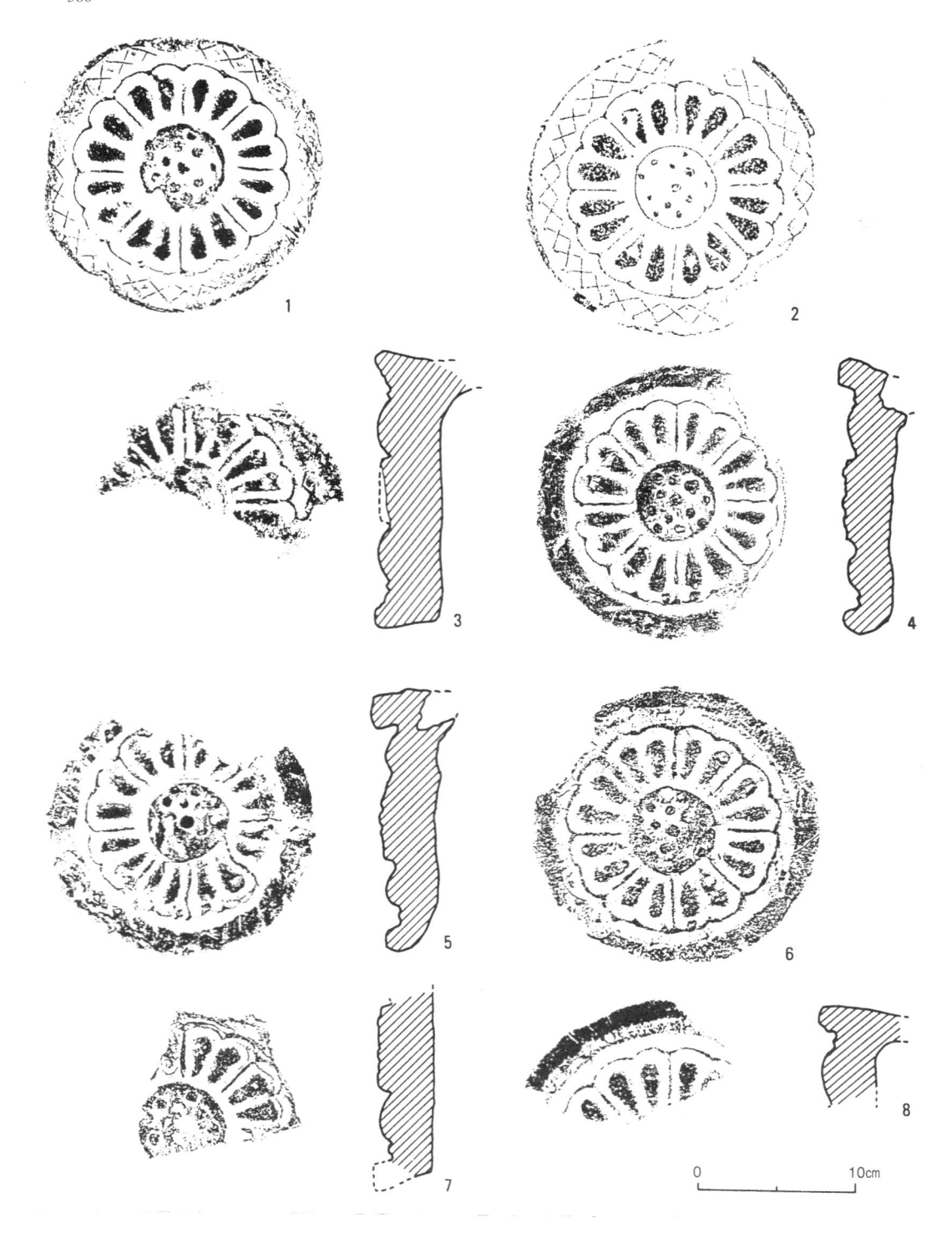

第136図　交叉鋸歯文縁軒丸瓦（１）（８を除いて同笵位置に配置する）
1:大久保領家廃寺　2:西別府廃寺　3:西戸丸山窯跡　4〜6:金草窯跡　7・8:馬騎の内廃寺

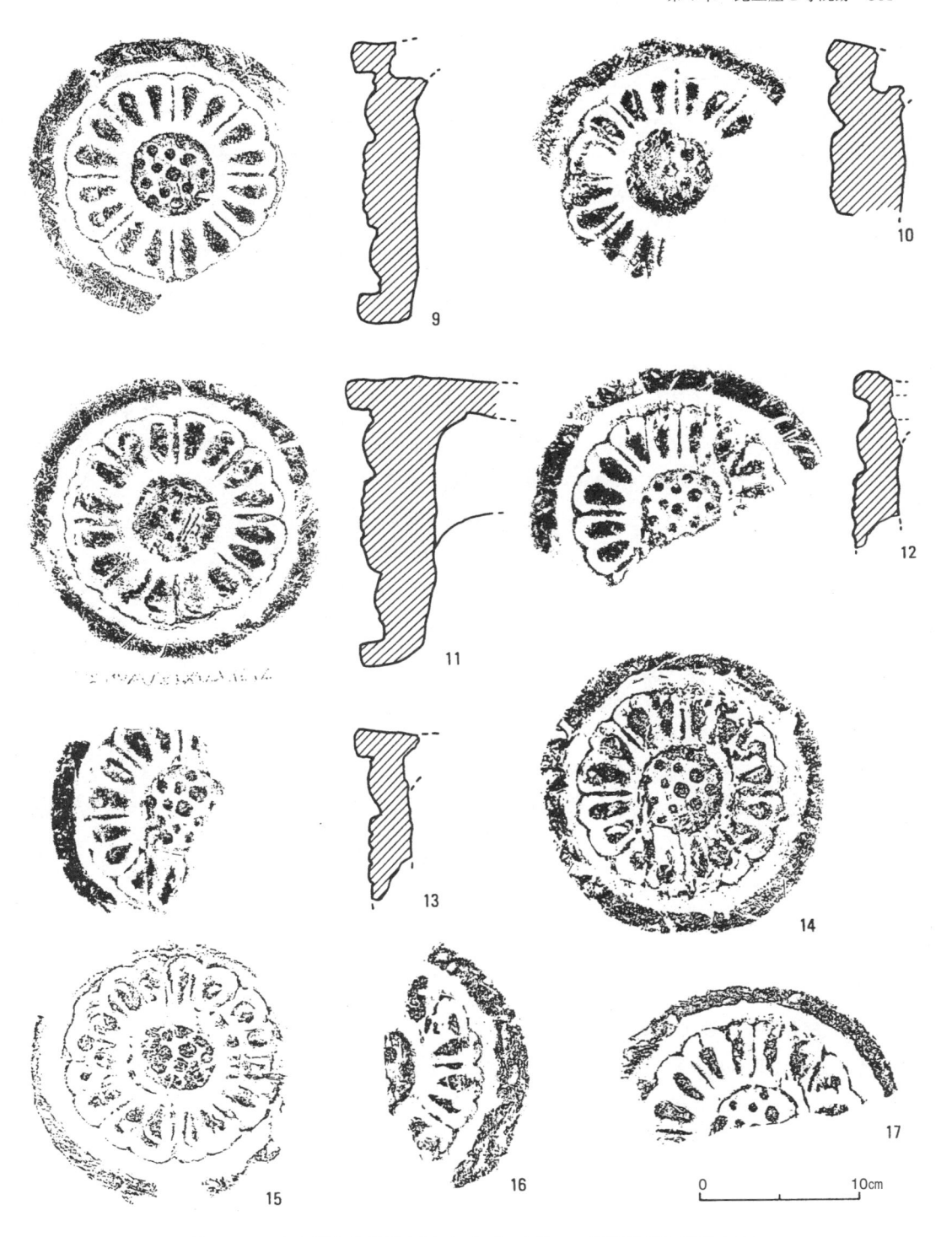

第4章 瓦生産と寺院跡 381

第137図 交叉鋸歯文縁軒丸瓦（2）（15を除いて同笵位置に配置する）
9:皂樹原遺跡　10・11:岡廃寺　12〜14:城戸野廃寺　15〜17:山王久保遺跡

であるが、その内壁に交叉鋸歯文が見られることである。

　金草窯跡出土例（4〜6）に類似するのは、神川町城戸野廃寺（12〜14）、同皂樹原廃寺(9)（9）、岡部町岡廃寺(10)（10・11）、熊谷市西別府廃寺、寄居町馬騎の内廃寺（7・8）のほか、県外では藤岡市山王久保遺跡（15〜17）、高崎市浄土ヶ原遺跡（18）、群馬町上野国分寺（19〜21）(11)の荒川以北、利根川以西で、南北・東西とも約30kmの範囲に分布する。

　金草系軒丸瓦は、中房の周縁と弁の接したところが高くなっており、弁にも木目に沿った笵傷が見られることから、笵の磨耗が進んでいることが分かる。

　金草窯跡例と皂樹原廃寺例、馬騎の内廃寺例、岡廃寺は、すでに中房に並行した幾筋もの笵傷が走る。また、弁5（第139図）の中房寄り、弁4bと弁5aの弁端にも木目に沿った笵傷が走る。しかし金草窯跡、皂樹原廃寺例と、西別府廃寺金草系を比較すると、後者の中房あるいは弁にはさらに笵傷が明瞭となる。特に弁3と4の境の中房に接した部分の傷が深くなり、弁4と5の境が笵傷のため蛇行する。また、弁4・5の弁端は笵傷で文様が不鮮明となる。このことから、金草窯跡・皂樹原廃寺・岡廃寺・馬騎の内廃寺→西別府廃寺金草系の前後関係が明らかである。しかし、金草窯跡には弁3と4、弁4と5の境が蛇行する例（5）（これを金草窯Ⅱとし、笵の崩れの少ないものを金草Ⅰとする）もあることから、西別府廃寺も金草窯跡から供給されたことは確実である。さらにこれを断面形で比較すると皂樹原廃寺（9）、岡廃寺（11）、馬騎の内廃寺例（7）は側部を外周に沿って丁寧にナデるため、側縁から背面にかけて角ができるが、金草窯Ⅱ（5）、西別府廃寺金草系は指で押圧するだけで終わるため、緩やかな曲線を描く新しい傾向が見られる(12)。

　城戸野廃寺(13)および山王久保・浄土ヶ原遺跡・上野国分寺では弁8の弁端、弁2の弁端と、弁2の中房寄りから弁1にかけて笵傷が現れる。また、すでに西別府金草系に現れていた弁5の弁端中央から弁6の中房にかけての笵傷が、さらに太く明瞭になり、全体に弁の崩れが著しく、ほかの類例と比較しても瓦当が薄く、整形も雑になり、これらが金草系で最も後出の製品である。このように笵傷の進行状況から判断するならば、最も新しい製品は武蔵国でも国境に近いところと、上野国に分布することが判明した。このような笵傷の進行から金草系軒丸瓦は、金草Ⅰ・皂樹原・岡・馬騎の内→金草Ⅱ・西別府金草系→城戸野・山王久保・浄土ヶ原・上野国分寺の製作順序が想定できよう。

3. 勝呂廃寺系交叉波状文縁軒丸瓦

　これは高橋のB系統と同じであり、本来これを寺山廃寺系とすべきかもしれないが、勝呂廃寺を代表する瓦でもあることから、あえて勝呂廃寺系軒丸瓦とする。

　この瓦の主体は坂戸市勝呂廃寺にあるものの、1例だけ約29km北西に離れた岡部町寺山遺跡(14)に見られる。すでに繰り返し述べているように、寺山遺跡例（22）は復元面径は約16cmと小型で、複弁の弁端それぞれが桜花状になり、傾斜縁には交叉波状文が推定16単位で巡り、蓮子は高く1＋6＋6で、弁は周縁よりも突出し、肉厚で立体的である。これを最も古いと考えA類とした。

　勝呂廃寺には複弁系と単弁系があり、複弁（23）は1種類だけで面径は約20cmと大きくなり、交叉波状文は16単位である。蓮子は低く、1＋5＋10で、弁はまだ肉厚である。これが勝呂廃寺で

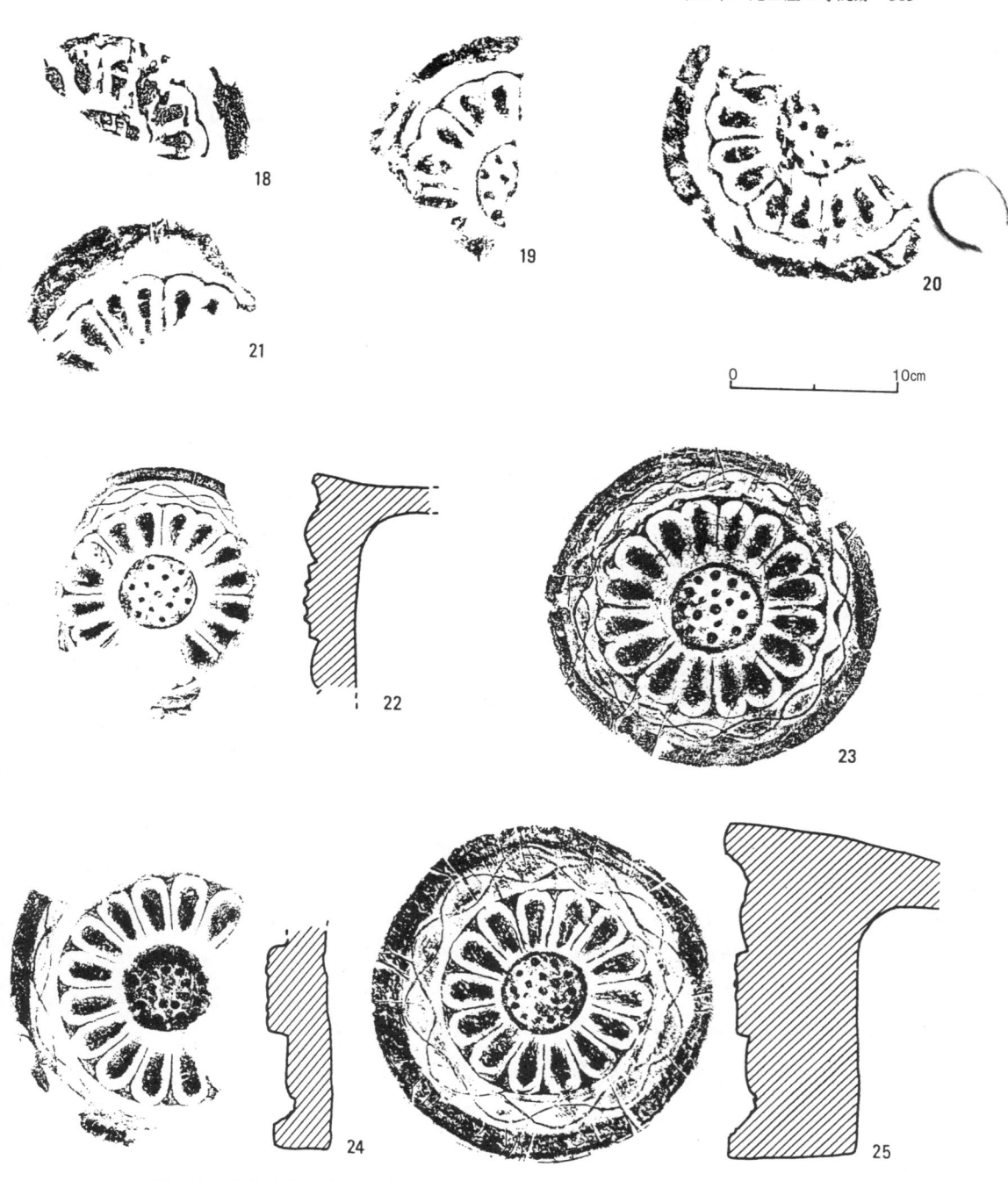

138図　交叉鋸歯文縁軒丸瓦と交叉波状文縁軒丸瓦（18～20は同笵位置に配置する）
　　　18:浄土ヶ原遺跡　19～21:上野国分寺　22:寺山遺跡　23～25:勝呂廃寺

は最も整い、寺山遺跡から伝播した複弁系と考えB類とした。

　第4章第1節で述べたように、勝呂廃寺の軒丸瓦はB類のほかにC・D類があり、技法等から複弁系のB類（23）が古いようである。

　C類（24）は面径はB類と同様であるが、単弁15葉で、外区の交叉波状文は13単位と少なくな

る。蓮子は1+9+9で、弁は低く扁平になる。

D類（25）は単弁14葉になり、弁の割付が均一でなくなる。交叉波状文も12単位と少なく、蓮子は1+6+11である。弁は短くなるが、傾斜縁と周縁が幅広くなるため、C類に比べ面径が大きくなる。

このように交叉波状文縁を持つ軒丸瓦は、複弁から単弁へ、また弁数と交叉波状文の減少からA→B→C→D類の変遷をすると考えられる。

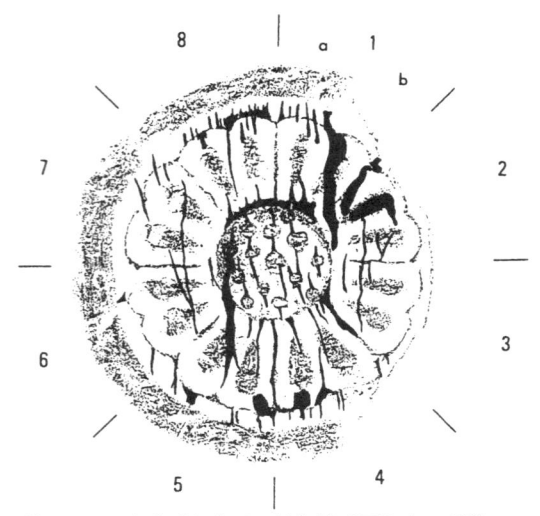

第139図　金草系軒丸瓦の笵傷模式図と弁の呼称

4. 系譜について

西戸丸山系軒丸瓦と金草系軒丸瓦は、外区について前者が傾斜縁であるのに対して、後者は直立縁であることから、それぞれ別の笵だと考えられてきた。しかし、弁の割り付け部分のずれや弁の大きさ、蓮子の配置、笵傷までもが一致することから、同一笵であることが確認でき、前者の外区部分を削り取り、直立縁の内壁に改めて交叉鋸歯文を彫り直したものが後者であることが判明した。おそらく後者の外区部分の笵は削り取られて無かったと想定できるのは、後者のいずれもが笵に入れられた痕跡が見られないことからである。後者の周縁と側縁は、交叉鋸歯文を笵から写し取るときに押圧したため周縁が歪つになり、指頭痕が明瞭に見られることが特徴である。

改笵の原因については、西戸丸山系軒丸瓦の中でも確認できる最も古い大久保領家廃寺例でさえ、中房には笵傷は見られないものの、弁1と8（第139図、数字は弁の位置）の境の交叉鋸歯文部分に笵傷が見られる。その笵傷は新しくなるほど深く、弁が崩れていることから、周縁も笵割れを起こしていた可能性が高く、そのため周縁を削り取り、元あった交叉鋸歯文を彫り直したのであろう。しかし、それでも笵割れが治まらなかったようである。

この変遷をまとめると以下のようである。

　　　西戸丸山＝大久保領家→西別府西戸丸山系→金草Ⅰ＝皂樹原・岡・馬騎の内→金草Ⅱ＝西別府金草系→城戸野・山王久保・浄土ヶ原・上野国分寺

さらにこれに勝呂系軒丸瓦を加えて系譜を検討すると、以下のようにA案、B案が想定できる。

【A案】

　　　　　　　　　　→（Y窯＝）寺山→（Z窯＝）勝呂複弁系
　　　　　　　　　　　　→勝呂単弁系Ⅰ→勝呂単弁系Ⅱ

西戸丸山窯＝小用・大久保領家→（X窯＝）西別府西戸丸山系→金草窯Ⅰ＝皂樹原・岡・馬騎の内→金草窯Ⅱ＝西別府金草系→城戸野・山王久保・浄土ヶ原・上野国分寺

【B案】

(Y窯＝) 寺山─(Z窯＝) 勝呂複弁系→勝呂単弁系Ⅰ→勝呂単弁系Ⅱ

　　　　　　　└→西戸丸山窯＝小用・大久保領家→(X窯＝) 西別府西戸丸山系→
　　　　　　　　金草窯Ⅰ＝皀樹原・岡・馬騎の内→金草窯Ⅱ＝西別府金草系→城
　　　　　　　　戸野・山王久保・浄土ヶ原・上野国分寺

　この2案について、次に検討してみよう。

5. 笵の移動と瓦の分布

　前述したA案とB案の当否はどちらであろうか。

　B案は、寺山遺跡の蓮子が均一な半円形の高まりを持ち、配列も整い、唯一複弁の弁それぞれの弁端が桜花状になることから、それを初現とする考えであるが、交叉波状文の創出がどのような系譜を引いているのか疑問である。その点、交叉鋸歯文の創出は当時の線鋸歯文あるいはその組合わせが流布していたことから、A案の西戸丸山窯・大久保領家廃寺例を初現とする考え方は可能性がある。同様な例は、千葉市千葉寺廃寺出土の複複弁4葉軒丸瓦の周縁の線鋸歯文が、交叉鋸歯文に変遷する例がある[16]。また、陸奥にも同様に斜縁に交叉鋸歯文を施す複弁6葉軒丸瓦が広く分布しているが、これを下野薬師寺の面違鋸歯文縁複弁8葉軒丸瓦の変遷の中にその祖型を求める考え[17]もあることからも、武蔵国に分布する交叉波状文縁軒丸瓦は交叉鋸歯文縁軒丸瓦から変遷することは容易に起こり得たであろう。

　寺山廃寺の交叉波状文は、勝呂廃寺の後続種と比較した場合、古いと考えた寺山廃寺例の方が交叉波状文の単位の間隔が狭いことからも、遡源は鋸歯文にあったことが想定できる。また、交叉波状文を持つ軒丸瓦の外区周縁は無文帯であるが、この幅は遡る寺山廃寺例の方が狭いが、西別府西戸丸山系にもわずかに無文帯が見られることから、寺山廃寺の交叉波状文縁軒丸瓦は西別府西戸丸山系に系譜をたどることが可能であろう。

　さらに、勝呂廃寺に多く出土する交叉波状文縁軒丸瓦(第138図25)の製作技法の特徴として、瓦当笵に粘土を2枚重ねて入れたような、瓦当部二枚重ね技法と呼ぶべきつくりがある[18]。これは武蔵国分寺創建期の大丸瓦窯跡群、南比企窯跡群で製作された瓦に見られる技法であり、勝呂系軒丸瓦は国分寺創建期により近い時期と想定できる。

　武蔵国分寺の創建期の文様意匠の一つに上野系細弁軒丸瓦があるが、この瓦は武蔵では荒川以北の中でも上野国との国境近くの旧賀美郡、児玉郡に分布している[19]。この細弁系と金草系軒丸瓦が共に出土する遺跡は城戸野廃寺、皀樹原廃寺であり、金草系軒丸瓦に組み合う平瓦が桶巻造りであることから、武蔵国分寺に連なる細弁系よりも後出するとは考えられず、金草系軒丸瓦は、細弁系と同時期かそれ以前であり、創建期よりも時間的には遡ると考えられる。

　以上のことから、A案の可能性が高いことが想定できる(第140図)。すなわち、交叉鋸歯文縁軒丸瓦は、笵割れの進行状況から以下の5段階に分けられる(第141図)。

　第1段階：比企郡の西戸丸山窯[20]で生産された西戸丸山系軒丸瓦が、比企郡小用廃寺、足立郡

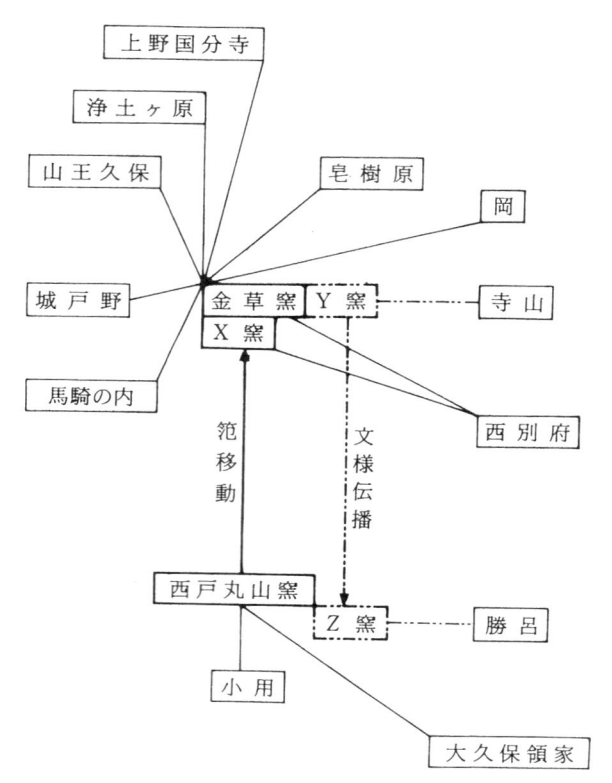

第140図　関連軒丸瓦出土遺跡の需給相関図

　　　　大久保領家廃寺に供給されるまで。
　第2段階：その笵が児玉郡金草窯かその付近のX窯に移動し、笵に手を加えずそこでわずか
　　　　　に生産が行われ、播羅郡西別府廃寺に供給されるまで。
　第3段階：笵の彫り直しを経て金草窯で金草系として生産され、賀美郡皀樹原廃寺、榛沢郡
　　　　　馬騎の内廃寺、岡廃寺に供給された。金草窯Ⅰ。
　第4段階：同様に金草窯で生産したものが播羅郡西別府廃寺に供給された。金草窯Ⅱ。
　第5段階：金草窯で生産されたと考えられ、製品は北をめざし児玉郡城戸野廃寺、上野国南
　　　　　部の山王久保、浄土ヶ原、上野国分寺に供給されている。

　一方、西戸丸山窯の笵が北に移動した後、交叉波状文縁の軒丸瓦が創出され、Y窯で生産され、榛沢郡寺山遺跡に供給され、その文様が再び西戸丸山窯の近くのZ窯に伝わり、入間郡勝呂廃寺の一時期を代表する勝呂系軒丸瓦が生産された。すなわち、南から北へ笵が移動し、再び北から南へ文様が伝えられたことになる。

　これらの時期について検討してみよう。

　高橋一夫は、交叉鋸歯文縁、交叉波状文縁複弁8葉軒丸瓦が茨城県新治廃寺と同笵の日高市女影廃寺の系譜を引いており、女影廃寺の面違鋸歯文複弁8葉軒丸瓦は霊亀2年（716）の高麗郡建郡と関わる笵の移動と考えた。その系譜を引く交叉鋸歯文縁、交叉波状文縁複弁8葉軒丸瓦は8世紀第2四半期とした。

第4章　瓦生産と寺院跡　387

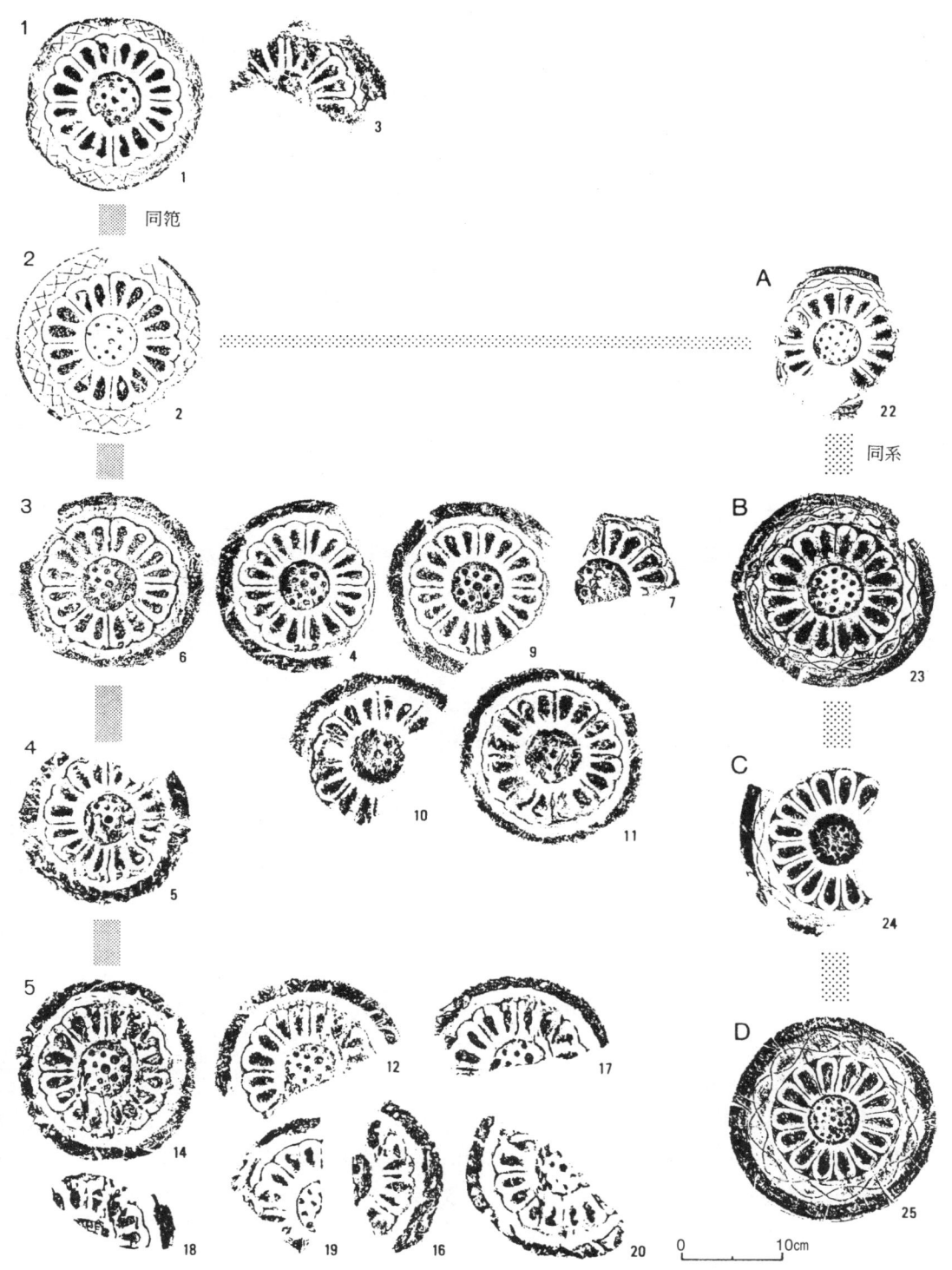

同笵

同系

第141図　交叉鋸歯文縁、交叉波状文縁軒丸瓦変遷図
（交叉鋸歯文縁軒丸瓦は同笵位置で配置してある）

福島県には交叉鋸歯文縁、交叉波状文縁複弁8葉軒丸瓦と同類の複弁6葉軒丸瓦が分布するが、辻秀人は夏井廃寺を代表とするA群、後出する上人壇遺跡の資料をB群として、A群を大岡窯跡出土須恵器から7世紀末〜8世紀初頭頃、B群を多賀城所用瓦から8世紀前葉を遡り得ないとした。真保昌弘は前者の年代は同様としたが、後者について、多賀城創建である養老・神亀の頃を遡る8世紀初頭頃のものとした。そして、北武蔵に分布する交叉鋸歯文縁軒丸瓦を8世紀第2四半期として、福島の複弁6葉軒丸瓦とともに、川原寺系複弁軒丸瓦を祖形として成立したと考えた。

　まず、勝呂系軒丸瓦は、同寺に見られる武蔵国分寺と同笵関係や勝呂系軒丸瓦の瓦当二枚重ね技法が国分寺創建瓦に影響を与えたと想定できることから、勝呂系軒丸瓦単弁系は国分寺創建以前と考えられよう。また、荒川以北に分布する金草系軒丸瓦は、いくつかの遺跡で上植木系の一本造り軒丸瓦や米印叩き瓦とともに出土するものの、上植木系が武蔵国分寺瓦に採用されているのに金草系軒丸瓦はその影響が全く見られないこと、西戸丸山系・金草系軒丸瓦と組み合うのはいずれも三重弧文軒平瓦であり、これが桶巻造りであることからも、やはり国分寺創建以前と想定できる。この系譜の初現である西戸丸山系軒丸瓦は、この地域に分布する棒状子葉を持つ単弁系の軒丸瓦より後出すると考えられるので、8世紀第2四半期を遡ることはないのではなかろうか。

　なお、この交叉鋸歯文縁軒丸瓦の系譜について、真保は年代的に福島県の川原寺系複弁が古いとされるが、福島県の例は6弁となり、間弁を持つ。ところが埼玉県の例は、時期的に新しいにも関わらず8弁のままでありながら、間弁を持たないことから、大きな川原寺系の流れといえるものの、系譜が違うのではなかろうか。また女影系とすると、新治廃寺と同笵の女影廃寺出土例は、中房の蓮子が1＋8であるのに対して、埼玉県の複弁系は二重の蓮子である。

　真保は福島県の複弁系の祖形を中房蓮子が二重になり、蓮弁内の分割線があるものとして、角田郡山遺跡、清水台遺跡例を上げられたが、間弁を持つことを含め下野薬師寺104形式の系譜を引いているとの考えは首肯できるものの、その段階ですでに6弁になっているのに対して、年代的に新しい埼玉県例は、中房の二重の蓮子、8弁と古い要素を持っており、蓮弁内の分割線は見られない。このことから、女影系とするならば、蓮子の一重か二重の違いが問題となり、下野薬師寺系とするならば、間弁の有無が問題となり、系譜については今後も検討が必要であろう。

6．笵の移動とその意義

　まず、西戸丸山窯から金草窯まで約32kmの距離を笵が移動したが、移動した笵は彫り直され金草窯から製品が荒川以北、上野南部の広い範囲、しかも利根川以西に広がっている。さらに、その文様から創出された交叉波状文縁軒丸瓦が、岡部町寺山遺跡から勝呂廃寺という、再び同一地域にもたらされるという北と南の特定地域の交流が行われた。この交流はなぜ起こりえたのであろうか。

　まず、北の荒川以北の地域は8・9世紀においては上野国との交流が行われ、瓦当文様・技法とも上野系の瓦の分布する地域で、瓦から見るならば上野文化圏とでもいえよう。南の勝呂廃寺

の瓦屋でもあった南比企窯跡群では、8世紀初頭の山下6号窯をはじめ、坏蓋の環状つまみは上野国利根川西岸地域と共通点を持つ。この窯跡群は6世紀代にはすでに筆者の「北関東型須恵器」と呼称する上野系の須恵器が生産されている地域でもあった。

環状つまみについては、南多摩窯跡群の百草1号窯にも見られるが、これも上野系で南比企窯跡群からの影響下に生産が開始されたと考えられる。

また、8世紀初頭には北の寄居町末野窯跡群産の須恵器も所沢市・川越市をはじめ南へ多くもたらされていた。このように荒川以北も勝呂廃寺周辺も、上野国との関わりやお互いの交流を行っていたようである。このような両地域の関わりから、西戸丸山系軒丸瓦と金草系軒丸瓦の交流は行われたのであろう。

西戸丸山系・金草系軒丸瓦と勝呂系軒丸瓦を通した南と北の関係は、国分寺創建瓦の生産を、国府の瓦屋の大丸瓦窯跡と勝呂廃寺の瓦屋の南比企窯跡群で行っていることにも影響を与えている。特に南比企窯跡群では国分寺創建瓦の中でも初現期の、上植木廃寺系の細弁軒丸瓦を焼成しており[23]、上野国東岸勢力あるいは荒川以北でも賀美郡および児玉郡を含めた地域との関わりが想定できるが、まさにこの関係が、西戸丸山系・金草系軒丸瓦および勝呂系軒丸瓦の分布地域の関係から起こり得たと考えられる。

有吉重蔵は武蔵国分寺の創建は塔が最初に着手され、「南多摩窯跡群では513遺跡で単弁8葉鐙瓦と三重弧文宇瓦（南多摩国府系A群）が、南比企窯跡群では小谷窯周辺で一本作り鐙瓦と三重弧文宇瓦（南比企北武蔵系）及び三・四・五重弧文宇瓦（南比企在地系）等が生産されたと考えられる」とした。そして、南多摩窯跡群では大丸地区（国衙瓦屋）で、南比企窯跡群では勝呂廃寺所用瓦を焼成した赤沼地区の小谷窯・山田窯で焼成され、前者は国分寺瓦専用窯で塔での出土量からⅠa期の主体を占め、後者は須恵器生産の中に組み込まれ、南多摩窯跡群の補完的な瓦生産にとどまっていたと想定した[24]。この有吉の見解にはおおよそ賛成するものの、疑問な点もある。

まず、有吉がふれるようにⅠa期には南比企窯跡群で上野系の瓦当背面布絞りの一本作り軒丸瓦と「加上」を叩き文とする三重弧文軒平瓦が生産されたことは白色針状物質が混入することからも明らかであるが、同じく上野系であるものの、周縁に珠文を巡らし、米印叩きを施す細弁軒丸瓦と三重弧文軒平瓦は現段階では南比企窯跡群とは断定できない。すなわち米印叩きを施す一群は上野国分寺で木津が「国分寺前代」とした上植木・雷電山系の系譜を直接引くもので[25]、時期的にも近接したものと考えられる。筆者は以前、これらを1a期・1b期として国分寺創建初期の瓦類と考えたが[26]、現在でもその考えは変わらず、武蔵国分寺の細弁軒丸瓦の一群が上野国から直接もたらされたか、武蔵国の賀美郡か児玉郡内で生産された可能性が想定される。それは、武蔵国における細弁軒丸瓦と米印叩きの分布が、上野国との国境の賀美郡に限られていることからである。仮にこれらが南比企窯跡群で生産されたことが判明したならば、なおさら賀美郡と南比企窯跡群の関係が強調されよう。

このように国分寺創建当初に武蔵国分寺では上野国、あるいは上植木廃寺の関連で瓦がもたらされたが、すぐに勝呂廃寺の瓦屋でもあった南比企窯跡群で上野系の瓦当背面布絞り一本作り軒丸瓦や、「加上」（賀美郡）を叩き文とする三重弧文軒平瓦が生産された。同時に南多摩窯跡群で

も創建瓦が生産されたのであろう。なお、有吉はこの南多摩窯跡群で生産された「棒状の子葉を有する単弁8葉鐙瓦と三重弧文宇瓦」を国府系とする。しかし、国府の京所廃寺に見られる単弁8葉軒丸瓦は8世紀第1四半期に収まり、国分寺創建期まで時間的な開きがある。また、南多摩窯跡群の軒丸瓦の特徴とする瓦当部の粘土を2枚重ねる技法は、国分寺創建期以前の勝呂廃寺の交叉波状文縁軒丸瓦にすでに見られ、その影響を受けたと考えられる。有吉が述べる南多摩窯跡群の国府系は、中房の大きさの違いはあるものの、南比企窯跡群で生産された上野系の瓦当背面布絞り一本作り軒丸瓦と同一意匠の可能性もあり、国府系か上野系か今後検討を要しよう。

このように国分寺創建段階になぜ南比企窯跡群で賀美郡と関わりを持つ上野系の瓦を焼成したかは、創建期に遡る交叉鋸歯文縁の西戸丸山系・金草系軒丸瓦と交叉波状文縁の勝呂系軒丸瓦の交流やそれ以前からの関係が背景にあるといえよう。

さて、西戸丸山系・金草系軒丸瓦、勝呂系軒丸瓦を供給された寺の性格と、その笵の伝えられた金草窯の位置づけについて触れておきたい。供給された寺の中で従来郡寺の可能性が指摘されていたのは、大久保領家廃寺、西別府廃寺、城戸野廃寺、岡廃寺、勝呂廃寺である。そのほか馬騎の内廃寺、小用廃寺、寺山廃寺にしても各郡の有力寺院である。では金草窯はこれらの寺院とどのように関わり、なぜ笵が移動したのであろうか。金草窯は旧児玉郡に位置する。金草窯に近接する寺は城戸野廃寺である。城戸野廃寺は神流川右岸の青柳古墳群の支群である城戸野古墳群の中にある。この寺は浄土野廃寺、緑野廃寺ともいわれ、対岸の上野国緑野郡緑野廃寺とも関連があるという。

一般に現神川町は旧賀美郡といわれている。とすれば賀美郡には城戸野廃寺をはじめ、五明廃寺、皀樹原廃寺の3か寺が所在し、児玉郡に有力寺院が見られないことになる。たしかに式内社も賀美郡には4社であるのに対して、児玉郡は金佐奈（金鑚）神社1社である。はたして児玉郡に有力寺院はなかったのであろうか。

鈴木徳雄は、城戸野廃寺近くの神流川から取水される九郷用水を、「旧児玉郡に引水するために開鑿されたもの」とし、それには金鑚神社が「分水に強く関与している」と考え、「国家的公水の意識の獲得は、金佐奈神社の神格を国家的に編成することを前提とし」、「当社（金鑚神社）を掌握しえた在地首長を介して始めて実現可能」とした。九郷用水の流路を見ると旧児玉郡域に広がり、鈴木の指摘は首肯できよう。とすれば、その取水地点と城戸野廃寺、金鑚神社は近接することから、城戸野廃寺は児玉郡に属する可能性は高いと考えられる。

では城戸野廃寺が児玉郡の寺院とするならば、金鑚神社を挟んで2.2km離れて対峙する児玉郡金草窯との関わりはいかがであろうか。金草窯跡群は須恵器の窯跡群として7世紀代には確実に操業を開始しているようであるが、その地に瓦当笵がもたらされ、瓦屋が開設されたのである。

ところが、交叉鋸歯文縁軒丸瓦の第3段階である金草窯Ⅰの製品は、城戸野廃寺には見られず、そこに供給されるのは交叉鋸歯文縁軒丸瓦の最終段階である第5段階であった。城戸野廃寺は寺域の発掘を行っていないため問題も残るが、今日まで採集された資料のいずれもが同類であることから、金草窯は児玉郡の唯一の有力寺院である城戸野廃寺に供給するためだけに開設した瓦屋ではないといえよう。事実、交叉鋸歯文縁軒丸瓦第2段階には播羅郡に、第3段階には賀美郡、

榛沢郡に、第4段階は播羅郡と榛沢郡、第5段階に至ってはじめて児玉郡に供給され、さらに北の上野国へも供給されている。このことから、児玉郡の有力寺院である城戸野廃寺と瓦屋である金草窯の間には、開窯時に限るならば直接的な関わりが見出せない。

この瓦屋は開窯の目的が児玉郡のために設置されたものではなく、製品も郡だけでなく国をも越えて広く供給されるところに、この瓦屋の設置された意義が見出せよう。

すなわち、武蔵国最有力寺院である勝呂廃寺の窯場である南比企窯跡群の一画の西戸丸山窯から、瓦当笵が児玉郡へ移動し、さらに郡や国を越えて広範囲な需給関係を可能にしたのは、古墳時代からの北と南の在地首長層の交流基盤があったことと、供給された寺院がいずれも郡寺か各郡の有力寺院であったことからで、在地首長層それぞれの地縁的・政治的な交流のもとに成立した生産流通形態だと解したい。

7. 地方寺院の瓦の導入

中央において寺院を建造する場合においても、時期によっては瓦の製作を瓦工のみで編成しないこともあったようで、瓦陶兼業窯も多く見られる。この形態を上原真人は「官窯体制の未成熟もしくは官窯体制の弛緩と相俟って発生する操業形態である」と指摘されている[32]。地方においてはなおさらで、瓦の確保はさらに難しく、瓦の調達方法は地方に行くほど様々な対応が考えられよう。

大川清は、瓦屋と寺院の需給関係を以下の3形態に分類された[33]。
　A型：一瓦屋から一寺院へ
　B型：複数瓦屋から一寺院へ
　C型：一瓦屋から複数寺院へ
特に畿外における国分寺以外の地方寺院のあり方は、経済的・技術的に困難であったことからB型以外が主体であったと想定されよう。ただ時間差を経て供給されたために、結果的に一寺院に複数の瓦屋から瓦が供給された例は多いようである。

このような需給関係は、瓦が生産地から消費地へ直接動いたという瓦屋対寺院の関係からの分類であった。

今回取り上げた交叉鋸歯文縁軒丸瓦の、瓦屋間を瓦当笵が移動するというあり方は、瓦屋と寺院だけの関係でなく、そこに瓦屋を掌握した在地首長層を背景とした、瓦屋対瓦屋の協力関係が加わる需給関係の一類型として上げられよう。また、交叉波状文縁軒丸瓦のように文様の伝播するあり方も一つの類型と考えられよう。これを瓦当笵と文様の伝播も混在する形で分類すると、
　A型：その瓦屋で新たに創作したり、瓦屋で系譜的に連なる文様としてとらえられる。
　B型：他の瓦屋から瓦当笵あるいは文様が伝わる。
　C型：複数の文様の系譜、技術を取り入れて新たな文様を創作する。
これを大川の分類と組み合わせると、金草窯と金草系軒丸瓦の分布状況の瓦屋間、瓦屋対寺院の関係モデルはB・C型であろう（第142図）。

西戸丸山窯と金草窯では瓦当笵を移動するものの、瓦当背面の技法が前者は削りで、後者はナ

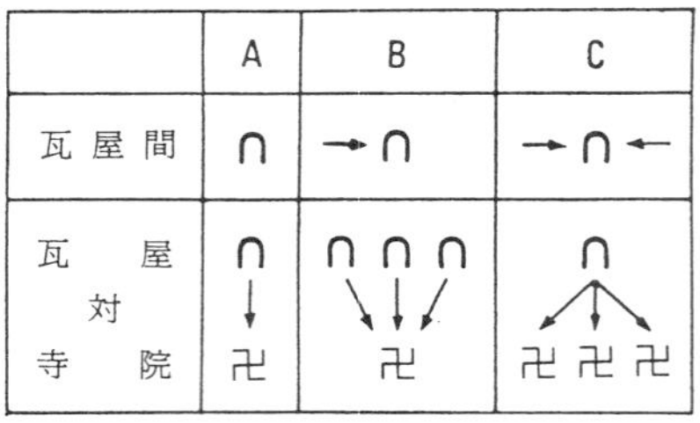

	A	B	C
瓦屋間	∩	→∩	→∩←
瓦屋対寺院	∩↓卍	∩∩∩↓↓↓卍	∩↑↑↑卍卍卍

第142図　瓦屋と寺院の関係モデル

デで行うこと、瓦当と丸瓦の接合の際に前者は丸瓦の凹凸面だけでなく端面にまで刻線を施すのに対して、後者は不明瞭であり剥がれた例が多いことなどから、瓦工の移動は行われず、瓦当范のみが移動したようである。このような瓦当范が移動した著名な例は、下野薬師寺から播磨国溝口廃寺への、実に約750kmの移動がある[34]。また、平城宮と国分寺の中でも壱岐島分寺との間に見られる。このほかいくつかの遠距離移動が知られているが[35]、多分に政治的な要因が働いていたようである。地方においても同様に、瓦当范の移動は、瓦工の移動や瓦当范の貸与などが想定されようが、各瓦屋を掌握した在地首長層の関係の上に成り立っていたと考えられよう。

　結果的に、西戸丸山系軒丸瓦の瓦当范は新たな瓦屋に運ばれ、金草系軒丸瓦として改范された。森郁夫は、同范瓦の中に見られる改范は、「瓦当范の移動に際し、あるいは供給先変更が決定された段階で、供給先の違いを表すための瓦当范の改変と考えられる」としたが、本例のあり方は外区を削り取ってしまい、内区のみの范という、生産の上で支障をきたす改范であることからも[36]、范割れなど製作の上でなんらかの問題が生じたための改范であったと考えられる。

　また、新たに生産を開始した金草窯では、荒川以北から上野国南部までの約30km圏の広い地域にまで供給し、さらにその范が范割れを起こし、文様不明瞭となるまで製作を続けたことから、おそらく西戸丸山窯の瓦屋には返却されることはなかったであろう。では、この瓦当范の所有権はどこにあったのであろうか。おそらく、このような瓦工が伴わず瓦当范のみが移動するあり方が想定されることから、瓦当范の所有権も委譲されたのであろう。地方におけるこのような瓦当范の移動については、窯を管掌する在地首長層の地縁的・政治的な関係で瓦当范が移動し操業が開始された生産の一類型であり、これが交叉鋸歯文縁軒丸瓦の広がりとなったと考えられよう。

　武蔵国では東半部は沖積地が広がり、熊谷市西別府廃寺、浦和市大久保領家廃寺など、立地条件や粘土の採集の点で付近に窯を築くことができず、遠距離の瓦屋で生産した瓦を運ばざるを得なかったようである。また、荒川以北では上野国をはじめ、各地の窯から供給されていることから、各寺院は自らの瓦屋を持ってはいない場合が多く、過去からの関係や新たに需給関係を瓦屋の管掌者と結び、瓦を受け入れたものであり、交叉鋸歯文縁軒丸瓦に見るように、金草窯跡群を掌握した児玉郡の在地首長層が瓦当范を譲り受けながら、児玉郡の寺院に供給せず、郡を越え広く供給したところに当時の瓦の需給関係の特色を見出したい。おそらくこの様相は、地縁的需給関係による供給圏を形成した結果だと想定したい[37]。

8. まとめ

① 西戸丸山系交叉鋸歯文縁（高橋A系統）と金草系交叉鋸歯文縁（高橋C系統）は同一の范で、後者が彫り直したものであることが判明し、前者から後者へ約32km范が移動した。

② 移動した先で、交叉波状文縁軒丸瓦が創出され、再び南へ戻り、勝呂廃寺の主要瓦となった。

③ ①の交叉鋸歯文縁軒丸瓦は、范割れの進行状況から5段階変遷が明かで、最終的には上野国

大久保領家廃寺（第1段階）

西別府廃寺金草系（第4段階）

第143図　交叉鋸歯文縁軒丸瓦同笵例（1）

金草窯Ⅰ（第3段階）　　　　　　　　　城戸野廃寺（第5段階）

西別府廃寺西戸丸山系（第2段階）　　　金草窯Ⅰ（第3段階）

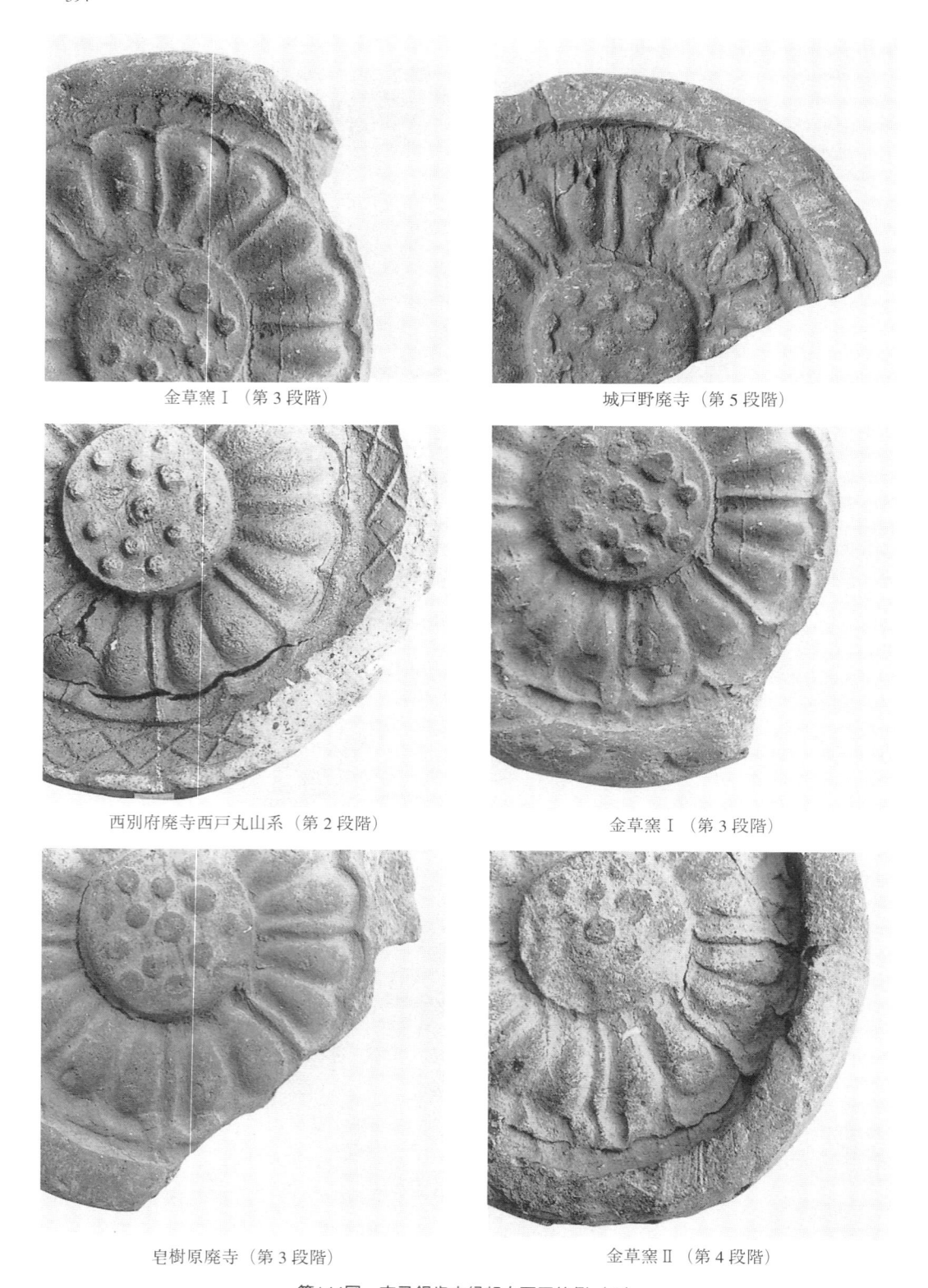

皂樹原廃寺（第3段階）　　　　　　　金草窯Ⅱ（第4段階）

第144図　交叉鋸歯文縁軒丸瓦同笵例（2）

にまで供給されている。
④　交叉鋸歯文縁軒丸瓦の瓦当笵は、西戸丸山窯から児島郡金草窯へ移動したが、児玉郡の城戸野廃寺に供給されるのは交叉鋸歯文縁軒丸瓦の5段階の変遷の最終段階であること、郡や国を越え広い範囲で供給されていることから、在地首長層の地縁的・政治的な交流のもとに成立した生産流通形態と考えられる。
⑤　北と南の両地域の関係は、すでに古墳時代から断続的に交流が行われたことから起こり得た。この関係はさらに国分寺創建段階にも顕著であった。
⑥　このような笵を委譲し、別の瓦屋で瓦生産が行われる方式は、生産の一類型であるとともに、地方寺院の瓦の導入の一類型でもある。

註

(1)　特に注記のない廃寺等は、「高橋一夫ほか 1982『埼玉県古代寺院跡調査報告書』埼玉県県史編さん室」から引用した。
(2)　浦和市では道場寺院跡と呼称している。
(3)　高橋一夫 1987「北武蔵における古代寺院の成立と展開」『埼玉の考古学』新人物往来社
(4)　窯跡の断定は明確ではないが、同笵瓦を出土する鳩山町小用廃寺が約700mしか離れていないことや、立地の上から窯跡の可能性が想定されている。仮に窯跡でないとしても、西戸丸山、小用・大久保領家から、この周辺に窯が存在したと想定され、後述するように両地域の瓦の需給関係からも南比企窯跡群周辺であろう。
(5)　田熊信之・天野茂編 1994『宇野信四郎蒐集古瓦集成』東京堂出版
(6)　軒丸瓦のほぼ完形品が3点出土した。実見に際しては浦和市教育委員会、浦和市遺跡調査会山田尚友氏の手をわずらわせた。
(7)　西別府廃寺には後述する金草系も出土するため、西別府廃寺西戸丸山系とする。本資料は未発表資料であるが、実見に際しては吉野健氏の手をわずらわせ、また、熊谷市教育委員会から資料の提供を受けた。
(8)　青木忠雄 1971「埼玉県鴨川流域の布目瓦出土遺跡に関する予察」『浦和考古学会研究調査報告書』4
(9)　遺構は検出されていないが、多量の瓦の出土から北側に寺の存在が想定できる。篠崎潔ほか 1990『皀樹原・桧下遺跡Ⅱ　奈良・平安時代1』皀樹原・桧下遺跡調査会
(10)　隣接する熊野遺跡では、郡衙の南辺の区画溝が、その北側には倉庫群が検出されていることから、郡寺の可能性が高い。
(11)　関東古瓦研究会編 1982『第3回関東古瓦研究会研究資料№3』(山王久保、浄土ヶ原、上野国分寺の拓本資料は、大江正行氏から提供を受けた)
(12)　金草窯跡出土資料は、清水守雄氏の手をわずらわせた。また、鈴木徳雄氏のご配慮をいただいた。金草窯Ⅰも断面形は曲線を描くが、清水保男氏所蔵資料は角が見られる。金草窯Ⅰと皀樹原廃寺の笵割れは、それほど違いが見られないことから、全体の系譜から見た新古の傾向といえよう。いずれにしても金草窯での操業期間が推定できる。
(13)　国学院考古学資料館所蔵資料の実見・実測については、内川隆志氏の手をわずらわせた。
(14)　寺山の地名から寺院跡の可能性も高いと想定されている(高橋ほか 1982)。
(15)　初出文献は酒井清治 1983「緑山遺跡出土の瓦－勝呂廃寺の系譜の中で－」『緑山遺跡』(財)埼玉県埋蔵文化財調査事業団報告書19

(16) 山路直充 1993「下総国分寺創建期鐙瓦の製作技法と千葉寺廃寺の事例」『千葉県の歴史』45
(17) 真保昌弘 1994「陸奥国南部に分布する二種の複弁系鐙瓦の歴史的意義について」『古代』97(特集 古代における同笵・同系軒先瓦の展開) 早稲田大学考古学会
(18) 有吉重蔵 1994「武蔵国分寺」『シンポジウム関東の国分寺』(資料編) 関東古瓦研究会
(19) 酒井清治 1987「窯・郡寺・郡家－勝呂廃寺の歴史的背景の検討－」『埼玉の考古学』新人物往来社
(20) 入間郡の郡寺と想定する勝呂廃寺の窯場が南比企窯跡群であることから、入間郡との関わりも強い地域である。
(21) 胎土は南比企窯跡群と違う。
(22) 註(3)文献
(23) 註(18)文献
(24) 註(18)文献
(25) 木津博明 1994「上野国分寺」『シンポジウム関東の国分寺』関東古瓦研究会
(26) 酒井清治 1989「武蔵国分寺創建期の瓦と須恵器」『埼玉考古』26 埼玉考古学会
(27) 註(18)文献
(28) 加藤恭朗ほか 1992『坂戸市史』古代史料編
(29) 註(1)文献
(30) 鈴木徳雄 1984「古代児玉郡の土地利用と村落の変貌」『阿知越遺跡Ⅱ』埼玉県児玉町教育委員会
(31) 鈴木徳雄氏には児玉郡の窯跡群、用水等についてご教示いただいた。
(32) 上原真人 1987「官窯の条件－律令制下造瓦体制を検討するための作業仮説－」『北陸の古代寺院』桂書房
(33) 大川清 1972『日本の古代瓦窯』雄山閣
(34) 岡本東三 1974「同笵軒平瓦について－下野薬師寺と播磨溝口廃寺－」『考古学雑誌』60-1
(35) 森郁夫 1994「古代における同笵・同系軒瓦」『古代』97
(36) 註(35)文献
(37) 西戸丸山系軒丸瓦を遡る勝呂廃寺、小用廃寺、大久保領家廃寺に出土する同一技法の瓦について、物部氏と丈部氏の同族関係にあったために成り立ったと考えた(註19)が、交叉波状文縁軒丸瓦が荒川以北から上野国に分布することについては、同族関係だけでは分布圏の形成が明確にできない。

補記　有吉が述べる南多摩窯跡群の国府系瓦（第146図5・6）について、近年国府系で中房の小さなものが発見されたことから、中房の大きなものを経て、国分寺創建瓦の国府系につながることが判明した。

第5章　須恵器・瓦生産と古代遺跡

第1節　武蔵国分寺創建期の瓦と須恵器

はじめに

　関東の歴史時代の須恵器編年は、服部・福田の南多摩窯跡群を中心とする窯跡出土の窯式編年が知られている。その年代観は、一つは灰釉陶器に依拠し、もう一つは武蔵国分寺七重塔再建の瓦を焼成した東金子窯跡群出土の須恵器であった。この編年では南多摩窯跡群の編年が主体であったため、奈良時代の資料についてはやや希薄となり、この時期の数少ない窯跡出土資料である前内出窯跡1・2号窯出土資料が主要な編年材料として取り上げられた。この年代観については高橋一夫が報告書で考察された[1]ものとほぼ同じで、各研究者にもおおよそ支持されて今日まで至っている。

　7世紀、8世紀の須恵器を検討する中で、武蔵国内においても上野からの影響など、各生産地での系譜の違いが明らかになってきたため、生産地ごとに連続した窯跡が発見されていないことから、未だに型式編年を含めた窯式編年を確立するまでには至っていない。須恵器の実年代を推定する資料を基に、ある程度の須恵器変遷について考えてきたが、その際、国分寺創建時の須恵器が大きな定点に成りうるのではないかと考えた。本来型式編年後、その編年に年代観を付与するのが順当であろうが、現段階では前述したように窯跡群内で発見された各窯跡は時期的に断続しており、このような現状では、定点を求めておくのも方法だと考えている。幸い南比企窯跡群内の鳩山窯跡群では、8世紀から9世紀にかけての良好な資料が発掘されており[2]、いずれ全貌が明らかになり編年が確立していくであろう。

　本節では国分寺創建期の須恵器はどのようなものか、国分寺あるいは南比企窯跡群出土の主に瓦を使って述べてみたい。

1. 瓦の検討から

　武蔵国分寺の創建期の瓦は上野系と平城宮系があり[3]、前者の軒丸瓦の中には、一本造りが見られ、この瓦が技術的・系譜的にも国分寺創建期の中でも初現期のものであることが知られている。一本造り軒丸瓦の中には瓦当裏面に布絞り痕を持つものと、絞りを持たないものがある。また瓦当文様に8葉のものと細弁のものがあるが、この細弁には外区の連珠文を竹管で施すもの（有吉分類ⅤA類）[4]（第145図1）と、笵によるもの（有吉分類ⅤB類）（第145図4）がある。ⅤA類の竹管によるものは中房の蓮子も同様に竹管で施す。ほかにⅤA類は第145図2・5が、ⅤB類は3が該当するであろう。

　これらの瓦は一本造りであること、米印叩きや細斜格子叩きを施すことから、その系譜は武蔵

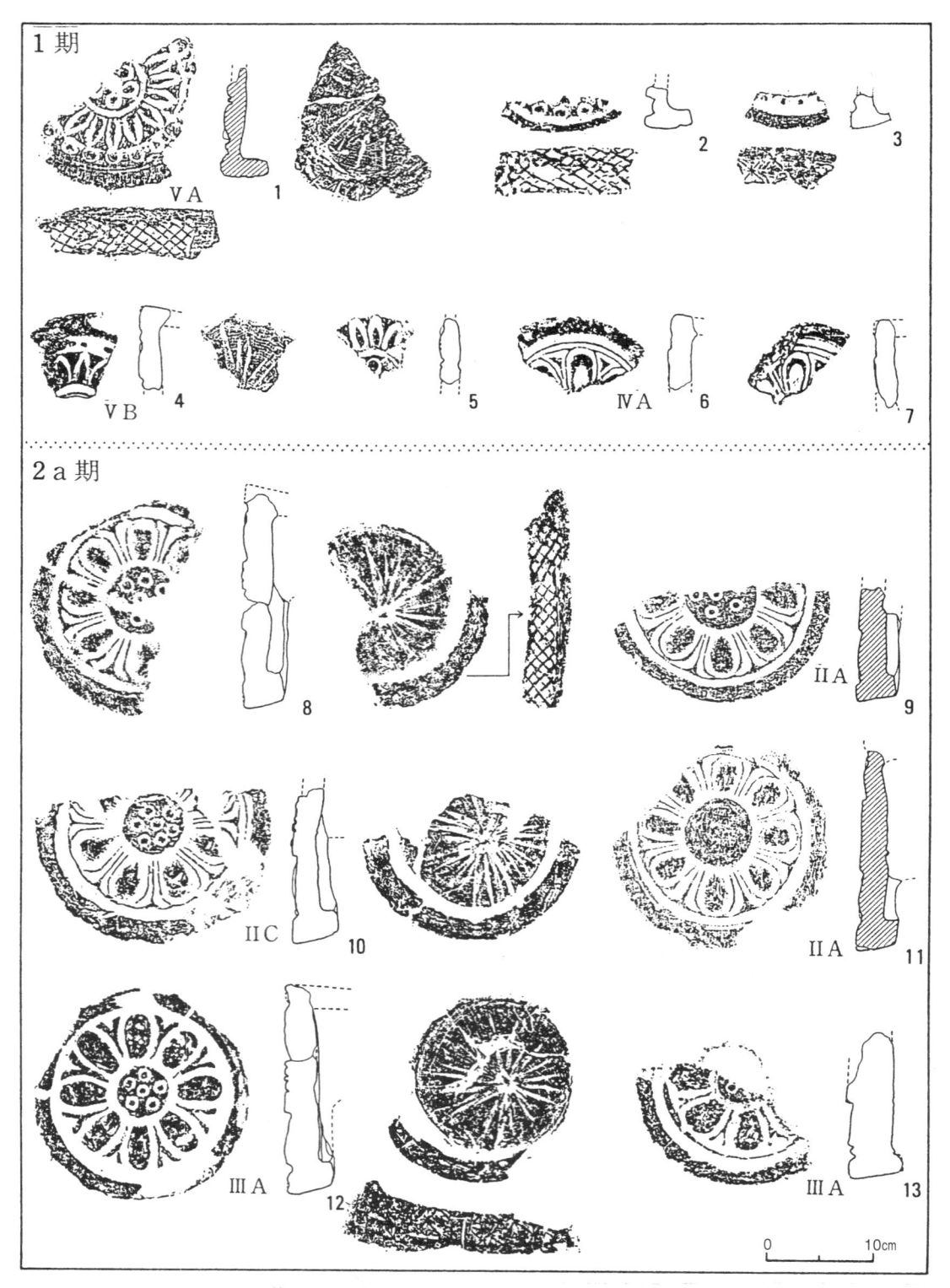

第145図　武蔵国分寺上野系軒丸瓦（1期・2a期）

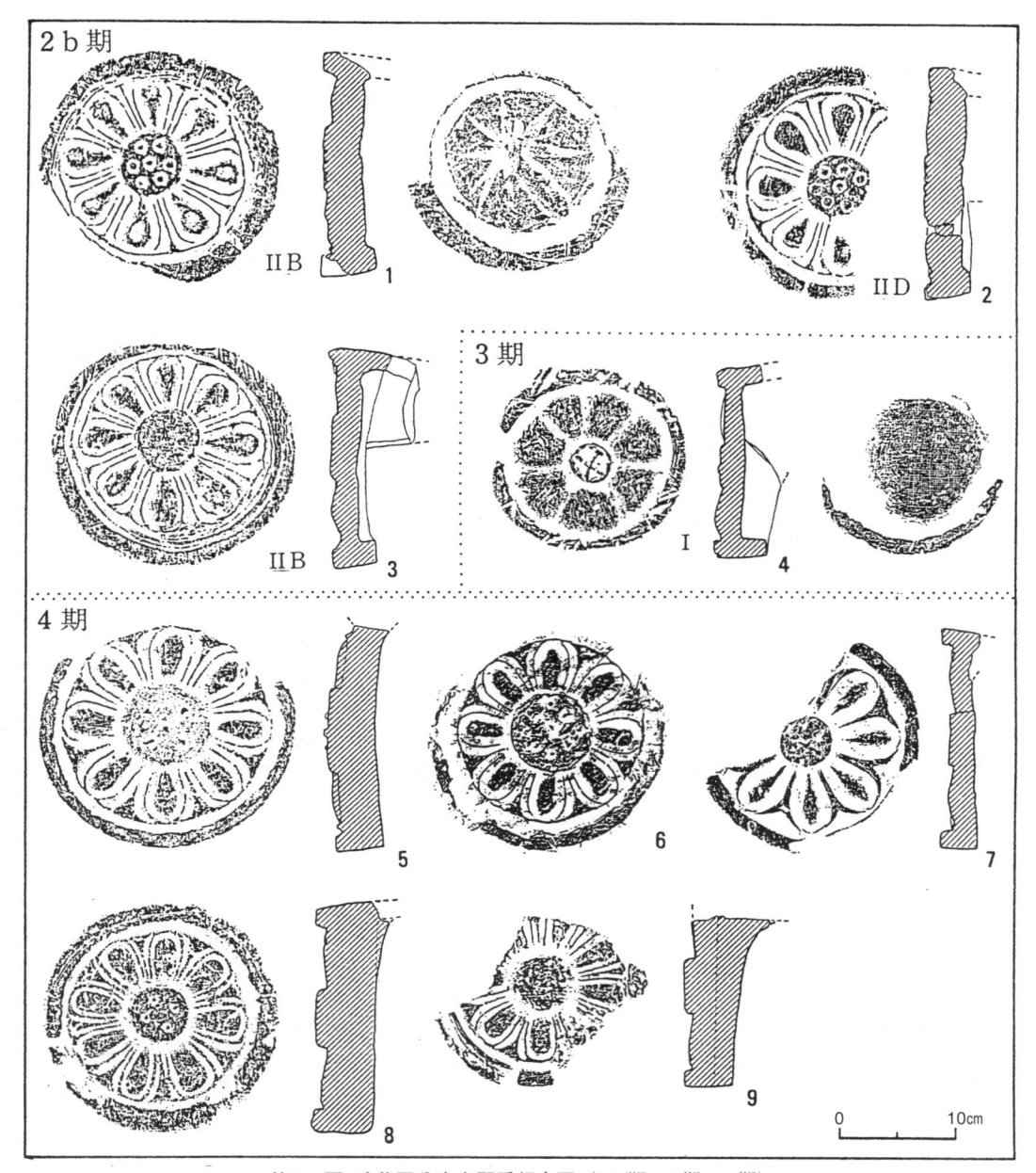

第146図　武蔵国分寺上野系軒丸瓦（2b期・3期・4期）

北部の上里町五明廃寺(5)、あるいは神川町城戸野廃寺(6)などとの関連が求められる。さらにその瓦をたどると群馬県伊勢崎市上植木廃寺(7)にたどりつく。上野国分寺にもこの種の瓦がもたらされている。このように上野国に系譜が求められることから、この種の瓦を上野系(8)（上植木系と使用する場合もある）と呼ぶが、現在まで5種11形式ある。以下細弁軒丸瓦と単弁8葉軒丸瓦の創建瓦について検討してみよう。

(1) 武蔵国分寺

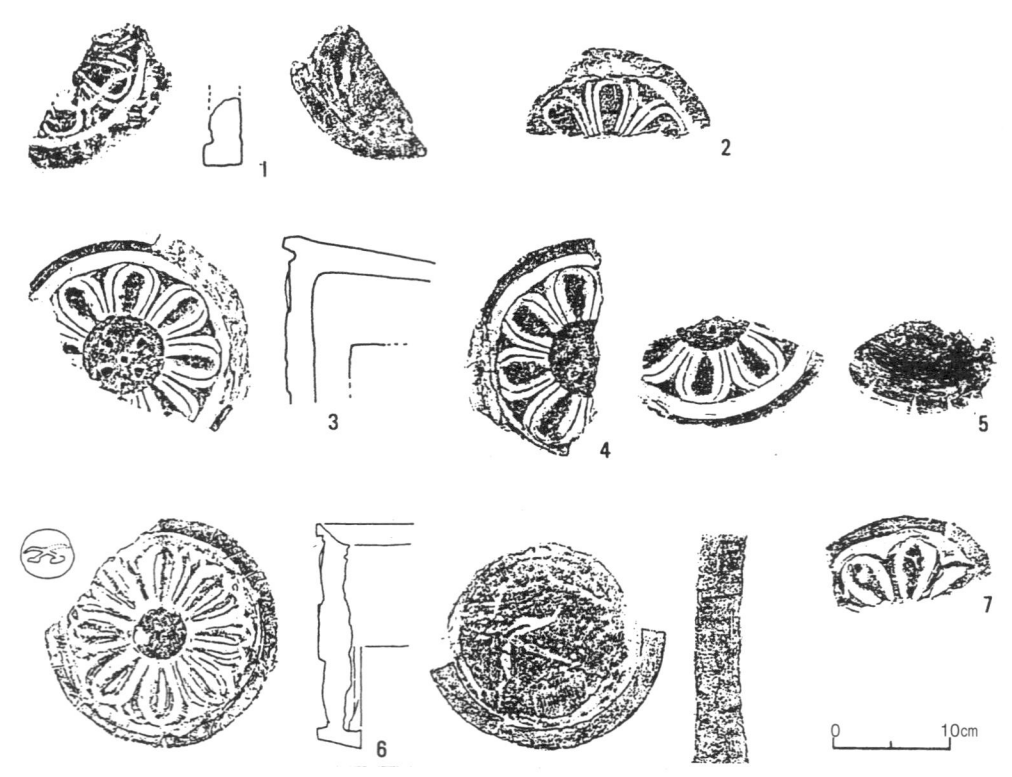

第147図　武蔵国分寺上野系軒丸瓦（3期・4期）の同笵例
1:鳩山町光雲寺跡　2:鳩山町泉井　3・4:坂戸市勝呂廃寺　5:旧川越図書館蔵　6:鳩山町小谷B11号窯

　この系譜を追う前に、まず国分寺の一本造りの瓦について検討してみる。生産地については8葉の多くは南比企窯跡群でつくられていたことが知られているが、細弁のものについては有吉分類ⅤA類（第145図1）のように、いくつかのものは南比企窯跡群で生産したことが分かる例がある。この瓦は細斜格子が瓦当周辺部まで叩かれているが、この叩き方および細斜格子は五明廃寺など武蔵北部、あるいは上野の一本造りと共通する叩きである。これと同様上野、武蔵北部に系譜が求められるものとして、国分寺では米印叩き（第145図3・12、第148図4）があるが、これについては平瓦（第148図7）も含め、現在のところ南比企窯跡群の製品にはない。
　このように見てくると、明らかに上植木、五明廃寺などと共通性が見出せる細弁は、南比企産が少しある以外は生産地不明のものが多い。この不明のものの中でチャート、赤色粒を含むものについては、技法・文様いずれからも上野か武蔵北部から運ばれた瓦の可能性があり、国分寺創建時の最も初現の瓦であろう。続いてすぐに上野か武蔵北部から来た工人達に、南比企窯跡群で瓦を生産させたものであろう。この両者がまさに創建期の一群といってよく、前者を1期、後者を2期としておく。2期の主体は8葉の布絞りを持つ一本造りであるが、その中でも弁の均整がとれ、中房も大きく、布絞りも中央にあることからより古いと考えられる有吉ⅡA類（第145図8・9・11）、ⅡC類（第145図10）、ⅢA類（第145図12）と、弁が崩れて布絞りが中央からずれた、より新しい有吉ⅡB類（第146図1・3）、ⅡD類（第146図2）があり、2期の中でも前者を2a期、

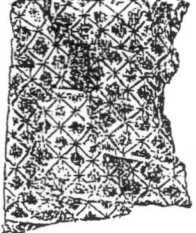

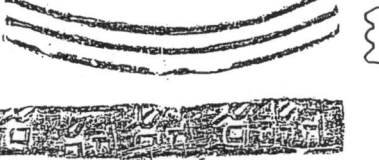

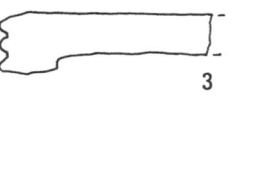

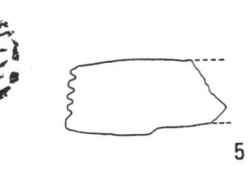

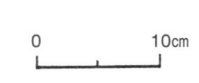

第5章 須恵器・瓦生産と古代遺跡 401

第148図 武蔵国分寺創建期の軒平瓦・平瓦

後者を2b期とする。しかし、有吉ⅤA類（第145図1）のように上野、武蔵北部と共通性を持ちながら、南比企窯跡群で生産されたものや、8葉に含まれる有吉ⅡA類の中にも細かな斜格子が瓦当近くまで施されるもの（第145図8）があること、ⅤB類（第145図3）、ⅢA類（第145図12）の両者に米印叩きが見られること、細弁、8葉とも中房の蓮子を竹管で施文するものがあることから、1期と2期は一部重複した時期であろう。

続いて技術的に新しいものとして、有吉Ⅰ類（第146図4）のように一本造りであるものの布絞りのない例がある。この瓦は中房に「父」の郡名があり、技法も含めて新しい傾向の瓦であるが、種類や量が少ないことからも時期的には2期と重複する時期と推測され、一応3期としておく。

続く4期は上野系譜であるものの、一本造りから脱却する時期である。しかし、たとえば国分寺出土の非一本造りの中でも単弁8葉軒丸瓦（第146図5）は、坂戸市勝呂廃寺（第147図4）、川

越市旧図書館蔵（現川越市教育委員会蔵）（第147図 5）に無絞りと考えられる一本造りがあること、これを中房のみ彫り直し、蓮子を四つ増やしたもの（第146図 6）も、勝呂廃寺では一本造りである（第147図 3）。また、中房に「父」印を押す単弁 8 葉軒丸瓦（第146図 7）のように鳩山窯跡群小谷11A号窯に無絞りの一本造り（第147図 6）の見られる例などから、同じ范を使って一本造り技法と丸瓦に瓦当を接合する、いわゆる印笵付けの技法が連続して行われていることから、3 期に極めて近いか重複する時期と考えられる。現在のところ、このように同范でありながら非一本造りと一本造りで製作されている場合に、一本造りが無絞りに限られることは、一本造り布絞り→一本造り無絞り→非一本造りという段階的変遷の証左であろう。

このように、武蔵国分寺の創建前半期の瓦の変遷を見るに、1 期から 4 期まで短い期間の間に重複しながら変遷したと推測できる。その時期については金堂基壇内出土の軒丸瓦（第146図 9）が、瓦当部二枚重ねで文様も扁平で新しい傾向にあるものの、同范に中房の蓮子を竹管で施す例[10]（第146図 8）があること、同范に一本造りの中窪みを模倣した痕跡が見られるもの（第147図 1）があることから、3 期と 4 期が共伴する段階を金堂築造期以前に設定できる。また、ＳＤ72溝出土の瓦は一本造り布絞り軒丸瓦と、瓦当部二枚重ねの軒丸瓦が共伴し、2 期と 4 期にあたることから、中門－金堂－講堂を結ぶ主要伽藍以前のＳＤ72溝の方形区画の埋め戻しは、2 期から 4 期に行われたようで、前述の金堂基壇内の出土例とも矛盾しない。

続いて 1 期の細弁軒丸瓦の分布する武蔵北部の寺院を見てみよう。

(2) 武蔵北部の寺院

武蔵国分寺の上野系と類似する瓦を出土する寺院跡は、五明、城土野廃寺および皀樹原遺跡[11]、精進場遺跡[12]であり、いずれも古代の賀美郡に属していることは注目してよい。4 遺跡とも武蔵国分寺に見られる米印叩き、細斜格子叩きの瓦がある。また軒丸瓦は布絞りを持つ一本造りが見られるなど、のちにふれる利根川東岸に位置する伊勢崎市上植木廃寺に系譜が求められるが、各遺跡の中には利根川西岸地域に系譜の求められるものもある。この両系譜の瓦を各遺跡から拾い出してみる。

五明廃寺では焼成・技法からも大きく分かれ、上植木廃寺と同范の一本造り細弁16葉軒丸瓦（第149図 1）に伴うものは、一本造りの単弁 8 葉軒丸瓦（第149図 5）、均整葡萄唐草文軒平瓦（忍冬唐草文の可能性がある）（第149図 2）、花菱文軒平瓦（第149図 3）であり、叩き技法は米印と細斜格子で、酸化炎焼成が主体であるのが特徴である。これに対して利根川西岸の安中市八重巻瓦窯跡に系譜の求められる単弁 8 葉剣菱文軒丸瓦（第149図 7）には、均整唐草文軒平瓦（第149図 8）が伴うと考えられ、これらが須恵質の焼成であることから、平瓦は桶巻造りの縄叩き（第149図 9）を施したものが共伴するであろう。

皀樹原遺跡では上植木系（上野系）のものとして、流水文風唐草文軒平瓦（第150図 7）と、武蔵国分寺細弁軒丸瓦と同文の一本造り軒丸瓦（第150図 5）が出土しているが、外区の連珠は范で施される。また五明廃寺と同系の花菱文軒平瓦（第150図 6）があり注目される。このほか児玉町金草窯跡と同范の複弁 8 葉軒丸瓦（第150図 4）が出土するが、この瓦は馬騎の内廃寺、岡遺跡、上野の山王久保遺跡、高崎市浄土ヶ原遺跡、上野国分寺に見られ、利根川西岸域との関連

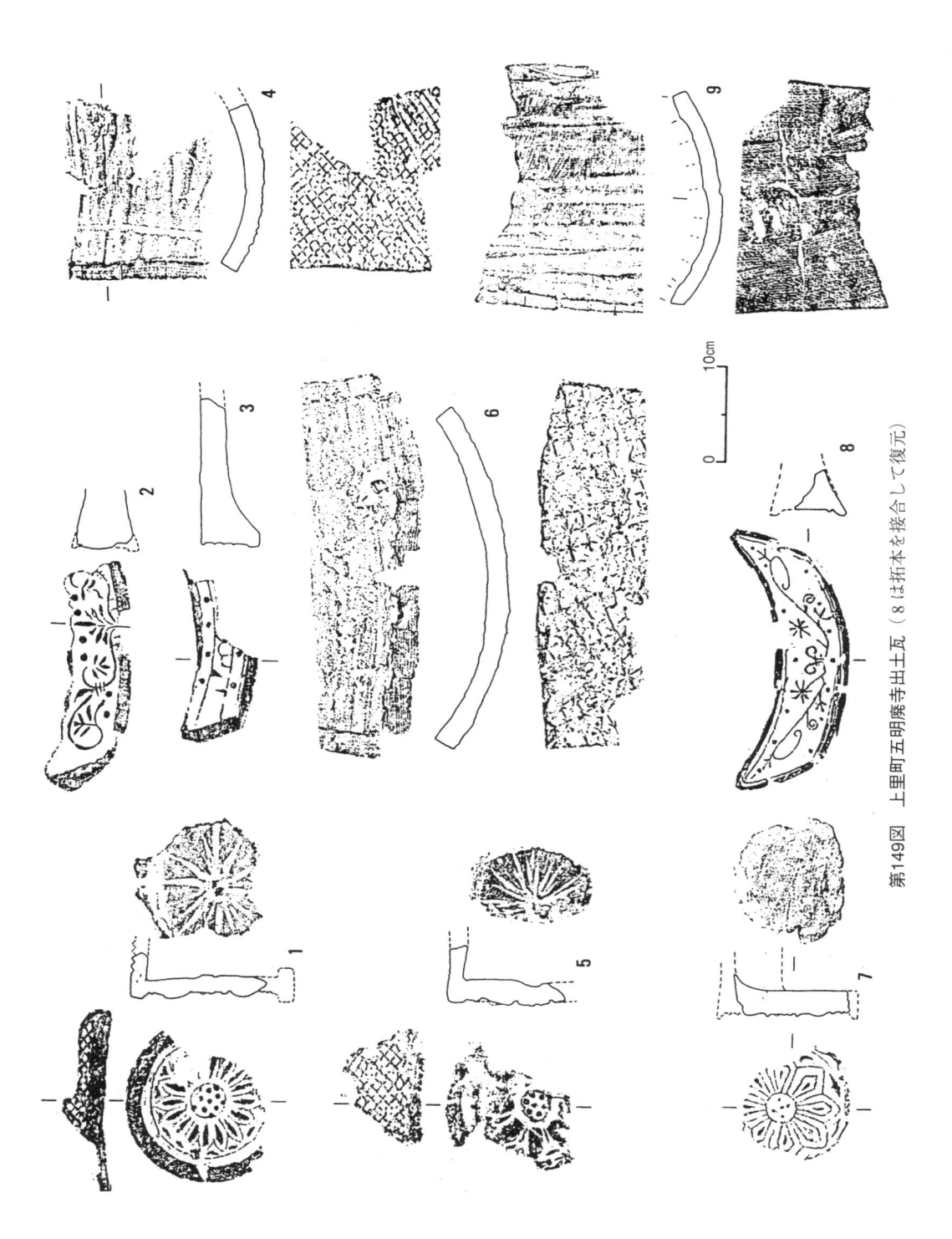

第5章　須恵器・瓦生産と古代遺跡　403

第149図　上里町五明廃寺出土瓦（8は拓本を接合して復元）

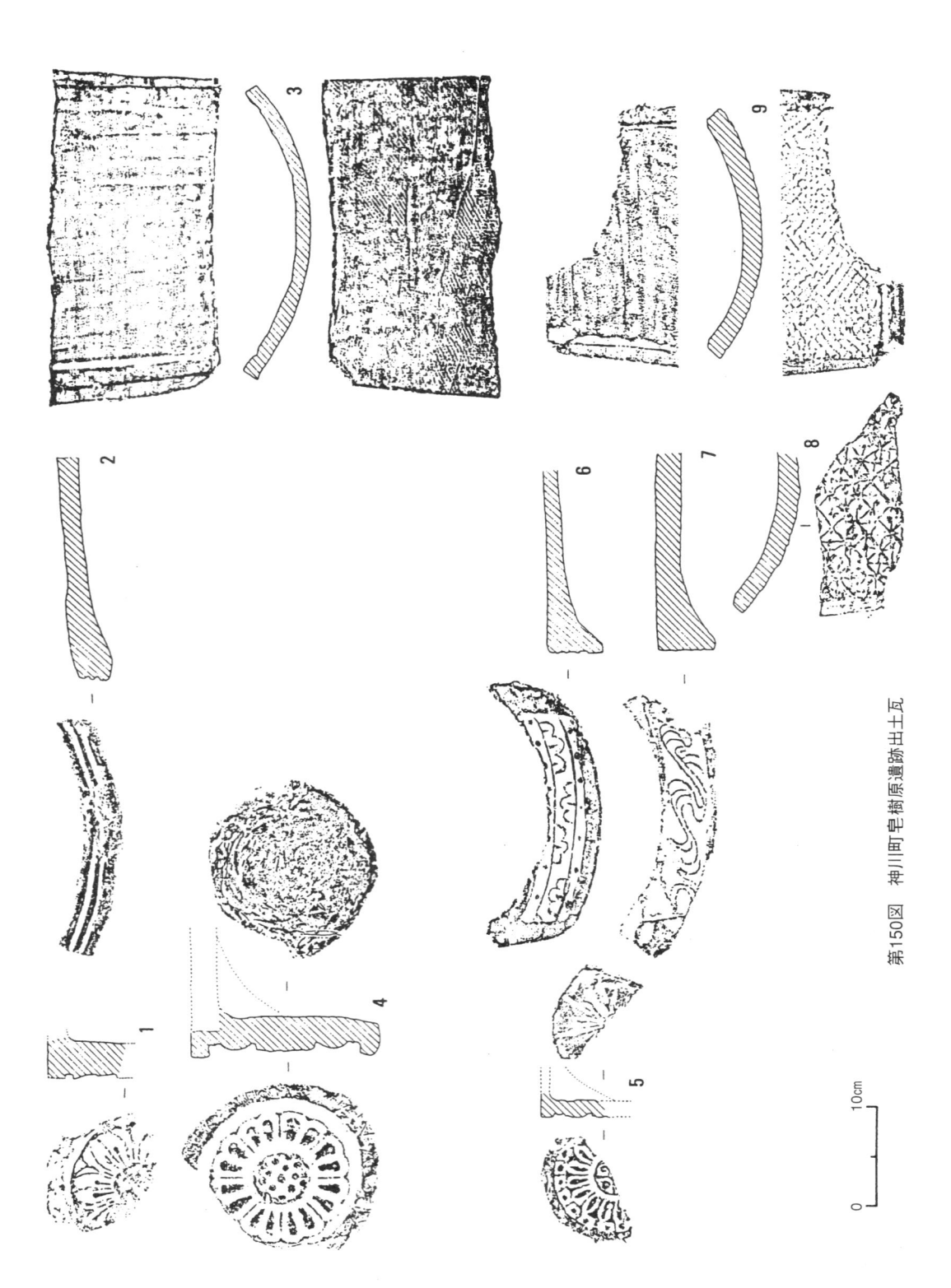

第150図 神川町皂樹原遺跡出土瓦

が強い。さらに当遺跡で最も古いと考えられる複弁7葉軒丸瓦（第150図1）は重弧文軒平瓦（第150図2）を伴うが、この軒丸瓦は山王廃寺系でやはり利根川西岸系といえる。

精進場遺跡では上植木系の米印、細斜格子叩きを持つ丸・平瓦のほか、細斜格子叩きを持つ一本造り単弁8葉軒丸瓦（第151図1）が見られるが、これは上植木廃寺（第152図2）、雷電山瓦窯跡例が祖形と考えられ、利根川西岸系のものは出土していない。

城戸野廃寺では上植木系は米印、細斜格子叩きの丸・平瓦のほか、細斜格子を持つ一本造りの単弁8葉軒丸瓦（第151図6）が見られるが、同笵は藤岡市山王久保遺跡にある。利根川西岸系のものは金草窯の複弁8葉軒丸瓦（第151図5）である。

このように見てくると、精進場遺跡を除いて利根川西岸系と東岸系の両者がある。東岸系は丸・平瓦に限っていえば全遺跡にあるのに対して、西岸系は様相が異なる。西岸域と関わりのある金草窯のものは皀樹原・城戸野だけで、五明にはない。また五明に多量に出土する桶巻きの縄叩き平瓦は城戸野に1点見られるだけである。東岸系すなわち上植木系は賀美郡全域に分布するものの、西岸系は小分布圏を形成しているようである。

最も調査の進んでいる五明廃寺は、出土瓦などから郡寺的性格を持つと考えられているが、ここからは東岸の上植木系と西岸系と考えられるものが出土している。この2種のどちらが創建瓦であろうか。上植木系の一本造り細弁16葉軒丸瓦（第149図1）は米印と細斜格子叩きを持ち、この叩きが武蔵国分寺から出土することから、国分寺創建に近い年代と考えられる。もう一方は桶巻造りの縄叩きであることから、国分寺創建に近いかそれ以前であろう。しかし瓦当文様から見るに新しい傾向があり、上植木系と同時期に両地域の協力を受けて五明廃寺が創建された可能性がある。これがこの寺の群寺的様相の一つかもしれない。

それに対して皀樹原遺跡では上植木系の武蔵国分寺細弁軒丸瓦と同文の細弁軒丸瓦（第150図5）より遡る、山王廃寺系の複弁7葉軒丸瓦（第150図1）と重弧文軒平瓦（第150図2）がある。すなわち上植木系の分布時期以前に創建時期があったといえよう。その時期は、複弁7葉軒丸瓦の変遷から8世紀初頭であろう。城戸野廃寺については上植木系以前に遡る明確な瓦はない。

このように賀美郡の寺院は上植木系の瓦の分布時期に、一度に創建されたといえないようである。また上植木系の瓦の分布する時期にしても詳細に見るならば、武蔵国分寺細弁軒丸瓦と同文の皀樹原遺跡と、同系の五明廃寺の細弁16葉軒丸瓦では、五明廃寺の細弁16葉軒丸瓦の方が祖形である。武蔵国分寺、皀樹原遺跡、五明廃寺などで、この両者がそれぞれ単独で出土することもその傍証となろう。しかし、丸・平瓦は両者とも同一叩きを持つことから、近接する年代であろう。

次にこの両者を出土する上植木廃寺を見てみよう。

(3) 上植木廃寺

上植木廃寺は山田寺系の単弁8葉軒丸瓦が創建瓦であることから、7世紀中葉が創建時期と考えられ、多くの笵種があり上野国内の有数な寺院である。

ここには五明廃寺と同笵の細弁16葉軒丸瓦（第152図1）があるが、ほかに太田市寺井廃寺（第152図13）にもある。生産跡は、太田市萩原窯跡[13]に米印叩き、細斜格子叩きがあることから、

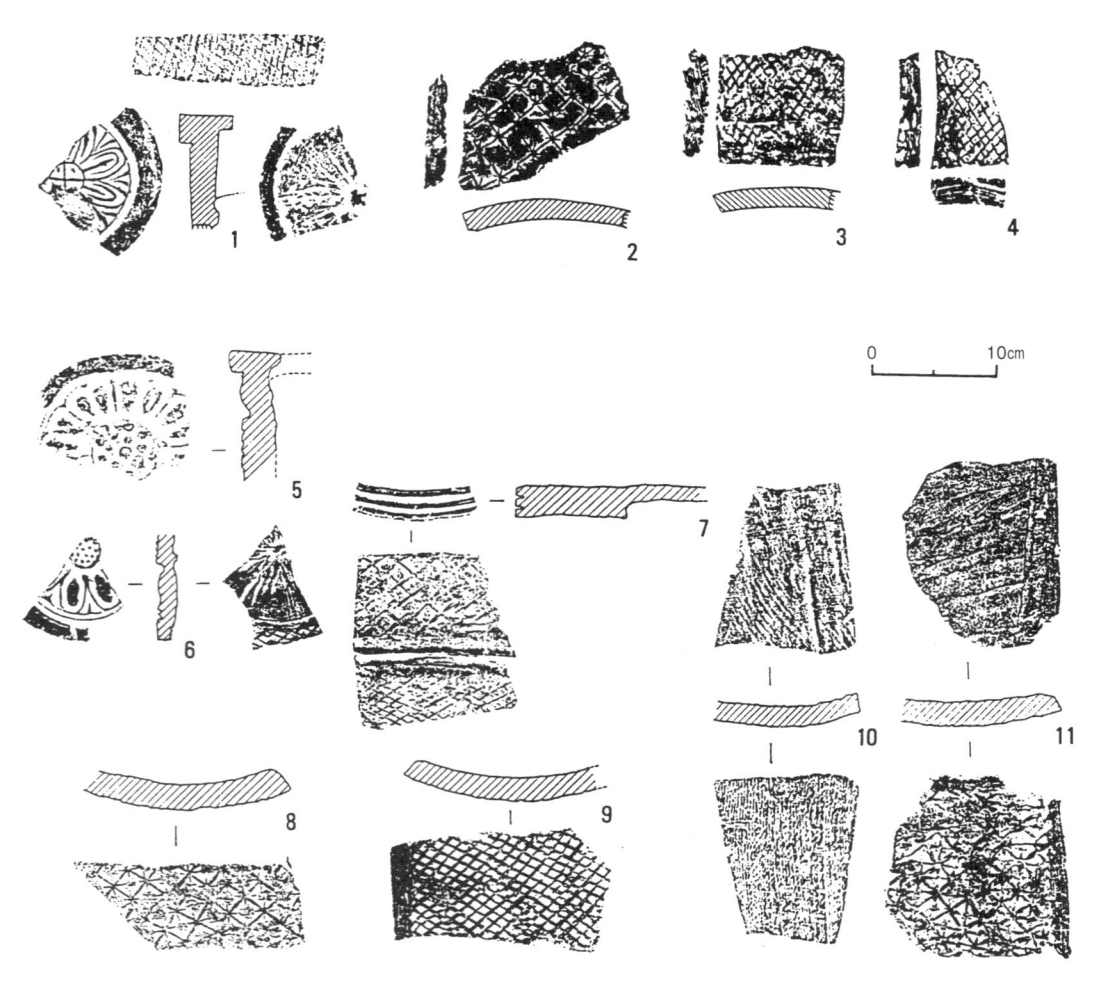

第151図　上里町精進場遺跡・神川町城戸野廃寺出土瓦
1〜4:精進場遺跡　5〜11:城戸野廃寺

ここから供給されたと考えられている。しかし、五明廃寺とは胎土が違うといわれており、別の窯があった可能性もある。この細弁16葉軒丸瓦は武蔵国分寺細弁軒丸瓦の祖形であるが、上植木廃寺では武蔵国分寺細弁軒丸瓦に共通する、外区の連珠が竹管でない細弁15葉軒丸瓦（第152図5・6）も出土している。これと同笵は上野国分寺からも出土（第153図1・2）しており、武蔵国分寺の瓦の年代を考えるに比較資料となる。

　また、上植木廃寺には武蔵国分寺単弁8葉軒丸瓦の祖形と考えられる一本造り単弁8葉軒丸瓦（第152図3・4）があり、先の武蔵国分寺細弁軒丸瓦と共通する瓦とともに、上植木廃寺と武蔵国分寺の関連が注目される。

　このような軒丸瓦と同時期と考えられる軒平瓦として、須田茂が上植木廃寺512型とした均整唐草文[14]（第152図12）がある。この同笵が上野国分寺からも出土[15]（第153図7・8）している。この瓦の生産窯は間野谷遺跡（窯跡？）と山際窯跡で確認されていることから、上野国分寺へもここから運ばれたのであろう。この軒平瓦は、五明廃寺の均整葡萄唐草文（忍冬唐草文）（第149図

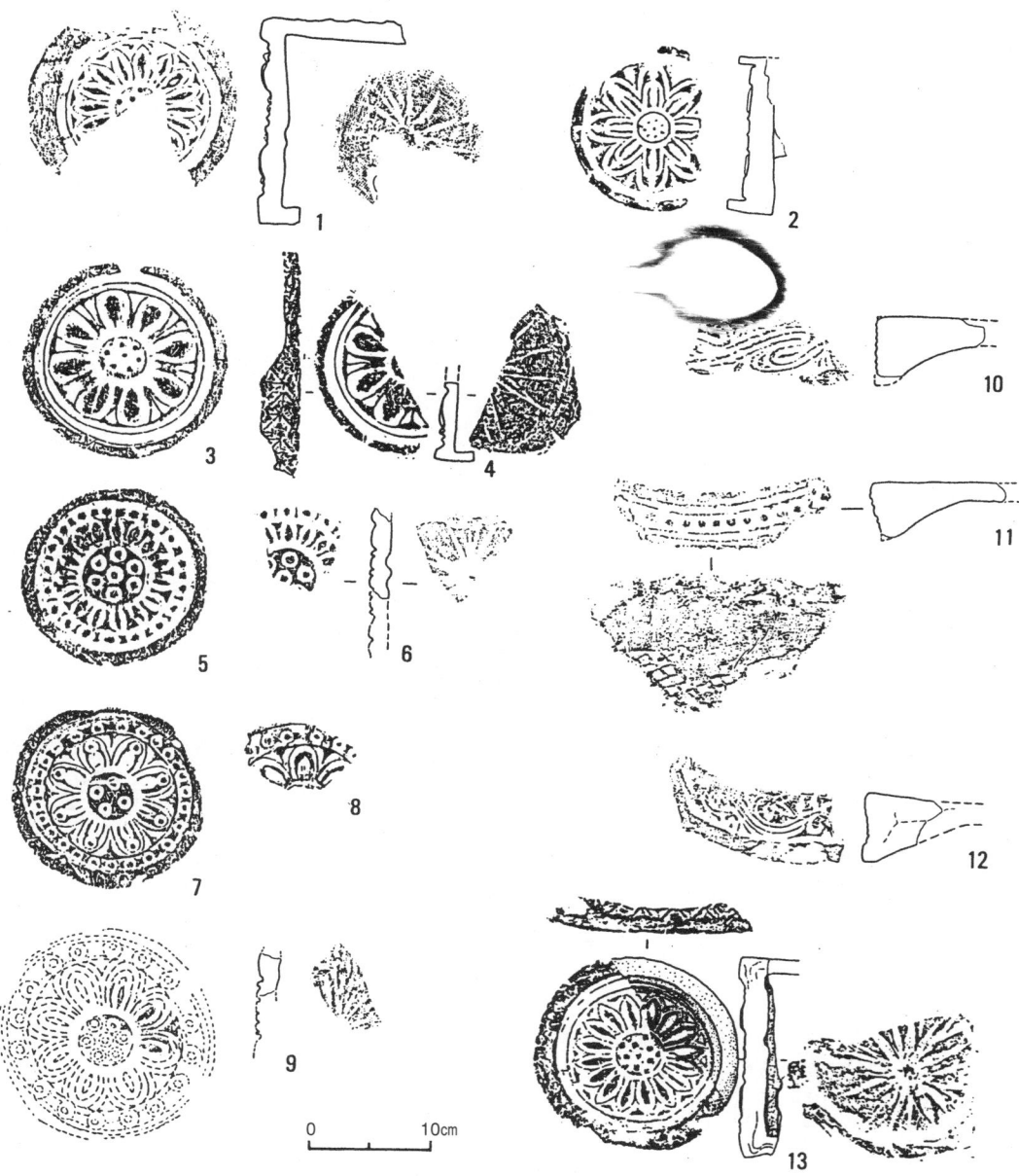

152図　伊勢崎市上植木廃寺・太田市寺井廃寺出土瓦
1～12:上植木廃寺　13:寺井廃寺

2) から変化したと推測されることから、五明、上植木、寺井廃寺の細弁16葉軒丸瓦に後続する時期で、国分寺の創建時と考えられる。また須田の504型の軒平瓦（第152図11）も同じく上野国分寺から出土している（第153図6）が、注目されることは、これらの軒平瓦と同系の軒平瓦が武蔵国分寺の塔跡から出土（第148図1・2）していることである。軒丸瓦だけでなく、軒平瓦も関連があったことが分かる。このような系譜の追える、上植木系の軒平瓦の大きな特徴は曲線顎であり、前述した五明廃寺の均整葡萄唐草文、花菱文、あるいは皀樹原遺跡の流水文風唐草文、花菱文のいずれも同様である。

(4) 上野国分寺

　前述したように、上植木廃寺の一本造りで絞りを持つ細弁15葉軒丸瓦と同笵（第153図 1・2）が存在しており、武蔵国分寺と同様、創建意匠より古い瓦が存在するという共通したあり方を示す。上野国分寺ではこの瓦は量的に少なく、創建意匠である単弁5葉の軒丸瓦（第153図 9・10）が圧倒的に多い。この創建意匠のうちで最も古い単弁5葉軒丸瓦（第153図 9）は現在のところ無絞りの一本造りで、布絞りのものはない。ところが創建意匠のうちでも、やや彫りが稚拙になった同文の軒丸瓦（第153図10）に布絞りが見られることから、布絞りと無絞りの一本造りが時期的に重複すると考えられる。このように上野国分寺も武蔵国分寺と同様、上植木系の一本造り細弁軒丸瓦が最初にもたらされ、同時期か後続して国分寺統一意匠が採用されたようである。

(5) 細弁の瓦について

　以上のように武蔵国分寺の瓦に類似するものを求めて、武蔵北部、上野を見てきたが、武蔵国分寺創建瓦である細弁系の広がりは、上植木廃寺を中心に分布していることが分かった。次にそ

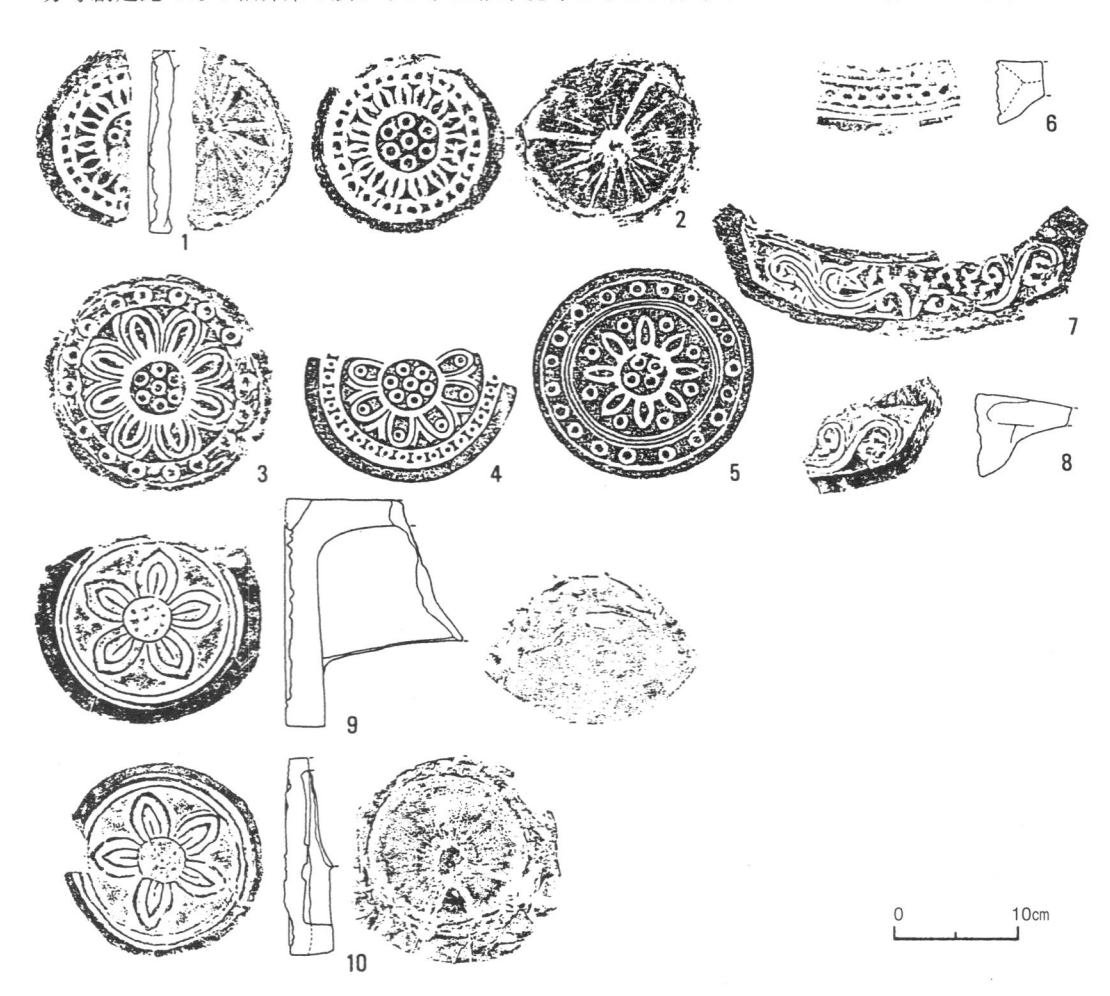

第153図　上野国分寺創建期出土瓦（7は拓本を接合して復元）
1〜8:上植木系　9・10:国分寺創建意匠

の変遷について述べてみる。

まず、細弁系は技法ではいずれも一本造りであるが、文様の施文方法から5つに分類できる（第154図）。

　1類：16葉で連珠をもたない。
　2類：16葉で、中房は十字の間に蓮子が配され、外区には連珠を施し、蓮子・連珠とも、笵でつくり出す。
　3類：15葉と弁数は減少し、連珠は笵であるものの、中房の蓮子は竹管で施され1+6である。
　4類：15葉で、外区の連珠は笵で3類より小さい。中房の蓮子は竹管で施される。
　5類：15葉と考えられ、外区の連珠および中房の蓮子とも竹管で施す。

　1類は上植木、寺井、五明の各廃寺に見られる。2類は皂樹原遺跡に見られるだけである。3類は上植木と上野国分寺に同笵がある。4類は武蔵国分寺有吉ⅤB類である。5類は武蔵国分寺の有吉ⅤA類である。1～5類のいずれも丸・平瓦に米印、細斜格子叩きを持つことから、時間的には近接すると考えられるものの、1類は五明廃寺でほかの種類と共伴していないことから、1類とほかの類を時期差ととらえることができよう。2類は1例しかないが、連珠が加わることから1類に遅れるものの、皂樹原遺跡には上植木廃寺と同系の流水文風唐草文軒平瓦、五明廃寺と同系の花菱文軒平瓦が出土していることから、1類と

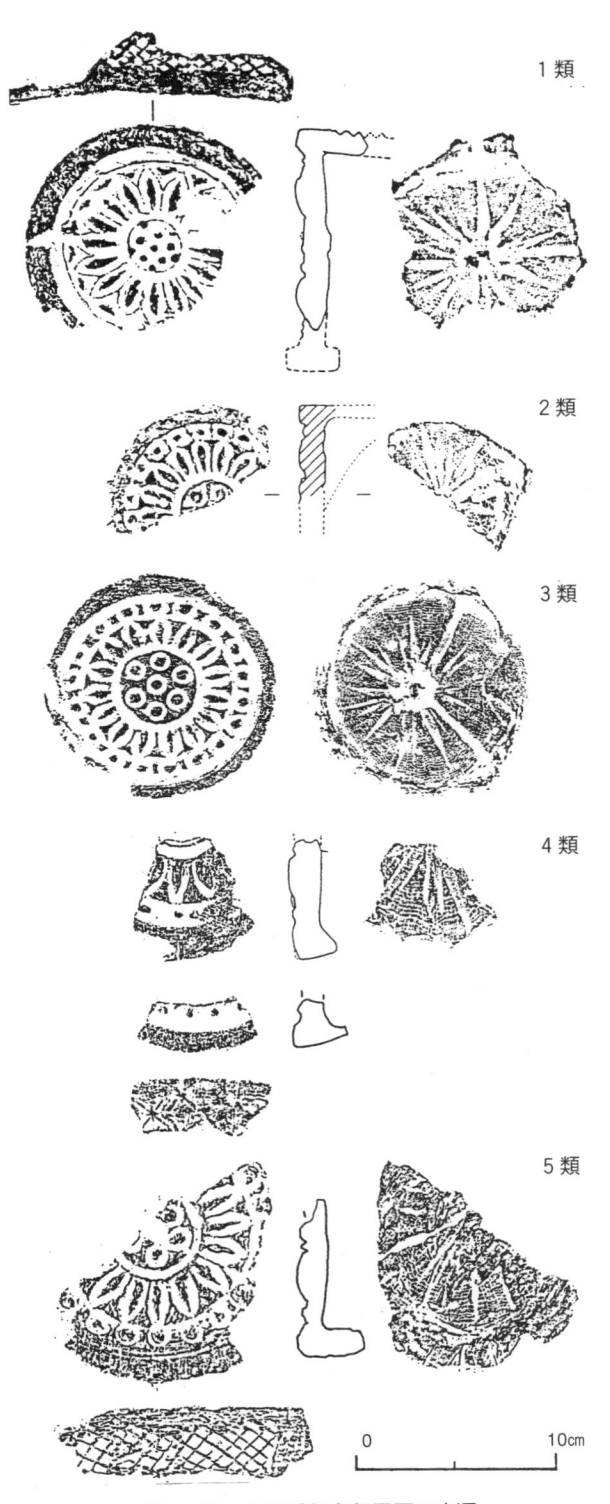

第154図　上野系細弁軒平瓦の変遷
1:五明廃寺　2:皂樹原遺跡　3:上野国分寺　4・5:武蔵国分寺

2類は近い時期であろう。3類は15葉と弁数の減ること、中房を竹管で施すことからさらに新しく、4類も3類と同類で同時期であろう。5類は連珠、中房とも竹管で施されることから最も省略形と考えられる。しかし、武蔵国分寺では4類（有吉ⅤB類）のように連珠が笵で施されるのものもあることから、3類も4類も時期的に重複するものであろう。

このように上野国分寺、武蔵国分寺とも細弁3類以降の型式が採用されたことが分かる。武蔵国分寺主要創建意匠である2期の一本造り単弁8葉軒丸瓦は、中房が竹管で施されることから、細弁3類に近いと考えられるものの、連珠文がないことからほぼ同時期かやや遅れて使用され始めたと考えられる。

以上のように武蔵国分寺に上野国あるいは賀美郡から搬入されたと考えられる、一本造り細弁軒丸瓦、米印叩き、細斜格子叩きの瓦から、国家的事業である国分寺造営を開始するにあたり、上野国、特に上植木廃寺を造営した首長層に協力を要請したと推測され、造営に最初に関与したのが前代から上野国と関わり、五明廃寺、城戸野廃寺などを建立するなど、台頭してきた賀美郡の郡司層を含めた有力層であろう。

それを示すものが、国分寺造営のための最初の窯場であった南比企窯跡群に見られる。南比企窯跡群は、古墳時代以降上野国の影響のもとに須恵器生産が継続され、8世紀初頭以降武蔵国の官窯的性格を持つ窯場として操業しており、国分寺創建時も賀美郡の寺々の瓦を生産した工人達が派遣されたと考えられるため、一本造り細弁軒丸瓦の生産の開始、あるいは一本造り細弁軒丸瓦か単弁8葉軒丸瓦に伴うと考えられる重弧文軒平瓦に、「加」あるいは「加上」（第148図3）の賀美郡の郡名が、郡名瓦の中でも最初に見られるのであろう。また、「父」「多」も初現の郡名といえよう。[17]

このように武蔵国分寺造営の初期段階は、上野国あるいは賀美郡、多摩郡の協力のもとに推進されたが、その背景には北武蔵においては南比企窯跡群を掌握していた首長層が、南武蔵では多摩郡が関わっていたと考えられる。

2．須恵器の検討から

これについてはすでに繰り返し述べているが、渡辺一によって発表された鳩山窯跡群の須恵器と、そののち発表された武蔵台遺跡を含めて再述してみる。

南比企窯跡群の8世紀初頭から国分寺創建期までの変遷を南比企窯跡群の発掘資料によってよって並べてみると、山下6号窯→小谷B4号窯→小谷B8号・赤沼14-1・14-2号窯→小谷B6号窯→小谷B1号窯と続くようである。しかし、小谷B8号窯とB6号窯の間にはやや時間差が認められ、南多摩地域ではB8号窯とB6号窯間に入る口径14cmの坏が多く見られることが指摘された。鳩山窯跡群でもこの間に入る窯が確認され、B2号窯とB7号窯が該当することが分かり、灰原の堆積状況からB2→B7号窯の前後関係があることが分かった。また、B1号窯のあとについてもB1号窯を切ってB5号窯の排水溝が構築されていることから、B1→B5号窯の前後関係が、さらに排水溝の切合いからB5号窯とB11A号窯の床面Ⅲ～Ⅳ面が、同時期かB5号窯のほうが古いとされている。このような窯の切り合いを含めた前後関係から、国分寺創建期前後の変遷は、

B8→B2→B7→B6→B1→B5≧B11A－Ⅲ～Ⅳ面

の変遷が考えられている。8世紀第2四半期から広い意味での国分寺創建期までの間には、6～7つの変遷を見てとることができる。法量を例に取り、おおよその変化を見てみよう。B8号窯は2面あり、最終床面であるⅠ面は13.4～17.1㎝を測り、中心は15㎝前後である。B2号窯は13.6～15.3㎝、B7号窯は2面のうち古いⅡ面が13.1～14.3㎝、新しいⅠ面が13.2～14.0㎝、B6号窯は3面あるうち、ほとんどが最終床面から出土しており、13～14㎝が主体である。B1号窯は2面あるが、12.4～14.4㎝で平均13.2㎝を測る。B5号窯については5面、B11A号窯については6面あるため、量的な問題もあり明確な口径は出せないようであるが、B5号窯の最下面Ⅴ面の口径の平均は13.5㎝で、この窯はB1号窯により近いと考えられる。B11A号窯はⅣ～Ⅵ面とⅠ・Ⅱ面の坏の形態が違い、下層面である前者のものはB5号窯に類似し口径13㎝前後、上層面である後者は新しい形態で口径12.5㎝以下のものが多い。

この変遷の中には前後で近似した形態を出すものもあり、連続した変化を見ることができ、窯式として確立するためにはまだ検討を要するところである。

前内出窯跡は窯跡群が違うことから問題も多いが、技法・法量などから小谷B6号窯に並行すると考えている。また武蔵国分寺SD72溝から出土した須恵器、あるいは大丸4号住居跡出土須恵器はいずれもB6号窯並行で、国分寺創建期の製品であろう。武蔵台33号住居跡の須恵器は、前内出窯跡のものより古い様相を持つことが指摘され[18]、この遺跡が国分寺創建に関わる性格を持つことから、この住居跡の土器群が国分寺創建期と考えられた。おそらくこの須恵器群は創建期前から創建期にかけて生産され、創建時の住居で使用されたB2、B7号窯からB6号窯にかけての土器群であろう。

3. 瓦と須恵器の共伴関係とその年代
（1）鳩山窯跡群

鳩山窯跡群小谷B窯跡の変遷の中で瓦の技法の変遷を追ってみよう。まず、小谷B6、B1、B5、B11A号窯とも一枚造りの平瓦が出土する。B6号窯では平瓦3点は窯体内覆土と灰原出土で、ここで焼成されたか断定できない。しかし、B6号窯には付属施設と考えられる灰層の入った前庭部ピットから軒平瓦、平瓦が数点出土しており、生焼けが中心であること、また灰原での広がりからもここで焼成したものと考えられる。この平瓦はいずれも格子叩きⅡ類（正格子）（類例第155図1・5）のみであり、灰原から出土する格子叩きⅠ類（斜格子で、その中に年輪状の平行のキザミが入るのが特徴）（類例第155図3）はここでは焼成していない可能性がある。

B1号窯にはB6号窯と同一の格子叩きⅡ類のほか、格子叩きⅠ類が床面のⅠ面、Ⅱ面いずれからも出土し、焼台、壁面補修として使われ、灰原からも出土することから、この窯で焼成されたかそれ以前に遡るであろう。B5号窯では5面あるうちの最終床面であるⅠ面と中間のⅢ面から出土しており、焼台の可能性があるが、いずれも格子叩きⅡ類である。B11A号窯では6面のうち、2次床面であるⅤ面と灰原から格子叩きⅡ類が出土しているが、量的な点からここで焼成したか疑問で、焼台の可能性がある。新しいⅠ～Ⅳ面に発見されていないこと、6面あるにもかか

わらず灰原に少ないことは、この窯の構築時にはすでに焼成を終了していたと考えられる。

以上のように格子叩きⅡ類の平瓦は、B6号窯前庭部ピットと、B1号窯の焼台の例から、B6号窯からB1号窯にかけて生産された平瓦であろう。格子叩きⅠ類についてはⅡ類より遅れる可能性はあるものの、やはりB6号窯からB1号窯にかけて焼成されたものであろう。

瓦当左端に「父瓦印」を瓦当文様の一部とした段顎の軒平瓦が、B6号窯（第155図5）とB11A号窯（第155図6）から出土しているが、B6号窯は前庭部ピットから、B11A号窯は覆土と灰原からである。B6号窯の叩きは前述した格子叩きⅡ類で、B11A号窯では覆土が格子叩きⅡ類で、灰原からは縄叩きを施すもの（第155図4）が出土している。また、同笵の軒平瓦が国分寺から出土（第155図1～3）していて、胎土からも南比企産であるが、平瓦部の叩きは鳩山窯跡群格子叩きⅡ類のほか、鳩山では未確認の格子叩きⅠ類（第155図3）が見られ、「父瓦印」軒平瓦の叩きが3種類確認されたことになる。この製作順序はおそらく格子叩きⅡ類→格子叩きⅠ類→縄叩きであり、格子叩きを施すものは平瓦と同様、鳩山窯跡群B6号窯からB1号窯にかけて生産されたものであろう。

さて、「父瓦印」軒平瓦は国分寺おける瓦当文の変遷の、どこに置けるであろうか。軒平瓦の変遷は重弧文から唐草文であるが、「父瓦印」軒平瓦も唐草文の変種であろう。唐草文の流れの中で顎部に注目してみると、顎の幅広いものから狭いものへと変化している。金堂基壇内から出土する唐草文軒平瓦は顎はやや幅広く（第157図A類1）、それと比較するに「父瓦印」軒平瓦はそれより僅かに後続するといえる。しかし、縄叩きのものは顎が広く（第155図4）、金堂基壇内出土例と同じで、時期的に大きな差がないといえよう。

また鳩山窯跡群唯一の一本造り無絞り軒丸瓦（第147図6）が、B11A号窯最下面であるⅥ面の煙道部右袖中から検出されたが、この叩きも縄叩きであることから、B11A号窯構築期かやや遡る時期であろうが、B11A号窯では焼成していない可能性がある。しかし、縄叩きを施すものがこの窯以外に出土していないことを考えると、現段階では該当する窯はなく、窯の同定には慎重を要する。

このように叩き技法から見るに、B1号窯までは格子叩きが見られ、B11A号窯頃かその前には縄叩きも多くなっていくようである。

(2) 大丸瓦窯跡

国分寺創建瓦を焼成した大丸瓦窯跡[19]を見てみよう。大丸瓦窯跡では8号窯の灰層下に4号住居跡が見られるが、そこから出土する須恵器蓋は南比企産で、ほぼ小谷B6号窯に並行するかやや遡るであろう。8号窯の灰原がこの住居跡の床面近くまで流れ込んでいることから、8号窯は4号住居跡とほぼ並行か直後と考えられる。大丸の窯の変遷は11＝5・13→8・9→7→6号窯の4段階の変遷が考えられているが、8号窯はその2段階であることから、4号住居跡は1段階の5・13号窯に並行する可能性もある。

次に技法から大丸瓦窯跡と鳩山窯跡群との並行関係を見てみよう。大丸11号窯出土の斜格子叩き＋「多」印と、小谷B1号窯の格子叩きⅡ類＋「父」印（類例第155図1）を比較してみると、叩き方がやや似ているほか、「多」「父」を印顆ではなく叩き板のような平板に彫り、それで叩い

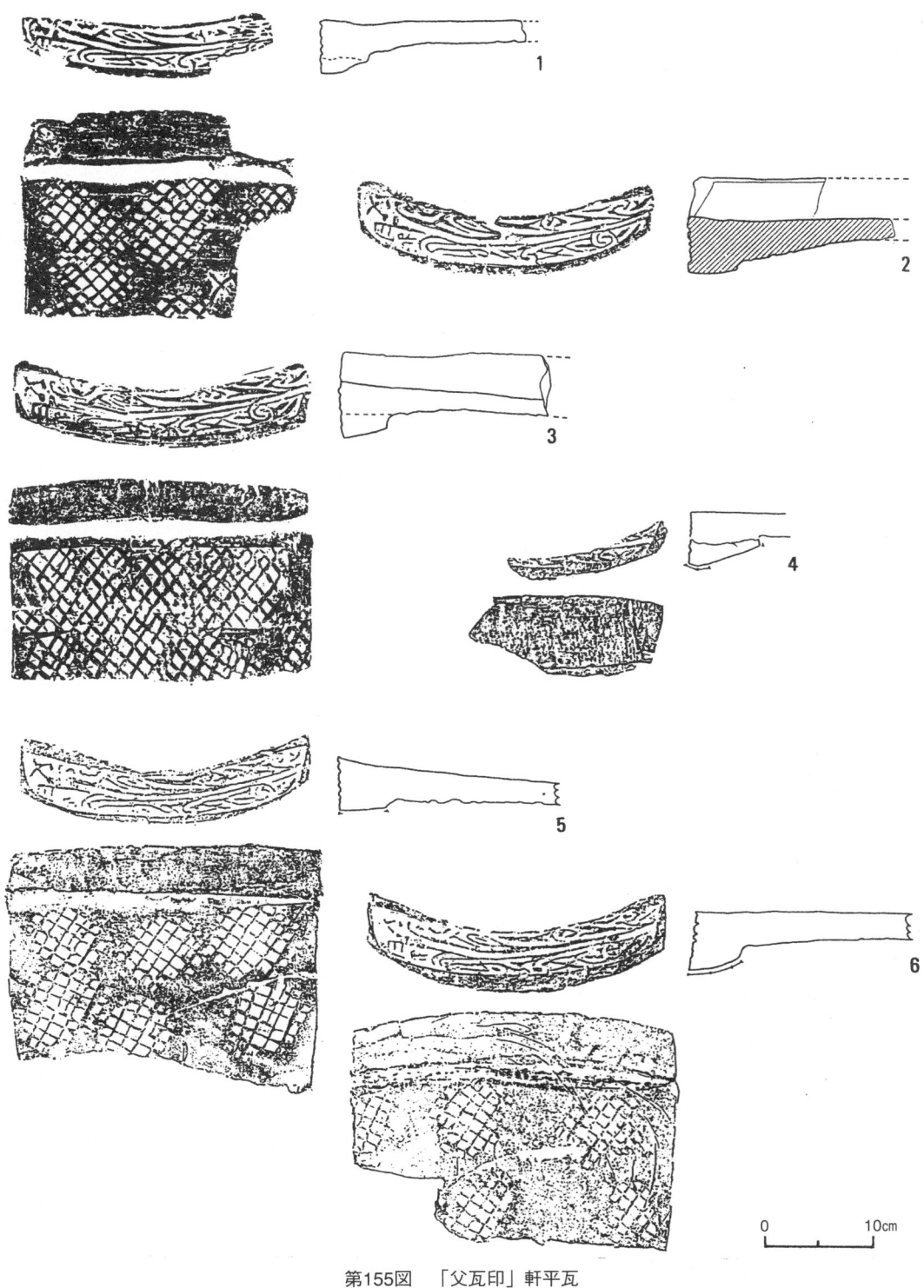

第5章 須恵器・瓦生産と古代遺跡 413

第155図 「父瓦印」軒平瓦
1～3:武蔵国分寺 4・6:鳩山町小谷B11号窯 5:同B6号窯

て郡名を入れたため、郡名の周辺の叩きが平板で潰され平滑になっている。同様な例は前述した賀美郡の郡名瓦「加」「加上」の施された重弧文軒平瓦にあることから、この郡名印が古いと考えられる。さらに大丸11号窯には桶巻造りの痕跡と見間違うような枠板状の痕があり、同様な痕跡が小谷B1号窯跡群格子叩きⅡ類）を持つ平瓦にあり、大丸11号窯と小谷B1号窯の瓦が時期的に近い可能性がある。また、有吉も平行関係について、僧寺金堂基壇内出土の南比企産単弁8葉軒丸瓦（第146図9）は、上野系軒丸瓦の特徴である中房蓮子の竹管文と、国府系A群の軒丸瓦の特徴である文様部を二枚重ねで厚くつくる、二つの特徴を持っており、両系の製作時期が接近していたと考えられている。

なお、大丸瓦窯跡の叩き技法については、11号窯では格子系54％、縄36％、5号窯は格子系59％、縄41％、13号窯は縄のみ、8号窯は格子系68.7％、縄31.3％、9号窯は格子系58.8％、縄41.2％、6号窯では格子系対縄は3：1であり、新しくなるにつれてやや縄叩きが少なくなる傾向があり、鳩山窯跡群では生産開始時から格子が主体と考えられ、大丸と違う動きが見られる。

大丸瓦窯跡の創建瓦焼成開始時期は、4号住居跡出土須恵器および瓦の技法から考えて、小谷B6号窯並行かやや遡る時期ではなかろうか。また、大丸瓦窯跡出土の重弧文軒平瓦は、武蔵国分寺でも最も古い型式であり、顎の形態から見てもその中でも初現期の瓦といえ、南比企窯跡群と同一の変遷をしたことがうかがえる。おそらくこの重弧文軒平瓦は形態および同時に製作された軒丸瓦から見て、武蔵国分寺の2期、上野系8弁軒丸瓦並行期と考えられる。このことから見ても、4号住居跡出土のB6号窯並行かやや遡る時期の須恵器が、国分寺創建の古い段階に置けることが分かる。

(3) 武蔵国分寺

次に武蔵国分寺での共伴関係について見ると、SD72溝が良好な資料である。出土須恵器は口径約14cm弱の周辺ヘラ削りの坏が出土し、小谷B6号窯並行と考えられる。この溝から出土する軒丸瓦は上野系一本造りで、第一項で述べた2期のもの、あるいは瓦当部二枚重ねの4期のもの、さらに斜格子および縄叩きの平瓦も出土する。

このSD72溝は有吉の創建期Ⅰa、Ⅰb、Ⅰc期の3段階[20]のうち、最も早いⅠa期の溝で、この溝を埋め立て、現在確認されている中門－金堂－講堂を中軸とする伽藍がつくられている。このように現在判明している伽藍によって埋め立てられた、溝で囲まれたより古い区画は、南北にやや長い長方形と考えられ、その中軸近くには塔が確認されている。この塔は承和2年（835）に七重塔が焼失したのち、承和12年に壬生吉志福正が再建を願い出て許され再建されたもので、そのときの瓦は東金子窯跡群の八坂前、新久窯跡で焼成したと推定され、その製品が多く出土していることで知られている。また、ここからは創建期の一本造りの軒丸瓦が集中して出土することからも、SD72溝と対応関係にあると考えられる。有吉は武蔵国分寺の伽藍が整備されたのは、天平19年（747）に国分寺造営について郡司に3年を限って協力要請をしたのちであるとされるが、Ⅰa期の塔を中心とする区画、すなわちまだ伽藍の整備されていないSD72溝などで区画される寺域は、天平19年以前に遡り、天平13年（741）を上限とすると考えられた。このように天平13年から天平19年の間に軒丸瓦一本造りの細弁と8葉があり、瓦から見た1期、2期、3期のほか

4期にもかかってくるであろう。

　以上のように国分寺創建の最初の段階は瓦から見るに各種・各期の瓦が短い間に出土し、急激な動きのあった時期である。

　このあり方は上野国分寺でも同様で、創建の初現期のみ細弁15葉の上植木系で、武蔵国分寺と同系の軒丸瓦である。これに続いてすぐに、そののちの国分寺意匠となる単弁5葉軒丸瓦に変わるが、この軒丸瓦にもわずかに布絞りの一本造りが継承され、この時点で同一笵でありながらいくつかの技法で製作されるなど、混沌とした時期であったようである。上野国でも国分寺は案外早く整備されたと考えられており、天平19年（747）の郡司に3年を限って協力要請したのを受けて、天平勝宝元年（749）『続日本紀』に5例の知識物を献じた者が記され、上野ではそのうち2例の碓氷郡石上部君諸弟、勢多郡少領上毛野朝臣足人が見られ、外従五位下を与えられていることから、このころ整備されたと考えられる。

　武蔵国分寺、上野国分寺とも創建当初には上植木系の瓦が搬入され、国分寺の基礎ができたが、おそらくこの時点では寺域を設定したものの、武蔵国分寺では塔など限られた建物しか手が付けられていなかったのであろう。

（4）前内出窯跡群

　前内出2号窯には2点の丸瓦と平瓦が出土している。この平瓦（第156図1）は、同一叩きが高麗郡の郡寺と推定されている女影廃寺から数例（第156図4）出土していることから、需給関係が成り立ち、それには前内出窯跡群付近の高倉の地名から、のちに従三位となった高麗（高倉）朝臣福信の本貫地に近いと推定し、彼ら一族と無縁ではないと考えた。そののちの検討で、同一叩きの瓦が武蔵国分寺から2点出土していることが判明した。1点は塔跡から（第156図2）、1点は金堂跡から（第156図3）である。前者は塔跡の調査で出土していることから、塔跡出土の一本造り軒丸瓦と同時期の可能性が高く、注目される。後者は凹面に、□の中に高の郡名印が見られ国分寺瓦であることが分かった。高麗郡の郡名印であることから、女影廃寺との関係さらに強調されよう。この高麗郡の郡名印は、国分寺出土の高麗郡押印5種の中にあり、現在5〜6点出土している。その中の1例は扁行唐草文（第156図7）の顎に見られる。

　この扁行唐草文は左から巻いているが、武蔵国分寺の類例などから位置付けてみる（第157図）。武蔵国分寺の扁行唐草文は、南比企窯跡群の泉井で製作され、重弧文に続いてすぐに出現し上野系軒丸瓦に一部重複すると考えられる。その多くは7反転し2本線で構成するのが特徴で、系譜が追えるものは2種あり、A類は巻く位置が中央から左右対称の位置にあるもの、B類は上下の巻く位置が近づき、あたかも1対となるものである。この両者は珠文の位置・数など同一のものが存在することから、関連しながら変化したのであろう。このほか系譜が追えないいくつかがあるが、これらの特徴を上げるとすれば唐草の巻きが一定せず、さらに円形にならず扁楕円形となるものが見られ、また、珠文3個が1列として配される特徴を持つ。これらを一括してC類としておく。前述の高麗郡の郡名印を持つものはこのC種である。

　これらの扁行唐草文で時期が押さえられるものは、A類1の金堂基壇内から出土した例と、B類5の八坂前窯跡群で製作されたものと同笵例で、塔再建期のものである。A類、B類とも文様

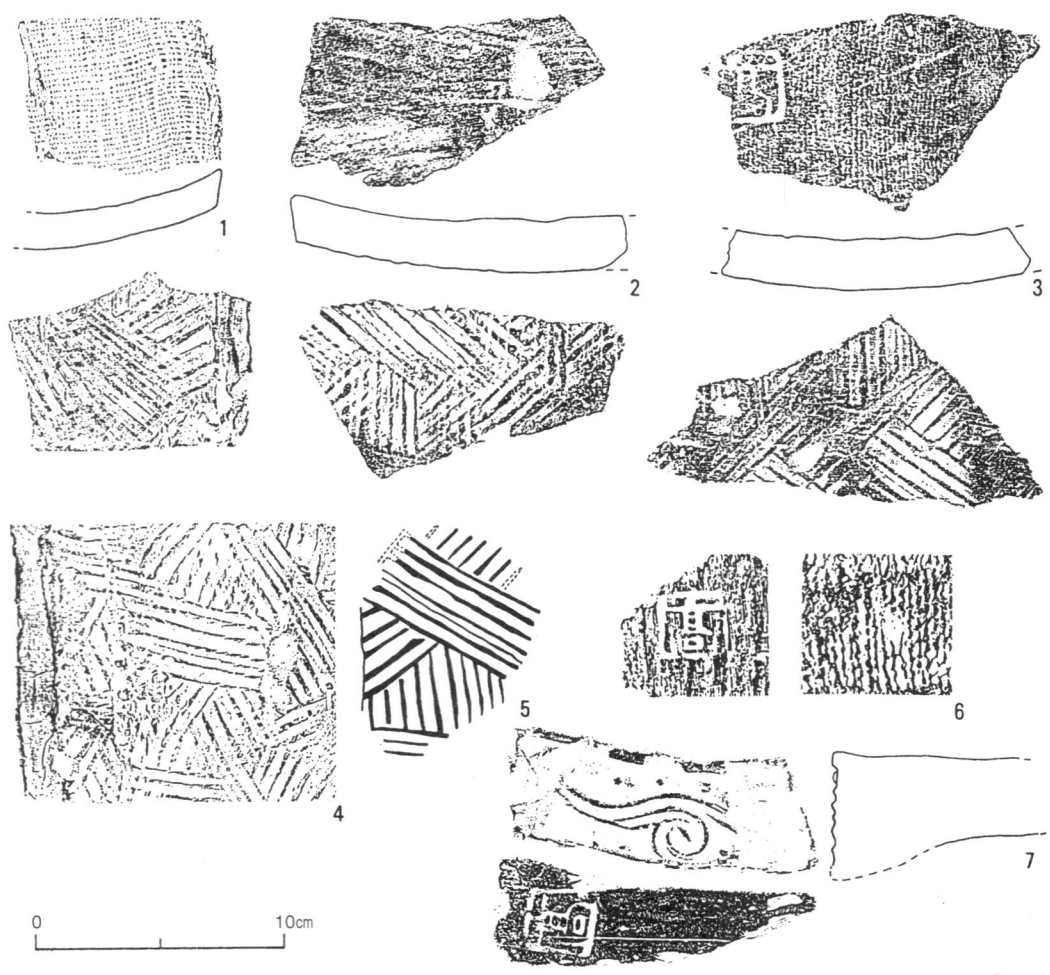

第156図　前内出窯跡2号窯出土瓦と関連資料
1:前内出2号窯　2・3・6・7:武蔵国分寺　4:日高市女影廃寺　5:叩き文様の復元図

の変遷は新しくなるにつれて巻きが大きくなること、顎が狭くなり、次第に曲線顎に移っていくようである。この変遷から高麗郡名軒平瓦を考えると、欠けた顎から推定するに曲線顎になる可能性があるものの、凹面と瓦当面が直角で古いつくりであり、さらに巻きの中心が棒状になり、A類1と比較してそれほど新しくならないと考えている。

　このように前内出窯跡を介して武蔵国分寺←前内出窯跡→女影廃寺という需給関係が成り立ち、前内出窯跡群成立の背景が国分寺と無縁でないことが判明した。

　では、この瓦は前内出窯跡で焼成されたのであろうか。前内出1号窯では2点、2号窯では報告書刊行時未報告の2点がある。2号窯の瓦については廃棄時完全に須恵器窯であったことから、それ以前に瓦を焼成したかどうか不明確である。2号窯の須恵器は焼成時天井が崩壊して赤褐色から淡青灰色を呈していることから、瓦が高温焼成の青灰色で堅緻であることを考えると、出土状況から焼台になっていた可能性がある。とすれば、廃棄時の須恵器と同時期か、それより遡ることが想定できる。前内出窯跡が鳩山窯跡群小谷B6号窯とほぼ並行すると考えられること、

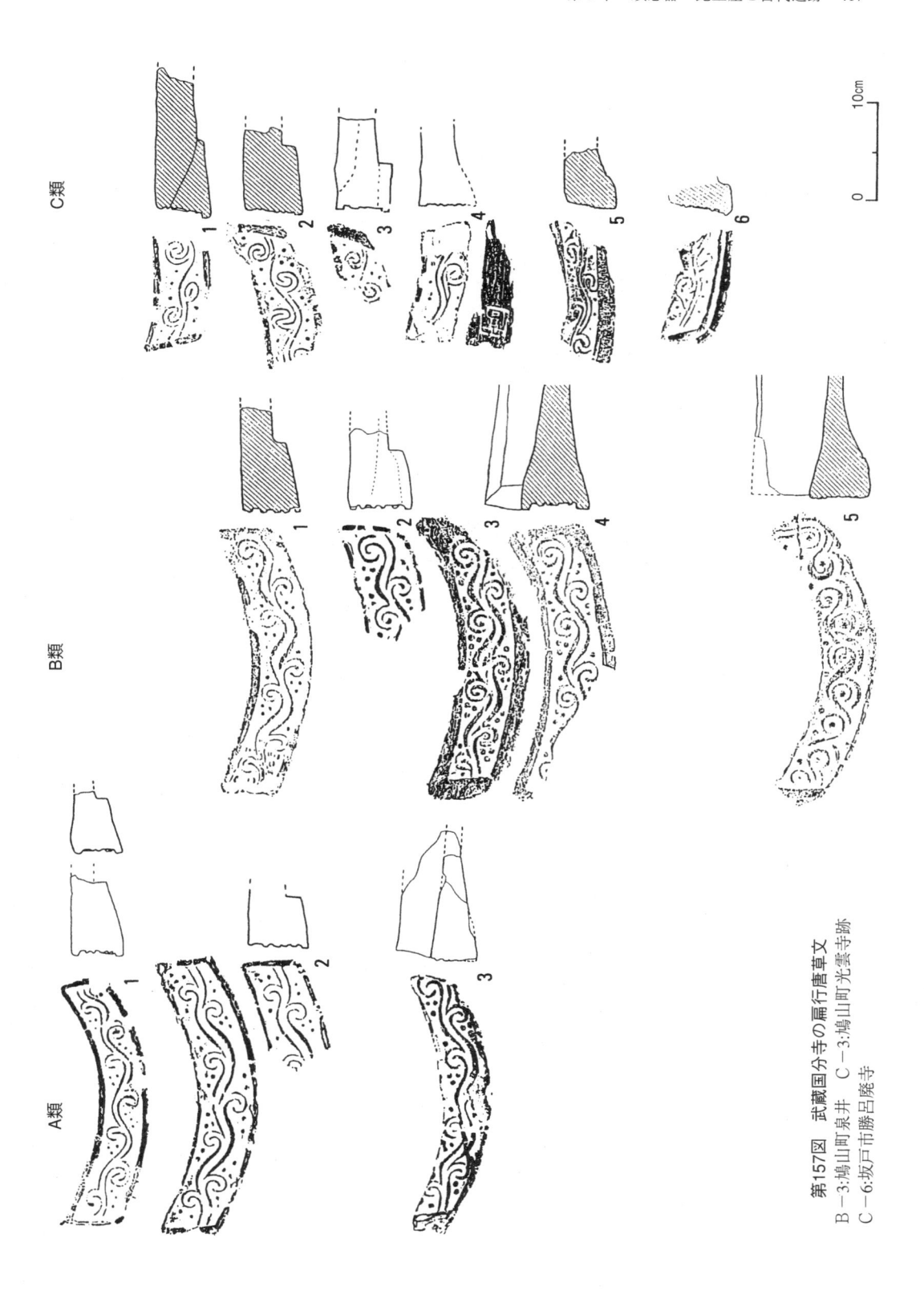

第5章 須恵器・瓦生産と古代遺跡 417

第157図 武蔵国分寺の扁行唐草文
B-3:鳩山町泉井 C-3:鳩山町光雲寺跡
C-6:坂戸市勝呂廃寺

SD72溝からB6号窯並行の須恵器坏が出土することから、この瓦が国分寺創建期、3期から4期にかけての瓦と考えられる。

　以上、武蔵国分寺では再三述べるように、創建未整備期は下限が天平19年頃とするＳＤ72溝で、2期と4期の上野系瓦とB6号窯並行の須恵器が伴うことから2期から4期にかけてで、まだB6号窯が操業する時期であろう。その開始時期は天平13年に極めて近く、国分寺造営に関わったと推測される武蔵台遺跡の住居跡から見るに、鳩山窯跡群小谷B2、あるいはB7号窯の製品がまだ住居跡で使用されていた時期ではなかろうか。創建整備期については天平19年以降で、寺域周辺に見られる住居跡出土の創建期瓦と共伴する須恵器から鳩山窯跡群小谷B1号窯操業時期であろう。

4. 武蔵国分寺創建段階の須恵器と瓦の変遷

　すでに繰り返し述べてきたことをまとめてみよう（第158図）。基本となる前後関係は、鳩山窯跡群小谷窯跡出土の須恵器と瓦、SD72溝と金堂などの伽藍との切り合い関係、金堂基壇内出土の瓦、大丸瓦窯跡の4号住居跡と8号窯の重複関係である。

① 鳩山窯跡群の須恵器は、官窯的性格を持ち合わせているためか、国分寺・国府へ多量に、しかも連続して供給されることから、生産地と消費地の違いはあるものの、編年の軸として使えるであろう。鳩山窯跡群小谷窯跡の変遷はB8→B2→B7→B6→B1→B5≧B11A号窯（Ⅲ～Ⅳ面）である。

② 鳩山窯跡群では瓦を伴い、その叩き方はＢ6号窯では格子叩きⅡ類（「父」印を持つ）のみ、Ｂ1号窯では格子叩きⅡ類と格子叩きⅠ類（「父」「父瓦」印を持つ）が、B11A号窯には縄叩きがあり明らかに技法の違いが見られ、これが時期差を追及する材料になる。たとえば「父瓦印」瓦当文軒平瓦はB6、B11A号窯から出土するが、前者には格子叩きⅡ類が、後者には縄叩きが施され、前述の平瓦の叩きと符合し、同一瓦当文でも時期的な前後関係があることが分かる。この「父瓦印」瓦当文軒平瓦は、金堂基壇出土の南比企産唐草文軒平瓦の段顎と類似し、国分寺創建でも古式のタイプで、これがＢ6号窯の年代を推測する材料になろう。またB11A号窯の壁に塗り込められた無絞り一本造りの軒丸瓦も縄叩きであることから、B11A号窯で生産したか、遡ってもＢ1号窯並行であろう。

③ 前内出窯跡から出土する瓦と同一の叩きは女影廃寺、武蔵国分寺にあり、国分寺出土例に□の中に高の高麗郡名が押されていることは、この瓦が国分寺建立と無縁でなかった。ということは、前内出窯跡の製品が国分寺並行かそれより下る時期といえる。

④ SD72溝から出土する軒丸瓦は、単弁系の布絞りの一本造り、および同じく単弁系で一本造りを脱却した瓦当部二枚重ねのものが出土する。後者には同笵のもので無絞り一本造りがあり、この溝から出土する瓦が創建古式タイプであることが分かる。この溝は中門－金堂－講堂を結ぶ伽藍よりも古く、ここから出土する須恵器がＢ6号窯並行であることから、B6号窯が創建古式タイプに並行する。

⑤ 武蔵国分寺金堂基壇内から出土する瓦は、軒丸瓦が上野系で単弁系の退化形態で、瓦当部二枚重ねである。また、軒平瓦は扁行唐草文の段顎で、金堂建立直前の瓦の様相は軒丸瓦2期で、

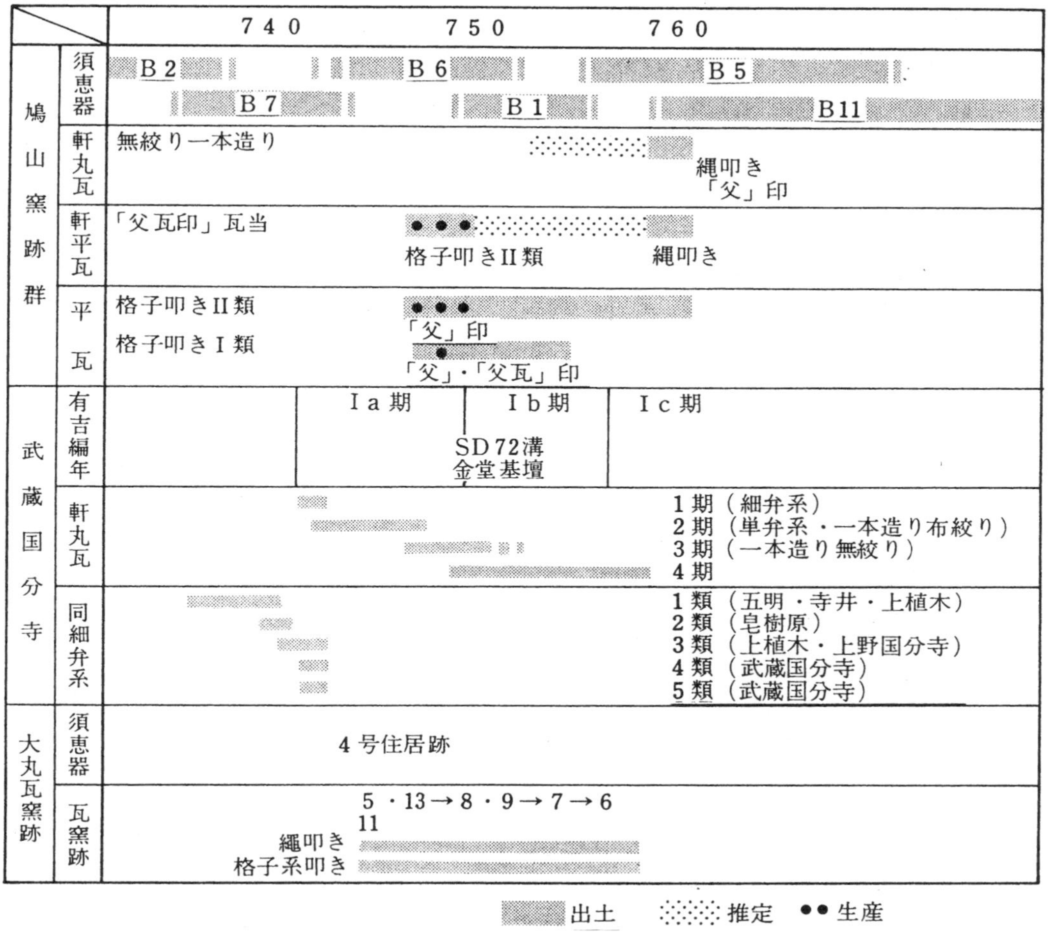

		740	750	760	
鳩山窯跡群	須恵器	B2	B6	B5	
		B7	B1	B11	
	軒丸瓦	無絞り一本造り		縄叩き 「父」印	
	軒平瓦	「父瓦印」瓦当	●●● 格子叩きⅡ類	縄叩き	
	平瓦	格子叩きⅡ類 格子叩きⅠ類	●●● 「父」印 「父」・「父瓦」印		
武蔵国分寺	有吉編年		Ⅰa期 | Ⅰb期 SD72溝 金堂基壇	Ⅰc期	
	軒丸瓦			1期（細弁系） 2期（単弁系・一本造り布絞り） 3期（一本造り無絞り） 4期	
	同細弁系			1類（五明・寺井・上植木） 2類（皂樹原） 3類（上植木・上野国分寺） 4類（武蔵国分寺） 5類（武蔵国分寺）	
大丸瓦窯跡	須恵器	4号住居跡			
	瓦窯跡	5・13→8・9→7→6 11 縄叩き 格子系叩き			

■出土　∷∷推定　●●生産

第158図　鳩山窯跡群・武蔵国分寺・大丸瓦窯跡における瓦・須恵器の対応関係

一本造りおよび重弧文から脱却する頃と考えられる。

⑥　武蔵国分寺で型式的・技術的に最も古い瓦は、上野系（上植木系）の細弁15葉軒丸瓦で、続いて単弁8葉軒丸瓦があり、いずれも布絞りの一本造りである。前者は上野国分寺にも見られ、国分寺建立には上植木廃寺と深い関わりを持つ勢力が協力したことが分かる。この細弁系の瓦は技術的には前代からつながるものであること、上野国では『続日本紀』の天平勝宝元年（749）知識記事、武蔵ではSD72溝から武蔵国分寺および上野国分寺では造営が早くから始まり、天平13年の詔以降、それ程時を経ずして搬入された瓦と考えられる。

⑦　大丸瓦窯跡では、創建瓦2段階の8号窯灰層下に検出された4号住居跡は、層位から8号窯並行かそれ以前の5・13号窯に並行すると考えられる。この住居跡からはB6号窯並行か、やや遡ると考えられる須恵器坏蓋が出土しており、大丸瓦窯跡の重弧文軒平瓦が国分寺創建期でも古いタイプであることを考慮して、B6号窯がやはり国分寺創建期並行にあったと考えたい。

5. 上野系軒丸・軒平瓦の同笵・同系の系譜について

　上植木廃寺、上野国分寺、五明廃寺、皀樹原遺跡、城土野廃寺、精進場遺跡、武蔵国分寺の出土瓦を取り上げ、上野系の瓦の相関関係についてふれてみる（第158図）。これらの瓦を大きく見るならば、まだ国分寺には入らないが直前の段階、国分寺に入るが量的に少なく間に合わせ的に供給された段階、国分寺の創建意匠が出現した段階と、大きく分けて3期に分けられる。それを0期、1期、2期として話を進めていく。1期は文様・技法から見て前後2期に分けられ1a期、1b期とすることができるが、1b期は前述してきた武蔵国分寺1期に対応し、2期は同じく武蔵国分寺2期に対応する。

　まず0期であるが、上植木、寺井、五明の各廃寺に分布する細弁16葉軒丸瓦（第158図8・19、以下かっこ内の番号は第159図参照）に代表されるが、まだ外区に珠文が見られないものが主流の時期である。しかし、上植木の単弁8葉軒丸瓦（9）は、使用していた笵に壺錐のようなもので、小さな連珠文を22個彫り加えている（12）こと、五明では細弁16葉軒丸瓦に客体的に伴うか僅かに後続すると考えられる、小さな連珠文を持つ単弁八葉軒丸瓦（21）が見られることから、1期の中で順次連珠文を持つものに変化したといえる。しかし、皀樹原遺跡の細弁16葉軒丸瓦（24）は大きな連珠文が巡り、次期の上野国分寺、上植木の細弁15葉軒丸瓦（1・13）に類似するが、弁も16葉でその彫りもまだ柳葉状を呈しており、中房も笵であることを考えると、より古い様相を持っている。また、共伴する花菱文（26）も五明廃寺に同笵のもの（23）があることを考えると、1期とするより0期に置けるであろう、前述した上植木単弁8葉軒丸瓦の連珠文を彫り加えたもの（12）、五明廃寺の連珠文を持つ単弁8葉軒丸瓦（21）と同様、0期の中でもより新しいものであろう。

　五明廃寺には皀樹原遺跡と同笵の花菱文以外にも、もう一種の花菱文（22）が見られるが、これは左端の残存部分を26と比較すると、子葉部分が花弁の外に出て珠文も左端に見られず、前後関係は現段階では不明確である。上植木廃寺と五明廃寺の流水文は、11よりも25の方が様式化されている。城戸野廃寺の単弁8葉軒丸瓦（27）は、上植木廃寺の9と類似文様、精進場遺跡の単弁8葉軒丸瓦（28）は、上植木廃寺の10との関連から考えられよう。精進場遺跡の28の中房の十字文は、前述した皀樹原遺跡の細弁16葉軒丸瓦（24）のほか、上野国の月夜野遺跡、平遺跡にも見られ、国分寺創建直前の短期間に存在するようである。

　1期は国分寺に見られる最も古い様相を持つ1群で、1期の中でも古い様相を持つ1a期の段階は、8（＝19）の系譜上にある1（＝13）および2が該当し、この段階に至り中房の蓮子が竹管で押されるようになるが、その数は1＋6である。この段階の外区の連珠文はまだ笵であり、その間隔も整然としている。これに伴うと考えられる軒平瓦は3、14の連珠文で、やはり連珠は笵で押され連珠それぞれは軒丸瓦と同様接している。

　1b期は、2の系譜が考えられる5（＝15）・16・17、細弁系との関連が考えられる4があるが、前者は10・28の系譜である可能性がある。また、この時期武蔵国分寺にも搬入されたようで、29は12・27の単弁系の関連の中で、30・31は1（＝13）の系譜上にあるが、29など1a期に遡る可能性もある。いずれも前段階からの系譜の中で考えられるが、1b期の軒丸瓦の特徴は1a期と比べ、

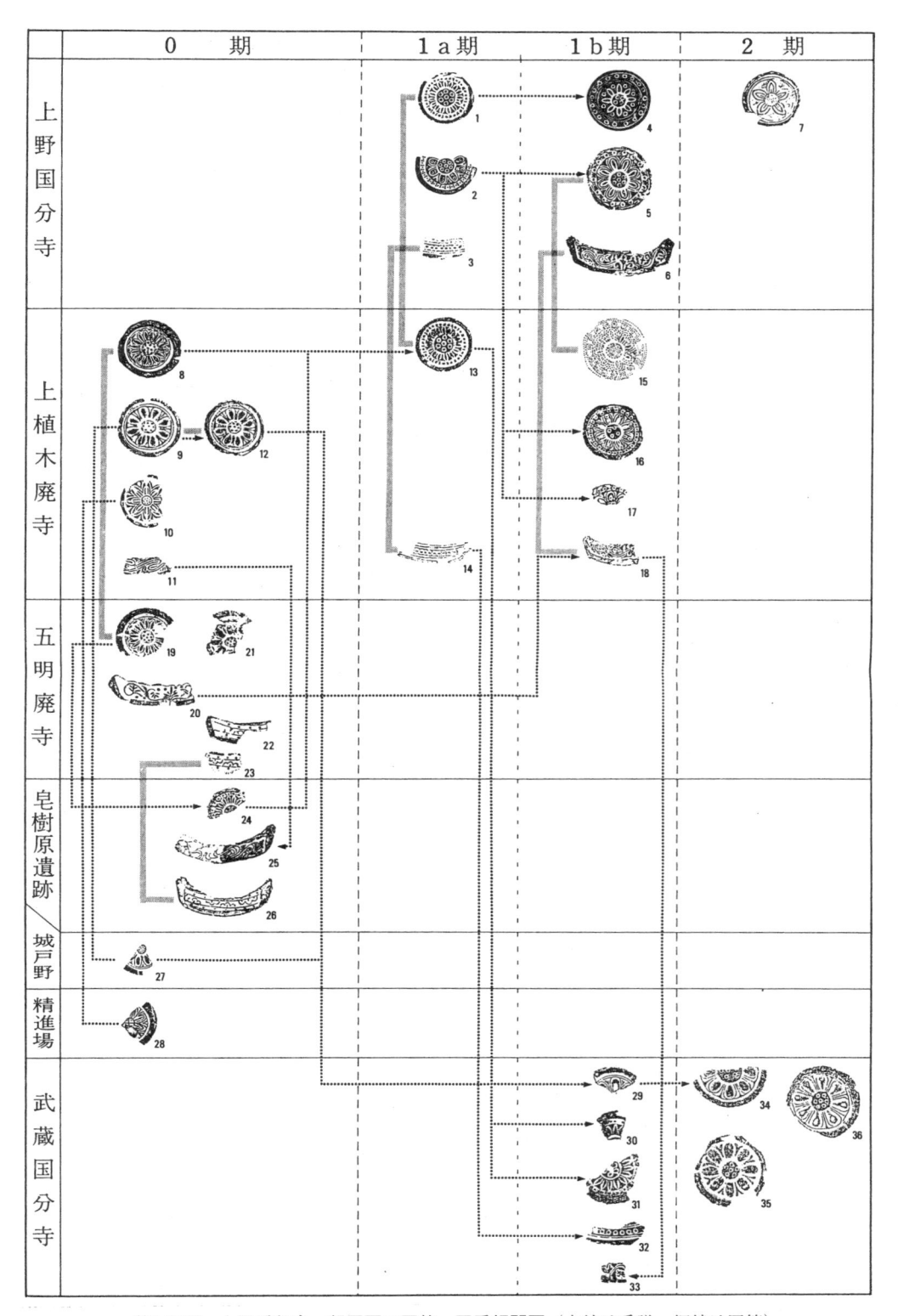

第5章 須恵器・瓦生産と古代遺跡　421

	0　期	1 a 期	1 b 期	2　期
上野国分寺		1, 2, 3	4, 5, 6	7
上植木廃寺	8, 9, 12, 10, 11	13, 14	15, 16, 17, 18	
五明廃寺	19, 21, 20, 22, 23			
皂樹原遺跡	24, 25, 26			
城戸野	27			
精進場	28			
武蔵国分寺			29, 30, 31, 32, 33	34, 35, 36

第159図　上野系軒丸・軒平瓦の同笵・同系相関図（点線は系譜、網線は同笵）

外区の連珠文を4・5・16・31のように竹管文で施すようになり、連珠文の数も少なくなりその間隔も不規則になっている。また、4・16・31など蓮子が0＋5あるいは0＋4に減少していくようである。また、1a期から1b期にかけ、瓦当面径が大型化するのが新しい傾向である。

　以上のように、上野国分寺出土の1・3・5・6は上植木廃寺に同笵があるが（3は異笵か）、5（＝15）は上植木廃寺の北東約9kmにある間野谷遺跡（窯跡？）に見られ、6（＝18）は同じく間野谷遺跡とその北東の山際窯跡で生産されていることから、これらの遺跡から上野国分寺へは約18kmの距離を運ばれたことが確認されている。このように山際窯跡が上植木廃寺の窯場であり、間野谷遺跡もその可能性があり、上野国分寺の造営開始に最初に上植木廃寺が関わったことが分かる。

　武蔵国分寺でもこのあり方は同様で、細弁軒丸瓦（30・31）、連珠文軒平瓦（32）、忍冬唐草文（33）、米印叩き、細斜格子叩きなど明らかに上野国、上植木廃寺との関連が推測でき、賀美郡あるいは上野国から70km前後離れた武蔵国分寺まで搬入されたと推測されるが、一部は南比企窯跡群で生産されたようである。

　2期は上野国分寺では新たに5弁の軒丸瓦（7）が出現し、武蔵国分寺でも細弁に変わり単弁8葉（34～36）に統一され、国分寺建立が本格的に始まったことが予想できる。武蔵国分寺では1期から2期への移り変わりは早く、2期の上野系軒丸瓦の中房の竹管による蓮子が1a期のものに類似していることからも、時期差はほとんどなかろう。また、技術的に見るならば、上野国分寺の創建意匠である5弁の軒丸瓦のほとんどが、無絞りの一本造りで造られるのに対して、武蔵国分寺の上野系軒丸瓦には絞りが残り、中房の竹管も1＋6の例も見られるなど、創建瓦の時期的な比較の上では大きな問題を残しているといえよう。しかし、これは上野・武蔵国分寺の瓦の段階的変遷からとらえるならば、上野国分寺には絞りの一本造りが量的に少なく、早く5弁軒丸瓦に移るようであることを考慮すると、上野国分寺が2期に入り一本造りの絞りから無絞りへ移る段階に、武蔵国分寺では取り入れた技術そのままに絞りの技術で製作し、中房を竹管で1＋6施すものがつくられ続けたのであろう。しかし、武蔵国分寺でもその技術的変化は早く、無絞りの一本造りを僅かに採用するものの、すぐに印笵付けに変え、文様は上野系であるものの上野の技術を排除し、非上野系の方向を取るようになる。この方向が後続する平城宮系瓦の採用につながるが、この方向は南多摩の有力層および国府の意向であったのであろう。

註
(1)　高橋一夫ほか　1974『前内出窯址発掘調査報告書』埼玉県遺跡調査会報告第24集
(2)　渡辺一ほか　1988『鳩山窯跡群Ⅰ』鳩山窯跡群遺跡調査会・鳩山町教育委員会
(3)　有吉重蔵　1986「遺瓦からみた国分寺」『国分寺市史』上巻
　　滝口宏ほか　1987『武蔵国分寺調査報告－昭和三十九～四十四年度－』国分寺市教育委員会　日本考古学協会仏教遺跡調査特別委員会
　　国分寺市教育委員会　1984『武蔵国分寺跡遺物整理報告書－昭和三十一・三十三年度－』
(4)　有吉重蔵ほか　1984「シンポジウム北武蔵の古代寺院と瓦」『埼玉考古』22　埼玉考古学会
(5)　外尾常人　1987『五明廃寺発掘調査報告書』児玉郡上里町教育委員会

(6) 髙橋一夫ほか 1982『埼玉県古代寺院跡調査報告書』埼玉県県史編さん室
(7) a.石田茂作 1936「上植木廃寺」『飛鳥時代寺院阯の研究』
　　b.須田茂ほか 1984『上植木廃寺発掘調査概報Ⅰ』伊勢崎市
　　c.須田茂 1985「上植木寺院跡の軒瓦の型式分類」『伊勢崎市史研究』3
　　d.村田喜久夫 1986『上植木廃寺－昭和60年度発掘調査概報－』伊勢崎市教育委員会
(8) これらの瓦を遡上すれば上植木廃寺にたどり着くため上植木系でもよいが、武蔵に対する上野系譜の瓦として使用する。
(9) 伊藤研志・加藤恭朗 1981『勝呂廃寺』坂戸市教育委員会
(10) 中房の蓮子は 2 期には 1＋5 か 6 であるのに、これは蓮子が中心になく 0＋4 であることから見ても新しい傾向にある。
(11) 出土状況から遺跡に隣接して寺院の存在が想定できる。
　　篠崎潔・金子彰男 1986『皀樹原・桧下遺跡発掘調査概報』Ⅰ　皀樹原・桧下遺跡調査会
(12) 髙橋一夫 1978「瓦」『精進場遺跡』神川村教育委員会
(13) 相川之英 1983「太田市萩原窯址の瓦」『相川考古館だより』2
(14) 註(7)c文献
(15) 群馬県教育委員会 1981～87『史跡上野国分寺跡発掘調査概要』1～8
(16) 須恵器生産は官営工房の生産形態をとらなかったと考えているが、南比企窯跡群の場合、当初は勝呂廃寺や郡衙の窯場として、その後、国府へ生産品を供給していることから、官窯的とした。
(17) 初現期の郡名瓦は叩き印の「加」「加上」のほか、「父」「多」であろう。「多」は大丸瓦窯跡で国分寺の存在する多摩郡との関わりであるが、「父」については上野国分寺にも「父」が見られることから、鳩山の「父」の多いこと、「秩父郡造瓦長」から考えても秩父郡の関与が考えられる
(18) 早川泉・河内公夫 1988「武蔵国分寺創建期の遺跡」『季刊考古学』22　雄山閣
(19) 加藤修 1987「No.513遺跡」『多摩ニュータウン遺跡 昭和60年度第4分冊』(財)東京都埋蔵文化財センター
(20) 有吉重蔵 1986「武蔵国分寺創建期の造営過程」『東京の遺跡』13　東京考古談話会
(21) 中平薫ほか 1983『若宮－第3次発掘調査概報－』入間郡日高町教育委員会
(22) 酒井清治 1987「武蔵国における須恵器年代の再検討」『研究紀要』9　埼玉県立歴史資料館
(23) 坂詰秀一ほか 1984『八坂前窯跡』八坂前窯跡調査会・入間市教育委員会

第2節　土器と瓦の生産と交易

1. 土器の流通について

　わが国に朝鮮半島から須恵器が伝わって以来、その生産は陶邑窯跡群を中心に、各地で生産が行われた。中でも陶邑窯跡群は、5世紀から9世紀に亙り連綿と生産が継続され、その製品は、三辻利一の理化学的な分析においても、5世紀代には北は青森、南は九州にまで及んでいるようであり、一部の製品は朝鮮半島まで及んでいる可能性がある。
　これらの製品は関東地方にも一般的に見られるが、その分布の中心は群馬および千葉の東京湾側、それを結ぶ埼玉の平野部に多く、群馬へは東山道ルートで、千葉へは東海道ルートで搬入され、まさに「須恵器の道」といえよう。

また、東の名古屋付近にも大きな猿投窯跡群があるが、ここの製品は5、6世紀に遠江、信濃に多く出土するものの、東へは量的に少なく、その分布から東山道ルートで東へ運ばれた例が多いようである。

　遠江の湖西窯跡群は、6世紀後半以降8世紀前半にかけての大窯跡群で、ここで生産された製品は、時期的な様相も違うが、内陸へ向かうルートとしては天竜川を遡り諏訪へ入り、信濃へ広がる。もう一方は富士川を遡り、甲斐へ広がる。その一方で海岸沿いに駿河、相模から東京湾へ入り、河川で武蔵一帯に、また房総全域から常陸にかけても広がる。さらに北上し、量的に少なくなるが湾岸沿いに見られ、現在では青森県八戸市の古墳からも確認されている。

　さて、このような大窯跡群の製品は各地に運ばれているが、陶邑では生産工人の背景と流通には畿内政権が介在しているとされる。名古屋の窯跡群も同様で、尾張氏の勢力は無視できないであろう。それに対して湖西にはほかの窯跡群に見合う大古墳が見られない。後藤建一はその背景に、畿内政権が関係していたとする[2]。

　これに対して、関東の土器が動く場合がある。7世紀後半から8世紀前半の関東系土師器が、宮城県中部・北部にかけての官衙、集落、墳墓から出土する[3]。文献によれば、陸奥国への柵戸の移民は霊亀元年（715）が初見であるが、これを遡り坂東からの移民が行われ、関東系土師器も彼らによってもたらされたか、移住先で製作されたものであろう。

　また、秋田城には8世紀前半の上野産の環状つまみを持つ坏蓋、手形山窯跡の薬壺の蓋の天井部周辺に高台状で環状の飾りを巡らす上野系の須恵器がある[4]。上野国は和銅7年（714）を始め、霊亀2年（716）、養老元年（717）にも柵戸を出羽の柵に送るが、越後、越前、信濃とともに併記されており、日本海側へ抜け易い地域が選ばれたものと推測される。坂井秀弥によれば、上野産の土器が新潟へも入る[5]ことからも想定できよう。秋田城に見られる須恵器もまた、移民によりもたらされたものであろう。

　このように遠隔地に運ばれた製品は、下賜品、人の移動に伴う交易品としてなど、さまざまな理由が考えれようが、その移動にはどのような流通システムがあったのであろうか。

　前述したように土器は動くものとの前提のもとに、中央と地方ではなく、地方の生産地と地方の消費地の交易について、中でも8世紀から9世紀にかけての生産地の明確な須恵器を取り上げ、利根川を挟む武蔵、下総、常陸でのあり方について検討してみる。

2．各地の須恵器窯

（1）武蔵国

　武蔵国には代表的な四大窯跡群があり、北から埼玉県寄居町に所在する末野窯跡群、鳩山町を中心に所在する南比企窯跡群、入間市の東金子窯跡群、東京都八王子市を中心とする南多摩窯跡群である。それぞれの窯跡群を概観してみよう。

　末野窯跡群は、19支群90基以上が確認されているが[6]、小前田9号墳の須恵器から、6世紀後半にはすでに生産を開始している。8世紀初頭から前半には荒川以北には散見し、元荒川で蓮田や武蔵国府にまで広がるものの、量的には少ない。ここでも国分寺瓦を焼成しており、8世紀後半

も生産を続けている。9世紀には隆盛に向かい、荒川以北には多量に見られる。また、この時期遠く千葉県柏市まで分布している。

南比企窯跡群は東日本でも有数な窯跡群で、三市町村7地区56支群が確認され、鳩山窯跡群で44基が調査されたことから、総数数百基に及ぶと推測できる。出土資料から5世紀には生産が開始されたと想定できるが、確認されたのは桜山窯跡群の6世紀前半である。その後、断続的に生産を続け、8世紀初頭から増加する。8世紀前半には刻印を持つ製品が見られ、武蔵国府へもたらされたと推測できる。国分寺創建時の瓦はこの窯跡群で焼成されていたが、末野とともに須恵器の無段の窯が使われている。この時期以降隆盛に向かうが、その製品は東京、神奈川、群馬、千葉にも供給されている。

東金子窯跡群は16支群が確認されており、8世紀中葉の前内出窯跡群が最古で、その製品は武蔵国分寺付近を始め、南武蔵に多く見られる。その後、9世紀前半まで断続的に続くようであり、それ以降、八坂前、新久窯跡群が承和12年（845）の武蔵国分寺七重塔再建時の瓦焼成窯として使われることから、須恵器生産も増加する。製品は主に南に広がるが、それほど広くはない。

南多摩窯跡群は、東の百草・大丸を始めとする多摩ニュータウン地区と、西の御殿山地区に大きく分けられる。多摩ニュータウン地区で最古の窯はNo.446、No.342で7世紀第4四半期である。その後、No.513の8世紀第1四半期、百草・和田1号窯の8世紀第2四半期と続くが断続的であり、系譜の違いも見られる。特にNo.513と百草・和田1号窯は、成立について国府との関わりが想定できる。

西の御殿山窯跡群は約70か所確認されているが、9・10世紀を中心とする。ここの製品は南多摩を中心に相模にまでも及んでおり、この地域に主体的に供給されている。

(2) 常陸国

常陸国では14支群35か所の窯跡が確認されているが、その多くは①筑波山周辺、②笠間市から岩間町、水戸市にかけて、③日立市を中心としたその周辺で、①・②が八溝山地の裾部、③が海岸沿いに分布する。③には常陸太田市幡山窯跡群（7世紀中葉）、東海市馬頭根窯跡（7世紀後半）の県内最古の窯跡が分布する。②の中には水戸市木葉下窯跡群があり、31基が調査されている。時期は8世紀第2四半期から9世紀後半までで、8世紀後半を中心とする。

①〜③の窯跡群と離れ、岩瀬町には堀ノ内窯跡群があり、11基が調査され、8世紀後半から9世紀後半まで継続し、「新大領」「新厨」のヘラ書き文字から、窯跡の性格を探る好資料となっている。

生産地が判別しやすいのは①の地域で生産された銀雲母を含む、底部回転ヘラ切り離し、手持ちヘラ削りの坏で、8世紀後半から9世紀代にかけて操業が続けられたようであり、この製品が主に下総、武蔵東部にまで運ばれている。

(3) 下総国・上総国

千葉県下では10か所40基の窯跡が確認されているが、千葉市・市原市、君津市などに多く、下総国の範囲では散在している。中でも規模の大きいのは、市原市永田・不入窯跡群（25基）と千葉市南河原坂窯跡群（13基）である。最古の窯は、上総国府との関わりも想定できる永田・不入

窯跡群が8世紀前半から、南河原坂窯跡群が8世紀後半で続くが、多くの窯跡は9世紀代が主体である。

上総国内に分布する窯は、瓦陶兼業であった可能性が高く、底部回転糸切り離し技法を用いるのに対して、下総国内では須恵器専業窯で、底部回転ヘラ切り離し技法を用いるという違いがあるという。おそらく、下総国では常陸国の須恵器が多量に搬入していることからも、その影響を強く受けていたと想定される。

3. 須恵器と瓦の移動

ここでは利根川流域での交易を探るため、それぞれの国に見られる他国の製品について見てみよう。特に武蔵国と上野国の交易についてはふれてきたので、ここでは8世紀から9世紀を中心とする武蔵国と下総国、常陸国との交易について検討してみる。前述したように須恵器は遠くまで運ばれたようであるが、それに対して瓦は寺の屋根に葺くことから限定的な動きをするといわれており、比較するために取り上げてみる。

(1) 須恵器

　A　下総国に見られる武蔵産須恵器

最も多く見られるのは南比企窯跡群の須恵器で、当時下総国であった埼玉県松伏町本郷遺跡にも多く見られる。千葉県では流山市町畑遺跡A地点10A号住居跡（坏1点）、同18B－2号住居跡（坏1点）、同28号住居跡（坏1点）、同28B－3号住居跡（坏1点）、町畑遺跡F地点7号住居跡（坏1点）、西深井一ノ割遺跡1・4号住居跡（坏1点）、柏市花前Ⅱ－1遺跡003号住居跡（坏1点）、同013・031・032号住居跡（坏9点）、沼南町六盃内遺跡（坏1点）、市川市下総国分僧寺・尼寺、下総総社跡（坏・甕）、須和田遺跡（坏）、国分遺跡、曽谷南遺跡、船橋市印内台遺跡、八千代市北海道遺跡D146号遺構（坏2点）、同D091号遺構（坏1点）などであり、南比企窯跡群から八千代市までおよそ75kmを測る。また、東京都葛飾区柴又帝釈天遺跡（坏）、葛飾区鬼塚遺跡（坏）などでも出土する。

次に、寄居町に所在する末野窯跡群の須恵器は、柏市花前Ⅱ－1遺跡のグリッド（坏蓋1点）、市川市須和田遺跡22号住居跡（高台付埦1点）があるが、末野窯跡群から市川市までおよそ80kmである。

また、このほかに甲斐型の坏が1点、柏市高野台遺跡7号住居跡から出土する。

　B　武蔵国に見られる常陸産須恵器と下総産土師器

武蔵国内のうち埼玉県については、埼玉県立歴史資料館の古代窯業調査で供給の概要が明らかにされている。

常陸産須恵器の中で最も西部に見られるのは、狭山市宮地遺跡16号住居跡（坏1点）、鶴ケ島市一天狗遺跡O地点3号住居跡（甕1点）であり、所沢市から東松山市までの間に分布する。これらは筑波山周辺の窯跡群から運ばれた可能性が高いことから、およそ70～75km離れる。また、上尾市秩父山遺跡21号住居跡（甑1点）、蓮田市荒川附遺跡1号住居跡（甑1点）、加須市水深遺跡9号住居跡（坏5点）、同21号住居跡（坏9点）、同第1捨場（坏1点）、杉戸町宮前遺跡（甑・

甕各1点)、川口市久保遺跡（坏7点、甑5点、甕2点)、七郷神社裏遺跡（甑1点、甕1点)、東京都板橋区早瀬前遺跡ピット（甕1点)、北区田端不動坂遺跡グリッド（坏1点）などに見られるが、当時下総国であった松伏町本郷遺跡、葛飾区柴又帝釈天遺跡、鬼塚遺跡にも出土する。

このほか下総産の土師器が東京湾の沿岸に分布する。中でも渡辺一が指摘した川口市の久保（内黒坏)、天神山（坏)、猿貝北（坏・内黒坏・高台皿)、七郷神社裏（坏・高台坏・内黒坏)、東本郷台（内黒坏)、八本木遺跡（内黒坏）および鳩ケ谷市三ツ和遺跡（高台皿）があり、[13]田部井功が分布調査した足立区伊興町（内黒土器)、越谷市増林（内黒土器）もあるが、いずれも9世紀後半から10世紀にかけてである。

(2) 瓦

瓦について利根川を越える例として、8世紀前半である埼玉県日高市女影廃寺の面違鋸歯文縁複弁8葉軒丸瓦があり、茨城県協和町新治廃寺と同笵である。その距離およそ75kmを測る。[14]

武蔵国では荒川以北では上野国と同笵の瓦は多く出土するが、最も遠距離まで運ばれた例は、武蔵国分寺から南へ150mの国分寺関連遺跡のSI02住居跡から出土した、外区に唐草文を巡らした重弁5葉軒丸瓦（上野国分寺B206型式）がある。

また、東松山市大谷瓦窯跡出土の飛雲文軒平瓦は、下野国分僧寺・尼寺・国府、あるいは小野寺窯跡群、三毳山麓窯跡群（町谷瓦窯）に類似しており、この地域から運ばれて来たものであろう。

このほか遠距離を運ばれた例として、熊谷市西別府廃寺に出土する牛角状中心飾り均正唐草文軒平瓦は、武蔵国府、武蔵国分寺、川崎市寺尾台廃寺、あるいは武蔵国府に供給された大丸瓦窯跡などに出土するが、外区に連珠文が巡ることから、国分寺系といえよう。胎土から西別府廃寺へは国分寺付近から運ばれた可能性もあるが、その距離はおよそ58kmである。[15]

4. 須恵器と瓦の移動の特色について

前述した須恵器の交易は8世紀後半から9世紀後半に亘り見られるが、下総国に見られる武蔵産の器形は坏が主体である。それに対して武蔵国に見られる常陸産は甑、甕など大型品があり、違いが見られる。

武蔵国の南比企窯跡群、南多摩窯跡群では、坏・瓶・壺・甕に比べ甑の割合が極端に低い傾向があるが、常陸国あるいは下総国の甑の割合は武蔵に比べ高いようである。このような甑の生産の量差が武蔵国へもたらされた理由であろう。しかし、甕については武蔵国でも多く生産していることを考慮すると、その理由は不明確であるが、川口、板橋に見られることから、あるいは河川による大型品の交易が想定できよう。

下総国では主体的に常陸産の須恵器が供給されているが、武蔵産の製品も見られる。これについては下総、上総、安房の中で、千葉市南河原坂窯跡群、市原市永田・不入窯跡群以外は小規模な窯跡であることから、常陸国、武蔵国の須恵器が搬入されたのであろう。特に武蔵国の南比企窯跡群の製品は、葛飾郡内およびやや東までを供給圏としていたようであるが、常陸産よりも量的に少なく坏が主体であったのは、武蔵国から搬入する場合いくつかの河川を越える必要があっ

たため、運搬の難しさが原因であろう。それに対して常陸国からは、小貝川を使う河川交通が利用でき、距離的にも近いことから大型品も含めて供給されたのであろう。

このほか、常陸産である狭山市宮地遺跡16号住居跡の坏、鶴ケ島市一天狗遺跡Ｏ地点3号住居跡の甕については、南比企窯跡群の製品が多量に供給されている地域であり、交易によってもたらされたと考えるには疑問がある。あるいは、日高市女影廃寺に常陸国新治廃寺の瓦がもたらされていることと関わりがあろうか。おそらく、人の移動に伴って動いた可能性がある。このような例は、柏市高野台遺跡の甲斐型坏、児玉町將監塚・古井戸遺跡Ｈ－7号住居跡の相模型甕などがあるが、前述した坂東から陸奥などへの人の政治的な移民と、また違う人の動きの結果であろう。

瓦については、前述した中で日高市女影廃寺の軒丸瓦は注目される。『続日本紀』霊亀2年（716）、駿河、甲斐、相模、上総、下総、常陸、下野7国の高麗人1799人を遷して高麗郡を設置したとあり、この瓦は建郡の記事と年代的に合うことから、政治的に造営された郡寺の可能性が説かれている。

また、国分寺関連遺跡のSI02住居跡から出土した重弁5葉軒丸瓦は、上野国分寺に同笵があるが、外区の唐草文から上野国の東毛で製作された可能性があり、武蔵国分寺造営に協力した新田郡、佐位郡との関わりでもたらされた瓦であろう。

東松山市大谷瓦窯跡出土の飛雲文軒平瓦は、前述したように下野国に類品があり、この地域から運ばれて来たものであろう。

熊谷市西別府廃寺の牛角状中心飾り均正唐草文軒平瓦は、武蔵国府、武蔵国分寺周辺に分布するが、このほか西別府廃寺では国分寺と同笵の軒丸瓦が2種もあることから、この寺の性格が問題となろう。

ここに上げたSI02住居跡、大谷瓦窯跡、西別府廃寺の瓦は、武蔵国分僧寺、尼寺の間を北上し、所沢市東の上遺跡を走る幅12mの東山道武蔵路を運ばれたものであろう。この瓦は東山道を使って政治的に運ばれた好例である。

須恵器が不特定の交易がされるのに対して、瓦は寺に葺くために、窯場からある特定の寺に供給される場合が一般的であるが、武蔵国分寺造営時の郡名瓦を使い、瓦と須恵器の生産体制と須恵器の交易について考えてみたい。

5. 武蔵国における瓦と須恵器の生産体制について

（1）瓦の生産体制について

造瓦の生産体制の研究が進んでいる、武蔵国分寺の瓦研究を参考にしてみよう。

武蔵国分寺の瓦は、郡名・郷名・人名などの文字瓦が多いことで知られ、造瓦の研究が進展してきた。しかし、その研究の主体であった郡名瓦の出土窯跡が大丸、赤沼、山田、泉井、末野窯跡群など国分寺創建期と、八坂前、柿ノ木、谷津池、新久窯跡群など国分寺塔再建期の出土資料を区分せずに検討しており、問題も含んでいる。国分寺創建期の窯のうち、南多摩窯跡群の中の大丸窯跡群では、この地域の須恵器・瓦生産が断続的であったために、あらたに階段を持つ瓦窯

専用窯をつくり、国分寺の瓦生産に対応している。それに対して南比企窯跡群では国府の須恵器も焼成するなど、須恵器生産体制は整っていたようである。そのため、国分寺瓦の焼成は、無段の須恵器専用窯を使用して対応し、須恵器工人が主として生産にたずさわり、須恵器も同じ窯で焼成したようである。これについては末野窯跡群も同様である。ここでは、下総国にも多くの須恵器を供給している南比企窯跡群を主体に検討してみる。

武蔵国分寺の瓦研究で、すでに検討されたこととして以下がある。

① 武蔵国21郡のうち、新羅郡を除いた20郡の郡名瓦があることから、造瓦には郡が関与した。
② 瓦のヘラ書きの中に、郡・郷・戸主の表記から、調庸物品の銘記方式と同じであり、税制の負担体系によって造瓦数量を各郡に分担し、戸主層が費用を負担する。
③ 「解文瓦」と称する

　　　秩父郡瓦長解　申［　　　　　］

　　　右件瓦且進里［　　　］
　　　申以解［　　　　］

のヘラ書きから、各郡に「瓦長」が置かれ造瓦の監督を行った。

①については先学の見解は同一であるが、②の文字瓦中で、個人名の後に「瓦」が付いたり、「父瓦」「入瓦」などについて、石村喜英、宇野信四郎は、個人の献進、郡の自発的献進と考えている。

③について大川清は、「諸瓦窯は各郡の瓦長の監督下に造瓦を行った」ために、「諸瓦窯は造瓦の発注や受注に際し、形式的には郡との直属関係に類する組織が発生したかもしれない。しかし、実質的には商取引的なものではなかったろうか」[16]とした。石村喜英は「郡単位に『瓦長』が設定されて、実際には『瓦長』の指揮督励のもとに、瓦工、仕丁がそれぞれ造瓦作業に従事した。(中略)東大寺の場合でいえば、それが将領(領)の格に当る」[17]とされたが、小林行雄は、瓦窯を持っていない秩父郡の場合、「その郡の瓦長の性格を、造瓦所の将領に類するものとして考えることは、他の郡にある瓦窯の操業が、一時的にもせよその指揮下にはいったことを推論させることにもなろう。その推論を、秩父郡では他郡の瓦窯を借用して献進瓦を製作したといいかえてもよい」[18]とした。宇野は「『瓦長』の職は郡に所属し、自郡の発注した瓦屋に常駐して、瓦印を管理して造瓦を推進し、検収の役に当り、あるときは郡と造瓦所との連絡にも当る」[19]とした。

このように、瓦長の性格について造瓦に直接関与するという考えと、瓦を管理するという考えの大きく二つの見解がある。

南多摩窯跡群の大丸窯跡群では、あらたに瓦窯を構築して造瓦にあたったため、

　　　　　　　　　　　　　　　　　　┌瓦工
　　　国(造瓦所)―各郡(瓦長)―瓦窯(瓦屋)┤
　　　　　　　　　　　　　　　　　　└仕丁

のような造瓦組織が考えられている。この組織は国分寺の瓦生産に対応した組織であったために、

造営後は縮小か、消滅したと考えられる。それは、この地域で須恵器生産に組織的に転化した状況が見られないことからもいえよう。それに対して、南比企窯跡群では国分寺造営以後、須恵器生産は隆盛を迎える。すなわち、南比企窯跡群では以前から須恵器を生産していた窯、あるいは工人を使い造瓦を行うが、同時に須恵器生産も並行して行っていたようであり[20]、国分寺造営以後も造瓦のために規模を拡大した生産体制のまま須恵器生産を続けたようである。南比企窯跡群では須恵器工人を使い造瓦を行っているため、はたして前記した造瓦組織をどこまで運用できたか問題である。

　大丸、南比企窯跡群とも郡名瓦が出土するが、大丸窯跡群では「多」（多摩郡）の模骨文字が多く、5号窯では同じ平瓦凹面に「多」の模骨文字と「榛」（榛沢郡）の押印を押す例がある[21]。南比企窯跡群の鳩山窯跡群では多くの窯を調査したものの、主体は「父」（秩父郡）でいくつかの印種があり、中に軒平瓦瓦当面に「父瓦印」を文様の一部として彫っている例がある[22]。国分寺では叩き板に彫られた郡名もある。これらのことから、大量の注文に対応していたこと、叩きあるいは模骨に郡名があり、同一郡の印種も多く、ヘラ書きも行われたことから、郡名を瓦に押すことは瓦長でなく瓦工人が行ったと想定したい。おそらく瓦長は瓦の発注と、数量の確認が主な役割であろう。特に南比企窯跡群では、須恵器の窯場をそのまま瓦の生産のために瓦屋として使用して、そこに瓦長が瓦を発注した。すなわち基本的に須恵器の生産も続ける須恵器生産体制のままで、窯場には実際の監督者がいて注文を受け、瓦長が直接生産に関与することはなかったであろう。そのため国分寺造営以後も規模を拡大したまま須恵器生産を続け得たのであろう。

　武蔵国における国分寺瓦の生産は、瓦生産機構として再編成しているが、南比企窯跡群については、須恵器生産における共同体の分業が未発達のままで生産を続けていたようである。

（2）須恵器の生産体制について

　須恵器の生産体制を探る史料は少ないため、中央における須恵器生産を見てみよう。楢崎彰一は、陶部が律令制下においては雑戸として筥陶司に属し、技術の世襲を強制させられたとしたが、横山浩一、田中琢は、筥戸について木製容器の製作者であったらしいとした。浅香年木は、「筥陶司」（宮内省）について「上番制をとる品部・雑戸の所属が認め難いばかりでなく、工房そのものの存在も確認し難いのであり、筥陶司は、窯業生産を直営するものではなく、筥戸の貢納する年料木器と、諸国から調納・貢献される土器の出納に関与するだけの非生産的な管理機構に過ぎなかったものとみなされる」[23]とした。その後、藤原宮跡から「陶官召人」と記す木簡が出土し、須恵器だけを管理する官職のあったことが確認されたが、浅香の考えを否定するまでには至らない。養老職員令に示される諸官司の官営工房を見ると規模が小さいため管理し易いか、武器や木材など管理すべき必要のある工房が該当するようであり、須恵器窯の山中における立地状況からすれば、調納した国の中でも中央に近い和泉国の窯でさえ、中央にいて直接管理することは困難であったのであろう。そのために須恵器生産は官の直接的支配を受ける官営工房としての機構をとらず、おそらく前代からの在地における直接の管掌者を通しての、間接的な管理を行っていたと推測したい。

　さて、南比企窯跡群に目を転じるならば、生産体制を探ることはさらに難しい。検討材料とし

て上げるならば、小谷A第29号住居跡出土の甕胴部の相反した位置に2ヵ所、ヘラで記された「大マ廣道／直（真カ）」がある。「直（真カ）」については左に大きく書かれ、どのように関連するものなのか検討を要する。「大マ」については「丈」を誤って「大」に書いた、あるいは「大」すなわち「大伴部」の解釈がある。「大部」について太田亮は『三代実録』『日本霊異記』に大伴連を大部連につくるものが多いとする(24)。『武蔵国一宮氷川神社書上』の西角井系図の不破麿の注に「大部直」とあることと、不破麿の10世前の八背直の注に「応神天皇の御宇、膳大伴部となりて供奉、故に膳大部直を負ふ(25)」とあることから、太田はこの不破麿も大部（おおとも）とした。しかし、この不破麿は『続日本紀』の天平宝字8年10月と神護景雲元年12月に見られる不破麻呂と同一人物である。この不破麻呂を『続日本紀国史大系本』では丈部とするが、『続日本紀蓬左文庫本』では天平宝字年間には大部、神護景雲には丈部としており(26)、どちらかを写し誤りとすべきであるが、現在大伴部と丈部の両方の解釈が行われている。

　ヘラ書き「大マ」の筆跡からは、「大部」か「丈部」か断定できない。大部は丈部の書き誤りとするならば、これを飛躍した解釈で「丈部（直）廣道」とも想定でき、後述するような一つの解釈も生まれ得よう。また、大伴部ならば入間郡の富豪層である大伴部直赤男とも関連があろう。

　次に、広口甕の口縁に押された「私印」について見てみよう。鳩山窯跡群広町B第6B号窯で1点、同第7号窯でも1点、同第六号窯状遺構では7点出土し、いずれも約2.1cmを測り左右の文字配列で同一印である。渡辺一は印字を真似てヘラで書いたとするが、印面の欠損部分、特に方形輪郭左上の2ヵ所の欠損、禾偏の二画目の曲がり、方形輪郭の右上角の角度が同じであり、轆轤で挽いたのちの粘土が軟らかいとき押し付けた特徴も見られ、明らかに押印である。また、武蔵国分寺出土の瓦に押された「若□(嶋カ)私印」は、2.7cmを測り、銅印の可能性が説かれている。

　私印は家印と名印の両者があるが、家印について『貞観格』に一寸五分以内とあるだけで、法量、字数など自由であった。私印の中でも二字印の例は日光二荒山山頂出土にあり、3.4cmで文字の配列は上下である。四字印の例は、法量が2.6〜4.3cmと幅がある。鳩山窯跡群の「私印」と国分寺の「若□(嶋カ)私印」は焼成されたものであることを考慮すると、元の印面の法量は粘土の収縮率から想定して、およそ2.7、3.3cmと推定できるが、鳩山例はほかの私印と比べてやや小さいようであり、最も小さい「私福私印」の2.6cmとほぼ同じ大きさである。

　このような銅印と考えられる私印を瓦、須恵器に押す意図は何であろうか。石村喜英は「若□(嶋カ)私印」について、「若嶋」なる人物が窯場に赴いたとき押捺したと想定されている。おそらく鳩山窯跡群の「私印」も、8点がいずれも広口甕の口縁に限定して押捺されていることから、工人が印を保管していて、依頼に応じて押捺したのではなく、銅印の本来の所持者が、窯場において時間的にも限定された状況で押捺したと考えられる。

　このような銅印の所有者と、窯場は密接な関連があったと想定したい。

（3）南比企窯跡群における須恵器生産の管掌者

　6世紀前半の桜山窯跡群をはじめ、6世紀末の舞台遺跡、6世紀末から7世紀初頭の根平窯跡などの須恵器は上野国の影響を受けてきた。その後も8世紀初頭の環状つまみの蓋もその影響と考えている。この南比企窯跡群は比企郡に所在するが、その南約5kmの坂戸市石井には勝呂廃寺

があり、越辺川を挟んで入間郡に所在する。この勝呂廃寺は武蔵国でも最大規模の寺跡で、7世紀後半には創建されているが、そののち何時期にも亘り瓦を葺き替えしており、その瓦の大半は南比企窯跡群で生産されている。

この入間郡には神護景雲3年（769）に西大寺に多くの私財を献じ、のちに外五位下を追贈された大伴部直赤男と、神護景雲2年（768）に一族6人とともに入間宿祢を賜い、のちに征東副将軍として蝦夷に赴き、最後に従五位下、東大寺次官で正史から消える物部直広成がいる。4章で入間郡司は物部直広成の可能性が高く、勝呂廃寺はこの物部氏の氏寺で、のちに郡寺になったと想定した[27]。

武蔵国分寺の創建当初の瓦は上野系で、その瓦は南比企窯跡群で生産している。勝呂廃寺にも多くの国分寺瓦が見られることからも、以前から上野国と関わりのあった物部直が、上野国東部から瓦工人を受け入れ、管理下にあった南比企窯跡群で焼成するなど、国家的事業に協力したと想定したい。

南比企窯跡群の所在する丘陵南縁、鳩山町小用には小用廃寺があり、7世紀第4四半期の勝呂廃寺の棒状支葉単弁12葉軒丸瓦と同笵であり、8世紀第1四半期の平瓦・丸瓦も同一である。この小用廃寺は、物部直氏で入間宿祢となった一族6人の氏寺の一つではなかろうか。

また、小用廃寺の瓦窯跡と想定される西戸丸山窯出土の、8世紀第2四半期の複弁8葉軒丸瓦と同笵が、約27km離れた浦和市大久保領家廃寺に見られる。さらに大久保領家廃寺には、8世紀第1四半期の勝呂廃寺、小用廃寺に見られる平瓦・丸瓦も出土する。大久保領家廃寺の位置する鴨川流域は、青木忠雄により丈部直不破麻呂の本貫地と想定されている[28]。

丈部直不破麻呂は、恵美押勝の乱で功績を上げ、神護景雲元年（767）に同族6人とともに武蔵宿祢の姓を賜い、また武蔵国造となり中央で活躍した。青木は大久保領家廃寺を丈部直氏の氏寺、あるいは足立郡の郡寺と想定した。

物部直氏と丈部直氏は出雲族で同族と考えられ、このことから勝呂廃寺、小用廃寺とも同一瓦が使用されたのであろう。鳩山窯跡群出土の「私印」は、このような物部直氏などの郡司層が所持していたと考えられ、「大部（直）廣道」については、武蔵宿祢を賜った6人の一族のうちの一人の丈部直氏ではなかろうか。鳩山窯跡群から「大部（直）廣道」が出土したことは、同族である物部直氏と丈部直氏との関わりからであろう。

茨城県岩瀬町の堀ノ内窯跡群では「新大領」「新厨」のヘラ書き須恵器が出土しており、高井悌三郎によって近接する新治郡衙へ供給した窯だと想定されている。また、「美濃国」印を押印した須恵器を生産した岐阜市老洞窯跡群は、美濃国国司笠朝臣麻呂との関わりが想定され[29]、岡山県都窪郡山手村道金山窯跡では、7世紀末から8世紀初頭の「官」の逆字を押印した須恵器が出土しており、郡司層が関与したとする[30]。おそらく、南比企窯跡群においてもこのような郡司層が管掌者と想定でき、彼らが生産だけではなく、須恵器の交易にも関わっていたのであろう[31]。

6. 須恵器の交易について

特に須恵器生産は、生産品すべてがある特定の所へ供給されるとは限らない。たとえば、大阪

府陶邑窯跡群において、初期の段階から蛸壺を製作しており、中央に供給する以外の製品の供給ルートが想定できる。前述した「新大領」「新厨」のヘラ書きを生産して新治郡衙へ供給したと推定される堀ノ内窯跡群においても、陶錘が出土している。岐阜市老洞窯跡群では「美濃国」印の須恵器があり、これは平城宮跡からも出土し、美濃国から中央へという特定された需給関係が考えられる。ところが、この刻印須恵器は尾張、伊勢、信濃などからも出土しており、特注品として製作されても、必要量以外は交易などに回されたのであろう。

　南比企窯跡群でも鳩山窯跡群では8世紀前半に、「大」「内」「正」「木」などの刻印を押した須恵器が出土するが、本来の目的が国府に供給するための須恵器と考えられ、渡辺一も郡衙、国衙を対象にしたと想定する。事実武蔵国府から文字は違うものの南比企窯跡群の刻印須恵器が出土する。ところが、坂戸市稲荷前遺跡からも出土し、このような須恵器の管理はそれほど厳密ではなかったようである。

　同様に南比企窯跡群で生産された国分寺瓦が国分寺以外に見られる。勝呂廃寺以外では郡名印瓦が大宮市奈良瀬戸遺跡、大宮市側ヶ谷遺跡に、瓦当文が熊谷市西別府廃寺、行田市旧盛徳寺、日高市女影廃寺などに見られる。前述したように、国分寺瓦の生産機構には瓦長がいたものの、南比企窯跡群では須恵器生産体制の中で対応したようで、窯場には実際の監督者がいたと想定され、彼らが瓦長からの注文を受け、破損率も計算して生産したのであろう。この中での生産余剰品や別注品の対応を、須恵器生産体制のままの国分寺瓦生産でつくられた瓦が、各遺跡から出土する瓦であろう。

　窯跡の存在形態について、浅香年木は一郡に一窯跡群が存在するあり方を指摘しているが、瓦を登窯で焼造する武蔵国においては丘陵から遠距離にある葛飾、埼玉、足立郡などでは操業が困難であるため、丘陵地域に供給地が集中して四大窯跡群を形成し発展したようである。当然生産品である須恵器は商品的価値を持ち、郡、国を越えて遠距離を運ばれている。すでに文献史料によって交易活動については検討されているように、地方においても郡司層など富豪層が主に遠距離交易を行っていることが指摘されている。[32]

　須恵器は生産・交易を含めて分業化していたと考えられるが、利根川流域を挟む地域では、両地域の土器を出土する住居の居住者がどのように須恵器を受け入れたのか検討を要する。おそらく、窯場から各地の市に運び、そこで流山市内出土の神功開宝に見るような鋳造貨幣あるいは物品貨幣による交易が行われたのであろう。特に大きな生産地を持たない下総では、武蔵産よりも常陸産の須恵器の出土量が多く見られるが、畿内において須恵器の価格は土師器と同じであることを考慮すると、それぞれの住居跡での土器の出土量の割合は当時の市における土器の量差を反映し、当時の交易圏の実体を示していよう。

　このような交易圏は、「殷富富豪之輩」と称せられる富豪層による直接的な交易によって形成されたものか、「商旅之徒」のような運ぶ側が形成したものであろうか。

　8世紀には国府、宮都への求心的な物資の運搬に伴い、私的な交易が官人あるいは富豪層によって行われており、「律令国家や官人との交渉の中から運輸などに従事する階層が成立してきた」[33]といわれ、車、馬、船を使った輸送業者の成立が9世紀以降であることを考慮すると、中央と地

方を結ぶ物資の輸送から生まれた交易と違う、8世紀代の地方間における交易の発生の要因を考える必要があろう。おそらく、当時の地方間における交易は、基本的にはモノのある地域からない地域への移動であろうが、葛飾郡で例を上げたように、常陸産が主体的に流入する地域に、運搬のより困難な南比企窯跡群でつくられた須恵器がなぜ入っているのか、検討すべき事項である。すなわち、ある程度のメリットがなければ、このような重複する交易圏の形成は成立せず、すでに須恵器に商品的価値が付与されたために起こり得たのではなかろうか。地方において古墳時代から連綿と続く物資の移動のあり方と同様、須恵器を交易品として各地に広げ交易圏を形成したのは、やはり富豪層であり、この時期須恵器の生産・交易などの分業をも掌握したシステム化された体制がすでに整っていたと考えたい。さらに言及するならば、南比企窯跡群を例にとると、このような須恵器生産と交易を一つの経済基盤としたのが物部氏であったと推測したい。

註

(1) 三辻利一 1990「須恵器の産地」『古代史復元』7 (古墳時代の工芸) 講談社
(2) 後藤建一氏よりご教示いただいた。
(3) 今泉隆雄 1992「関東系土器と坂東からの移民」『新版古代の日本』9 東北・北海道　角川書店
(4) 小松正夫ほか 1975『手形山窯跡』秋田考古学協会
(5) 坂井秀弥 1991「越後魚沼地方の群馬系須恵器」『北陸古代土器研究』創刊号　北陸古代土器研究会
(6) 埼玉県立歴史資料館 1987『埼玉の古代窯業調査報告書』
(7) 註(6)文献
(8) 坂詰秀一ほか 1984『八坂前窯跡』八坂前窯跡調査会・入間市教育委員会
(9) 服部敬史ほか 1981『南多摩窯址群』八王子バイパス鑓水遺跡調査会
(10) 茨城県立歴史館 1986『特別陳列茨城の須恵窯跡－窯跡にみる古代土器の生産と供給－』
(11) 高井悌三郎ほか 1988「堀ノ内古窯跡群」『常陸国新治郡上代遺跡の研究』Ⅱ　甲陽史学会
(12) 千葉県教育庁文化課 1986『千葉県生産遺跡詳細分布調査報告書』千葉県文化財保護協会
(13) 渡辺一 1986「歴史時代の土器について－非北武蔵系土器群の様相」『八本木遺跡』川口市遺跡調査会
(14) 埼玉県県史編さん室 1982『埼玉県古代寺院跡調査報告書』
(15) 酒井清治 1990「剣菱文軒丸瓦から見た武蔵国京所廃寺の性格」『研究紀要』12　埼玉県立歴史資料館
(16) 大川清 1958『武蔵国分寺古瓦塼文字考』小宮山書店
(17) 石村喜英 1960『武蔵国分寺の研究』明善堂書店
(18) 小林行雄 1964『続古代の技術』塙書房
(19) 宇野信四郎 1968「武蔵国分寺の文字瓦－窯跡出土例を中心として－」『日本歴史考古学論叢』2　雄山閣
(20) 鳩山窯跡群では、須恵器の坏の底部に「父瓦」とヘラ書きする例があり、両者の関係を物語っている。
(21) 加藤修ほか 1987「No.513遺跡」『多摩ニュータウン遺跡』昭和60年度第4冊　(財)東京都埋蔵文化財センター
(22) 渡辺一ほか 1990・1991『鳩山窯跡群』Ⅱ・Ⅲ　鳩山窯跡群遺跡調査会・鳩山町教育委員会
(23) 浅香年木 1971『日本古代手工業史の研究』法政大学出版局
(24) 太田亮 1963『姓氏家系大辞典』角川書店
(25) 埼玉県編纂事務所 1929『埼玉叢書』第3
(26) 名古屋市博物館 1992『続日本紀蓬左文庫本』八木書店

(27) 酒井清治 1987「窯・郡寺・郡家」『埼玉の考古学』 新人物往来社
(28) 青木忠雄 1971『埼玉県鴨川流域の布目瓦出土遺跡に関する予察』浦和考古学研究調査報告書第4集 浦和考古学会
(29) 楢崎彰一ほか 1981『老洞古窯跡群発掘調査報告書』 岐阜市教育委員会
(30) 亀田修一・伊藤晃・和泉弘幸・石田義人 1988「『官』逆字押印須恵器について－備中道金山窯跡採集資料を中心に－」『鎌木義昌先生古希記念論集 考古学と関連科学』
(31) 吉田晶 1961「8・9世紀の手工業生産をめぐる諸問題」『ヒストリア』31号 大阪歴史学会
(32) 加藤友康 1986「交通体系と律令国家」『講座・日本の技術の社会史』第8巻(交通・運輸) 日本評論社
平野邦雄 1969「古代の商品流通」『体系日本史叢書』13(流通史Ⅰ) 山川出版社
(33) 米田雄介 1970「律令制下の豪族」『講座日本史』1(古代国家) 東京大学出版会

補記 埼玉県飯能市堂ノ根遺跡から8世紀初頭の新治産須恵器がまとまって出土する(富元久美子 1993『堂の根遺跡第1次調査』飯能市遺跡調査会)。また、甲新田遺跡、張摩久保遺跡からも出土しており、霊亀2年(716)の高麗郡建郡との関わりが想定できる。

第3節　武蔵国内の東山道と古代遺跡

はじめに

　武蔵国は宝亀2年に東海道に所属するまで東山道に属していた。『続日本紀』によれば、「枉げて上野国邑楽郡より五箇駅を経、武蔵国に至る」とあり、いわゆる武蔵路が上野国から武蔵国に至っていたことが記されている。

　武蔵国内の東山道については、文献を中心にして先学によりいくつかの説が出されているが、そのルートについてはまだ確定していない。森田悌が文献や論考を整理して、上野国から旧利根川沿いに下り、下総から西行して武蔵へ入るルートを考えられたが、遺跡の分布等、考古学的知見から無理のあるルートと想定される。

　所沢市東の上遺跡において道路跡が検出され、武蔵国分寺・国分尼寺の間を走る道路跡と共通する特徴を持つことが確認されるに至り、東山道武蔵路は従来唱えられたいくつかの説のうち新田郡と国府をほぼ直線で結ぶルートの可能性がより高くなったといえよう。このルートについては木下良、木本雅康によって詳述されている。

　しかし、いまだ武蔵路の駅家も発見されておらず、東の上遺跡以北のルートが不明確な状況である。本稿は先学の研究を振り返り、文献資料、文字資料、地名、考古学の関連遺跡・遺物の検討から、東山道の推定ルートとその道を使った交流、および歴史的背景について考えてみようとするものである。

1. 研究抄史

　武蔵国は当初東山道に属しており、宝亀2年(771)に東海道に所属替えになった。この変遷に伴う官道ルートと駅家の比定については、先学により考究されてきたところである。ここでは

あえて細かな研究史には触れないが、最近注目される論考を発表されている森田悌と、木下良の説をたどり研究の現状と問題点について触れてみたい。

武蔵国の東山道から東海道への所属替えについて触れるとき、常に引用される文献として以下がある。

① 『続日本紀』神護景雲2年（768）　下総国井上、浮島、河曲三駅、武蔵国乗潴、豊島二駅は、山海両路を承け、使命繁多なり。中路に準じて馬十匹を置かんことを乞う。勅を奉わるに奏に依れ。

② 『続日本紀』宝亀2年（771）　太政官奏す。武蔵国は山道に属すといえど、兼ねて海道を承く。公使繁多にして祇供堪え難し。それ東山の駅路は、上野国新田駅より下野国足利駅に達す。これ便道なり。而るに枉げて上野国邑楽郡より五箇駅を経、武蔵国に到る。事畢はりて去る日、また同じ道を取り下野国へ向かう。今東海道は、相模国夷参駅より下総国へ達す。その間四駅にして、往還便近なり。而るにこれを去り彼につくは損害極めて多し。臣等商量するに、東山道を改めて東海道に属けむ。公私所を得、人馬息あらむ。奏可す。

③ 『延喜兵部式駅伝条』　武蔵国駅馬　店屋。小高。大井。豊島各十疋。伝馬　都筑。橘樹。荏原。豊島郡各五疋。（中略）下総国駅馬　井上十疋。浮島。河曲各五疋。茜津。於賦各十疋。伝馬　葛飾郡十疋。千葉。相馬郡各五疋。

古来、東海道は相模国三浦半島走水から東京湾を渡り、上総国へ入り常陸国へ抜ける東京湾ルートであった。東山道については上野国から武蔵国府に至り、再び引き返すルートであった。②では東山道武蔵路を使うことは損害が極めて多いため、その頃すでに利用されていた東海道北岸ルートが往還便近であることから使用されることになり、武蔵国は東海道に所属替えになったわけである。

先学により考究されてきた問題として、①の井上、浮島、河曲、乗潴、豊島の5駅と、②の五箇駅の比定地と解釈があった。前者は武蔵国府と上総国府を結ぶルート上、あるいは②の五箇駅を五つの駅と解釈して、東山道武蔵路上に置く説などがあった。後者は五箇駅を駅名ととるか五つの駅ととるかによってその比定地は分かれるところである。

1988年、森田悌は、それまでの研究を振り返り、①の5駅について、代表的な坂本太郎の説[1][2]（第160図1）を取り上げ、坂本の乗潴＝杉並区天沼、豊島＝千代田区麹町、井上＝墨田区寺島、浮島＝千葉市幕張、河曲＝千葉市寒川を比定地とすると、浮島、河曲は東海道本道になってしまい、①の「山海両路を承け」ることにならず、特に東山道使が山海両路を承けるということから、千葉の幕張、寒川の方まで出掛けるのは不可解とした。また、小野文雄[3]の井上＝三郷ないし北葛飾郡吉川町、浮島＝春日部市付近、河曲＝北葛飾郡幸手町、乗潴＝大宮市天沼、豊島＝東京都北区王子、千代田区神田ないし台東区浅草とする考え方については、①の「山海両路を承け」るということから、東海道使も5駅を利用しているとして、武蔵国府と下総国府を結ぶのに埼玉の幸手、春日部を経由するのは理解し難いとした。さらに、『新編埼玉県史』[4]の武蔵国府と下総国府に複数ルートを設置し、5駅を置く考えについても、古代駅制には例がないとして退けた。

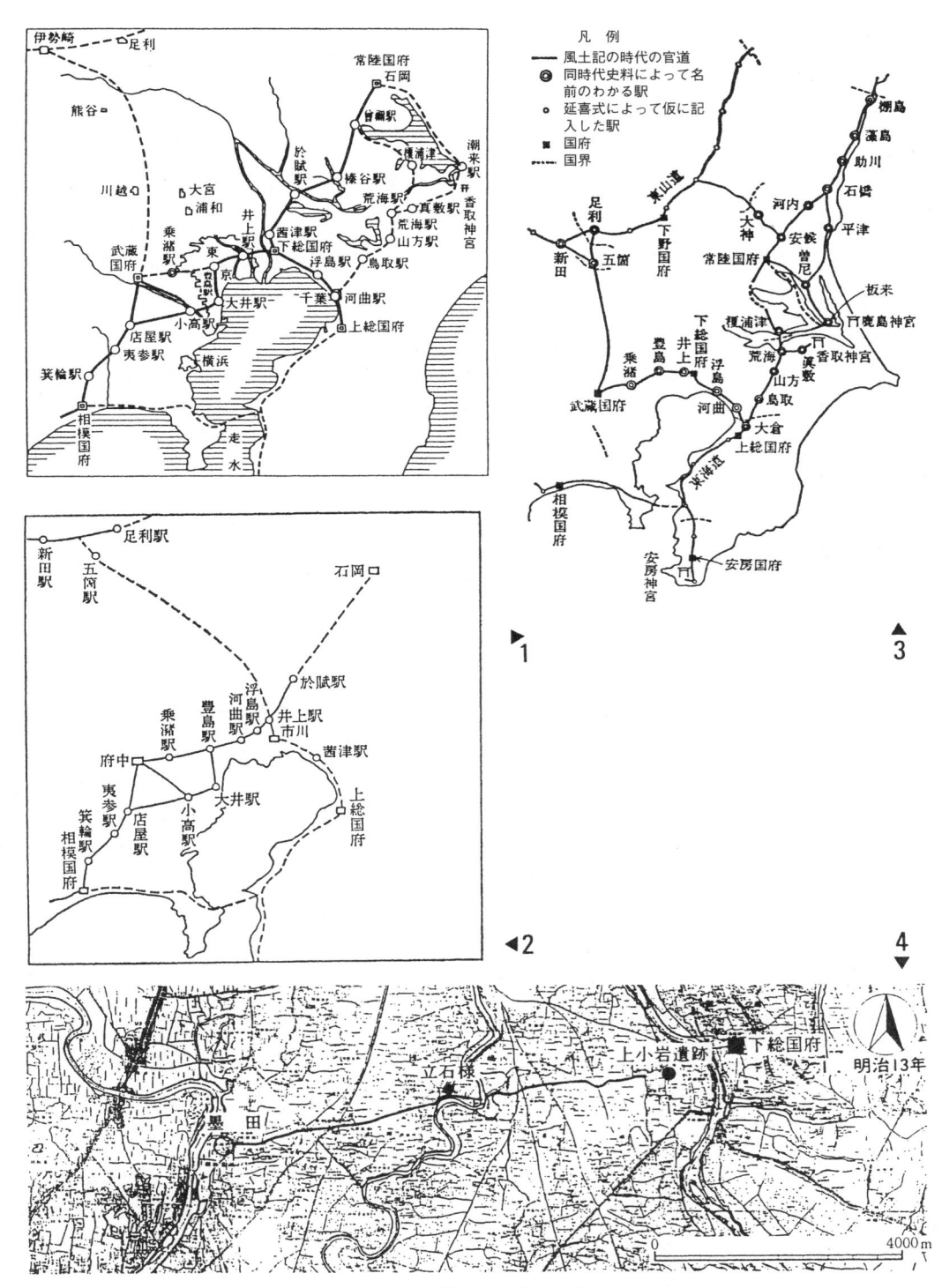

第5章　須恵器・瓦生産と古代遺跡　437

第160図　推定交通路の各説
1:坂本太郎説〔註(2)より〕　2:森田悌説〔註(1)より〕
3:足利健亮説〔註(8)より〕　4:谷口榮説〔註(13)より〕

森田は井上、浮島、河曲、乗潴、豊島の5駅を比定するとき押さえておかなければならないポイントとして、

Ⅰ　①より、宝亀2年以前において5駅を通る駅路は、東山・東海両道の使人により利用されていた。

Ⅱ　②より、宝亀2年以前の段階では、武蔵国府へ向う東山道使は上野国より南下し、府中に達すると、元来た道を引返した。

Ⅲ　③より、廃止された乗潴駅は措いて、ほかの4駅は、武蔵から下総へ向う東海道に沿って位置していた。

を上げた。

そして森田は、Ⅰから神護景雲の頃、5駅は東山・東海両道いずれにも属さず、両道の使者が共用していたのであるから、純然たる東海道である下総国府以東、上総国府寄りに位置することはあり得ず、Ⅱより、宝亀2年以前、東山道使が武蔵国府へ至るとき、①の「山海両路を承け」から、5駅は武蔵府中と下総国府との間に位置し、東山道駅使も利用していたことになるとした。そして、乗潴＝杉並区天沼、豊島＝千代田区神田、井上＝松戸、浮島＝隅田川と太日川の中間、河曲＝隅田川左岸とした。②の五箇駅については、地名として、上野国新田駅から五箇駅を経て、古利根川沿いに南下して、太日川左岸の井上駅を経由し、浮島、河曲、豊島、乗潴を経て府中に至ったと解釈した（第160図2）。森田の考え方の基本になったことは、①の「山海両路を承け」であった。

木下は、森田の浮島・河曲の2駅を隅田・太日両川間に置くことは駅間が平均5km弱となるのに対して、下総国府と上総国府の間が茜津駅のみになり、駅間が20kmを越えることは不均衡とし、東海道本道とする浮島・河曲が5疋で、支路に位置するとする茜津が10疋になり、規定に合わないとした。また、上野国五箇駅から古利根川沿いに太日川左岸の井上駅に至ったとすることについては、道を開くのに好適な洪積台地をとらず、わざわざ水路に並行する迂回路をとらなければならない意味は考えられないとして、上野国邑楽郡から武蔵国府をほぼ直線で結ぶルートを考えた。そして、浮島、河曲2駅は『延喜式』の東海道本道から分かれて上総国に向かい、かつ延暦24年以前の東海道本道との分岐点までに位置していたとする坂本説が最も妥当とした。さらに、吉田東伍・坂本太郎説の浮島、河曲について下総国府以東に置く考えを、森田が①の「山海両路を承け、使命繁多」であることをあげて、山道の使人が通るはずはないと否定する見解に対して、木下は征夷の軍需基地を形成していた坂東諸国の場合、東山道の使人の通過もしばしばあったとした。

森田は1991年、木下の批判に対して、木下のいう発掘により発見された所沢市東の上遺跡、国分僧寺・尼寺の間を通る直線路を武蔵路とすることについて妥当としたが、井上、浮島、河曲、乗潴、豊島の5駅が承けたとされる山海両路については疑問とした。

さらに森田は、浮島・河曲両駅について①から東山道使が陸奥・出羽方面へ行くときに使用しており、下総国府まで来た使人が香取路をとることは解し難いとし、東京湾沿いに北上する東海道が開削された段階で、常陸国府へ向かう駅路はほぼまっすぐに東北方面を進むように改定され

たと考えて、浮島・河曲は新削の東海道上に位置するとした。そして、『延喜式』の伝馬の所在との関連から下総国府以西の葛飾郡内に想定した。

以上のような研究から見るならば、①以前の8世紀初頭には、古東海道は東京湾を渡る相模国走水→上総→香取路→常陸→海道諸駅→石城10駅のルートで陸奥に至り、下総へは上総から支路で連絡していたようである。なぜ香取路をとったのかについては、森田も述べるように「印旛沼や手賀沼などの湿地帯であることと香取、鹿嶋両神社への参詣の便宜のため」[7]も考えられる。それだけでなく、このルートは古墳時代からの文化の波及ルートでもあった。常陸の榎浦津の駅に至ってからは、霞ケ浦の西岸ルートと東岸ルートがあるが、足利健亮は東岸ルートが「東海大道」で、鹿島神宮に詣でるため「儀式の道」、西岸ルートは「急使の道」とした[8]（第160図3）。それに対して木下は、直線道の道路痕跡の存在から、西岸ルートが「東海大道」と考え、東岸ルートの道路痕跡は不明瞭とした。また、ほとんどの論者から常澄村平戸に比定されている平津駅について、足利は霞ケ浦東岸ルートの曽尼駅から分かれ、平津駅、石橋駅を経由して陸奥へ向かう海岸ルートを想定した[10]。木下は足利の想定ルートに明瞭な直線道の痕跡が認められなかったとした。確かに古墳時代の初期須恵器の分布を見ると、霞ケ浦の西岸により多く見られ、その分布は上総から続き、あたかも古東海道に沿って分布するようである。しかし、より政治的・軍事的な道を考えるならば、足利の述べるような香取路から霞ケ浦の東岸を通って、常陸、陸奥の海岸ルートに連絡した可能性も残されているのではなかろうか。

この道は香取神、鹿島神の神威を奉じて北へ向かったと考えられ、福島、宮城の海岸沿いに香取、鹿島神社が分布する[11]こととも関わりがあろう。このような例は武蔵路の奈良神を奉じて陸奥へ向かったことが、『日本文徳実録』嘉祥3年条[12]に慶雲2年（705）以降の記事として見えるが、東国あるいは北をめざすとき、伊勢あるいは熱田神宮の神威を奉じて征東してきたあり方と同様ととらえられる。また、香島神は常陸の主神と考えられており、『常陸風土記』の榎浦津の駅家のところに「東海の大道、常陸路の頭なり。ゆえに、伝駅使等、初めて国に臨まむとしては、先づ口と手とを洗ひ、東に面きて香島の大神を拝み、然して後に入ることを得るなり」とある。香島では、舟をつくり津の宮に納める神事があったようである。また、『常陸風土記』香島郡の条に、天智天皇のとき、陸奥の国の石城の船造のつくった大船が難破している記事も見られる。『続日本紀』宝亀7年（776）条に安房、上総、下総、常陸等四国に船をつくらせ陸奥へ送ったこと、『続日本紀』天応元年（781）条に相模、武蔵、安房、上総、下総、常陸等から穀を漕送させたこと、あるいは『続日本紀』宝亀11年（780）条に下総、常陸から糒を運輸したのも船を使った可能性があり、陸奥をめざす積み出し港になっていた可能性も高い。

一方東山道は、上野国邑楽郡からおそらく妻沼→大里→坂戸→所沢→武蔵国府へほぼ直線で結ばれていた。東山道使はもと来た道を引き返していたようであるが、発掘された道路跡から想定するに、後述するように直線路の武蔵路は武蔵国府西側を抜け南下し、東海道に接続していた可能性が高い。

768年の①、771年の②の頃には、東山道武蔵路の廃止により、②から相模国夷参駅より、下総国へ達する直線ルートが使われたようである。このときの浮島、河曲駅の位置について、下総国

府以西とする森田説、下総国府から上総国府との間とする坂本説などがあるが、森田説をとった場合、葛飾郡内、それも短い距離の間に2駅、井上駅を入れるならば9kmの間に3駅置かれることになり、多すぎるように思われる。

　谷口榮は、墨田区墨田から葛飾区立石を抜け江戸川区小岩に至る、N-79°-Eの方向でおよそ7kmにわたった直線の道について触れている(13)（第160図4）。この道沿いには江戸川区小岩一丁目に「大道下」、四ツ木三丁目に「大道」、墨田区墨田四丁目に「大道」という字名が残っており、「立石」も駅と関連すると説いている。この道は東海道の可能性が高く、森田のいう浮島、河曲、井上の駅間の直線距離が短いのは、東海道が屈曲していたために実際の距離は長いという考えは再考すべきであろう。谷口の述べる直線路は、下総国府の江戸川を挟む対岸近くまで進むものの、対岸の河岸段丘の比高差を考慮するならば、一旦下流へ下り、市川の砂洲へ渡河した可能性が高い。『更級日記』の「まつさとのわたり」から松戸付近を渡河点とする見解もあるが、この地域には奈良・平安時代の遺跡はほとんどないことからも国府の南で渡河したのであろう。墨書土器「井上」が国府推定地に隣接する市川市市営総合運動場内遺跡から出土した(14)ことから、井上駅は渡河地点から国府までの間に位置する可能性が高い。このような点からも、葛飾郡に3駅が置かれたのではなく、先に触れた浮島、河曲駅は駅比定は坂本説を支持し、下総国府から香取路に至るまでの間と考えたい。

　②の頃、森田は「東京湾沿いに北上する東海道が開削された段階で常陸国府へ向かう駅路はほぼまっすぐ東北方面を進むように改定された」としている(15)。確かに『続日本紀』宝亀11年（780）7月22日条には路便近を量り、下総国、常陸国の糒を割いて軍所（多賀城）に運輸したことが記され、下総、常陸が陸奥に対して便近としていることから、その道が使われていたようである。しかし、②の宝亀2年の記事から延暦24年の香取路廃止までは30年以上経過しており、廃止までの期間が長すぎはしまいか。森田の述べるように東海道が、下総国府から常陸国府へまっすぐ向かっていたならば、宝亀2年以降香取路はどのように呼ばれていたのであろうか。坂本は「おそらく奈良時代に走水海をこえる東海道はすたれて、陸上を相模から武蔵に進む路線が次第に栄えたのであるが、それは必ずしも路線の正式の改廃手続を経たのではなかったので、時に新古の両線がともに東海道と呼ばれたのではあるまいか」(16)と述べるが、首肯できる考え方である。おそらく香取路は神宮への奉斎だけでなく使用されていたと考えられる。なぜ、迂回路になる香取路が使用されたかは、『常陸風土記』の常陸路の頭である榎浦津の駅家に入ったのち、国府を経由せず、常陸の海道諸駅を海岸沿いに北上するルートがまだ使用されていたためではなかろうか。

2. 東山道武蔵路について

(1) 道路跡について(17)

　A　所沢市東の上遺跡

　東の上遺跡（第163図S）のうち道路跡の確認された地域は、狭山丘陵北側を東流する柳瀬川の左岸にある(18)。道路跡は36次調査地区内で約100m確認され、走行方位はN-9〜10°-Wである。この道路跡は以前の調査でも硬化面が確認されており、南側の13・17次、北側の19・29次調査も含め

ると総延長は300mを測る。道路跡は両側に幅0.5～1m、深さ0.3～1mの側溝を持ち、道路幅は溝の芯々距離で約12mである。溝は横断面U字状で、溝底は高さが一定せずあたかも土坑が連続しているようである（第161図）。

道路面は横断面が浅い皿状にくぼみ、道路幅の中心部幅3～5mが硬化面で、約3枚の硬化面が確認されている。最初の第1次硬化面の下には洗濯板状に帯状の高まりが連続しており、その間には黒色土が充塡されていた。この土はいずれも道路構築時のもので、築固められたものだとされている。その上に補修用の土を入れていったために、何面かの硬化面がつくられたようである。硬化面からは発掘区北で東と西に2本、南では西に1本の直行した幅1mと3mの硬化面が検出され、側溝の外へも延びている。いずれも直行していることからも、計画的な枝道といえよう。この枝道は、道路の側溝に近い未硬化部も硬化させていることから、未硬化部は草など生えた使用頻度の少ない部分であったと推定できる。溝の覆土3層中最下層より須恵器が出土していることから、地鎮具と考えられている。道路の時期は、後述する湖西産の7世紀中葉から第3四半期の坏の蓋と身のセット（第162図1・2）が共伴していること、道路第1硬化面中から、やはり湖西産の7世紀後半の台付瓶の脚部と胴中半から頸部の破片（第162図3）が出土していることなどから、道路築造が7世紀後半まで遡る可能性が高い。下限については、古代東山道と考えるならば、②宝亀2年（771）武蔵国の東山道から東海道への配置替えに伴う道路の廃止も想定できるが、硬化面上層から糸切り底無調整の坏が出土しており、9世紀までは存続したようである。

住居跡は7世紀後半から9世紀にかけて52軒と掘立柱建物跡が確認され、道路跡と住居跡の関係は道路跡に並行する例が多く、道路開通時と考えられる7世紀後半代では、4・10・35・59号住居跡は道路脇にはつくられないのに対して、1号住居跡は側溝と1mの間隔しかない。律令体制が整備され、この道路が最も機能したと考えられる8世紀代の中でも前半では、19号住居跡が道路に最も接して1mの間隔を保つのに対し、中葉では50号住居跡が西側の側溝から未硬化部分まで侵入しており、第3四半期の43号住居跡も西側溝を切っており、この時期の道路がすでに3～5mの道幅になっていたようである。

この道は、南稜中学校では標高76mを測るが、そこから南へ河岸段丘を下りはじめ、31次調査区では標高74m、その先を直線で走れば約250mで柳瀬川に至り、そこで標高62mを測る。この道を延長した丘陵上には将軍塚があり、この塚を目標にした可能性は高い。

逆にこの道路跡を北に延長したところに、ほぼ同一方向で北上する鎌倉街道堀兼道がある。

　　B　堀兼道

堀兼道（第163図R）は、所沢市上新井において鎌倉街道上道本道から分かれ、約5kmにわたりほぼ直線的に走るが、川越市藤倉の堀割状の道路遺構から緩やかに東に迂回し、同市上戸、同市上広谷、坂戸市塚越、同市石井、東松山市高坂、熊谷市村岡などの鎌倉街道伝承地を経て北上したことが想定されている[19]。

堀兼道で注目されるのは、所沢市北岩岡から狭山市境まで続く2本の並行の道で、東側の道は堀兼道本道で、西側の道は身分の低い人が通ったという伝承が残っている。この付近を「おはやし」と呼ぶが、市境は幅約20m、長さ約1kmにわたって北の狭山市側に張り出している。また、

442

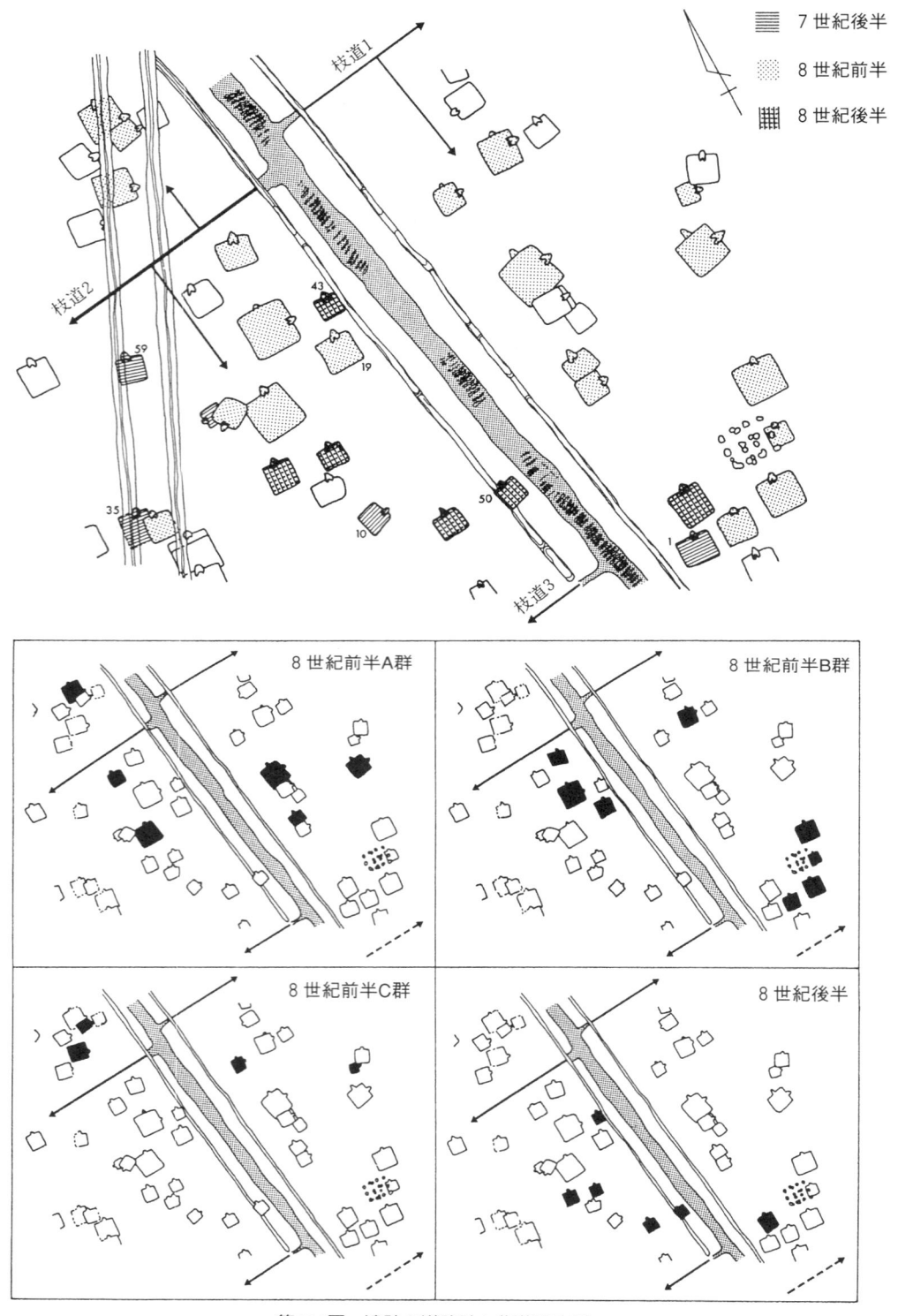

	7世紀後半
	8世紀前半
	8世紀後半

枝道1
枝道2
枝道3

8世紀前半A群
8世紀前半B群
8世紀前半C群
8世紀後半

第161図　遺跡の道路跡と集落の変遷

この脇には径約19mの井戸があり、すぐ北には県旧跡で径 8mの「堀兼ノ井」がある。さらに北上して堀兼小学校の南にも、長さ45m、上幅12.5mの堀割状の遺構が残り、さらに北上した加佐志には、久保川に落ち込む地点に長さ130mを測る堀割状遺構があり、変換点の上幅は12.5mを測るという。川越狭山工業団地を抜けた藤倉の南で、長さ80m、上幅は台地の北側で 8m、南側で6.5mであった。こののち鎌倉街道堀兼道は東へ迂回すると想定されているものの、東海道武蔵路はこのまま北に延長した所に位置する女堀につながると考えられる。

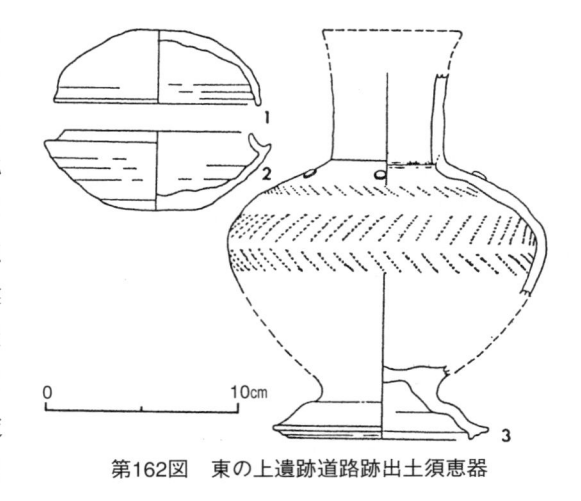

第162図　東の上遺跡道路跡出土須恵器

C　女堀遺跡

　女堀遺跡（第163図Q）にはその名のとおり幅 8～9m、深さ 3m前後の直線の堀があり、約420mが発掘された。出土遺物から時期は16世紀前半以前と考えられている。この堀の両側には部分的に土塁が残存しており、東側土塁のうち、発掘区北端に残存する土塁の下から 5 号溝が確認され、溝の南端が削平されていた。また、発掘域南端から13号溝が検出され、女堀に直線で並行することや、その特徴から 1 本の溝と考えられる。横断面がU字状になり、幅0.5～0.9m、深さ0.35～0.64mで、溝底が一定せず僅かに蛇行しながら走る特徴は東の上遺跡の側溝と共通する。また、方位もN-8°-Wを測り、ほぼ同一方向に走る。東の上遺跡と同様12m幅とするならば、西側の側溝はちょうど女堀の溝底の位置になる。

　このような一方が太くなる側溝は、群馬県伊勢崎市から新田町にいたる「牛堀・矢の原ライン」の境町矢の原遺跡で幅 3m、深さ1.5～1.8mの大溝が確認されている。この溝には堰を設けて分水路があり、潅漑用水路として機能していたと考えられている。また、新田町野井下原宿遺跡でも側溝の片側が太く、潅漑用水路として使われた可能性が高い。さらに群馬町中泉・福島地区でも幅3～4m、深さ 1m以上の側溝が確認されている。

　女堀が東山道西側の側溝だとするならば、16世紀前半以前に掘られた側溝が意識できたほど残存していたというより、東山道が通っていた跡が行政区画として残ったために、そこに掘られたのが女堀で、そこが大字の境として現在まで残ったのであろう。

　女堀から北には明確な道路跡は確認されていないが、五味ケ谷付近の川越市と鶴ケ島市の市境の一部、川越市下広谷に、道路跡の延長と考えられる直線道がわずかに見られる。その先は不明瞭ではあるものの、その延長上には隣接して勝呂廃寺（第163図L）が存在することは注目される。

　現在、道路跡として確認できるのは東の上遺跡、女堀遺跡の 2 か所であるが、その間の堀兼道もその延長上である可能性は高く、これらは同一直線上にほぼ乗ることから、この道路を結ぶ延

長上の遺跡等について検討してみよう。
　(2) 関連遺跡等について
　A　西別府廃寺とその瓦の変遷
　西別府廃寺（第163図D）は、熊谷市北西部JR高崎線篭原駅の北1.8kmにあり、寺院中核部と思われる部分は杉林と畑地になっていた。この杉林を中心とする、道路に区画された東西150m、南北約150～200mの範囲で瓦が採集され、おおよその寺域が推定された。しかし、資材置場という名目の申請によった熊谷市のトレンチ調査ののち破壊された。その際、多量の瓦・瓦塔が採集され、再調査が行われた結果、西の寺域と推定していた道路の脇に、南北に走る区画溝が確認されたことが唯一の救いであった。1992年に行われた調査では、やや細いが東の寺域の区画と推測される溝と工事で破壊された基壇が1か所確認された。寺域の東西幅は約113mを測る。

　軒丸瓦2類［註(23)b、2類］は1例で、全体が分かるものがないため不明確であるが、二つの弁の間の中房寄りに珠文が配され、勝呂廃寺例に珠文のかわりに三角文を配するものがあることから、複弁8葉軒丸瓦であろう。時期については不明であるが、北武蔵での複弁の展開が国分寺創建前を主体とすることから、8世紀前半代と考えたい。軒丸瓦4類［註(23)b、1類］は児玉町金草窯系の複弁8葉軒丸瓦である。5類（第163図24）は一本造りであり蓮子が1＋6＋10の単弁12葉軒丸瓦であるが、間弁が欠落したところや弁が接するところがあり、後述するように上植木系であろう。6類［註(23)b、4類］は蓮子が1＋8＋11（12か）の単弁9葉軒丸瓦で、瓦当部が大変厚い。弁は群馬県の平遺跡に似ており、間弁を含めるならば吉井町馬庭東遺跡あるいは雑木見遺跡のものに類似するが検討を要する。7類（第163図25）は蓮子が1＋4の単弁8葉軒丸瓦で、外区に珠文が巡る。武蔵国分寺に同笵（第163図21）があるが、南比企窯跡群内の鳩山窯跡群広町B第3号窯跡（第163図12）にも同笵があり、胎土からも南比企窯跡群で生産されたものである。8類（第163図26）は武蔵国分寺に同笵（第163図20）がある高句麗系という鎬状蓮弁6葉軒丸瓦である。

　軒平瓦は1類が無顎の重弧文であるが、重弧を浅い型で挽くが歪んでいる。桶巻造りであり、斜格子叩きは大型である。2類は三重弧文であるが、良好な曲面を描く型挽きである。段顎であるが顎は長い。叩きは細かな格子文で、軒丸瓦5類と同一である。凹面は指による横位のナデが見られる。3類（第163図27）は武蔵国分寺（第163図22）や武蔵国府（第163図33）、川崎市寺尾台廃寺（第163図35・36）などに分布する牛角状中心飾りの唐草文で、外区には珠文が巡る。

　以上の西別府廃寺の瓦は、大きく国分寺創建以前と以後の2時期に分けられるが、前者を1期、後者を2期とすると、1期は軒丸瓦2・4・5類、軒平瓦1・2類、2期は軒丸瓦6・7・8類、軒平瓦3類が含まれるであろう。

　西別府廃寺の瓦の中で、注目できる瓦は軒丸瓦7類（第163図25）・8類（第163図26）と、軒平瓦3類（第163図27）である。今日まで武蔵国分寺に出土する瓦が、生産地である窯跡あるいはその近くで出土する以外、武蔵北部で出土する例はほとんどない。中でも軒平瓦3類と同系の瓦は国分寺以南に分布しており、胎土の特徴から判断すると南武蔵から運ばれた可能性もあろう。

　B　山王裏遺跡

山王裏遺跡（第163図Ⅰ）は、東武東上線東松山駅の東南約1.7kmの台地縁辺部に位置する[29]。この遺跡には掘り込み地業を持つ基壇が見つかっている。この基壇は北辺・南辺とも10.0m、東辺8.8m、西辺8.2mの歪な長方形で、削平されているため現状の掘り込みは55～60cmで、7～8層の版築が見られる。削平により建物規模の想定はできていない。この基壇の脇には一辺8m以上、深さ1.66mの土坑があり、底には小鍛冶跡が見つかっている。土坑中層からは、丸瓦・平瓦、須恵器蓋・高台付坏、土師器坏・塊、石製紡錘車が出土した。瓦はいずれも桶巻造りで平行叩きと斜格子叩きがあり、白色針状物質を含んでおり南比企窯産である。須恵器は蓋にわずかにかえりの痕跡が残り、坏も上野産の削り出し高台（第163図28）で、8世紀初頭の製品である。

　この遺跡で出土する瓦と同一の例は、南比企窯跡群の赤沼窯跡で生産されており、坂戸市勝呂廃寺、東松山市緑山遺跡、東松山市青鳥城跡などに見られる。勝呂廃寺、山王裏遺跡は推定東山道のルート上に、青鳥城跡も近接して存在していることは、瓦の移動が東山道と関わりがあると推定できる。

　　C　勝呂廃寺

　勝呂廃寺（第163図L）は坂戸市石井に所在し、瓦の出土量から見ても武蔵国最大級の寺と考えられ、金堂、塔と推測される遺構と、寺域を区画する南縁の溝が確認され[30]、田中一郎は四天王寺式と推測している[31]が、今後の課題である。この寺の瓦は何期にも亘っており、この地域に特徴的な棒状子葉単弁10・12葉軒丸瓦が創建瓦で、7世紀第3あるいは第4四半期と考えられる[32]。その後、8世紀初頭・前葉・中葉など何度かの補修瓦が見られる。寺域を区画する溝は、9世紀終末の新久D-1号窯並行の須恵器を出土する住居に切られるが、寺の廃絶は不明確である。

　この寺跡の瓦は7世紀から南比企窯跡群（第163図K）で生産されている。南比企窯跡群は、各時期にわたって上野からの影響を受けるが、武蔵国分寺の1期の上野系一本造りの瓦を焼成し[33]（第163図8～11）、次期の上野系単弁軒丸瓦を勝呂廃寺（第163図29）と国分寺（第163図19）で使用する点で、上野国-勝呂廃寺（南比企窯跡群）-武蔵国分寺の関係は道路跡を介していたことが想定できる。

　　D　宮町遺跡

　次に坂戸市大字青木字堀ノ内宮町遺跡（第163図N）では、竪穴住居跡23軒、掘立柱建物跡14棟が検出され、近くの住吉中学校遺跡でも大型の掘立柱建物跡が確認されている[34]。ここでは「棹秤」の金具とそれに使用した石製の錘が出土して注目されたが、墨書土器の中に道路を推定する「路家」（第163図30）が11号住居跡から出土している。「家」から想定できるものとして駅家、郡家のほか墨書土器で蒲生町杉ノ木遺跡の「田司家」、同じく大阪市平野区城山遺跡の「冨官家」[35]などから役所的な施設があげられよう。他方、古代の文献には「路家」という語句はないが、『孝徳天皇紀』大化2年3月22日条に「路頭之家」（みちのほとりのいえ）と使われ、墨書土器でも「布勢井邊家」「吉原仲家」「中村家」[36]「南家」[37]などがあることから、必ずしも役所的な施設を考えなくてもよいのではないか。すなわち墨書土器「布勢井邊家」が、布施駅家の井戸のほとりの家の意味[38]であることから、「路家」も「道の近くの家」と解釈できるのではなかろうか。おそらく宮町遺跡付近を道が走っていたと推測される。

446

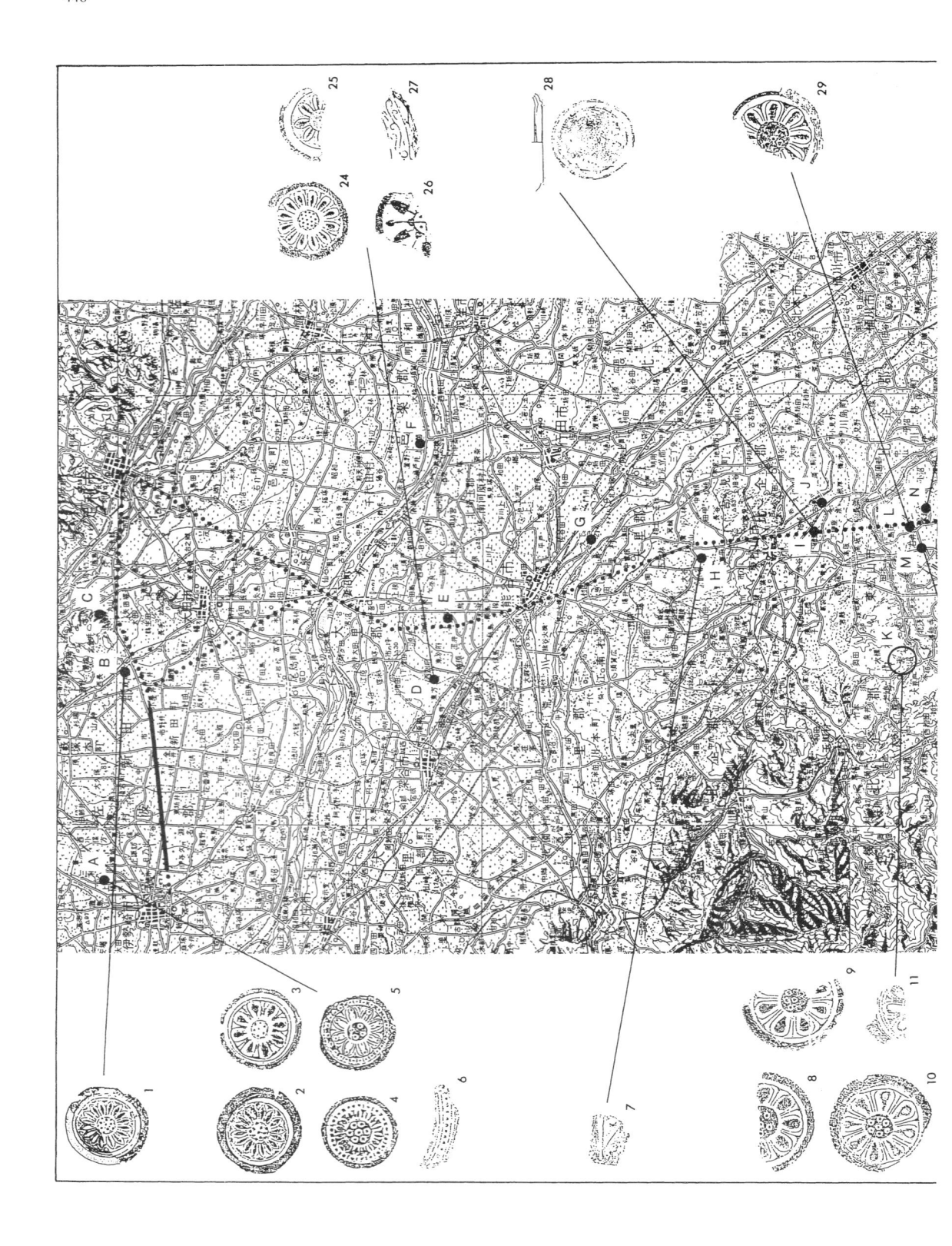

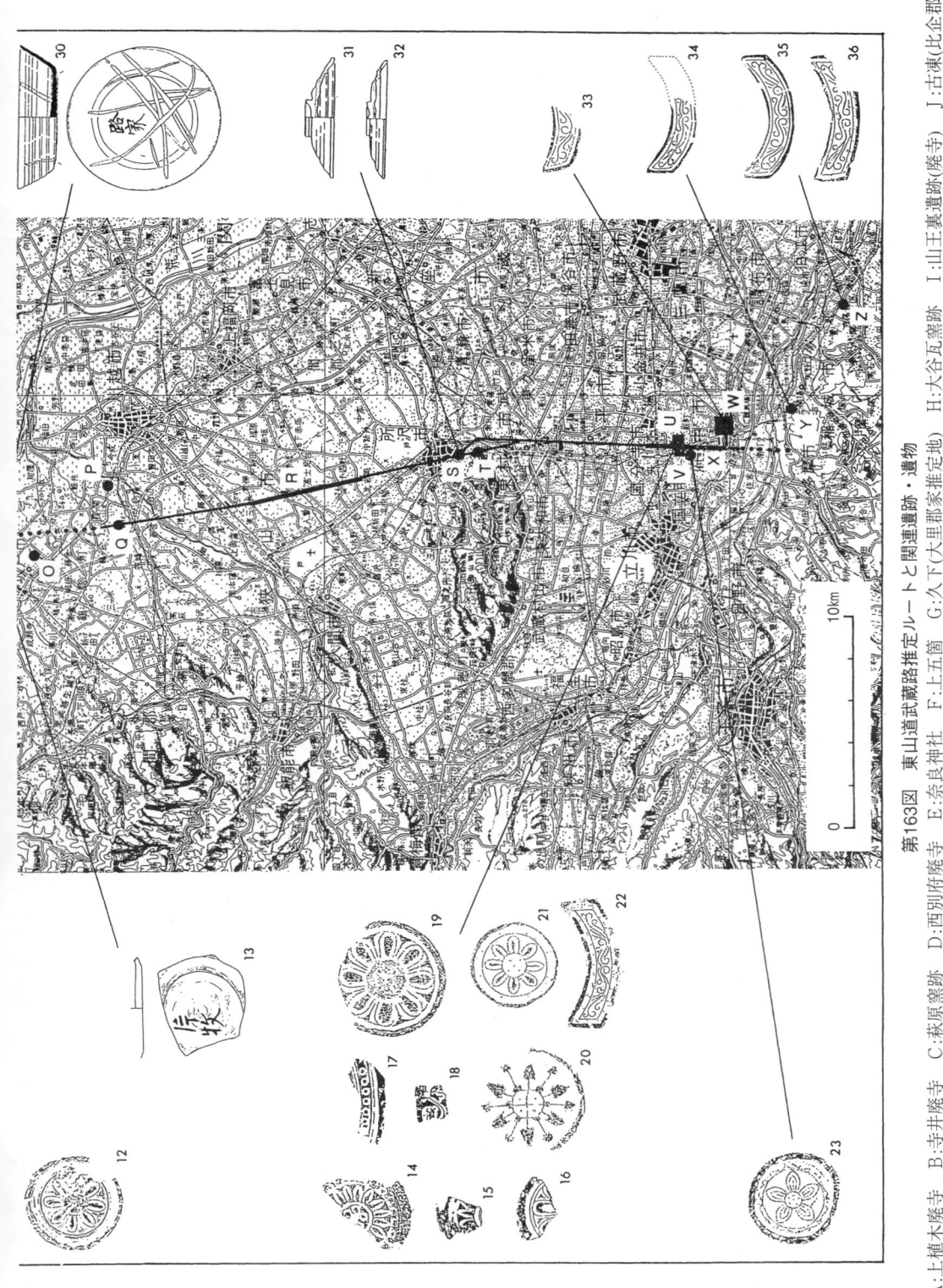

第5章　須恵器・瓦生産と古代遺跡　447

第163図　東山道武蔵路推定ルートと関連遺跡・遺物

A:上植木廃寺　B:寺井廃寺　C:萩原窯跡　D:西別府廃寺　E:奈良神社　F:上五筒　G:久下(大里郡家推定地)　H:大谷瓦窯跡　I:山王裏遺跡(廃寺)　J:古凍(比企郡家推定地)　K:南比企窯跡群　L:勝呂廃寺　M:山田遺跡　N:宮町遺跡　O:若葉台遺跡　P:霞ヶ関遺跡　Q:女堀遺跡　R:堀兼道　S:東の上遺跡　T:将軍塚　U:武蔵国分寺　V:寺尾廃寺　W:武蔵国府関連遺跡群SI02　X:SFI道路跡　Y:武蔵国府　Z:寺尾台廃寺(8〜11は武蔵国分寺出土資料。胎土から産地を推定した)

E　山田遺跡

坂戸市片柳新田に所在し（第163図M）、奈良・平安時代の住居跡40軒、井戸4基、掘立柱建物1棟が検出された。遺跡は入間郡衙とも想定される若葉台遺跡の北西に位置するが、連続する遺跡の可能性が高い。8世紀末～9世紀初頭にかけての33号住居跡から出土した、三彩陶器香炉片の出土で知られている。27号住居跡からは「片牧」の墨書土器（第163図13）が出土しており注目される。墨書は、8世紀第2四半期の須恵器の坏の底面に書かれており、報告者は、「大字名である片柳や馬や牛を放牧する牧の存在を思わせる」としている。『延喜式』によれば、官牧は桧前馬牧、神崎牛牧があり、御牧として石川牧、小川牧、由比牧、立野牧がある。「片牧」は時期も遡り、官牧・御牧と異なる可能性がある。一つの推測として、駅馬・伝馬の養飼のための牧ではなかろうか。駅馬は駅戸のうち、中々戸以上の戸が一戸一匹を原則として飼養しており、伝馬は、郡司が運営し官馬を用いたようで、このような牧を使用した可能性がある。

F　奈良神社

奈良神社（第163図E）は熊谷市中奈良に所在する播羅郡の式内社で、『続日本後紀』では嘉祥2年11月2日条、『日本文徳天皇実録』では嘉祥3年5月19日条に官社に列せられている。また、後者には「検古記。慶雲二年此神放光如火燼。然其後。陸奥夷虜反亂。國發控弦。赴救陸奥。軍士載此神霊。奉以撃之。所向無前。老弱在行。免於死傷。和銅四年神社之中。忽有湧水。自然奔出。漑田六百餘町。民有疫癘。祷而癒。人命所繋不可不崇。従之。」と、古い記録によって四つの事項が記されている。一つは慶雲2年（705）この神が光を放つこと火燼のようであった、二つ目はその後陸奥の夷虜の反乱を、国は兵を出して陸奥を助けに行った。軍士は奈良神社の神霊を戴いて蝦夷および俘囚を撃って鎮圧した。老人、弱人も死んだり傷ついたりしなかった。三つ目は和銅4年に神社の中に湧水が出て漑田六百余町を開く。四つ目は疫病がこの神社の神を祈ることによって癒えた。この中で二つ目の武蔵の兵達はこの神社に立ち寄り、陸奥に発ったことが想定され、神社の近くに陸奥へ連なる道があったのであろう。

G　将軍塚

この塚は、八国山丘陵東端の山頂付近に位置しており（第163図T）、東の上遺跡の道路跡を延長した位置にあり、東山道を南下したときの目標物となったであろう。この脇から南側の丘陵斜面には谷があるが、ここが道路跡の可能性も想定できるが、はたして丘陵を越えたか問題である。

H　文献資料、文字資料について

東山道で埼玉に関する文献資料は皆無であるため、今日まで多くの推定路が想定されてきた。東山道の駅と考えられる木簡が、平城京跡の長屋王邸宅跡から発見されたが、「武蔵国□□郡宅□駅菱子一斗五升」「宝亀三年十月」と記されており、木下良は菱が取れたことから低地に駅家が存在したとして、利根川・荒川流域の低湿地、たとえば「武蔵国大里郡坪付」に記された菱田から、熊谷市と行田市の間の荒川流域をあげられた。この「宅□」の付く地名を県内に探すと、「宅地」の地名が浮かび上がってくるが、県内には数か所が見られる。その中で菱田を想定できるところは、妻沼町旧沼尻村の「宅地」「宅地前」、旧台村の「宅地」の小字名が利根川の流域にあり、河川の川岸に駅を想定することは立地の上で可能性の高いことである。

（3）東山道武蔵路の推定ルートについて

府中市から武蔵国分僧寺、尼寺の間を通り、小平市境まで約3.5kmにわたって確認されている、幅12mの側溝を持つ道路跡はSF1道路跡（第163図X）と呼称され、古代東山道武蔵路でほぼ間違いないと思われる。この道はN-2°-Eの方向に向かい、狭山丘陵の東端をかすめるように北上する。狭山丘陵の北側の所沢市東の上遺跡で300mにわたって確認された道も、直線ではあるもののN-9～10°-Eの方向に走り、南稜中学校付近では、そのまま南の方向に柳瀬川の河岸段丘を少し下り始めており、延長した丘陵上には将軍塚がある。栃木、群馬でも道との関連で将軍を冠した道関連遺跡があり、この将軍塚も道の目標となるなどの関連遺構と考えられる。将軍塚の西側には堀割り状の幅の広い谷があり、丘陵を越えた可能性も残されるが、国分寺から北上する道が丘陵東端を目指すことから、東の上遺跡からは急角度で丘陵東端へ曲がった可能性が高い。

東の上遺跡は多くの掘立柱建物跡が検出されており、市毛勲により入間郡衙と推定されている。また、この地域は、天長10年（833）多摩入間両郡の境に「悲田処」を置いたとされる。国府より13km離れており、駅家の可能性も考える必要があろう。

東の上遺跡を北上すると、その道は鎌倉街道堀兼道に重なる。所沢市と狭山市の市境には、長さ約1km、幅約20mの狭山市側に張り出した市境が見られる。木下はこの南にも大字の境があり、この付近に2本の道が走ること、その北にも上幅12.5mの微高地を切る道跡の存在を指摘された[45]。これを延長した位置に女堀がある。女堀から東に約1.8km離れた位置に霞ヶ関遺跡（第163図P）があるが、筆者はかつて、奈良・平安時代の掘立柱建物跡が多く検出されたこと、7世紀末から8世紀初頭にかけての畿内・東海産の土器が出土したこと、宝亀3年太政官符の入間郡倉神火記事に出てくる出雲伊波比神社との位置関係などから、ここを郡衙跡と推定した[46]。女堀から北へ直線で延長した地には、「路家」の墨書土器を出土した宮町遺跡があり、近接して大型掘立柱建物を検出した住吉中学校遺跡があることから、この付近を道が走っていた可能性が高い。ここには大宮住吉神社があり、小字御門の地名から木本はここを郡衙推定地とした[47]。その北には武蔵国最大規模を誇る勝呂廃寺が存在するが、この寺は入間郡寺の可能性が高いと考えている。後述するように勝呂廃寺と国分寺が密接な関連を持ち、同一の道に接していることは興味深い。勝呂廃寺の西400mには、N-95°-Wの方向に走る幅4mの道があり、武蔵路からの支道の可能性が高く、その延長のやや南方には三彩香炉あるいは「片牧」の墨書土器を出土した山田遺跡がある。さらに南には以前から入間郡衙跡と推定されている若葉台遺跡（第163図O）がある。勝呂廃寺南の宮町遺跡付近は東の上遺跡から約19kmの距離があり、入間郡衙と推定した霞ヶ関遺跡付近で東の上遺跡から15～16kmを測ることから、駅はここから宮町遺跡の間と想定される。

勝呂廃寺付近から北への道を推定することは、大変難しいが、勝呂廃寺でも8世紀初頭に使用されている平行叩き平瓦が、赤沼窯跡（第163図K）のほか、緑山遺跡、東松山市青鳥城跡、山王裏遺跡にあり、この瓦が北へ広がることは注目される。その一つ、山王裏遺跡には10.0×8.8mの掘り込み地業を持つ基壇が検出され、堂跡の存在が指摘されている。ここの基壇脇の大型土坑から、7世紀末から8初頭にかけての上野産の削り出し高台を持つ須恵器坏が出土している。

この東南2kmには「古凍」（第163図J）と呼ばれる比企郡衙推定地域があり、西には利仁将軍

伝説の野本将軍塚がある。ここから丘陵の低くなる東松山市街を北上する。

　東松山市の北方の岡について、木本はここを駅家と推定している。

　北上し、大里郡へ入るが、「武蔵国大里郡坪付」に比定されている地域があり、この付近で丘陵に沿って少し西に振れると考えられる。この坪付には郡家里があり、熊谷市久下（第163図G）が充てられている。この付近は、勝呂廃寺南から16km離れるが、距離的にも駅家が存在してもよかろう。道はおそらく熊谷市市街地を北上し、妻沼町方向に向かうのであろうが、木本は市街地から上奈良へ向い奈良神社の付近を通り、現国道407号線の西側を北上すると考えている[48]。この奈良神社は、軍士が東北へ赴くとき、道の脇にあるこの神社に立ち寄って加護を祈ったところで、その西には武蔵国でも勝呂廃寺と同様最大規模の西別府廃寺があり、ここの瓦に国府系瓦、武蔵国分寺と同笵の南比企窯跡群産の瓦、上野国の上植木廃寺系の瓦が見られることは注目される。西別府廃寺の北西250mには湯殿神社があり、背部の斜面から水田にかけての祭祀遺跡は馬形、横櫛形、勾玉形、有孔円板形、剣形など160点程の滑石製模造品が出土しており[49]、8世紀前半と考えられる。湯殿神社の東方には湯殿大神社や、かつて井殿明神を称したとされる玉井大神社があるが、奈良神社とともに櫛引扇状地の末端の水源に位置し、『日本文徳天皇実録』嘉祥3年5月19日条にある和銅4年に湧き水が出て墾田600余町を開いた地域で、祭祀遺跡はそのような水に関する「まつり」の跡であり、神社も同様であろう[50]。なお、別府について柴田常恵は、「別府が別符の転化であると云ふことは文献に依って明白に証拠立てられて居る。併し諸国の別符が何の必要より申し合わせた様に挙げて別府に転化したのであるか。別府なるものが全く存在せざりしとすれば、無意味の転化で諒解に苦しむ所である」として、武蔵において国府の出張所と見るべき別府が置かれたのではないかと想定された[51]。おそらく、この付近に幡羅郡衙が存在する可能性が高い。

　再び本道に戻り北上すると、妻沼町に達する。木簡の「宅□駅」が妻沼町の宅地であるならば、大里から約14kmで、河川を渡ることからも駅家が置かれた可能性は高い。

　②宝亀2年条の「上野国邑楽郡より五箇駅を経、武蔵国に到る」の五箇駅が地名なのか、5か所を表すのか論議されてきているところである。地名説は、従来より邑楽郡千代田町上五箇が比定されている。しかし、前述したように妻沼－大里－坂戸－所沢－府中の五つの駅を経て国府に至ると解すべきであろう。

　(4) 東山道武蔵路の築造時期について

　武蔵路と推定された道のうち、府中から国分僧寺、尼寺の間を通るSF1道路跡についての発掘の所見では、道路の時期を知る手立てはほとんどなかった。唯一国分尼寺が道路遺構に中軸線を同じくするということから、尼寺造営以前の築造であることが推定できた。また、国分寺の寺域を区画する北辺溝が、西方で武蔵路と切り合う部分も見られるものの、その前後関係は不明確であった。しかし、寺域外郭西辺が道路跡に接続すると考えられることから、道の方が古いであろう。

　その後、SF1道路跡の延長と推定される東の上遺跡の道路跡が発掘され、側溝から出土した須恵器坏蓋（第162図1・2）と、第1硬化面上に破片状態で出土した須恵器長頸壺（第162図3）か

ら 7 世紀第 3 四半期の築造であることが報告された。出土した須恵器はいずれも静岡県湖西産で、坏蓋は蓋と身とセットで出土し、出土位置は溝堆積土第 3 層中の最下層であるロームブロック層からであり、人為的に埋設し地鎮具とした可能性があるという。口径は坏蓋が10.6cm、坏身が9.6cm（最大径11.6cm）を測る。長頸壺は胴部最大径から肩部にかけて櫛歯羽状文が施され、肩部に円形貼付文、脚部は中位に段をつくる。この須恵器の時期であるが、後藤建一の編年を援用するならば、蓋坏が第Ⅱ期第 5 小期で 7 世紀第 1 四半期、長頸壺が第Ⅲ期第 1・2 小期で645年〜671年と想定される。須恵器蓋坏の年代 7 世紀第 1 四半期をそのまま道の築造年代とした場合古すぎるので、後藤編年について関わりのある部分について検証してみたい。

　後藤は合子形坏蓋と坏身を最大径によってAからDに形式分類した。CとDの違いについては、最大径の違いとともに削りの違いとして、「渦巻き状」の篦削りを施すものをC、「同心円形」篦削りを施すものをDに形式分類できるとした。さらに、Dについて坏蓋・坏身とも口径の法量値が 1 cm内外にまとまりがあるとして、坏蓋の口径11cm前後をD1、10cm前後をD2、9cm前後をD3、坏身の最大径12〜11cm前後をD1、11〜10cm前後をD2、10〜9cm前後をD3に分類したうえ、このD1・D2・D3をそれぞれ第Ⅱ期第 5 小期・第Ⅱ期第 6 小期・第Ⅲ期第 1 小期に時期設定した。この「D類については各型式の重複例が著しく多いことから、各型式の推移は比較的短期間であったと考えられる」とし、第Ⅱ期第 5 小期を 7 世紀第 1 四半期、第Ⅱ期第 6 小期を 7 世紀第 2 四半期、第Ⅲ期第 1 小期を645〜660年を想定した。この年代観については、筆者はやや古すぎるのではないかと考えている。

　まず、後藤が編年に引用された西笠子第64号窯は、後藤編年第Ⅱ期第 1 小期後半〜第Ⅱ期第 5 小期まで、年代では 6 世紀第 2 四半期〜 7 世紀第 1 四半期にかけて存続したとしており、窯の天井の補修が 3 面あるとしても操業期間が長すぎるように思える。共伴する高坏の形態から考えても、この窯は 6 世紀後半が操業開始時期と考えたほうがよいであろう。また、第Ⅱ期第 4 小期の 6 世紀末〜 7 世紀初頭の時期にかえり付坏蓋がすでに出現しているとするが、ならばやや年代を下げるべきではないか。さらに、静岡市神明原・元宮川遺跡の宮川四区SR56では、「相星五十戸」の木簡とともに多くの遺物が出土するが、須恵器の中で最も新しい坏身は最大径10.5、11.0、11.1cmで、後藤編年第Ⅱ期第 6 小期（ 7 世紀第 2 四半期）に比定できる。木簡の「五十戸」の施行開始時期については大化 2 年以降、近江令以降、浄御原令以降など多くの見解があるが、「五十戸」の最も古い木簡である飛鳥京出土例は、岸俊男によって大化 5 年（649）〜天智天皇 3 年（664）の年代が与えられており、そのほかの類例も 7 世紀後半代が多い。神明原・元宮川遺跡例も、後藤の年代観である 7 世紀第 2 四半期よりも下げて 7 世紀後半、それも第 3 四半期に置いても大過ないであろう。

　さて、このような年代の修正が許されるならば、東の上遺跡出土の須恵器坏蓋は、 7 世紀第 2 四半期、下がっても 7 世紀中葉になろう。しかし、これは後藤の 1 cmごとの差異から導かれた編年にあてはめての年代である。湖西窯跡群の大沢第 3 号窯では、焚口前の掘り込み内から未焼成の坏蓋が重ねられて出土しており、同時製作の可能性が高い資料である。この坏身は最大径10.3〜12.0cmを測るものの、口縁部が蓋受け部よりもわずかに出る形態で、かならずしも口径だけで

編年できない。このことからも東の上遺跡の須恵器の年代も、7世紀中葉前後と幅を持たせて考えておく。

おそらく、導かれた須恵器年代からそれほど遅れない7世紀中葉から第3四半期が道の築造年代であろう。

3. 東山道武蔵路と考古資料

(1) 須恵器

まず、須恵器から見てみよう。上野産の須恵器の移動については、道が走る時期の製品を道沿いに探してみると、7世紀末から8世紀初頭の製品が、山王裏遺跡（第163図28）、東の上遺跡（第163図31・32）に見られる。南比企窯跡群の製品は、上野国でも東毛地域により多いということである。武蔵国内を見ると、上野産の須恵器は熊谷、あるいは岡部まで及んでおり、必ずしも道を介して運ばれた性格のものではない。ただ、南比企窯跡群の須恵器の中には、国府用と考えられる刻印を押した製品があり、これらは、東山道を使い国府まで運ばれたものであろう。

また、多摩市百草・和田1号窯という8世紀前半の窯があり、環状つまみを持つなど南比企窯跡群と共通する特徴を持つことから、この地域から工人が移動したと考えられる。国府に近いことからも、大丸に築窯された東海系の窯とともに、国府用の製品の焼造のために築窯されたのであろう。

(2) 瓦

須恵器に対して瓦は、生産の目的が屋根に葺くということから、寺などある特定の施設、特定の地域に限られており、生産跡から消費地への動きを明確にとらえられる資料である。

先に武蔵国側の瓦から検討してみよう。最初は西別府廃寺出土の牛角状中心飾り唐草文軒平瓦（第163図27）であるが、国分寺・国分寺系の牛角状中心飾りの均正唐草文軒平瓦が、最も早く取り入れられたのは国分寺であろう。有吉重蔵は国分寺創建期の中でも3期目のIc期の平城宮系瓦出現期以後のものと考えられた。この軒平瓦A1類（第163図22）には外区に連珠文を配するが、これに伴う軒丸瓦は国分寺においては不明確である。後続種である外区に連珠文を配さない軒平瓦B1類（第163図33）には、この地域に分布する剣菱文軒丸瓦1a類が伴うようで、国府付属寺院と推測する京所廃寺において初めて両者が組み合った。このように当初国分寺に採用された牛角状中心飾り均正唐草文軒平瓦は、すぐに国府付属寺院にも使用されたが、外区の連珠文のある国分寺系と珠文のない国府系とに分けることも可能であろう。その後、後続種は国分寺、国府、寺尾台廃寺、落川遺跡、岡上遺跡に分布しているが、先に国分寺系としたものは、国分寺以外、寺尾台廃寺と西別府廃寺に見られ、国府系としたものは寺尾台廃寺、落川遺跡、岡上遺跡にある。

このように、牛角状中心飾り唐草文軒平瓦および剣菱文軒丸瓦は、国分寺あるいは国府を中心に分布していることが確認された。特に珠文を持つ軒平瓦A類は国分寺に集中しており、西別府廃寺もA類であり、国分寺との関わりが強いといえよう。

このほかに国分寺と西別府廃寺の関わりは、南比企窯跡群を介して同笵関係にある。それは、西別府廃寺7類の珠文縁素弁8葉軒丸瓦（第163図25）と、西別府廃寺8類（第163図26）の高句

麗系と考えられている鎬状蓮弁の6葉軒丸瓦であるが、前者について有吉は平城宮系瓦と考え、相対するC字状中心飾りを持つ均正唐草文軒平瓦と組み合うとして、平城宮第Ⅳ期（天平宝字元年～神護景雲年間）に並行し、中でも天平宝字3年（759）創建の唐招提寺創建期使用瓦にその祖型を求めた。そして武蔵国分寺の平城宮系の瓦が、天平勝宝8年（756）の造営督促の詔を背景に武蔵国分寺に導入されたと推測した。また、この珠文縁素弁8葉軒丸瓦は、国分寺所用瓦の中心的文様意匠となり、塔再建期瓦の祖型になったとした(62)。一方、この瓦は、生産地である南比企窯跡群広町B第3号窯（第163図12）および広町B灰原から出土するが、排水溝に転用され、時期は決定できない。続いて後者の鎬状蓮弁の6葉軒丸瓦は、武蔵国分寺金堂、講堂、塔から出土するものの、時期については6葉で瓦当が薄いこと、西別府廃寺例は瓦当裏面に縄叩きが施されることなど、国分寺塔再建瓦と同様新しい傾向も見られる。しかし、大型であり珠文縁素弁8葉軒丸瓦も縄叩きを持ち、薄作りであること、西別府廃寺では9世紀代の資料が明確でないことから創建期に近い可能性も残され、時期については今後の課題である。

　いずれにしろ、武蔵国分寺所用瓦が西別府廃寺に使用されていることは、先の牛角状中心飾り唐草文軒平瓦とともに、武蔵国分寺との強いつながりが想定できる。

　次に逆に上野国から武蔵国へ及んだ瓦について見てみよう。

　上野系瓦との系譜関係について、国分寺創建直前の段階を0期、国分寺に入るが量的に少なく、間に合わせ的に供給された段階を1期、国分寺の創建意匠が出現した段階を2期として述べていく(63)（第164図）。

　0期は埼玉県五明廃寺、皂樹原遺跡、城戸野廃寺、精進場遺跡、西別府廃寺など群馬県伊勢崎市上植木廃寺と同笵、同一系譜の瓦が分布している。特に武蔵国賀美郡、児玉郡に集中するが、これらを上野国での出土分布から利根川東岸系とすると、この地域にも利根川西岸系の瓦も分布して重複しているものの、五明廃寺のように東岸系が主体の遺跡もあることは注目してよい(64)。続く1期に至り、武蔵国分寺に上植木廃寺、寺井廃寺あるいは五明廃寺などからの系譜を引く瓦が見られる（第164図）。この時期は瓦当背面に絞り痕を持つ一本造りで、技法・文様の上で上野国と強いつながりを持つ。次の2期に至り、武蔵国分寺で創建意匠がつくり出されるが、技法の上ではやはり瓦当背面は布絞り痕を持つ一本造りが多いものの、瓦当を別づくりにして接着する軒丸瓦に短期間に変化する。

　賀美郡、児玉郡、あるいは武蔵国分寺の瓦と関連を持つ上植木廃寺、寺井廃寺、上野国分寺を見てみよう。

　上植木廃寺（第163図A）は、創建が7世紀後半と考えられ、勢多郡新里村雷電山窯跡で生産された山田寺系ともいわれる単弁8葉軒丸瓦である上植木001型～005型と三重弧文軒平瓦が使われている。続く7世紀末から8世紀前半にかけては、多くの笵種が見られ（第164図）、雷電山窯跡系の上植木006型（第164図9）、007型、佐波郡赤堀村間野谷遺跡（窯跡？）系の上植木009型（第164図11）、雷電山窯跡系か太田市萩原窯跡系の上植木012型（第164図8）がある。また、上植木010型（第164図10）は012型の系譜を引く。国分寺創建段階には、新田郡笠懸村鹿ノ川窯跡、同村山際窯跡、藤岡市金井の日野金井窯跡で生産した瓦が入るが、主体は山際窯跡であり、山際

454

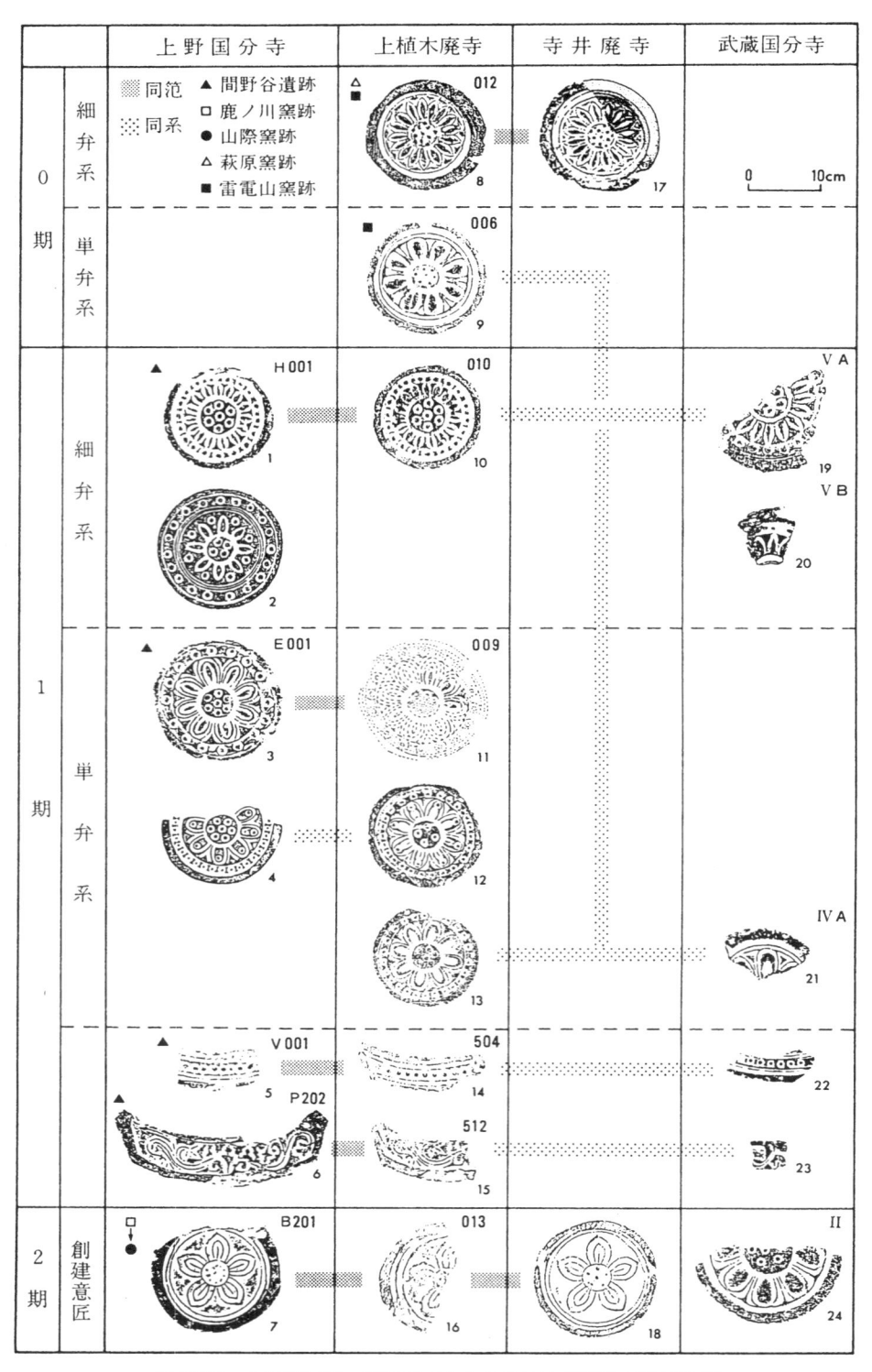

		上野国分寺	上植木廃寺	寺井廃寺	武蔵国分寺
0期	細弁系	▓ 同范　▲ 間野谷遺跡 ▒ 同系　□ 鹿ノ川窯跡 　　　　● 山際窯跡 　　　　△ 萩原窯跡 　　　　■ 雷電山窯跡	△■ 012 8	17	0　10cm
	単弁系		■ 006 9		
1期	細弁系	▲ H001 1 2	010 10		ⅤA 19 ⅤB 20
	単弁系	▲ E001 3 4	009 11 12 13		ⅣA 21
		▲ V001 5 ▲ P202 6	504 14 512 15		22 23
2期	創建意匠	□● B201 7	013 16	18	Ⅱ 24

第164図　上野系同范・同系瓦（右上の番号は各遺跡の型式番号）

窯跡の生産瓦は上野国分寺についで多いという[65]。

寺井廃寺（第163図B）は、創建瓦が太田市萩原窯跡で生産された川原寺系の面違鋸歯文複弁8葉軒丸瓦で、7世紀後半の創建と考えられている。続いて山王廃寺系の複弁7葉軒丸瓦がわずかに見られる。8世紀前半には上植木、五明廃寺と同笵で、雷電山窯跡系か萩原窯跡系の細弁16葉軒丸瓦（上植木012型・第164図17）がある。国分寺創建段階に至り、鹿ノ川窯跡の製品で占められ、新田郡内と上野国分寺に見られる[66]。

上野国分寺ではⅠ期（国分寺創建期以前）の瓦は、太田市萩原窯跡の川原寺系面違鋸歯文複弁8葉軒丸瓦K002型式（上植木011型）、佐波郡赤堀村間野谷遺跡の重弁8葉軒丸瓦E001型式（上植木009型・第164図3）、上植木廃寺と同笵の細弁15葉軒丸瓦H001型式（上植木010型・第164図1）、高崎市乗附窯跡群の製品が見られ、寺井廃寺、上植木廃寺などと同笵関係にある。Ⅱ期（創建期）の瓦は東毛の笠懸窯跡群、西毛の吉井・藤岡窯跡群で生産が開始される。同笵の分布に大きな特徴の見られる東毛地域の瓦について見ると、最初、上野国分寺には鹿ノ川窯の製品が入るが、上野国分寺以外は新田郡内に集中する。やや遅れて生産を開始した山際窯は、上野国分寺のほかに佐位郡を中心に勢多郡、新田郡に分布している。このように創建当初は新田郡の協力のもとに鹿ノ川窯跡で生産されたが、続いてすぐに佐位、勢多、新田、山田郡の造瓦組織のもとに山際窯跡で生産が行われたようである[67]。

須田茂は、「寺井廃寺は新田郡内の有力豪族の氏寺、その他の寺院（新田郡内の）は中小豪族の氏寺とみられる」として、「鹿ノ川窯は純然たる官窯ではなく」「新田郡の在地豪族によって上野国分寺への瓦の寄進を目的として築かれた窯」とした。また、続く山際窯については「山際窯跡は佐位、勢多、あるいは新田、山田郡の造瓦組織が当たったと推測され、その中心的存在として上植木寺院跡が浮かびあがる」とした[68]。

さて、再度武蔵国分寺の瓦（第164図）を見たとき、文様の類似するのは上植木廃寺軒丸瓦006型、010型（上野国分寺H001型式）、軒平瓦504型、512型であり、技法的にも布絞りの一本造りで、細かな格子叩き、米印叩きを持つ点で、上植木廃寺006型、012型と共通する。006型、012型から雷電山窯跡系あるいは萩原窯跡系と関わりがあり、512型から間野谷遺跡との関連がある。この萩原窯跡については7世紀後半に寺井廃寺の創建瓦を焼成し、その一部は上植木廃寺にも供給している。さらに8世紀前半において米印叩き、格子叩きが共通することから、上植木廃寺の瓦を焼成した雷電山窯跡とも技術的関係を持ち、利根川東岸系として上野国内に分布し、武蔵国荒川以北に及んでいる。間野谷遺跡については、上植木廃寺と関連を持ち、上野国分寺にも及んでいる。

武蔵国分寺の瓦は、上野国分寺の創建意匠以前の1期の瓦当文様と比較すると、寺井廃寺、上植木廃寺との関連が強く、国分寺建立のために早く動き始めた寺井廃寺の存在する新田郡、あるいは上植木廃寺の所在する佐位郡との関わりがあろう。すなわち武蔵国分寺創建の造瓦組織は寺井廃寺、上植木廃寺の影響のもとに、前稿で述べたように武蔵で一早く協力体制を整えた勝呂廃寺（第163図L）の協力で成立したのであろう[69]。勝呂廃寺の建立者は、一本造りの国分寺創建瓦の焼成、文様の共通性から推考するに、上野国からの工人を受け入れ、以前から勝呂廃寺の瓦を

焼成していた南比企窯跡群（第163図K）で国分寺瓦を生産したのであろう。すなわち、寺井廃寺と鹿ノ川窯、上植木廃寺と山際窯の関係は、勝呂廃寺と南比企窯の関係に類似し、両国において各郡から瓦を貢納する体制が類似することは、創建段階、上野と武蔵は類似した造瓦体制で創建準備を進めたようである。そして製品は武蔵国分寺まで運ばれたが、新田郡－勝呂廃寺－武蔵国分寺を結ぶ「瓦の道」はまさに東山道武蔵路であった。

次に、上野国で生産されて武蔵国へ搬入された瓦を探すと、荒川以北、特に賀美郡、児玉郡に多いが、これは従来より上野国との強いつながりで入って来たもので、これらを除いて、東山道沿いに探すと、8世紀前半の西別府廃寺に一本造りの上植木廃寺系の単弁12葉軒丸瓦（第163図24）がある。南下して東松山市大谷瓦窯跡には、飛雲文軒平瓦（第163図7）が出土するが、時期、胎土などから赤熊浩一も述べるように、この窯で焼成された可能性は少なく、下野国分寺、尼寺、国府、あるいは小野寺窯跡群、三毳山麓窯跡群（町谷瓦窯）の飛雲文軒平瓦に類似しており、これらの地域から東山道を利用して運ばれた可能性が高いと考えられる[70]

武蔵国分寺から南へ150mのところの国分寺関連遺跡で、SF1東山道武蔵路が検出されたが、道路跡から西へ約250mの位置にSI02住居跡（第163図V）が見つかり、そこから上野国分寺所用瓦である、外区に唐草文を巡らした重弁5葉軒丸瓦（上野国分寺B206型式・第164図23）が出土した。この瓦の生産地が上野国内のどこかは特定できないが、外区の唐草文を施す例はほかになく、飛雲文軒平瓦と同様下野からの影響が考えられ、上野国内でも東毛の可能性が高く、東山道武蔵路を運ばれたものと推測したい。早川泉はこの瓦から、「1．両国間に国を越えて技術交流があった。2．両国分寺の創建期の時間的関係を示している。3．律令体制化における、両国間の政治的関係を示している。4．東山道武蔵路推定線を通って上野国から武蔵国にもたらされた具体的物品の一例」とし、両国間の国分寺創建年代の差や両国の力関係、それを指示する中央体制の存在が示されていることを推考した。[71]

以上あげたものの移動は文化的交流だけでなく、政治的な要因で動くものが多いといえよう。

4．東山道武蔵路と集落について

東の上遺跡では、道路の築造以後の住居の多くは道路を避けてつくられている。また多くの住居は道路の軸に主軸を合わせていることからも、道路と集落の配置は関係があろう。当時の集落の景観は、古墳時代の群馬県黒井峯遺跡から想定してみると、住居以外に畠、庭、平地式建物などによって構成され、屋敷地として認識されていると考えられる。黒井峯遺跡では集落内の道は、住居、畠、庭、水場などを、屋敷地の区画、地形などの影響を受け蛇行しながらも結んでいたようであるが、計画的にできた道でないことは、迂回する道がいくつかできていることからもうかがえる。[72] 東の上遺跡では村落内の道は確認されていないが、武蔵路を無秩序に横断する道ではなく、武蔵路から直行して派生する3本の計画的な枝道が確認された（第161図）

この集落では道路が築造された7世紀後半の住居は6軒ほど確認されているが、12m幅の道との関わりは不明確である。それに対して、駅制の整備された8世紀前半の住居は多く、住居の主軸方位、竈の方向などからA・B・C群にわけられる。8世紀中葉の住居跡が硬化面付近まで侵入

していることから、この時期の武蔵路が幅 3〜5mの硬化面の範囲で、枝道もこの時期と考えられる。枝道 2 は幅約 3mを測り、その延長する部分には住居が見られないことから、直線で集落内に延びていたことが想定でき、この集落だけでなく、さらに先までも指向していた道であろう。このような道は勝呂廃寺付近から西方に走ると考えられる幅 4mの支道と同様に武蔵路を基幹とし、そこから派生する道であろう。あるいは、枝道 2 は枝道 1・3 と比較しても幅が広く、官的施設への連絡路の可能性もある。

東の上遺跡におけるこのような幅の広い枝道は村落内の幹道として通過しており、この枝道から各家地を結ぶ道が派生していたことも考えられる。すなわち 8 世紀前半の住居A群（第161図下段）は枝道 1・2 から、B群は枝道 2・4（東へ延びるもう 1 本の枝道が想定できる）から、C群は枝道 1・2 から、8 世紀後半の住居は枝道 3 から入ったのであろう。おそらくこのような東山道を挟んで構成された村落では、幹道を横断する場合、計画的につくられた枝道が村落内の道として利用されたのであろう。すなわち、黒井峯遺跡のように地形などに影響された不整形の家地でなく、武蔵路の大道を基幹として構成されたほぼ南北を軸とする家地として占地され、それを結ぶ直行する道が走る景観が想定されよう。このような幹道は、生活の中に大きな比重を占めていたようで、宮町遺跡の「路家」および「路」の墨書にうかがえよう[73]。

5. 東山道武蔵路の性格について

東の上遺跡報告の 7 世紀第 3 四半期の見解を受けて、森田は「天智朝における道路網整備という国策の一環として理解できそうである」とした[74]。また、木下も『上野国交替実録帳』にすでに「無実」となる庚午年籍（670年）の内訳に、管郷別86巻と駅家戸 4 巻があることから、東山道においても天智朝に山東の地まで駅制が完備していたとして、東の上遺跡がこれに合致するとした[75]。しかし、坂本は『上野国交替実録帳』について、成立した長元 3 年（1030）の段階では「無実」であり、当時現物は見ていないはずで、「もし庚午年籍の内容を見ての注記なら、郷は当然里とあるべきである」として、後世の注記としている[76]。

東の上遺跡の武蔵路が、7 世紀中葉あるいは第 3 四半期の成立であるとしたならば、国府との関わりはいかがであろうか。8 世紀の大宝令期の道は、中央と地方を結ぶ政治的道路で、各国府を経由していた。しかし、7 世紀にはたして東国において国府は成立していたであろうか。国府の成立時期については確定を見ていないが、7 世紀末から 8 世紀初頭には成立していたと想定されている。武蔵国においても大宝 3 年（703）引田祖父が国守として任命されている。武蔵路は、時期的にそれより遡る。国府推定域西辺と武蔵路までの距離は600m、あるいは540m[77]と推定され、国庁と想定されている大国魂神社まではおよそ1000mである。この距離は短くもあるが、国府域に直接道が取り込まれていないことは注目してよい。国分尼寺は中軸線を道とほぼ同じに、国分僧寺は寺域外郭の西辺を道に接していることから、道のほうが先に築造されていたことになる。この付近で約3.5kmの直線道であることを考えると、国府よりも道のほうが先に築造されていたのではなかろうか。

道はN-2°-Eの方向で国分寺から南下を続け、国府域の西方まで到達するが、さらに南下する可

能性が高く、多摩市打越山の「ハヤノ道」と呼ばれた上幅15m、底幅3mの山道が方向的にもつながるようである。しかし、この道は8世紀が上限のようで、7世紀段階は不明確である。[78]

仮に武蔵路が国府まで12m幅を測り、それ以南は細くなるならば、すでに7世紀段階で国府域が意識され、東山道本道から武蔵国へ入る武蔵路が使われていたことになる。しかし、現段階で武蔵国府以南は不明確であるものの、現在確認されている道路幅が12mの規模を持つこと、上野国府から武蔵国府に向かうとするならば、武蔵国の古代遺跡が多く分布している丘陵沿いに南下せず、上野国府から約19km も離れた上野国東端部を経由しているのはなぜであろうか。武蔵国側から見るならば、やや西に振れるもののほぼ直線的に北上していることからも、本来上野国と武蔵国を結ぶ意図の道ではなく、北、すなわち陸奥と中央を結ぶ道であり、東山道、東海道の連絡路であったのではなかろうか。その場合も幅12mを持つことから大路である山陽道に匹敵し、支路のあつかいではなかったと考えられる。おそらく、東山道の場合、神坂峠などの通行が困難であったことから、東海道経由で武蔵から東山道へ入った可能性も高いのではなかろうか。すなわち相模国から一方は渡海して古東海道を北上し、一方は武蔵国を縦断して東山道に連絡して北上していたのであろう。

『続日本紀』宝亀2年10月27日条の「兼ねて海道を承く」は、このような相模からの連絡路が使われていたためで、東海道北岸ルートも案外早く開削されたと想定でき、従来いわれた東京湾岸の湿地帯が後退したため北岸ルートに変更したとする解釈よりも、東山道、東海道連絡路がすでに存在していたためで、それを利用したと想定したい。

そのような想定をした場合、武蔵国府域以南の道幅がどうであったのかが問題となり、また、中央と北とを結ぶ連絡路であったならば、なぜ、相模国から分かれて支路で武蔵国府に至る道をとって、当初から東海道に所属しなかったかが疑問となろう。前者については、多摩市の「ハヤノ道」あるいは町田市の道路跡の調査などが続いていることから、今後の新しい発見に期待したい。後者については、前代からの上野国との密接な関係からであり、そのようなことは武蔵国分寺に葺かれた瓦が、創建当初の上野系瓦からすぐに平城宮系瓦に変わり、その後武蔵国が東海道に所属替えになっていることからも想定できるのではなかろうか。

東海道、東山道を結ぶ連絡路の脇に武蔵国府が設置され、前代からの上野国との関連から東山道に所属し、道の脇に造営された国分寺の造瓦には、上野国、それも東山道武蔵路を結ぶ上野国新田郡、佐位郡の造瓦組織の協力があったのであろう。

また、国分寺造営の頃、国府・国分寺系の牛角状中心飾り均正唐草文軒平瓦が、東山道武蔵路を介して、一方は武蔵南端の川崎市寺尾台廃寺に、一方は北端の熊谷市西別府廃寺という武蔵国の入口に分布し、さらに、西別府廃寺には国分寺瓦を所用することも、近くの奈良神社の存在とともに、東山道と武蔵国、中央と東征を考える上で見逃せない存在であろう。

6. まとめ

東山道、東海道に比定されるルートは、前代からの文化波及の道として重要な役割を担っていたが、地形的な特性から武蔵国は常に両方面からの影響を受けてきた。

東の上遺跡から東山道武蔵路が7世紀中葉あるいは後半の築造であったならば、当時の朝鮮半島の緊迫した社会情勢が関係しよう。663年の白村江の戦いの前後の対新羅、対唐との対応に当時の政権は苦慮しており、667年の大津宮への遷都はそれを端的に表していよう。西日本に築造された山城とそれを結ぶ山陽道は、重要な軍事的施設であろう。それに対応して各地から中央さらに西方に、人あるいは物資を運ぶ軍事的道路⁽⁷⁹⁾が整備されていったと考えられる。

続く内政に目を向けた律令体制の整備に伴い、日本海側では斉明天皇4年（658）以降の阿倍比羅夫の北進、太平洋側では7世紀後半の仙台市郡山遺跡に見る北への勢力拡張政策が進むにつれ、兵力あるいは移民による人の移動、兵糧などの物資の運搬に、東山道、東海道は大きな役割を担った。その中で武蔵路は、両路を結ぶ連絡路として機能していたと考えられ、軍事的道路として重要な位置を占めていたと想定したい。また、7世紀後半以降の東国への渡来人の移住政策は、このような北への勢力拡張政策に伴い、背後の開発を進めるためであった。すなわち8世紀前半に散見する東国あるいは坂東から東北への移住記事、特に坂東を中心に多くの食料等の東北への運進は、渡来人の東国移住と開発に密接な関わりがあり、連動した動きであろう。

8世紀になり、各地の行政府を結ぶ駅制の整備がなされるに至り、武蔵路は政治的道路としても使用され、武蔵国は東山道に所属したのであろう。この動きは東の上遺跡の側道を持った12m幅道路から、硬化面の3〜5m幅の道路への変化に具現していると考えたい。

註

(1) 森田悌 1988「駅路と就馬の党」『古代の武蔵』吉川弘文館
(2) 坂本太郎 1989「乗潴の所在について」『古代の駅と道』吉川弘文館
(3) 小野文雄 1971『埼玉県の歴史』山川出版社
(4) 伊藤一美 1987「律令制下の交通」『新編埼玉県史』通史編1 原始・古代
(5) 木下良 1990「上野・下野両国と武蔵国における古代東山道駅伝の再検討」『栃木史学』4号
(6) 森田悌 1991「東国駅道の再検討」『政治経済史学』第300号記念論叢
(7) 註(6)文献
(8) 足利健亮 1981「風土記の時代の官の道」『歴史公論』7巻7号　雄山閣
(9) 木下良 1984「常陸国古代駅路に関する一考察－直線的計画古道跡の検出を主として－」『国学院雑誌』85-1
(10) 註(8)文献
(11) 大塚徳郎 1970「式内の神々」『古代の日本』8 東北　角川書店
(12) 『日本文徳実録』嘉祥三年五月十九日条
(13) 谷口榮 1990「下総国葛飾郡大嶋郷の故地」『東京考古』8　東京考古談話会
(14) 山路直充氏にご教授いただいた。
(15) 註(6)文献704頁
(16) 註(2)文献354頁
(17) この項を記したのち、木本雅康が「宝亀二年以前の東山道武蔵路について」（1992『古代交通研究』創刊号　古代交通研究会）の発表に接したが、筆者とほぼ同様の見解が述べられている。本稿の構成上このままとし、一部引用させたいただいた。

(18) 飯田充晴 1991「埼玉県所沢市東の上遺跡」『日本考古学年報』42（1989年度版）日本考古学協会（東の上遺跡については、飯田充晴氏に多大なご教授をいただいた。なお、住居跡の時期については筆者が実見した覚えに基づいており、この発表についてもご了解いただいた）
(19) 埼玉県教育委員会 1983『鎌倉街道上道』歴史の道調査報告第１集
(20) 小野義信 1987「女堀」『女堀Ⅱ・東女堀原』(財)埼玉県埋蔵文化財調査事業団報告書第68集
(21) 坂爪久純・小宮俊久 1992「古代上野国における道路遺構について」『古代交通研究』創刊号　古代交通研究会
(22) 若狭徹 1987『推定東山道』群馬町埋蔵文化財調査報告第19集
(23) a.宮昌之 1982「熊谷市西別府廃寺」『埼玉県古代寺院跡』埼玉県県史編さん室
　　 b.昼間孝志ほか 1986「北武蔵における古瓦の基礎的研究Ⅰ」『研究紀要』(財)埼玉県埋蔵文化財調査事業団（西別府廃寺軒丸瓦の分類番号は、本節初出論文を改め本書第４章第４節に統一した）
(24) 東の溝がやや細いため、寺域の確定には今後の調査を待ちたい。
(25) 関東古瓦研究会 1982『第３回関東古瓦研究会研究資料』
(26) 有吉重蔵 1986「武蔵国分寺」『国分寺市史』上巻
(27) 渡辺一ほか 1990『鳩山窯跡群』Ⅱ　鳩山窯跡群遺跡調査会・鳩山町教育委員会
(28) 酒井清治 1990「剣菱文軒丸瓦から見た武蔵国京所廃寺の性格－国府付属寺院の可能性について－」『研究紀要』第12号　埼玉県立歴史資料館
(29) 山本禎 1991『山王裏・中原遺跡』(財)埼玉県埋蔵文化財調査事業団報告書第98集
(30) 伊藤研志・加藤恭朗 1981『勝呂廃寺』坂戸市教育委員会
(31) 田中一郎 1961「勝呂廃寺考－埼玉県入間郡坂戸町石井－」『埼玉史談』8-1
(32) 酒井清治 1987「窯・郡寺・郡家－勝呂廃寺の歴史的背景の検討－」『埼玉の考古学』新人物往来社
(33) 高橋一夫ほか 1984「シンポジウム北武蔵の古代寺院と瓦」『埼玉考古』22号　埼玉考古学会（この中で有吉重蔵は、上野系瓦の中で南比企窯跡群の特徴である白色針状物質を含む資料について言及しており、この資料について南比企窯跡群産と考えた）
(34) 大谷徹ほか 1991『宮町遺跡』Ⅰ　(財)埼玉県埋蔵文化財調査事業団報告書第98集
(35) 黒田慶一 1986「長原（城山）遺跡出土の『冨官家』墨書土器」『ヒストリア』111号　大阪歴史学会
(36) 房総歴史考古学研究会 1991『房総における奈良・平安時代の出土文字資料』
(37) 高橋一夫 1985「西地総田遺跡発掘調査報告」『草加市の文化財(10)』草加市教育委員会
(38) 山下史朗ほか 1985『小犬丸遺跡』Ⅱ　兵庫県教育委員会
(39) 谷井彪ほか 1973『山田遺跡・相撲場遺跡発掘調査報告』埼玉県遺跡調査会報告第18集
(40) 鶴ケ島町教育委員会・若葉台遺跡発掘調査団 1983『若葉台遺跡シンポジウム』
(41) 解釈については、仁藤敦史氏にご教授いただいた。
(42) 奈良国立文化財研究所 1991『長屋王邸宅と木簡』吉川弘文館
(43) 註(5)文献33頁
(44) 妻沼町教育委員会荒川弘氏にご教授いただいた。
(45) 註(5)文献35頁
(46) 註(32)文献
(47) 註(17)文献
(48) 註(17)文献。なお、第163図Ｅ以北の推定ルートについては、木本の考えを参考にした。
(49) 大場磐雄・小沢国平 1963「新発見の祭祀遺跡」『史跡と美術』第338号

(50) 湯殿神社、湯殿大神社は山形県東田川郡羽黒町の湯殿山神社を分霊したと伝えるが、井殿、湯殿などから水との関わりが考えられる。

(51) 柴田常恵 「武蔵に於ける別府に対する一疑議」『埼玉史談』第 1 巻 5 号

(52) 後藤建一 1989「湖西古窯跡群の須恵器と窯構造」『静岡県の窯業遺跡』本文編 静岡県教育委員会

(53) 佐藤達雄ほか 1988『大谷川Ⅲ(遺物編)』静岡県埋蔵文化財調査研究所調査報告 第13集

(54) 酒井清治 1987「武蔵国における須恵器年代の再検討」『研究紀要』第 9 号 埼玉県立歴史資料館

(55) 遠江考古学研究会 1966『大沢・川尻古窯跡群調査報告書』遠江考古学研究会学報第 3 集

(56) 大江正行、綿貫邦男氏にご教授いただいた。

(57) 鳩山窯跡群では「内」「大」「正」「木」などの押印が見られる。註(27)文献。坂戸市稲荷前遺跡では「内」の刻印の見られる須恵器蓋に、墨書で「大里郡　多摩郡男 (小)川郷」2 郡が記されている。
(財)埼玉県埋蔵文化財調査事業団 1989『年報』9

(58) 服部敬史・福田健司 1979「南多摩窯址群出土の須恵器とその編年」『神奈川考古』第 6 号 神奈川考古同人会

(59) 有吉重蔵 1982「武蔵国分寺跡出土の平城宮系瓦について」『東京考古』1 東京考古談話会同人

(60) 1 例だけ剣菱文軒丸瓦 2 類が伴うが、セット関係は不明確である。

(61) 註(28)文献

(62) 註(59)文献

(63) 酒井清治 1989「武蔵国分寺創建期の瓦と須恵器」『埼玉考古』第26号 埼玉考古学会

(64) 註(32)文献

(65) 須田茂 1985「上植木寺院跡の軒瓦の型式分類」『伊勢崎市史研究』3 伊勢崎市

(66) 註(65)文献

(67) 前沢和之・高井佳弘 1988『史跡上野国分寺跡』群馬県教育委員会

(68) 註(65)文献

(69) 註(32)文献519頁。明確に絞りを持つ一本造り上野系軒丸瓦は確認されていないが、鳩山窯跡群で無絞り一本造りが出土すること、武蔵国分寺出土であるが第164図 8～11が南比企窯跡群の胎土であることからも、武蔵国分寺創建瓦の生産は、最初南比企窯跡群で行われたのであろう。

(70) 赤熊浩一ほか 1988「北武蔵における古瓦の基礎的研究Ⅱ」『研究紀要』第 4 号 (財)埼玉県埋蔵文化財調査事業団

(71) 早川泉ほか 1991『武蔵国分寺関連遺跡の調査Ⅱ』武蔵国分寺関連遺跡調査会

(72) 石井克己 1987『昭和61年度黒井峯遺跡発掘調査概報』子持村教育委員会

(73) 墨書土器「路」については、平川南氏にご教授いただいた。坂井隆は菅谷・正観寺遺跡の墨書土器「路」について、群馬駅家と関わりのあることを述べられている。
坂井隆 1989「東山道・あづま道を中心とする道路遺構の考古学的特徴－上野地方の陸上交通史序論－」『研究紀要』6 (財)群馬県埋蔵文化財調査事業団

(74) 註(6)文献700頁

(75) 木下良 1991「近年における古代官道の研究成果について」『国史学』145 国史学会

(76) 坂本太郎 1989「大和の古駅」註(2)文献所収 416-417頁

(77) 石井則孝 1991「武蔵国府域の設定とその範囲について」『研究論集』Ⅹ (財)東京都埋蔵文化財センター

(78) 山崎和巳 1990「多摩市打越山遺跡」『東京の遺跡』27

(79) 木下良 1992「古代交通研究上の諸問題」註(17)文献（古代道の軍事的性格については、木下が繰り返

し述べてきているところであるが、筆者は東山道武蔵路がその性格を強く持つ道で、上野と武蔵を強く結ぶ道でもあったことを強調したい)

補記 中島広顕は東京低地を通る東海道について、豊島郡衙（北区御殿前遺跡・七社神社遺跡）に豊島駅が並設され、そこから下総国府に向けて町屋、千住、堀切、青戸、小岩を結ぶルートを想定した。そして墨田―小岩ルートは『延喜式』段階以降とした（1997「武蔵豊島郡衙と豊島駅」『古代交通研究』7）。東山道武蔵路について、東村山市の狭山丘陵南側斜面で道路跡が発見され、将軍塚（第163図T）の脇を通った可能性が高くなった。また、吉見町でも新たに道路跡が発見されたという。そのルートは吉見丘陵の東を北上しており、想定よりも東を通る。川越市八幡前・若宮遺跡の調査で、「驛長」の墨書土器が東山道推定ルート上近くで出土した。不明確であった武蔵路北部のルートが判明する可能性がある。

あとがき

　私が考古学に興味を持ったのは郷里岐阜県中津川での小学生の頃であった。親戚の小板清治氏が中津川考古学研究会を開き、その会に参加し名古屋大学の澄田正一先生、楢崎彰一先生のお話をうかがっていたのは中学生の頃である。高校のとき、名古屋大学発掘の山畑祭祀遺跡に参加したのも考古学へ進むきっかけとなった。

　駒澤大学へ入学し、倉田芳郎先生に師事できたことは生涯最大の好事であった。また、大学の考古学研究会の先輩、後輩にも大きな影響を受けた。当時大学では群馬県太田市菅ノ沢遺跡で須恵器の窯を発掘しており、発掘資料はその後の研究方向を決定した。中学・高校と陶工になることを夢見ていたことを思えば、須恵器を研究対象としたのは自然の成り行きであったかもしれない。大学では多くの発掘調査を行っていたが、千葉市上ノ台遺跡では卒業後も調査員として、発掘や報告書作成など考古学の基本をさらに学ぶことができた。

　昭和55年、埼玉県埋蔵文化財調査事業団発足に伴い採用され、多くの発掘調査を経験できた。また、事業団内の研究会である瓦部会に所属し、新たに瓦も研究対象にできたことはよい機会であった。部会長であった高橋一夫氏や同僚とは県内の瓦の調査に出かけ、それぞれが暗中模索の中で勉強したが、多くのことを学ぶことができ楽しい思い出になっている。その頃大森第2遺跡の百済土器を通して朝鮮半島および渡来人に興味を持つようになっていったことは、その後の研究につながったように思う。昭和60年には埼玉県立歴史資料館に移り、収蔵庫内の資料を自由に見る機会に恵まれ、『埼玉の古代窯業調査報告書』作成のため埼玉県内の須恵器や瓦を調査することができたことは、歴史時代の土器や瓦研究を深化するきっかけとなった。同時に中世城館跡調査、中世寺院調査を経験できたことは中世に目を向けることでも意義があった。さらに埼玉県立博物館では特別展「音のかたち」など展示業務を経験でき、博物館における資料・展示を考えることができた。

　その後、国立歴史民俗博物館に移り博物館業務を行ったが、研究面では「在来技術の伝承と継承(関東須恵器生産開始と技術的系譜)」や「古墳時代における伽耶と日本の交流に関する基礎的研究」に参加することができ、新たな視点を持つことができた。白石太一郎先生をはじめ考古学研究部の諸先生には、そのような機会を与えていただいたことに感謝している。また各研究部の諸先生方と接することができ、学際的な研究の重要性を知ることができた。中学の頃古銭収集していたとき知った「大川天顕堂コレクション」が国立歴史民俗博物館に収蔵されており、水藤真先生とともに企画展示「お金の玉手箱」に関わることができたことは、楽しい思い出となっている。

　当時発掘・整理されていた大庭寺窯跡の見学も須恵器生産開始と朝鮮半島陶質土器の関係を考える貴重な機会であり、韓国の研究者とも交流を持つことができた。

ふたたび埼玉県埋蔵文化財調査事業団へ移るが、9年ぶりの発掘現場であった。調査課長という立場から自ら掘ることができないもどかしさを感じたが、新たな経験であった。

　これを最後に埼玉県を去り、平成9年駒澤大学に奉職することになり現在に至っている。埼玉県では17年間お世話になったが、多くの同僚、そして市町村の埋蔵文化財担当者の方々には鈍重で身勝手な私を育てていただき心より感謝している。

　研究は異動するさきざきで様々なことを経験させていただいたことがきっかけとなっているが、埼玉県を中心とした地域史研究が出発点であり、そのキーワードは須恵器、瓦、生産、寺院、渡来人である。駒澤大学において博士論文を提出する機会を得て、過去に執筆したものから選び一部の改稿と補訂をして完成させ、1999年11月18日駒澤大学から博士（日本史学）を授与された。論文の審査をいただいた倉田芳郎先生、故葉貫磨哉先生、飯島武次先生にさまざまご指導いただきお礼申し上げます。

　これまで考古学を続けてこられたのは、いつも暖かく包んでいただき、人生の師と仰ぐ倉田芳郎先生の無言の激励があったためである。また、私事であるが家族の叱咤激励、支えも大きかった。深謝。さらに駒澤大学考古学研究会の方々、埼玉県の同学の士、関東古瓦研究会など考古学や博物館学でお付き合いいただいた研究者の方々、歴博の諸先生、現在の勤務先である駒澤大学歴史学科、文学部の諸先生、職員の方々には心よりお礼申し上げる。

　本書は歴史学科、文学部の先生方のご推薦により駒澤大学平成13年度特別研究出版助成の交付を受けたことを明記し感謝の意を表したい。

　最後になったが、本書の出版を快く引き受けていただいた同成社の山脇洋亮氏には心より感謝申し上げる。

収録論文初出一覧

第1章　土器と渡来人
第1節　甑と渡来人
　　原題「日韓の甑の系譜から見た渡来人」『楢崎彰一先生古希記念論文集』真陽社　1998.3.31
第2節　関東の渡来人
　　原題「関東の渡来人－朝鮮半島系土器から見た渡来人－」『生産の考古学』倉田芳郎先生古希記念論文集
　　　　同成社　1997.2.1
第3節　関東の朝鮮半島系土器
　　Ⅰ　下総・大森第2遺跡の百済土器
　　原題「千葉市大森第2遺跡出土の百済土器」『古文化談叢』15　九州古文化研究会　1985.7.7
　　Ⅱ　武蔵・伊興遺跡の伽耶土器
　　原題「東京都足立区伊興遺跡出土の陶質土器について」『韓式系土器研究』Ⅵ　韓式系土器研究会　1996.9.27
　　Ⅲ　下野・前田遺跡の統一新羅緑釉陶器
　　原題「下野国出土の統一新羅系緑釉陶器」『韓式系土器研究』Ⅵ　韓式系土器研究会　1996.9.27

第2章　須恵器生産の開始
第1節　須恵器生産の開始とその系譜
　　原題「日本における初期須恵器の系譜」『伽耶および日本の古墳出土遺物の比較研究』平成4・5年度科研
　　　　費補助金(総合研究A)研究成果報告書　国立歴史民俗博物館　1994.3.30
　　原題「わが国における須恵器生産の開始について」『国立歴史民俗博物館研究報告』57集　1994.3.31
　　両稿を再構成し改稿した。
第2節　韓国出土の須恵器
　　原題「韓国出土の須恵器類似品」『古文化談叢』30号　小田富士雄先生還暦記念論集　九州古文化研究会
　　　　1993.8.20

第3章　須恵器の展開
第1節　関東の須恵器生産の概要
　　原題「関東」『須恵器集成図録』第4巻東日本編Ⅱ　雄山閣　1995.11.20
第2節　関東の古墳時代須恵器編年
　　原題「須恵器の編年　関東」『古墳時代の研究』6　須恵器と土師器　雄山閣　1991.5.20
第3節　北武蔵の古墳時代須恵器生産
　　原題「古墳時代の須恵器生産の開始と展開－埼玉を中心として－」『研究紀要』11号　埼玉県立歴史資料館
　　　　1989.3.31
第4節　房総の須恵器生産
　　原題「房総における須恵器生産の予察（Ⅰ）」『史館』13号　史館同人　1981.12.23
第5節　北武蔵の歴史時代須恵器の系譜
　　原題「北武蔵における7・8世紀の須恵器の系譜について－立野遺跡の検討を通して－」『研究紀要』8号
　　　　埼玉県立歴史資料館　1986.3.31
第6節　北武蔵の須恵器の変遷
　　原題「武蔵国における須恵器年代の再検討」『研究紀要』9号　埼玉県立歴史資料館　1987.3.30
　　原題「埼玉県の須恵器の変遷について」『埼玉の古代窯業調査報告書』埼玉県立歴史資料館　1987.3.20
　　両稿を再構成し改稿した。
第7節　武蔵の歴史時代須恵器編年の問題点

原題「生産地の様相と編年 多摩・比企」『季刊考古学』42号 特集 須恵器の編年とその時代　雄山閣　1993.2.1

第4章　瓦生産と寺院

第1節　武蔵・勝呂廃寺と緑山遺跡
原題「緑山遺跡出土の瓦－勝呂廃寺の系譜の中で－」『緑山遺跡』埼玉県埋文調査事業団報告書19集　1982.3.31

第2節　勝呂廃寺と入間郡家
原題「窯・郡寺・郡家－勝呂廃寺の歴史的背景の検討－」『埼玉の考古学』新人物往来社　1987.2.28

第3節　高麗郡の寺院跡
原題「高麗郡の郡寺と氏寺－前内出窯跡出土瓦との関連から－」『研究紀要』10号　埼玉県立歴史資料館　1988.3.31

第4節　幡羅郡の寺院跡
原題「熊谷市西別府廃寺出土の瓦について」『王朝の考古学』雄山閣　1995.2.20

第5節　南武蔵の寺院跡
原題「剣菱文軒丸瓦から見た武蔵国京所廃寺の性格－国府付属寺院の可能性について－」『研究紀要』12号　埼玉県立歴史資料館　1990.3.31

第6節　北武蔵の寺院と交叉鋸歯文縁軒丸瓦
原題「瓦当笵の移動と改笵とその背景－武蔵・上野に分布する交叉鋸歯文縁軒丸瓦の変遷から－」『研究紀要』11号　埼玉県埋蔵文化財調査事業団　1995.3.10

第5章　須恵器・瓦生産と古代遺跡

第1節　武蔵国分寺創建期の瓦と須恵器
原題「武蔵国分寺創建期の瓦と須恵器」『埼玉考古』26号　埼玉考古学会　1989.3.31

第2節　土器と瓦の生産と交易
原題「土器と瓦の交易－利根川流域の事例から－」『河川をめぐる歴史像 境界と交流』雄山閣　1993.10.5

第3節　武蔵国内の東山道と古代遺跡
原題「武蔵国内の東山道について－特に古代遺跡との関連から－」『国立歴史民俗博物館研究報告』第50集　1993.2.26

古代関東の須恵器と瓦
（こだいかんとう　すえき　かわら）

■著者略歴
酒井清治（さかい・きよじ）
1949年，岐阜県生まれ
駒澤大学大学院人文科学研究科修士課程修了
（現在）駒澤大学文学部助教授、博士（日本史学）
〔主要著作論文〕
「窯・郡寺・郡家」『埼玉の考古学』新人物往来社　1987
「わが国における須恵器生産の開始について」『国立歴史民俗博物館研究報告』57　1994
「瓦当笵の移動と改笵とその背景」『埼玉県埋蔵文化財調査事業団研究紀要』11　1995
『須恵器集成図録』東日本編Ⅱ（共著）雄山閣　1995

2002年3月30日発行

著　者　酒　井　清　治
発行者　山　脇　洋　亮
印　刷　㈱深高社
　　　　モリモト印刷㈱

発行所　東京都千代田区飯田橋4-4-8　東京中央ビル内　同成社
TEL 03-3239-1467　振替 00140-0-20618

printed in Japan　The Dohsei Publishing co.
ISBN4-88621-247-6 C3021